LUDWIG FEUERBACH

Gesammelte Werke

17

LUDWIG FEUERBACH

GESAMMELTE WERKE

HERAUSGEGEBEN VON

WERNER SCHUFFENHAUER

17

AKADEMIE-VERLAG · BERLIN

1984

LUDWIG FEUERBACH

Briefwechsel I

(1817–1839)

AKADEMIE-VERLAG · BERLIN
1984

Herausgegeben im Auftrag
des Zentralinstituts für Philosophie
an der Akademie der Wissenschaften der DDR

Bearbeiter dieses Bandes
WERNER SCHUFFENHAUER
EDITH VOIGT

Erschienen im Akademie-Verlag, DDR - 1086 Berlin,
Leipziger Str. 3–4

Lizenznummer: 202 · 100/238/84
Printed in the German Democratic Republic
Gesamtherstellung: IV/2/14 VEB Druckerei
„Gottfried Wilhelm Leibniz", · 4450 Gräfenhainichen
LSV 0116
Bestellnummer: 754 061 0 (4042/17)

04800

Briefwechsel
I

Vorbemerkung

In den Bänden 17 bis 20 der Gesammelten Werke Ludwig Feuerbachs wird der *Briefwechsel* des Philosophen veröffentlicht. Unsere Edition des Briefwechsels erfaßt in chronologischer Abfolge (nach der Datierung) sämtliche bisher aufgefundenen Korrespondenzen von und an Feuerbach, einschließlich der im Auftrag verfaßten; sie werden in ungekürztem vollen Wortlaut auf Grund der handschriftlichen Überlieferung bzw., wo eine solche nicht nachweisbar war, nach dem jeweiligen zuverlässigsten Druck (zumeist ist das hier die Erstveröffentlichung) wiedergegeben.

Der überlieferte Briefwechsel dokumentiert – trotz einiger Lückenhaftigkeit – alle wesentlichen Entwicklungsabschnitte im Leben Ludwig Feuerbachs. Er vermittelt für den Zugang zu Feuerbachs Persönlichkeit und seinen Werken wichtige Einblicke in sein Denken und Fühlen und zeigt die Verwobenheit seiner Denkentwicklung, seines Wirkens und seines persönlichen Schicksals mit den gesellschaftlichen, politischen und geistigen Auseinandersetzungen seiner Zeit auf eindrucksvolle Weise. Eine große Anzahl Briefe gibt unschätzbare nähere Aufschlüsse sowohl über seine weltanschaulich-philosophische Entwicklung als auch über sein philosophisch-schriftstellerisches Schaffen und erschließt zum Teil bisher unbekannte Details zur Entstehungs- und Wirkungsgeschichte seiner Schriften. Zur Editionsgeschichte des Briefwechsels und zu den allgemeinen Prinzipien unserer Edition sei auf das Vorwort des Herausgebers zu den Gesammelten Werken Ludwig Feuerbachs (im folgenden: GW) in Band 1 unserer Ausgabe, S. XXXVI–XLV und S. XLVIIf., verwiesen.

Der Band 17 – Briefwechsel I – erfaßt Zeugnisse aus dem Zeitraum von 1817 bis 1839. Er steht sachlich in engem Zusammenhang mit den Bänden 1 und 8 unserer Ausgabe, in denen

Feuerbachs Dissertation und die Schriften der ersten Etappe seiner philosophischen Entwicklung abgedruckt sind.

Die ersten Briefe Ludwig Feuerbachs, in der noch etwas ungelenken Handschrift des Gymnasiasten, verdanken wir vor allem dem Umstand, daß die Eltern zu dieser Zeit getrennt lebten. Er wohnte mit seinen Brüdern Eduard und Friedrich in Ansbach beim Vater und schrieb Zeugnisse aufrichtiger Sohnesliebe an die Mutter, die mit ihren Töchtern in Bamberg verblieben war. Feuerbach litt sehr unter dieser Trennung von Mutter und Schwestern. Wir erfahren aus den ersten Briefen, daß er sich neben seiner Gymnasialausbildung auch körperlich ertüchtigte: er lernte Fechten und war Mitglied der Turnerschaft. Die etwas späteren Briefe des Sechzehn- und Siebzehnjährigen an die Mutter offenbaren eine fast pietistisch anmutende Religiosität, die ihn – gleichzeitig den Erwartungen des Vaters und der Stimmungslage der in Bayern in ihren Rechten fortwährend bedrohten protestantischen Gemeinden entsprechend – bestimmte, im Jahre 1823 in Heidelberg das Studium der protestantischen Theologie aufzunehmen. Jedoch zeigte er sich schon bald enttäuscht von der aufklärerischen Theologie Heinrich Eberhard Gottlob Paulus'; er fühlte sich ganz zu Karl Daub, dem spekulativen Theologen, Anhänger und Freund Hegels, hingezogen.

Heidelberg bildete den Ausgangspunkt mehrerer Spazierritte (auf „Philisterkleppern") in die nähere Umgebung und ausgedehnter Fußwanderungen durch das Rheinland, Rheinbayern, den Odenwald und nach Regensburg, worüber der junge Studiosus mit fesselndem Erzählertalent seiner Mutter beziehungsweise den Schwestern (an H. Feuerbach, 5. Juli 1823; an W. Feuerbach, 16. Juli 1823 und Herbst 1823) eingehend berichtete. Doch Heidelberg mit seinem regen studentischen Leben und Treiben vermochte Feuerbach nicht lange zu fesseln. Unter dem Einfluß Karl Daubs erwachte in Feuerbach das Interesse für die Philosophie – namentlich für Hegel – und damit sein Wunsch, das Studium in Berlin fortzusetzen. Nachdem der Vater die Erlaubnis erteilt hatte, zog er im April 1824 nach Berlin, wo er zwei Jahre blieb.

Ludwig Feuerbach war im elterlichen Hause streng protestantisch und im Geiste liberaler Reformideen erzogen worden. So schwärmte er verständlicherweise auch für Karl Sand, dessen verzweiflungsvoll-tragische Tat – die Ermordung Kotzebues – den Vorwand für ein verschärftes

Vorgehen der Mächte der Heiligen Allianz gegen die liberale studentische Bewegung gab. Die Brüder Feuerbachs, Anselm, Karl und Eduard, sämtlich einflußreiche Mitglieder des „Jünglingsbundes" – einer weitverzweigten studentischen oppositionellen Geheimorganisation –, wurden 1824 in Bayern zusammen mit 39 weiteren Studenten, Professoren, Theologen und Ärzten verhaftet; Karls Gesundheit wurde durch monatelange Kerkerhaft psychisch und physisch zugrunde gerichtet (vgl. Brief von F. Feuerbach, Ansbach, 3. Februar 1825). Auch Ludwig Feuerbach geriet in Berlin in die Fänge der preußischen Geheimpolizei. Er wurde auf Grund einer von Heidelberg und badischen Regierungskreisen ausgehenden Denunziation der Mitgliedschaft in einem studentischen Geheimbund verdächtigt, geheimpolizeilich überwacht und vor dem akademischen Disziplinargericht vernommen. Seine Immatrikulation erfolgte erst am 28. Juli 1824, nachdem sich die Verdachtsmomente nicht bekräftigen ließen.

Feuerbach hatte Berlin als Studienort auch deshalb gewählt, weil er hier neben Hegel vor allem Schleiermacher, den „anerkannt größten geistlichen Redner seiner Zeit", sowie die damals führenden Theologen, den Dogmatiker Marheineke und den Kirchenhistoriker Neander hören konnte (vgl. Brief an P. J. A. v. Feuerbach, Heidelberg, 8. Januar 1824). Mit zunehmender Hingabe besuchte er aber die Vorlesungen Hegels, dessen Philosophie ihn immer mehr in ihren Bann zog. Es kam alsbald zum Bruch mit der Theologie. Nach langen inneren Kämpfen schrieb er dem Vater: „Die Theologie – kann ich nicht mehr studieren; Vater, laß Deinen Sohn gewähren" (Berlin, 22. März 1825). Es folgte eine harte Auseinandersetzung mit dem Vater; an der Beilegung des Konflikts hatte ein in Berlin lebender Freund des Vaters, der Kriminalrat Julius Eduard Hitzig, wesentlichen Anteil (vgl. Brief an J. E. Hitzig, Berlin, 3. April 1825). In Karl Daub stand Feuerbach ein väterlicher Freund und Berater zur Seite, mit dem er sich sowohl über Hegels Vorlesungen austauschte als auch über den beabsichtigten Übergang zur Philosophie (vgl. Briefe an K. Daub, Berlin, September 1824 und 29. Januar 1825). Der Vater ließ sich schließlich, obwohl er seine Bedenken gegen ein Studium der Philosophie nicht fallen ließ, seine Zustimmung zum Fakultätswechsel abtrotzen, und am 11. April 1825 erfolgte der Übertritt zur philosophischen Fakultät. Ludwig Feuerbach absolvierte in Berlin alle Vorlesungen Hegels (mit Ausnahme der „Ästhetik", die Hegel während dieser Zeit nicht las), stets „mit rühmlichstem Fleiße", wie sein Abgangszeugnis bestätigt; die Logikvorlesung hörte er sogar zweimal. Es kam auch zu Gesprächen und persönlichen Beziehungen zu seinem hochgeschätzten Lehrer Hegel (vgl. Brief an K. Daub, Berlin, September 1824, und spätere Berichte).

In Bayern war es 1825 zum Thronwechsel gekommen. Maximilian I. Joseph war verstorben. Dessen Sohn und Nachfolger Ludwig I., dem die reformerisch-liberale Wirksamkeit P. J. A. v. Feuerbachs politisch suspekt war, verweigerte die weitere Gewährung der königlichen Stipendien für die beiden noch studierenden Söhne P. J. A. v. Feuerbachs, Ludwig und Friedrich. Es war deshalb ein schneller Abschluß der Studien an einer bayerischen Universität erforderlich, und Ludwig Feuerbach kehrte früher als ursprünglich beabsichtigt nach Bayern zurück (vgl. Brief an K. A. Ch. H. v. Kamptz, Berlin, 10. April 1826). Er schloß sein Studium in Erlangen ab, wo er hauptsächlich naturwissenschaftliche Vorlesungen belegte. Im Sommer 1828 promovierte er und habilitierte sich im Dezember desselben Jahres (seine Dissertation siehe GW 1) in Erlangen. Von besonderer Bedeutung für die Beurteilung der Feuerbachschen Anknüpfung an Hegels Philosophie ist sein Brief an Georg Wilhelm Friedrich Hegel vom 22. November 1828, mit dem er dem Lehrer seine Habilitationsschrift übersandte. Anfang 1829 begann seine Tätigkeit als Privatdozent der Philosophie an der Universität in Erlangen.

Im Jahre 1830, zeitgleich mit dem Ausbruch der Julirevolution in Frankreich, erschienen anonym – von einem seiner Freunde herausgegeben – seine „Gedanken über Tod und Unsterblichkeit" (in GW 1), die zum Teil schon in Berlin niedergeschrieben wurden und in denen sich bereits seine antireligiöse Einstellung und politisch radikale, gegen die Ideologie des feudalbürokratischen Regimes gerichtete Position zeigte. Die Schrift enthält eine scharfe Polemik gegen die Theologie und wurde in Erlangen, einem Zentrum pietistisch-protestantischer Bestrebungen, übel aufgenommen. Sie wurde polizeilich konfisziert und zeitweise mit Verbot belegt; Feuerbachs Autorschaft wurde ruchbar, und er war fortan Repressalien ausgesetzt, die dazu führten, daß er im Frühjahr 1832 seine akademische Tätigkeit für einige Jahre unterbrach. Die Worte des Vaters: „Diese Schrift wird Dir nie verziehen, nie bekommst Du eine Anstellung" (nach Feuerbachs Brief an L. Noack, Juni 1846) sollten sich bewahrheiten. Es begann ein jahrelanger vergeblicher, sich in den Briefen aus jener Zeit lebhaft widerspiegelnder Kampf um eine feste besoldete Anstellung. Ludwig Feuerbach erwog die Emigration nach Paris, doch mußte er diesen Plan, den er über längere Zeit hinweg intensiv vorbereitete, aus Mangel an Geldmitteln fallenlassen. Außerdem wäre ihm, hätte er Bayern verlassen, die bescheidene Pension aus dem väterlichen Nachlaß (der Vater war 1833 gestorben) verlorengegangen.

In den Jahren 1832–1838 verfaßte er drei große Werke zur Geschichte der neueren Philosophie („Geschichte der neuern Philosophie von Bacon von Verulam bis Benedikt Spinoza", „Darstellung, Entwicklung und Kritik der Leibnizschen Philosophie" und „Pierre Bayle", GW 2–4). Diese Werke wurden von Fachkreisen zwar mit Anerkennung aufgenommen, verhalfen ihm jedoch nicht zu einer Anstellung an einer der deutschen Universitäten. Ludwig Feuerbach war seines radikalisierten Hegelianismus und seiner aufklärerischen Kritik wegen der Obrigkeit in den deutschen Staaten mißliebig, so auch in Preußen, wo er, nach der aussichtslosen Lage in Bayern, eine Anstellung zu finden hoffte (vgl. Brief an J. Schulze, Erlangen, 26. März 1835). Schließlich fügte er sich in sein Schicksal, in das Los eines Privatgelehrten und Schriftstellers. „So gering ich mich selbst anschlage: Ich gehöre nicht der Gegenwart an." (An E. Feuerbach, Bruckberg, 17. Juli 1837).

Die Berliner „Societät für wissenschaftliche Kritik", Sammelpunkt vor allem der Hegelianer, forderte ihn am 8. Mai 1834 (vgl. Brief von L. v. Henning) zur Mitarbeit an ihren „Jahrbüchern" auf. Er schrieb einige Rezensionen für die Berliner „Jahrbücher für wissenschaftliche Kritik" (in GW 8), doch setzte die Societät seinen radikalen Tendenzen zunehmend Widerstand entgegen, was besonders deutlich wurde an den ängstlich besorgten Einwänden gegen seine Kritik des restaurativen, sich auf Schelling berufenden Staatsrechtlers F. J. Stahl (vgl. Brief von L. v. Henning, Berlin, 17. April 1835).

Nach mehrjähriger Unterbrechung stieg Ludwig Feuerbach im Wintersemester 1835/36 noch einmal in Erlangen auf das Katheder und hielt Vorlesungen zur Geschichte der neueren Philosophie (siehe Bd. 14 unserer Ausgabe). Seine wiederholten, zum Teil unmittelbar an den König Ludwig I. gerichteten Gesuche um eine außerordentliche Professur an der Universität zu Erlangen wurden schließlich, mit dem Hinweis auf seine Autorschaft an der antitheologischen Schrift „Gedanken über Tod und Unsterblichkeit", abschlägig beschieden (vgl. dazu den Brief von J. G. V. Engelhardt, Erlangen, 22. September 1836, und Feuerbachs Antworten vom Oktober 1836).

Der Radikalisierung seiner philosophischen Auffassung kam das Angebot Arnold Ruges (vgl. Brief von A. Ruge, 14. Oktober 1837) sehr gelegen, an dem neugegründeten Publikationsorgan der linken Hegelianer, den „Hallischen Jahrbüchern für deutsche Wissenschaft und Kunst" (später „Deutsche Jahrbücher"), mitzuwirken. Die Korrespondenz zwischen Ludwig Feuerbach und Arnold Ruge zeigt die Verehrung und Wertschätzung, die Ruge für Ludwig Feuerbach hegte. Sie verdeutlicht ihren gemeinsamen Kampf für eine freiere philosophische Richtung. In diesem Prozeß gewann Ludwig Feuerbach ein zunehmend kritisches Verhältnis zur idealistischen Philosophie und damit auch zu der Hegels, was besonders in seinem Artikel „Zur Kritik der Hegelschen Philosophie" (in GW 9) zum Ausdruck kommt.

Die Verbindung zu Arnold Ruge über die „Hallischen Jahrbücher" führte dazu, daß sich Otto Wigand, der Verleger der Zeitschrift und einer der progressivsten Buchhändler jener Zeit, bereit erklärte, künftig alle Schriften Feuerbachs zu verlegen.

Zu Feuerbachs engsten Freunden dieser Jahre gehörte Christian Kapp, der der Hegelschen Philosophie eng verbunden war und als außerordentlicher Professor in Erlangen und später in Heidelberg wirkte. Die Briefe an Kapp, zu dem sich eine lebenslange Freundschaft anbahnte, sind besonders aufschlußreich für die Lebensgeschichte und philosophische Entwicklung Feuerbachs; in ihnen spricht er seine Meinung am offensten und vorbehaltlosesten aus.

Mit dem Nürnberger Gymnasialprofessor und Schriftsteller Georg Friedrich Daumer verbanden ihn gemeinsame Interessen an philosophischen und religionsgeschichtlichen Fragen und die Anteilnahme am Schicksal des Nürnberger Findlings Kaspar Hauser (vgl. Briefe von G. F. Daumer, Nürnberg, 12. Februar 1828, 1833, Ende 1833/Anfang 1834, Januar 1834 und 24. Juni 1834). Daumers Freund und Kollege am

Nürnberger Gymnasium Georg Wolfgang Karl Lochner, der vermutliche Herausgeber von Feuerbachs „Gedanken über Tod und Unsterblichkeit“ (vgl. Vorbemerkung in GW 1, S. LXVIII), gehörte in den Jahren 1831 bis 1834 zu Feuerbachs Briefpartnern. Er verfügte über Beziehungen zu mehreren Verlagsbuchhändlern Nürnbergs und war u. a. bemüht, einen Verleger für Feuerbachs Aphorismen „Abälard und Héloise oder Der Schriftsteller und der Mensch“ (in GW 1) zu finden (vgl. Brief von G. W. K. Lochner, Nürnberg, 8. Dezember 1833).

Zu seinen Freunden der Erlanger Zeit gehörte auch Wilhelm Kohl, der Feuerbachs philosophischen Arbeiten große Aufmerksamkeit schenkte und sich um die öffentliche Anerkennung von Feuerbachs „Geschichte der neuern Philosophie“ sehr bemühte (vgl. Brief von W. Kohl, Dezember 1833), und Karl Riedel, über den sich nur Äußerungen im Briefwechsel mit seinen Brüdern und seiner Braut finden – beides aus der Gymnasial- und Heidelberger Studienzeit reresultierende Bekanntschaften.

Auch zu dem Erlanger Gymnasiallehrer und Schriftsteller Karl Bayer hatte Feuerbach freundschaftliche Beziehungen (vgl. Brief an K. Bayer, Spätsommer 1837. Er rezensierte Karl Bayers Schriften „Die Idee der Freiheit und der Begriff des Gedankens“ (in GW 8) und „Betrachtungen über den Begriff des sittlichen Geistes und über das Wesen der Tugend“ (in GW 9).

Mit dem ehemaligen Fechtmeister der Erlanger Universität Johann Adam Karl Roux war Feuerbach weitläufig verwandt. Roux nahm regen Anteil an Feuerbachs Schaffen (vgl. Briefe von J. A. K. Roux, 24. Dezember 1833 und 2. März 1836), besonders im Hinblick auf dessen Arbeiten über Leibniz' Philosophie.

Ebenso lebhafte wie kritische Aufmerksamkeit am Wirken Feuerbachs zeigte der Freund seines Vaters, der Dichter August Tiedge. Er äußerte sich kritisch-anerkennend zu den „Gedanken über Tod und Unsterblichkeit“ und gab sein Urteil über „Abälard und Héloise“ (vgl. Briefe von A. Tiedge, Dresden, 16. November 1831 und 25. August 1834).

Eine Würdigung erfuhr seine „Geschichte der neuern Philosophie“ durch den Hegelianer Eduard Gans, Professor an der Berliner Universität (vgl. Brief von E. Gans, Berlin, 11. Oktober 1833) und den preußischen Minister Karl von

Altenstein (vgl. Brief von K. v. Altenstein, Berlin, 13. Oktober 1833).

Im Jahre 1838 entspann sich ein kritischer Briefwechsel mit dem philosophisch dilettierenden Magdeburger Oberlandesgerichtsrat Friedrich Dorguth. Ludwig Feuerbach hatte Dorguths Schrift „Kritik des Idealismus und Materialien zur Grundlage des apodiktischen Realrationalismus" in den „Hallischen Jahrbüchern" als Prototyp empiristisch-materialistischen Herangehens an die Bestimmung des Denkens einer scharfen Kritik unterzogen (in GW 8). Die sich daran anschließende Korrespondenz offenbart Feuerbachs Ringen um die philosophische Erfassung des Verhältnisses von Denken und Sein, einer der „wichtigsten und schwierigsten Fragen der Philosophie" (GW 8, S. 149). Obwohl er scharfsinnig die eklektische Vermengung Schopenhauerscher und mechanistisch- bzw. vulgärmaterialistischer Positionen in Dorguths „Realrationalismus" herausarbeitete, durch die der spekulative Idealismus stets „gewonnen Spiel" hatte (vgl. Brief an F. Dorguth, November 1838), verdeutlicht dieser Briefwechsel, daß für ihn die Auseinandersetzung mit materialistisch-philosophischen Prinzipien stärker in den Vordergrund tritt.

Einen breiten Raum nehmen in den Jahren 1834–1836 die Briefe an Bertha Löw, seine Braut und spätere Gattin, ein. Sie bezeugen seine innige Zuneigung zu ihr und ihre geistige Übereinstimmung; sie vermitteln Feuerbachs poetische Empfindungs- und Ausdrucksfähigkeit und – immer wieder – die sorgenvolle Frage nach der äußeren Sicherung ihres künftigen gemeinsamen Lebens. „Deine Jahre werden nie die Kraft meiner Liebe mindern ... Ich vermisse nichts weiter an Dir, als daß Du nicht mein Weib bist. Nur dieser Mangel kümmert mich." (Erlangen, 17. Februar 1835). Am 12. November 1837 kam die ersehnte Vermählung zustande, und Ludwig Feuerbach, der schon seit April 1836 sein Domizil im Schloß Bruckberg bei Ansbach, dem Wohnsitz der Familie seiner Verlobten, aufgeschlagen hatte, fand hier im fränkischen ländlichen Idyll Bruckbergs für das kommende Vierteljahrhundert (bis 1860) den „Musensitz" seiner philosophisch-schriftstellerischen Tätigkeit. Bertha Löw – mittlere der drei seit 1828 voll verwaisten Töchter Johann Christoph Löws, des zuletzt alleinigen Inhabers einer schon 1767 im ehemals markgräflichen Jagdschloß derer zu Ansbach-Bayreuth in Bruckberg eingerichteten Porzellanmanufaktur – war an den Einkünften der Bruckberger Fabrik beteiligt; sie hatte freies Wohnrecht im Schloß. Zusammen mit der kleinen königlichen Pension aus dem väterlichen Nachlaß, über die Ludwig Feuerbach jährlich verfügen konnte, war für das Ehepaar Feuerbach in Bruckberg – solange die Fabrik Reinerträge erbrachte – wenigstens das Notwendigste für das gemeinschaftliche Leben gesichert, nachdem sich für ihn alle Aussichten auf eine besoldete akademische oder eine seiner Ausbildung entsprechende anderweitige Anstellung zerschlagen hatten.

In den letzten Briefen des Jahres 1839 an Christian Kapp und Arnold Ruge, die zu seinen anregendsten geistigen Partnern gehörten, wird deutlich, daß Feuerbach bereits Vorarbeiten zu jenem großen Werk leistete, das 1841 unter dem Titel „Das Wesen des Christentums" (GW 5) erscheint und – von epochaler Bedeutung – großen Einfluß auf das weitere philosophische Denken Deutschlands in den Jahren bis zur Revolution von 1848/49 ausübt.

Redaktionelle Bemerkungen

Für den Zeitraum des vorliegenden Bandes wurden einschließlich der Nachträge insgesamt 206 Briefe (bzw. Briefentwürfe) ermittelt (die bisher umfassendste Briefwechselausgabe von W. Bolin bietet in der ergänzten Neuauflage von 1964 92 Stücke). Der überwiegende Teil dieser Korrespondenzen stammt von Feuerbach (149 Briefe an 35 Adressaten gegenüber 57 Briefen an Feuerbach von 20 Korrespondenten). Unser Band bietet 83 Erstveröffentlichungen. Für 35 weitere Briefe wird erstmals der ungekürzte Wortlaut auf Grund der Handschriften mitgeteilt; ebenso konnten in zahlreichen Fällen gegenüber den bisherigen Ausgaben von K. Grün und W. Bolin Textverbesserungen erreicht werden.

Die Briefe werden in chronologischer Reihenfolge nach der jeweiligen Datierung veröffentlicht. Steht die Datierung eines Briefes nicht eindeutig fest, so werden die entsprechenden Angaben im Briefkopf in eckigen Klammern gegeben. Der Text folgt getreu der jeweiligen Textgrundlage. Orthographie und Interpunktion wurden, soweit vertretbar, modernisiert. Der Lautstand blieb erhalten. Die Eigenheiten Feuerbachs in der Interpunktion wurden weitgehend gewahrt. Eindeutige Schreibfehler wurden stillschweigend korrigiert, notwendige Textrevisionen werden im Apparat ausgewiesen. Allgemein übliche Abkürzungen (Münzenangaben u. a.) wurden beibehalten, alle anderen im Original abgekürzten Wörter wurden in eckigen Klammern zum vollen Wortlaut ergänzt; „u." wurde ohne besondere Kennzeichnung zu „und" ergänzt, ebenso „H." zu „Herr". Abgekürzte Orts- und Monatsangaben im Briefkopf bzw. am Briefende wurden ebenfalls, sofern sie eindeutig, stillschweigend ergänzt.

Unterstreichungen im Original werden *kursiv* wiedergegeben. Zitate und Titelangaben werden in Anführungszeichen gesetzt. Fremdsprachigen Textstellen sowie heute unüblichen Fremdwörtern wird eine deutsche Übersetzung in eckigen Klammern nachgestellt. Textergänzungen über der Zeile bzw. am Rande wurden, wo die Zuordnung durch den Autor jeweils festgelegt, eingefügt. Im übrigen bedeuten: Text in eckigen Klammern redaktionelle Ergänzung, [...] unleserliche bzw. verderbte Textstellen in der Handschrift, [?] unsichere Transkription, / Beginn bzw. Ende einer handschriftlichen Briefseite.

Der in den „Untersuchungen und Erläuterungen" den Brieftexten nachgestellte Apparat enthält Angaben zum Standort der Originalhandschrift, zum Charakter des Textes (abgesandter Brief, Fragment, Briefentwurf oder Abschrift), zur Datierung bei undatierten Briefen, zu vermutlichen Absendeorten, zu Textverlusten bei beschädigten Autographen, den Nachweis der Erstveröffentlichung und einen Textvergleich zum Erstdruck. Der Bezug zum Text wird dabei über den Zeilenzähler hergestellt. Im *Textvergleich* werden nachgewiesen: Abweichungen (einschließlich Umstellungen), Auslassungen, Einfügungen; *kursiv* Gesetztes stammt hier immer von den Bearbeitern. Bei Abweichungen trennt ein Kolon den Text unserer Ausgabe von dem des Erstdrucks, bei Auslassungen folgt dem ausgelassenen Wort der Bearbeitervermerk *Fehlt in* und das Sigle des Erstdrucks, bei Einfügungen folgt dem Bezugswort zum Text der Bearbeitervermerk *In* (*Sigle*) *folgt Zusatz:* und das eingefügte Wort.

Die verwendeten *Siglen* bedeuten:

BwN K. Grün, Ludwig Feuerbach in seinem Briefwechsel und Nachlaß. 2 Bände, Leipzig/Heidelberg 1874.

BwK	Briefwechsel zwischen Ludwig Feuerbach und Christian Kapp. Hrsg. von A. Kapp, Leipzig 1876.
Ruge Bw	Arnold Ruges Briefwechsel und Tagebuchblätter aus den Jahren 1825–1880. Hrsg. v. P. Nerrlich, Bd. 1 (1825–1847), Berlin 1886.
Bw	Ausgewählte Briefe von und an Ludwig Feuerbach. Zum Säkulargedächtnis seiner Geburt hrsg. und biogr. eingel. von W. Bolin. 2 Bände, Leipzig 1904.
BwS	Ludwig Feuerbach, Sämtliche Werke. Neu hrsg. von W. Bolin und F. Jodl, neu hrsg. von H.-M. Saß, Bd. 12/13. Ausgewählte Briefe von und an Ludwig Feuerbach, Stuttgart-Bad Cannstatt 1964.
Bw Recl	Ludwig Feuerbach, Briefwechsel. Hrsg. v. W. Schuffenhauer, Leipzig 1963 (Reclams Universalbibliothek, Bd. 105).
Saß	H.-M. Saß, Ludwig Feuerbach in Selbstzeugnissen und Bilddokumenten, Reinbek b. Hamburg 1978.
UB	Universitätsbibliothek.
IML/ZPA	Institut für Marxismus-Leninismus beim ZK der KPdSU/Zentrales Parteiarchiv, Moskau.
SLB	Sächsische Landesbibliothek, Dresden.
AdW	Akademie der Wissenschaften der DDR, Berlin.

Erläuterungen zu den Texten werden, soweit erforderlich, unter Angabe von Bezugswörtern und Textzeile den textgeschichtlichen bzw. -kritischen Hinweisen nachgestellt; sie sind so abgefaßt, daß sie – unter Beachtung der *Vorbemerkung* und der *Register* (*Namen-*, *Literatur-* und *Sachverzeichnis*) – notwendige Aufschlüsse vermitteln.

Unter „Nachträge" werden dem Bearbeitungszeitraum dieses Bandes zugehörige, neu aufgefundene Stücke mitgeteilt. Sie erhalten neben der fortlaufenden Nummer in runder Klammer den Hinweis zur chronologischen Einordnung: (13a) bedeutet, daß der Brief nach Brief 13 einzuordnen ist.

An dieser Stelle sei allen im vorliegenden Bande im Überlieferungsnachweis der einzelnen Stücke näher genannten Autoren, Institutionen, Bibliotheken und Archiven für die uns gewährte Unterstützung unser Dank ausgesprochen. Dieser Dank gilt ebenfalls Frau *H. Mingram* für die Unterstützung bei den Korrekturarbeiten, dem Akademie-Verlag Berlin und der Druckerei „Gottfried Wilhelm Leibniz", Gräfenhainichen.

Die Bearbeiter

1817–1821

1

An Wilhelmine Feuerbach

9. März [1817]

/ den 9ten März

Meine liebste Mutter!

Ich habe Deinen Brief erhalten, und es hat mich sehr gefreut, daß Du wieder etwas gesunder bist. Hat die Teuerung noch nicht nachgelassen. Was machen denn meine lieben Schwestern, sie sind doch alle recht gesund und munter. Ich bin recht gesund, es geht mir auch gut, in unserer Kasse haben wir jetzt 6 fl. 73 Kr. Wir haben auch 5 Vögel und einen Hund. Wir bekommen unser ordentliches Essen, früh bekommen wir 3 Semmeln und eine Tasse Milch, damit müssen wir aber bis Mittag auskommen, wir bekommen des Tags ein jeder 3 Gläser Bier. Das Wetter ist in München recht schlecht, es liegt kein Schnee, sondern immer ganz fürchterlicher Wind, Regen und Schnee. Gefällt es Dir recht in Deinem Logis? Wir wohnen sehr weit von der Stadt an der Nymphenburger Straße. Lebt auch noch mein Stieglitz, den ich Euch geschenkt habe. Kommt auch oft die Frau Myrrin zu Dir, wir haben schon, seitdem wir hier // sind, schon 6 Mägde gehabt. Ich und Eduard bekommen alle Sonntage miteinander 24 Kr. Es geht uns allen zusammen recht gut, und wir sind alle gesund. Ich würde Dir mehr geschrieben haben, aber wir wollen noch den Tag, an welchem wir Deinen Brief erhalten haben, schreiben. Tausend Küsse und Grüße an meine lieben Schwestern, grüße mir auch meine Freunde. Lebe wohl und bleibe gesund.

Dein Dich ewig liebender

Ludwig

Grüße mir nur recht meine lieben Schwestern. /

2

An Wilhelmine Feuerbach

9. Februar 1818

/ Liebste Mutter!

Verzeih es mir, daß ich Dir schon so lange nicht geschrieben habe, aber denke nicht, daß ich Euch vergessen habe. Ich habe auch schon seit mehreren Tagen Kopfweh, aber es [ist] jetzt wieder etwas besser. Nun will ich Dir auch [schreiben], was wir zum Christkindel bekommen haben, zwei Westen ein jeder, einen Vierundzwanziger, eine schwarze Kappe, einen schönen Taschenkalender von der Frau Brunner, 6 Lebkuchen und Äpfel und Nüsse und alle zusammen ein Buch, nämlich Funkes „Naturgeschichte", welches 3 fl. gekostet hat. Es geht uns nichts ab, der Vater leidet nicht mehr am Arm seit einiger Zeit, hingegen hat er oft recht Zahnschmerzen. Wir haben recht schlechtes Wetter. Grüße mir meine lieben Schwester[n], Freunde und die // Klara recht herzlich. Daß Du bald wieder gesund werdest und recht lange, lange lebest,

wünscht Dein Dich ewig liebender Sohn
Ludwig Feuerbach

den 9ten Februar 1818 /

3

An Wilhelmine Feuerbach

7. August 1818

/ Liebste Mutter!

Warum schreibst Du uns nicht, hast Du vielleicht unsere Briefe nicht erhalten? Wie geht es mit Deiner Gesundheit? Ich muß Dir, liebe Mutter, eine traurige Nachricht schreiben, nämlich diese, daß Anselm und Karl so liederliche Studenten sind, sie bezahlen nicht die Professoren und haben in diesem Jahre schon 400 fl. Schulden gemacht. In jeder Woche kommt fast ein Brief von Professoren und beklagen sich über sie.

4

Der Vater ist sehr erzürnt auf sie, sie dürfen nicht vor seine Augen kommen, und hat gesagt, daß er sie, wenn sie sich nicht außerordentlich bessern, unter die Soldaten tun werde. Er hat uns aufgetragen, Dir zu schreiben, daß Du sie sehr ermahnest und nicht nach Bamberg läßt, damit sie in Erlangen bleiben und studieren, denn sie dürfen auch nicht nach Ansbach. Gute Mutter, tue dieses und ermahne und schreibe an sie recht oft, denn sonst könnten die Worte unsers lieben Vaters in Erfüllung gehen und üble Folgen haben. Hättest Du an so was geglaubt und besonders von Karl? Der Vater ist ziemlich gesund, nur am Arme leidet er oft. Wir sind ganz gesund. Wir lernen jetzt auch fechten, weil es eine so gute Leibesübung ist. Grüße mir // recht herzlich meine lieben Schwestern. Schreibe uns recht bald. Lebe wohl, liebe Mutter, und kränke Dich nicht zu sehr über diese Nachricht.

Dein Sohn
Ludwig Feuerbach

Ansbach, am 7ten August 1818 /

4

An Wilhelmine Feuerbach

28. Oktober 1818

/ Ansbach, 28. Oktober 1818

Liebste Mutter!

Der letzte Brief von Euch hat mich sehr gefreut, aber besonders das, daß Ihr gesund seid und daß Du Dich nicht um uns grämst. Wir und der liebe Vater sind recht gesund. Der Vater hat seit einiger Zeit gar keine Schmerzen mehr an der Hand, er hat ein Katzenfell über seiner Hand, und das tut ihm recht gut. Was macht Ihr denn immer, wie geht es denn Euch? Wenn dem Vater sein Geburtstag ist, kaufen wir ihm eine schöne Tabakspfeife. Die Madam Brunner hat sich, wie man es mir gesagt hat, von ihrem Manne scheiden lassen. Liebe Mutter, schreib uns nur immer alles, ob Ihr gesund und lustig seid. Wir haben jetzt immer // recht viel zu tun. Ach, so oft hat mir von Euch geträumt. Liebe Mutter, wer weiß, wie es noch werden wird. Denn was Gott tut, das ist wohlgetan. Der Vater ist halt noch immer nicht mit den Großen gut, dem Anselm zwar ist er besser, aber noch nicht dem Karl. Der Karl schreibt aber auch gar nie. Wie wir nach Erlangen gekommen sind, hat Anselm uns einen Brief an den Vater mitgegeben, Karl aber nicht, dies hat ihn recht verdrossen. Grüße mir recht herzlich meine lieben Schwestern und die Mamsell König. Lebe recht wohl und bleibe gesund und kümmere Dich nicht um uns. Dieses wünscht Dein Dich ewig liebender

Sohn Ludwig/

5

An Wilhelmine Feuerbach

14. November 1818

/Ansbach, den 14. November 1818

Liebste Mutter!

Meine erste Frage ist in diesem Briefe wie in fast allen meinen andern diese, wie geht es Euch, seid Ihr gesund und recht fröhlich? Ach, ich wollte, Ihr wäret so gesund und lustig, wie wir alle sind, dem Vater fehlt halt gar nichts, er hat gar keine Schmerzen, er sagt selber, er wundere sich, daß er immer so gesund ist. Gott gebe, daß doch auch Ihr so gesund seid wir wir. Ach, schreibt uns nur immer, was Euch fehlt, damit ich mit Euch trauern kann, denn sonst ist's mir nicht wohl. Was machen denn meine lieben, guten, teuern Schwestern? // Was tut denn immer die kleine Elise. Wie vertreibt Ihr denn Euch die langen Winterabende. Heute, liebe Mutter, hat der gute Vater aus einem Brief von Erlangen erfahren, daß sie beide wieder recht fleißig sind. O liebe Mutter, magst Du uns nicht das Rezept von dem Weihnachtskuchen, die Du sonst immer machtest, schicken, weil sie der Vater so gern ißt. Ich bitte Dich, schicke es uns recht bald, schreib es nur an uns. Ich habe nun auch ein paarmal schon die Mamsell König gesehen. Oh, grüße mir tausendmal meine liebe Schwester, die Mamsell König und meine Freunde.

Lebe wohl und kränke Dich ja nicht um uns, ich bitte Dich,

Dein treuer Sohn
Ludwig /

6

6

An Wilhelmine Feuerbach

[Januar 1819]

/ Teuerste Mutter!

Nicht bloß Schuldigkeit und Pflicht, sondern vielmehr ein reges Gefühl der Dankbarkeit für Deine Liebe und Deine vielen Wohltaten, die Du mir bisher erwiesen hast, treibt mich jetzt an, Dir, meine gute Mutter, die aufrichtigsten und herzlichsten Wünsche darzubringen. Zwar, was nützen bloß Wünsche? Ich will aufwärts blicken gen Himmel zu dem Unaussprechlichen und ihn inbrünstig und demutsvoll anflehen, daß er Dir, o Gute, und Deinen lieben Töchtern, eine gute Gesundheit gebe und über Euch Friede, Ruhe, Frohsinn und Freuden in Fülle ausgieße! Ach, Du gütiger Vater im Himmel, erhöre das Flehen eines schwachen Kindes! Ach! laß über einer zärtlichen Mutter mit ihren frommen Töchtern Deinen Frieden und Deine Gnade walten! // So kann ich Dir denn nichts anders für Deine vielen Wohltaten, die Du mir erwiesest, zum Dank darbringen als die aufrichtigsten Wünsche und ein frommes Gebet zu unserm Schöpfer. Doch ich tröste mich damit, daß ich weiß, Du verlangst keine Geschenke von Deinen Söhnen.

Was uns anbetrifft, sind wir gesund, bis auf Fritz, der zwar im Bette liegt, aber nur einen geschwollenen Mund hat, sonst fehlt ihm nichts und ist auch schon auf dem Weg der Besserung. Eduard kann Dir unmöglich schreiben, weil er eine große lateinische Ausarbeitung fertig zu machen hat. Sie lassen beide auch recht herzlich grüßen und ein glückliches neues Jahr wünschen. Grüße mir auch tausendmal meine Schwestern und meine andern Bekannten.

Lebe recht wohl!

Dein Dich herzlich liebender Sohn

Ludwig /

7

7

An Wilhelmine Feuerbach

30. April [1820]

/ Liebe, gute Mutter!

Glücklich bin ich gestern am Samstag in Wallerstein angekommen. Am ersten Tag bin ich bis Nürnberg gegangen, wo ich schon um 6 Uhr, aber ziemlich müde und hungrig ankam. Am zweiten ging ich bis Wormach, das eine halbe Stunde weit über der Stadt Gunzenhausen liegt. Am dritten hatte ich einen ganz kleinen Marsch, kam aber doch erst wegen der drückenden und lästigen Tageshitze am Abende in Wallerstein an. Wallerstein ist ein kleines, aber freundliches Städtlein und hat eine ganz prächtige, für den Fremden äußerst interessante Lage. Mir gefällt es hier sehr wohl, und ich freue mich besonders auch darauf, die herrliche Gegend hier zu besehen. – Werde ja nicht böse, liebe Mutter, wenn Du dies kleine Briefchen so flüchtig und schlecht geschrieben findest, denn ich bin heute sehr müde, und der Schlummer befällt schon meine Glieder. // Grüße mir tausendmal tausend meine innigst geliebten, teuern Schwestern und meine übrigen Freunde.

Lebe recht wohl, meine gute Mutter!

Dein Dir bis in den Tod gehorsamer und getreuer Sohn

Ludwig

Sonntag, den 30. April

Vergiß nicht, mit den lieben Kleinen täglich zur Erhaltung der Gesundheit einen Spaziergang zu machen. /

8

An Wilhelmine Feuerbach

22. Oktober 1820

/ Ansbach, Sonntag, d[en] 22. Oktober 1820

Liebste Mutter!

Freitag, den 20ten Okt[ober], vor 14 Tagen kamen wir von unserer großen Reise zurück. Wir gingen über Stuttgart und Tübingen nach Freiburg, wo wir uns 5 Tage aufhielten. Der

Karl hatte eine rechte Freude über uns. Karl ist sehr fleißig, ordentlich und sparsam, er trinkt und raucht sehr wenig und macht in der Mathematik große Fortschritte. Auch ist er gesund und wird auf Ostern nach Ansbach kommen. Von Freiburg gingen wir in die französische Stadt Straßburg, die über dem Rhein liegt, bis wohin uns Karl begleitete. In Straßburg wurden wir überall ausgelacht und mit Gläser[n] beschaut, wahrscheinlich wegen unserer altdeutschen Tracht und weil überhaupt die Franzosen in dieser Gegend die elendsten unter d[en] Franzosen sind. Hier trennten wir uns von Karl, und wir wanderten fort und kamen nach Rastatt, Karlsruhe, Speyer und dann nach // Mannheim, wo wir uns einen Nachmittag aufhielten. Wir gingen auch auf den Kirchhof und sahen die Stelle, wo der brave Sand begraben liegt, welche aber ganz eben ist und nur mit Gras bewachsen. Wir rissen sehr viel Gras ab, wovon ich auch Dir ein wenig schicke, weil doch auch Du den deutschen Jüngling lieb hast. Auch sahen wir Kotzebues Grab und den Platz, wo Sand hingerichtet wurde. Dann gingen wir von hier aus über Heidelberg nach Ansbach wieder zurück.

Wie sieht es denn bei Euch in Bamberg aus, seid Ihr doch alle gesund? Oh, schreibt uns bald! Oh, tröste Dich, daß wir nicht bei Dir waren; es war Gottes Wille! Oh, grüße mir die lieben Schwestern! Und lebe wohl, gute Mutter! Gott gebe Euch allen Gesundheit!

Dein treuer, Dich ewig liebender Sohn
Ludwig /

9

An Wilhelmine Feuerbach

[März 1821]

/ Teuerste Mutter!

Wenn ich mich gleich eigentlich nicht entschuldigen kann, daß ich so lange an meine gute Mutter zu schreiben unterlassen habe, so führe ich doch dies zur Entschuldigung an, daß ich immer warten wollte, bis ich Dir einiges Neues zu schreiben hatte, wozu sich denn jetzt mir ein reichlicher Stoff dargeboten hat. Der liebe Vater ist vor ungefähr 5 Wochen nach München, gewiß wegen einiger Unordnungen, die sich auf dem Appellationsgericht hier zugetragen haben. Der Direktor Leurod nämlich und noch einige Räte haben sich gegen den Vater etwas roh und unartig benommen, ihm gleichsam den gehörigen Respekt und den Gehorsam aufgekündigt und sich wider seine Befehle aufgelehnt; besonders aber der Direktor Leurod. Deswegen reiste der Vater nach München, um dort mündlich dem Minister diesen Vorfall vorzutragen, damit diese ungehorsamen Herren in Ansbach darüber zu Rede gesetzt und zu dem ihrem Präsidenten schuldigen Gehorsam gebracht würden. In München fand man diesen Ungehorsam ganz empörend und wunderte sich über des Vaters gütiges Verfahren, daß er nicht gleich selbst schon in Ansbach diese Aufrührer bestraft hätte. Sie bekamen aber auch vom Minister und vom König ganz erschreckliche Verweise, und der Direktor Leurod wird vielleicht sogar seines Amtes entsetzt. Der Vater wurde wider sein Vermuten sehr freundschaftlich und liebreich von den Ministern und von un//serm guten Maximilian in München aufgenommen. Alles huldigt ihm und alle beweisen dem Vater ihre Achtung durch ein zuvorkommendes Betragen. Der Vater ist überaus lustig und vergnügt, wie er nicht leicht je war. Eduard fuhr mit dem Vater nach München, hielt sich aber bloß 8 Tage dort auf, weil es ihm nicht gefiel und wanderte zu Fuß wieder zurück. Acht Tag[e] später, als der Vater nach München fuhr, reiste auch die Brunner nach München zur Cors, und ich begleitete sie nach München und hielt mich dort nur zwei Tage auf und wandelt[e] dann allein wie Eduard zu Fuß nach Ansbach zurück.

In München habe ich im Naturalienkabinett zufällig die Pannwart getroffen, konnte aber nicht mit ihr sprechen.

Mir gefiel es in dem geräuschvollen München nicht, ich war froh, wie ich allein wieder fortwandern durfte. Die Brunner hielt sich 14 Tage in München bei der Cors auf und reiste dann nach Ansbach allein zurück. Nachdem sie sich 3 Tage hier aufgehalten hatte, um einige Sachen zu besorgen, ist sie wieder zum Vater zurück nach München gereist, um von dort mit dem Vater nach Paris zu reisen. Der Vater geht nämlich auf königliche Kosten nach Paris, um dort die Gesetze, die Verfassung und Gerichte zu studieren, um mit den dort gesammelten Kenntnissen wieder Bayern nützen zu können. Damit er nicht allein reise, nimmt er die Frau Brunner mit und den Polizeidirektor Wurm mit. Das Hauswesen in Ansbach bei uns führt indes eine gewisse Madam Gerwisch, die aber uns gar nichts angeht, sondern bloß wegen der Kinder der Brunner und der Mägde wegen da ist. Doch wie geht es denn bei Euch in Bamberg? Seid ihr doch recht gesund und lustig? Oh, schreibt uns recht bald. Der Vater hat uns von München aus einen Brief geschickt und läßt Euch recht herzlich grüßen. Uns geht es recht gut in Ansbach. Grüße mir tausendmal meine lieben Schwestern.

Lebe wohl, liebe Mutter, und bleib recht gesund

Dein Dich herzlich liebender Sohn
Ludwig

Eduard und Fritz lassen Euch recht grüßen. /

10

An Wilhelmine Feuerbach

13. Mai 1821

/ Beste, liebste Mutter!

Wohlbehalten kam ich am Mittwoch nachmittags um 2 Uhr hier in Ansbach an, und ich bin recht froh, daß ich wieder bei meinen Büchern, die meine besten Freunde, meine liebsten Gesellschafter sind, bin; doch ach, wie weit froher, wie weit vergnügter wäre ich, wenn ich Euch, meine Lieben hier hätte, wenn ich mich mit Euch recht herzlich unterhalten könnte. Doch es kann ja nicht so sein, und Gott will es ja so, und was Gott tut, das ist wohlgetan. Wir haben noch keinen Brief bekommen, wann der Vater hier eintreffen wird, wir erwarten aber alle Tage einen. Übrigens bin ich und Eduard jetzt ganz ruhig, getrost auf alles gefaßt, und wir wollen gewiß alles dem Vater ganz offen, liebreich und bescheiden sagen, so daß er gewiß nicht über Fritzens Aufenthalt in Bamberg zornig und böse werden kann; sollte aber der Vater darüber böse werden, sollte er Dir etwa einen harten, einen unfreundlichen Brief schreiben, so gräme Dich doch ja nicht, oh, ich bitte Dich, meine liebe Mutter, kümmere Dich ja nicht darüber, denn Dein Innerstes wird Dir ja mit sanfter Stimme zurufen: Nein, Du hast nicht Unrecht daran getan,

Du hast nur Deine Schuldigkeit, Deine Mutterpflicht getreu erfüllt. Doch ich hoffe, ich bin fast fest überzeugt, er erzürnt sich nicht darüber, wenn wir es ihm vernünftig und ordentlich sagen. Sobald als der Vater angekommen ist und es ihm recht ist, daß Fritz bei Dir // geblieben, so schicken wir Kleidungsstücke, Wäsche und Noten.

Erst vor einer halben Stunde wurde eine Tochter des Generalkommissärs Drechsel, ein Mädchen von 19 Jahren, die donnerstags Nachmittag verschied, hinaus auf den Kirchhof in das kühle Grab gefahren. Sie hatte den Beinfraß; es konnte ihr daher nichts erwünschter kommen als der Tod, der sie endlich von ihren Schmerzen befreite, endlich von den Leiden dieser Welt hinweg in die ewige Ruhe führte. Viele tausend herzliche Grüße an meine teuren Schwestern, an meinen Fritz und an Huschers. Der Herr gieße über Euch alle seinen Frieden und Segen aus!

Lebe wohl, gute, liebe Mutter!

Dein gehorsamer, Dein Dir ewig getreuer

Ludwig /

Sonntag, d[en] 13. Mai 1821 /

11

An Wilhelmine Feuerbach

3. Juni 1821

/ 3. Juni 21

Geliebteste Mutter!

Endlich ist unser Wunsch, etwas vom Vater zu erfahren und Kunde von ihm zu bekommen, erfüllt, endlich unser Sehnen nach einem Briefe gestillt worden, endlich haben uns die sonderbaren Gedanken, welche in uns das so lange Ausbleiben einer Nachricht erregte, verlassen. Gestern nämlich, samstags, den 2ten Juni bekamen wir einen Brief vom l[ie]b[en] Vater, der unser so lange vergebliches Sehnen stillte, der uns aber auch nicht wenig in Staunen versetzte, einen Brief, der noch von Paris aus geschrieben ist. In diesem Briefe, der ganz kurzen Inhalts ist und nur aus wenigen Zeilen besteht, schreibt der liebe Vater: daß dringende, notwendige Geschäfte seine Abreise von Paris verzögert hätten und daß sie ihn seinen Entschluß, schon am 1ten Mai von Paris abzureisen, zu ändern gezwungen hätten, daß er aber jetzt, in den ersten Tagen dieses Monats, des Juni, Paris verlassen und unverzüglich seiner Heimat zureisen werde. So sind wir endlich in zuverlässige Nachricht gesetzt, und die vielen Gerüchte, die sich in Ansbach verbreitet hatten, von denen die einen den Vater schon 3 Wochen in Frankfurt, die andern ihn in Mainz, die einen ihn sogar in München schon sein ließen, widerlegt und in ihrem Dunste, in ihrer Nichtigkeit und Albernheit dargestellt. Jetzt wird also wahrscheinlich schon der Vater Paris seinem Briefe zufolge verlassen haben und auf seiner Heimreise sein. Wenn es nun Fritzens Gesundheit und Besserung erlaubt, so wäre es freilich sehr gut, wenn Fritz in Pfingsten, wie er in seinem letzten Briefe schrieb, wieder nach Ansbach zurückkäme, damit auch // er das Fest der Zurückkunft unsres so lange abwesenden und so weit entfernt gewesenen Vaters mit uns feiern und bei dem Empfang desselben zugegen sein könnte. Daß aber von uns beiden einer ihn abholen werde, wird wohl schwerlich geschehen, weil ich mich in diesen Ferien ganz dem Studieren hingeben und diese Tage, die ich ganz allein für mich und nichts für die Klasse zu arbeiten habe, vorzüglich der Lektüre unsrer besten deutschen Dichter und Schriftsteller widmen will. Doch unmöglich ist es gerade nicht; vielleicht, daß Eduard ihn abholt, vielleicht aber auch, daß Wagner, der nach Bamberg zu reisen vorhat, ihn abholt, wenn er anders bei seinem Vorhaben bleibt. Wenn Wagner geht, so soll er auch einen ganzen Pack Noten mitschleppen. Schreibt uns bald wieder. Tausend Grüße an meine lieben Schwestern, an Fritz und an Huschers.

Lebe wohl, teuerste Mutter, lebe wohl!

Dein Dir ewig getreuer, ewig gehorsamer Sohn
Ludwig /

12

An Wilhelmine Feuerbach

[Anfang August 1821]

/ Teuerste Mutter!

Wenn ich gleich Tadel und Vorwürfe verdiene und ich eigentlich keine Entschuldigung habe, daß ich Dir so lange nicht geschrieben, so lange Dich in Ungewißheit und Sorgen wegen Fritzens Besserung gelassen habe, so glaube ich mich doch dadurch entschuldigen zu können, daß ich immer warten wollte, bis ich Dir die völlige Wiederherstellung Fritzens schreiben könnte, und dies kann ich jetzt gottlob! Zu Deiner größten Freude und Beruhigung kann ich Dir ganz zuverlässig und bestimmt schreiben, daß Fritz jetzt ganz wieder gesund und hergestellt ist, denn er hat guten Appetit und ißt tüchtig, er hat den besten Schlaf, er ist heiter und hat keine Beklemmung, er kann arbeiten und die Klasse besuchen und turnen und fühlt sich ganz stark. Du siehst also daraus, daß ihm nichts fehlt, denn er hat alles, was ein gesunder Mensch haben muß. Wie stark er ist, kann ich Dir auch daraus zeigen, daß ich neulich mit ihm in *einem* Tage, wo noch dazu die Hitze äußerst drückend und stark war, einen Weg von 10 Stunden zurücklegte, ohne daß es ihm im geringsten etwas schadete. Wagner geht beinahe täglich mit Fritz spazieren und nimmt sich auch seiner recht an. Schon vor 14 Tagen kam Karl gesund von Freiburg hieher und hat uns sehr überrascht durch seine schnelle, unerwartete Ankunft. Das Tabakrauchen und Biertrinken hat er sich ganz abgewöhnt, er trinkt wie wir bloß Wasser und frische Milch und lebt sehr mäßig, er befindet sich bei dieser Lebensart sehr wohl und wird nicht mehr wie sonst von dem lästigen Kopfweh geplagt. Karl ist aber schon wieder abgereist, nämlich nach München mit dem Vater, der am Hofe Geschäfte hat und den Bericht schriftlich von seiner Reise nach Paris dem König überbringt. Seitdem der Vater von Paris hier in Ansbach war, war er in einem fort bloß damit beschäftigt, daß er alles, was er auf seiner Reise nach Frankreich in Hinsicht der Gerichtspflege Gutes und Schlechtes sah und hörte, niederschrieb, bearbeitete und ordnete, um dem König zu beweisen und zu zeigen, daß er seine Reise aufs treuste, aufs gewissenhafteste nur zum

Nutzen des Staates gemacht habe. Der König wird dem Vater gewiß für diese anstrengende und mühevolle Arbeit danken und belohnen. Hoffentlich // wird der Vater nicht lange in München verweilen, sobald er wieder zurückgekehrt ist nach Ansbach, wird Karl zu Euch nach Bamberg kommen.

Der Schweizer Grob ist jetzt hier auf der Messe und besucht uns fast alle Abende. Er bedauert recht sehr, daß er Euch den Käse noch nicht hat schicken können; sobald es ihm aber möglich ist, wird er Euern Wunsch erfüllen.

Vor ohngefähr 12 Tagen hat es auch hier in der Stadt gebrannt. Zum großen Glück loderte bloß eine einzige Scheune in den Flammen auf, die Nebenhäuser blieben alle verschont. Ich, Eduard und Karl und beinahe unsere ganze Turnerschaft war dabei, wir alle halfen, soviel wir konnten, holten Feuereimer herbei, riefen die Leute zusammen und trugen Wasser von 10 Uhr bis halb 1 Uhr, wo es nur noch ein wenig glimmte.

Wie geht es denn Dir, liebe Mutter? Du bist doch hoffentlich gesund und heiter? Was machen meine teuren Schwestern? Halte sie ja recht, gute Mutter, an, daß sie fleißig in den „Stunden der Andacht" und in der heiligen Bibel lesen! Denn wahrlich, die Bibel ist das Buch aller Bücher und unser kostbarstes Gut, denn nur sie kann uns glücklich, selig und zufrieden machen. Wenn ich Euch raten darf, so lest Euch vor, z. B. das schöne Buch *Tobias* im Alten Testament; oder die herrliche und schöne Bergpredigt Christi im Matthäus im 5., 6. und 7. Kapitel oder auch das Buch *Sirach*. Tausend herzliche Grüße an meine lieben, lieben Schwestern, an Huschers und alle meine Bekannten. Oh, möge der gütige Menschenvater im Himmel stets mit Euch sein und Euch seinen sanften Frieden stets geben, der höher ist als alles Erdenglück. Schreibt ja recht bald. Lebe wohl, lebe glücklich und froh, meine gute Mutter!

Dein Dir ewig getreuer, ewig gehorchender Sohn
Ludwig

Eduard und Fritz lassen Euch alle vielmals grüßen. /

1823–1827

13

An Wilhelmine Feuerbach

31. Mai 1823

/ Heidelberg, 31. Mai 23

Liebe, gute Mutter!

Schon zwei Monate sind verflossen, seitdem ich Dich verlassen habe, und doch habe ich Dir noch keine Zeile geschrieben zu meiner eignen Schande, da ich doch dies so bald und oft als möglich zu tun versprach, daher es jetzt wahrlich hohe Zeit ist, Dir von dem Nachrichten zu geben, was Dich am meisten interessiert. – Zu Roux' und Genslers komme ich, wie Du es auch gewunschen hast, oft hin, und ich finde mich dort fast wie zu Hause, da sie sehr gefällig und liebreich gegen mich sind und sie so ehrlich und redlich sind und [man] sich auch mit ihnen über mancherlei interessante Gegenstände unterhalten kann, freilich ist das das Traurige und Schmerzliche dabei, daß man stets die bedauernswürdige Roux vor Augen hat, deren Anblick alles verbittert, da sich ihr Zustand immer mehr verschlimmert und ihre Kräfte immer mehr abnehmen, so daß sie jetzt nicht mehr gehen oder stehen und auch nicht mehr die geringste leichteste Handarbeit verrichten kann, und nach ihren angeschwollnen Füßen und Unterleib ist zu befürchten, daß sie die Wassersucht bekommen wird, was sie leider! selbst glaubt und befürchtet und daher alle Freudigkeit ihr raubt, denn vor keiner Krankheit entsetzt sie, wie sie selbst gesteht, sich so sehr als vor der Wassersucht. Ich wünschte innig, sie hätte eine solche Gesundheit wie ich; denn wahrhaftig, kein Vogel kann sich frischer und wohler befinden als ich mich jetzt; ich habe einen ungeheuren guten Appetit und genieße zum Glück dabei dieselbe gute Kost und zwar in Überfluß wie im elterlichen Hause, daher mir auch meine Verwandten immer versichern, daß ich zusehends untersetzter und stärker würde. – Mit meiner Wäsche mache ich es ganz so pünktlich, wie Du es mir angeraten hast und gebe genau auf alle meine Sachen acht. Die Tante in Frankfurt [a. M.] ist jetzt wieder in einem gesündern Zustande. Wie steht's mit der Reise nach Frankf[urt a. M.]? Wie befindest Du Dich, liebe Mutter, wie der Vater und die Geschwister?

Oh, so vieles möchte ich wissen, und noch keine Silbe ist mir geschrieben worden, da[s] ist doch wahrlich garstig von den Geschwistern. Lebe recht wohl, teuerste Mutter.

Dein gehorsamer, zärtlich Dich liebender Sohn
Ludwig /

14

Von Paul Johann Anselm von Feuerbach

16. Juni 1823

/ Ansbach, den 16. Juni 1823

Ich freue mich sehr, mein lieber Ludwig, daß es Dir in Heidelberg und in Deinen Studien wohl ist. Je ernstlicher Du es mit den Wissenschaften meinst, je tiefer Du eindringst, je höher Du aufwärtsstrebst, desto zufriedener und froher wirst Du werden. Aber der Weg in die Höhe ist ziemlich rauh und steil: Es bedarf der Geduld und des Mutes. Wer verzagt, wie es leider Deinem guten Eduard begegnet zu sein scheint, ist in Gefahr stehenzubleiben oder zurückzusinken. Eduard macht mir in dieser Hinsicht große Bekümmernisse. Seine und seiner Lehrer Briefe lassen mich fürchten, daß er an seinen Kräften verzweifelt und aus Mutlosigkeit sein schönes Ziel verfehlt. Doch hoffe ich noch, daß er sich wiederfindet. Sein Fehler ist unter anderem „das *Übermaß* im *Guten*", wie mir einer seiner Lehrer schreibt. Durch gänzliche Zurückgezogenheit von menschlichem Umgang, durch seinen alle Zerstreuung zurückweisenden ununterbrochenen anstrengenden Fleiß ist er in Trübsinn und Schwermut verfallen: Dämonen, die sich mit dem heitern Geiste der Wissenschaft nicht vertragen. Der Himmel stehe ihm bei, um dieser bösen Geister Herr zu werden, was ich allerdings von ihm hoffe. Du kannst Dir hieran Dein Beispiel nehmen. Nichts *übertreiben*! selbst nicht das Beste! Fleiß, aber nicht bis zur Erschöpfung. Ernst, aber neben heitrem Sinn. Den Umgang mit Voß, Paulus und andern solchen würdigen Männern vernachlässige nicht. Solcher Umgang ist nicht bloß zerstreu//end und erheiternd, sondern auch belehrend und bildend. Solche Menschen sind auch Bücher, und zwar lebendige. – Gib mir ja, lieber Junge, von

Zeit zu Zeit Nachricht über Dein Leben und Treiben, über Deine Studien und Deine Ansichten. Du bist von der Art, daß Du nichts vor Deinem Vater zu verbergen hast, und einen bessern Freund als Deinen Vater findest Du nicht. – Anselm wird Dich bald besuchen. Karl ist Professor d[er] Mathematik am Gymnasium zu Erlangen geworden mit 500 fl. Gehalt und wird diese Woche an den Ort seiner Bestimmung abgehen, wenn er das Bett verlassen darf; er hat das rheumatische Fieber, das zwar nichts bedeutet, aber doch abgewartet werden muß. Auch die Mutter liegt seit beinahe 8 Wochen zu Bette, doch größtenteils ohne Schmerzen und ohne alle Gefahr. Ihre Krankheit ist bloß Folge einer Verkältung. Ich selbst bin erst wieder seit vorgestern von dem Bette aufgestanden und bin noch nicht ganz so, wie ich sein muß, um mit Ernst meine gelehrten Arbeiten fortzusetzen. Alles andere im Hause ist wohl. Mutter, Geschwister grüßen Dich von Herzen.

Dein treuer Vater
v. Feuerbach

Deine Auslagen sollst Du zur rechten Zeit wiedererhalten. Grüße Roux', Genslers und übergib beiliegenden Brief. /

15

An Helene Feuerbach

5. Juli 1823

/ 5. Juli 23

Liebe, gute Schwester!

Es tut mir leid, daß meine ersten Worte, die ich an Dich schreibe, mit einer traurigen Nachricht beginnen müssen, nämlich mit der, daß die gute Roux nach ihren vielen Schmerzen und Leiden gestern um halb 1 Uhr an der Brustwassersucht verschieden ist. Nachdem sie seit einigen Wochen von den heftigsten Krämpfen und der furchtbarsten Angst und Bangigkeit gequält worden war, wurde ihr an den zwei letzten Tagen ihres Lebens noch die größte Heiterkeit, Schmerzenlosigkeit und Ruhe von einem höhern Grad zugeteilt, so daß eher Besserung als der Tod zu erwarten war. Glücklich wären die Sterblichen zu preisen, wenn sie alle so sanft und ruhig in das Jenseits hinüberschlummerten wie sie, denn morgens um 8 Uhr sank sie schon in einen stillen Schlummer, aus dem sie nur bisweilen auf einige Augenblicke erwachte, ein paar Fragen tat und mit den heitersten, freundlichsten Blicken um sich sah, bis sie endlich ohne die mindeste Unruhe erstarrte. Die Ihrigen sind so ziemlich gefaßt und beruhigt, da sie sie jetzt aus dem jammervollen, kläglichen Zustand, in dem die Selige sich so lange zur größten Last war, befreit sehen.

So erfreuend es mir war zu hören, daß still und friedlich die Tage an dem Horizonte Eures häuslichen Lebens dahineilen, so betrübend war es mir zu vernehmen, daß die liebe Mutter und Karl schon so lange auf dem Krankenbette liegen, ohne daß ich früher Nachricht davon eingezogen hatte. Ich bitte Euch nun jetzt, schreibt mir wie alles Erfreuliche ebenso auch alles Widerwärtige, was Euch betrifft, sogleich, ich will nicht bloß Eure Freuden, sondern auch Eure Schmerzen mit Euch teilen.

Von dem Zustand des armen Eduard bin ich auch nur ganz flüchtig unterrichtet, so daß ich noch immer in einer bangen Ungewißheit hin und her schwebe, von ihm selbst habe ich noch keine Zeile // erhalten, wiewohl ich ihm schon längst einen weitläufigen Brief schrieb. Möchte ich nur bald eine Nachricht von ihm erhalten, und zwar die erfreulichste!

Nun zur Beantwortung Deiner Fragen, liebe Schwester. Wenn sonst kein Tag verstrich, an dem ich mit meiner Flöte nicht blies, so vergehen jetzt Wochen um Wochen, ohne daß ich sie an meinen Mund setze, aus Mangel an Zeit und Lust und besonders an Noten. Dafür gehe ich oft spazieren und besteige die herrlichen Berge, die auf das mannigfaltigste mit lieblichen Laubwäldern, bemoosten Felsen und üppigen, in niedrigen Laubengängen gezognen Weinstöcken ausgeschmückt sind. Oh, wie oft wünsche ich Dich, die Du so empfänglich bist für die Naturfreude, und überhaupt die Meinigen an meine Seite, wenn ich auf einem erhabnen Berggipfel im Anschauen der herrlichen, wundervollen Gegend verloren bin, wenn meine Blicke in dem Vater Rhein ihren heitren Durst löschen und über die weite Ebene schnell hinfliegend an den Bergketten jenseits des Rheins sich niederlassen und ruhig verweilen, oder wenn ich hinwandle am Neckarflusse, den die Berge auf beiden Seiten gleichsam zärtlich besorgt begleiten, bis sie den Rhein erblicken und überzeugt sind, daß er jetzt geborgen sein und sicher und ruhig auch ohne sie hinfließen könne, bis er dem Rhein in die Arme fällt. Von Zeit zu Zeit mache ich auch einen Ritt. So bin ich vor kurzem mit noch 3 andern Studenten in die alte Reichsstadt Worms geritten. Es war eine der schönsten Partien, die [ich] noch in meinem Leben gemacht habe. Nachts um 1/2 11 Uhr ritten wir von Worms. Was das für ein Vergnügen war und welchen ersten Eindruck es auf einen machte, wie wir durch die alte Stadt ritten an dem Dome vorbei, der gerade vom lieblichsten Schein des Vollmonds umflossen war, und an der Mauer, / die noch vor dem Rathause steht, wo einst Luther vor Kaiser und Fürsten mutvoll die Wahrheit bekannte, kannst Du Dir leicht denken.

Die größte Freude, die Ihr mir machen könntet, wäre, wenn Ihr mir Klopstocks Werke, auf die ich bei Braunstein subskribierte, sofern sie nur schon im Druck erschienen sind, schicktet, seien es auch nur einige Bände, wenn sie noch nicht alle herausgekommen sind. Ich habe ein ungeheures Verlangen nach diesem heiligen Sänger. Findet Ihr keine Gelegenheit, so schickt es auf der Post oder durch den Fuhrmann, ich will es schon selbst bezahlen.

Was macht denn Lorchen und die kleine Elise? Frage die liebe Mutter, ob sie nicht einen gewissen Lepsius kennt, der in Jena zu des Vaters Zeiten studierte; sein Sohn studiert hier, und ich komme sehr oft mit ihm zusammen.

Ist Vater schon nach Frankfurt [a. M.] abgereist? Ich danke Dir für Deinen Brief, wie auch dem Fritz. Ich werde bald wieder an Euch schreiben. Die herzlichsten und innigsten Grüße der Mutter, dem Vater, wenn er noch da ist, kurz [an] alles im Hause. – Lebe wohl und glücklich, liebe Lene.

Dein treuer Bruder
Ludwig

16

An Wilhelmine Feuerbach

16. Juli [1823]

/ Heidelberg, 16. Juli

Herzensgute Mutter!

Oh, könnte ich doch statt des trocknen toten Briefschreibens irgendein andres Mittel finden, um Dich recht heiter und froh zu machen, da Dir jetzt so still und einförmig Deine Tage verstreichen und Du Dich vielleicht mit nichtigen Sorgen und Gedanken beängstigst! Könnte ich Dir von den abwechselnden Gegenständen, die ich sehe, höre und vernehme, von dem Genuß der wundervollsten Gegend, von der gesunden Körperkraft, von dem sorglosen, freien Leben, in dem ich mich befinde, Dir etwas zufließen lassen! Ja, wenn es möglich wäre, wie gerne wollte ich alles davon Dir mitteilen, damit ich nur Dich, liebe Mutter, recht glücklich, sorgenfrei und zufrieden mit Dir selbst wüßte. Denn das kann ich mir schon denken, daß Du, wie leider schon vorher, jetzt bei Deinem kränklichen Zustand nur noch um so mehr mit trübseligen, niederschlagenden Gedanken Dich herumplagst und [Dir] Kummer und Sorgen durch Dein alles gleich so ängstlich aufnehmendes Gemüte selbst bereitest. Wenn ich sage, Du bereitest sie Dir selbst, so nimm es ja nicht übel, denn es sind wahrlich keine Ursachen dazu da; die Gefühle, die im Menschen bei dem geringsten äußerlich widrigen Eindruck aufgeregt werden, sind es, die sogleich // alles in einem höhern Grade aufnehmen, als es wirklich ist, und so den Verstand und die ganze Seele täuschen, daß man wirklich Gründe zu irgendeinem Leiden zu haben wähnt.

Um Deine Gesundheit kannst Du wahrlich nicht besorgt sein, denn es ist ja der Zustand, in dem Du Dich befindest, wie ich gehört habe, gar nicht gefährlich, und Du warst ja, die wenigen unbedeutenden Übel abgerechnet, schon seit langer Zeit immer gesund und frisch, so daß der Körper nicht sogleich und leicht geschwächt werden könnte, daß etwas zu befürchten wäre. Um wieviel glücklicher bist Du als viele, viele andre Mütter; Du hast einen Gatten, der Dich liebt und trotz seiner empfindlichen Fehler besser ist als tausend andre,

Du hast Kinder, die Dich alle schätzen und aus Liebe für Dich, wenn es not täte, ihr Leben ließen, Kinder, von denen keines weder an Geist noch Körper verkrüppelt sind, Du hast das süße, beruhigende, herrliche Bewußtsein, getan zu haben, was Du konntest, und für uns alle von jeher aufs zärtlichste gesorgt zu haben. – Wegen der beiden Buben, die Dir allenfalls noch am meisten Ärgernis geben könnten, da laß Dir auch nicht ein graues Haar wachsen; die ungezognen Schlingel sind wahrhaftig nicht wert, daß Du ihretwegen Dir Deinen Frieden stören solltest; sieh gleich//gültig über sie weg. Auch das mag Dich vielleicht sehr betrüben, daß aus der Reise nach Frankf[urt a. M.], auf die Du Dich so sehr freutest, leider nichts geworden, aber alle Hoffnung kannst Du ja doch nicht aufgeben, vielleicht wenn Du bald hergestellt bist und es die Wärme der Jahreszeit noch erlaubt und Du ernstliche Maßregeln ergreifst, kann es geschehen, daß Du noch in diesem Jahre oder doch gewiß im nächsten hinkommst. – Drum, liebe, gute Mutter, ich bitte Dich um alles in der Welt, schlage aus Liebe zu Dir und den Deinigen alle Sorgen und traurigen Gedanken Dir aus dem Kopf und Herzen, überlasse Dich der Heiterkeit und Fröhlichkeit, die die besten Arzneimittel und Ärzte sind; Du hast von jeher Deine Schuldigkeit getan und tust sie noch immer, und wer so tut, der hat bei Gott! nichts zu fürchten, zu besorgen, über nichts zu klagen; überlasse in vertrauungsvoller Seelenruhe alles Deinem lieben Gotte, er hat bisher alles gut gemacht und geleitet, er wird auch ferner nicht seine allwaltende Hand abziehen, es wird auch ferner nicht seine väterliche Liebe und Zärtlichkeit Dich und uns alle verlassen.

Du wirst wohl nicht vermuten, daß ich schon wieder in Frankf[urt a. M.] war, aber laß Dir erzählen, wie ich so ganz absichtslos hinkam. Ich wollte anfangs bloß mit noch 2 andern Studenten einen kleinen Spazierritt in ein benachbartes / / Städtchen machen. Als wir dort ankamen, fiel es uns ein, in ein nahegelegnes, ehemals sehr berühmtes und großes Kloster zu reiten, damit wir doch etwas Neues und Merkwürdiges auf unserm Ritt gesehen hätten. Hier taten wir uns gütlich mit Wein und Eßmitteln, allein der Herr Wirt, dem selten solche Herren unter die Hände laufen, machte uns eine solche Zeche, daß alles Geld draufging, wiewohl wir nur wenig mitgenommen hatten, nur soviel eben man auf einem kleinen soliden Ritt braucht. Jetzt war guter Rat teuer;

zurück konnten wir nicht reiten, ohne unterwegs einmal die Pferde zu füttern, aber dazu fehlte uns Geld. Zum Glück fiel uns ein trefflicher, guter Wirt ein, der schon manchen reisenden Studenten aus der Not geholfen hatte und zu dem auch nicht mehr weit war. Dieser borgte uns mit der größten Bereitwilligkeit, und wir ritten dann noch bis in die Nacht hinein nach Darmstadt. Am andern Morgen, nach vielem Hin- und Herberaten ritten wir nach Frankfurt [a. M.]; hier wollte ich gleich wieder fort und nicht einmal den Großvater besuchen, weil ich glaubte, er könnte böse sein, wenn ich schon wieder da wäre. Als der Vater erfuhr, ich wäre hier, wollte mich aber nicht sehen lassen, war er anfangs sehr entrüstet, weil es allerdings einen bösen Schein auf mich warf, daß ich mich verheimlichen wollte. Anselm aber, den ich hatte zu mir kommen lassen, erzählte dem Vater, daß er dahinter gar nichts suchen dürfe, es wäre bloß eine gewöhnl[iche] Studentenpartie, und so war er denn gleich wieder gut. Und ich ward von allen mit der größten Freundlichkeit aufgenommen, und es war eine allgemeine Freude, so daß mich selbst der Vater nicht fortließ und ich einen Tag länger, als ich wollte, verweilen mußte. Sie sind alle recht gesund und lustig, die kleine Elise hüpft den ganzen Tag fröhlich im Garten herum. Lebe recht wohl, glücklich und zufrieden, liebe, beste Mutter. Dies ist der heißeste Wunsch Deines treugehorsamen Sohnes

Ludwig

Grüße mir herzlich die lieben Schwestern. /

17

An Wilhelmine Feuerbach

[September] 1823

/ Laß meinen Brief niemand lesen, da ich ihn aus Mangel an Zeit nur flüchtig hinwerfen konnte.

Heidelberg, 1823

Liebe, gute Mutter!

Möge ich Dich nur ja nicht aufgebracht haben durch das lange Stillschweigen von mir, da mir doch das Viele, das ich zeither gesehen und gehört habe, einen so reichhaltigen und unterhaltenden Stoff an die Hand gab, und möge ich Dich nur nicht dadurch erzürnt haben, denn der Gedanke, Dich in Deiner Ruhe gestört zu haben, würde mich zu sehr schmerzen, da mein Herz sich so oft sehnsuchtsvoll nach Dir hindrängt, da ich jetzt immer mehr in der Fremde einsehe, was es um eine gute Mutter sei, einsehe, daß der Mensch, der eine wahre Mutter hat, wenn er auch sonst gar nichts hat, doch noch glücklich ist und keine Ursache zu klagen habe, wenn er nur von einem treuen Mutterherzen geliebt wird, schlage ihm auch sonst keines andern Menschen Herz warm und liebevoll entgegen, und daß man eine Welt entbehren kann, aber keine Mutter. –

Erst von meiner Reise also, die ich in Begleitung eines sehr wackern und lieben Studenten aus Holstein, der wieder in sein Vaterland zurückreiste, machte. Das anmutige und wegen seines herrlichen Weines, den auch wir uns herzlich gut schmecken ließen, berühmte Rheinbayern war es, in dem wir die ersten Tage unsrer Reise zubrachten. Aber erst die Stadt Kreuznach war ein eigentlich interessanter Ort durch die äußerst romantische Gegend, in der es liegt, und besonders durch die beiden nahegelegnen alten Burgen, die dem Franz von Sickingen gehörten und die den damals wegen ihrer Freimütigkeit verfolgten Männern, wie z. B. dem Ullrich von Hutten, sichre Zufluchtsörter waren. Ich kann Dir nicht die eigentümlichen Gefühle beschreiben, die sich in mir regten, als ich Kreuznach verließ und nun in ein paar Stunden den herrlichen Rhein mit seinen vielen, teils zerfallnen, teils noch ganz stehenden Burgen, seinen prächtigen Städten und Dörfern, seinen blühenden Weinbergen und Tälern und lieblichen Inseln erschauen sollte. Wie wurde // ich überrascht und gleichsam überwältigt von dem majestätischen Anblick, als plötzlich der Rhein in seiner ganzen Pracht bei Bingen vor mir lag und in wilder Wut über die beengenden Ketten, in welche ihn das sich dort ungeheuer nahe zusammendrängende Tal einschmiedet, seine Wogen dahinwälzte. Der Eindruck wurde besonders dadurch noch erhöht, daß gerade jetzt der Himmel, der vorher lauter trübe hypochondrische Grimassen schnitt, sich völlig aufheiterte und mir alles in der schönsten Beleuchtung sehen ließ, wenn auch nur auf ganz kurze Zeit, denn alsbald machte wieder der alte Philister da oben eine so trübselige und mürrische Fratze, daß wir uns ohne weitres gezwungen sahen, die Wasserpost zu besteigen, die soeben nach Koblenz abfuhr. So sehr ich mich ärgerte, daß ich an den wundervollsten Gegenden des Rheins so schnell vorübersegeln und sie nur wie flüchtige Bilder aus der Vergangenheit betrachten sollte, so herzlich mußte ich oft lachen über die bunte und gemischte Welt, die wie in ein Kehrichtfaß in das Schiff eingepfropft war und wie ein aus allen möglichen Lumpen von den verschiedensten Farben zusammengeflicktes Harlekinskleid auf dem ehrwürdigen Rhein dahinschwamm. Denn es befanden sich darinnen Komödianten, deren heroischem Anstand man ansah, daß sie schon oft über Völker und Reiche zu gebieten hatten, während jetzt vielleicht der ganze Glanz ihres Fürstentums in ein paar blinkenden Kreuzern bestand, und die oft so elefantendickdumme Possen rissen, daß ich in die beunruhigende Besorgnis geriet, es möchte endlich einmal der ganze Schiffskasten zusammenbersten, wenn noch öfter solche Witze, die immer mehrere Zentner Dummheit wiegten, von jenen Theatergenies herabpflumpfen würden; hochmütige Soldaten, die, Tod und Entsetzen in ihren Blicken, den Untergang einer Welt drohten, die selbst aber vielleicht noch // keine andern Strapazen erfuhren als die Stockprügel des Korporals und deren Helden- und Siegeszug sich vielleicht noch nicht weiter erstreckt hat als von der Wiege bis in die Kaserne; arme Schulmeister, auf deren demütigem Gesichte jedoch die Würde durchschimmerte, mit der sie ihren Herrscherstab über die ganze Dorfjugend ausstreckten; Amtsboten und Kanzelisten, die mit gewichtiger Geschäftsmiene auf jedes Wort genau aufpaßten, als müßten sie alles zu Protokoll nehmen; schmutzige und galante Kaufleute, Studenten aus allen möglichen Himmelszonen und weiß der Henker noch was für andres Lumpengesindel. Erst tief in der Nacht bei dem reinsten Mondesscheine kamen wir in Koblenz an; wahrlich Kolumbus konnte nicht bei der Entdeckung des festen Landes froher zu Mute sein, als es mir war, wie ich aus diesem schwimmenden Menageriekasten heraus auf festen Boden trat und in der frisch wehenden Nachtluft noch mit meinem Freunde durch die im Mondenglanze so schauerlich sich ausnehmenden Gassen dieser uralten Festungsstadt wandelte, um endlich noch ein Gasthaus zu finden, das sich uns freundlich erschließen würde, da wir schon an so vielen andern vergeblich gepocht und gelärmt hatten. Wir sahen uns am andern Morgen in Koblenz um und bestiegen dann die furchtbare Festung Ehrenbreitstein, die aller feindlichen Macht höhnisch zu spotten und trotzen scheint, aber noch nicht ganz in ihrem Bau vollendet ist, machten uns dann aber bei Zeite fort, um noch in ein vier Stunden seitwärts ab im Nassauer Land gelegnes Städtchen zu kommen, wohin uns ein Heidelberger Student zu sich eingeladen hatte. Es waren schöne Tage, die wir in dem Kreise dieser einfachen und gebildeten Försterfamilie zubrachten; es waren herrliche Abende, wenn wir in den altertümlichen Zimmern (die Familie wohnte nämlich auf einem alten Schlosse) traulich und friedlich beisammen sitzend, als wären wir schon alte Bekannte, in ungezwungner Herzlichkeit und Fröhlichkeit über // die verschiedensten Gegenstände uns besprachen und bis in die Nacht hinein unsre Gespräche ausdehnten. Die ältere Tochter des Hauses ist in der ganzen Gegend wegen ihres männlichen Mutes, bei dem sie aber doch nicht den weiblichen Charakter verloren hat, berühmt. Sie geht nämlich oft ganz allein, nur in Begleitung treuer Hunde in den dortigen ungeheuren Wäldern auf die Jagd, von der sie schon oft die reichlichste Beute nach Hause brachte, denn sie hat es zu einer solchen Fertigkeit im Schießen gebracht, daß sie selbst den geübtesten Jägern bei Spielen, die der Herzog veranstaltete, zum größten Ärger und Spott die Preise abgerungen hat. Dabei versteht sie sich aber ebensogut auf die Anordnung und Arbeiten des häuslichen Wesens; wohl mag dieses einfache, schlichte, mutige Mädchen achtungswerter und liebenswürdiger sein als manche vornehme Dame, die mit erheuchelter Zartheit schon bei dem bloßen Namen Pulver in Ohnmacht fällt und deren schwache Nerven trotz der Vierschrötigkeit ihrer Rhinozerosgestalt den gellenden Ton des Jagdhorns nicht vertragen und die nur in der Stille der Stube in dem quiekenden Mauseton ihrer weichen Zither sich zu ergötzen vorgibt, während sie doch in miserabelen Romanen mit den kläglichsten Rittern und andern verliebten Abenteurern in den verborgensten Waldecken wüst und wild umherschweift. Als wir die gute Försterfamilie verlassen hatten, führte uns unser Weg über hohe Berge und durch lange, finstre und dicke Wälder hindurch, die uns nur manchmal eine spärliche Aussicht auf blaue ferne Gebürge und den Rhein erlaubten, der sich wie ein Silberstrahl durch die Täler hinzog. Erst nach einer bedeutenden Strecke Weges wurden wir aus diesen finstern Waldstrichen, diesen Nachtgedanken der Natur, wieder in heitre Gegenden wie in eine neue Welt versetzt, wo der Rhein wie ein muntres Lied dahintönte zwischen eng aneinander fortlaufenden Bergen, die gleichsam zwei Reihen bildeten von schönen großen und / / kleinen Bauernburschen, die mit Kränzen und frischem Laubwerk ausgeschmückt in den mannigfaltigsten Stellungen, mit den verschiedensten sonderbarsten Zügen im Gesichte den muntern Tönen des Liedes aufmerksam zuhorchen. Wie diesen ganzen Tag über unser Geist sich in der Anschauung und Betrachtung der unendlichen Schöpfungen der Natur verloren und vergessen hatte, so wurde er abends wieder zu sich selbst gebracht und gesammelt durch unsre Gespräche über religiöse Dinge mit einem alten, ehrwürdigen katholischen Geistlichen, den wir in dem kleinen Städtchen Andernach, dem Ruhepunkte unsres heutigen Marsches, trafen. Seine Ansichten über Christentum, die nicht mit den gewöhnlichen Vorurteilen bekleckst, sondern rein aus der innern Wahrheitsquelle des Menschen geschöpft waren, sprach er auf die einfachste und rührendste Weise aus, und was seinen Worten noch mehr Eingang zum Herzen gab, war sein Äußres, seine gebückte Gestalt, die, müde des Lebens und sehnsuchtsvoll, nach dem Grabe sich hinzuneigen schien, und seine Stimme, die wie eine tiefe Klage aus dem Innersten der Brust heraufklang. So gerne ich noch mehrere Tage in dem Umgange jenes biedern Geistlichen zugebracht hätte, so verließen wir doch schon in aller Frühe Andernach, weil wir, nach dem Aussehn des Himmels am Morgen zu schließen, einen schönen Nachmittag zu hoffen hatten und wir diesen auf einem der herrlichsten Punkte am Rhein zubringen wollten, und wir mußten ja so mit jedem Sonnenstrahl, den uns der liebe Himmel schenkte, geizen, // um uns damit eine heitre Aussicht zu erkaufen, die uns bisher durch das meist ununterbrochen schlechte Wetter nur selten vergönnt ward. Wirklich ward auch unsre Hoffnung erfüllt, der ganze Himmel heiterte sich auf, nur noch hie und da hatten einige Wolken ihre leichten, duftigen Gezelte ausgespannt, die wie wachsame lichte Engel hin und her schwebten, als wollten sie andern schwarzen Wolkenteufeln die Tore in das Paradies des reinen Himmels versperren; so traf dann glücklicherweise mit dem schönsten Wetter auch eine der schönsten Gegenden am Rhein, nämlich das alte Rolandseck nebst seinen Umgebungen zusammen. Gestärkt durch einige Gläser Weins klommen wir rasch und ungeduldig vor Erwartung den schwer ersteigbaren Berg hinauf, auf dem vor alter Zeit die Burg Rolandseck in voller Pracht dastand, von der aber jetzt nur noch ein hohes Tor und eine daran fortlaufende Mauer übrig ist; aber ich kann Dir sagen, dieses einfache, erbärmliche Tor, das sich nur noch mit Mühe aus alten verwitterten Steinen zusammenhält, sagt unendlich mehr, als wenn noch mehreres von der Burg stünde. Ha! ist es nicht unverkennbar, daß die Zeit nur aus ironischem Hohn und Bosheit dies schlechte Tor stehen ließ, damit sie die spätere Affenwelt nur recht bei der Nase herumführen, erst recht neugierig anlocken und dann wie die Ochsen am Berge stehenlassen könnte, damit sie nicht ihren naseweisen Schnabel in das Innre einer Burg hineinstecken könnte, wo einst jener treffliche Jüngling in der reinsten Liebe zur reinsten Jungfrau, aber aus schwerem Gram, daß er sie nie besitzen könne, plötzlich verschied, während jetzt unsre Liebesheroen nicht der innre Seelengram, sondern eine Kugel durch den Kopf aus dem Leben // spediert. Die Aussicht auf Rolandseck ist über alle Beschreibung bezaubernd. Ernst und langsam, gleichsam in einem tragischen Schritte wälzt sich der alte Rhein mit seinen wogenden Silberhaaren dicht am Fuße des Berges dahin und bildet gerade hier eine große, herrlich grünende Insel, auf der noch ein altes ehemaliges Nonnenkloster steht, das traulich zwischen Gebüschen und Bäumen von den verschiedensten Arten hervorblickt. Gerade gegenüber ziehet sich das hohe Siebengebürge, das so wunderlich anzieht durch die vielen Märchen und Sagen, die von diesen sieben versteinerten Jungfrauen gehen, in einem weiten Halbzirkel hin, und wild und furchtbar starrt auf ihnen das alte verfallne Drachenfels wie ein großes Totengerippe aus dem Grabe herüber. Gegen Westen verfolgt man die eine Seite der Rheingebürge bis an ihren Endpunkt, wo man Bonn erblickt, und auf der andern Seite breitet sich vom Siebengebürge aus eine unübersehbare Ebene aus. Ostwärts sieht man weit, weit hinunter den blinkenden Rhein, wie er sich durch die anmutigsten Täler, an Dörfern und Städtchen vorbei heraufwindet.

Lange saßen wir oben, und zwar gerade auf der Stelle, wo einst der liebende Jüngling entschlummert sein soll, und blickten hinunter auf das gleichsam sehnsüchtig heraufschauende Nonnenkloster, in dem jene fromme Nonne lebte, zu der der edle Ritter in Liebe entbrannt war, die auch ihn wie einen Bruder ewig zu lieben versprach, aber treu Ihrem Gelübde zugleich offen gestand, daß sie ihm nimmermehr ihre Hand zur Ehe reichen könnte. Wir waren ganz ver//sunken in der goldnen Zeit jener kindlichen Märchenwelt, und allein der empörende Gedanke, daß das alte Kloster unten schändlicherweise in eine galante Kneipe verwandelt worden sei, stieß uns immer feindselig aus unsrer Traumwelt hervor; so muß halt überall unsre liebe Zeit auf die Wohlgerüche, die noch von den verwelkten Blumen vergangner Jahrhunderte herüberduften, die stinkenden ihrer Gemeinheit aufpfropfen und an die ehrwürdigen Denkmale der Vorzeit ihre verunstaltenden, beschmutzenden Pfoten anlegen und zu Abtritten machen, in die sie ihre scheußlichen Exkremente hineinfallen läßt. Es wird wahrlich bald noch so weit kommen, daß man den Kölner Dom zu einem Stall und Ställe zu Kirchen macht. –

Was mir jedoch über alles auf der ganzen Reise ging, war das uralte Köln, dieses teutsche Rom, wie es sonst genannt wurde, mit seinem prachtvollen Dom, bei dessen Anblick man vor Staunen wahrhaft zu einer entseelten Büste erstarrt, seinen vielen andern Kirchen und Klöstern, seiner majestätischen Lage, seinen wunderlichen Gassen und originellen Häuser[n], die oft wie betrunken dastehen und deren sonderbare Bauart einen oft herzlich lachen macht, oft aber durch ihr finstres, altes verdächtiges, geheimnisvolles Aussehen wahre Geisterschauer erregen. –

Wie steht es, liebe, gute Mutter, mit Deiner Gesundheit? Wie befindet sich der Vater, die gute Tante Gretchen und alle meine Geschwister? Ich weiß auch gar nichts von Eurem Leben, Befinden und Treiben und wünschte es so gerne zu wissen, und doch schreibt mir auch gar keine Seele auch nur eine Zeile.

Lebe recht wohl, liebe Mutter!

Dein gehorsamer Sohn

Ludwig /

18

An Paul Johann Anselm von Feuerbach

[Herbst 1823]

/ Lieber Vater!

Da ich Dir in meinem letzten Briefe nichts von meinen Kollegien geschrieben habe, so geschehe es diesmal. Gleich das erste, was ich Dir sage, wird Dich befremden, nämlich das, daß ich bei *Paulus* nichts mehr höre. Wenn ich ihm auch nur *eine* gehaltvolle und gediegene Seite abgewinnen könnte, so würde ich gerne alles andere übersehen und Fleiß und Aufmerksamkeit verwenden auf seine Vorlesungen, hätten sie auch noch so viel Abgeschmacktes und Absurdes in sich, aber durchaus nicht kann ich ihm auch nur eine Seite abgewinnen, die ihn würdig machte, gehört zu werden von jedem, der noch ein Auge, das sieht, und ein Herz, das fühlt, und einen Kopf, der denkt und noch einen Sinn hat, der nur das Wahre will und sucht, nur in dem Elemente des Wahren seine Existenz hat und sich nicht von Lug und Trug bei der Nase herumführen läßt. – Beschränkte er sich ausschließlich auf eine gewissenhafte, treue, gründliche Erklärung der Sprache, selbst ohne alle höhere Beziehung und Bedeutung derselben zu berücksichtigen, nun so würde die Redlichkeit der Verfahrensweise mit der Trockenheit derselben einen versöhnen, und man würde sich nicht die Zeit gereuen lassen, die man auf dem Leichenhügel eines solchen Kollegiums, wo man nur die Kadaver der entseelten Worte erblickt, zubrächte, da man ja doch allein auf dem Trödelmarkt der gelehrten Wortkenntnisse seine staatsbürgerliche Existenz erkaufen kann; allein das ist bei Paulus nicht der Fall. Bei rein // historischen Stellen geht er wohl redlich und ohne Schliche zu Werke, und das ist eben kein großes Verdienst, aber bei solchen, wo er die höchste Unbefangenheit und Gewissenhaftigkeit beweisen sollte, erlaubt er sich wahre Gaunerstreiche und Kniffe, um seine Schimären aus ihnen herauszubringen. Sein Kollegium ist weiter nichts als ein Spinnengewebe von Sophismen, das er mit dem Schleimauswurf seines mißratnen Scharfsinns zusammenleimt, ein Inquis[it]ionsgericht, wo die Sprache unter den Torturen einer Escaleras in ihrer freien Selbstauslegung gehindert wird, eine

Pritsche, wo von dem Korporalstocke seines gewöhnlichen Witzes, den selbst der liebe Himmel keiner Magd hinter ihrer Kuh versagt hat, die armen, unschuldigen, wehrlosen Worte so lange geprügelt werden, bis sie, durch die Prügel dazu gebracht, etwas gestehen, was nie in ihrem Sinne lag, eine Schenke, wo er so lange den Stellen gleichsam Schnaps und andere Getränke eingießt, bis sie besoffen umhertaumeln und er sie dann nach dem, was sie in ihrem Rausche aussagen, den er ihnen selbst beibrachte, auf hinterlistige Weise erklärt, unter dem Scheine eines wahren Verfahrens. – Allen Respekt vor einem Manne und wäre es auch ein Bahrdt, der mit unerschrocknem Mute und freimütiger Offenherzigkeit alles und wäre es auch das Höchste, niederwirft, aber pfui über den Mann, der auf Schleichwegen umherkriecht, der nicht kühn und mutig ausspricht, wie es ihm ums Herz ist, und vorgibt, er verfahre unbefangen und redlich, während er nur mit Jesuitenpfiffen ans Werk schreitet.

Aber auch abgesehen von der unredlichen Verfahrungs//weise bei der Spracherklärung, so weiß ich nicht, warum ich meine Zeit auf ein Kollegium verwenden sollte, wo er oft seine triviale Ansicht vom Christentum usw., an der man gar nichts zu studieren hat, weil sie keinen Gedanken hat, der Stoff zum Denken darböte, und an der man nur bei der höchsten Geistlosigkeit Geist finden kann, wie eine vornehme Dame mit dem Flitterstaate der Sophistik ausgeputzt oft stundenlang vor seinen Zuhörern vorbeipromenieren läßt. Wenn ich Paulus' Ansichten kennenlernen will, da brauch' ich in kein Kollegium zu gehen, sondern nur in die nächste beste Kneipe, da höre ich sie ebensogut und vielleicht noch besser von Leuten, die sie in dummer, naiver Herzenseinfalt herausplaudern, ohne wie der Herr Kirchenrat die häßlichen Krähengestalten ihrer Ansichten mit den Pfaufedern spitzfindiger Gelehrsamkeit auszuschmücken. Glaube also nicht, lieber Vater, daß ich bei Paulus deswegen nichts höre, weil er mir zu wenig orthodox ist, denn die Nichtigkeit eines blinden, engherzigen, begriffslosen Orthodoxismus habe ich schon längst eingesehen durch den herrlichen, geistreichen *Daub*, bei dem ich in diesem Semester seine herrliche Dogmatik, die er wöchentlich in 12 Stunden liest, höre, das einzige theologische Kollegium, das ich jetzt besuche.

Ich kann es bloß der trivialsten Seichtigkeit und Gedankenleerheit, ja der beschränktesten Borniertheit zuschreiben, wenn man Daub einen Mystiker nennt, ihn, der alle Philosophen mit der größten Gründlichkeit und dem unermüdlichsten Fleiße studiert, nicht bloß gelesen und auswendig gelernt, sondern in sich selbst wieder gleichsam reproduziert hat, und der selbst der spekulativste, denkendste Kopf von der Welt ist, der nicht grund- und bodenlos in den Tag hineinschwätzt, sondern alles aufs tiefste // und streng wissenschaftlich begründet, alles in seiner innern gesetzmäßigen Notwendigkeit aufs bestimmteste und schärfste nachweist, alles aus sich selbst heraus in dem klaren Sonnenscheine der Vernunft entwickeln läßt, so daß es in seinem ganzen Umfange klar vor Augen liegt, der nur in dem lichten Reiche des lebendigen Begriffs und Bewußtseins lebt und webt, dem bis in den Tod verhaßt ist das dunkle Vorstellungswesen und die unbestimmte Gefühlsspekulation der Mystiker, der z. B. bei der Einleitung in seine Dogmatik bei der sich notwendig ergebenden Frage nach der Möglichkeit der Erkenntnis Gottes die ganze kritische Philosophie mit all ihren furchtbaren Katapultengeschützen gegen sich anrücken läßt, aufs kräftigste angreift und aufs unwiderleglichste widerlegt, und ein Mystiker hebt doch wahrlich nicht so leicht einen Kant aus dem Sattel heraus mit den schwachen, dummen Bohnenstangen seiner Gefühle, die abbrechen, sobald sie nur an einen etwas festen Grund stoßen, und mit den Hatschierspießen seiner wenigen gründlichen Gedanken, die keine wahren tauglichen Kriegswaffen sind, sondern mit denen er vielmehr nur der äußeren Form nach das königliche Kabinett seines Gefühlssystems beschützt. – Ich höre ferner in diesem Semester Kulturgeschichte bei Schlosser und Logik bei Erhardt. – Ich habe jetzt eine neue Wohnung bezogen, die alle Vorzüge hat, die man nur wünschen mag, sie besteht aus zwei niedlichen Stuben, sie ist nahe am Kollegiumsgebäude, sie hat den ganzen Tag die Sonne, die Aussicht von ihr geht auf das Schloß und nahe Berge, und was das schönste ist, sie ist ganz still, ja ich möchte sagen, schauerlich still, so daß es wohl hier heißen kann: „Die Welt hört auf in diesen Mauern; hier ist es still wie ein Geheimnis." Dabei sind auch meine Hausphilister gute, redliche, gefällige Leute.

Mögest Du so wohl und gesund leben, als es Dein treuer,
gehorsamer Sohn Ludwig von ganzem Herzen wünscht.
Herzliche, herzliche Grüße an alles im Hause! /

/ Ich fühle mich gedrungen, mich in betreff meines strengen

und freien Urteils über Paulus' Kollegien noch näher auszusprechen, weil es leicht den Schein haben kann, als sei es naseweis, schnippisch, hochmütig, ja frevelhaft von mir als ein homo novus [Neuling] in dem Staate der Akademie, als ein Polype, der in seiner Entwicklung noch schwebt zwischen dem freien lebendigen Leben des Wissens und dem toten Pflanzenleben bewußtlosen Vorstellens und Meinens, kurz als ein lederner Fuchs in der Wissenschaft, über einen Mann zu urteilen, der grau geworden ist im Dienste der Wissenschaft und ein wahrer ehrwürdiger Patriarch gegen unsereinen ist. Esmag also allerdings mein Urteil über einen solchen Mann als die Ausgeburt der höchsten Naseweisheit erscheinen, allein nur bei solchen, die, nur unter der eignen Zuchtrute ihrer feigen Engbrüstigkeit aufgewachsen, alles, folglich auch die Universitäten zu einem Zuchthaus konstruieren wollen, die es selbst für die größte Ehre halten, als Hetzhunde gegen die Züchtlinge dressiert zu werden, die den Despoten auf der Stirne und den Papst selbst als Protestanten immer in der Tasche bei sich führen, um ihn bei der nächsten besten Gelegenheit auf den Thron zu setzen und wäre es auch auf den Nachtstuhl.

Das Verhältnis des akademischen Professors zu seinen Zuhörern ist wahrlich nicht das des katholischen Priesters zu den blind unbedingt folgsamen Laien, sondern das des evangelischen Geistlichen, in seinem reinsten Sinne aufgefaßt, zu seiner Gemeinde, es ist nicht das des grob und unverschämt sich aufdringenden, zwingenden Gebotes zum knechtischen Gehorsam, sondern das des weisen, vernünftigen, liebreichen Vorschlags und Rates zur vernünftigen, aus Freiheit und wahrer Überzeugung beschloßnen Befolgung desselben. // Das zeigt sich äußerlich schon darin, daß kein Studierender gezwungen wird, irgendeinen Professor zu hören, sondern daß es in seiner Wahl, in seinem Belieben steht, welchen er hören will; allein alle Wahl ist ja notwendig bedingt durch ein Prüfen und Unterscheiden des Guten und Schlechten und durch ein hieraus sich ergebendes entscheidendes Urteil. Es zeigt sich auch darin, daß die Professoren der sich selbst bestimmenden Wahl des Rechts oder Unrechts die Studenten überlassen, weil man von jedem, der die Universität betritt, fordern und voraussetzen kann, daß er wisse, was er zu tun und zu unterlassen habe, und nach diesem seinem innersten Wissen handle. Es zeigt sich selbst in den

Benennungen „Vorlesungen" und „Zuhörer", die deutlich genug jenes freie, ungezwungene, gegensatzlose Wechselverhältnis andeuten.

Aber abgesehen von jenem Äußerlichen, das Wesen der Akademie, in ihrer Idee aufgefaßt, rechtfertigt selbst mich in jenem meinem Urteil. Absolute Einheit des Wissens mit sich selbst in allen seinen Beziehungen des Lebens mit sich und beider miteinander ist die hohe Tendenz der Universität; wohl Verschiedenheiten, aber keine Gegensätze können auf ihr stattfinden, die die zufällige Mehrheit oder Minderheit von Jahren, Geburt, Reichtum usw. herbeiführten. Die Wissenschaft allein ist die Göttin, die hier herrscht, vor der alle demutsvoll knien, und die Professoren sind nur die Organe, durch welche die in aller Herzen glühende Andacht zur Anschauung des Bewußtseins hervorbricht; ein Frevler ist, der an dem Tempel dieser heiligen Jungfrau auch nur vorbeigehen kann, ohne ein Ave-Maria inbrünstig zu beten, aber ein // niedriger Knecht der, der vor dem Professor als solchem niederfällt. Da aber die Wissenschaft nicht von außen her an den Menschen gebracht und erlernt werden kann, da sie oder doch wenigstens die Idee von ihr unmittelbar mit der Vernunft gegeben und folglich nur als ein schon Vorhandenes von innen heraus entwickelt und zum Begriff ihrer selbst gebildet werden kann, da der Mensch nicht allein ein moralisches Gewissen hat, das ihn zum Guten treibt, vom Bösen abhält, sondern auch ein intellektuelles Gewissen, das allein das echte Kriterium des Wahren und Unwahren, der untrüglichste Maßstab ist, nach dem er Tiefes und Seichtes, Echtes und Falsches unterscheiden und beurteilen kann, so kann nur Unverstand und krankhafte Geistesschwäche es dem Studierenden verargen, wenn er ein freies Urteil über die Kollegien fällt, da er ja nicht nach seinem zufälligen Gutdünken und [seinen] Launen urteilt, sondern nach der heiligen Stimme seines intellektuellen Gewissens, von der freilich viele nichts wissen, die viele nicht befolgen oder gar betäuben, da ja nur die in ihm lebende Idee, welche himmlische Gabe keinem versagt ist, sondern nur von zu vielen mutwillig zerstört wird, durch ihn das Urteil fällt, das vorteilhaft oder unvorteilhaft für den Professor ausfällt, je nachdem sie in dem Professor als ihrem Spiegel widerscheinend sich verunstaltet oder gar vernichtet oder ausgebildet und entwickelt erblickt und treu oder falsch dargestellt findet. Ganz anders verhielte es sich freilich, wenn die ganze Universität mit all ihren vier Fakul//täten in das Mauseloch der Gelehrsamkeit sich verkröche, die ihre Gefräßigkeit nur an ekelhaften Speckklumpen toter Wort- und Sachkenntnisse befriedigt, die sie nur von der Oberfläche, von dem Leibe der Gegenstände gierig abnagt und allein an den leblosen Buchstaben und Büchern herumkiefert, und wenn sie in diesem lumpichten Mausewinkel ihre Heimat, ihr Leben und Wesen suchte. Denn da die Kenntnisse erst durch viele Erfahrungen erworben, zusammengescharrt und zusammengehamstert werden müssen, da es nicht so gar geschwinde und leicht geht, bis man allen Geist aufgibt, um an solchem geistlosen Zeug Geist zu finden, und viele Jahre dazu erfordert werden, so kehrt sich natürlich jenes ganze Verhältnis um; denn was soll so ein armer Jüngling, der noch weiter nichts hat als die gesunde Vernunft, dazu sagen, wenn so ein Hamster, so ein Ungeheuer, das ganz aus Buchstaben und Worten komponiert ist, auf dem Katheder steht und das ganze Kehrichtfaß, den vollen Nachttopf seiner gelehrten Schnurrpfeifereien ohne Gnad' und Barmherzigkeit über ihn ausschüttet? Da vergeht ihm natürlich Hören und Sehen, da wird alles freie Urteilen weggespült und er nolens volens [wohl oder übel] von dem Strome blindlings fortgerissen.

Doch ich will Dich nicht länger, guter Vater, mit meinem langweiligen, breiten und faden Geschwätz belästigen, denn ich verderbe Dir am Ende so durch diesen meinen Brei den Appetit zum Mittagessen. Du weißt schon selbst, was Du von meinen derben Äußerungen und Urteilen über Paulus' Kollegien zu halten hast, die mich bestimmen, nun und nimmermehr etwas bei ihm zu hören. /

19

An Paul Johann Anselm von Feuerbach

8. Januar 1824

/ Heidelberg, den 8. Januar 1824

Lieber Vater!

Ich nahe Dir jetzt in diesem Briefchen mit einem Wunsche, den ich schon längst in meiner Seele schüchtern verbarg, aber jetzt durch das Näherrücken der Zeit, wo er realisiert werden soll, wenn er es durch Dich darf, nicht mehr länger verbergen kann, mit einem Wunsche, der nicht aus kindischen und zufälligen Launen, aus grund- und gedankenlosem Faseln, sondern aus ruhiger Überlegung der Sache, ja aus der Sache selbst, die er betrifft, hervorgeht und zu dessen Erfüllung, da ihm keine wesentlichen Punkte und Vernunftgründe entgegenstehen, ich wohl keine Hekatomben von Gebeten zu Dir emporzuschicken vonnöten haben werde. Ich wünschte nämlich, in Ostern Berlin als den zweckmäßigeren und geeigneteren Ort für meine weitere theologische und allgemeine Geistesbildung als Heidelberg beziehen zu dürfen, und ich bitte Dich daher, guter Vater, inständigst um die Erlaubnis dazu. Du weißt schon aus meinen frühern Briefen, daß hier Daub der einzige Mann ist, der mich ganz befriedigt, mich völlig in Anspruch nimmt und mit ganzer Seele fesselt und das mit Recht, da er, ohne Übertreibung zu reden, allen und jeden Forderungen, die man nur immer an einen akademischen Lehrer macht, aufs vollkommenste entspricht. Allein, da ich im vorigen Semester nebst der theol[ogischen] Moral bei ihm // sein geistvolles Kollegium über den Ursprung des Bösen hörte und in diesem seine Dogmatik höre, die sein gehaltvollstes und gediegenstes Kollegium, unstreitig die Krone aller seiner Bemühungen, der Zentralpunkt und Inbegriff seines ganzen geistigen Lebens und Webens ist, gleichsam die Essenz seiner Vernunft; wie würden mich die weniger bedeutenden Vorlesungen, die er im folgenden Semester halten wird, die *Einleitung in die Moral* und die *Enzyklopädie der theol[ogischen] Wissenschaften* unbefriedigt lassen, da sie auch bei dem geistreichsten Manne notwendigerweise ihrem Gegenstand und Inhalt nach weniger geistvoll und lehrreich sein müssen als eine Dogmatik? Was soll ich allein zweier Kollegien wegen, die weniger dem Denken und Spekulativen als der Gelehrsamkeit, worin gerade Daub nicht sehr gut zu Hause ist, Stoff darbieten, länger hier verweilen? Da ich den Daub in seiner reichen Gedankenfülle, in seiner ganzen Tendenz und Umfange in seiner Dogmatik enthalten habe und in ihr das vollständige Abbild und Abguß seines ganzen Wesens einem gleichsam liebreich in die Arme fällt, was soll ich hier anfangen und treiben, wenn ich auch diesen einzigen Haltpunkt meines hiesigen Lebens verloren habe, da ja gegen so ein ausgezeichnet erhabnes und geistreiches Kollegium wie seine Dogm[atik] andre unbedeutendere Kollegien gar nicht mehr in Betracht kommen können und ich ja außer ihm sonst niemand hier habe, der einen wahrhaft wirksamen Einfluß auf meine weitre Entwicklung und Ausbildung äußern könnte? Denn Paulus ist, wie ich Dir schon schrieb, in seiner Exegese unerträg//lich; seine Kirchengeschichte, die Du mir durch Fritz zu hören angeraten hast, ist nicht viel besser. Auch in ihr kann es der liebe Mann nicht lassen, seine Weisheit und subjektiven Meinungen, wo sich nur Gelegenheit darzu darbietet, aufzutischen und seine Zeit darauf zu [ver]wenden, um großartige Gedanken und Lehren aus psychologischen gemeinen Gründen, aus dem Magen usw. abzuleiten; warum nicht lieber z. B. eine Prädestinationslehre (sit venia verbo [man verzeihe den Ausdruck]) aus dem Hintern? Wenn ich eine Vorlesung über Kirchengeschichte besuche, so will ich auch Kirchengeschichte hören, nicht die Meinungen dieses oder jenen Herrn, der sie vorträgt; unter den erhabnen Ruinen vergangner Jahrhunderte will ich wandeln, aber nicht unter den Kartenhäusern von Hypothesen und subjektiven Ansichten, die man wohl Kindern zum Spielzeug in die Hände geben mag, aber nicht Studierenden. Man stelle doch nur rein objektiv die Facta, sei's in Handlungen oder Gedanken, hin, wie sie sich aus sich selbst ergeben, sich gegenseitig notwendig bedingen und abstoßen und sich gegenseitig Tod oder Leben bringen, dann erklärt die Geschichte sich durch sich selbst und zeigt in sich, was wahr und unwahr ist, sie bedarf dann keines fremden Kommentators. Um die Größe, Erhabenheit und Schönheit des Kölner Doms einzusehen, braucht man wahrlich keinen Häuser-, Straßen- und Brückenbaumeister bei sich zu haben, der einen auf alles aufmerksam mache. Ferner: Der einzige Philosoph hier ist Erhardt, allein dieser ist ein Philosoph dem Namen aber nicht der Tat nach, wie die römischen Könige Könige waren nomine [dem Namen nach], aber nicht re [der Sache nach]. Er hat zwar oft gute und schöne Gedanken, aber alle sind bei ihm arme Waisenkinder und grinsen sich an wie Hunde und Katzen, statt daß sie in eine Liebesflamme zerfließen und sich dem einen Urgedanken, der bei einem Philosophen durch alle seine Werke und Produkte als der heilige Geist und Träger des Ganzen hindurchwehen muß, aufopfern sollten; seine philoso//phischen Vorlesungen sind nordamerikanische Freistaaten, während doch eine wahrhaft philos[ophische] Vorlesung eine konstitutionelle Monarchie sein muß. Die übrigen theologischen Professoren sind teils doch noch sehr jung, so daß sie an sich selbst noch genug zu bilden haben, teils so beschaffen, daß es sich nicht verlohnt, ihretwegen ein halbes Jahr hier zu verbleiben.

Wie vorteilhaft wäre es daher für mich, nachdem ich das Vorzüglichste bei dem herrlichen Daub gehört habe und gehört nicht bloß mit den äußern Ohren, sondern mit den innern Ohren des Geistes und ungeteilter Seele, in Ostern meine angefangne Bahn in Berlin fortzusetzen, dort, wo nicht, wie hier, unter vielen fruchtlosen Gesträuchen und Dornen ein einziger Baum steht, von dem man die Früchte der Erkenntnis und Wissenschaft pflücken kann, sondern wo ein ganzer Garten voll blühender Bäume ist, die den müden Wandrer, der hier von der Paulianischen hohen Aufklärung fast den Sonnenstich bekommt und bei der Seichtigkeit so mancher andrer Herren nach geistigen Getränken lechzt, in ihre kühlenden Schatten aufnehmen und mit ihren Früchten laben; dort, wo fast jede Disziplin von ausgezeichneten und berühmten Männern gehandhabt wird und die Theologie tüchtige Werkzeuge zur Verwirklichung ihrer in allen ihren Teilen und Zweigen hat; dort, wo ich das lebendige Wort des Geistes nicht allein vom Katheder, sondern auch von der Kanzel herab vernehmen kann, die ein Schleiermacher, anerkannt der größte geistliche Redner seiner Zeit, dort besteigt. Wo habe ich wohl besser Gelegenheit, eine gediegene Exegese zu hören als dort, wo Marheineke, Strauß und der große Schleiermacher ist, und Kirchengeschichte, welche dort der bekannte und geschätzte Neander vor//trägt? Lauter Kollegien, die dem Theologen äußerst notwendig sind und nach denen ich auch schon längst sehnlichst verlangte. Die Philosophie ist in Berlin wahrhaftig auch in andern Händen als hier. Abgesehen davon, daß ich selbst von ganzem Herzen wünsche, in das Studium der Philosophie eingeweiht zu werden, so ist es ja auch von der Regierung vorgeschrieben, philos[ophische] Kollegien zu besuchen, und wenn es einmal sein muß, so ist es gewiß besser, wahre, nicht bloß sogenannte philosoph[ische] Koll[egien] zu besuchen, damit man doch nicht an einen leeren Namen ohne Inhalt seine Zeit verschwendet.

Glaubst Du vielleicht deswegen, daß sich in Berlin mehr Gelegenheit und Anreizung zu wilden und rauschenden Vergnügungen, zu einem ausschweifenden und liederlichen Leben darbietet, mir d[ie] Erlaubnis versagen zu müssen, so kann ich Dir versichern, und Du weißt es ja selbst, daß ich nie ein Freund von rauschenden Vergnügungen war, noch es auch jetzt bin, und Veranlassungen zur Liederlichkeit gibt es ja überall, die braucht man nicht erst in Berlin zu suchen; der Teufel quartiert sich nicht bloß an Höfen, sondern auch in Städtchen und Dörfern ein, aber der Mensch, der etwas andres im Herzen und Sinne trägt als das gemeine Streben und Leben, wird auch mitten durch die Hölle unbeschadet gehen; was sie ihm abzwingt, ist bloß höhnender Spott über sie. Dort wie hier wird mein enges, einsames Stübchen die große und weite Welt sein, in der ich mich bewege, und ein liebender Charon mich aus dem Lande der fröhlichen Lebendigen in das stille Totenreich der Bücher übersetzen; dort wie hier werde ich mein armes, // trocknes Abendbrot allein für mich verzehren, statt in lustigen Gesellschaften zu schwelgen, und kaltes Wasser wird mein sprudelnder, feuriger Champagner sein; dort wie hier wird die Streusandbüchse das Füllhorn meiner vielen und großen Lustbarkeiten und die Tinte der Burgunder, wenigstens für meine Feder, sein.

Was sollte und könnte mir also wohl im Wege stehen, nach Berlin zu gehen? Nach meiner Meinung nichts; alles ruft mich dorthin und ab von Heidelberg. –

In den Ferien war ich beim Großvater. Allein mein Aufenthalt dort war eben nicht der angenehmste, denn der Großvater war meistens verstimmt und verdrießlich, zumal als die Großmutter unpäßlich und einige Tage bettlägerig wurde. Übrigens gab es doch auch Stunden, wo er aufgeheitert war und alles zu vergessen schien; was seine Gesundheit betrifft, steht es ganz gut. Wie befindet sich denn die liebe Tante, die ich sehr vermißte bei meinem Aufenthalt in Frankf[urt a. M.] und ohne der ich das traurige Leben in dem großväterlichen Hause recht fühlte? Was macht meine liebe Mutter und das kranke Gretchen, was meine Schwestern? Grüße alles recht herzlich.

Lieber Vater, ich bitte Dich noch einmal recht herzlich, erfülle diesen Wunsch, der bloß rein und allein aus dem Drange nach meiner Wissenschaft, die ich wohl in keinem bessern und herrlicheren Zustand als in Berlin treffen kann, hervorgeht, und laß so bald als möglich das erfreuliche Ja oder traurige Nein zu Ohren kommen

Deinem treuen und folgsamen Sohne

Ludwig Feuerbach /

20

An Paul Johann Anselm von Feuerbach

21. April 1824

/ Berlin, den 21. April 1824

Lieber Vater!

Schon vor mehreren Tagen bin ich in Berlins öden Sandsteppen angekommen, überdrüssig des Nomadenlebens, das ich durch meine Reise bisher führen mußte, und mich glücklich preisend, in der Periode der Menschheit zu stehen, wo sie in festen Hütten wohnt und eine sichre Stätte hat, wohin sie ihr Haupt legen kann. Nicht leicht war ich wohl nach einer Reise froher, in dem Hafen der Ruhe angelangt zu sein, als nach dieser, denn das ewig unveränderliche Wetter, die schmutzigen und wässrigen Wege, das Waten durch den oft sehr tiefen Schnee, die ihres Schmuckes noch gänzlich entblößte Natur und die auch an sich schon meist uninteressanten Gegenden (die Städte, die ich sah, ausgenommen) waren nicht dazu geeignet, die Reise nur einigermaßen angenehm zu machen und das Verlangen zu unterdrücken, sie so bald als möglich beendigt zu sehen. Er stürmte und regnete bisweilen so heftig, daß wir nolens volens [wohl oder übel] und wider das gewaltige Veto des Beutels in einer Kutsche unsern Zufluchtsort suchen mußten. Ebenso war ich nicht minder froh, als ich nach vielem Hinundherrennen, Fragen und Suchen endlich in Berlin eine ziemlich angenehme Wohnung fand, nämlich in der *Mittelstraße Nro. 30.* Die Straße ist eine der ruhigeren und die Wohnung eine ziemlich billig[e] in Vergleich zu andern; sie kostet 5 Taler monatlich.

Die Kollegien, ob sie gleich schon als am 20. Apr[il] angehend ausgeschrieben waren, beginnen erst den nächsten Montag. Ich bin gesonnen, wogegen auch Du, lieber Vater, nichts einzuwenden haben wirst, dieses Semester hauptsächlich der Philosophie zu widmen, um mit desto mehr Nutzen und Gründlichkeit den vorgeschriebenen philosophischen Kursus größtenteils in diesem Kurs zu vollenden. Ich höre daher Logik und Metaphysik und Religionsphilosophie bei Hegel, dessen Studium mir sehr erleichtert wird durch Daubs unvergeßliche Kollegien, besonders durch seine // gedrängte, aber zugleich klare und vielumfassende

Darstellung der Heglischen Philosophie, auf welche ihn die Art und Weise, wie er die Theologie behandelt, notwendig in seiner Dogmatik führte. Außerdem werde ich noch eine oder mehrere exegetische Vorlesungen hören, entweder das Buch der Weisheit oder die Exegese der Apokalypse. Ich freue mich unendlich auf Hegels Vorlesungen, wiewohl ich deswegen noch keineswegs gesonnen bin, ein Heglianer zu werden, wie vor kurzem ein Theologus, dem der Generalsuperintendent schon zentnerschwer im Kopfe lag und auf der Nase wie ein Dukatensch . . . . . saß, daraus, daß ich zu ihm sagte, ich wolle bei Hegel hören, den hochwohlweisen reichsstädter Schluß zog: „Also wollen Sie ein Heglianer werden.“ Man kann ihn ja hören, und zwar mit Fleiß und Anstrengung und Aufmerksamkeit, ohne deshalb als Zoll- und Maut-Defraudator [– Schleichhändler] des allgemeinen menschlichen Verstandes, der ja gewöhnlich den Heglianern abgesprochen wird, in seine Schule hinüberzupassieren, in der freilich viele wie der einäugige Zyklop die Galatea, die Weisheit, statt durch ihre zärtlichen Liebeserklärungen sie zu gewinnen, verlieren.

Die Erlaubnis von der Regierung, daß ich hier studieren darf, brauchst Du mir nicht zu schicken; hier wird nicht im mindesten darnach gefragt.

Wenn ich völlig eingerichtet und mit meinen Kollegien vertraut geworden bin, so werde ich Dir ausführlicher von allem, was Dich etwa interessieren kann, schreiben. Nimm also einstweilen, lieber Vater, mit diesen wenigen Zeilen gütigst vorlieb. Ihr seid doch alle recht wohl? Oh, grüße mir alle recht herzlich. Möge ich doch recht bald einen Brief von Euch bekommen.

Lebe recht wohl. Dein folgsamer Sohn

Ludwig Feuerbach /

21

An Paul Johann Anselm von Feuerbach

24. Mai 1824

/ Beiliegenden Brief sei so gut, durch Fritz oder Frühwald an Erhanis zu besorgen. Der Brief ist bloß polemisch-theologischen Inhalts.

Berlin, 24. Mai 1824

Lieber Vater!

Den herzlichsten Dank für Deinen teuern Brief, der zu keiner gelegenern Zeit hätte kommen können als gerade heute, denn gestern erhielt ich durch Schmid, dem Eduard geschrieben, die bestürzende Nachricht von Karl. Den geliebten Bruder in die traurigste Lage versetzt zu wissen, die Seinigen in trostlose Betrübnis darüber versunken zu glauben und sich selbst so weit entfernt und abgeschlossen von aller regen und tätigen Teilnahme an ihren Bekümmernissen zu sehen, Du kannst Dir denken, wie das alles mich tief erschütterte. Wie willkommen war mir daher Dein Brief, der mir die süße Gewißheit gab, daß die Meinigen außer Sorgen sind, und auch mir Eure beruhigende Hoffnung, Karl bald wieder befreit zu sehen, einflößte. Möge sie nur recht bald von dem guten Geiste erfüllt werden; ist ja nichts unerträglicher und erschrecklicher für den Menschen, als seinen Nächsten leiden zu sehen und dabei seine Hände in den Schoß legen zu müssen und seinem besten Willen, seinem eifrigsten Bestreben, alles für das Wohl der teuren Seele zu tun und aufzuopfern, nichts freigelassen zu sehen als den Gedanken an ihr Unglück und das Trauern darüber und nur diesen armen Trost zu haben, sich mit dem Leidenden mitleidend zu wissen. Doch wie gesagt, Eure Hoffnung soll die meinige sein, Gott wird sie nicht täuschen, nicht zulassen das Schrecklichste, was uns treffen könnte, daß Karls Lage bleibt, wie sie jetzt ist, denn unertragbar ist eine Trennung, die der Menschen Willkür, nicht Gott verursacht, das Grab ist keine Kluft zwischen liebenden Herzen, wohl aber die kalte Mauer des Kerkers.

Vier Wochen zwar dauern erst meine Kollegien, allein ich bin überzeugt, daß schon diese wenigen Wochen mir mehr genutzt haben und von größerm Vorteil für mich waren, / / als es vielleicht vier Monate in Erlangen oder sonst auf einer andern Universität gewesen wären. Vieles, was mir bei Daub noch dunkel und unverständlich war oder nur zufällig hingeworfen und isoliert für sich erschien, habe ich jetzt allein schon durch die wenigen Vorlesungen Hegels durchschaut und, wie ich wenigstens glaube, in seiner Notwendigkeit und [seinem] innern Zusammenhang erkannt und den Samen, den Daub in mich legte, vor meinen Augen merklich entwickeln gesehen. Daß ich mir hiemit keine Elogen machen will, davon wirst Du selbst überzeugt sein; mir selbst Weihrauch zu streuen, ist wahrlich nicht meine Sache, und habe es auch gar nicht nötig. Es ist übrigens ganz natürlich und in der Ordnung, daß wenn man durch irgendeinen Mann, etwa wie Daub, vorbereitet und im Denken geübt, mit einem innern Seelenzug nach der tiefern Einsicht in den Urgrund aller Dinge zu Hegel kommt, daß man schon in wenigen Stunden den mächtigen Einfluß seiner tiefen Gedankenfülle verspüret. Wird doch selbst derselbe Felsenblock, den das schwache Herabträufeln einer Dachrinne viele Jahrhunderte nicht erweichend durchdringt, schnell von den hinreißenden Fluten eines Stromes erweicht und wölbt seine rohe, hartnäckige Gestalt zu einem schönen Becken; und ich bin doch gerade kein roher Steinklotz, nicht wahr, lieber Vater? Hegel ist in seinen Vorlesungen bei weitem nicht so undeutlich wie in Schriften, ja ich möchte sagen, klar und leichtverständlich, denn er nimmt sehr viel Rücksicht auf die Stufe der Fassungskraft und Vorstellung, auf der seine meisten Zuhörer stehen; übrigens – und das ist das Herrliche in seinen Vorlesungen –, selbst wenn er die Sache, den Begriff, die Idee nicht in ihr selbst, nicht rein oder allein in ihrem eigentümlichen Element entwickelt, so bleibt er doch immer streng in dem Kerne der Sache, holt nicht meilenweit Proviant etwa für ein passendes // Bild herbei, sondern zeigt den Gedanken nur in der andern Gestalt und Weise seines Erscheinens und weist ihn im ersten unmittelbarsten Bewußtsein des Menschen und gewöhnlichen Leben nach, wie er auch hier ist seinen wesentlichen Bestandteilen nach, aber nur in einer andern Form, so daß man bei ihm in dem Begriff die Anschauung und in der Anschauung den Begriff bekommt. Außer Hegels Vorlesungen höre ich noch Einleitung ins A[lte] T[estament] und Erklärung der Apokalypse bei zwei jungen Professoren, die aber recht gut lesen, und, weil es mir gerade gelegen fällt und bloß aus zwei Stunden wöchentlich besteht, die Farbenlehre nach Goethe bei Henning, der diesen Teil der Physik ganz philosophisch vorträgt. Bei Schleiermacher und Marheineke höre ich für dieses Semester noch nichts, weil ich mich sonst zu viel verteilen und verschneiden muß.

Hitzig läßt sich Dir vielmals empfehlen und danken für Deinen Brief. Da ich gar nichts davon wußte, daß Du mich in dem Brief, den Du Heidenreich gabst, empfohlen hattest, war ich um so mehr überrascht, als er mich sogleich mit Heid[enreich], ohne daß ich ihn vorher besucht oder gesprochen hatte, zu sich auf einen Abend einlud. Zum erstenmal auf einen großen Berliner Tee eingeladen zu werden, ist keine Kleinigkeit, zumal da weit und breit die Ansprüche bekannt sind, die an einen gemacht werden, der in diese Mysterien treten will, nämlich daß er sei Poet, Schriftsteller, Künstler, Philosoph, kurz, in allem Stümper; aber ich bin bekanntermaßen weiter nichts als ein armer Theolog und wollte daher, um in einem Berliner Tee doch vernünftig aufzutreten, mir vorher aus der Leihbibliothek einige Romane, Almanache und Journale holen, damit ich einige poetische hohle, bombastische Phrasen und Worte in petto [in Bereitschaft] hätte, die dann von Zeit zu Zeit wie süße Lindenblüten herabfielen unter den sanften Zephyrshauchen einer Teetasse, sanft gerötet // von dem Morgenrote Beifall äußernder Damenlippen und sich spiegelnd in dem blauen Himmelsgewölbe poetisch verzückter Augen; aber wenn ich auch wirklich, wie ich zuerst wollte, solche Anstalten und Präparationes getroffen hätte, um auf der Eselsbrücke solcher poetischer Ausdrücke die brausenden Fluten des Tees glücklich zu passieren, so wäre es doch umsonst gewesen, denn sowohl Hitzig ist ein höchst einfacher, schlichter und gebildeter Mann, als auch der ganze Kreis, der damals versammelt war und zum Teil aus bekannten Männern bestand, wie z. B. von Chamisso, der mit Kotzebue die Welt umsegelte. – Auch habe ich noch ein paar alte Ansbacher, d[en] Regierungsrat Dürr und s[eine] Schwester kennengelernt, und zwar auf eine eigne Weise. Beide sind nämlich sehr eingenommen für Ansbach und ebenso für alte Ansbacher; als mein Brügel, mit dem ich fast täglich zur Essenszeit in einer Restauration zusammenkomme, weil es hier zu teuer ist, auf der Stube zu essen, mit den beiden Alten sehr bekannt, ihnen erzählte, daß jetzt ein Ansbacher wieder hier sei, mit dem er früher in Ansbach in einem Hause gewohnt usw. hätte, luden sie mich ohne weitres ein. Lieber zu Haus bei meinen Studien als in Gesellschaften bei einer Tasse Tee, wollte ich anfangs gar nicht hingehen, allein die Besorgnis, die guten Alten zu beleidigen, trieb mich doch an, die Einladung anzunehmen, und es hat mich auch gar nicht gereut, denn ich traf da noch ein paar Leute nach altem Schrot und Korn, fromm, bieder, herzensgut und einfach. Es war mir am andern Morgen wie ein Traum, daß ich bei solchen Menschen gewesen wäre, die man wohl oft in Büchern aber selten in der Wirklichkeit findet. – Von meiner Reise weiß ich Dir weiter nichts zu erzählen, als daß ich mich in Göttingen wegen des schlechten, rauhen Wetters entschloß, nicht über Magdeburg zu gehen, da ich diesen Weg wegen der wilden Gegend wohl ganz hätte zu Wagen machen müssen, über Jena zu gehen. Ich hielt mich aber bloß zwei Tage dort auf, die Verwandten sind alle recht wohl und gesund, ich war recht vergnügt daselbst. Tief gerührt ging ich oft durch d[ie] Gassen, denkend wie Du als Student und Großvater durch sie einst gewandelt seid. Der junge Heiligenstädt reiste mit mir hieher, wurde aber hier nicht aufgenommen, weil er früher in der Burschenschaft zu Jena war. – Deine Kränklichkeit hat doch nichts auf sich, lieber Vater? Wie geht's sonst den Meinigen? Grüße alles herzlich im Hause. Wenn Ihr etwas von unserm guten Karl erfahrt, so schreibt mir es recht bald. Lebe recht wohl.

Dein getreuer, gehorsamer Sohn

Ludwig /

22

An Paul Johann Anselm von Feuerbach

6. Juli 1824

/ Berlin, 6. Juli 1824

[. . .] Arche Noah, bald dahin, bald dorthin wandeln sehen. An Trinkgelage, an Duelle, an gemeinschaftliche Fahrten usw. ist hier gar nicht zu denken; auf keiner andern Universität herrscht wohl solch allgemeiner Fleiß, solcher Sinn für etwas Höhres als bloße Studentengeschichten, solches Streben nach Wissenschaft, solche Ruhe und Stille wie hier; wahre Kneipen sind andre Universitäten gegen das hiesige Arbeitshaus. Wäre aber auch das Gegenteil von dem eben Gesagten hier zu finden, so würde mich doch das blutwenig anfechten, denn ich habe in den wenigen Monaten meines ersten Semesters in Heidelberg, in welchen ich mehr Umgang mit Studenten pflegte, ihr Treiben und Leben schon vollauf satt bekommen, und die Wissenschaft, die hier in der schönsten Blüte steht und ihr innres inhaltsvolles Wesen jedem, der da Lust hat, aufs genügendst erschließt, nimmt mich so in Anspruch, daß ich für nichts andres leben, denken und [nichts andres] betreiben mag als sie und die Gelegenheit, sich wissenschaftlich auszubilden, welche schwerlich an einem andern Orte als hier so günstig einem entgegenkommt, recht zu benützen strebe, denn es kommt die Nacht, da niemand wirken kann. Mein ganzes Leben hier ist daher auf meine Stube beschränkt und in ihre vier Mauern eingeengt, mein Weg er//streckt sich nicht weiter als in das Kollegiengebäude und eine Speiseanstalt, wo Kommen, Essen und Fortgehen ein Akt ist, oder, was aber selten geschieht, zu Heidenreich oder Schmid oder zum Herrn Oberfinanzrat oder Kriminalrat Hitzig. Da siehst Du, lieber Vater, wie eng der Umkreis ist, in dem ich mich bewege, und wie ich von allem entfernt lebe, was nur im geringsten mir Anlaß geben könnte, mich zu übereilen oder in ein verdächtiges Licht zu setzen, so daß Du also aller Besorgnisse hinsichtlich meiner überhoben sein kannst. Lebe recht wohl

Dein folgsamer, treuer Sohn
Ludwig

Herzliche Grüße an alles im Hause. /

23

An Paul Johann Anselm von Feuerbach

[Mitte Juli 1824]

/ was alles bei der frühern einfachen Tracht [?] unnötig war. Auf die unschuldigsten, unbedeutendsten Erholungen, denen zu huldigen auch der ängstlichste Moralpedant, der auch nur einigermaßen nach Lebensheiterkeit verlangt, sich kein Gewissen daraus machen wird, habe ich gar nichts verwandt, mich von allen Seiten eingeschränkt und allem entsagt, was außer den selbst dem Bettler notwendigen Bedürfnissen d[ie] Gesundheit und das physische Leben erhalten und fördern kann; mein Morgen- und Abendessen ist trocknes, dürres Brot, und mein Mittagessen besteht nur aus einer Portion Fleisch und Gemüse, das in einer Restauration nach Berliner Art, d. h. kraft- und saftlos gekocht ist. Wahrlich, lieber Vater, wenn man in einer Stadt wie Berlin, wo einem selbst der selige, stärkende Blick auf eine schöne Gegend versagt ist, wo man die Natur nicht etwa bloß aus dem Gesichte, sondern auch aus dem Herzen verliert, und sich nie gedrungen fühlt zu dem Ausspruch: O wunderschön ist Gottes Erde! etc. und so fern von den Seinigen und allen, auch geringsten Erheiterungen ist, die Beschränkungen seiner physischen Existenz auf die äußerste Spitze sozusagen treibt, so wird's einem schwül ums Herz. Du glaubst vielleicht, daß im Hintergrund dieses Klagelieds ein Wunsch etwa versteckt liegt, in den Ferien, die jetzt bald, ungefähr in 3 Woch[en] beginnen werden, eine Reise zu machen; allein daran habe ich // nicht im entferntesten einen Gedanken oder Spekulation, ich habe nicht das geringste Verlangen nach einer Reise. Nein, ich will ja [die Zeit] nur zum ununterbrochensten Studium anwenden, aber eben dazu wünschte ich mir einige Erleichterung meines armen äußerlichen Lebens; zu dem, was man so Erholungen nennt, brauch' und verlange ich keinen Kreuzer, die sind mir nicht ans Herz gewachsen; wenn ich nur dazu etwas habe, daß ich den mir bei meinem vielen Sitzen unentbehrlichen Kaffee trinken und hie und da etwas besser zu Nacht essen kann. Da ich ja noch auf eine bayrische Universität muß und es auf dieser ja um die Hälfte fast wohlfeiler leben ist als auf einer auswärtigen, so kannst Du dann alles ja wieder herausbringen. Verzeihe meine Bitte.

Du und alles im Hause ist doch gesund und wohlauf? Grüße alles aufs herzlichste.

Lebe wohl, lieber Vater!

Dein gehorsamer Sohn
Ludwig /

24

Von Paul Johann Anselm von Feuerbach

15. August 1824

/ Ansbach, den 15. August 1824

Mein lieber Ludwig!

Habe ich mit Angst und Bekümmernis und unter mancherlei trüben Ahnungen, die so ziemlich der Wahrheit nahekamen, Dein Zeugnis erwartet, so habe ich dieses gestern unter den bittersten Empfindungen der tiefsten Indignation erhalten. Was ist das für eine Zeit, wo ein Jüngling, sei er auch noch so brav, lebe er auch noch so unschuldig, bloß auf sich und seine Wissenschaft zurückgezogen, zeige er auch besiegelte öffentliche Urkunden über sein rechtliches, untadelhaftes, sogar musterhaftes Betragen vor – gleichwohl noch durch alles dieses gegen die Anfechtungen und Verfolgungen der Späher nicht gesichert ist?! Du verdienst übrigens meinen Dank, daß Du edelmütig genug gesinnt warst, um dem Vater, dessen Haupt ohnedies durch mancherlei schwere Lasten niedergebeugt ist, von jener, man darf wohl sagen, unerhörten Vorfallenheit nicht eher etwas mitzuteilen, als bis sich zu Deinem Vorteil aufgeklärt hatte, was freilich schon von Anfang an klar genug war. Was Du unterdessen magst ausgestanden haben, begreife ich wohl und beklage Dich von Grund meines Herzens. Suche jetzt die Kränkung, welche Dir widerfahren, so gut als möglich zu vergessen, und lasse sie Dir nur dazu dienen, um Dich in Deinen guten Vorsätzen zu bestärken. Daß diese nie wanken werden, traue ich Dir vollkommen zu. Du hast die Annehmlichkeit der Wissenschaften gekostet und hast an Dir den Ernst des Lebens erfahren. Und dieses ist wahrlich gerade jetzt in seinem Ernst so finster, daß derjenige halbtoll sein müßte, dem es einfiele, sich mit ihm einen Spaß machen zu wollen.

So gut auch Dein Zeugnis lautet, so ist mir es doch sehr verdrüßlich, daß darin nur *zwei* Kollegien bezeugt sind. Das gibt Anmerkungen, die nicht zu Deinem Vorteil ausfallen. Ein Student, der nicht wenigstens 4 Kollegien hört, wird, zum Teil nicht ohne Grund, wie ein bloßer Dilettant betrachtet. Du hättest also wohl die Mühe, das Kollegium über die Einleitung in das Neue Testam[ent] Dir bezeugen zu lassen, nicht versäumen sollen. Ich fürchte sehr, daß die Unterlassung unangenehme Folgen hat. – Überhaupt kommt es mir so // vor, als studiertest Du nicht ganz planmäßig und berechnetest nicht genug die große Zahl der Kollegien, worüber Zeugnisse vorliegen müssen, mit der Zeit, welche Du auf den Universitäten, besonders zu Berlin, zubringen darfst. Von den Haupt- und Grundkollegien – Kirchengeschichte, Dogmengeschichten etc. – hast Du noch keines gehört. Und ob die Offenbarung des mystischen Johannes vor andern Büchern des Neuen und Alten Testaments in dem Kurs eines studierenden Theologen den Vorzug verdiene, scheint mir sehr problematisch. Keerl wird Dir den Plan zu den Kollegien, welche man von einem Bayern fordert, der zum theologischen Examen zugelassen werden will, hoffentlich mitgeteilt haben.

Ich sende Dir hiemit, so schwer es mir auch fällt, als Zulage zu Deinem Wechsel eine Anweisung auf 100 fl., da ich auch von andern Orten her erfahren, wie teuer es in Berlin zu leben ist. Mehr als 200 fl. jährlich bin ich aber Dir zuzulegen außerstand. Sobald es Zeit ist, sende ich Dir einen Wechsel auf das nächste halbe Jahr mit 400 fl. und dann, sobald Du mir meldest, daß Du es nötig hast, noch 100 fl. Zulage.

Anselm hat zu München sein Examen mit großem Ruhm bestanden. Mit dem armen Karl steht es noch wie bisher. Eduard verläßt diesen Herbst Göttingen und wird nach Heidelberg gehen. Übrigens ist alles im Hause gesund, bis auf mich und Gretchen, welche letzte durch ihre außerordentliche Tätigkeit, Sparsamkeit und häusliche Geschicklichkeit mein Hauswesen wieder, so gut als möglich, hergestellt und in Ordnung gebracht hat.

Gott sei mit Dir und erhalte Dir die Kraft zu allem Guten und Edlen, damit Du dereinst zur Freude Deines Vaters, der nur noch glücklich ist in dem Glücke seiner Kinder, wieder hieher zurückkehrest.

Mit inniger Liebe Dein treuer Vater

A. v. Feuerbach

Grüße mir von Herzen die beiden würdigen Männer Dürr und Hitzig und danke ihnen einstweilen in meinem Namen für alles, was sie durch Rat und Tat Dir Gutes geleistet haben. Versäume ja nicht, diese trefflichen Bekanntschaften Dir zu erhalten. /

25

An Karl Daub

[September 1824]

Aus dem tausendjährigen Reich

Hochzuverehrender Herr Kirchenrat!

Hätte ich auch nicht in dem Versprechen, das ich Ihnen gab, die Aufforderung, Ihnen zu schreiben, so hätte ich sie doch –

und dringend genug – in dem gefunden, was meinem vielleicht nur kurzen hiesigen Aufenthalt die Bedeutung einer Ewigkeit für mich gibt, ihn zum Wendepunkt meines ganzen Lebens und Berlin zum Bethlehem einer neuen Welt für mich macht, in *Hegels* Vorlesungen. Denn wenn ich sie, selbst unter dem schweren Kreuze des Begriffes und unter dem Blitz und Donner der Dialektik als das größte Glück, *das* mir nur immer begegnen konnte, zu schätzen und sie als das, was sie sind, als Himmelsgaben unbedingt ihre einflußreiche Macht auf mich ausüben zu lassen weiß, so habe ich es ja einzig und allein Ihres Geistes Kraft zu verdanken, da Sie mich von der lächerlichen Reichsarmee der Vorstellungen, Gefühle, Einfälle, schönen Ideale und wie sonst noch dies Lumpengesindel heißen mag, befreiten und in die konkrete Wissenschaft einführten, wo Gott und Mensch wieder zur Vernunft kommen und worin dieser eine ewige substantielle Form seines Lebens, Wahrheit und Wirklichkeit allein haben kann. Wie könnte ich aber, was den Inhalt meines ganzen Glückes ausmacht, dem Urheber desselben verschweigen, zumal in dem Bewußtsein, daß die einzige Art und Weise, wie der Schüler die Pflicht der Dankbarkeit gegen seinen Lehrer erfüllen könne und müsse, *die* sei, mit Wort und Tat ihm zu beweisen, daß er seine Lehren nicht etwa bloß wie gepflückte Blumen in das Herbarium seines barmherzigen Gedächtnisses eintrage, sondern, vorausgesetzt, daß sie sind das Zeugnis des Geistes vom Geiste, an ihnen die ihn selbst bestimmenden und erfüllenden, allgegenwärtigen Seelen habe? Und dies glaube ich mit vollem Recht auf mich anwenden zu dürfen, ohne die Grenzen der Bescheidenheit und Demut zu überschreiten; wie sollte auch da, wo es den rücksichtslosen Ernst eines wissenschaftlichen Bestrebens gilt, die schlechte Subjektivität ins Spiel kommen? Ist der erste Anfang aller Philosophie der Untergang der Welt, wie viel mehr des armen kleinen Ich des einzelnen. Ihre Vorlesungen sind mir nicht einst gehalten worden und liegen nicht als geschlossene Fakta hinter mir, sie werden es täglich und leben in mir fort als ein unvergängliches Wort, als eine stets sich verjüngende und entwickelnde Schöpfung, wie eine alte Sage, in deren Tiefe die Goldstufen seines ersten Bewußtseins verborgen liegen, in dem Munde des Volkes sich erhält und nach seinen verschiedenen Bildungsgraden gestaltet, bis sie sich endlich zu seiner selbstbewußten Anschauung verwirklicht. Sie erhalten jetzt erst für mich ihren wahren

Sinn, wo ich aufs klarste einsehe, daß nur das auf wissenschaftliche Gründlichkeit Anspruch machen könne, was nach der Notwendigkeit der logischen Formen entwickelt wird, und auf Wahrheit, was als das Resultat seiner selbst wird, und daß daher auch eine Wissenschaft, wie die Dogmatik, dargestellt werden müsse, sozusagen als ein göttliches Drama, als der innere Selbstentwicklungsprozeß Gottes aus dem Ungrunde seines abstrakten Wesens heraus in die konkrete Form des Selbstbewußtseins, kurz, als die Logik Gottes, und wo ich zu der unerschütterlichen Gewißheit gekommen bin, daß die Bibel nur das Christentum im Begriffe enthalte und es nicht in seiner freien Idee, in seiner absoluten Reflexion in sich, sondern nur in Beziehung auf das endliche Bewußtsein, vor das es zuerst trat, und daß auf sie als eine der Willkür des blinden Zufalls preisgegebene Schrift durchaus nicht allein die Wahrheit der Religion gegründet werden dürfe. Wäre dem nicht so, welch ein armer Gott, der, um seine Offenbarungen zu erhalten, zu dem verzweifelten Mittel seine Zuflucht nehmen müsse, die Gnade und Barmherzigkeit einer Gans um ihre Federn anzuflehen! So werden Sie immer mehr mein Lehrer, und ich Ihr Schüler; und meinem redlichen, einfältigen Streben nach darf ich mich wohl an die anschließen, die, nach Ihrem Beispiel, ihr inneres Schicksal der absoluten Idee gleichsam zu Füßen legen und aus der Abstraktion des gemeinsamen Bewußtseins heraus sich in den Schoß ihrer konkreten Fülle versenken, wo in ihrer trüben Mischung die härtesten Gegensätze in die Morgenröte einer besseren, ewig klaren intellektuellen Welt aufgehen, und die versteinerte Lotosblume der menschlichen Natur in ihre flüssigen antediluvianischen Elemente wieder auflöst, und die es für die einzige Bedingung einer vernunftmäßigen Erkenntnis halten, die Wissenschaft in Ihrer verketzerten und gelästerten Methode, gleich als ob es Ihre und nicht die Tat der Sache wäre, anzuschauen, zu studieren und zu behandeln. Doch was braucht es vieler Worte und Versicherungen, daß Ihre Lehren nicht das Los des Irdischen und Vergänglichen für mich teilten und ich anerkenne, wie unendlich viel ich Ihnen zu verdanken habe; die Tat, mit der ich beweise, daß ich Sie stets als meinen Lehrer tief verehre und Ihnen eine fortgehende Danksagung für Ihre mir erwiesenen Wohltaten darbringe, ist, daß ich Hegel nicht bloß fleißig höre, sondern auch studiere, denn Hegels Studium, wo sich der Geist von den Herrlichkeiten und Reichtümern der Welt, von der Vertiefung in die Mannigfaltigkeit konkreter Verhältnisse und Zustände in die Armut des leeren abstrakten Seins zurückzieht, kann ich nicht anders bezeichnen als eine Tat, ja als eine Tat nicht etwa dieses einzelnen Subjekts, sondern der ganzen Menschheit. – Seine Logik war der Gegenstand, der mich fast ausschließlich im verflossenen Semester beschäftigte, wie ich auch außer den beiden Vorlesungen, die er hielt, eben der Logik und Religionsphilosophie, nur noch zwei ganz unbedeutende Kollegien von ein paar Stunden wöchentlich, besuchte, die beide von jungen Doktoren gelesen wurden, jedoch ganz gehalt- und wertlos. Was die Idee des Schönen anbelangt, so habe ich Hegel in Ihrem Namen gefragt: warum er sie in der Logik ausgelassen habe, da sie doch notwendig aus der Reflexion und Bewegung des Wahren in das Gute und umgekehrt des Guten in das Wahre hervorgehe? Er gab mir zur Antwort, das Schöne falle schon in das Gebiet des konkreten Bewußtseins hinein, es streife aber so nahe an das Logische, daß die Grenze, die es von demselben abschneidet, schwer zu bestimmen sei. Sollte das Schöne nicht vielleicht die unmittelbare Vermittlung der Idee mit ihr selbst durch ihr Anderssein hindurch sein und eben als die erste Zurücknahme ihrer in sich aus ihrer absoluten Entäußerung von der Logik ausgeschlossen bleiben? Ich wenigstens kann mir das Schöne nicht denken als eine freie Wesenheit aus innerer Selbstbestimmung und -bewegung sich heraussetzend, sondern nur es als voraussetzend und sich zurückbeziehend auf die Substanz, in derer Aufhebung und Idealisierung es seine Realität hat, oder es nicht als die Idee in der Gegenwart ihrer ungetrübten Anschauung, sondern nur sie in ihrer Erinnerung. – Ist Hegel wieder von seiner Reise nach Dresden und Prag hier zurückgekommen, so werde ich ihn noch einmal ersuchen, sich ausführlicher und bestimmter über diesen sehr schwierigen Punkt zu erklären, als das erste Mal, wo er durch die ungelegene Zeit, zu der ich damals zu ihm kam, daran verhindert wurde. – Wie befinden Sie sich, verehrungswürdiger Herr Kirchenrat? Werden Sie uns nicht bald mit einem neuen Produkte Ihres Geistes beglücken, und wäre es auch nur von so kleinem äußeren Umfang wie das vor kurzem in den „Theologischen Annalen"? – Die sich widersprechenden Forderungen einer Briefform und des Gedankens, der mich zum Schreiben bewog, ließen mich nicht zu der zu allen Dingen der Welt erforderlichen Ruhe kommen; doch wird die Güte und Liebe, die Sie in so großem Grade besitzen, und die auch der Sünden Menge decket, Sie auch übersehen lassen die Mangelhaftigkeit dieses Briefes Ihres Sie hoch verehrenden und innig liebenden Schülers

Ludwig Feuerbach

Laun läßt Sie vielmals grüßen. – Hegel liest im Winter Naturrecht und Philosophie der Geschichte, welche Kollegien wir beide, wie sich von selbst versteht, hören werden.

26

An Wilhelmine Feuerbach

2. Oktober 1824

/ Berlin, 2. Oktober 1824

Teuerste Mutter!

So äußerst selten kommen Briefe von mir an Dich, daß es fast nötig scheint, statt dessen, was gewöhnlich den Inhalt eines Briefes ausmacht, nur mit Entschuldigungen, warum ich so selten schreibe, das Papier auszufüllen. Allein, so wie ich zurückschaudere vor dem Gedanken auch nur der Möglichkeit selbst in der fernsten Ferne und im Verlauf von vielen, vielen Jahren meine Mutter nie aus dem Herzen und die Pflichten der Achtung und des Gehorsams gegen sie je aus den Augen zu verlieren, so kannst auch Du – und das glaube ich fest – nie das Vertrauen zu mir und die Überzeugung verlieren, daß es stets mein Bestreben ist, die Pflichten eines Sohnes zu erfüllen, und es bedarf daher von dieser Seite keiner Entschuldigung und Beteuerungen, daß mein langes Stillschweigen nicht seinen Grund in der Vergessenheit etwa habe. Auf der andern Seite aber spricht mich mein einfaches, zufriednes, stilles und sich stets gleichbleibendes Leben, das in der schnurgeraden Linie, in der es fortläuft, auch nicht einen festen Punkt darbietet, von dem aus ich überhaupt öfter Veranlassung // zum Schreiben schöpfen könnte, mich selbst von dem Verdachte der Nachlässigkeit frei und von Rechtfertigungen und Entschuldigungen, denn wo soll ich aus der

Einförmigkeit meines Lebens Dich interessierende Seiten heraussheben, ich müßte dran – und dafür würdest Du Dich wohl sehr bedanken – das Pfauenrad meiner geringen Gelehrsamkeit schlagen und Dir erzählen von geschundnen und gebratnen Ketzern und Sekten, von hirnverbrannten Doktoren und Magistern, von Stiergefechten und Prügeleien der Theologen, die nicht Vernunft, sondern die Polizei beendet, überhaupt von den abenteuerlichen, eulenspiegelischen Leben, Taten und Schicksalen meiner teuern Herrn Kollegen, daher Du Dich auch diesmal, liebe Mutter, ob ich Dir gleich zum erstenmal schreibe, mit dem Wenigen begnügen magst, was ein paar Seiten enthalten werden. – Da ich mich nur zwei Tage auf meiner Reise von Heidelberg hieher in Jena aufhielt, so weiß ich Dir auch von daher blutwenig zu schreiben. Die Verwandten traf ich insgesamt gesund und wohl an. Echt ökonomisch verteilte ich die beiden Tage teils an Heiligenstädts, teils Faselius'. Deine Mutter sah ich leider nicht. Deine Schwester hat sie schon öfter dringend aufgefordert, sie möchte doch von ihrem Dornburg zu ihr in die Stadt ziehen und bei ihr wohnen, allein sie will nicht, es gefällt ihr am besten in ihrem einmal gewohnten Aufenthalt. Sie ist übrigens noch/ /so gesund und kräftig, daß sie bisweilen an einem Tage von Dornburg nach Jena und wieder zu Fuße zurückgeht. Übrigens verließ ich ungern so schnelle Jena; die freundliche ländliche Stadt, die einfach schöne Gegend und ein Kreis von guten, teilnehmenden Verwandten fesselten mich so, daß ich gerne, wäre es möglich gewesen, länger dort verweilt wäre. – Was Berlin betrifft, so bin ich sehr gerne hier, zumal jetzt, wo ich durch des Vaters gütige Zulage meine vorher schlechte, unangenehme Wohnung mit einer bessern, heiteren und auch zum Studium geeigneteren vertauschen konnte. Zugleich habe ich auch eine sehr redliche und wackre Hausfrau, was für ein wahres glückliches Geschick in Berlin zu halten ist, wo es, wie es in einer so großen Stadt nicht anders sein kann, nicht an abgefeimten Betrügern fehlt und die Studenten besonders oft auf eine fast unglaublich unverschämte Weise bestohlen und geprellt werden. Was besonders wohltuend ist, ist, daß man hier teils selbst nicht weiß, daß man noch Student ist, teils mit andern auch nicht in die entfernteste Berührung kommt und man nichts von ihren Renommistereien, Duellen und andern Rohheiten zu Ohren, geschweige zu Gesichte bekommt. Ruhig geht man seine Bahn fort, niemand stört und legt einem etwas in [den] Weg, bei dem größten // Glanz und Lärmen einer Residenzstadt kann doch jeder, der da will, ein stilleres unangenehmen Unterbrechungen unausgesetzteres Leben führen als vielleicht in der kleinsten Stadt. Denn der freilich traurige Fall, der mich verflossenen Sommer betraf, war rein zufällig, und dergleichen wird und kann sich wohl schwerlich wiederholen. Der billige Student, der keine Hirngespinste im Schädel trägt, die er verwirklicht sehen möchte, wird nie klagen können über Strenge und Härte und Eingriffe in seine vernünftige, rechtmäßige Freiheit, denn eine zügel- und schrankenlose hat er wahrlich nicht vonnöten, und wird ihm die nicht gestattet, so ist es recht und billig. Ich möchte fast lieber ein Preuße als ein Bayer sein.

Ich wünschte Euch gerne, den Anblick von Berlin, den ich täglich habe, zu gewähren, wenn es anders nur möglich wäre, den Anblick in seiner einfachen und doch großartigen Schönheit, seinen herrlichen Straßen und Plätzen, seinen stolzen Gebäuden, seinen wundervollen Statuen und Denkmälern. Entbehrt man auch allen sonstigen Vergnügungen, so verschafft einem doch der Anblick der in jedem Teile wenigstens in irgendeiner Beziehung schönen Stadt einen neuen Genuß. Es ist, als wandelte man stets durch einen großen Kunstsaal, eine kolossale Bildergalerie. Auf die Natur, auf auch nur einigermaßen schöne Gegenden muß man dafür hier freilich /

27

An Karl Daub

29. Januar 1825

/ Berlin, 29. Januar 1825

Hochzuverehrender Herr Geh[eimer] Kirchenrat!

Hat das Individuum überhaupt erst dadurch freien Zutritt zu anderen, daß es sich an ihm selbst alteriert hat, so darf ich mich wohl auch jetzt zu Ihnen ungescheut nahen mit einem Briefe individueller Veranlassung und Inhalts, da er sich nicht unmittelbar innerhalb meiner in der Enge hält, sondern durch die offne Beziehung auf einen allgemeinen Gegenstand das Recht der Kommunikation in sich enthält, freilich nur als Notrecht; denn betrifft er auch mein ganzes Verhältnis zur Philosophie, das an sich, zumal vor Ihnen, in dem der erste Grund desselben ja zu suchen ist, // sein Epiphanienfest begehen darf, so zieht er sich doch auf der andern Seite wieder durch die verschiedenartigsten daraus erzeugten Zustände in das subterrane und subalterne Schattenreich der Subjektivität zurück.

Es ist leicht zu erachten, daß eine Philosophie wie die Heglische, ebensowenig, als sie sich unter und neben andern auch studieren läßt, sie ebensowenig in dem, der sie gründlich betreibt, neben anderm Besondern eine besondre partikuläre und modeste Stellung einnimmt und sich etwa unter dem übrigen Haus- und Hofgesinde beherbergen läßt. Löscht sie am Firmament den Flitterstaat und Glanz der Sterne aus und vereinfacht ihre konfuse Breit- und Weitschweifigkeit auf den Brennpunkt des individuellen Erdkörpers; streicht sie das begrifflose Amerika, ungeblendet durch seine Goldgruben, aus der Weltgeschichte aus; spinnt sie das buntscheckichte Harlekinskleid des Lebens und Daseins auf den durchsichtigen Fäden der drei Parzen zurück, so hat sie wohl die Gewalt auch über // das Individuum, selbes in sich hineinzuzentralisieren, seine ganze Weltkugel gleich dem Ozean der Alten in ihre allumfassende Kreisbewegung einzuschließen und seinen Zusammenhang mit den Gegenständen zu lösen, denen es sich in bewußtloser Neigung hingab und sie ohne den bestimmenden Maßstab der Vernunft zum Berufe und zur Bestimmung seines einzelnen und allgemeinen oder weltlichen Lebens erwählte. Der Berg Sinai und der Ölberg ist mir untergesunken unter der seligklaren Flut des Begriffes; Libanons Zedern gelten nicht mehr als unsre ehrlichen teutschen Fichten und Tannen, da, wo die Natur als solche überhaupt in ihrem Grund als Einheit des Seins und Nichts sich reflektiert hat; Davids Leier ist verklungen und die Kinder Korah müssen zeitlebens pausieren mit ihren Pauken und Trompeten, wo der Geist seine elementarische Unmittelbarkeit im Schmerze der Dialektik durchzittert und sein Selbst zur Gegenständ//lichkeit und umgekehrt herausgeboren hat; und der Prophet Jeremiä sucht bedeutungslos im leeren Echo des Parallelismus die schweigende Zukunft zur Antwort zu zwingen, seitdem der Ewige Jude verschieden. Der Vernunft genügt nicht mehr die schöne Unschuld der Bibel, über welcher der Heilige Geist nur in Gestalt einer Taube schwebte, nachdem er die unangemeßne Tierform abgestreift, in seiner Entäußerung sich innerlich und sein Dasein seinem Begriffe identisch gesetzt hat. Wie der Begriff die absolut heilige Gerechtigkeit ist, die allem vergibt, wie ihm gebührt, nämlich nichts an sich zu sein, sondern nur gesetzt und verschwindend vor ihm, die nichts gelten und bestehen läßt als sich, so schwand mir auch die Theologie vor der Wissenschaft des Begriffs, der an ihm selbst alle Wahrheit und Realität ist und in mir den Entschluß erzeugte, ihm mein Leben und meine Tätigkeit in ihrer umfassenden Totalität zu widmen. Wäre die Heglische Philosophie ein einseitiger Idealismus, dem der Realismus aus der Rocktasche selbständig auf die andre Seite hinausfiele, oder einseitiger Realismus, dem umgekehrt dasselbe // Malheur passierte, so könnte wohl das Individuum, um die andre notwendige Seite auch auszufüllen, noch ein besondres Handwerk nebenher betreiben, wie z. B. Herr Krug das eines Torstehers an der „Leipz[iger] Literaturzeitung"; da dem aber nicht also ist, so wird das Individuum nur insofern ihr völlig entsprechen, wenn es sie nicht bloß innerlich in sich eingeschlossen hält und etwa bloß zur unterirdischen Wurzel seines sonstigen Getriebes macht, sondern sie auch zu seinem realen Geschäft, zu seiner Welt und äußern Natur macht. Die Schellingische Philosophie, die zu keinem immanenten springenden, sondern nur zu dem hinkenden und podagristischen Unterschied des Quantums kam und eben deswegen sich zu keinem in begriffsbestimmten Systemen auseinandergelegten Reiche zergliedern konnte, mußte wohl viel von der Einheit der Wissenschaften sprechen und über ihnen, die als endliche eine gleichgültige Stellung notwendig gegeneinander behaupten, die hölzerne Arche Noah formeller und bestimmungsloser Identität aufschlagen, den Wolf und das Schaf unter dem blauen Himmelsdunst des // goldnen Zeitalters nebeneinander wohnen lassen; die neueste Philosophie hingegen wird nicht von jener Einheit sprechen, denn so würde sie sich, wenn auch als Einheit, doch als eine besondre den andern besondern Wissenschaften gegenüberstellen; sie ist aber die allgemeine, sich selbst genügende wesenhafte Seele, die in ihrer ewigen Sichselbstgleichheit nur insofern eines ist mit den andern, als sie das Endliche in ihnen als endlich manifestiert, ihr Wahrhaftes aber in sich als den eigentlichen Grund aufzehrt. – Ich habe vielleicht zu unbestimmt und allgemein von der Stellung des einzelnen zur Philosophie gesprochen, da es ja nicht nur möglich, sondern auch notwendig ist, daß Individuen, sosehr sie sich auch in jene versenken, doch bei irgendeiner besondern Wissenschaft verbleiben und sie dann so auf ihr wahrhaftes Zentrum reduzieren, wie ja auch Sie, Herr Geh[eimer] Kirchenrat, auf eine eigentlich vorbildliche und ermutigende Weise die wahre, vernünftige Einheit der Theologie und Philosophie realisiert haben. Aber ebenso bleibt es wieder der Besonderheit des Subjekts überlassen, ob es sich der // Philosophie ganz und ungeteilt übergeben will und nur auf diese unvereinzelte Weise sich und sie zu gewinnen und die vollständige Identität beider zu setzen glaubt. So ist mein partikuläres Verhältnis zu ihr bestimmt; ich will unmittelbar an der Quelle sitzen; nicht bloß sie einatmen, sehen, hören, sondern sie soll mein eigner Atem, mein Auge, das sich selbst sein Licht ist, mein Ohr werden. Studierte ich aber die Theologie nebenbei, so müßte mir doch diese zunächst mein Zweck sein, gesetzt auch, ich hätte die Philosophie als das Höchste erkannt, und sie würde mir nur teilweise und zersplittert meine Zeit der letztern zu widmen verstatten; mache ich hingegen diese zu meinem Berufe, so ist sie, sosehr ich auch wie natürlich mich doch mit gelehrten Geschichten abgeben muß, doch immer mein erster und letzter, ausschließender und gegenwärtiger Zweck und Mittelpunkt und der perennierende Gegenstand meines Denkens und Tuns.

Wird es mir nun wahrlich nicht im mindesten weh beim Abschied von der Theologie, ihren historisch-kritischen Rumpelkammern, ihren dogmatischen // Eselsbrücken usw., segle ich vielmehr freudig ab von dem düstern Lande der orthodoxen und rationalistischen Tiergeister, die die Sache zwar im Maule führen, in der Tat aber mit ihr sich nur gegenseitig betrügen und mit dem ledernen Fell ihrer eignen Subjektivität allein ihren schnöden Handel treiben, so opponieren sich mir doch bei der beseligenden Aussicht in mein neues Geisterreich zugleich hemmende Bedenklichkeiten, Rücksichten und die Frage, ob ich mich nicht unbefugt zu seinem Organe aufwerfe, ob nicht etwa mein Entschluß dazu eine generatio spontanea [reine Selbstzeugung] ist, der nicht in der reifen Frucht einer gezeitigten Geistesdisposition seinen berechtigten Ursprung hat. Wer sich mit irgendeiner andern Wissenschaft beschäftigt, verhält sich daher als zu irgendeiner, zu einer besondern, hiemit bedingten und bestimmten, er selbst gilt daher auch mit der ganzen Fläche seiner Besonderheit, er bleibt dabei in guter Ruh; wie er übrigens mit ihr fertig wird, ist seine Sache; wenn sich aber einer ausschließlich der Philosophie ergibt, so begibt er sich des Kreises wie seiner so aller Besonderheit und erhebt sich in das absolut Unbedingte und Unendliche, es gilt so // nicht mehr seine, denn er ist aufgehoben, sondern die Sache der Philosophie, sie will aber nur geweihte Priester zu ihren durchsichtigen Organen; der Philosoph, abgesehen von seiner ganz empirischen Existenz und Äußerlichkeit, ist absolut allgemeiner Mensch. Bei jeder andern Wissenschaft ist ein von außen oder innen gegebner gewaltiger Stoff vorhanden, sei's nun unmittelbar roher oder schon durch andre Hände hindurchgegangner, hier gibt's Munition genug und Vorratskammern, in deren Besitz man sich selbst auf mechanische Weise setzen kann, anbei fehlt's auch nicht an Spitälern, Armen- und, ist auch ganz verbrannt der Schädel, an Brandassekuranz-Anstalten; im reinen Äther der Philosophie dagegen ist's ganz anders, da ist kein Schneider und kein Riemer, kein Doktor und kein Advokat, dessen Rat und Hilfe anzusprechen wäre; alles ist verschwunden, alle Halt- und Stützpunkte und Ruhepolster des gemeinen Verstandes und Bewußtseins; nur auf den eingestürzten Ruinen des Da- und Gegebenseins beginnt der Vogel der Minerva seinen einsamen Flug; selbst der tiefe Abgrund des Mystikers ist aus seinem verschloßnen, // in sich unmittelbar gehaltnen Sein zur spiegelklaren Fläche des Gedankens herausgeglättet. Wenn ich mich nun wohl in dieses reine Element erheben, mich in ihm gegenwärtig erhalten und meinen höchsten Genuß in ihm finden kann, berechtigt mich das schon dazu, ein ausschließender Träger desselben zu werden, meinen Wirkungskreis sozusagen in ihm zu konstituieren, und gibt es mir die Hoffnung, den großen, notwendigen Forderungen der Wissenschaft zu entsprechen? Gibt mir ferner schon mein unwiderstehlicher Drang, unmittelbar ungebrochen in ihm zu leben, die Erlaubnis und Befugnis, auch der nach außen es betätigende Priester zu werden, und habe ich in ihm schon die Vergewisserung, daß ich mich nicht verstoße an der guten alten Regel: ne sutor ultra crepidam [Schuster bleib bei deinem Leisten]?

Freilich hebt sich diese Besorgnis wieder dadurch auf, daß es vornehmlich von der Philosophie gilt: omnia Dii laboribus vendunt [alles gewähren die Götter für Mühen];

sie ist die Arbeit schlechthin, wie Gott der beste Arbeiter, eben weil beide kein gegebnes Material formieren und, wie von Gott, ebenso von ihr gilt: Sie erschafft eine Welt aus nichts; und an Arbeit will ich's wahrlich nicht fehlen lassen; wer sollte sie auch scheuen, die in einem zugleich die ruhige / / Auflösung ihres Gespanntseins ist und jeder Schweißtropfen im Felde des Gedankens an ihm selbst ein Tautropfen selbstbewußter Seligkeit. Ohnehin spricht ja die Heglische Philosophie in Wort und Tat die große Lehre aus, der Geist ist nur als Werden, als Resultat seiner selbst, also nicht durch die Gnade naturgegebner Bestimmtheiten, eingepflanzter Anlagen usw., und führt liebevoll bei aller ihrer sonstigen schonungslosen Strenge gegen subjektive Einfälle und sentimentale Herzensangelegenheiten den Willigen durch eine lange Stufenreihe bildender Gestalten zur Wissenschaft hin und fängt auch erst mit dem Anfang an.

Es wäre auch traurig genug, wenn die Wissenschaft der Freiheit und Wahrheit nicht durch die selbstkräftige Freiheit des Individuums erlangt und realisiert werden könnte, sondern nur durch die frommen Stiftungen und Schenkungen der Natur; oder wenn sie, welche die über allen endlichen Unterschied und [alle] Trennung erhabne Allgemeinheit sein will, nur gottbegnadigten prädestinierten Seelen zugänglich wäre. Sind nun, sowenig „der Schädelknochen die Wirklichkeit des Geistes ist", sowenig Naturgaben und Anlagen, die nichts mehr sind als geistige Knorren und // Beulen, die Bedingungen der Philosophie; und kennt sie keine Prädestination, sondern bietet sie sich jedem gleichmäßig dar: wohlan denn, an den aufgesprengten Pforten deines Heils und Lebens nicht mehr länger gezaudert, in deine Tat dein Schicksal versenkt, den Sonnenwagen des Gedankens bestiegen; nicht der Gnadenstoß einer bornierten Physik, die eigne achsendrehende Bewegung deiner Kraft treibe dich zum Ziel; in der Arbeit des Begreifens bist du dir selbst der Apostel Petrus, der den Schlüssel zum Himmel hat.

Äußerst erwünscht wäre es mir jedoch, Ihren unschätzbaren Rat und Gedanken, verehrungswürdiger Herr Kirchenrat, über meinen Schritt zu wissen, die Sie, da ich auf schriftliche Antwort keinen Anspruch mache, wiewohl ich ihn noch vor jedermann verborgen gehalten habe, selbst vor den Penaten, und ihn noch halte, nur gefälligst meinem Freund Kohl mitteilen mögen, der mir gewiß dann die Freundschaft erweisen wird, sie mir zu schreiben, und weiter keinen Gebrauch davon machen wird.

In Erwartung Ihres freundschaftlichen Rates empfiehlt sich Ihrer fernern Liebe Ihr ergebner
Ludw. Feuerbach

Der letzte Tintentropfen am Silvesterabend der Theologie sei noch einer alttestamentarischen Stelle geweiht: „Und Jakob rang mit einem Mann, und des Name war *Gott*, bis an den *Morgen*." /

28

Von Friedrich Feuerbach

3. Februar 1825

/ Lieber Ludwig!

Wie hast denn Du das neue Jahr begonnen? Die Deinigen hier haben das alte Jahr in Trauer und Leid beschlossen und in Trauer und Leid das neue begonnen. – Du ahnest eine schlimme Nachricht, und Deine Ahnung, lieber Ludwig, täuscht Dich nicht. Doch Gott sei Dank, daß ich Dich, sie ruhig anzuhören, durch die Versicherung vorbereiten kann, daß sich die trüben Aussichten wieder ganz aufgeheitert haben. Es war der letzte Sonn//tag vorigen Jahres, als dem Vater von München gemeldet wurde, Karl habe durch Öffnung einer Ader sich das Leben zu nehmen versucht. Wie furchtbar erschütternd für uns diese Nachricht war, wiewohl man ihr ein ärztliches Zeugnis über die gänzliche Gefahrlosigkeit von Karls Zustand beigefügt hatte, kannst Du Dir wohl denken. Es waren hierauf drei oder vier Wochen in verhängnisvoller Stille vergangen, als uns ein Brief von Thiersch meldete, Karl // habe einen zweiten Versuch gemacht und sich aus einem Fenster des Krankenhauses herabgestürzt, ohne daß jedoch durch den Fall etwas verletzt worden sei. Zugleich schrieb aber Thiersch, daß Karl nunmehr seiner Pflege übergeben und bereits außer aller Gefahr sei, und seitdem erfahren wir auch lauter erfreuliche Nachrichten von Karls täglich[en] Fortschritten der Genesung des Leibes und Gemütes. – Gegenwärtig ist Vater in München. Er läßt Dich herzlich grüßen, wie alle die Deinen. – Anselm hat einen Ruf nach Speyer bekommen, wo er am dortigen // Gymnasium mit einer guten Besoldung angestellt werden soll. Lebe wohl, lieber Ludwig, und schreibe uns ja recht bald.

Dein treuer Bruder
Fritz

Ansbach, den 3ten Februar 1825 /

29

Von Wilhelm Kohl

6. Februar 1825

Heidelberg, den 6. Februar 1825

Viellieber Feuerbach!

Als ich heute bei Daub gegessen hatte, sagte er mir allein, daß Du ihm einen überaus erfreulichen Brief geschrieben habest. Er würde Dir sogleich darauf antworten; da er aber auf Deine zwei lieben Briefe nur ausführlich antworten könnte, wozu er bei seinen dringenden Prorektoratsgeschäften unmöglich imstande sei, so wolle er wenigstens durch mich das Nötige erwidern lassen. Er gab mir daher auf, Dir zuvörderst seine freundschaftlichsten Grüße zu melden (und dies sagte er mit dem Ausdrucke der größten Innigkeit –) und zu schreiben, daß ihm Dein Vorhaben um so mehr Freude gemacht habe, als er ja schon nach Deinem ersten Brief zu mir gesagt habe: „Feuerbach bleibt gewiß nicht bei der Theologie, der schreitet noch vor ins Gebiet der Philosophie; denn das deutet sein mächtiges Streben an; wenn er nur nicht versäumt, des übrigen Wissenskrams, welcher doch nicht ignoriert werden darf, *zuvor* mächtig zu werden, – um da des Lebens Aufgabe zu lösen." Nun aber fügte er hinzu: „Wenn ich in seinem Alter wäre, so würfe ich gleich das andere Zeug von mir, eilte zu ihm, um in gleichem Streben zu ringen nach dem Ziele, das er sich vorsteckt." Hiermit habe er Dir eigentlich alles gesagt, was Du werdest wissen wollen, und er setze voraus, daß Du schon jetzt entsagt habest allem eitlem Streben nach den gemeinen Zwecken des Lebens und verzichtest auf jede Anerkennung und Auszeichnung von Seite der Welt; denn so habe er Dich in der kurzen Zeit – bei freilich seltener Annäherung von Deiner Seite – kennengelernt. Er fügte hinzu: „Während alle Scienzen [Wissenschaften] in der Welt anerkannt, geehrt und ausgezeichnet werden, ist die Philosophie nicht nur meist ignoriert und verkannt, sondern auch verschmäht und angefeindet, und so wird's wohl noch lange bleiben – was eben der Philosoph auch nicht achtet."

Als ich sagte, ich kenne Dich schon von der Schule her in der Art, daß Du die irdischen Güter und Freuden mit ihrem ganzen Anhange *verachtetest*, so sagte er: „Das ist auch nicht recht, das soll er auch nicht, sondern nur durchaus *resignieren soll er*! Die nicht seltene enthusiastische *Weltverachtung* der Jugend geht in späteren Jahren oft in Reue über. Resignation kann nie in Reue umschlagen." –

Er hält für nötig, daß Du die theologischen Schulstudien ablegest und Dich zu den philosophischen, Mathematik, Naturkunde usw. mit Ernst wendest, da man nie mehrerlei mit Erfolg studiere.

W. K.

30

An Wilhelmine Feuerbach

19. Februar 1825

/ Ich wohne Französische Straße Nr. 22.

Berlin, 19. Februar 1825

Liebe Mutter!

So sehr lange Zeit hatte ich keine Nachricht von Euch erhalten, daß sich der Gedanke bei mir ganz unwillkürlich festgesetzt hatte, bekomme ich eine, so ist sie gewiß solcher Art, daß du wünschest, sie wäre nie gekommen. Wie ein verschloßnes Schloß, dessen Eröffnung man bang erwartet, lag mir Euer Haus in dunkler Ferne. Der Schlüssel dazu kam, meine Erwartung ward leider! nicht getäuscht; das feuchte Auge der Hoffnung sucht vergebens nach der stillenden Beruhigung seiner Sehnsucht, aber immer wird erhört das Zähngeklapper des schlotternden Beingerippes der Furcht. Wie gewöhnlich, besonders in der Jugend, hält man entweder allein an dem Anfang oder am Ende einer Sache fest, höchstens verliert sich noch der helle Morgenstern der goldenen Mittelstraße in die zweifelhafte Ferne der Milchstraße, so stand unverrückt der Anfang des traurigen Ereignisses die ganze Zeit über vor meinen geblendeten Augen, die ich, wie macht- und selbstlos nicht auf den erfreulichen Ausgang richten konnte, was mir erst jetzt vergönnt wurde, und durchwühlte jammervoll mein Herz. Darum schreib' ich auch erst nun, wo ich meinen vielgeliebten Bruder wieder lebendig an die freudig schlagende Brust in Gedanken drücke und nicht mehr zu befürchten habe, durch die Bilder meiner Phantasie, die zeither zügellos in mir tobte[n], Eure hoffentlich völlig geheilten Wunden von neuem aufzureißen. Furchtlos wie ohnehin zu spät wäre es übrigens, wenn ich Dir etwa Trost zusprechen wollte, da ja der beste, stärkste Trost in dem erfreulichen Ausgang des anfangs freilich traurigen Falls // und in der auffallend glücklichen Wendung, die ihm eine unsichtbare Hand gab, so reichlich liegt; ebenso wie unpassend für einen unerfahrnen Jüngling, wenn er eine Mutter zu beruhigen versuchte, die schon so vieles erfahren, so vieles getragen hat, und zwar mit der tiefsten Seelenruhe, und an dem Kreise ihrer vielen Kinder sich eine Welt von Freuden und Schmerzen herangezogen hat. – Was habt Ihr unterdessen wieder für Nachrichten vom lieben Karl erhalten? Wie befindet er sich? Ist er noch nicht völlig freigesprochen? Ich bitte Euch dringend um genaue, ausführliche Nachrichten so bald als möglich, schickt mir aber keinen solchen Brief wie Fritzens Brief war, in dem ich gar zu kurz abgespeist wurde und der weiter nichts als eine magre Zeitungsnachricht war; Ihr könnt Euch vorstellen, wie man in so weiter Ferne schmachtet ordentlich, sozusagen, nach den Tönen der verwandten Muttersprache, zumal wenn sie die Trägerin sein soll von dem, worauf die ganze Seele mit gespannter Erwartung hingerichtet ist. Freilich habe ich auch Dir, liebe Mutter, und den andern fast nie oder doch selten geschrieben, aber was soll ich Euch auch schreiben aus einem Orte, wo man, wenn man will, am unangefochtensten, ruhigsten, einförmigsten als man sich nur denken kann, leben kann; ich bin gesund, es gefällt mir hier, mich befriedigt die Wissenschaft, durch die Berlin wahrhaft geheiligt ist und die auch die Wüste zum Paradies umschafft. Was weiter? – Daß Anselm nach Speyer kommen soll, wird Euch nicht weniger freuen als mich, welchen angenehmeren Ort kann er sich wünschen, am Vater Rhein, in einer alten, schönen Stadt in der Nähe Heidelbergs? Bekomme ich, wie

ich hoffe, bald einen Brief von Euch, so wünsche ich zu wissen, wo ich meinen Brief an Anselm hinschreiben sollte, denn ich will ihm schreiben. – Wie lebst Du, liebe Mutter, Du bist doch gesund und wieder heiter und froh? Was macht Vater, die
69 lieben Schwestern und Brüder? Schreibt, schreibt, es mag auch sein und vorfallen, was da wolle; nur mit Euch will ich fröhlich, mit Euch traurig sein; verlassen von Freuden und Leiden ist sonst meine einsame Bahn. – Grüße mir tausendmal Schwestern und Brüder, ist noch Gretchen bei Euch, auch sie herzlich. Dürft Ihr Karln schreiben, so bringt ihm die innigsten Grüße von mir, die ja noch auf Erden ein Bruder dem Bruder, ein Freund dem Freunde zusandte. Verzeihe die Kürze meines Briefes, ein andermal mehr, denn ich schreibe Dir gewiß bald, lebe recht wohl, ewig teure, geliebte Mutter! Lebe wohl.

Dein folgsamer Sohn
Ludwig

Noch etwas! Da ich nicht bestimmt weiß, ob Vater noch in München oder in Ansbach wieder ist, so bitte ich Dich oder Fritz, oder wer es sonst will, den Vater in meinem Namen *bald* zu bitten, mir so bald als möglich seine gütige Zulage mir zu schicken, um die ich jetzt bei herannahendem Ende des Semesters wohl ungescheut ihn ansprechen kann in dem teuern Berlin, wo, um nur eines Artikels zu erwähnen, mich meine Wohnung monatlich 8 preußische Taler (ein Taler ist 1 fl. 45 Kr.) kostet. Seid so gut, erfüllt meine Bitte. /

31

An Paul Johann Anselm von Feuerbach

22. März 1825

/ Berlin, 22. März 1825

Lieber Vater!

Da kommt schon der Verheißene heran; beladen mit den Resultaten meines bisherigen, besonders hiesigen akademischen Lebens und mit dem Bauriß der Zukunft, mit dem Schmerz über eine trübe Vergangenheit und den Bildern einer befriedigenden Gegenwart, beworfen mit dem Schmutze einer abgestoßnen, schmalen Erdzunge und glänzend im Morgentau eines sichern reichen Landes, fällt er Dir an Dein Vaterherz, um Deine Hand auf meinen wunden Schädel, den die zu Dornenkränzen erstorbnen Neigungen einer trüglichen Saatzeit zerstochen haben, zu führen und Deinen Segen zu erkaufen. Sturm und Wetter bringen ihn Dir nicht, wie den Messias der Juden, sondern nach vorhergegangner Überlegung, nach überwundnen Zweifeln und Bedenklichkeiten, nach vor- und auskehrenden Anstalten beruhigte Einsicht und die Überzeugung, daß zu dem, was ich innerlich beschlossen, Deine Bestätigung und Beistimmung nicht ausbleiben werde und ich mich mit der Besorgnis nicht mehr zu ängstigen brauche, ob ich Dir dadurch etwa, zumal nach der traurigen Periode in unserm Hause, nicht unangenehme Stimmungen bereitete. Solltest Du jedoch im ersten Augenblick unwillig und verstimmt werden über meine Abweichung von einer einmal mir bestimmten, übereingekommenen Sphäre und Lebensregel, so wirst Du es willig auch zu verzeihen wissen. Was ist Freundschaft ohne Verzeihung? Was ist ein Vater, der sie nie erteilt? Wie ein Sohn, der sie nie empfangen hat? Unsre Fehler führen uns oft mehr zu den Herzen der Menschen wie zu den Pforten des Himmels als bornierte Tugenden. Was Du übrigens vielleicht als Vater dem Sohn mißbilligst, wirst Du als Mensch dem Menschen gewöhnlich und daher verzeihlich, als Mann in der Natur des Jünglings gegründet und daher entschuldigt, als Geist vernünftig und daher geheiligt finden. –

Der Vorhang wird aufgezogen, das Orchester spielt Jeremiä Klagelieder nach der Melodie: Ei du lieber Augustin! In der Ferne sieht man die Kinder Korah, einige Kirchenräte und Bürgermeister der Stadt Jerusalem feierlichst heranziehen, in der Hand tragen / / sie das Berliner Wochenblättchen, einer beginnt mit tiefbewegter Stimme zu lesen: „Unsern fernen und nahen Geistes- und Herzensverwandten haben wir zu publizieren, daß vor mehren Wochen unser vielgeliebter Amtsbruder und Kollege Ludwig Feuerbach, nachdem er mehre Jahre im Weinberg des Herrn gearbeitet, aus den irdischen Tälern der Theologie im Herrn verschieden, sein Geist aber in eine bessere Welt gefahren, wohin ihm seine Werke nachfolgen. Wir verbitten uns übrigens alle weitern Beileidsbezeugungen!" Zur symbolischen Beglaubigung dieser mystischen Totenanzeige wird der Leichnam selbst vorgetragen, vom kritisch - historischen Standpunkt aus, und der theol[ogischen] Fakultät als Preisaufgabe vorgelegt; einige aufgeklärte Rationalisten, die schon längst dem gesunden Menschenverstand zu Ehren ihren Verstand verlieren wollten über diesen anachronistischen Gespensterspuk und [diese] antiquarische Gotteslästerung, erklären nach den gerichtlichen Medizinaluntersuchungen ihrer Exegese den Leichnam für einen einmarinierten Hering, den bis auf s[eine] Urgestalt zu reformieren zum Besten der Menschheit wohl der begeisterndste Traum eines aufgeklärten, soliden Mannes wäre. Der Vorhang fällt, mit ihm die Komik in die gemeine Wirklichkeit der Prosa herab. Die Theologie – kann ich nicht mehr studieren; Vater, laß Deinen Sohn gewähren; wo die innre Möglichkeit gebricht, diese Elastizität die Mauern springen macht, halten nicht mehr die Baustützen und Balken anderer Rücksichten, Reflexionen und äußerlichen Gründe; Speisen, die das zartere Alter nähren, sind den gereifteren Naturen unverdaulich. Sie ist für mich eine verwelkte schöne Blume, eine abgestreifte Puppenhülle, eine überstiegene Bildungsstufe, eine verschwundne formgebende Bestimmung meines Daseins, deren Andenken jedoch noch segensreich fortwirken wird in der Nachwelt meiner neu begonnenen Lebensweise. Ein ganz anderes Verhältnis, sozusagen gesetzliche und berechtigte Hindernisse träten allerdings ein, wenn ich voreilig, mutwillig, aus blinder Willkür, eigensinnigen Launen und Einfällen die Theologie zum Fenster hinausschmisse, etwa mit dem nachdonnernden Urteilsspruch: Sie gefällt mir eben nicht! Die dann freilich besser täte, wenn man das Modejournal als die Bibel in die Hand nähme. Ein großer Unterschied ist, ob der, welcher am Tor des öden Hauses das Tor zuwirft, oder der es mühsam durchbrochen, spricht: Hier haben wir keine bleibende Stätte. Aber ich kann getrost sagen, ich habe in der Theologie gelebt, gewohnt, gefühlt, gedacht; ich saß an jenen Quellen, wo sie ewig verjüngt, als eine schöne Nymphe mir emporstieg, aber auch an // Brandstätten, wo sie wie eine Hexe zu einem verrunzelten, verkrüppelten, verschrumpften Apfelschnitz eindorrte; ich konnte fröhlich jauchzen und jubeln mit dem Sänger David, Winter, Frühling, Sommer und Herbst brachte mir der Wechsel seiner tiefen Empfindungen, den Menschen gab mir die Lieblichkeit seiner Hirtenlieder, den Gott die Erhabenheit seiner Preisgesänge; jammern mit Jeremias über den Untergang der gottgeweihten Stadt, zürnen und dräuen mit Ezechiel dem verruchten Volk,

Flüche mit Donner und Blitz, wie von Cherubinen getragen, auf seine Härte schleudern, mit den Jüngern durch das heilige Land wandern, an den Lippen des Herrn hangend, den Honig seiner Lehre einsaugen; ich habe in ihr gelebt, aber jetzt befriedigt sie nicht mehr mich, sie gibt mir nicht, was ich fordere, was ich brauche, nicht mein tägliches Brot, nicht die notwendigsten Viktualien meines Geistes; dem Armen reichten sie am Kreuze noch statt eines ersehnten Trunk[es] kühlen Wassers einen Essigschwamm; Palästina ist mir zu eng, ich muß, ich muß in die weite Welt, und diese trägt bloß der Philosoph auf seinen Schultern. Von Morgen nach Abend zieht die Geschichte des Menschengeschlechts, aus dem jugendlichen, schönen Reiz des Morgenlandes trete ich zurück in mich, in den tiefen Ernst, in die gereifte männliche Besonnenheit germanischer Philosophie. Sollte ich bei der Theologie mein Verbleiben haben, so würde ich aus einem Freien ein Sklave, wider Überzeugung und Einsicht, wider die eigne Befriedigung meiner selbst, wider Interesse, Lust und Neigung mich in ihre Bande schlagen; ich müßte gehen ohne Beine, atmen, ohne Luft zu haben; sie ist mir abgestorben und ich ihr. Der Mensch kann alles, sagt man; jawohl, auch eine Tote zur Braut nehmen; und wie wollte ich denn ihr bleiches Leichentuch als Brautzelt über mich ausspannen oder zu den schwellenden Segeln meines zerbrochnen Schiffes nehmen. Zerfreßne Knochen sollten die Krücken eines kranken Herzens, die durchlöcherte, ausgehölte Brust eines Totengerippes sollte die Krippe meines Bethlehems sein. Der Modergeruch der süße Weihrauch, den ich dem Herrn opferte. Mich in die Theologie wieder zurückweisen, hieße einen unsterblich gewordnen Geist in die einmal abgelegte sterbliche Hülle wieder zurückwerfen; denn die Philosophie reicht mir die goldnen Äpfel der Unsterblichkeit dar und gewährt mir den Genuß ewiger Seligkeit, Gegenwart, Gleichheit mit mir selbst. Ich will reich, unendlich reich werden, und sie ist eine unerschöpfliche Fundgrube, glücklich und zufrieden in mir, wo kann das anders sein als dort, wo das Kinder- und Weibergeplärre, Ächzen und Krächzen des gemeinen Lebens und Treibens schweigt. Ich bin wie eine hab- und herrsch//süchtige Seele, die alles, aber nicht als empirisches Aggregat, sondern als systematische Totalität an sich reißen und verzehren will; unbegrenzt, unbedingt ist mein Verlangen: Ich will die Natur an mein Herz drücken, vor deren Tiefe der feige Theolog zurückbebt, deren Sinn der Physiker mißdeutet, deren Erlösung allein der Philosoph vollendet. Den Menschen, aber den ganzen Menschen; nicht ihn wie der Arzt auf dem Krankenlager oder [in der] Anatomie, wie der Jurist im Staat oder im Zuchthaus, wie der Kameralist als Bäcker oder Bierbräuer; mit den alles durchdringenden und durchlaufenden Wurzelfasern der Gedanken will ich reichen und mich ausdehnen bis an die Enden der Welt, Gott und sie, dies schöne Geschwisterpaar, aus ihren vergrabnen Grundfesten und nächtlich verborgnen Sitzen emporgehoben, um das Sonnenrad der Philosophie winden und sie sich freudig entfaltend emporschlagen sehen zu einem früchte- und blütenvollen Baum des Lebens. Vater! Wende nicht zürnend Deinen Blick weg von Deinem Sohne, weiger nicht Deine Beistimmung, laß mich freudig einziehen in das neue Land, das ich im Schweiß meines Angesichts mir erobert, in dem ich etwas zu leisten das Vertrauen, mich befriedigt und beruhigt zu finden die sicherste Gewißheit habe. Teile mit mir die Freude über die Stiftung eines neuen Reichs in mir, über mein neues Leben, meine neue Zeit und Aussichten und über den Untergang einer Welt, die so stiefmütterlich für mich sorgte, daß sie mir keinen andern Ausweg gelassen hätte, als mich gramvoll in mich selbst zu verzehren, und das wohltuende Gefühl, den Händen der schmutzigen Pfaffen entronnen zu sein und Geister wie Aristoteles, Spinoza, Kant und Hegel zu meinen Freunden zu haben.

Was meine äußerliche Existenz in Zukunft betrifft, so fragt sich, ob in Ansehung ihrer in meiner neuen Wissenschaft nicht bessere oder wenigstens ebenso gute Aussichten [sich] eröffnen wie als Theolog, da ja so das Land mit Theolog[en] wie überschwemmt ist. Was meine bisherige akademische Zeit betrifft, so ist die keineswegs verloren, da ich ja hauptsächlich der Philos[ophie] in ihr oblag. Was meinen künftigen Studienplan [betrifft], so sei versichert, daß ich keineswegs die Gelehrsamkeit als solche vernachlässige, vielmehr Geschichte, Philologie, Naturwissenschaft fleißig studieren werde; nächstes Semester werde ich daher Enzyklop[ädie] der Naturwissenschaften, Platons Republik bei Böckh, außer den philosoph[ischen] Kollegien womöglich noch Mathematik hören. Was die Güte und Gnade des Königs [betrifft], so wird dieser unschuldige Schritt nicht seine Hand uns entziehen, wenn anders etwas davon zu seinen Ohren nur gelangt. – Vor einigen Wochen schrieb ich Daub meinen neuen Plan, um erst durch ihn gestärkt Dir seine gewiß genug gewichtige Beistimmung und gänzliche Billigung auch mitteilen zu können. In Ermangelung der Zeit[?] ließ er mir schreiben; außer vielen andern ermutigenden, mir Selbstvertrauen einflößenden Äußerungen ließ er sagen: „Ich sagte es schon längst vorher, Feuerbach bleibt nicht in der Theologie, der dringt noch vor ins Gebiet der Philosophie." Ermutigt durch den unbedingten Beifall eines Geistes wie Daub, bitte ich Dich zuletzt noch einmal um Deinen, bester, geliebtester Vater! Lebe wohl!

Dein folgsamer Sohn
Ludwig Feuerbach /

32

An Julius Eduard Hitzig

3. April 1825

/ Berlin, 3. April 1825

Hochzuverehrender Herr Kriminalrat!

Die Angelegenheit, wohl die für mich wichtigste und bedeutsamste meines ganzen bisherigen Lebens, in betreff deren Sie mich heute morgen sprachen, bewegt mich noch jetzt am Abend dieses trüben Tages im Vertrauen auf Ihre Teilnahme, die Sie mir schon in mehreren Fällen unverdienterweise erwiesen haben, und auf Ihren mit allem, was des Menschen überhaupt, so auch des Jünglings Seele bewegt, tief vertrautem Geiste mich schriftlich an Sie zu wenden. Mit besonnener Ruhe und sonderndem Verstande will ich Ihnen auseinandersetzen, was ich mit bewegtem vollem Gemüte und in einer gereizten Stimmung meinem Vater schrieb, die sich übrigens natürlich, ja notwendig ergibt, wenn der Sohn seinen Vater fußfällig anfleht um den Segen seiner Einwilligung zu einem Schritte, zu dem unwiderstehlicher Drang hintreibt und gegründete Überzeugung hinführt und der nun nach überwundenem ängstlichen Zagen und Zweifeln endlich plötzlich entdeckt wird. Mögen Sie dann die Güte haben, meinem Vater dieses alles vorzulegen, mit der Bemerkung zugleich der Art und Weise, wie ich es Ihnen auseinandergestellt habe.

Die ganze Sache, um die es sich handelt, ist nur aus zwei Gesichtspunkten zu betrachten und in Ordnung zu bringen. Der eine betrifft das Verhältnis meiner zu mir als physisch existierendem, der andere das meiner zu mir als geistigem Wesen. Was den ersten betrifft, so entsteht bei jedem Geschäft oder Fach, das man ergreift, in jedem vorsichtigen Menschen die Frage: Wird es dir auch die Mittel gehörig an die Hand geben, die notwendigen Bedürfnisse deines äußeren Lebens auf eine dir angemeßne, zuverlässige und genügende Weise zu befriedigen? // Wird deine Arbeit auch ihren gebührenden Lohn davontragen? Gewährt es dir die Aussicht nicht bloß auf die Erhaltung, sondern auch auf den sei's noch so einfachen und mäßigen Genuß deines Daseins? Freilich ist dies eine Frage, die sich von selbst aufhebt: Die Geschäfte sind nicht so etwas Totes, Fertiges und Fixes, daß sie schon als solche für sich, sondern vielmehr die Individuen, die sich in ihnen bewegen es sind, die sie zu ergiebigen Erwerbszweigen machen. Die Interessen, Bedürfnisse, Neigungen und Begierden unsers Zeitalters sind bei der überfließenden Menschenmasse so mannigfaltig und bunt ineinander verwirkt, so daß man sagen kann: Ergreife nur irgendein Fach, sei's auch selbst ein vergeßnes und gleichsam verlorengegangnes, packe es nur beim rechten Fleck an, mit dem rechten Sinn und rechter Gewandtheit, du wirst bald einen Zirkel von Menschen um dich gezogen sehen, deren Bedürfnisse in dir sich befriedigen, wie die deinigen in ihren; du, nicht dein Geschäft ist's, das dein Leben schafft und erhält. Es bietet sich mir daher auch notwendig bei meinem Übertritt von der Theologie in die Philosophie die Frage dar: Ist auf meinem neuen Wege die Hoffnung auf ein gewisses Sicherungsmittel meiner Subsistenz [meines Lebensunterhalts] bedeutend schwächer als auf dem alten? Befördert dieser überwiegend eiliger, überwiegend erfreulicher als jener? Als Theolog muß ich nach überstandnem Examen zwei, drei, vielleicht noch mehrere Jahre als Vikarius zubringen; die äußerst dürftigen Mittel, die mir in dieser Zeit dargereicht werden, reichen nicht hin ohne väterliche oder sonstige Unterstützung; nach Ablauf des Vikariats ist es auch hier, wie überall, der Gunst oder Ungunst des Zufalls anheimgestellt, ob mir eine ersprießliche oder magere Möglichkeit, meinen Lebensunterhalt zu erwerben, zuteil wird. Was nun die Philosophie angeht, so ist sie eine Wissenschaft, die seit Jahrhunderten auf Universitäten und Schulen gehegt und gepflegt, achtbar in den Augen jedes Gebildeten ist, wenn auch nicht gerade durch irgendeine gegenwärtige, doch wie durch eine alte Tradition aus fernen Zeiten. Ist es auch nicht die Neigung, so ist's doch das Gesetz, das alle und jeden, der sich irgendeinem Zweige der Literatur widmet, in ihre Hörsäle treibt, kurz – sie ist eine // frequentierte Wissenschaft. Dabei ist sie ein so reich gegliedertes und weit ausgedehntes Ganze, daß sie in ihren verschiednen Zweigen Menschen von den verschiedensten Gesinnungen, Neigungen und Denkungsarten anspricht und fesselt. Wem die Philosophie nicht durch seine physische Existenz hindurchhalf, der war selbst schuld daran; es war seine Unfähigkeit und Dummheit, wenn er sich in ihr einen schlechten äußern Zustand bereitete, aber ihre nicht. Fehlt es daher nur nicht an mir, so fehlt es mir auch nimmermehr an Mitteln zu meinem physischen Sein. Überdies haben sich hoffnungsreiche Blicke dem, der sie studiert, erst kürzlich in Bayern erschlossen durch das neu erwachte Interesse, das man an der Philosophie zu nehmen scheint, da sie ja auf allen Lyzeen Bayerns vorgetragen werden soll.

Der andere Gesichtspunkt trägt die wichtige Frage auf seiner Stirne geschrieben: Hast du auch mächtig antreibenden Hang und Lust zu dem, was du dir als deinen künftigen Beruf erwählst? Wird auch dein Innres vollkommen befriedigt und die Forderungen, die du als geistiger Mensch zu tun berechtigt bist? Oder läßt das Geschäft, dem du dich widmest, dein Innres so frei, daß du in Ansehung desselben ganz dir selbst übergeben bist und es daher lediglich und allein von dir abhängt, ob du in dir selbst zum Frieden kommst? Bei allen Geschäften niederer Art ist dies mehr oder weniger der Fall, bei den Wissenschaften überhaupt weniger, am wenigsten bei der Theologie; sie saugt das ganze Mark des innern Menschen in sich auf, wenn er anders es redlich und ernstlich mit ihr meint. Spräche daher ein Jüngling, zumal, wie gesagt, von der Theologie: Meine Neigung zu ihr ist gänzlich erloschen, sie ist kein Phönix, so daß sie sich wieder aus ihrer Asche verjüngen könnte; so ist's, ich kann nicht anders, wie sollte man zur Qual seines eignen Gewissens, ich will gar nicht sagen, seines Gemütes, die zwingende Anforderung an ihn machen, mit Widerwillen und Unzufriedenheit in dem gottgeweihten Tempel zu weilen? Die Neigung ist nicht so ein Ding, das in der beliebigen Macht des Menschen steht; sie ist ein innrer Seelendrang, eine Natur im Menschen, das Herz des Geistes, sein geheimnisvollstes Wesen in seinem totalen Umfange; / / sie ist nicht so was Partikuläres, Flüchtiges, so ein bewegliches Gut, das sich durch Vorstellungen, Pläne und Ratschläge von außen und selbst durch eigne einzelne Entschlüsse, Willensakte und Gedanken ab- und anlegen, so oder so stellen läßt. So ist's, ich kann nicht anders; was ist noch weiter zu sagen? Ändere man meine Natur, meine ganze Beschaffenheit, streiche man obendrein zwei Jahre aus der Geschichte meines innern Lebens aus; wohlan! dann will ich wieder zur Theologie zurück. Schon in Heidelberg, da sie mir nicht gewährte, was ich suchte, ward meine Liebe zu ihr schwach und immer schwächer, bis ich sie endlich gänzlich verlor, schon von dorther schrieb ich öfter Briefe meinem Vater voll der bittersten Satire, wo nicht über sie, doch über die verschiednen Arten und Weisen, wie sie gehandhabt wird. Wenn ich aber nun im Gegenteil das volle klare Bewußtsein, die bestimmteste Gewißheit, ja die Erfahrung an mir selbst habe, in der Philosophie zu finden, was ich suche, nämlich seelenvolle Befriedigung meiner in mir selbst, wenn ich den unwiderstehlichsten Drang zu ihr habe, mein ganzes Dichten und Trachten, Sehnen und Wünschen zu ihr hinstrebt, warum sollte ich mich ihr nicht widmen dürfen? Wer an ein bestimmtes besonderes System sich anhängt, um in ihm etwa ein in dunkler Ferne aufgestelltes träumerisches Ziel zu erreichen, mag zusehen, wie es ihm geht; wen aber das reine Denken als solches, die Philosophie überhaupt, sei's griechische oder germanische, fesselt und begeistert, bei dem hat's gute Wege. Was endlich noch den Punkt betrifft, ob ich in ihr wohl etwas leisten und ihrer Forderung an mich entsprechen werde, so bürgt mir meine große Lust und Neigung zu ihr dafür, nam ignoti nulla cupido [denn nach Unbekanntem hat man kein Verlangen], was sich insbesondere auf die Philosophie anwenden läßt, denn wer sie versteht, dem schmeckt sie anfangs schmerzlich bitter und herbe; wer nicht und sie nur benippt, wendet sich bald von ihr weg mit Ekel, von diesem, wie er es nennt, widerlichen, satanisch hochmütigen, vornehm und vernünftig klingenden Unsinn. Die entschiedenste, bestimmteste Neigung zur Philosophie ist auch die Bürgschaft für die Fähigkeit zu ihr.

Hier liegen sie nun vor Ihnen, hochzuverehrender Herr Kriminalrat, in nackter Prosa, meine Gründe, Meinungen und Ansichten über diese mir so wichtige Materie. Ich übergebe sie Ihrem Urteil, und es steht daher in Ihrem Belieben, ob und wie Sie selbige meinem Vater mitteilen mögen.

Hochachtungsvoll empfehle ich mich Ihrer ferneren Gewogenheit

Ludw. Feuerbach /

33

An Paul Johann Anselm von Feuerbach

10. April 1825

/ Da die Ausstellung eines Universitätszeugnisses selbst über einen Studierenden von gesetzmäßigstem Wandel hier mit so viel Umständlichkeit verknüpft, so weit der Weg ist, den es bis an sein Ziel zu durchlaufen hat, daß man oft, wie es mir auch diesmal ging, lange Zeit damit hingehalten wird, wie es auch von einem Tag auf den andern versprochen wird, so schicke ich einstweilen diesen Brief ohne dasselbe ab. Sobald ich es aber erhalte, vielleicht schon morgen oder übermorgen, schicke ich es ab.

Berlin, 10. April 1825

Liebster Vater!

Gerechte Schüchternheit und Verzagtheit würden mich abhalten, von mir, um Dir bei Deiner über mich aufgebrachten Stimmung in derselben Angelegenheit zu schreiben, welche mein letzter Brief zum Inhalt hatte, wenn mein bewußter Entschluß nur im verwornen Saus und Braus eines alle Grenzen des Verstandes übersprudelnden Innern und nicht eine Frucht wäre, die ebenso im Schoße der Zeit wie eigner Überlegung nach allen Seiten angestellter Prüfungen, Berücksichtigungen, ja Beratschlagungen mit Freunden herangereift ist, wenn nicht als lindernder Engel selbst bei der erschütternden Weise, wie Du Deine – ich hoffe zum Himmel! – nur im ersten Augenblick des Unwillens ausgesprochne Mißbilligung mich fühlen ließest, die gefaßteste Besonnenheit und ruhigste Gelassenheit mir [zur Seite?] stünde. Es schmerzt mich tief, wenn Dich mein Brief bestürzte, ist aber die Ursache hievon vorzüglich der Ton, in dem er abgefaßt ist, so wirst Du ihn leicht erklärlich finden, wenn Du Dich hineinstellst in die Reihe der mannigfaltigen Empfindungen, die die Seele eines Sohns durchziehen, wenn er einen lange in sich gehegten und gepflegten Entschluß über die ihm wichtigste Angelegenheit seinem Vater plötzlich zu Füßen legt, geteilt in Zaghaftigkeit und die Notwendigkeit, ihn endlich auszusprechen in Furcht und Hoffnung; war es aber die Sache an und für sich selbst, so höre mich in betreff derselben noch einmal gütigst an.

Die Philosophie ist kein solches Vakuum und Abstraktum,

daß sie in der Einsamkeit des Gedanken[s] als solche allein ihr Wesen triebe. Wie sie selbst gleich jedem anderen Ding dem gemeinen Los der Vergänglichkeit und Wandelbarkeit unterworfen, eine äußerliche Geschichte verläuft, so ist sie auch nicht so selbständig und sich selbst genügend, daß sie nicht auch noch andre Kenntnisse als sich selbst, andere Materialien und einen gegebnen Inhalt nötig hätte, Sprachkunde und Geschichte vornehmlich; sie ist nicht so etwas Verlaßnes und Außerweltliches, daß sie nicht in der wesentlichsten // Beziehung und Verbindung stünde mit dem ganzen konkreten Erfahrungsschatz der Menschen. Dasselbe gilt von jedem, der sie wahrhaft betreibt. Abgesehen von dem ohnehin schon anziehenden Reiz des klassischen Altertums, so werde ich durch das ebenso interessante als notwendige Quellenstudium der alten, besonders griechischen Philosophen zur gründlichen Erlernung der alten Sprachen aufs zwingendste angetrieben. Nach Verlauf meiner akademischen Zeit kann ich ja, ausgerüstet mit Sprachkenntnissen, wohl ohne Schwierigkeit eine kleine Stelle an einem Gymnasium bekommen, die bis auf anderweitige Aussichten auf meinen eigentlichen Beruf einstweilen ebensogut, wo nicht besser als ein Vikariat mir meinen Lebensbedarf verschafft; oder ich kann unterdessen eine Hofmeisterstelle übernehmen, in der ich wohl reichlicher versorgt bin wie als Pfarrverweser und die mir einesteils so viel Zeit noch immer übrigläßt, um mich mit mir zu beschäftigen und für mich auszubilden, andernteils in der Bildung der Kinder mir die vorteilhafte Gelegenheit darbietet zu lernen und mich zu üben, wie man sich den Vorstellungen und Denkungsarten anderer und ihren Fassungskräften akkomodieren, sich deutlich und klarmachen könne. Mache ich daher auch die Philosophie zum Ziel und Zweck meines Daseins, sie, in der ich den einzigen sicher gegründeten Stützpunkt und sozusagen, architektonischen Zusammenhalt meines moralischen und intellektuellen Seins aufs untrüglichste erbaue, so setze dennoch, wie gesagt, keinen Augenblick in Zweifel, daß ich über ihr die Erwerbung empirischer Kenntnisse vernachlässigte, welche mir, vorausgesetzt den höchst unwahrscheinlichen Fall, daß mir die Philosophie kein Fortkommen verschaffte, meine Subsistenz auf alle Fälle sichern, ja vielmehr, es ist psychologisch begründet, daß man nach Erlangung irgendeines erwünschten und erstrebten Gegenstandes in der süßen Gewißheit, ihn zu besitzen, das mit Eifer betreibt, was man vorher und ohne ihn mit Mißmut oder Gleichgültigkeit ausüben oder gar ganz vernachlässigen würde. – Überhaupt aber ist der Philosoph kein Wolkenfüßler, Nachtwandler und Nebel//treter, der realitätslosen Gedanken nachhinge, unbekümmert, was die empirische Wirklichkeit vergangner und gegenwärtiger Zeiten dazu sage, er schwebt nicht in schwärmerischem Hochmut über die Menschen hinweg, sondern weilt in ihrer Mitte, selbst im Kreise ihrer subjektivsten Interessen, Bedürfnisse und Freuden; er steht in der Welt und in ihren Diensten nicht weniger als der gemeinste Tagelöhner; er braucht sie zu allem, dankbar gibt er ihr auch wieder, was er hat, seine Gedanken sind nur in Beziehung auf sie und vermittelst ihrer gedacht; kurz, die Philosophie ist wesentlich *Weltweisheit*, zumal in einer Zeit wie die unsrige ist, wo die Bildung so allgemein verbreitet ist, wo jeder Stand, selbst der Militärstand, ja auch das andre Geschlecht, sei es nun wahrer Sinn oder bloße Mode, sich nicht für ausgeschlossen halten von der Teilnahme und den Genüssen des Höchsten, was der menschliche Geist produziert, wo alles vergeßne und vergrabne Edle und Große, jeder fromme Ausspruch irgendeines verborgnen und unbekannten Klosterbruders, jeder freimütige Gedanke eines verbrannten Ketzers, jedes Gedicht eines im Elend verhungerten Poeten mit unverkennbar heißem Eifer hervorgesucht und mit Liebe empfunden wird; wo über Religion freimütiger als je gesprochen, aufgeklärter als je gedacht wird, wo die Philosophie daher nicht mehr für religions- oder gar für staatsgefährlich, wenigstens im allgemeinen, verschrien ist, wie selbst noch fast vor 20 Jahren, steht sie in innigerem und vertrautern Verhältnis als je zur Welt, ihren Bedürfnissen und der ganzen Weise, wie sie sich gestaltet, oder ist doch die zuverlässigste Aussicht und Hoffnung da, daß sie es werde, und steht wohl auch noch jedem, der sie nicht kopflos und herzlos betreiben [will], eine sicher befriedigende Stelle offen. Obendrein sind gebildete, echt wissenschaftlich gebildete Menschen – und aus welcher Schule gehen wohl Gebildetere hervor als aus der der Philosophie? – so gesucht und doch so selten, daß es solchen nimmermehr grauen darf vor der Zukunft in Rücksicht ihrer Subsistenz; Beweise liegen vor, allenthalben sieht man genauer wie sonst auf die Talente, die Kenntnisse und den Fleiß derer, die sich zu irgendeinem Amte melden, und ist schon durch die Masse der zum Studieren sich Hinzudrängenden wie der Eselsköpfe, mit denen die Lehrstühle auf Universitäten und Gymnasien besetzt sind, genötigt, aufs strengste zu verfahren. Aber auch abgesehen von der Stellung der Philosophie zur Welt überhaupt und insbesondere zu dem gebildeten Zustand der jetzigen: Wer etwas gelernt hat, tüchtig und fleißig, der kommt durch die Welt versorgt, was seine // physische Existenz betrifft; die Sorge für die Versorgung kann nicht dieses oder jenes Fach und Geschäft abstrakt als solches beziehen, sondern nur das tüchtige Erlernen überhaupt von diesem oder jenem. Die Geschäfte als Mittel der Subsistenz, die Gegenstände, die in bezug auf diese erlernt und die Wege, wie sie angewendet werden, sind bei der ungeheuren Anzahl Menschen so raffiniert, möchte man sagen, ausgegriffen, erschöpft und bis auf den untersten Grund ausgespült, daß man gegründet sagen kann, was noch da ist, um erlernt werden zu können, ist schon darum nicht brotlos, weil es erlernt werden kann. Es stünde wahrlich auch schlecht um das Ganze wie das Einzelne, wenn nicht das grundlose Erlernen überhaupt von etwas nicht die Tätigkeit und [den] Fleiß, nicht unerlöschbare Liebe zu irgendeiner Sache, die man ergreift, die Macht in sich hätten, einem seinen Lebensunterhalt zu verschaffen, sondern einen nur einzelne bestimmte begünstigte Fächer und Ämter dazu erkoren wären. Den Trost laß ich mir nimmermehr rauben, daß, wer etwas, sei's nun, was es wolle, genau erlernt, nach allen Seiten und Beziehungen kräftig durchgearbeitet hat, brotlos darben sollte. – Aber auch diesen letzten Punkt beiseitegestellt, wenn ich Deinem Gebot zufolge die Last der Theologie wieder auf meine Schultern nehme, wie sollte das Amt, mich ernährend, Früchte mir bringen, das ich verwalte, ohne es als freier Mensch mit eignem Willen, sondern gezwungen, ohne es mit Neigung, sondern mit Aversion verwalte, ohne mich gerade in dem Zeitpunkt des Lebens, wo man erst mit Bewußtsein Verstand und Bezugnahme auf sein eignes Wohl wählen kann, für dasselbe bestimmt zu haben? Ein Amt, das ich gewissenlos verwalte, kann keinen Segen bringen, und es ohne Liebe betreiben, heißt, es ohne Gewissenhaftigkeit verwalten. Das sind nur verschiedne Worte und Formen desselben Inhaltes. Wie würde mir bei dem Mißmut, Trübsinn in demselben, dem Zwang, dem Bewußtsein meiner Gewissenlosigkeit wohl die Geistes- und Gemütsdisposition bleiben, die zum Amte erfordert wird, um es nach seinen vielen verschiednen Seiten, Teilen und Umständen mit genauer Aufmerksamkeit und Ordnung, pflichtgemäß zu handhaben, wenn es anders nicht ohne Ertrag und Erfolg sein soll? Was würde mir gewiß bleiben? Die verzehrendste, unabwendbarste Sehnsucht aus ihm hinweg, die mich über mich selbst brütend, stumm, bewegungslos, gleich einer Pflanze, in mich selbst hinein verwelken hieße. Ob ich besser, eher und bestimmter in einem Amte versorgt bin, das mich erdrückt und ohne daß ich die gerechten Forderungen und Ansprüche, die es an mich zu tun hat, erfülle, schwerlich auch das zum Leben Nötigste darbietet als in einem, sei's auch weniger an sich ersprießlichem Fache, in dem ich aber mit Leib und Seele bin, steht sehr in Zweifel. – Das unwankbare Vertrauen auf Deine väterliche Liebe und Güte, Deine tiefe Einsicht und Sorge für mein wahres Wohl leitete getrost und ruhig bis hieher meine Feder und läßt mich auch jetzt hoffnungsvoll die wohl schwerlich fruchtlose innigste Bitte noch einmal tun: Gib mir, teuerster Vater, Deine Erlaubnis und Einwilligung zu meinem Schritt. Dein im Vertrauen auf Deine Vatergüte und in Hoffnung glücklicher Sohn

Ludwig Feuerbach

Herzliche Grüße an alles zu Hause. /

34

Von Paul Johann Anselm von Feuerbach

20. April 1825

/ Dein erster Brief, mein Ludwig, war so gestaltet, daß ich nicht anders glauben konnte, als ich müsse schleunige Anstalten zur Wiederherstellung Deiner geistigen Gesundheit treffen lassen; so arg raste die Tollheit in verkehrten, verzerrten, durcheinander gewirrten Bildern, während sie als Philosophie sich ankündigte. Dein jüngster Brief an mich, Deine Erklärung an Hitzig sind zwar ruhig und, der Form nach, vernünftig abgefaßt, ohne mich jedoch durch ihren Inhalt zu erfreuen oder nur meinen Gram und Kummer zu mildern. Zwei Jahre sollen also rein verloren sein, und Deines Vaters, um Dein Wohl bekümmerten Vaters Warnungen finden keinen Eingang bei Dir. Seinen Einsichten und Erfahrungen setzest Du Deine Einbildungen entgegen, und in jugendlichem Dünkel wähnst Du, durch Belehrungen, welche Du über das Wesen der Philosophie ihm erteilest, Deinen Vorsatz zu rechtfertigen. – Du scheinst nicht zu wissen, daß auch ich als Jüngling, mir selbst überlassen, von keinem solchen Vater gewarnt – ebenfalls auf demselben Wege wie jetzt Du mich verirrt, daß ich die Berufswissenschaft, für welche ich die Universität betreten hatte, verachtend aufgegeben, mehre Jahre auf dem bodenlosen Grund der Philosophie nach Schätzen der Wahrheit vergebens gegraben und endlich, noch zu rechter Zeit enttäuscht, aber die verlorenen Jahre reuevoll beklagend, die in philosophischem Hochmut weggeworfene Jurisprudenz wehmütig wieder vom Boden aufgehoben und, nachdem ich als Philosoph an Geist und Magen gedarbt, nur mit ihr und durch sie erst Brot, dann Ruhm und endlich Ämter und Würden mir erworben habe. Diese Erfahrung des Vaters ist für den Sohn verloren, der, erfüllt von jugendlich schwärmenden Einbildungen, in selbstgefälligem Dünkel, jene Tatsache mit der ganz einfachen Bemerkung niederschlagen wird: „Aber der Vater war auch nicht *Ich* (der echtphilosophische Geist), und die Philosophie der Kante, Reinholde, Fichte war auch noch nicht – die allein wahre und alleinseligmachende Hegelsche Philosophie!" Wenn ich, um von Deiner Verirrung Dich zurückzuführen, Dir sagen wollte: Du selbst (vorausgesetzt, daß echt wissenschaftliches Talent Dir zuteil geworden) werdest früher oder später ganz gewiß zu der Überzeugung gelangen, die sich so nennende Philosophie sei nichts als ein vermeintliches Wissen dessen, worüber sich nichts wissen läßt; es habe noch nie *eine Philosophie*, sondern immer nur Philosophien gegeben; es gebe, habe gegeben und werde geben immer geradesoviel Philosophien als denkende Köpfe, welche sich mit sich selbst über das Unbegreifliche und Unerfaßliche zu verständigen suchen; wer das System seiner Meinungen, durch „Wenn" und „Weil" und „Darum" künstlich zusammengestrickt, für eine (objektive) Wissenschaft, selbst für die Wissenschaft der Wissenschaften ausgibt, sei entweder ein Sophist oder ein in Selbsttäuschung Befangener; und, wenn es, um // den Geist in einer strengen Disziplin zu üben und dadurch für *andre* (echte) Wissenschaften zu bilden, nützlich, ja notwendig sei, das scharfsinnig durchgeführte Meinungssystem eines ausgezeichneten Selbstdenkers nachdenkend durchzuarbeiten, es im Gegenteil Torheit sei, von einem solchen Studium einen materiellen Gewinn allgemeiner und immer geltender Wahrheit zu erwarten – wenn ich dieses und andres Dir sagte, so würde ich damit doch nicht mehr bewirken, als daß Du in Deinem Innern den Vater bemitleiden würdest, der in seiner geistigen Beschränktheit sich zu den Höhen, von welchen herab Du das Kanaan der Philosophie überblickst, nicht zu erheben vermöge. Fest überzeugt, daß über Dich nichts zu gewinnen ist, daß selbst der Gedanke an eine Dir künftig bevorstehende, kummervolle Existenz ohne Brot und Ehre allen Einfluß auf Dich verloren hat, überlasse ich Dich Deinem eignen Willen, Deinem Dir selbst bereiteten Geschick und – ich sage es Dir voraus – Deiner eignen Reue. Was ich nicht erlauben kann – weil man nicht erlaubt, was man mißbilligt –, das muß ich wenigstens geschehen lassen, weil ich es nicht hindern kann. Tue also, was Du willst, nur klage künftig Deinen Vater nicht an, wenn Dir die Reue gekommen ist. Anselm und Karl, wie vielen Gram haben sie mir bereitet; um wie viele Jahre haben ihre Verirrungen an meinem Leben verkürzt! Nun auch Du, auch Du, mein Sohn Ludwig, von dem ich so viele Freude mir versprach!

Im übrigen beherzige folgendes:

1) Ich befehle Dir auf das ernstlichste, Dir von *allen Professoren*, bei denen Du gehört hast, über die gehörten (auch *theologischen*) Lehrgegenstände Deine Zeugnisse geben zu lassen und diese *wohl aufzubewahren*. Du bedarfst derselben nach Deiner Rückkehr gemäß *gesetzlicher Vorschrift*. Wäre auch dieses nicht, so werden sie Dir alsdann notwendig werden, wenn Du *in* der Philosophie gelernt haben wirst, was *an* der Philosophie ist, wenn Du alsdann entweder freiwillig wieder auf den verlassenen Weg zurückkehren willst oder durch den Drang äußerer Umstände, der Not, der Amt- und Nahrungslosigkeit usw. dahin zurückzukehren genötiget werden wirst.

2) Bedenke, daß Du nicht einen Monat länger auf einer auswärtigen Universität oder überhaupt auf einer Universität verweilen kannst, als die bayerischen Gesetze verstatten. Zwei Jahre sind schon vorüber. Das letzte Jahr muß auf / / einer bayerischen Universität zugebracht werden, wo weder für *Philosophie* noch für *Philologie* noch für *Geschichte* etwas zu lernen ist.

3) Sind Deine Universitätsjahre vorüber, so hast Du *Dir selbst* Dein Brot zu verdienen. Da die Philosophie Dich nicht nähren wird, so mußt Du, wie Du selbst einsiehst, als *Lehrer* auf einem

Gymnasium unterzukommen suchen. Dazu ist aber nötig, daß Du zu München das *strenge philologische Examen* überstanden habest, welches hauptsächlich zweierlei: 1) *Philologie* im ganzen großen Umfange, 2) *Geschichte* zum Gegenstand hat. Ob es Dir in der zu den Universitätsstudien noch übrigen kurzen Zeit, zumal den Kopf voll Hegelscher Metaphysik, noch möglich sein werde, so viel in der Philol[ogie] und Geschichte zu leisten, als nötig ist, um mit Ehren jenes Examen zu bestehen, ob und wie sich Lust und Eifer für diese Brotfächer mit Deiner Leidenschaft für die brotlose Sophistenkunst vereinigen lasse: Darüber wirst Du Dich mit Dir selbst beraten müssen.

Was nun Deine *Geldangelegenheiten* betrifft, so scheint es mir, daß es damit etwas konfus aussehen muß, weil Du Dich genötigt gesehen hast, kurz nach dem empfangenen letzten Wechsel bei Auernheimer 40 Rtlr. aufzunehmen. Ich erkläre Dir kurzweg und auf das allerfeierlichste, daß Du (wenn Du nicht dem Auernh[eimer] die geliehenen 40 Rtlr. etwa zurückzahlst, sondern ich selbst sie zurückzahlen soll) außer den im Wechsel hiebei folgenden 400 fl. (deren Empfang zu melden ist) in diesem selben Jahre keinen Kreuzer mehr erhältst. Der brave Eduard hat anders hauszuhalten gewußt. Dieser herrliche Jüngling beschämt Euch alle.

Noch habe ich Dich auf folgenden sehr wichtigen Umstand aufmerksam zu machen. Im Laufe des vorigen Jahres traf Dich die *Konskription*; ich wurde aufgefordert, Dich zur Ziehung zu stellen, konnte dieses jedoch noch dadurch abwenden, daß ich Dein Schulzeugnis produzierte, welches die Folge hatte, daß mir von dem Magistrat am 14. März eröffnet wurde:

„Daß der Konskribierte der Altersklasse 1804, Ludwig Andreas F., durch höchsten Beschluß des königl[ichen] Konskriptionsrates vom 26. vorigen Monats *zur Ziehung aufs nächste* (folglich gegenwärtige) // Jahr hingewiesen wurde, *wo der Fortgang der Studien wieder nachzuweisen ist.*"

Sobald ich Dich daher in diesem Sommer auffordern werde, mir solches Zeugnis zu schicken, so muß dasselbe ungesäumt bewerkstelligt werden. Triff hiezu im voraus, wo möglich, die nötigen Vorbereitungen. Fällt das Zeugnis entweder nicht befriedigend aus oder kommt es nicht zur rechten Zeit, so bist Du der Konskription verfallen und mußt Soldat werden, wo Du dann freilich versorgt wärest, auch Zeit genug übrigbehieltest, auf der Wachtstube, in der Kaserne, auf dem Posten usw. Deinem Hang nach philosophischen Spekulationen nachzugehen.

Empfehle mich Herrn Geh[eimen] Oberfinanzr[at] Dürr und Krim[inal]r[at] Hitzig.

Dein trauernder, um Dich bekümmerter
Vater

Ansbach, den 20. April 1825 /

35

Von Karl Feuerbach

6. Juni 1825

/ Ansbach, den 6ten Juni 1825

Lieber, guter Ludwig!

Ich muß Dir doch schreiben, daß ich zu Ende vorigen Monats von München frei entlassen worden bin und mich gegenwärtig hier im elterlichen Hause befinde, um meine Gesundheit gänzlich wiederherzustellen, meine lahmen Füße zu stärken und auch meinen Verstand wieder einrichten zu lassen, der nach dem Zeugnisse der Ärzte sowie der allgemeinen Stimme etwas aus seinen legitimen Fugen geraten war. Daß ich Dir von den mir begegneten Unfällen nichts erzähle, wirst Du mir nicht verdenken. Ich wüßte nicht, wo anfangen und enden und habe selbst Mühe, das Vergangene zu vergessen und heilen Sinnes in eine bessere Zukunft blicken zu können. Ich lebe nun wie eine Pflanze, esse, trinke, schlafe, rechne und konstruiere, und das ist auch für mich das beste; bin übrigens überzeugt, daß mein Kerkerleben samt allen erlittenen Verletzungen eine so glückliche Revolution in meinem ganzen Körper hervorgebracht, daß ich gesünder werde als jemals. Ich wollte, wir könnten wieder einmal zusammen eine Pfeife schmauchen und miteinander plaudern, aber Du wirst in so sublime Intuitionen vertieft sein, daß Du an Konversation mit einem armen Rechenmeister gar keinen Geschmack finden kannst. Du weißt, daß ich mit der Philosophie niemals in besonders freundlichem Benehmen stand, doch // kann ich nicht unterlassen, Dir meine aufrichtige Freude zu bezeugen, daß Du frei und selbständig einen Beruf ergriffen hast, den ich ganz als den Deinen erkenne. Wenn Du einmal eine bayerische Universität beziehen mußt, so wähle fein Erlangen. Da hausen wir dann vielleicht zusammen auf dem Berge. Daß Eduard nun in Erlangen ist, wirst Du wissen. Er hat diese Ferien hier zugebracht und ist gestern wieder zurück. Besuche uns doch auch einmal! Zu Hause ist alles gesund. Vater ist ruhig und mild, wie ich ihn noch niemals gesehen habe. Er läßt Dich herzlich grüßen sowie alle die Deinen. So lebe wohl bis auf Wiedersehen Deines treuen Bruders

Karl

Bleibe nur gesund und sei fidel und guten Mutes!

Noch eine literärische Angelegenheit. Es ist mir vor kurzem ein kleines mathematisches Schriftchen von einem gewissen *Gottlob Nordmann* (der meines Wissens Lehrer der Mathematik an einem der Berliner Gymnasien ist) unter dem Titel: „*Über Bendavids Lehrsatz. Berlin 1823. 8°*" zu Gesicht gekommen, in welchem gesagt wird, daß dieser geometrische Satz zuerst von Bendavid, aber ohne Beweis, bekanntgemacht worden sei und daß seit einiger Zeit ein solcher gewünscht werde, aber nicht erschienen sei. Nordmann behandelt den Satz nur analytisch und noch dazu auf eine ungeschickte Art. Ich habe auch einen geometrischen Beweis gefunden, und da der Satz in eine Abhandlung einschlägt, die ich vielleicht nächstens dem Drucke zu übergeben gesonnen bin, so würdest Du mir einen rechten Gefallen erweisen, wenn Du der Historie dieses Satzes auf die Spur zu kommen suchen wolltest. Wer ist dieser Bendavid? (Ein Jude, soviel ich weiß.) Wo und wann ist dieser Satz bekanntgemacht worden? Ist noch kein Beweis zum Vorschein gekommen? Wer hat den Beweis gesucht und nicht gefunden? Ich wünsche aber nicht, daß Du direkte geradezu in meinem Namen bei Nordmann deswegen anfragest, überlasse aber die Beantwortung dieser Fragen sowie überhaupt Notizen hierüber und die Berliner Mathematiker Deinem Ingenio [Geist] und guten Willen. /

36

An Eduard Feuerbach

[1825]

Ich habe die Theologie gegen die Philosophie aufgegeben. Extra philosophiam nulla salus [Außer der Philosophie kein Heil]! Der Mensch befriedigt nur da andere, wo er sich selbst befriedigt, leistet nur da etwas, wo er zu leisten das Vertrauen hat. Ich bin auch bereits hier in Berlin unendlich im Denken gegen früher fortgeschritten. Nirgends kommt man aber rascher vorwärts als im Denken. Einmal seinen Schranken entlassen, ist der Gedanke ein Strom, der uns unaufhaltsam weiter mit sich fortreißt.

37

An Wilhelmine Feuerbach

3. August 1825

/ Berlin, 3. August 1825

Liebste Mutter!

Es ist die höchste Zeit, Dir einmal wieder zu schreiben. Denn wenn es schon überhaupt erwünscht ist, von einer abwesenden Person, geht auch ihr Leben im gewöhnlichen Gang fort, öfters Nachricht zu erhalten, so ist's natürlich um so erwünschter, wenn irgendeine Veränderung in dem innern oder äußern Leben derselben eintritt, wie doch gewiß eine und nicht für mich wenigstens unbedeutende war mein Wechsel einer Wissenschaft mit einer andern; solltest Du vorzüglich hierin den Grund suchen, über mein langes Stillschweigen mir bös zu sein, so wirst Du auf der andern Seite eben auch darin eine Entschuldigung für mich finden, daß jenes verändernde Ereignis sich unmittelbar nur auf die Wissenschaft bezog, die ja als der große Tatenplatz des Männergeistes über und außer dem stillen Blumenreich der Weiblichkeit liegt. Was sozusagen den neuen Stand betrifft, den ich ergriff[en] habe, so entferne alle Sorgen, die vielleicht in Deinem Herzen sind, als beschäftigte ich [mich] mit trostlosen und fruchtlosen Grillen und Schimären, die mir nicht nur Gesundheit, innern Frieden und Lebenslust, sondern auch zuletzt noch den Verstand im eigentlichsten Sinne raubten, sondern daß ich im Gegenteil dahin geführt wurde, das Wahre, Gute und Schöne in der Welt anzuerkennen, die der Mensch gewöhnlich nicht niederträchtig genug machen zu können glaubt, und eben in dieser Anerkennung die Freude am Dasein und das erheiternde Interesse an allen seinen Erscheinungen und Beziehungen zu nehmen; das Leben und die Menschen zu nehmen, wie sie sind, nicht wie [sie] sein sollen. Meinen Verstand werde ich wohl am wenigsten je verlieren und weiß mir kein Gut und Grundstück im ganzen Meublement des Menschen höher zu schätzen und notwendiger, es sorgfältigst zu etablieren und konservieren als den Verstand; und hört man gleich oft so unter den Menschen das Gerede von wirklichen Narren, sie seien ins Irrenhaus gekommen, weil sie zuviel gedacht hätten, so werde ich doch dadurch wohl nie abgehalten werden zu behaupten, sie hätten gerade zu wenig gedacht, noch fortzufahren, meinen lieben Verstand, den echten Haus- und Kinderfreund des Menschen nach bestmöglichen Kräften bügelfest und kerngesund zu allen Manövern im Denken und Tun und Sinnen heranzuziehen. Was aber mein leibliches Fortkommen betrifft, so stellt sich die ganze Sache einfach so: Bin ich zu einem Esel auserlesen, nun so ist klar, daß ich weder in meiner vorigen Profession noch in meiner jetzigen, wenn man es so nennen will, noch in sonst irgendeiner die Aussicht habe und hätte, mir eine // besonders ergiebige äußerliche Lage zu schaffen. Findet man sich aber wenigstens nicht direkt befugt, mich unter die Tiergattung der Esel zu klassifizieren, so laufe ich auch jetzt nicht Gefahr, verhungern zu müssen. Überhaupt aber, wie die Sonne über Gerechte und Ungerechte aufgeht, so scheint sie auch wohl für Philosophen, und das Getreide wächst wohl nicht bloß für Juristen, Theologen und Mediziner, sondern auch für jene armen Menschen.

Berlin wird mir immer teurer, je länger ich hier bin, und ich denke ungern an den Zeitpunkt, wo ich es verlassen muß, wo ich freilich dagegen an Dir und Euch allen überhaupt und an Eurem ersehnten Wiedersehen einen reichlichen Ersatz für den Verlust Berlins zu erwarten habe. Was, um von seinem Äußerlichen zu sprechen, den Aufenthalt hier unter anderm angenehm macht, so weit unsereiner nach dem, wie es so in Augen und Ohren fällt, urteilen kann, ist, daß kein Stand gegen und über dem andern sich auffallend geltend macht, selbst der Militärstand nicht, der doch in Preußen so eine bedeutende Rolle spielt; alle Gültigkeit und [aller] Wert scheint in Bildung gesetzt zu werden, ist sie auch oft noch so fad, äußerlich, verschroben, affektiert, und sind auch zum Teil die satirischen Schilderungen gegründet, die man hie und da hört oder liest von Berlin. So, weil es mir gerade einfällt, einen charakteristischen Zug: Als der verstorbene Hoffmann nach Berlin kam, sei er in der ganzen Stadt von Weinkneipe zu Weinkneipe gezogen und [habe] alle durchgemustert; einmal auf s[einer] Reise sei er auch in [eine] entlegene kleine Weinschenke gekommen, ein unbedeutendes Bild in der Wirtsstube, darstellend in der lächerlichsten Weise [die] Audienz eines österreich[ischen] Generals vor dem türkischen Sultan, habe ihn dort so angezogen, daß er täglich hinging, das Bild kommentierte mit seinem Witz und immer einen Kreis von andächtig[en] Zuhörern dabei hatte. Das Bild kam endlich, man wußte nicht wie und wohin, weg. Vor kurzem erscheint über diese ganze Geschichte ein weitläufiger Artikel in der Zeitung mit der Nachricht, man habe in einer obskuren Weinstube das Bild wiedergefunden, und es wird nun ganz feierlichst und ernsthaft eingeladen, sich dort einzufinden und sich daselbst um jenes Bild wahrscheinlich zum Andenken und [zur] Totenfeier von Hoffmann in freundschaftlich witzigen Krügen, sei auch der Wein noch so schlecht, in jener Wirtschaft zu erheitern. Es ließe sich eine ganze Sammlung von solchen lächerlichen Zügen affektierter Liebe für Kunst und Bildung zusammenschreiben, wenn man Zeit und Aufmerksamkeit darauf verwenden wollte und könnte. – Die Hitze in diesem Sommer ist hier fast unerträglich und krank machend. – Ich habe in diesem Semester sehr bedeutende Ausgaben gehabt, da ich mich, ich kann wohl sagen fast wider mein[en] Willen gezwungen sah, mich von Kopf bis zu Fuß neu zu bekleiden. – Du und Ihr alle andern werdet doch – ich will es zu meiner eignen Heiterkeit wünschen und hoffen – recht gesund und vergnügt sein und alle Unruhe ausgeglichen sein, da Karl ja wieder in Eure Mitte, und zwar, wie er mir schreibt, gesund und heiter zurückgekehrt ist. – Der guten Lene sage ich herzlich Dank, daß sie von Eurem Wohlbefinden und Karls jedesmaligem hoffnungsvollen Zustand mich doch manchmal mit Nachrichten versorgt hat, ohne sie hätte ich wohl sonst oft viertel und halbe Jahre lang kein Wort von Euch vernommen. – Grüße mir aufs herzlichste Vater und Geschwister insgesamt.

Lebe wohl und glücklich, gute, teure Mutter!

Dein ewig Dich liebender Sohn
Ludwig /

38

An Paul Johann Anselm von Feuerbach

26. Dezember 1825

/ Berlin, 26. Dezember 1825

Lieber Vater!

Ohne im mindesten gleichgültig und teilnehmungslos geblieben zu sein bei dem traurigen Fall, der unser Land erschütterte, haben mich vielmehr nicht wenig oft beunruhigt die Nachrichten von den vielen Vorfällen und Veränderungen, die in Bayern sich ereigneten. Dessenungeachtet kam ich nicht zum Schreiben. Ich war schon von Mitte voriger Ferien an wie in einem Zug fort in meinen zum Teil neuen Arbeiten begriffen. Erfordert auch ein Brief schon überhaupt und besonders noch an die einem unmittelbar zunächst liegende[n] Wesen so wenig Zeitverwand und Lokomotion als nur irgend etwas in der Welt, so verliert doch, zumal bei solchen, zu denen ich mich rechne, die nicht die Schnelligkeit der Verschieb- und Versetzbarkeit ihrer selbst aus dem einmaligen Gang, Reihenfolge und Naturverlauf ihrer Arbeiten oder Studien heraus besitzen, alles von seiner Leichtigkeit, wenn es einmal außer dem gleichen und gewöhnlichen Kreislauf ihres Mechanismus, ihres schematisierten Tuns und Treibens liegt. Und hatte ich mich auch oft schon entschlossen, Dir zu schreiben, und mich wirklich daran gesetzt, so war ich unwillkürlich und plötzlich wieder wie ein[e] Sternschnuppe zerfahren in irgendeinen Satz, Aufgabe oder sonst was mich beschäftigt hatte, war verkrochen in die Winkel eines Dreiecks etwa oder hinweggerollt // auf einem Kreise in das Gebiet geometr[ischer] Figuren. Denn ich muß Dir bemerken, daß ich endlich die Mathematik, die ich so gänzlich vernachlässigt hatte, und der zu nähern ich eine wahre Scheu hatte, unterdessen ernstlich zu treiben angefangen habe. Wie Gram und Schuld drückte mich darnieder meine bisherige unverantwortliche Vernachlässigung derselben. Allein die Unumgänglichkeit der Sache schon an sich und die Begierde, jenes gepriesene Reich unerschütterlicher Evidenz mit eigenen Augen zu schauen, schlugen endlich alle furchtsamen Rücksichten und Bedenklichkeiten meiner Unfähigkeit, dazu Mattigkeiten, kurz, das ganze Maß von Hinderungen darnieder; wie verzweiflungsvoll stürzte ich mich in das unheimliche Element hinein, Not bricht Eisen, dachte ich, sie gab manchem dürftigen Autor schon den Gänsekiel zum Flug in die Hand und leimte schon manchem feigen Schwimmer Froschschenkel an. So wandte ich mich ungebrochen und unabgesetzt die erste Zeit auf sie, bis ich einige Sätze und Beweise wenigstens klar einsehen lernte. Dann war ich bald gewonnen für sie und gefesselt von dieser Einfachheit der Abstraktion, dieser reinen Klarheit und unabweisbaren Notwendigkeit, die ihren Inhalt abstrakt für sich als solchen, abgesondert und schonungslos gegen alle Willkürlichkeit, Schwapplichkeit und Schlotterkeit einer sich selbst bedunstenden, tätschelnden und in sich abgestandnen Subjektivität, mit der man statt des Inhalts und der Sache in andern Wissenschaften bis aufs Hemd begossen wird, frei aus sich herausstellt. Täglich werden ihr ohne Ausnahme wenigstens einige Stunden gewidmet. Freilich sind erst die Anfänge überwunden; // aber der Anfang ist bekanntlich immer das schwerste; vor einigen Tagen landete ich auf meiner Reise durch die Welt im Lande der eigentlichen körperlichen Wesen, der Stereometrie an. Vorlesungen über Mathematik konnte ich leider nicht besuchen, da die für einen Anfänger passenden gerade auf eine Zeit angesetzt wurden, zu der ich schon die Physik bei Erman bestimmt und belegt hatte. Was gäbe ich aber auch für eine Philosophie, die nicht jenen selbstbewußten, diabolischen Mut einem in Fleisch und Bein senkte, der alles fremd und unbekannt Gegenüberstehende zu bemeistern strebte und kostete es auch die härtesten Anstrengungen und im richtigsten Sinn des Skeptizismus die Wahrheit der Vernunft weder hier noch dort sucht und ihr Schildwachstehn aushält, ohne deswegen in die Gestaltlosigkeit eines Eklektikers oder Polyhistors zu zerfahren. – Ich habe indes über der Mathematik auch nicht das Philologische zu treiben aufgehört. Die Zeit als solche scharf aufs Korn zu fassen und in seine Gewalt zu bekommen, ist vielleicht das erste Erfordernis zum Studieren, ein richtiges Wertmaß einmal an sie angelegt, so kann man immer viele recht weit voneinander abliegende Gegenstände ungestört betreiben, ausfüllen und erreichen.

So sehr auch, ich kann es wahrhaft sagen, mich das Verlangen beseelt, Dich einmal wieder, bester Vater, zu sehen, in Deiner Nähe zu leben, zu sein und mich mit Dir zu unterhalten, und so wenig ich etwa in der Philosophie den Vater zu lieben und achten und in der Ferne den Wert und die Bedeutung des häuslichen Lebens überhaupt verloren habe, / / so muß ich doch gestehen, daß ich, wenn ich könnte, bei den Haaren zurückziehen möchte die Zeit, wenigstens die, welche seit Michaelis so äußerst schnell mir bis jetzt schon vom 3ten Semester verflossen ist. Schwer, sehr schwer wird es mir werden, wenn ich Berlin verlassen werde, wo ich Stunden und Tage verlebte, die mir nicht bloß im äußerlichen leeren Gedächtnis, sondern in stets noch fortwirkender, nachnährender, aushaltender und bildender Erinnerung fortleben werden, wo ich so vieles schon zum Nutzen meiner Bildung fand und nur mehr noch immer sie in ihren weitren Beziehungen zu entwickeln hoffte, je mehr ich in mir selbst die Möglichkeit erweitert, auch noch vielseitiger an allgemeinen Anstalten und Schätzen der Stadt teilzunehmen. Doch wie könnte ich den Wunsch, noch länger hier zu bleiben, auch nur in mir zu hegen, geschweige auszusprechen wagen, ohne zu verstoßen gegen Deine große Güte, deren bleibendstes Zeugnis ich immer darin unvergeßlich anerkennen werde, daß Du mir schon so lange Zeit, als ich jetzt hier bin, zu verweilen erlaubtest. – Eine große Freude würde mir gemacht, wenn ich erfahren könnte, wie es Dir geht, wie Du Dich befindest und namentlich gerade itzt liegt es so nahe, am lebhaftesten dafür besorgt zu sein. Ebensowenig weiß ich und erfahr' ich, was die Mutter macht, wie es Karl, Anselm, Brüdern und Schwestern, Freunden und Verwandten geht. Ich wünsche Dir, lieber Vater, und allen übrigen Meinigen ein glückseligstes neues Jahr von ganzem Herzen

Dein treuer Sohn
Ludwig /

39

An Karl Albert Christoph Heinrich von Kamptz

10. April 1826

/ Euer Exzellenz!

Durch unvorhergesehene dringende Familienverhältnisse genötigt, muß ich Berlin früher verlassen, als es meine Absicht war. Zufolge Verfügung eines hohen Königlichen Ministeriums der Geistlichen, Unterrichts- und Medizinal-Angelegenheiten besteht aber die Verordnung, daß keinem Studierenden das Abgangszeugnis eher verabfolgt wird, als er sich die gesetzlich bestimmte Zeit vorher dazu gemeldet hat. // Mein untertänigstes Gesuch geht daher dahin, Euer Exzellenz möchten die Gewogenheit haben, „mir die persönliche Empfangnahme des Abgangszeugnisses, zu welchem ich mich bereits in Person vor dem hiesigen Universitätsgericht gemeldet habe, gnädigst zu erlassen und dagegen zu gestatten, daß der *Stud. Philos. Fried. Köhler* aus Kassel, *Rosentalerstraße Nro. 43* wohnend, dieses Geschäft anstatt meiner vollziehe."

In tiefster Verehrung verharre ich Euer Exzellenz untertänigster

Ludwig v. Feuerbach,
Stud. Philos. aus Bayern, Bischofstraße Nro. 17

Berlin, den 10. April 1826 /

40

Von Karl Feuerbach

2. November 1826

/ Hof, d[en] 2. November 1826

Lieber Ludwig!

Volle drei Wochen sind es nun, daß ich von Euch nichts mehr gehört habe. Schreibe mir doch wenigstens, ob Du meinen Brief (resp. Zettel) erhalten hast (widrigenfalls ich die hiesige Postdirektion inkommodieren muß), oder gib sonst ein beliebiges Signal von Dir, daß Du noch in Fleisch und Bein lebst. Die bewußte Gedankenfabrik hat noch gar nichts abgesetzt. Alle Räder der Maschinerie stocken und dursten nach altem Bier. Mein Kadaver hat guten Appetit. Er logiert in der Auguststraße Nro. 111 im uralten Gehäuse der uralten steinreichen Frau Kammerrätin Löwel. Meine Bibliothek hat sich vermehrt um des Cartesius' „Op[era] philos[ophica]", den Newton „Princ[ipia]" und einen zerschnittenen Jakob Böhm[e]. Bist Du nicht eifersüchtig auf diese Akquisition? Grüße von mir, wem Du Freude damit machen kannst. Lebe wohl.

Dein Bruder
Karl

Wie geht es unserm Vater? Grüße, wen Du kannst. /

41

An Eduard Feuerbach

[Dezember 1827]

/ Lieber Eduard!

Wir haben zwar nichts von dem Brief vernommen, auf den Du Dich in Deinem letzten an mich bezogst, und so in demselben Augenblick die Beunruhigung gemacht und aufgehoben, wenn es anders nur auf den damaligen Fall ankäme und das nicht betrübend wäre, daß Du überhaupt von Zeit zu Zeit von dem Dämon der Hypochondrie befallen wirst, was ich schon manchmal, ohne daß Du es selbst sagtest, im stillen an Dir bemerkte, ob ich es gleich mit Deinem Charakter, Deiner Lebensart und innern Tätigkeit nicht zusammenreimen konnte. Wenn ich Dir so manchen Zeitabschnitt, den ich in Berlin verlebte, schildern wollte, so würdest Du gewiß finden, daß ich sie auch schon und vielleicht nicht im [kleinsten] Grad gehabt habe; allein ich glaube scho[n längst und für] immer von ihr befreit zu sein, wenn wenigsten[s das Gefühl] in nichts eine Beschränkung zu spü[ren auf dem] Gebiet, dem man bestimmt ist, ein [Zeichen davon] ist, und daß es kein beßres Mittel dag[egen geben] kann, von innen aus dagegen [als Eines zu] wollen, auf Eines seine Tä[tigkeit und Gedanken] zu werfen, so ein Eins hä[lt im eigentlichsten Sinne] Leib und Seele zusammen, [besser wohl als Essen] und Trinken; so ein Eins [braucht aber nicht zu] sein so arm wie das [arithmetische Eins, es kann] // sein ein reiches, ein vielhaltiges, ein volles Eins, eine Wissenschaft, dieses Eins kann eine Welt sein, und wer in Einem tätig und lebendig ist, wie sollte der unglücklich und mißvergnügt sein können, da nur in Trennung überhaupt Mißmut und Verdruß liegt und überhaupt jede Sache einem nur dann schwer und drückend vorkommt, wenn man außer ihr an sie denkt, aber nicht, wenn man in ihr ist. Und das ist wenigstens und wird es bleiben mein angelegentlichstes Streben, mich in der Tätigkeit in Einem zu erhalten, ohne neben ihr hinaus-, über oder unter sie hinunterzuschauen, mich darneben hinzustellen und zu messen, mich an ihr und meine Kräfte gegen andre usw. Was für ein gefährliches, verwegnes, übermenschliches Geschäft und unglaubliche Tätigkeit würde es einem erscheinen, wenn man, [ehe man] seine Augen gebrauchen wollte, sie anatomieren [und diese tau]sendfach[en] Beziehungen, Unterschiede, Bedingungen, Häute [usw.] kritisieren wollte, ehe man es wagen [könnte zu erproben, ob und w]as man sehen könnte. Und doch ist der Akt [des Sehens selbst] ein so einfacher, seliger und sanfter [Akt, in dem man] nichts von Brüchen, zerbrechlichen Glaskörpern, [Traubenhäuten und] von der Sklerotika usw. vernimmt. So [denke ich mir jede Tä]tigkeit, jedes Geschäft, das ganze Leben; der [Kritiker – und wir si]nd fast in jedem Augenblick des Lebens [mehr Kritiker, als w]ir sein sollten – findet nur die Schwier[igkeiten, die er selbst mach]t. In transitu [nebenbei bemerkt]: So ist's auch mit [der Kritik der Philosophie, die] heutigentags noch immer in [ore et more ⟨Gerede und Brauch⟩ ist: untersuch]en, ob und was man sehen [kann, ehe man sieht. Die] Herren Kritiker, denen nichts [angelegentlicher scheint und n]ichts mehr am Herzen liegt als // die Sache, die Wahrheit, kommen natürlicherweise nie zur Sache und in die Sache, nur im Glauben an eine Sache bin ich fähig, sie zu kritisieren, denn dann geht's nicht von außen über die Sache glücklich hinüber und hinaus, sondern von innen wieder nach innen. Doch ich bin schon wieder ins Räsonieren geraten, wie man es nennt; doch ich halte die Briefkorrespondenzen für eine Art fliegender oder flüchtiger Restaurationen oder Kaffeehäuser, wo sich alles außerdem geschieden nebeneinander einfindet, das strenge sonstige Tafelzeremoniell beseitigt ist usw.

Ich für meine Person bin jetzt in Ansbach und arbeite

an einer lateinischen Dissertation, die vielleicht in 4 Wochen handschriftlich fertig sein kann, ein Latein, das den formgebildeten Ohren geschmackvoller Philologen wie die barbarische und einförmige Trommelmusik amerikan[ischer] Wildenstämme vorkommen wird; doch man kann nicht zwei Herrn zugleich dienen, den Geschmäckern der Philologen und dem Gedanken, das zwei widersprechende Dinge sein mögen. Hängt es von andern ab, bleibt's beim alten, was freilich noch ein Neues ist; komme ich nicht wieder in solche unentschiedne La[ge, wo ich mich] zu gleicher Zeit auf einen Hofmeister vorber[eite und Fran]zösisch lerne, zugleich auf [einen] Philologen und [griechische und lateinische] Grammatik treibe, zugleich auf einen [Dozenten, zuletzt] auf nichts – so fange ich im Sommer (Pfi[ngsten vielleicht]) in Erlangen an. Unverzüglich und bl[oß darauf] mit Gedanken und Sorgen gerichtet, [werde ich es anfangen,] um doch einmal *wo* zu sein, [an *einer* Stelle. Hoffent]lich wird der Vater in derselben [bestimmten Gesinnung bleiben] einer baldigen Antretung eines L[ehramtes.] Schreibe einmal doch ausfüh[rlich, wie Dir das] Klima bekommt, wie Du lebst [. . .] so, macht gar keine großen [. . .] aber sehr still; manchmal [. . .] // ihm aus und nur mit ihm um – komme ich noch auf etwas längere und sich weiter ausspinnende vernünftige Gespräche; doch ist er im ganz[en] sehr still, raucht, trinkt sein Bier, schläft viel; wenn ich mit ihm über die offenkundigsten Tag- und Zeitereignisse spreche, so spricht er oft mit einer solchen geheimnisvollen Wichtigkeit davon, als wüßte er die geheimsten Triebfedern aller russischen, französ[ischen] und englischen Staatsminister und als wäre die ganze Welt eine unbewußte Maschine, die von irgendeinem bis jetzt noch unbekannten und verborgnen Ich-weiß-nicht-Was in Bewegung gesetzt würde. Er soll im Frühjahr eine Reise nach Speyer wahrscheinlich machen; vielleicht bekommt ihm das gut. – Er ist der subjektivste, empfindlichste, geheimnisvollste Mensch, den es geben kann; und darum wird alle direkte Einwirkung auf ihn fruchtlos sein, höchstens nur abhalten; wie über ihn selbst [. . .] das, was ihn heilen soll, ein Geheimnis. Bei [. . .] er doch besser, glaube ich, als je. Doch wir [. . .] hoffen. Fritz schrieb mir kürzlich einen [. . .] er, sagt er, so glücklich in seinen Stu[dien . . .] alles gesund. Herzliche Grüße von allen. [. . .] Lebe recht wohl und gesund.

Dein Bruder Ludwig /

1828–1831

42

Von Georg Friedrich Daumer

12. Februar 1828

/ Nürnberg, den 12ten Februar 1828

Lieber Feuerbach!

Es freut mich, daß Du Dich zum akademischen Lehrer bestimmt hast, es ist gewiß das Geeignetste für Dich. Den Gang, den Du in der Abhandlung über das Denken und Erkennen genommen, finde ich sehr gut, vorzüglich gefiel mir, wie Du Leben und Tod in Vergleichung der Natur und des Geistes gefaßt. In meiner „Urgeschichte des Menschengeistes" habe ich das, was ich das relative Grundwesen nenne, einen ähnlichen Gang wie obigen in seiner Entwicklung nehmen lassen. Sein erster Stand ist der des selbst- und bewußtlosen Anschauens des Absoluten, in das es versenkt und außer sich ist. Sein Zu-sich-kommen, Ichwerden, ist der Abbruch, der Abfall von dieser Unschuld des Anschauens, es ist nun in seiner Subjektivität eingeschlossen und ringt vergebens, sich mit Beibehaltung seines abstrakten Für-sich-Seins in das Absolute zurückzuversetzen, das ihm als ein außer und über ihm seiendes Anderes objektiv geworden, das dritte ist das vernünftige Denken, in welchem jene abstrakten Momente vermittelt und identisch sind. – Weniger sagt mir zu, wie Du die Natur Gottes gefaßt. Wenn die Religion Gott als Person faßt, so ist dies ein nicht so ganz nichtiger Gedanke, wenigstens ursprünglich, aber die moderne Ansicht, die ihn in abstrakter fixer Über- und Außerweltlichkeit hält, ist diejenige, auf deren Fall das Heil der Welt beruht. Gott, wie er der Natur und Welt vorausgesetzt ist, ist, wie ich glaube, etwas viel Lebendigeres, als wozu ihn die Hegelsche Logik macht, man darf ihn da kecklich als absolute Persönlichkeit denken, aber bei der Weltschöpfung konnte er nicht außer und über seinem Werk bleiben, er mußte selbst die Natur werden, und dies ist der Punkt, in welchem ich mit dem, was man Pantheismus nennt, übereinkomme. Die Schöpfung der Welt muß, um es in einer harten Form auszudrücken, als Selbstmord // Gottes gefaßt werden. Im Menschen feiert er seine Auferstehung als allgemeiner Geist, der in seine zusichkommende absolute Persönlichkeit alles zu erheben, zu befreien und zu verklären hat.

Um dieser zu werden, hat er jedoch die Subjektivität und Ichheit, welche ein schon vor der Welt von ihm ausgeschiedenes Prinzip ist, wie ich es bereits darzustellen versucht habe, zu überwinden.

Worauf man sich jetzt hauptsächlich legen muß, ist, wie ich glaube, Philosophie der Geschichte, und zwar der Geschichte im weitesten Sinne des Wortes. Das ganze System der Spekulation muß nach meiner Meinung Geschichte werden, einfache Geschichte des Geistes und der Welt. Hegeln schwebte dies bei seiner Methode einigermaßen vor. Aber es ist widersinnig und höchst verwirrend, die Weltgeschichte, wie er tut, doch wieder nur als ein Moment des Ganzen auftreten zu lassen. Ohngefähr auf die Art, wie in den Paragraphen meiner "Urgeschichte", müßte das ganze System seiner spekulativen Grundlage nach zur Geschichte werden. Der Geist hat sich nur zu erinnern, wie er geworden, was er ursprünglich gewesen und gewollt, und zu erkennen, was er seinem ewigen Selbstentwurfe nach werden soll. Ich lege Dir eine Übersicht meines Systemes bei, wovon ich den ersten Teil schon in meiner Schrift gegeben. – Wismüller ist längst nicht mehr bei mir, er ist in Dinkelsbühl. Meine Gesundheit bessert sich nicht, Denken greift mich an, wie Lesen und Schreiben. Lebe wohl und laß wieder etwas von Dir hören, wenn Du Muße hast.

Daumer /

43

An Ludwig I., König von Bayern

5. August 1828

/ Ansbach, am 5. August 1828

Allerdurchlauchtigster Großmächtigster König,
Allergnädigster König und Herr!

[Betreff:] Bitte des Dr. philosophiae Ludwig Feuerbach um die Erlaubnis, auf der Universität Erlangen Vorlesungen halten zu dürfen.

Der alleruntertänigst Unterzeichnete, vierte Sohn des Staatsrats und Präsidenten von Feuerbach, widmete sich im Anfange seiner akademischen Studien der Theologie, faßte aber bald entscheidende Vorliebe zu der Philosophie, in welcher allein er zuletzt die Bestimmung seines Lebens erkannte.

Derselbe bezog zuerst im Jahre 1823 die Universität zu *Heidelberg*, wo er den Unterricht Creuzers in der Philologie, Schlossers // in der Geschichte, Erhardts in der Philosophie und besonders Daubs in der philosophischen Dogmatik und Moral benutzte.

Im folgenden Jahre bezog er die Universität zu *Berlin*, wo er zwei Jahre verweilte. Hier schloß er sich vorzüglich an Hegel, unter dessen Leitung er das Studium der Philosophie fortsetzte, welche von nun an der Hauptgegenstand seines forschenden Denkens und der Mittelpunkt seiner wissenschaftlichen Bestrebungen wurde. Doch glaubte er nicht, sich mit einseitiger Abgeschlossenheit ausschließend der Spekulation überlassen zu dürfen und hörte – verschiedener theologischen Vorlesungen Schleiermachers und Neanders nicht zu erwähnen – bei van der Hagen und Böckh philologische Vorlesungen, bei Erman Physik, bei Ideler Mathematik und Astrognosie, bei Ranke die Geschichte, bei von Henning Farbenlehre usw.

Nachdem er hierauf ein Jahr lang in dem väterlichen Haus verweilt hatte, wo er sich vorzüglich der Geschichte der Philosophie und dem Studium der älteren Philosophen, besonders den Werken des Aristoteles widmete, besuchte er Ostern 1827 die Universität *Erlangen*, um noch einige ihm sehr fühlbar gewordene Lücken seiner Naturkenntnis auszufüllen und bei Koch die Botanik, bei Fleischmann Anatomie und Physiologie zu hören.

Im Juni l[aufenden] J[ahre]s bestand derselbe bei der philosophischen // Fakultät zu Erlangen das examen rigorosum und erhielt sodann, laut anliegendem Diplom, den Doktorgrad.

Der alleruntertänigst Unterzeichnete bittet nunmehr, daß Eure Königliche Majestät geruhen möchten:
ihn – nachdem er zuvor seine, der philosophischen Fakultät bereits vorgelegte und von derselben gebilligte Inaugural-Dissertation wird verteidigt haben – mit der Erlaubnis zu begnadigen, in nächstkommendem Semester auf der Universität Erlangen als Privatdozent der Philosophie auftreten zu dürfen.

In allertiefster Devotion ersterbend
Euer Königlichen Majestät
alleruntertänigst treu gehorsamster
Dr. Ludwig Andreas Feuerbach /

44

Vom Senat der Universität Erlangen

8. Oktober 1828

/ An den Herrn Dr. Ludwig Feuerbach, etc.

Dem Herrn Doktor Ludwig Feuerbach haben wir hierdurch zu eröffnen,

daß des Königs Majestät mit dem in dem abschriftlich nachfolgenden allerh[öchsten] Reskript vom 20. Sept[embe]r enthaltenen Modifikationen dessen Bitte, als Privatdozent auf der hiesigen Universität aufzutreten, genehmigt hat.

Angenehm wird es uns sein, durch den Herrn Doktor recht bald in den Stand gesetzt zu werden, den uns anbefohlenen nachträglichen Bericht über den Erfolg der öffentl[ichen] Verteidigung seiner Inauguraldissertation zu erstatten.

Erlangen, am 8. Oktober 1828

H[enke] U[niversitäts-] Pror[ektor] /

45

An Gottlieb Ernst August Mehmel

15. November 1828

/ Hochwohlgeborner Herr!

Hochzuverehrender Herr Dekan!

Ich habe hiemit die Ehre, Euer Hochwohlgeboren meine Dissertatio inauguralis philosophica "De ratione una, universali, infinita" [philosophische Inaugural-Dissertation "Über die eine, allgemeine, unendliche Vernunft"] zur Zensur vorzulegen. Ich schmeichle mir mit der Hoffnung, daß Euer Hochwohlgeboren, sowie die übrigen hochverehrten Mitglieder der philosophischen Fakultät, ohne Anstand zu nehmen an irgendeinem in meiner Dissertation aufgestellten Satz, ihre Publikation genehmigen werden. Denn die Dissertation, die ich gegenwärtig zu überreichen die Ehre habe, ist nicht unterschieden von derjenigen, welche bereits die Zensur der hochverehrten philosophischen Fakultät bestanden hat, indem die gegenwärtige durch die hinzugefügten Bemerkungen, weitern Ausführungen und Erläuterungen der in der frühern Dissertation ausgesprochnen Gedanken nur dem Umfang und der Größe nach, aber nicht dem Inhalt nach von der frühern verschieden ist. Ich wage daher auch sogleich, die gehorsamste Bitte beizufügen, mir die Erlaubnis zu erstatten, meine Dissertation in Erlangen öffentlich zu verteidigen, und mir die Zeit hiezu geneigtest zu bestimmen.

Thesen habe ich meiner Dissertation nicht beigefügt, weil, wie Euer Hochwohlgeboren in Ihrem verehrlichen Schreiben vom 28sten Oktober mir selbst zu wissen zu tun die Gewogenheit hatten, Thesen gewöhnlich, also nicht gerade notwendig beigefügt werden, und ja ohnehin meine Dissertation fast auf jeder Seite Thesen und Stoff zu einer Disputation enthält.

In der schmeichelnden Erwartung, daß Dieselben meine gehorsamste Bitte baldigst erfüllen und mich über den Gegenstand derselben gefälligst in Kenntnis setzen werden, verharre ich in tiefster Hochachtung

Euer Hochwohlgeboren ganz gehorsamster
Ludwig Feuerbach, Dr. phil.

Ansbach, den 15ten November 1828 /

46

An Georg Wilhelm Friedrich Hegel

22. November 1828

Ansbach, den 22. November 1828

Wohlgeborner Herr!

Hochzuverehrender Herr Professor!

Ich nehme mir die Freiheit, Euer Wohlgeboren meine Dissertation zu schicken. – Nicht deswegen, weil ich ihr etwa einen besondern Wert beilege oder mir gar einbilde, daß sie an und für sich und für Ihren Geist Interesse habe, sondern nur deswegen schicke ich sie Ihnen, weil ich, der Verfasser derselben, zu Ihnen in dem besondern Verhältnis eines unmittelbaren Schülers stehe, da ich zwei Jahre lang in Berlin Ihren Vorlesungen beiwohnte und Ihnen hiermit nur meine persönliche Hochachtung und Verehrung bezeugen möchte, welche ich Ihnen als meinem Lehrer schuldig bin und mit

Freuden auch als meine Pflicht anerkenne. Allein eben dieses besondre Verhältnis eines unmittelbaren Schülers erzeugt auch zugleich die Schüchternheit in mir, mit welcher ich Ihnen meine Arbeit überreiche. Denn wenn die wahre Hochachtung und Verehrung seines Lehrers der Schüler nicht durch äußerliche Handlungen oder Worte und Empfindungen, sondern nur durch seine Werke bezeugt und ausdrückt, so kann er eben dieses nur durch Werke, die im Geiste seines Lehrers gearbeitet sind, seiner als eines Schülers würdig sind und die Forderungen erfüllen, die man an ihn als einen unmittelbaren Schüler macht. Aber eben an meinem Werke, wenn anders dieses Namens meine Dissertation würdig ist, erkenne ich selbst nur zu gut das Mangelhafte, das Ungenügende, das Korrupte und Verwerfliche, als daß ich es vielmehr nicht für ein selbst den Forderungen, die ich selbst nur an mich mache als den, der zwei Jahre Ihren bildenden und lehrreichen Unterricht genossen hat, nicht entsprechendes Werk halten sollte. Wenn nun gleich der Grund von vielem Mangel- und Fehlerhaften darin nur in den engen Grenzen des Umfangs, des Zwecks und der Sprache einer Dissertation überhaupt, zumal auf dem Gebiet der Philosophie, zu suchen ist und so manches Tadelnswerte von selbst seine Entschuldigung findet, so kann ich mir doch diese meine Freiheit, Ihnen selbst meine Dissertation zu überreichen, nur verzeihen durch das Bewußtsein, welches ich offen bekenne, daß sie im Ganzen und Allgemeinen einen spekulativen Geist atmet, daß sie (freilich nur als ein durch äußere Veranlassung herausgerissenes Fragment) das Produkt eines Studiums ist, das in einer lebendigen, sozusagen wesentlichen (nicht formalen), die Seele, die eigne Produktiv- und Selbstkraft in sich fassenden und aufnehmenden, freien (deswegen aber keineswegs willkürlichen, auswählenden, hie und da nippenden) Aneignung und Einbildung der Ideen oder Begriffe besteht, die den Inhalt Ihrer Werke und mündlichen Vorträge ausmachen; durch das Bewußtsein, daß die durch Sie in mir erzeugten oder geweckten und in Ihrer Philosophie ausgesprochenen Ideen nicht oben im Allgemeinen über dem Sinnlichen und der Erscheinung sich halten, sondern schaffend in mir fortwirken und sozusagen aus dem Himmel ihrer farblosen Reinheit, ihrer unbefleckten Helle, Seligkeit und Einheit mit sich selber zu einer das Besondre durchdringenden, in und an der Erscheinung die Erscheinungen aufhebenden und bewältigenden Anschauung sich heruntersenken und gestalten und auch diese meine Dissertation, wenigstens im Allgemeinen, und wenngleich auf eine höchst unvollkommene, noch ganz rohe und fehlerhafte, das Abstrakte nicht vermeidende Weise, doch eine Spur von einer Art des Philosophierens an sich trägt, welche man die Verwirklichung und Verweltlichung der Idee, die Ensarkosis oder Inkarnation des reinen Logos nennen könnte. Dieses Bewußtsein also gibt mir den Mut, ungeachtet der von mir selbst eingesehenen und gefühlten Mangelhaftigkeit meiner Arbeit, sie Euer Wohlgeboren zu überreichen. Auch bin ich fest überzeugt, daß jene Art des Philosophierens, die noch unabgelöst und unbefreit von mir selbst, in diese meine Arbeit nur hineinschimmert, nur noch als Werden in meinem Innern vorhanden ist, vielleicht auch nie durch mich wenigstens zum Dasein und zur vollendeten Gestalt hervortritt, an der Zeit ist oder (was eins ist) im Geiste selbst der neuern oder neuesten Philosophie begründet ist, aus ihm selbst hervorgeht. Denn wenn es sich bei der Philosophie, die nach Ihnen benannt wird, wie die Erkenntnis der Geschichte und der Philosophie selbst lehrt, nicht um eine Sache der Schule, sondern der Menschheit handelt, wenn der Geist wenigstens der neuesten Philosophie darauf Anspruch macht, dahin drängt, die Schranken einer Schule zu durchbrechen und allgemeine, weltgeschichtliche, offenbare Anschauung zu werden und in eben jenem Geiste nicht bloß der Same zu einem bessern literarischen Treiben und Schreiben, sondern zu einem in der Wirklichkeit sich aussprechenden allgemeinen Geiste, gleichsam zu einer neuern Weltperiode liegt, so gilt es jetzt, sozusagen, ein Reich zu stiften, das Reich der Idee, des sich in allem Dasein schauenden und seiner selbst bewußten Gedankens, und das Ich, das Selbst überhaupt, das, seit Anfang der christlichen Ära besonders, die Welt beherrscht hat und sich als den einzigen Geist, der ist, erfaßt hat und als absoluten, den wahren absoluten und objektiven Geist verdrängenden Geist geltend machte, von seinem Herrscherthron zu stoßen, auf daß die Idee wirklich sei und herrsche, Ein Licht in Allem und durch alles leuchte und das alte Reich des Ormuzd und Ahriman, des Dualismus überhaupt nicht im Glauben einer aus der Welt in sich gekehrten Kirche oder in der Idee Einer Substanz oder überhaupt auf eine Weise, die ein Jenseits, ein Negatives, ein ausschließendes Verhältnis zu einem Andern hat (was bisher in der Geschichte immer der Fall war), sondern in der Erkenntnis der sich als aller Realität bewußten, Einen und allgemeinen, seienden und erkennenden, wirklichen, allgegenwärtigen, durch keinen Unterschied von sich getrennten und unterbrochenen Vernunft überwunden werde. Es wird und muß endlich zu dieser Alleinherrschaft der Vernunft kommen; die Philosophie, die seit Jahrtausenden an ihrer Vollbringung und Verwirklichung arbeitete, aber stufenweise aufsteigend das Ganze, das All (oder wie man es bezeichnen will) immer in eine besondere Bestimmtheit, in einen bestimmten Begriff einfaßte und damit notwendig immer ein Andres (sei's nun eben die Bestimmtheit und das Dasein selbst überhaupt, sei es die Religion oder die Natur oder das Ich usw.) außer sich liegen ließ, nun endlich das Ganze selbst in ein Ganzes faßte und in der Form eines Ganzen ausdrückte, muß nun endlich auch dies bewirken, daß nicht mehr ein Zweites oder Andres, etwa mit dem Scheine oder dem Recht und Anspruch, eine zweite Wahrheit, etwa Religionswahrheit usw. zu sein, bestehe; tausendjährige Formen, Anschauungsweisen, die von der ersten natürlichen Schöpfung an durch die ganze Geschichte hindurch als Grundlagen sich durchziehen müssen, da die Erkenntnis ihrer Nichtigkeit und Endlichkeit gekommen, wenn auch noch nicht offenbar geworden ist, verschwinden, und alles wird Idee und Vernunft werden. Es gilt jetzt einen neuen Grund der Dinge, eine neue Geschichte, eine zweite Schöpfung, wo nicht mehr die Zeit und drüber und draußen der Gedanke, sondern die Vernunft die allgemeine Anschauungsform der Dinge wird. Wenn, wie sich sonnenklar nachweisen läßt, der Mensch sich den verrücktesten Widerspruch zuschulden macht, wenn er auch nur spricht von Dingen als vom Gedanken abgelösten und getrennten, wenn, geschweige daß das Denken etwas Subjektives und Nichtreales ist, vielmehr der Mensch, wie die Dinge selbst, gar nicht außer dem Denken existieren, das Denken das Allumfassende, der allgemeine wahre Raum aller Dinge und Subjekte ist, ferner jedes Ding, jedes Subjekt nur diese sind, durch die Vorstellung davon, in dem Gedanken derselben; so ist klar, daß wenn das Ich, das Selbst (nebst dem unendlich Vielen, was damit zusammenhängt) als das absolut feste, als das allgemeine und bestimmende Prinzip der Welt und der Anschauung überwunden ist in der Erkenntnis, es aus der Anschauung selbst verschwindet, daß das Selbst aufhört das zu sein, was es bisher war; ja es selbst erstirbt. Es kommt daher jetzt nicht auf eine Entwicklung der Begriffe in der Form ihrer Allgemeinheit, in ihrer abgezogenen Reinheit und [ihrem] abgeschloßnen Insichsein an, sondern darauf an, die bisherigen weltgeschichtlichen Anschauungsweisen von Zeit, Tod, Diesseits, Jenseits, Ich, Individuum, Person und der außer der Endlichkeit im Absoluten und als absolut angeschauten Person, nämlich Gott usw., in welchen der Grund der bisherigen Geschichte und auch die Quelle des Systems der christlichen sowohl orthodoxen als rationalistischen Vorstellungen enthalten ist, wahrhaft zu vernichten, in den Grund der Wahrheit zu bohren und in ihre Stelle als unmittelbar gegenwärtige weltbestimmende Anschauung die Erkenntnis einrücken zu lassen, die sich in der neuern Philosophie als ein Reich des Ansich und Jenseits, in der Form der nackten Wahrheit und Allgemeinheit eingewickelt finden. Das Christentum kann deswegen nicht als die vollkommene und absolute Religion gefaßt werden, diese kann nur sein das Reich der Wirklichkeit der Idee und der daseienden Vernunft. Das Christentum ist nichts andres als die Religion des reinen Selbsts, der Person als des Einen Geistes, der ist überhaupt, und ist damit nur der Gegensatz der alten Welt. Welche Bedeutung hat z. B. die Natur in dieser Religion? Welche geist- und gedankenlose Stellung hat sie in ihr? Und doch ist eben diese Geist- und Gedankenlosigkeit eine der Grundsäulen derselben. Ja, unbegriffen, geheimnisvoll, unaufgenommen in die Einheit des göttlichen Wesens liegt sie da, so daß nur die Person (nicht die Natur, die Welt, der Geist) ihre Erlösung feiert, welche eben ihre Erkenntnis wäre. Die Vernunft ist daher im Christentum wohl noch nicht erlöst. Auf eine ganz geistliche Weise gilt daher auch noch der Tod, obwohl ein bloß natürlicher Akt, für den unentbehrlichsten Taglöhner im Weinberg des Herrn, für den das Werk der Erlösung erst ganz vollendenden Nachfolger und Gefährten Christi. Da der Grund und die Wurzel jeder Religion in der Philosophie, in einer bestimmten Anschauungsweise liegt, worauf erst die Religion aufgetragen wird, so ließe sich aufs bestimmteste und schlagendste das Endliche, das Negative, das vom Christentum selbst geahndete Jenseitige nachweisen. Überhaupt war bisher immer jede Religion nichts anders als die unmittelbare Gegenwart, der Schein und die Erscheinung des allgemeinen Geistes einer in dem Unterschiede der Systeme sich als Eines zusammenhaltenden Philosophie, z. B. der griechischen; das Christentum die in der Form fixer Endlichkeit sich ausbreitenden Erscheinung des Geistes der nachgriechischen Philosophie. Jetzt jedoch dürfte dahin das Streben der einzelnen gehen müssen, daß der Geist als Geist da sei, in der Erscheinung nichts als er selbst. Doch ich breche ab aus Furcht, die Grenzen der Bescheidenheit und Achtung zu übertreten, wenn ich Sie, meinen tief verehrten Lehrer, noch länger mit mir, mit Angabe meiner Erkenntnis, meines Strebens, meines Denkens hinhalten wollte. In der Hoffnung, daß Sie dieses mein Schreiben und die Überreichung meiner Dissertation, die doch wenigstens im Allgemeinen ein philosophisches Studium und ein Streben nach unmittelbarer Vergegenwärtigung abstrakter Ideen andeutet, wohlwollend aufnehmen werden, verharre ich in tiefster Hochachtung und aufrichtiger Verehrung

Ew. Wohlgeboren ganz gehorsamster
Ludwig Feuerbach, Dr. philos.

Ich erlaube mir noch die Bemerkung, daß ich, um Euer Wohlgeboren durch ein allzu weitläufiges Schreiben nicht beschwerlich zu fallen, es unterlassen habe, Näheres hinsichtlich meiner Dissertation anzugeben und das Besondere, welches ich daran selbst für falsch und schlecht anerkenne, zu bezeichnen, wie auch die Hauptsache derselben, die nun ganz einfach vor mir liegt, herauszustellen, so viel mir selbst auch daran gelegen wäre, um manches Schlechte, wenigstens durch Angabe desselben, und das ausgesprochene Bewußtsein über dasselbe, noch eher zu vertilgen, als Sie vielleicht meine Arbeit zu lesen würdigen. Aus demselben Grund vermied ich einen ausführlichen Brief, wie ihn wohl der Gegenstand an sich verlangt hätte.

47

An Johann Paul Harl

[Anfang Dezember 1828]

/ Herrn Professor Harl zu Erlangen

Wohlgeborner Herr!

Hochzuverehrender Herr Professor!

Euer Wohlgeboren hatten die Güte, meine Bitte, mir bei der Disputation zu opponieren, zu gewähren. Ich nehme mir daher die Freiheit, Ihnen meine Dissertation zu schicken, da ich bereits sie der philosophischen Fakultät zur Zensur eingereicht habe und also mit nächstem die Disputation vor sich gehen dürfte. Ich bin mir wohl bewußt der Unvollkommenheit, der vielen Fehler und einzelnen Mängel meiner Dissertation, Mängel, die teils in der allgemeinen Schranke, die jedes Individuum sich selbst ist, teils in den besondren Schranken einer Dissertation ihren Grund haben; und ich kann mir daher nur in der Überzeugung von der Wahrheit des hauptsächlichsten Inhalts derselben und in dem Bewußtsein, daß sie aus einem Leben in der Philosophie hervorgegangen, im ganzen wenigstens auch den Geist tiefrer Spekulation atmet, die Freiheit verzeihen, Sie, einen anerkannt in der Philosophie und der ganzen Geschichte der Menschheit tief bewanderten, in jeder Beziehung erkenntnisreichen Mann zu meinem Opponenten gewählt zu haben. Ungeachtet dieser Überzeugung und dieses Bewußtseins übergebe ich nur mit Schüchternheit Ihnen meine Arbeit, anerkennend die gerechte Forderung, daß nur das Vollkommene existieren soll, nur das Ewige wert ist, in die Zeit zu treten, nur das aus der geheimen und verborgnen Werkstätte des einsamen Individuums an das Licht der Welt gebracht werden soll, was das Licht vertragen kann und desselben würdig ist, und fern von der Schamlosigkeit mancher // Neuern, die keinen Anstand nehmen zu glauben, auch dem andern, auch der Welt müsse viel daran gelegen sein zu wissen, daß sie sind, auch in der Geisterwelt gelte dasselbe Recht wie in der natürlichen, wo das Widerlichste neben dem Herrlichsten gleichen Anspruch auf selbständiges Dasein hat. Übrigens bin ich, abgesehen von den vielen Unvollkommenheiten und selbst vielleicht den Irrtümern, die sich in meiner Arbeit finden, doch von der Wahrheit des hauptsächlichen Inhalts, wie gesagt, überzeugt, und zwar so sehr, daß [ich], wenn ich anders etwas Positives geleistet habe, nur dies geleistet zu haben glaube, einen Schein, eine Täuschung des sinnlichen Bewußtseins vernichtet und einen Irrtum aufgedeckt zu haben, der nur in einer Zeit aufkommen konnte, wo das einzelne Individuum für sich selbst als Absolutes, als Unendliches galt und ihm das Allgemeine daher als ein Attribut, das Denken als eine Kraft, als eine Kunstfertigkeit und Geschicklichkeit beigelegt wurde. Denn bei den Alten, um nur dies flüchtig zu berühren, wo überhaupt nicht die unmittelbare Persönlichkeit, nicht die wirkliche, sondern nur die geschaute, gedachte, durch die Kunst vermittelte Individualität galt, galt und gab es sozusagen gar keine individuelle Seele; die Seele galt für das Absolute, Allgemeine, für Gott selbst, Animus Deus est [die Seele ist Gott], wie bei den Indern Brahma das reine Denken, das Anschauen, die Weisheit, die Seele heißt. Doch ich breche hievon ab aus Furcht, die Bescheidenheit zu verletzen, vor einem so tiefen Kenner des Altertums meine geringen Kenntnisse auskramen zu wollen. Ich halte daher jene Gedanken, daß ich im Denken nicht mehr Ich bin, daß es ein aufhebbares Verhältnis ist, wo das Ich einem Andern entgegensteht und überhaupt das Ich selbst ist, nur für eine Widerlegung des Sinnenscheines; doch bin ich zufrieden, wenn ich nur dieses geleistet habe; ist ja, wie Novalis ungefähr ganz richtig spricht, die wahre Entwicklung des Irrtums selbst Wahrheit. Vieles habe ich schlecht entwickelt, andres dürftig, vieles aus Beschränktheit des Raums ganz ausgelassen, so z. B. den Irrtum des Meinen und Wähnen, welcher eben beweist, daß das Denken ein von mir, dem vom andern Geschiednen, Geschiednes, // Abgetrenntes und darum Allgemeines ist. Wäre das Denken selbst subjektiv, so würde das Individuum nicht irren, so gäbe es gar keinen Irrtum; darum ist auch im Sein, Fühlen, wo das Individuum sich von sich nicht abscheidet, kein Irrtum; sowenig aber im Sein, Fühlen, sowenig ist im Denken selbst (oder in der Wirklichkeit desselben, in der Philosophie) Irrtum; er fällt nur in die Grenze, die zwischen dem Individuum und dem Denken ist; ebenso habe ich, um die Kette des so kurz Zusammengedrängten nicht zu unterbrechen, den natürlichen Tod als die sinnliche Erscheinung, als die sinnliche Vollendung und Darstellung des innerlichen Todes, den der Geist auf *geistige* Weise, durch das Denken am Individuum vollbringt, den natürlichen als den Affen des geistigen, ebenso die Generation, wie auch die Philosophie der Subjektivität, die ich meinem Plane gemäß, statt die Stufen des empirischen, erscheinenden, meinenden Denkens usw. zu betrachten, einreihen mußte, nur obenhin berührt. Dadurch, daß ich die Stufe der Philosophie, in der das Ich, das Individuum überhaupt eigentlich der einzige Inhalt des Denkens war, das Individuum aber seiner Trennung vom Denken die Quelle des Irrtums des Meinens und subjektiven Denkens überhaupt ist, kurz freilich, abhandelte und von dieser Stufe aus den Übergang machte zu dem Denken, das einen unendlichen Gegenstand und Inhalt hat und in welchem folglich auch das Individuum nach dem Inhalt des Denkens aufgehoben ist, habe ich allerdings der Notwendigkeit, auf die Ew. Wohlgeboren mich selbst aufmerksam zu machen die Güte hatten, nämlich das Denken in sich selbst zu unterscheiden, Genüge getan, indem eben das, was außerhalb der Philosophie als Meinen, Vorstellen usw. erscheint, wenn es seinen *allgemeinen Prinzipien* nach *innerhalb* der Philosophie auftritt, als Philosophie der Subjektivität sich darstellen muß; freilich wäre es besser gewesen, wenn ich *besonders* noch auf das Meinen, Vorstellen usw. hätte eingehen können. Besonders ungenügend werden Sie finden, was § 14 über das Verhältnis des Bewußtseins zum Denken überhaupt gesagt wurde. Ich erlaube mir deswegen, das Verhältnis kurz noch anzudeuten, wie ich es ungefähr meine. Das Bewußtsein gehört nicht dem Individ[uum]. Das Individuum *hat* nicht Bewußtsein, sondern es *ist* nur *im* Bewußtsein, wie die Pflanze des Lichts genießt, die Luft einatmet, aber sie nicht an sich selbst hat; der *Eintritt* des Menschen, als eines einzelnen, nach allen // Seiten bedingten Wesens, in das Bewußtsein ist daher auch ein mannigfach bedingter; der Mensch tritt daher im Schlafe, in der Trunkenheit außer das Bewußtsein hinaus; *hätte* das Individuum das Bewußtsein, so würde es nicht dem Wechsel von Schlaf oder Wachen unterworfen sein, oder könnte das Individuum, wie viele fast zu glauben scheinen, das Bewußtsein gleichsam in sich absorbieren, in sich, dieses einzelne Individuum, zusammendrängen und verschlingen, so müßten, wenn ein Individuum betrunken ist, alle andern betrunken sein usw. Das Bewußtsein ist daher, wie das Denken überhaupt – und es selbst ist ja auch Denken – vom Individuum abgeschieden, allgemein, durch alle Menschen sich gleich, unabgebrochen von sich. Das Individuum, ein besondres, mannigfach gefärbtes und von andern Indiv[iduen] unterschieden, kann sich selbst nur wissen oder sehen durch ein durch keinen Unterschied Gefärbtes, durch keine Besonderheit Verdunkeltes, nur in einem ganz Hellen, Reinen, d. i. eben Allgemeinen, kann es sich schauen und erkennen: sich, das Dunkle und Unreine. Wäre das Bewußtsein, wodurch ich mich selbst weiß und sehe, ein ebenso von andern Abgetrenntes, wie ich es als besondres Indiv[iduum] bin, so bedürfte das Bewußtsein selbst eines Lichts, eines Bewußtseins, wie das Licht der Natur, wenn es selbst so unterschieden wäre, wie die Dinge, die es erleuchtet, selbst eines Lichtes, um hell zu sein, bedürften. Das Bewußtsein ist daher ebenso schlechthin Eines wie das Denken selbst überhaupt. Gleichwohl nenne ich das Bewußtsein § 14 die Unterbrechung der absoluten Einheit der Menschen, als welche ich das Denken als solches nannte. Das Bewußtsein kann nur *aus* einer absoluten Einheit begriffen werden; aber es ist zugleich die Erleuchtung oder Beleuchtung des Unterschiedes und der Unterschiednen, es ist, sozusagen, die aufgeschloßne und aufgebrochne, die auf das Individuum *scheinende* und eben wegen seiner Gleichheit zugleich ihm sein eignes Dasein gewährende Einheit; es ist gleichsam der *Raum*, nicht bloß nach der Beziehung, daß, wie die unterschiednen Körper im Raum, so die *Individuen im Bewußtsein existieren* (denn das Individuum existiert doch wahrlich nicht außer und ohne dem Bewußtsein, man müßte dann auch den Schlaf, die Trunkenheit usw. für eine Existenz gelten lassen), sondern auch nach der Seite, daß, wie der Raum eben in seiner durchgängigen Gleichheit (denn worin wäre denn ein Teil des Raums vom andern unterschieden, da *jeder* außer dem andern, also gerade darin *keiner* außer dem andern, sondern ihm absolut gleich ist). Die allgemeine Bedingung alles Unterschieds ist, ebenso das Bewußtsein gerade in und durch seine Einheit und Gleichheit das alles Außereinandersein der Individuen Gewährende, Bedingende und zugleich Insichfassende ist. Daher auch die Zweideutigkeit und Täuschung, daß die Menschen gerade durch das Bewußtsein, worin sie eins sind mit den andern, [sich] am meisten von den andern geschieden glauben. Im eigentlichen Denken verliert sich dieser Schein, denn da bin ich zurückgekehrt zur Einheit als Einheit, zu der nicht mehr die Individuen, sondern sich selbst in sich fassenden und schließenden Einheit, zu der nicht anderes, sondern [zu] der sich selbst erleuchtenden Einheit, denn im Denken bin ich ganz aus mir selbst verschwunden, während ich im Bewußtsein zwar außer mich selbst hinausgehoben (denn sonst wäre ich nicht bewußt, sondern Tier, Stein, Holz) und aufgehoben in die Einheit, zugleich existiere. Ich erinnere hiebei nur noch an das Verhältnis, in welches manche Naturphilosophen und Mathematiker alter Zeit das Licht und den Raum zu Gott setzten, welches sich ganz auch hier anwenden läßt. In der Hoffnung, daß Sie dieses mein (aus Mangel an Zeit) eilfertiges Schreiben wohlwollend aufnehmen und manches Fehlerhafte teils in den Gedanken, teils in der Sprache meiner Dissertation mit Ihrer anerkannten Humanität beurteilen werden, verbleibe ich in tiefster Hochachtung Euer Wohlgeboren ganz gehorsamster

Ludwig Feuerbach, Dr. phil./

48

An Friedrich Wilhelm Joseph von Schelling

18. Dezember 1828

/ Hochwohlgeborner Herr!

Hochzuverehrender Herr Hofrat!

Euer Hochwohlgeboren nehme ich mir die Freiheit, meine Inauguraldissertation zum Zeichen meiner ungeheuchelten Hochachtung und Verehrung zu übersenden. Glücklich würde ich mich schätzen, wenn diese erste Probe meines philosophischen Studiums sich Ihres Beifalls einigermaßen erfreuen und Ihres Wohlwollens mich würdig machen sollte. Wenn ich gleich keineswegs so verblendet bin, daß ich mir einbilde, die Frage, um welche es sich eigentlich in meiner Dissertation handelt, vollständig und so, wie es die Sache erfordert, gelöst zu haben, so scheint mir doch die Frage selbst, wie nämlich das Denken möglich sei, wie sich das Denkende als // Denkendes verhalte, der Mensch als Denkender zu andern Menschen, von Wichtigkeit zu sein. Denn meines Wissens wurde bisher gewöhnlich das Denken nur in Beziehung auf die zu denkenden und zu erkennenden Dinge und

Gegenstände, aber nicht in Beziehung auf sich selbst als bloße Tätigkeit, abgesehen von dem Inhalt und den Gegenständen des Denkens, betrachtet. Und ich schmeichle mir daher mit der Hoffnung, daß Euer Hochwohlgeboren meiner Arbeit im Ganzen wenigstens eine günstige Aufnahme nicht versagen und das Mangelhafte, Dürftige, Ungenügende im besondern mit Nachsicht beurteilen werden.

In der Versicherung der tiefsten Hochachtung verharre ich als Euer Hochwohlgeboren ganz gehorsamster

Dr. Ludwig Andreas Feuerbach

Ansbach, 18. Dezember 1828 /

49

An Unbekannt

[1828]

/ Gleich nach Empfang des Briefes.

W.

Abgesehen von der etwas boshaften Verkleinerung dessen, was ich Dir gewesen durch die Reduktion der Beweise meiner Freundschaft auf Biergläser, Punschpullen und Philisterklepper, so habe ich Dir für ein und allemal erklärt und finde es noch einmal für nötig – da ich bewiesnermaßen ein Mann bin, der mehr Geist als Charakter hat – zu erklären, daß ich nur dann ernstliche Hülfe für Dich aufbieten werde, wenn Du selbst ernstlichen Willen und Vorsatz faßt, zu tun und zu sein, was Dir nicht Deine Einsicht, sondern die Einsicht Deiner wahren Freunde bisher zu tun und zu sein Dir riet und gebot. Solange Du Deine Freunde für Narren hältst, solange Du Freundschaft nur zum Deckmantel und Vorriegel Deiner nie realisierbaren Absichten gebrauchen möchtest, solange Du nur aus der Not des Augenblicks, aus einer gegenwärtig unangenehmen Lage gerettet sein willst, Du selbst aber keine ernstlichen Anstalten für die Zukunft machst, vor deren *traurigen Folgen* Dich nur die *allenfalsigen Überbleibsel Deines Verstandes*, aber nimmermehr fremde Hülfe schützen kann, solange Du folglich bei Deinen sich allenfalls noch für Dich interessierenden Freunden, worunter ich mich und vielleicht auch Dietz rechnen darf, kein *Vertrauen* und *keinen Glauben* an Deine Redlichkeit und Ernstlichkeit, sich unter die Notwendigkeit und Vernunft zu beugen erweckst, solange werden diese Freunde wenn auch nicht so charaktervoll, doch wenigstens so geistvoll sein, daß sie nicht nichtshelfende Hülfsmittel verschwenden, und durch die Errettung aus augenblicklicher Not das Übel für die // Zukunft nur noch mehr vermehren, indem sie sich dadurch nur in Deinen unglücksschwangeren Einfällen bestätigen werden. Gesetzt – denn Du kommst nicht zur Vernunft, wenn man Dich nicht an ihr wie an einem Kinderschnuller zullen läßt –, Du erhältst noch in diesem Winter 150 fl. oder noch mehr, nun was ist dann weiter? Wie weit hinaus reichen denn diese Guldchen ihre Hülfe? Was ist denn, wenn Du sie empfangen und mit ihrem Empfang zugleich in das Grab vergangner Zeiten hinuntersenkst? Die alte Leier, die alte Not, der alte Lump, das alte Nichts. „Ein allgemeiner Krieg entsteht doch wieder, der wird mich helfen." Dann hilft und tröstet wieder auf einige Zeit die Aussicht auf das Kommende. Das Kommende und immer nur Kommensollende kommt aber doch nicht, dann sagt er wieder den alten abgedroschnen Gassenhauer. Gesetzt, Du gehst in ein Landgericht, was ist das Resultat? Blendwerk, Trug, Täuschung; diese erhalten auf einige Zeit; dann steht er wieder, wie Adam im Paradies, unverhüllt in seiner Blöße da und langt zuletzt noch verzweiflungsvoll, um seine Scham zu bedecken, nach dem Eselsfell eines Tambours. Ist es Dir denn etwa *ernst*, innerer Entschluß, *wahrhafter* Vorsatz, durch das Praktikantwerden Dir den Weg zu einer Stelle ins Leben zu eröffnen? Bloß um aus augenblicklichen Verlegenheiten zu kommen, tust Du diesen Schritt, aus keiner anderen Absicht. Nur mich versuche der Herr Praktikant und künftige Feldmarschall in den Diensten der Einbildung nicht zu täuschen und zu blenden; mein / / Blick ist kalt wie der Tod. Und gesetzt, es entsteht ein Krieg, was ist dann erreicht? Was zuvor, ganz dasselbe Nichts. Und gesetzt, Du wirst ein Soldat, ich müßte mich nach den frühern ernstlichen Diskussionen selbst verlachen, wenn ich nur ein Wort darüber mehr verlieren sollte. Dir ist weder der Soldat noch der Jurist bis jetzt ernst; wäre Dir der *handelnde* Soldat ernst, so wäre er Deine Bestimmung, wäre er Deine Bestimmung, so säßest Du längst schon nicht mehr im Schwedenkrug oder beim Herrn Aufschläger im Annagäßchen. Die Bestimmung entscheidet früh, schnell, die Bestimmung und ihre Verwirklichung ist ein Akt, sie wartet nicht, sie schafft selbst, sie sagt nicht: Es kommt der Krieg, und ich werde Soldat – so spricht etwa der Handwerksbursch auf der Bierbank – sondern *ich werde Soldat*, und *es kommt der Krieg*. Du gehörst *nach dem, was Du bisher getan und wie Du Dich bisher benommen*, weder zu denen, die ins Leben, noch zu denen, die ins Denken passen, zu jener Art von unbestimmten und unentschiednen Seelen, vielmehr gehörst Du [zu denen], die wohl Talent, Interesse, Lebendigkeit haben, aber vor lauter Neigung zur Sache nie zur Sache selbst, vor lauter Kriegslust nie zum Kriege, vor lauter Entschlüssen nie zum Entschluß, *vor lauter Gedanken nie zum Denken* kommen. Unglücklicher Mensch! Schwächster der Sterblichen! Du hast nicht den Knaben und die Knabenspiele vergessen können. Der Knabe hat über den Jüngling und Mann geherrscht. Du lebst bloß für die Träume der Knabenzeit, Dein Mut ist nur der Mut // der Täuschung und der Flucht. Du hast nicht die Kraft, eine Sache in ihren zukünftigen Folgen und mit ihrem Zus[ammen]hang mit der Zukunft Dir vorzustellen, Du weichst überall der Gegenwart eines absoluten Entschlusses und der erwägenden Vernunft aus und verläßt Dich nie auf Dein Gegenwärtiges, *in Dir Seiendes*, sondern auf die Zukunft, um die Zukünftigfolgen zu vergessen. Freund! Nicht in Punschpullen, Biergläsern, Kleppern, die ich für Dich bezahlt, in den Prügeln, die ich Dir zu Regensburg an der Donau und zu Darmstadt im Odenwald gegeben, in den beißenden, aus dem Kampf der Anerkennung und Verachtung, aus dem Gefühl der Nichtigkeit und des Werts Deiner Person auf Dich von mir getanen Angriffen, in dem *Ärger* und dem *Unwillen* über die Fruchtlosigkeit vernünftiger, wohlgemeinter Vorstellungen erkenne die Beweise meiner Freundschaft. Auch der *Rippenstoß*, auch der Geifer der Verachtung und des Zornes, selbst das Zertreten des Freundes ist noch ein Beweis, ein Zeichen und Andenken der Liebe und Freundschaft, wenn sie die *letzten Mittel* sind, den Freund zu retten. –

Ein Mittel ist noch übrig, mit Eifer, Fleiß, gänzlicher Abnegation und Abstraktion und Resignation auf alle frühern Lieblingsneigungen *sich der Jurisprudenz* zu widmen. Nicht 150 fl., dieser Fleiß und Wille allein wird Dich retten und auf dem *Bette der Ehre* Dich einst sterben lassen. Glimmt noch ein Funke von Vernunft, von Freundschaft, von Menschlichkeit, von Mut und Ernst in Deiner Seele, so ist dies ein einziges Rettungsmittel. Entschließest Du Dich dazu ernstlich, so wirst Du *erfolgreichere* und größere Beweise meiner Freundschaft erhalten als bisher war der letzte geschriebne Brief und sein wird der nächstens zu schreibende Brief. /

50

Vom Senat der Universität Erlangen

13. Februar 1829

/ Dem Herrn Dr. L. Feuerbach eröffnen wir hierdurch, daß S[ein]e Maj[estät], uns[er] allergn[ädigster] König ihm auf sein Ersuchen durch Reskript v[om] 7. Febr[uar] d[es] J[ahres] die Erlaubnis, an der hies[igen] Univ[ersität] Vorlesungen über Gegenst[ände] der Philosophie zu halten, huldvollst erteilt haben, ohne ihm jedoch damit einen Anspruch auf Anstellung an der hies[igen] Univ[ersität] oder auf Unterstützung aus den Fonds derselben einzuräumen.

Erlangen, am 13. 2. 29
H[enke] U[niversitäts-] Pror[ektor] /

51

An Helene von Dobeneck, geb. Feuerbach

[August 1829]

Liebe Lene!

Meinen schönsten Dank für die Bouteille Wein, die Du mir geschickt. Fünf Tage lang schlürfte ich von dem Göttersaft, als ich am 6. Tage die letzten teuren Reste in meinem Leib beerdigen wollte, aber o Unglück, die gläserne Urne mit den teuren Reliquien fand ich durch die Hand eines mißgünstigen Gottes auf eine unbegreifliche Weise zertrümmert. Fritz machte es geschickter; innerhalb des kurzen Zeitraums zweier Tage hatte er schon die holde Bacchusgabe verzehrt. Eine Warnung, eine Lehre für alle Zeiten und Völker! Eine / / Bouteille oder [ein] Seidel oder auch Quartel Glück muß man auf einmal in vollen Zügen austrinken, sonst wird das Glück sauer wie Essig oder ist sonstwie dahin. Die Gaben der Göttin Fortuna, deren Priesterin Du in der vorigen Woche mit Deinen zwei Bouteill[en] Wein vorstelltest, sind schwer wie die Flöhe zu fangen, sie entwischen auch ebenso leicht wie die Flöhe. Doch ich will Dir nichts weiter vorlamentieren und vorphilosophieren.

Die sämtliche Brüderschaft befindet sich im Zustande der besten Gesundheit, besonders ist Bruder Eduard wohler als je. // Auch Karl ist wohl, hält fleißig seine Stunden, geht aber seine eignen Wege, was man ihm nicht übelnehmen kann; ich sehe ihn sehr selten, weil ich wochenlang nicht aus meinem Garten und Gartenhaus komme. Eine so ruhige, von der Natur umgebne Wohnung wie meine jetzige, vormittags ein Glas Wasser, mittags ein mäßiges Essen, abends einen Krug Bier nebst Brot und höchstens noch einen Rettich, wenn ich dieses immer so beisammen hätte, so wünschte ich mir nie mehr von und auf der Erde!

Der Mutter danke ich hiemit auch herzlichst für ihre Geschenke. Es hat mich sehr gefreut.

Im Herbst werde ich wenigstens nicht kommen. Ich habe viel zu viel zu arbeiten. Und selbst eine dreitägige Abwesenheit nur bringt einen zu sehr aus s[einen] Arbeiten heraus.

Grüß herzlich Mutter, Schwester, Marie und Deinen Mann

von Deinem Bruder

Ludwig

Dem Vater schrieb ich selbst gestern.

Erlangen, Mittwoch /

52

An Ludwig I., König von Bayern,

24. Oktober 1829

/Allerdurchlauchtigster, Großmächtigster König,
Allergnädigster König und Herr!

Alleruntertänigstes Gesuch
des
Privatdozenten Dr. Ludwig Andreas Feuerbach,
anstatt wie bisher in Erlangen,

so nun auf der Ludwig-Maximilians-Universität zu München als Privat-Dozent Vorlesungen über Gegenstände der Philosophie halten zu dürfen.

Der alleruntertänigst Unterzeichnete hat durch Reskript vom 7. Febr[uar] d[ieses] J[ahre]s die Erlaubnis erhalten, auf der Universität zu Erlangen als Privat-Dozent Vorlesungen über Gegenstände der Philosophie zu halten, und liest auch bereits im 3. Semester Philosophie.

Um aber einen erweiterten Wirkungskreis, den er nur in dem regen wissenschaftlichen Streben // der Ludwig-Maximilians-Universität in München zu finden glaubt, zu erhalten, wagt derselbe Euer Königlichen Majestät die alleruntertänigste Bitte um allergnädigste Erlaubnis vorzulegen:

anstatt, wie bisher in Erlangen, so nun auf der Ludwig-Maximilians-Universität zu München als Privatdozent Vorlesungen über Gegenstände der Philosophie halten zu dürfen.

Einer allerhöchsten Entschließung entgegenharrend, ersterbe ich in tiefster Ehrfurcht.

Euer Königlichen Majestät alleruntertänigster
Dr. Ludwig Andreas Feuerbach
Privatdozent an der Universität in Erlangen

Erlangen, den 24. Oktober 1829 /

53

An Friedrich Feuerbach

11. Januar 1831

/ Erlangen, 11. Januar 1831

Lieber Fritz!

Meinen herzlichen Dank für Deinen inhaltsschweren Brief. Hilpert w[urde] sogleich, Baruch vor einigen Tagen befriedigt. Dein Kredit ist hier begründet. Was mich betrifft, so habe ich freilich mehr ausgelegt, aber davon kein Wort mehr, was Du mir noch schicktest, würde ich Dir wieder zurückschicken; sei auf Deiner Hut, sorge nur für Deine Haut, ich werde mich schon durchschlagen. Gestern kam zufällig Krauß zu mir, als Abgeordneter wahrscheinlich der Schneidtischen, mit der Bitte, Dich gelegentlich zu erinnern, an

Fischer zu schreiben in betreff der Summe, für die Du Bürge gestanden. Laß Dir darüber keine grauen Haare wachsen; der Baum fällt nicht auf einen Hieb; sie können warten. Sorge für die Gegenwart und Zukunft, nicht für d[ie] Vergangenheit, d. h. bedenke Bonn, nicht Erlangen. Schreibe einmal an Fischer, sonst will ich es übernehmen, aber der arme Teufel hat gewiß kein Geld. Laß sie also warten. – Das Traurigste, was ich Dir zu schreiben habe, ist, daß der gute, redliche Ruland vor einigen Wochen an der Gehirnwassersucht gestorben ist. Der darüber sehr niedergeschlagenen Tante schrieb ich sogleich einen Trostbrief. Tue desgleichen. Sie hält viel auf uns zwei. Der Vater w[urde] auch vor kurzem krank, ist aber fast ganz wiederhergestellt. Sonst sind wir alle gesund. Karl führt wieder seine verrückte Lebensart, ißt nichts Warmes, trinkt viel. Von Eduard ist jetzt im Druck eine Schrift über die Lex salica. Von mir w[ird] wahrscheinlich in Ostern ein Abschnitt der „Geschichte d[er] neuern Philos[ophie]" erscheinen. Erlangen geht seinen alten Schlendrian glücklich fort; die Studenten prügeln sich noch wie sonst, das beste unstreitig, was sie tun können. In München aber fielen unlängst bedeutende Unruhen vor unter den Studenten, so daß die Universität daselbst gewiß einen tüchtigen Stoß dadurch erleidet, wenigstens den, daß sie nicht mehr so wie sonst mit Zahlen renommieren kann. Übrigens wissen wir hier nichts Bestimmtes und Zuverlässiges über die Geschichte.

Über das Buch „Tod und Unst[erblichkeit]" las ich unlängst eine Rezension in d[er] „Kathol[ischen] Kirchenzeitung" von Sengel (oder Zengel). Sie ist, wie zu erwarten, ganz gehaltlos, geht nicht auf die Sache ein. Ihren Geist, wenn man anders // das allerheiligste und höchste Wort unsrer Sprache hier anwenden darf, kannst Du schon daraus ganz abnehmen, daß d[er] Verfasser der Rezens[ion] von den „wenig treffenden Xenien", wie er sagt, deren „Schamlosigkeit und Frivolität" er nicht genug zu tadeln weiß, als das Wichtigste das heraushebt, was sich auf die Heglisch-Marheinekische Theologie bezieht, mit der Überschrift: „Kannst du den Stoß parieren, Sophiste?" Die Urteile, die Du etwa in Bonn gelegentlich über die Schrift vernimmst, teile mir mit. Das Interessanteste von der Schriftstellerei ist, nicht daß man selbst bekannt wird, sondern daß man die Welt dadurch kennenlernt.

Ich befinde mich eben in der größten Not, ich will schreiben und kann nichts schreiben, so stupid machen mich Schnupfen und Katarrh. Bayer ist wieder von Berlin nach Bayern zurückgekehrt und sieht sich genötigt, die philolog[ische] Laufbahn einzuschlagen. Der verdiente doch wohl auch etwas Beßres als an dem philolog[ischen] Blasbalg mittreten zu helfen, um aus dem in der allgemeinen Miserabilität der Zeit zur Asche verbrannten klassischen Geist noch einige Funken hervorzulocken! Ich habe ihn noch nicht gesprochen. – Besuchst Du die Vorlesungen keines Philosophen in Bonn? Etwas Ausgezeichnetes ist freilich nicht dort, aber auch nichts Mittelmäßiges gerade, nach meiner Ansicht wenigstens. In Deinem nächsten Briefe, den Du Ende Febr[uar] oder im März mir schreiben mögest, teile mir doch etwas Ausführlicheres mit über Bonn, seine gelehrten Männer, sein geistiges Leben überhaupt, soweit Du es durch Dich oder andre bis dahin wirst kennengelernt haben. Hörst Du Schlegel? *Gib nicht Deinen Plan auf, Dich in Bonn wo möglich einstens zu habilitieren*. Zu diesem Zwecke stelle Dein Licht nicht unter den Scheffel, sondern laß es leuchten, sei's in gelehrten Abhandlungen, sei's in Gedichten oder humoristischen Einfällen und Aufsätzen. Insichzurückgezogenheit und Bescheidenheit ist leider! unser aller Fehler. Die Demut ist die eigentliche Erbsünde. Grüße Zumpf von mir. Eduard, Hunger, Krauß, ein gewisser Stelten, den ich neulich bei Roux sah, lassen Dich grüßen. Adieu! Ein andermal mehr.

Dein Bruder
Ludwig /

54

Von Friedrich Feuerbach

[1831]

/ Lieber Ludwig!

Dein letztes, so erquickliches Briefchen erhalte ich eben, als ich die traurige Depesche an Eduard abgeschickt hatte. Vielleicht habe ich mich infolge Deiner Nachricht zu sehr der Hoffnung und Freude überlassen. Auf jeden Fall wird Helenes Zustand noch die gründlichste ärztliche Pflege erfordern, damit nicht etwa eine zehrende Krankheit als Nachwirkung jener gewaltigen Zerrüttung und Erschütterung ihres ganzen Selbstes eintritt. Ich muß Dich recht dringend bitten, mir so bald als möglich, wenn auch nur in ein paar Zeilen zu schreiben, wie sie sich gegenwärtig befindet und wie es außerdem in unsrer Familie steht, ob Anselm wieder in Speyer ist usw. Auch könntest Du mir wohl den Gefallen erzeigen und Dir auf dem Universitätsgericht von Papellier die Versicherung vorzeigen lassen, welche ich in betreff meiner Schuld an den Hausherrn unterschrieben habe, und genau einsehen, wieviel der Rest beträgt, damit ich ihn nun nach und nach abzahlen kann. Wie übel ich in Erlangen gehaust habe, sehe ich jetzt erst recht ein, da ich hier mit demselben Wechsel, wel//chen ich dort hatte, so gut auskomme. – Wenn alle zu Hause so kerngesund sind, wie ich es bin, so sollte es mich gewaltig freuen. Daß ich mich so wohl befinde, ist kein Wunder, da mich die schöne Natur hier zu einem großen Freund von Spaziergängen gemacht hat. Erst vergangene Feiertage habe ich einige der schönsten Punkte des Siebengebirges besucht. Wann ich dann von einer romantischen Bergveste oder Kapelle herab die herrliche Gegend überschaue, so versammle ich Euch alle um mich her, zeig' Euch dort das ehrwürdige Köln, dort das freundliche Bonn, dort die Windungen des Rheines und frag' Euch, wie es Euch hier gefällt, ob Ihr nicht bei mir bleiben wollt; und Ihr nickt mir freundlich zu und – verschwindet. Wie vermöcht' ich dann den Tränen Einhalt zu tun, die so unwillkürlich mir ins Auge treten; und wie vermöchte ich das aus meinem Innersten Euern weiter und weiter entfliehenden Gestalten nachtönende: „Gott mit Euch!" durch vernünftige Gründe zu übertäuben? – Das ist nun einmal unleugbar, daß gerade für die zartesten und edelsten Empfindungen das natürlichste Organ des Ausdrucks die Religion ist. – Herzliche Grüße an die Brüder

von Deinem treuen
Fritz /

55

An Friedrich Feuerbach

21. Juli 1831

/ Eduard grüßt Dich. Erlangen, 21. Juli 1831

Lieber Fritz!

Du kannst jetzt ganz beruhigt sein in betreff der Helene und darfst nicht etwa glauben, daß ich, bloß um Dich zu beruhigen, anders schreibe, als es wirklich ist. Denn es steht mit ihr jetzt wirklich sehr gut, sie liest fleißig, arbeitet viel, erst kürzlich machte und schickte sie uns Krägen; in vergangner Woche schrieb sie auch einen Brief an Eduard. Spezieller kann ich Dir jetzt nichts von ihr schreiben, weil ich selbst außer den eben angegebenen Tatsachen, die übrigens schon für sich allein die sichersten und erfreulichsten Zeichen ihrer Genesung sind, nur das Allgemeine weiß, daß es mit ihr recht gut steht. Auch Anselm, ob er gleich sehnlichst von Speyer wegzukommen sucht und sehr schwer oft die Last seiner trocknen Schularbeiten fühlt, befindet sich doch wohl. Alles andre in unserm Hause ist gleichfalls wohl. Karl ist der alte, unumgänglich, ungenießbar. Bändemit ist nach England gereist. Starke und gegründete Hoffnung haben wir, daß Eduard nun bald ordentlicher Professor werden wird. Er hat sein gelehrtes Werk dem König überschickt, und dieser beorderte den Dr. Ming wegen Eduard und Prof. Zenger, ihm einen speziellen Bericht zu erstatten. Der arme Hunger sitzt aber hoffnungslos als bemooster Privatdozent da. In Frankf[urt a. M.] ist am Gymnasium eine Stelle leer geworden, ich habe mich um sie beworben, aber es ist nur zu gewiß vorauszusehen, daß ich sie nicht bekommen werde. Vielleicht helfen mir aber die Empfehlungen des Vaters für ein andermal. Mit meiner „Geschichte von Baco[n] bis Spin[oza]", an der ich zeither ganz barbarisch gearbeitet habe, weswegen ich Dir auch jetzt erst schreibe, bin ich bis auf Kleinigkeiten fertig, soweit man mit einem geistigen Werk fertig w[erden] kann. // [Es] fehlt mir nur noch ein Buchhändler, um es in [de]n Schmiertiegel unsrer Literatur hineinzubringen.

Wenn Du jetzt in Deinem Bonn auch so schöne Tage hast wie wir jetzt hier, so hoffe ich, daß Du sie recht benutzen wirst. Deine so kurze und doch so treffende Schilderung des

Eindrucks, den die schönen Umgebungen Bonns auf Dich machen, versetzte auch mich ganz in die wehmütige Erinnerung an die schönen Rheingegenden, die einem nicht als die äußere Wirklichkeit, sondern nur wie ein schöner Traum vorkommen.

Zum Papell[ier] bin ich nicht selbst gegangen, weil ich den ganzen Tag über immer sitze, aber den Stiefelwichser Schmidt schickte ich hin, der in solchen Dingen ein ganz untrügl[iches] Organ ist. Die Summe, die Du noch zu zahlen hast, beträgt netto *40 fl. 25 Kr.* Du kannst Dich auf die Richtigkeit [diese]r Angabe zuverlässig verlassen. Wenn Du außerdem keine Schulden mehr hast, kannst Du Dich glücklich preisen.

Daß die Religion das natürlichste Organ unsrer Empfindungen ist, ist ganz natürlich, weil sie selbst die Welt der Empfindungen ist, der christliche Himmel in der Gegenwart. Und warum sollte ein Gebet von vernünftigem Inhalt, und das Gebet überhaupt richtig aufgefaßt, der Vernunft widersprechen? Wenn alles in Gott ist, so muß doch wohl auch das Wesen des Menschen in Gott sein, und dieses Wesen, wie es in Gott ist, ist seine Vorsehung, und in diesem sind auch seine Angelegenheiten, seine wesentlichen Interessen und Verlangen beschützt und geheiligt. Aber die Philosophie, die doch wohl auch eine Stimme in der Welt hat, lehrt uns zugleich auch die Notwendigkeit anschauen und verehren und gebietet uns, uns und unsre teuersten Angelegenheiten zugleich als endlich anzunehmen. Lebe wohl.

Ludwig /

56

Von Georg Wolfgang Karl Lochner

25. Juli 1831

/ Verehrter Freund!

Daumer hat ohne weiteres und sehr gerne sein Exemplar hergegeben, welches hiemit folgt und das wohl noch immer gut erhalten ist; wenn es aber Parade machen soll, einen frischen Umschlag braucht. Ich will Ihnen herzlich wünschen, daß es in die Hände eines Gescheiten kommen möge, nicht in die Klauen und Tatzen einer der vielen tausend dummen

Bestien, die zumal in Deutschland uns immer zwischen die Beine laufen.

Unterwegs habe ich auch bei einem hiesigen Kollegen eingesprochen, ihn aber nicht angetroffen, werde daher nächstens wiederkommen, und obgleich ich Ihnen vorderhand keine Hoffnung machen kann, so will ich doch mein möglichstes tun. Hier sind eigentlich nur Campe, Mainberger, Bauer, Stein, Haubenstricker und von Ebner, mit denen etwas abzuschließen ist; Campe liebt Modeware und wird immer zäher, obgleich er sich andrerseits wieder solchen Quark wie die „Philosophie des Liberalismus" von Gambihler aufbinden läßt; mit Mainberger habe ich keinen Verkehr, ebensowenig oder noch weniger mit Bauer, Stein haben Sie selbst angebohrt, Haubenstricker ist der bedächtigste Krähwinkler unter der Sonne und Ebner, sein ehemaliger Associé [Teilhaber], der nun unter eigner Firma handelt, ist zwar mein alter Schul- und Spielgenosse, allein Handelschaft leidet keine Freundschaft. Wie gesagt aber, probieren wollen wir es. /

/ Ich will daher, sobald ich etwas Bestimmtes, sei es Ja oder Nein, schreiben kann, Ihnen nähere Mitteilung machen.

Gut würde es sein, wenn Sie es möglich machen könnten, auf ein, zwei Tage nach Nürnberg zu kommen und Ihre philosophische Disputation mit Daumer mündlich fortzusetzen oder zu schließen. Die Briefe, habe ich immer gefunden, verderben mehr als sie gut machen, und was sich im Wort durch Ausdruck und Stimme leicht ertragen ließ, sieht uns schwarz auf weiß oft gar zu grell und schneidend an. Daumer glaubt sich von Ihnen fast absichtlich, wenigstens ihm unbegreiflich, mißverstanden und verkannt, was ihm, da er auf Ihre Anerkennung gar sehr gerechnet hatte, natürlich leid tut, und wenn er in seinen Ausdrücken seinerseits sich dann nicht mäßigt, so wird Ihnen, wie mir, diese große, aber nie bös gemeinte Reizbarkeit schon aus früherer Zeit wohlbekannt sein und Sie ihm deshalb nicht übelwollen. Daß aber auch Sie von ihm mißverstanden zu werden glauben, hat mir am Samstag Dr. Bayer gesagt, und um aus dieser Verwirrung, die für Daumer besonders drückend ist, herauszukommen, wäre es das sicherste, sich mündlich zu besprechen, wo sich // gewiß alles gleich geben würde. Er hat obendrein das Leid gehabt, daß in den „Nürnberger Blättern", einer freilich ganz unbedeutenden Schrift, sein Buch bei Anerkennung teilweisen Scharfsinns usw. von einer Rezensentenbestie mit wahrer Malice und bittrem, vornehmem Hohn behandelt worden und eine Stelle (was Christus, Arnold v. Brescia usw. anbetrifft) absichtlich aus dem Zusammenhang herausgerissen und verdreht worden ist.

Eben hat er es mir gezeigt, und ich habe alles aufgeboten, um ihn zurückzuhalten, sich nicht in eine Berichtigung und Verteidigung einzulassen, indem ich es mir für alle und jede Fälle zum Gesetz gemacht habe, auf eine Rezension nie etwas zu erwidern, und einem jeden andren diese Maxime als die sicherste anpreisen möchte. Der Unfug, welchen diese bezahlten, halbschäftigen, unreifen Handlanger der Zeitungsfabriken treiben, ist so arg, in der Wissenschaft wie in der Politik, daß man dagegen so gut wie gegen die Cholera einen Kordon ziehen sollte. Dieser Zeitungs- und Journalunfug droht das politische Leben wie das wissenschaftliche im Innersten anzugreifen und ihm wenigstens einen schweren Schlag beizubringen. Vorderhand kann man nichts anderes tun als sie ignorieren und verachten, und das habe ich Daumern als Trost angeraten. Übrigens ist er, so viel er kann, fortwährend tätig und hat ein kleines Manuskript unter dem Titel: „Philosophie und Mythologie" bereitliegen, welches jedoch so bald noch nicht vom Stapel laufen wird. Seine mythologischen For//schungen und Zusammenstellungen, die ihn neuerdings besonders auf altdeutsche Sagen und Märchen geführt haben, scheinen mir einige recht sinnige Resultate zu geben, und es ist höchst zu bedauern, daß sein im ganzen unveränderter Zustand, wenn er auch in einzelnen Dingen leidlicher dran ist, ihm so wenig Muße und Ruhe zum Studium läßt.

Also, Freund, kommen Sie herüber; verschieben Sie es meinetwegen noch bis auf das Volksfest, wo auch der Leib seiner Lust pflegen kann, aber machen Sie dem Handel mündlich ein Ende, ehe der Verdruß, sich mißverstanden zu glauben, tiefer frißt. Sobald ich in der Verlagssache etwas schreiben kann, sollen Sie Nachricht haben.

Einstweilen von Herzen der Ihrige
Lochner

Nürnberg, den 25. Julius 1831 /

An Johann Friedrich Cotta, Freiherr von Cottendorf

11. September 1831

/ Hochwohlgeborner Herr Freiherr!
Hochzuverehrender Herr Geheimrat!

Dr. Lautenbacher setzte mich vor einiger Zeit in Kenntnis, daß das bei Euer Hochwohlgeboren unter dem Namen: „Das Ausland" erscheinende Journal eines Redakteurs bedürfe. Da ich schon längst das größte Interesse an diesem literärischen Institute nahm und nach meinen bisherigen Studien mir die Kenntnisse und Fähigkeiten zutraue, auf eine der Bestimmung desselben würdige Weise das Geschäft eines Redakteurs zu führen, längst auch das Verlangen hatte, mit einem um die Literatur Deutschlands hochverdienten Manne in nähere Verhältnisse zu treten, so nehme ich mir die Freiheit, Euer Hochwohlgeboren hiemit meine Dienste anzubieten, mit der Bemerkung, daß ich als Redakteur keine geringen Vorteile // Ihrer Zeitschrift bringen würde, indem ich nicht nur auf die Teilnahme mehrerer mir befreundeter jungen Gelehrten und zweier meiner Brüder, des Archäologen und des Orientalisten, der dem Publikum bereits als Übersetzer aus dem Indischen bekannt ist und sich gegenwärtig in Paris befindet, sondern auch selbst auf Beiträge von seiten meines Vaters, des Staatsrats von Feuerbach, rechnen könnte.

Sollten Euer Hochwohlgeboren geneigt sein, mein Anerbieten anzunehmen, so ersuche ich Sie höflichst, mich von den nähern Bedingungen gefälligst in Kenntnis setzen zu lassen.

Mit ausgezeichneter Hochachtung Euer Hochwohlgeboren gehorsamster Diener

Dr. L. A. Feuerbach
Privatdozent der Philosophie an der
k[öniglich] b[ayerischen] Universität in Erlangen

Erlangen, den 11. September 1831 /

58

Von Christoph August Tiedge

16. November 1831

/ Dresden, den 16. November 1831

Hochgeschätzter Herr!

Zuvörderst sage ich Ihnen meinen herzlichsten Dank für die gütige Mitteilung Ihrer Schrift: „Gedanken usw.". Ich habe mich zwar noch nicht ganz durchgearbeitet durch das ganze mit mancherlei Dunkelheiten durchschossene System Ihrer zum Teil sehr scharfsinnigen Gedanken. Wie dunkel oder auch als Wiederholtes mir manches darin erscheint, so gestehe ich doch aufrichtig gerne die gefühlte Wahrscheinlichkeit ein: daß jene Dunkelheiten und manches sonst noch Auffallende bloß subjektiver Natur sein möge. Nur das ist mir vollkommen klar, daß Ihre ganze Schrift einen großen, zum // Teil feurigen Hymnus auf die Vernichtung vernünftiger Individualität enthält, der nur die Fortdauer der Gattungen zuläßt. Ich begreife, daß ein junger geistvoller Mann, der das große, obgleich ungewisse Kapitel seines Lebens vor sich liegen hat, mit einer gewissen Gleichgültigkeit die endliche Auflösung seiner Existenz und den materiellen Übergang in andere Form in kunstreichen und scharfsinnigen Begriffen und poetischen Betrachtungen anschauen und in der durch ihn bereicherten Begrenzung seines Daseins sich gefallen kann. Sehr viele Ihrer Leser hingegen werden wahrscheinlich Ihre Darstellung scharfsinnig, // aber trostlos finden. Auch fürchte ich, daß Ihr System Ihnen bei Ihrem Fortkommen in der von Ihnen eingeschlagenen Laufbahn böse Hindernisse veranlassen wird. In Ihren Xenien spricht sich ein gewisser kecker Mutwille aus, dessen jugendliche Natur die Anstößigkeit derselben hoffentlich beseitigen wird. Indessen macte hac tua virtute esto [rufe ich wenigstens Ihrem Mute ein kräftiges Heil zu]! Recht sehr wünsche ich bald wieder etwas von Ihnen zu lesen, wo ich Ihnen nachfliegen kann, wenn [ich] auch eben nicht mehr schnell zu fliegen vermag.

Hochachtungsvoll Ihr ergebenster
Tiedge /

59

An Johann Adam Stein

[1831/1832]

/ Euer Wohlgeboren

muß ich in Erwiderung auf Ihre letzten Briefe offen gestehen, daß ich, wenn meine Schrift einen so außerordentlich schlechten Absatz gefunden hat, daß von 750 Exemplaren noch 700, wie Sie schreiben, übrig sind, die Ausführung meines schon längst gefaßten Vorhabens, dieselbe mit Hinweglassung der Xenien und in einer veränderten Gestalt unter meinem Namen erscheinen zu lassen, nicht bis zu dem Zeitpunkte verschieben kann, wo die noch existierenden 700 Ex. sich werden vergriffen haben, denn die bloße Veränderung des Titels wird den Abgang nicht besonders beschleunigen. Gegenwärtig ist mir meine Schrift keine erfreuliche Existenz, und zwar aus verschiedenen Gründen. Erstlich hat sie mich, // da sie Ihnen nur durch eine Mittelsperson zukam, in gar kein bestimmtes und reelles Verhältnis zu Ihnen als dem Verleger gesetzt, so daß ich in dieser Beziehung sie gar nicht als mein Eigentum ansehen kann, daher ich mich auch nicht dazu verstehen kann, zu einer Schrift, bei der ich nicht im mindesten interessiert bin, noch etwas von mir, sei es auch nur in Form einer kurzen Vorrede, hinzuzusetzen, ob ich gleich ganz gleichgültig dagegen bin, wenn Sie sie unter einem neuen Titel erscheinen lassen. Zweitens haben sich auch aus mancherlei Ursachen Mängel und Fehler in die Form der Schrift und ihre teilweise Ausdrucks- und Darstellungsweise eingeschlichen, die dem Inhalt der Schrift Schaden bringen. Drittens sind auch schon in Ansehung des Drucks manche Stellen rein sinnlos, manche Stellen, die getrennt sein sollten, ohne Unterbrechung verbunden, so daß dadurch ein höchst /

1832–1839

60

An Friedrich Feuerbach

12. März 1832

/ Frankfurt [a. M.], 12. März 1832

Lieber Fritz!

Schon vor einigen Wochen schrieb ich an Dich einen Brief, um Dich zu benachrichtigen, daß ich endlich, da ich keine Aussicht zu einer Anstellung hätte, da sich im Gegenteil alle Verhältnisse bei uns nur noch verschlimmerten, meinen früher gefaßten Entschluß, in Paris mein Glück zu versuchen, bald zu realisieren gesonnen sei. Ehe ich jedoch diesen Brief noch abschicken wollte, erhielt ich vom Vater ganz unerwartet einen Brief, worin er mir offenbarte, daß er mich gleichfalls nach Paris, sobald als es ihm nur möglich sei, schicken und dort noch einige Zeit unterstützen wolle, bis ich mich selbst fortbrächte. Welche Freude für mich diese Nachricht war, kannst Du Dir leicht denken, denn ich würde sogar auf die Gefahr hin, nicht die Einwilligung des Vaters zu erhalten, aus Desperation [Verzweiflung] meinen Entschluß ausgeführt haben. Denn nur der handelt töricht, der aufs Ungewisse hin aus bloßem Leichtsinn oder Unzufriedenheit eine Existenz opfert. Aber ich *opfere nichts*! Denn ich habe keine Existenz und auch nicht die Hoffnung, eine zu bekommen, bei uns wenigstens erst dann, wenn die besten Kräfte und Jahre nutzlos abgenutzt sind, mich daher keiner mehr bedarf. Mag es mir auch gehen in Paris, wie es wolle, dort werde ich auch die schlechteste Existenz zu ertragen wissen, aber ich glaube nicht, Ursache zu haben, solche trübe Vorstellungen zu fassen. Paris ist ein Ort, an den ich längst hinstrebte, für den ich mich längst in einem unwillkürl[ichen] Drange, mit dem ich das Französ[ische] schon früher und besonders zeither trieb, vorbereitet, ein Ort, der ganz zu meiner Indiv[idualität], zu meiner Philosophie paßt, an dem sich daher meine Kräfte entwickeln und selbst solche, die ich noch nicht kenne, heranreifen können. In Deutschl[and] kann ich bei meiner Freimütigkeit und meiner Philosophie nicht nur nie auf einen Dienst im Staate Anspruch machen, sondern ich kann nicht einmal das, was in mir, herausbringen und öffentlich machen. Meine besten Gedanken muß [ich] in mich hinunterschlucken, wo Rücksichten und Schranken, ist kein Leben, kein Geist. Und welche elende Rücksichten habe ich hier zu nehmen. Mag die Regierung in Frank[reich] sein, was sie will, ich brauche da, wo ein Parny, ein Voltaire, ein Helvetius geschrieben, meinen Gedanken keinen Zaum anzulegen, ich bin dort ein unbemerkbares Nichts, // und eben deswegen frei und ungebunden. Also dort, wenn ich auch nichts, finde ich doch die Gelegenheit zu schreiben, und zwar zu schreiben, was und wie ich denke.

Da es also *ganz bestimmt ist*, daß *ich nach Paris gehe*, so bitte ich Dich um die Güte, mir *so bald als möglich* und *aufs genauste über die dortigen Verhältnisse* und (angemessensten) *Subsistenzmittel Auskunft zu nehmen*. Am liebsten würde ich für eine Zeitung, sei's politische oder literar[ische], mitarbeiten. Mit der Zeit, wenn ich mich ganz ins Französische hineingearbeitet, so daß es meiner Individu[alität] und meinen Gedanken keine Schranken mehr anlegt, kann ich vielleicht selbst im Fache der Philosophie irgendwo und irgendwie meine Subsistenz finden. Doch das liegt noch in der Ferne. Selbst mit deutschen Stunden begnüge ich mich anfangs. In Deinem Brief an den Vater schriebst Du, daß die gewöhnlichen deutschen Stunden jede mit 7 Franken bezahlt werden. Aber sind solche leicht zu bekommen? Wenn das der Fall ist, so kann ich mir nicht erklären, was die Helene schrieb, daß Du 8 Tage lang nichts Warmes gegessen habest. Diese 8 Tage erregten in mir den Verdacht, von dem ich Deinetwegen wünsche, daß er keinen Grund habe, daß Deine Existenz nicht die allerbeste und Du vielleicht manches in einem besseren Lichte dargestellt habest, als es in Wirklichkeit ist. Ich bitte Dich, mein lieber Bruder, *schreibe mir aufrichtig*, ohne alle Umhüllung, da ich mich doch bald in Persona von Deiner Lage und den Verhältnissen überhaupt in Paris überzeugen werde. Denn mich wird nichts abhalten, dahin zu gehen. Ich mache mich auf alles gefaßt. Denn selbst jede Entbehrung wird doch dort für mich noch Gewinn sein. Was ist alles das, was ich verlieren mag, gegen das, was ich auf jeden Fall dort gewinne. Und was verliere ich denn, und was kann ich verlieren? Was für eine Freude ist nicht allein schon für mich, in Paris bei Dir zu sein und mit Dir zusammen leben zu können in dieser reichen Weltstadt! – Eduard kommt vielleicht nach Dorpat. – *Alles ist wohl*. – Diesen Brief erhältst Du aus Frankfurt [a. M.], wo ich gestern ankam. Die Tante grüßt Dich und läßt Dich fragen, ob Du den Brief Deines Freundes aus Bonn, den sie Dir schickte, richtig erhalten. *Deine Antwort an mich schicke hieher.* Alles Unangenehme schreibe auf ein besondres Zettelchen. Vorsicht ist vonnöten, sonst verlieren sie gleich die Lust. – Diesen Brief schrieb ich in Eile und in einer Verfassung, in der es mir unmöglich war, fast auch nur die einfachste Wortsetzung zu machen, doch, was ich will und was Du zu antworten, ersiehst Du dessenungeachtet aus ihm. Die allerinnigsten Grüße an die liebe Lene

von Deinem treuen Bruder
Ludwig /

61

An Eduard Feuerbach

26. April 1832

/ Frankfurt [a. M.], 26. April 32

Lieber Eduard!

Der Marie habe ich geschrieben, sie möchte mein Geld für den Monat Mai an Dich nach Erlangen schicken. Ich bitte Dich daher, sobald Du es erhältst, unserm Schmidt zur Bestreitung meiner noch rückständigen Fristenwechsel davon zu übergeben:

1) dem Kaufm[ann] Märtens 7 fl.
2) der Möbelfrau 6 fl. 30 Kr.
3) dem Schreiner für die Stühle 48 Kr.
4) dem Handelsmann David Baruch aus Bruck 19 fl. gegen Zurückerstattung des Schuldscheins. In summa also 33 fl. 18 Kr. –

Von dem übrigbleibenden Gelde bezahle noch die Östreicher, der ich, ich glaube noch für 2 oder 1 und 1/2 Monate das Frühstück schuldig bin (ungefähr 1–2 fl.), die mich aber ungeachtet meiner Ungewißheit noch um das geringste übernehmen wird, und gib ihr außerdem noch für die Bedienung zur Verteilung unter die Magd und ihre Tochter einen halben Kronentaler. Ob ich übrigens selbst bald oder überhaupt noch nach Erlangen kommen werde, weiß ich in diesem Augenblicke selbst noch nicht. Denn nur der Umstand, daß ich der Tante durch längern Aufenthalt dahier zur Last zu fallen befürchten müßte, was ich aber nicht so zu befürchten habe, könnte mich zur Rückkehr, wenigstens einer baldigen, bestimmen, da ich keinen besondern, für mich nützlichen Zweck mit ihr zu verbinden weiß. Höchst unangenehm ist mir, ich muß es offen gestehen, die Ungewißheit, in die mich // der unbestimmte Entschluß des Vaters gesetzt hat, erst *dann* mich nach Paris reisen zu lassen, wenn Fritz sich versorgt weiß, da ich doch vielleicht, wenn ich bald hinkäme, mir noch früher als Fritz eine selbständige Existenz verschaffen könnte, und für meinen dortigen Aufenthalt zunächst nicht mehr verlangte, als ich bisher nach Erl[angen] bekam. Denn ich mag hin- und hersinnen, wie ich will, und mit der größten Ruhe und Besonnenheit alles überlegen und erwägen, was nur immer bei einem Schritte, wie ich vorhabe, in Erwägung zu ziehen ist, es bleibt mir keine andre Bürgschaft für meine Zukunft übrig als Paris, wo mir doch ganz untrüglich gewiß die Stelle eines Sprachmeisters ist. Darum hält mich nur noch der Mangel an Reisegeld hier auf. Die Tante ist leider! durch ihre zeitherige große Auslage für ihre Häuser jetzt verhindert, mir es zu geben, sonst würde sie es gern tun, doch hat sie mir noch nicht alle Hoffnung genommen. Denn wäre ich nur einmal dort, so wüßte ich, daß es dem Vater eins ist, ob er mir die 40 fl. monatlich nach Erl[angen], nach Frankf[urt] oder nach Paris schickte. Doch prenez patience [haben Sie Geduld] sage ich zu mir selbst und tröste mich, daß ich, je länger ich hier bleibe, um so mehr Fortschritte in Französ[isch] mache. – Dem Hunger, weil ich nicht wußte, wo Du bist, schrieb ich in betreff meines Buchs, ohne bis jetzt noch Antwort zu erhalten. – Wie steht es mit Deinem Vorhaben hinsichtl[ich] Dorp[at] und Deinen Aussichten? Wo warst Du die Ferien? Was machen die Meinigen? Vom Fritz erhielt ich noch vor dem Ausbruch der Cholera in Paris einen Brief, aber seitdem weiß ich nichts von ihm. Ich hoffe aber und glaube es fast sicherlich, daß ihm nichts widerfahren ist.

Grüße alle meine Freunde, besonders Kapp und s[eine] Frau. Sage ihm doch, daß ich in der Absicht, eine Anzeige von der „Athene" in d[ie] Jenaer Zeitung einzuschicken, in mehreren Buchhandlungen hier war, um mir das Probeheft derselben zu holen, daß aber diese es nicht nur nicht hatten, sondern nicht einmal etwas von dieser neuen Zeitschrift wußten, und die Ungewißheit über die Dauer meines hiesigen Aufenthalts mich abhielt, es besonders mir verschreiben zu lassen. Wie sehr die Politik alles und alles in ihren leeren Magen verschlingt, davon habe ich mich hier besonders überzeugen können. Bleibe ich noch länger hier, so werde ich dem Kapp wohl selbst noch schreiben. Hoffentlich bist Du doch in unsre Wohnung eingezogen? Sie wird Dir gewiß doch Deinen Aufenthalt in Erl[angen] etwas angenehmer machen.

Dein Bruder
Ludwig /

62

An Christian Kapp

22. Mai 1832

Frankfurt a. M., 22. Mai 1832

Verehrter Freund!

Mein Bruder wird Ihnen nebst meinen Grüßen mitgeteilt haben, daß ich in der Absicht, mir das Probeheft der „Athene" zu holen, um eine Anzeige davon in die Jenaer Zeitung einzuschicken, in mehreren hiesigen Buchhandlungen war, aber keines vorfand. Damals wußte ich noch nicht, ob ich noch länger hier bleiben würde, unterließ es daher, mir eines zu verschreiben. In dem Zeitraume von damals bis jetzt vergaß ich über den Ereignissen der Jahre 1640 und 1789 das Jahr 1832. Jetzt, wo eine Pause in meiner bisherigen Lektüre eingetreten ist, bitte ich Sie, mir es anzuzeigen, ob und wann es noch tunlich ist, eine Anzeige zu machen. Aber mehr als alle Anzeigen würde, wenigstens nach meiner Meinung, eine Veränderung des Titels Ihrer Zeitschrift zur Erweckung der Aufmerksamkeit des Publikums beitragen, eine Veränderung, die sich vielleicht jetzt noch tun ließ. Setzen Sie statt Historie Politik, oder machen Sie wenigstens darauf aufmerksam, daß Sie hauptsächlich politische Geschichte darunter verstehen, und die Zeitschrift wird gewiß größere Aufmerksamkeit erwecken und größeren Absatz finden. Ohne mit den Wölfen zu heulen, den Gänsen zu schnattern, den Hunden zu wedeln und den Siebenpfeifern zu pfeifen, würde die Zeitschrift dennoch größeren Ein- und Abgang finden als mit dem Titel Historie. Auch käme ihr noch das zugute, daß für die Mitarbeiter schneller, leichter, reichlicher Stoff herbeigeschafft würde.

Was meine Mitwirkung zur Zeitschrift betrifft, so wird diese, wie ich Ihnen schon mündlich äußerte, für die nächste Zeit wahrscheinlich sehr beschränkt sein. Von den Arbeiten, die bereits von mir bei Ihnen liegen, glaube ich keine besonders geeignet zur Aufnahme. Die Rezension ist schon wegen ihres Gegenstandes ohne Interesse, ohne passende Form, enthält überdem Gedanken, die ohne die gehörigen Modifikationen und Begrenzungen, zu denen der Raum zu kurz war, nicht für genügend und richtig passieren können; die Darstellung von Baco[n] enthält nichts Neues und Besonderes; von Böhm[e] wäre nur der Artikel über das Böse zulässig, wenn man sich anders noch um so etwas bekümmert. Von meiner „Geschichte der Philosophie" überhaupt eignete sich vielleicht nur die Darstellung des Hobbesschen Staatsrechts und ihre Kritik, die ich Ihnen, ich weiß nicht mehr, ganz oder doch größtenteils vorlas, wie Sie sich noch erinnern werden. Stimmte Ihre Ansicht hierin mit der meinigen überein und billigen Sie die Art und den Inhalt jener Kritik, so schicke ich sie Ihnen, wenn Sie sie wollen und brauchen. Es versteht sich übrigens von selbst, daß ich es ganz Ihrem Urteil und Willen überlasse, was Sie mit den bei Ihnen liegenden Arbeiten machen wollen. Für Ihren Zweck werden sie aber nicht lange mehr brauchbar sein, da ich, sollte ich keinen Verleger finden, die ganze Geschichte mit Weglassung des lateinischen Textes noch diesen Sommer selbst drucken lassen will. Jedoch finde ich vielleicht in dem Zyklus von französischen Werken, die ich hier noch durchmachen will, manchen geeigneten Stoff.

In betreff der Wahl des Ortes, in bezug auf eines unserer letzten Gespräche noch folgendes: Wenn ich ein Mann wäre, der von seinem Vermögen leben könnte, so würde ich ohne Bedenken zwar nicht in Frankfurt selbst, doch vor Frankfurt meine Wohnung in einem seiner schönen Land- oder Fürstenhäuser aufschlagen, deren es hier eine Menge gibt, geeignet zum stillen Studium, zur Gesundheit und Erholung, und deren Preis für eine ganze Familie auf das ganze Jahr auf 3–400 fl. sich beläuft und immer mehr im Sinken ist. Das Holz und die Lebensmittel sind zwar teuer, jedoch nicht viel mehr als in andern Städten, noch teurer alles, was aus den Händen der Handwerker kommt; der Aufwand und die Prahlerei der Kauf- und selbst Handwerksleute groß, aber ich würde darum unbekümmert leben, wie es meine Umstände erlauben; sehr viele Familien von hohem Stande leben hier auf die einfachste, eingeschränkteste und zurückgezogenste Weise von der Welt. Für wissenschaftliche Männer ist der Umgang zwar sehr beschränkt, aber an der Seite einer solchen Frau, wie Sie besitzen, würde ich keinen bedürfen; die Mittel zum Studieren auch ziemlich beschränkt, zwar kein Mangel an Zeitschriften aller Art, aber die Bibliothek für gewisse Zweige, z. B. Philosophie, ganz arm, doch dafür Heidelberg in der Nähe.

63

An Anselm Feuerbach

21. Juni 1832

/ Lieber Anselm!

Du wirst mir es nicht übelnehmen, wenn ich Dich, der Du vielleicht so überhäuft mit lästigen Schularbeiten bist, daß Du wenige Augenblicke für Dich erübrigen kannst, für mich ein wenig in Anspruch nehme und Dich um Deinen Beistand ersuche. Ich zauderte lange, ehe ich es tun wollte, weil es nicht meine Sache ist, andern meinetwegen auch nur die geringste Inkommodität [Unbequemlichkeit] zuzuziehen, geschweige Dir, aber endlich überwand ich doch den Anstand, den ich nahm. Nun zur Sache. – Der Vater hat wieder seinen Entschluß geändert, mir die Mittel zur Reise nach P[aris] zu geben, ich soll eine Hofmeisterstelle oder eine Unterkunft in einem Privatinstitut suchen. Die Hoffnung, durch den Verkauf meines Manuskripts oder Teilnahme an einer Zeitung mir die Mittel zu verschaffen, ist auch vereitelt, die Flügel sind mir daher bis jetzt abgeschnitten. Es ist schmerzlich, wie Du selbst nur zu gut wissen wirst, wenn man Pläne und Entschlüsse, die nicht am Tage kommen und über Nacht wieder vergehen, sondern auf deren Ausführung man ernstlich sich vorbereitet, Zeit und Kraft verwendet, ohne weiteres wieder ändern soll. Ich gebe daher noch nicht meinen Plan auf, sondern verschiebe ihn nur bis auf Zeiten, wo ich vielleicht selbst die Mittel zu seiner Ausführung in Händen habe, und bin deswegen auch ganz bereit, auf das, was jetzt selbst der Vater will, einzugehen, nämlich eine passende Hofmeisterstelle zu übernehmen, um so mehr, da ich ja nach Paris auch nicht um Paris willen gehen wollte, sondern nur, um mir dort eine selbständige Stellung zu verschaffen. Da eine solche für jetzt mein einziges Ziel sein muß und ist, so bin ich meinetwegen selbst bereit zu einer Stelle an einem Privatinstitut, obgleich solche Stellen oft mit größern Unannehmlichkeiten verbunden sind als Hofmeisterstellen. Meine Bitte an Dich geht // daher dahin, mir zu schreiben in einigen Zeilen, ob Du niemand weißt, an den ich mich wenden könnte, ob vielleicht an die Heidelberger Professoren wie Creuzer, und wie Du jetzt mit den letztern stehst. Der Vater will mir auch Briefe an seine hiesigen Freunde schicken, aber Du wirst es unbötig finden, daß ich, um eine Auswahl zu haben oder vielmehr im Notfall mir irgendeinen Platz zu verschaffen, er sei, wie er will, wenn er mir nur Selbständigkeit gibt, mich überallhin wende, wo ich nur Freunde und Bekannte habe.

Die liebste, die für mich passendste Unterkunft wäre freilich an einer Zeitschrift, sei's liter[arischen] oder politischen, und vielleicht gar in Verbindung mit einem Buchhändler oder Redakteur [zu] einem Aufenthalt in Paris führen könnte. Aber hierin bin ich so kenntnis- und erfahrungslos, so ungeschickt, daß ich gar nicht weiß, wohin ich mich wenden, wie und was ich zu diesem Zweck anfangen soll, nur das eine weiß ich, daß die große Schwierigkeit, auf diese Weise unterzukommen, die sein wird, daß ich keinen Namen habe.

Von meinen bisherigen Stimmungen trennte ich mich ab, als ich diesen Brief schrieb. Ich hielt es für unschicklich, den Gedanken und Empfindungen, die sich mir bei der Vereitlung meiner Hoffnungen aufdrängen, *Dir* gegenüber Raum zu lassen. Daß Du mir aber es nicht verdenken wirst, mich auch an Dich gewendet zu haben und Dich um baldige Antwort zu bitten, dafür bürgt mir Dein edler Sinn. Mein Aufenthalt ist noch immer hier in Frankfurt [a. M.], wo ich nun schon über 3 Monate sitze, unausgesetzt beschäftigt mit französ[ischer] Literatur.

Dein treuer Bruder
Ludwig

An dem Allerheiligen Tore
bei Mad. Reb. Ruland
21. Juni 1832 /

64

An Eduard Feuerbach

22. Juni 1832

/ Lieber Eduard!

Gestern erhielt ich Kapps Brief. Indem ich Dir für die über Fritz und Helene mitgeteilten Nachrichten danke, beeile ich mich, Dir zu schreiben, daß die *Deuteroskopie*, nachdem ich sie mehre Abende mit mir herumschleppte, ohne sie an ihren Mann bringen zu können, dem Löw oder seiner Frau zur Aufbewahrung oder Überlieferung übergab. Da wird sie daher jetzt noch liegen. In betreff des Mantelsackes soll der Hofrat B., dem ich mich empfehle, aber unbesorgt sein. Schon gleich nach Ostern sollte er ihn erhalten, aber ich kam an einem Tag zu spät, und die Gelegenheit war weg. Sollte sich bis in einigen Wochen keine finden, so sehe ich mich genötigt, ihn auf der Post zu schicken, aber es soll gleichwohl geschehen, denn es ist besser, sich Unkosten zu machen, als –.

Das, was Du von Deinen Geldern auf meine Rechnung ausgelegt hast, werde ich Dir entw[eder] mit dem Mantels[ack] oder mit einer andern Gelegenheit zukommen lassen. Auch der Kantor soll sein französ[isches] Schulbuch, aus dem ich manches gelernt, wieder zurückerhalten; ich glaubte, die Sachen vielleicht // selbst noch zurückbringen zu können, aber es ist mit zu großer Gefahr verbunden, das Tier von einiger Vernunft geht nicht zum zweiten Mal in die Falle, wenn es ihr einmal entkommen.

Daß es Dir in Deiner neuen Wohnung recht gefällt und Du Dich wohl befindest, hat mich recht gefreut, mögest Du es ferner bleiben. Auch ich bin recht gesund. Ununterbrochen war ich bisher mit der franz[ösischen] Literatur beschäftigt und bin es noch und habe manchen für die Zukunft gewiß so oder so brauchbaren Stoff gesammelt und bin noch mehr zu sammeln im Begriff, ehe ich so oder so mich nach Paris oder [zu] einem Tätigkeitskreis, der mir den Weg dazu bahnt, zu kommen gedenke. Mein Umgang hier ist äußerst beschränkt, so daß ich oft wünsche, einige Stunden mit Euch zubringen zu können. Nur abends gehe ich 1–2 Stunden aus, und auch diese bringe ich nur mit Lektüre und Zeitungen zu.

Wiederhole meine frühern Grüße und vergiß besonders auch nicht den Fechtmeister Roux.

Wer nach mir zuviel fragt, sage nur, ich würde noch einmal zurückkommen, aber Du wüßtest noch nicht, wann.

Dein treuer Bruder
Ludwig

Frankfurt [a. M.], 22. Juni 32 /

65

Von Anselm Feuerbach

29. Juni 1832

/ Lieber Bruder!

Mir durch Deine Frage beschwerlich zu fallen, darfst Du nicht fürchten, aber leid tut es mir, sie nicht nach Wunsch beantworten zu können. Wenn je irgendein Mensch ein literarischer Robinson Crusoe war, so bin ich es. Seit mein „Apollo" von allen Buchhandlungen mit Protest zurückgewiesen wurde, stehe ich außer allem Verkehr mit diesen und anderweitigen Mäzenaten und weiß von der gelehrten Welt gerade nur noch so viel, wie sie von mir, d. h. nichts. Selbst mit Heidelberg habe ich wenig mehr zu tun, und der Hauptprotektor der jungen Gelehrten daselbst, Schlosser, ist weder Dir noch mir gewogen. Doch werde ich mich an meine Freunde Umbenit und v. Löw wenden, ob vielleicht bei einer reichen Engländerfamilie ein Platz für einen Hofmeister offensteht. Übrigens hättest Du ja zu Deinem einstweiligen Aufenthalt keinen bessern Ort wählen können als Frankfurt [a. M.]. Besprich doch Deine Angelegenheit mit Guttermann, der lange Zeit in ähnlicher Lage war und Dir in allen Stücken mit Rat und Tat an die Hand gehen kann. Vielleicht brächtest Du in Frankfurt [a. M.] selbst Vorlesungen zustande. Im Ministerium wäre allenfalls der Anfang zu machen. Freilich dürftest Du Dich nicht als Anti-Phaidon // introduzieren [einführen]. Auch einzelne Unterrichtsstunden werden in Frankfurt [a. M.] trefflich bezahlt, und Du könntest wohl offen auf diesem Wege zur Selbständigkeit gelangen, ohne sie durch eine zweite noch peniblere Abhängigkeit, der eines Hofmeisters, erkaufen zu müssen. Ferner, sollte Dir nicht durch des Vaters Vermittlung in Berlin die tätige Teilnahme an den Blättern für wissenschaftliche Kritik verschafft werden können? Das trüge denn auch etwas ein. Auf alle Fälle rate ich Dir, vorderhand einmal in Frankfurt [a. M.] zu bleiben. Schreib mir wieder, wozu Du Dich entschlossen hast, und zweifle nicht, daß ich stets bereit bin, wo ich Dir nach meinen schwachen Kräften und Mitteln behülflich sein kann. Auf jeden Fall bitte ich Dich, Frankfurt [a. M.] nicht zu verlassen, ehe Du mich davon in Kenntnis gesetzt hast. Grüße die Tante herzlichst. Auch Guttermann nicht vergessen.

Dein treuer Bruder
Anselm

Speyer, d[en] 29. Juni 1832 /

66

An Christian Kapp

17. August 1832

Frankfurt a. M., 17. August 1832

Verehrtester Herr Professor!

Sie erhalten hiemit einstweilen einige Probeartikel. Ich hielt es für notwendig, Ihnen eine Probe zu schicken, denn ich weiß nicht, ob Gedanken, in dieser Form gegeben, für Ihre Zeitschrift passen. Es sind Aphorismen, aber doch wieder nicht, streng genommen, ich weiß selbst nicht was; ich kann nun einmal nicht meine Gedanken an die herkömmlichen Formen binden, die Irregularität zwischen dem Aphorisma, das zwei Seiten 10 und 11 einnimmt, und denen auf den ersten Seiten, entgeht selbst dem Auge nicht. Manche sind kleine Kolloquia zwischen dem Autor und dem Menschen, manche wieder in der Form kurzer Dialoge des Verfassers mit einem fingierten Gegner. Diese letzteren nehmen teils mehr, teils weniger Raum ein als das Aphorisma von Seite 10 und 11. Der allen zugrunde liegende Grund ist der ganz einfache, daß das wahre Leben, das wahre Wesen, der wahre Charakter des Schriftstellers in seinen Schriften liegt, der Mensch nicht vom Autor unterschieden ist. Im Falle, daß Sie diese irregulären Zeitwörter zur Aufnahme nicht geeignet halten, so bitte ich Sie, die Probeartikel wieder zurückzuschicken, da ich keine

Abschrift von ihnen genommen habe, im entgegengesetzten Fall mir zu bemerken, bis wann Sie sie einrücken, um sie dann vielleicht noch zu vermehren, denn bis jetzt wird nach meiner Schätzung das Ganze sich im Druck auf nicht mehr als einen, höchstens einen und einen halben Bogen belaufen. Meine Grüße an die Ihrigen und Scholler erneuere ich.

Der Ihrige
L. F.

67

Von Eduard Feuerbach

23. September 1832

Nürnberg, den 23. September 1832

Lieber Ludwig!

Von Fritz sind neuerdings Nachrichten da; er ist gegenwärtig wieder ganz gesund und wohl; daß er es nicht immer war, wirst Du wahrscheinlich erfahren haben. Er hatte zweimal einen Anfall von der Cholera, von welchen der zweite sehr heftig war. Allein seine treffliche Natur widerstand, und er fühlt sich jetzt gesunder und heiterer als je. Seine Existenz in Paris ist noch immer nicht begründet, und der Vater muß ihm daher, da die Lebensmittelpreise gestiegen sind, monatlich noch 65 fl. schicken; da ferner der noch immer kränkliche Zustand des Vaters vermehrte Ausgaben erfordert, so reichen jetzt freilich die Geldmittel nicht hin, daß Du nach Paris gehen könntest.

Die Annahme einer Hofmeisterstelle, wenn sie nicht mit sehr guten Bedingungen und der Aussicht auf eine dauernde Versorgung verknüpft ist, scheint mir bedenklich; denn Du kommst dadurch nicht nur aus der Erlanger Karriere, sondern aus dem akademischen Leben überhaupt. Deshalb hielte ich es für das zweckmäßigste, wenn Du wieder zurückkehrtest nach Erlangen und baldmöglichst die alte Bahn wieder beträtest, wofern Du nicht in Frankfurt eine baldige Versorgung finden kannst. Für Erlangen spricht, daß Du hier doch wenigstens einige literarische Hilfsmittel antriffst und einige Personen, mit denen man umgehen kann. Auch ist zu besorgen, daß, wenn Du von Erlangen wegbleibst, Dir irgendein Ignorant oder Plattkopf wie L. den Rang abläuft. Indessen kann ich nur dann zu einer Rückkehr nach Erlangen raten, wenn Du mit dem festen Entschlusse kommst, ganz dem Ziele zu leben, in Bayern und insbesonders in Erlangen angestellt zu werden; wenn Du Dich in alles das fügst, worein sich jeder jetzt fügen muß. Außerdem würde sich kein günstiger Erfolg erwarten lassen. Gehe hierüber ernstlich mit Dir zu Rate und schreibe mir bald Deine Ansicht. Dein ehemaliges Quartier steht Dir, wenn Du willst, wieder zu Diensten.

Ich bin mit Anselm auf einige Tage nach Nürnberg gegangen, werde aber morgen wieder nach Ansbach zurückkehren und hier noch bis zum 10. oder 12. Oktober bleiben, wegen des noch immer schwankenden Gesundheitszustandes des Vaters, der leider so beschaffen ist, daß wir beständig seinetwegen in Sorgen sein müssen.

Lebe wohl!

Dein treuer Bruder
Eduard

68

An Christian Kapp

27. September 1832

Frankfurt a. M., 27. September 1832

Verehrter Freund!

Vor einigen Stunden erhielt ich Ihren Brief. Ich hatte es mir schon eingebildet, daß der Grund der Verzögerung Ihrer Antwort kein anderer war, als daß der Brief Sie nicht in Neustadt traf.

Es wäre mir nicht lieb, und zwar im Interesse Ihrer eignen Sache, der Zeitschrift, wenn Sie die Aphorismen so einrücken ließen, wie ich sie Ihnen überschickte. Zwischen den ersten und letzten Nummern liegen noch viele Aphorismen in der Mitte, die nicht weggelassen werden dürften, wenn nicht der dünne Flor von Zusammenhang, der sie verbindet, verloren gehen soll. Denn dieselben, wie die bereits Ihnen überschickten, bilden gewissermaßen eine Einleitung oder Vorbereitung auf die Dinge, die da kommen sollen. Die letzten Aphorismen sind kurze Demonstrationen ad hominem [nach der Fassungskraft des Menschen], so daß die Aphorismen doch zusammen ein Ganzes mit Anfang und Ende bilden, dessen Zentrum aber dessenungeachtet einer beliebigen Ausdehnung und Erweiterung fähig wäre. Je nach dem Format möchte sich das Ganze doch im Druck auf 1–2 Bogen belaufen. Ich lebe zu einsam, um für Subskribenten sorgen zu können. Aber ein paar wissenschaftlernde eitle Kaufleute glaube ich doch liefern zu können. Morgen will ich versuchen. Über das Schicksal Ihrer Zeitschrift war ich selbst bis auf Ihren Brief in völliger Unwissenheit.

Meinen Plan mit Paris konnte ich noch nicht ausführen, ohne aufs ungefähre hin wagen zu wollen. Ich habe mich an Cousin selbst gewendet, aber noch keine Antwort. Wenn ich in einer Zeit von zehn Tagen keine erhalte oder eine ungünstige, so verlasse ich Frankfurt [a. M.] und begebe mich entweder nach Erlangen oder sonstwohin auf eine Zeitlang, um wieder von dort aus meine Polypenarme nach einem Lebenszweige auszustrecken, der auf dem Boden der Erkenntnis sproßt, um so die Ausführbarkeit meines Entschlusses zu begründen.

Es bedarf wohl keiner Versicherung, daß ich an allem, was Sie mir in betreff Ihrer Person schreiben, den innigsten Anteil nehme, denn Sie wissen, daß ich Sie aufrichtig verehre.

Empfehlen Sie mich Ihrer Frau.

L. F.

69

An Eduard Feuerbach

28. September 1832

/ Lieber Eduard!

Deine letzte Nachricht von dem Befinden des Vaters hat mich und die Tante sehr beunruhigt. Der Gedanke tröstet mich jedoch, daß sein gegenwärtiges Übel nicht von den frühern Anfällen verschieden sein wird, die er immer glücklich überwand, und daß er auch jetzt wieder bei seiner doch sonst so gesunden Leibeskonstitution obsiegen werde. Versichere ihn doch meiner innigsten Teilnahme und kindlichen Liebe und schlage ihm in betreff meiner alle allenfalsigen trüben Gedanken aus dem Kopfe und gib *recht bald* wieder Nachricht.

Was mich betrifft, kann ich bis jetzt noch nichts Bestimmtes schreiben. Ich betrachte noch immer Paris als den angenehmsten Ort und alles übrige nur als Mittel, diesen Zweck zu erreichen. Ich werde daher auch alle mir nur möglich[en] Wege einschlagen, um mich dort unterzubringen. Bereits habe ich daher die Kühnheit gehabt, mich geradezu mit meinem Anliegen an Cousin zu wenden, bis jetzt habe ich aber noch keine Antwort. Da jedoch eine selbständige Existenz mein Hauptzweck ist, so habe ich mich indes auch // dem Herausgeber einer politischen Zeitung im Preußischen, der einen Redakteur sucht, angeboten. Aber es ist noch zu früh, um auch von dieser Seite her schon eine Antwort erwarten zu können. Fallen beide Antworten negativ aus oder findet sich sonst nichts bald, so verlasse ich Frankfurt [a. M.], wo ich wohl nicht lang mehr bleiben könnte, ohne die Tante zu genieren, da ein bayer[ischer] Oberst mit Familie eingezogen, der so viel Gepäck und Zeug hat, daß er fast alles für sich braucht, und gehe entweder nach Erlangen oder zum Riedel auf s[ein] Dorf, wo ich nur mit einigem Taschengeld versehen leben kann, arbeite dort eine kleine Arbeit aus, die ich im Kopfe habe, erhalte aber durch Briefe mich in Kommunikation mit der Welt, um nicht meinen Zweck zu verfehlen. Hätte ich allerdings die Zuversicht, zu einer Anstellung in Erl[angen] zu gelangen, so hätte ich wohl so viel Resignation, mich dort lebendig begraben zu lassen, aber wo ist diese? Übrigens ist die Welt groß, und [ich] werde gewiß, sei es in Deutschl[and] oder Frankr[eich] oder gar Amerika einen Platz finden, der mir den Verlust einer Bettelexistenz in Erlangen nicht w[ird] bereuen lassen. Auch w[ird] sich hoffentl[ich] das Tempora mutantur [die Zeiten ändern sich] bald bewahrheiten. Vielleicht sehe ich Dich bald, denn es ist mir notwendig, den unerträgl[ichen] Zustand der Zwecklosigkeit und Ungewißheit wenigstens durch eine Ortsveränderung einigermaßen erträglich zu machen. Indessen grüße herzlich die Eltern, Anselm und die übrigen.

Dein Bruder
Ludwig

Frankfurt [a. M.], 28. September 32 /

70

Von Eduard Feuerbach

31. Oktober 1832

Erlangen, den 31. Oktober 1832

Lieber Bruder!

Mit Deinem Plane, die Redaktion einer Zeitung zu übernehmen, kann ich durchaus nicht einverstanden sein; abgesehen davon, daß Du die dazu erforderlichen Eigenschaften (Mäßigkeit, Klugheit und Umsicht) nicht besitzest und Dich gewiß in kurzem in eine Menge für Dich und uns verdrießlicher Händel verflochten sehen würdest, so würdest Du überdies dadurch gänzlich aus aller wissenschaftlichen Bahn herausgeworfen. Kein Geschäft würde Dich so in Anspruch nehmen und von aller wissenschaftlicher ernsten Tätigkeit abziehen als dieses. Im Vergleiche mit diesem halte ich Stundengeben oder Hofmeistersein für eine goldene Beschäftigung.

Eine *Gewißheit*, daß Du hier in Erlangen reüssierst [Erfolg haben wirst], ist freilich nicht vorhanden, allein sehr viel hängt dabei von Dir ab; und ist mehr Wahrscheinlichkeit da, daß Du anderwärts eine feste Stellung erhalten werdest? Wohl zu erwägen ist indessen auch, daß *Kapp* fest entschlossen ist, Erlangen ganz zu verlassen, und bereits sein Gesuch um temporäre Quieszenz [zeitweilige Versetzung in den Ruhestand] eingereicht hat. Der Vater ist noch immer kränklich und schwach. Es geht zwar jetzt etwas besser als zu Anfang der Ferien; ob aber seine Gesundheit je zu einem dauerhaften Bestande wieder gelangen werde, ist zweifelhaft. Er selbst ist sehr besorgt wegen des kommenden Winters.

Dein Bruder
Eduard

71

Von Georg Friedrich Daumer

[1833]

/ L[ieber] F.!

Ich habe gehört, daß Münch die Annahme des Verlags Deines Blattes zurückgenommen hat. Vielleicht wäre der Buchhändler Haubenstricker, der meine „Mitteilungen über

K[aspar] Hauser" gedruckt hat, dazu geneigt zu machen. Du könntest ihm Lochner, Wurm und mich, die er kennt, als Mitarbeiter nennen. Hat Dir Lochner seinen Einfall mitgeteilt, das Blatt „*Polydora*" zu nennen? Was die Hauseriana betrifft, über die Du mich fragst, so habe ich genug, um noch ein Heft zu füllen, allein ich getraue mir nicht viel davon zu gebrauchen, weil ich über die Wahrhaftigkeit der Aussagen Hausers bei dem meisten ungewiß bin, und der Schlingel will mir nicht darüber zur Rede stehen, so oft ich ihn auch darum gebeten, schriftlich und mündlich. Er weicht immer aus. Das mir unzweifelhaft Wahre habe ich meist zu den beiden ersten Heften verwandt. Doch habe ich noch einiges, was ich Dir geben könnte. Dahin gehört sein Traum vom Schloß und eine Vision aus den ersten Zeiten, nach welcher er ein Porträt zeichnete, das wir stechen lassen könnten. Geschähen diese Mitteilungen gleich auf den ersten Bögen, so bekäme dadurch das Blatt gleich viel Interesse und würde weit verbreitet. In der Hoffnung baldigen Wiedersehens

Dein
D.

Glaubst Du nicht, daß es Dir schaden würde, da Du Dich um eine Anstellung bewirbst, wenn ich in meinen „Polemischen Blättern" mehreres von Dir anführe? Ich täte es gar zu gern, doch ist mir dieses Bedenken gekommen.

Auch könnte ich einiges, was Dein Vater aus meinen Papieren ausführlich mitgeteilt, ausführlich geben. /

72

An Helene von Dobeneck, geb. Feuerbach

[Anfang 1833]

/ Liebe Schwester!

Ich antworte Dir hiemit auf Deinen in betreff meiner an Ed[uard] geschriebnen Brief. Meinen Dank vor allem für die Liebe, mit der Du an mich denkst und Dich bemühst, eine Aussicht, nach P[aris] zu kommen, mir zu verschaffen. Es war schon längst mein Wunsch, ja mehr als Wunsch, Wille, nach P[aris] zu gehen. Nur der Mangel an Mitteln und an Aussicht, mir für die nächste Zeit dort auf irgendeine Weise Subsistenzmittel zu verschaffen, verhinderte, meinen Entschluß zur Tat zu bringen. Den ganzen vorigen Sommer, Frühling und Herbst brachte ich darum in der Vorbereitung darauf zu, indem ich nämlich nichts, gar nichts anders als Französisch trieb, freilich mehr mir Kenntnis der neuern franz[ösischen] Literatur als Geläufigkeit der Zunge und Gewandtheit der Sprache verschaffend, obwohl ich es nicht versäumte, mich in der Konversation mit Franzosen oder der fr[anzösischen] Sprache Kundigen im Sprechen bisweilen zu üben. Wie gerne ergriffe ich daher eine solche Gelegenheit, wie Du mir, wenngleich noch ganz aus der Ferne, erblicken und hoffen läßt, um endlich meinen heißen Wunsch erfüllen zu können.

Wie erwünscht wäre mir ein Posten wie der, zu dem Du mich bereits empfohlen hast! Ich gestehe es, die Stelle eines Erziehers in Deutschl[and] oder eine solche, die aus mir einen Maître de plaisir [Ordner der Lustbarkeiten] oder einen Kammerdiener Nr. 1 oder sonst dergleichen was machen würde oder mich gänzlich mir selbst, meinen Studien, meiner Seelenneigung, in der ich meine Bestimmung erkenne, entziehen sollte, zu übernehmen, könnte ich nicht über mich bringen; aber eine in Paris, eine, die mir die Mittel läßt oder gar in die Hand gibt, an meiner Selbstausbildung tätig fortzuarbeiten, mir Kenntnisse, Anschauungen, Erfahrungen zu verschaffen, und mir so viel Zeit wenigstens läßt, sie par occasion [bei Gelegenheit] meiner lieben Wissenschaft zu ihrem Nutz und Heil heimlich in die Tasche zu stecken – nichts willkommener mir!

Ich habe zwar einen Hang zur Meditation, d. h. ich will das Wirken für andere nicht von dem Wirken für mich abtrennen, ich will nur andern so nützen, daß ich mir zugleich selbst nütze, d. i. die Ausbildung meines Geistes, die Entwicklung meiner wenigen Anlagen ist mein Lebenszweck, der aber notwendig – so weise ist die Weltordnung –, wenn er erreicht [wird], von selbst auch andren zugute kommt, und wenn er nur verfolgt wird, nicht verfolgt [werden] kann, ohne andern zugleich zu nutzen. Aber ich habe ebenso einen Hang zur Mitteilung und überhaupt zum praktischen Leben, wenn es sich nicht zu sehr in absolute Geistlosigkeit, in Mechanismus und mir überhaupt absolut zuwidre Sphären verliert. Zwar habe ich auch – warum soll ich es leugnen? – in gewissen Perioden einen gewissen Hang zur Libertinage

[Zügellosigkeit] gezeigt, aber dieser der Jugend so allgemeine Hang verliert sich auch mit ihr und war bei mir nur ein Ergebnis einer gewissen Armut und Leere meines Lebens, die [ich] dadurch ausfüllen wollte, denn die vorherrschende, alles überwiegende Neigung in mir ist, wie mein Leben beweist, die zum Studieren, zur Bildung des Geistes, und mit dieser ist unwillkürlich verbunden die Neigung zur Ordnung, zu einem geregelten und einfachen Leben. So viel wenigstens werde ich mir zutrauen dürfen, daß wenigstens der Anlage nach in mir die erforderlichen Eigenschaften sind, um den Beruf eines Erziehers in der Weise, wie er an dem fraglichen Posten nötig ist, zu erfüllen, daß sie nur der gehörigen Verhältnisse bedürfen, um zur Erscheinung und Wirklichkeit zu kommen. Der Mensch beurteilt seinen lieben H[errn] Nachbarn nur nach den bestimmten Verhältnissen, in denen er sich betätigte, solange er von ihm weiß. In diesen bestimmten, gewissen Verhältnissen äußerte dieser notwendig auch gewisse, bestimmte Eigenschaften. Der liebe H[err] Nachb[ar] ist nun so frei und gütig, *diese bestimmten* Eigenschaften zu den *einzigen* zu machen, die sein H[err] Nachb[ar] habe, gleichsam zu den Würdenträgern, den chargés d'affaires [Beauftragten], den Bevollmächtigten seines ganzen Wesens sie für die zu dekretieren, in denen sich alle seine Anlagen erschöpft hätten und nun, nachdem er höchst eigenmächtig und willkürlich eine Eigenschaft aus einer untergeordneten Privatperson zur Primadonna, zur Alleinherrscherin erhoben hat, zu sagen und urteilen: F[euerbach] ist das. Dazu / / taugt er, dazu nicht etc. Aber so ist der Mensch leider! zum Ärger vieler. Andere Verhältnisse, andere Eigenschaften, andere Menschen. Was mag mancher von Dir geurteilt haben, als Du Deine Stelle übernahmst, vielleicht gerade von solchen, die am besten Deine Tauglichkeiten und Fähigkeiten beurteilen zu können glaubten! So ist es auch mit mir. Also: abgesehen von äußern materiellen vorteilhaften Bedingungen, eine Stelle mit *der* Bedingung, die ich angegeben, übernehme ich *gern, sehr gern* und halte mich, den ich besser kenne als ein anderer, auch mit den nötigen Eigenschaften ausgestattet, sie *so* zu verwalten, wie es sich gehört. – Übrigens habe ich wenig Hoffnung, jenen Posten zu bekommen. Warum? Faute d'amis, faute de Mécènes, faute de protecteurs [mangels Freunden, mangels Mäzenen, mangels Gönnern]. Wenn der Kundschafter nicht an die rechte, lautere Quelle kommt, so wird's schlecht mit der Rekommandation [Empfehlung] aussehn. Ich stehe im Geruch, ein gräßlicher Freigeist, ja, ein Atheist, ja, noch nicht genug – erschrick nicht! – der leibhafte Antichrist selbst zu sein und was weiß ich noch alles. Und so ein Gerücht würde hinreichen, mir Tür und Riegel zu verschließen, um so mehr, da, nach meinen geringen Kenntnissen, die vielgerühmte Sympathie der Franz[osen] mit den Deutschen auch darin sich jetzt äußert, daß der moderne Tartuffe, der sich von dem des Molière nur dadurch unterscheidet, daß er sich selbst erst etwas vorheuchelt, ehe er anderen etwas vorheuchelt, auch bei ihnen auf dem Theaterbrett ist. – Überhaupt müßte ich, ehe ich mich zum Antritt einer derlei Stelle bestimmte, unterrichtet sein über den Geist der Familie, sowohl in religiöser als anderer Hinsicht, über den Beruf, zu dem man den Zögling einst zu bestimmen wünscht, über den Charakter überhaupt wenigstens der nächsten Umgebung. Zur Empfehlung meiner als eines wissenschaftlich gebildeten Mannes, die mir vielleicht auch etwas zur Ausführung meines Planes verhelfen [wird], wird es mir gereichen, daß in ein paar Wochen ein Werk von mir, „Geschichte der neuern Philosophie", die Presse verläßt, das ich mehreren französischen Gelehrten, wie z. B. Victor Cousin, dem ich schon im verfloßnen Jahre meine erste, lateinisch geschriebne Abhandlung, um mich ihm zu empfehlen, geschickt habe, übersenden werde. Doch ich muß zum Schlusse. Nur noch die Bitte um Verzeihung, daß ich nur in meiner Angelegenheit Dir geschrieben, und die Versicherung meiner treuesten, innigsten Liebe.

Dein Bruder Ludwig, deutscher Emigré [Auswanderer]
in spe (d. h. auf Teutsch: in der Hoffnung) /

73

An das „Morgenblatt für gebildete Stände"

12./15. Februar 1833

/ Hochverehrte Redaktion des „Morgenblattes"!

Einer Hochverehrten Redaktion sage ich meinen verbindlichen Dank für die freundliche Aufnahme der übersandten Probeaphorismen und die vorläufige Anerkennung meiner Arbeit, die ich mit Freuden daraus ersehe, daß Dieselbe ihre

Mitteilung wünscht. Bedauern muß ich es nur, daß ich für jetzt noch nicht diesem mir so erfreulichen Wunsche entsprechen kann, indem mir die Berücksichtigung meiner Lebensverhältnisse gebietet, nur gegen die Versicherung einer bestimmten Summe Honorars Einer Hochverehrten Redaktion meine Arbeit zu überlassen. Ob ich gleich noch keine Beiträge in das // „Morgenblatt" geliefert habe und nicht von Einer Hochverehrten Redaktion dazu aufgefordert wurde und als ein bisher anonymer, folglich unbekannter Schriftsteller auch nicht aufgefordert werden konnte; so schmeichle ich mir doch mit der Hoffnung, daß Dieselbe die Bedingung, unter welcher ich ihr allein meine Aphorismen überlassen kann, nicht unbillig finden werde, um so mehr, als ich mein Anerbieten erneuer, auch fernerhin Beiträge verschiedener Art von meiner Hand zu liefern, wenn es Eine Hochverehrte Redaktion wünscht.

In der Erwartung, diese meine Hoffnung erfüllt zu sehen, habe ich die Ehre zu sein Einer Hochverehrten Redaktion gehorsamer

Dr. Ludw. Andr. Feuerbach
Privatdozent d[er] Philos[ophie]

Erlangen, 12. /15. Februar 33 /

74

An Eduard Feuerbach

15. Mai 1833

/ Lieber Eduard!

Dem Vater habe ich erzählt von der Rezension Deines Werks in der „Leipzig[er] Zeitung". Er ist begierig, sie zu lesen, es wird ihn freuen. Du sollst sie ihm daher schicken, so bald als möglich.

Höllnitz soll die kleineren polit[ischen] Schriften bereits sehr gerühmt haben. So wenig auch dem Vater an seinem Lobe gelegen ist, so möchte er doch wissen, wie er sich darüber ausspricht. Wahrscheinlich findet sich s[eine] Äußerung in d[em] Journale für Statistik und Geschichte oder Staatswissenschaft oder wie es sonst betitelt sein mag. Wenn es in Erlang[en] ist, so sieh daher nach und teile sie mit den eigenen Worten oder dem wesentlichen Inhalt nach mit.

Schreibe mir dann zugleich mit, *wann* ich die Bücher auf die Bibliothek spätestens schicken muß. Eins habe ich noch hier. /

/ Wenn Du hieher kommst, sollst Du auch Deine Manuskripte hieher bringen, damit sie der Vater mit Dir durchsieht, was ihn sehr freuen wird. Dadurch wirst und sollst [Du] aber nicht abgehalten werden, die projektierte Reise zu machen, die Dir sehr notwendig ist und Dir daher wohl bekommen wird.

Kommst Du mit einem Einspänner herüber, so würde ich dann den nächsten Tag mit ihm zurückfahren.

Mit dem Vater geht es jetzt wieder sehr gut, auch sonst ist alles wohl. Mache, daß Du es auch bist. Iß und trink comme il faut [wie es sich gehört]. Πίνα και εὔφραινοῦ [Trink und laß es Dir gut gehen]!

Dein treuer Bruder
Ludwig

Ansbach, 15. Mai 33

Kannst Du nicht den Tag bestimmen, an dem Du hier ankommen wirst. /

75

An Friedrich Feuerbach

[nach dem 29. Mai 1833]

/ Lieber Fritz!

Vor allem unsern herzlichen Gruß und Ausdruck der Freude darüber, daß Du nach solchen traurigen Erfahrungen und Gefahren wieder glücklich auf vaterländ[ischem] Boden angekommen bist. Würde diese Freude nur nicht durch den Gedanken getrübt, daß Du sogleich bei Deiner Rückkunft in Deinen liebsten und schönsten Hoffnungen auf eine so schmerzliche und unerwartete Weise Dich getäuscht sahst. Wir waren doch alle hier noch so glücklich, vor seiner Abreise nach Frankf[urt a. M.] noch herzlichen Abschied vom lieben Vater nehmen zu können. Durch einen sonderbaren Antrieb zog es mich und Eduard mehrmals diesen Winter von Erl[angen] hieher. Noch 8 Tage vor seiner Abreise war ich

3 Wochen hier gewesen. Obgleich der Vater auch während dieser Zeit meistens bettlägerig war, so war er doch in den Vormittagsstunden, ein paarmal auch des Abends, recht rege, munter und teilnehmend an allen Dingen, die Welt und Literatur bewegen, und ich war in diesen Stunden so glücklich, mit ihm Momente der innigsten gegenseitigen Verständigung zu verleben. Jedoch war auch da schon eine gewisse Schwäche und Mattigkeit, ein Nachlaß aller physischen Kräfte, der sich nach jeder geistigen Aufregung um so sichtbarer zeigte, an ihm unverkennbar, ebenso, wenn er rege und gesprächig ward, an seiner Teilnahme der Charakter einer affektlosen Ruhe, die in Frankf[urt a. M.] bei aller seiner dortigen Empfänglichkeit an den Genüssen der Natur und des ungezwungnen geselligen Lebens fast in völlige Apathie überging. So machte die Nachricht vom Tode seiner Freundin Elise v. d. R[ecke] keinen besondern Eindruck auf ihn. Kein Wunder! er fühlte selbst sein eignes baldiges Ende voraus. So äußerte er unter anderm auf dem neuen Kirchhof in Fr[an]kf[urt a. M.] sein Entzücken über seine schöne Lage und // Aussicht und den Wunsch: Hier möchte er begraben sein, ein Wunsch, der denn auch leider! nur zu bald in Erfüllung ging. Es muß uns allen doch zur größten Beruhigung gereichen, daß er, so unerwartet auch sein Tod war, doch nicht plötzlich, nicht gewaltsam uns entrissen wurde; er hatte in jeder Hinsicht vollendet. Nur ein äußerliches Merkmal dieser Vollendung auch in physischer Hinsicht war es wohl auch, daß sich in Fr[an]kf[urt a. M.] auf eine auffallende Weise seine Haupthaare weiß und grau färbten. Der Tag seiner Erkrankung war der Pfingstmontag, auf einer Partie nach Königstein war [er] unterwegs und dort noch ganz heiter und aufgeräumt, als er plötzlich wieder einen solchen Anfall bekam wie im Sommer vergangnes Jahr und in diesem Zustande nach Hause gebracht wurde; er verlor den Gebrauch seiner Sprache, was er wollte und verlangte, schrieb er mit seiner rechten Hand auf, denn die linke Seite war gelähmt, sein Ende war sanft und schmerzlos, nicht weniger sein Zustand, der es zur Folge hatte, nur an Krämpfen hatte er einige Stunden noch zu leiden, aber auch diese lösten sich in den beiden letzten Stunden in völlige Ruhe auf.

Immer gegenwärtig, unverletzlich wird in unsrer Liebe unser bester Vater fortleben; aber es ist jetzt auch unsre Pflicht, öffentlich zu beweisen, wie heilig uns sein Andenken ist. Besinnt Euch auf ein würdiges Mittel! Aber es muß bald geschehen. Eine Todesanzeige in einer Zeitung auf die gewöhnliche Manier haben wir nicht gemacht. Das Mittel ist zu trivial, zu tädiös. *Ein literarisches Denkmal*, seine Lebensbeschreibung, wozu gehörige Papiere sich eine Menge hier finden! A[nselm] oder Du könntest dieses übernehmen! In welcher Art und Weise, welches die würdigste Form, welches überhaupt das passendste Mittel w[ird] A[nselm] am besten wissen. Könnte man denn hievon vielleicht schon eine vorläufige Anzeige machen? Wir empfehlen alle dringend diese Angelegenheit dem Anselm, wenn es anders dessen bedürfte /

76

An Anselm Feuerbach

2. Juni 1833

/ Ansbach, 2. Juni 33

Lieber Bruder!

Es wäre zu spät und zwecklos, wenn ich aus dem schmerzlichen Ereignis, das uns alle betroffen hat, noch ein Geheimnis machen wollte, denn es wird Dir schon auf dem traurigsten Wege, auf dem Wege der gemeinen Öffentlichkeit zu Ohren gekommen sein. Es wird mir daher auch um so leichter, Dir das öffentliche Gerücht zu bestätigen, als die bitterste Wahrheit aus dem Munde von Menschen, die nur befreundet oder verwandt sind und mit uns dieselbe aufs innigste mitfühlen, noch immer ein Linderungsmittel unsers Schmerzes mit sich führt. Vernimm darum mit Ruhe aus dem Munde der Deinigen, die Deinen eignen Schmerz teilen und tragen, die traurige Nachricht, daß unser teurer Vater nicht mehr zu den Lebendigen gehört. Er verschied in der Nacht vom Dienstag auf Mittwoch verfloßner Woche um dreiviertel auf 3 Uhr an einem Schlagfluß nach kurzen Leiden. Wie die ganze Zeit über während seines Aufenthaltes in Frankf[urt a. M.] war er auch noch den Tag vor seinem Ende heiter und gesund, wenigstens // dem äußern Anschein nach, so daß die Seinigen und die Ärzte fast erst in den letzten entscheidenden Momenten sich von der Todesgefährlichkeit seines Anfalls überzeugen konnten. Es ist daher auch kein geringer Trost für uns, daß er noch zuletzt recht glückliche und schöne Tage verlebt hat, daß er sich noch einmal recht sättigte an dem Genuß des Lebens und zuletzt in den Armen unsrer guten Lore, die ihm ein wahrer Engel war, die er während seines ganzen Aufenthaltes in Frankf[urt a. M.] fast nie von seiner Seite ließ, deren Hand er noch in den letzten Momenten an seinen Mund drückte, um sie zu küssen, verschieden ist. Möge darum, wie unser Schmerz der Deinige, auch unser Trost Dein Trost sein! Möge nicht die Sorge um Dich die Trauer der Deinigen, namentlich Deiner um Dich ängstlich bekümmerten Mutter vermehren! Schreibe deswegen so bald als möglich, um sie über Dich und Deinen Gesundheitszustand zu beruhigen, oder gib wenigstens durch // Fritz, der jetzt hoffentlich bei Dir sein wird und den wir alle aufs herzlichste grüßen lassen, Nachricht von Dir. Mache Dir vor allem wenigstens keine unnötigen Sorgen und Kümmernisse etwa über die materielle Existenz der Deinigen. Es ist für uns alle hinreichend gesorgt. Der Vater hat noch die liebevolle Vorsicht gehabt, alles ins reine und in Ordnung gebracht zu haben. Du kannst auch hierin zugleich noch die vollkommenste Beruhigung finden, daß er mit dem versöhnenden Bewußtsein der reinsten Vaterliebe von uns schied, daß er die Welt schon aufgegeben hatte, ehe er sie verließ, daß er sie vorher schon abgefertigt hatte im vollständigsten Sinne.

Mit Deiner Schwiegermutter ist es leider! noch immer beim alten. Auch Deine lieben Kleinen waren krank, Emilie hatte heftiges Ohrenstechen, aber jetzt sind sie fast schon gänzlich wiederhergestellt, sie werden nächster Tage wieder zu uns kommen. Ihretwegen kannst Du daher voll//kommen außer Sorgen sein. Auch die übrigen Deinigen sind, obwohl natürlich heftig erschüttert über den unerwarteten Verlust unsers unvergeßlichen Vaters, dennoch gefaßt. Um Lore, die schon gestern von Frankf[urt a. M.] ankam, hatten wir am meisten bange, aber auch sie ist kein Gegenstand äußrer Besorgnis mehr, sie findet ihre größte Beruhigung darin, ihm die letzten Beweise der kindlichen Liebe geben gekonnt zu haben. Finde daher auch Du Deine Beruhigung in der ruhigen Sammlung der sämtlichen Deinigen, die Dich in Gedanken herzlich umarmen.

Dein treuer Bruder
Ludwig

Gib ja recht bald Nachricht von Dir und Fritz. /

77

Von Friedrich Feuerbach

[vor dem 7. Juni 1833]

/ Lieber Ludwig!

Dein letzter Brief wirkte insofern wohltuend auf uns, als er uns endlich von der ängstlichen Ungewißheit über die Umstände, welche unsern Verlust begleiteten und möglicherweise ihn noch schmerzhafter für uns machen konnten, befreite. So sehn wir denn noch einmal dem guten Vater die Abendsonne seines Lebens heiterer lächeln; so wissen wir denn, daß menschliche Wissenschaft, wenn auch vergeblich, noch das möglichste versuchte, um ein so kostbares Leben zu erhalten, daß seine Leiden von kurzer Dauer waren und noch von den Beweisen kindlicher Liebe gemildert wurden, daß er in dem Bewußtsein dahinschied, die Seinigen wahrhaft geliebt zu haben und von ihnen wiedergeliebt zu werden. Ja, und das konnte er auch! Aufrichtigere, ungeheucheltere Tränen können ihm nicht fließen, als die Seinigen ihm nun nachweinen und lange noch nachweinen werden. Er drückte noch in seinen letzten Augenblicken Lorchens Hand an seinen Mund, um sie zu küssen! Wie oft habe ich schon Deinen Brief, lieber Ludwig, wie oft namentlich diese wenigen Zeilen in ihm wiedergelesen! Ich will Dir // antworten und gewahre eben erst, daß ich ja nur Deinen Brief wieder abschreibe. Doch liegt auch in dieser Art Mitteilung eine Erleichterung für mich, und Du magst darin – wiewohl sie gewiß sehr überflüssig und unnötig ist – immerhin noch eine Aufmunterung finden, recht viel dergleichen Einzelheiten, die Du aus Lorchens Mund magst vernommen haben und ferner vernehmen, Dir gewissenhaft einzuprägen oder aufzuzeichnen.

Anselm wird recht bald der guten Mutter schreiben, die er, sowie Euch alle, herzlich grüßen läßt. Ihm täte Erholung von seinen Berufsgeschäften, Zerstreuung und vielleicht auch körperliche Stärkung sehr not. Der Verlust, den wir eben erst erlitten, die leider nur zu gegründete Besorgnis, auch seine Schwiegermutter bald zu verlieren, die Anstrengung, die mit einer so gewissenhaften Erfüllung seiner Berufspflichten verbunden sein muß, kann freilich nicht anders, als ihn sehr angreifen. Was mich selbst beruhigt, ist, daß meine Gegenwart, wie er selbst mir schon öfter sagte, ihm gar lieb ist, und er sich über alles, was ihn näher angeht, vertrautestvoll [?] gegen mich ausspricht. Einsamkeit / / taugt ihm nun einmal nicht, sowenig als mir selbst, und wenn aufrichtige und unmittelbare Teilnahme eines fühlenden Herzens ihm wohltun kann, so fehlt es ihm ja wahrlich nicht daran von meiner Seite, und das weiß er auch.

Was macht denn Lorchen? Wir sind sehr besorgt um sie. Ist doch auch die Mutter wohl? Ihr werdet uns gewiß nicht lange auf neue Nachrichten von Euch allen warten lassen. Lebe wohl!

Dein treuer Bruder
Fritz

N. S. Anselm will Euch aufmerksam machen, in dem Falle, daß an den Vater geschriebene Briefe oder sonst Papiere zurückgebeten werden sollten, ja nichts auszuliefern, bevor er und Ihr selbst die gehörige Einsicht davon genommen habt, indem manches für unsere Familie Wichtiges darin enthalten sein könnte. Doch Du und Eduard werden ja ohnedem in allen dergleichen Sachen mit der nötigen Vorsicht zu Werke gehen. Auch wünscht Anselm, daß man ihm in betreff des Befindens seiner Schwiegermutter ja nicht die Wahrheit vorenthalte und möglichst bald ihm Nachricht darüber gebe. /

78

An Christian Kapp

10. Juni 1833

Ansbach, 10. Juni 1833

Verehrter Freund!

Jetzt sind Sie beinahe ein halbes Jahr schon von uns entfernt und noch haben Sie keine Zeile von uns erhalten. Daran war aber, wie sich von selbst unter uns versteht, nicht Vergessenheit von meiner Seite schuld, im Gegenteil, ich dachte immer an Sie, und eben nur deswegen schrieb ich nicht an Sie; ob der geistigen Kommunikation vernachlässigt man nur zu oft die äußerliche briefliche. Oft hatte ich übrigens auch schon die Feder zu einem Briefe an Sie angesetzt, aber entweder wurde ich irgendwie unterbrochen oder wollte ich noch absichtlich warten, bis ich Ihnen irgend etwas Wichtiges mitteilen könnte. Wie hätte ich denken sollen, daß das schmerzlichste Ereignis, das eine Familie treffen kann, der Verlust ihres Hauptes, mir die Veranlassung zum ersten Brief an meinen teuren Freund in Heidelberg geben würde! Die Zeitungen werden Ihnen zwar schon längst die Trauerbotschaft überbracht haben, aber solche teure, solche teilnehmende Freunde wie Sie und Ihre werte Frau Gemahlin uns sind, müssen und sollen sie auch noch besonders aus dem Munde derer vernehmen, die sie am nächsten und schmerzlichsten betrifft. Er, unser unvergeßlicher Vater, verschied am Morgen um dreiviertel auf drei Uhr den 29. Mai nach kurzem Leiden an einem Nervenschlage, wovon er bereits, wie Sie wissen, schon mehrere sehr bedenkliche Anfälle früher gehabt hatte.

Wie während seines ganzen Aufenthaltes in Frankfurt [a. M.], so war er auch die letzten Tage ganz heiter, vergnügt und glücklich in dem Genusse des diesjährigen schönen Mais. Alle die Seinigen lebten daher in der fröhlichen Hoffnung dahin, ihn bald gänzlich wiederhergestellt zu sehen; auf eine um so bittere und schmerzliche Weise wurden sie in ihren Hoffnungen getäuscht. Er selbst hatte jedoch das bestimmte Vorgefühl seines nahenden Endes.

Darum verließ er nicht eher Ansbach, als bis er alle Angelegenheiten, die ihn noch an die Welt hätten fesseln können, aufs sorgfältigste und pünklichste angeordnet und bestimmt hatte. Es gereicht uns daher zu keiner geringen Beruhigung, daß er, so unerwartet auch sein Tod kam, doch im eigentlichsten Sinne sein Leben vollendet hatte, die Welt nicht eher verließ, als er mit ihr fertig war und sie beseitigt und befriedigt hatte. Meine vorjüngste Schwester Lore war unter uns allen die Glücklichste, die ihm die letzten Beweise kindlicher Liebe geben konnte.

Daß der Verlust unseres guten Vaters mancherlei Veränderungen für uns zur Folge haben wird, können Sie sich denken. Was meine Wenigkeit betrifft, so wird er mit beschleunigender Kraft auf alle meine Pläne und Entschlüsse wirken. Ob ich von meinem Buche, das nun bald vollendet sein wird, und das Sie erhalten, sowie es die Presse verlassen, Früchte ernten werden, weiß ich nicht; und wenn auch welche, wie können bei uns Früchte für meinen Magen und Gaumen wachsen?

Meinen herzlichsten Dank für Ihr Buch. Ich erhielt es hier gerade in der Zeit, wo ich zum letzten Mal das Glück hatte, meinen Vater zu sehen und noch recht vertraute, recht innige und herzliche Stunden mit ihm zu verleben. Wie ich Ihr Buch erhielt, gab ich es sogleich meinem Vater, es wird Ihnen gewiß Freude machen zu vernehmen, daß er es mit großem Vergnügen las. Aus der Hand meines Vaters kam es in die Hände von Freunden, unter andern Stadlers, dessen Freundschaft ich gemacht, daher ich es noch nicht lesen konnte. Verzeihen Sie meine Kürze, die allertraurigsten Geschäfte sind daran schuld. Entschuldigen Sie mich doch ja bei Ihrer verehrungswürdigen Gemahlin, die ich aufs herzlichste grüße – daß ich das Stammbuchblatt noch nicht gesandt habe! Es soll nächstens folgen.

Ganz der Ihrige
L. F.

79

An Eduard Feuerbach

26. Juni 1833

/ In größter Eile. Ansbach, 26. Juni 1833

Lieber Bruder!

Ob ich zu dem projektierten Nekrolog Materialien werde liefern können, zweifle ich. Unter den Papieren, die Du mitnahmst, wirst Du wahrscheinlich dessen mehr finden. Selbst in betreff seiner literarischen Arbeiten getraute ich mir nicht, eine ganz zuverlässige, die Zeitfolge u. dgl. angebende Übersicht zu geben. Es sind wohl für eine Lebensbeschreibung höchst wichtige Dokumente noch hier. So fand ich heute in dem Schranke vor dem Schreibtisch, den ich, weil d[er] Schlüssel nicht vorgefunden w[erden] konnte, aufsperren ließ, ein Tagebuch aus s[einen] Jugendjahren in Jena, das einst geradezu so, wie es geschrieben ist, wenigstens s[einem] Geist und Stil nach, in eine Biographie aufgenommen w[erden] kann. Es ist ganz vortrefflich, der Vater steht hier in s[einer] ganzen Lebendigkeit, [seinem] Lebenswillen und [seiner] reinen

Menschlichkeit da, es ist mit der ergreifenden Wahrheit und dem Feuer, kurz, dem Geiste eines Goethe geschrieben, leider! nur zu kurz. Aber wegen gewisser Verhältnisse, die, obwohl gerade in ihnen [er] als der reinste, liebenswürdigste und zugleich geistreichste Mensch sich zeigt, aus Rücksicht des rohen Urteils des gemeinen Publikums mit Stillschweigen wohl übergangen w[erden] // dürften, bieten sie wenig Stoff zu einem Nekrolog für d[ie] „Allgemeine" oder [eine] andere Zeitung – selbst in eine Biographie könnte es nur kommen, wenn bereits er mehr der Historie und wir und manches uns teure Wesen dem Tode anheimgefallen ist. Es sind Beziehungen darin, die nur unter uns und auch da ein heiliges Geheimnis bleiben, ob sie gleich die unschuldigsten, *rein* menschlichsten sind. – Briefe an ihn sind natürlich auch sehr viele da. – Wenn ich Materialien aus diesen zerstreuten vorgefundnen Stoffen liefern sollte, so bedürfte ich dazu einer Zeit und Arbeit, die die Sache sehr verzögern würde und doch nichts Vollständiges gäbe. Ich weiß auch nicht, wie und warum Anselm mich auffordern kann, d[ie] *Biographien s[einer] Zeitgenossen* zu benutzen. Es ist ja viel besser und zeitersparender, wenn er selbst sich an diese Quelle hält, um darnach seine Abhandl[ung] zu ermessen. Welch ein Umweg ferner ist's, daß er sich nicht unmittelbar nach Frankf[urt a. M.], das ihm doch so nahe ist, wendet, um über das Leichenbegräbnis und andere Umstände Erkundigungen einzuziehen, da jetzt ein Brief v[on] A[nsbach] nach Frankf[urt a. M.], von Fr[ankfurt a. M.] nach A[nsbach] und von da wieder nach Sp[eyer] gehen muß.

Welche Materialien hast Du? Mach einen Auszug, ein Referat, und sei so gut, ohne erst einen Brief zu schreiben, als Antwort auf diese meine Frage, es zu mir oder unmittelbar Anselm zu schicken. Was ich zu unserm Zweck Nützliches finden werde, werde ich ihm auch zusenden. A[nselm] hat ja den Inbegriff und Totaleindrücke von den Schicksalen, Ereignissen und Taten seines Lebens, von s[einem] Charakter // Geist und Wesen. Dieser muß ja seine Hauptquelle sein. Der äußerliche Gang seines Lebens und [seine] Laufbahn sind schon früher in vielen Zeitschriften vorgekommen, so auch vorigen [Jahres] oder schon vor mehreren Jahren, wenn ich nicht irre, in der „Didaskalia". – Ich werde übrigens wahrsch[einlich] heute oder dieser Tage A[nselm] selbst schreiben.

Hast Du Dich in betreff der Obligationen am rechten Orte

erkundigt? Das wäre freilich traurig. Die beste Quelle hierüber wäre in Fr[an]kf[urt a. M.] zu finden, Leute, die uns die zuverlässigste Auskunft gäben, und selbst die redlichste Mühe sich [gäben] oder Ratschläge, sie zu verhandeln, wenn ich anders bei meiner großen Unwissenheit hierüber nur etwas sagen kann, nur das darf ich wohl sagen, daß Du Dir ja keine Sorgen hierüber machst.

Sei so gut, den Schmidt manchmal meinen Mantel und [meine] Hosen ausklopfen und lüften zu lassen, daß keine Schaben darankommen. – Die Deinigen sind ganz wohl, grüßen Dich und Karl herzlichst. Empfehle ihm auch im Namen der Lore und seiner Mutter die Sorge für s[eine] Gesundheit an. – Wie steht's denn hier mit Dir? Das beste, was Du dem Andenken des Vaters machen kannst, wie Du ihn ehren, s[einen] Willen erfüllen kannst, ist die Sorge für Dich, für Deine Erhaltung, für Deine *Heiterkeit*, der Quelle der Gesundheit. Du sorgst am besten für die Deinigen, wenn Du für Dich sorgst, denn dann erhältst Du Dich ihnen.

Dein treuer Bruder
Ludwig

Vergiß doch ja nicht, wenn Du wieder Briefe einsiegelst, gut sie zu schließen, Dein vorletzter konnte ganz aufgemacht und gelesen w[erden]. /

80

An Eduard Feuerbach

[vor dem 18. Juli 1833]

/ Lieber Bruder!

Ich beeile mich, Dir die erfreuliche Nachricht zu bringen, daß endlich wirklich die Pensionsgeschichte ein unsern Wünschen entsprechendes Resultat genommen hat, daß bereits die Mutter die Pension von vollem Gehalte erhoben hat. Möge diese Gelegenheit dazu beitragen, daß Du heiterer in die Zukunft und Gegenwart blickst, Dir wenigstens keine unnötigen und ungegründeten Sorgen machst! Wie viele Sorgen hast Du Dir schon oft gemacht, von denen sich am Ende zeigte, daß sie grundlos waren. Denke dies auch von Deinen gegenwärtigen. Damit will ich nun freilich nicht leugnen, daß Du vielleicht viele Feinde hast, die alles mögliche ausführen, um Dir beikommen zu können. Aber wer hat sie nicht? Je tüchtiger einer ist, desto mehr hat er ihrer. Das ist ein trivialer Satz. Aber was kümmert Dich das? Auf alle Fälle ist es wenigstens das beste, nicht eher Notiz // zu nehmen von dem Dasein s[einer] Feinde, als bis es zu offenen Taten, zu *unzweideutigen* Handlungen kommt. Bis es dazu kommt, bleibe ich wenigstens bei der Meinung, daß Du Deinen einzigen gefährlichen Feind in Dir selbst hast, in Deiner Hypochondrie. Dich von diesem zu befreien, steht aber in Deiner Gewalt, wenigstens jetzt noch. Darum denke mit *allem Ernste* und aller Lust an einen Gegenstand der Liebe. Kein andres Ziel, keine andre Sorge, keine andern Gedanken – als ein liebes Weib. Nur so kannst Du Dich kurieren und wenn nicht von Deinen Feinden, doch von ihrem Einfluß auf Dein Gemüt – und das ist die Hauptsache – befreien. Deine allenfalsigen unklugen Schritte, die Du getan haben magst (wohl aber auch durch die Zerrüttung der Verhältnisse, in denen Du zu leben gezwungen warst, hervorgerufen w[orden]), können Dir gar keine Veranlassung geben, Dir trübe Gedanken zu machen und Dich von dem Leben und der Liebe abzuziehen. Alles kann man im Leben wieder gutmachen. Dein einziger Mißtritt, der eines besondern Aufhebens wert wäre, wäre, wenn Du noch länger Dein Leben und gegenstandsloses einsames Leben // fortführen wolltest. Denn dann würdest Du Dich nicht nur Deinen, sondern auch unsern Feinden von selbst zum Opfer darbringen. Du hast gar nichts mehr zu tun, als lediglich und allein nur *an Dich* zu denken; nur so denkst Du an die Deinigen und ihr Wohl. Darum vergiß alles Unangenehme hinter Dir, vor Dir und um Dich in dem Genusse der wohlbegründeten Selbstsucht, in dem Gedanken an ein Weib, welches Dich Dir, uns und dem Leben wiedergeben wird. Also heirate – heirate – heirate! Dies der Rat und Wunsch aller Deinigen, so auch Deines treuen Bruders

Ludwig

Schreibe mir öfter, und zwar schütte Deinen Ärger, Deine Vermutungen und Sorgen vor mir aus. Es ist wenigstens besser, als wenn Du sie in Dich verschließt. /

81

Von Eduard Feuerbach

[Juli 1833]

Lieber Ludwig!

Du wirst wahrscheinlich schon erfahren haben, daß ich mittlerweile zum ordentlichen Professor mit einem Gehalte von 926 fl. ernannt worden bin. Es freut mich vorzüglich deswegen, weil ich nunmehr imstande bin, ungestört meiner weiteren Ausbildung und den Wissenschaften leben zu können.

Neulich beschäftigte mich sehr lebhaft der Gedanke an eine *deutsche Geschichte.* Diese müßte, wenn sie wahrhaft diesen Namen verdienen sollte, *eine Geschichte des menschlichen Geistes im deutschen Volksstamme* sein. Sie müßte darstellen, wie sich das geistige Element in den Deutschen nach seinen verschiedenen Richtungen hin, nämlich hinsichtlich der Wissenschaft, Religion, Kunst, Sitte, Recht mit innerer Notwendigkeit entwickelte, wobei dann die äußeren Fakta, die jetzt unsere s[o]g[enannte] Geschichte allein einnehmen, nur ein untergeordnetes Moment bildeten.

Wie wäre es, wenn wir unsere Kräfte vereinigten, um ein solches Werk zu vollenden, wenn *Du* Wissenschaft und Religion, *Anselm* Kunst, *ich* Recht, Sitte, Verfassung übernähmen; sollte sich nicht ein harmonisches Ganze[s] gestalten lassen, welches der deutschen Literatur Ehre bringen würde? Überlege einmal diesen Gedanken und teile mir Deine Meinung mit.

Gib bald Nachricht Deinem treuen Bruder
Eduard

82

An Eduard Feuerbach

4. August 1833

/ Frankfurt [a. M.], 4. August 33

L[ieber] Eduard!

Die Nachricht, daß Du ordentl[icher] Prof[essor], hatte mir schon Lore mitgeteilt. Sie erfreute mich natürl[ich] außerordentl[ich]. Ist gleich Erl[angen] ein elender Ort, hast Du doch in der Ruhe, die Dir jetzt gegeben ist, ein Mittel mehr, dieses Elend für Dich nichtig und gleichgültig zu machen. Und wo wäre denn auch wirklich ein Ort in der Welt, wo nicht von jedem Pflasterstein uns das menschl[iche] Miserere und der Ekel am menschl[ichen] Leben entgegenträte, wenn uns nicht die Studien gegen solche Eindrücke unverwundbar machten.

Dein Plan einer gemeinschaftl[ichen] Bearbeitung einer deutschen Geschichte ist wohl sehr schön, aber woher bekämen wir die Zeit zu einem Werke, das nur unter den günstigsten Verhältnissen unternommen werden, wenigstens glücklich ausfallen könnte? Aber den Teil, den Du Dir auserlesen, könntest Du ja recht gut allein als ein selbständiges Ganzes bearbeiten. –

Aus dem Anerbieten, das Du mir machst, zu schließen, bist Du noch nicht unterrichtet von dem neuen Spiel, das mit mir getrieben w[ird]. Jungfer Grete schrieb mir nämlich, ich glaube, schon zu Anfang Juni, daß, da ich mein Geld so gut wie früher fortbezöge, ich entweder, wenn ich meinen Plan nach Paris nicht aufgeben wollte, nach Ansbach zurück sollte, dort den Sommer und Winter noch zubringen, und daß dann *vielleicht* es möglich wäre, daß meine Reise zustande käme, oder so lange hier bleiben, unterstützt von Hause, bis ich eine Unterkunft an einem Institut oder [eine] Hofmeisterstelle gefunden. Ich brauch' wohl nicht erst zu sagen, daß diese Alternative mich im höchsten Grade indignierte, daß ich mich aber natürlich zu dem letztern tausendmal lieber entschloß, als dazu, auf ein ungewisses Vielleicht hin nach Ansb[ach] zurückzukehren in die alte Schmach und das alte Elend. Bemerken muß ich Dir noch, // daß ich von dem Gelde, das ich bisher bezog, alles, was mir übrigblieb, abgerechnet das Taschengeld, das für Tabak, Bier, Stiefel, Barbier, das ich ja ebenso gut in Ansbach brauche als anderswo, zu meiner Equipage [Ausstattung] verwandte, noch jetzt 27 fl. zur Anschaffung schwarzer Kleider oder eines Überrocks bereitliegen habe und dazu verbrauchen werde, wenn ich das noch zu folgende haben werde, daß folglich dieses Geld, das mir bisher geschickt w[urde], gar keinen Grund zur Verzögerung meiner Reise hergeben könnte, da ich ja doch hätte erst von neuem ausgestattet w[erden] müssen, ehe ich sie angetreten. Ich bin also wieder reduziert auf den Punkt, wo ich war, als ich als Student d[ie] Univer[sität] verließ, auf die Mittel, die mir damals, als ich sie selbst wollte und vorschlug, als unwürdig verworfen und jetzt, da ich mehrere Jahre als D[octor] legens zubrachte, selber angeraten w[erden]. Zwei Hofmeisterstellen hätte ich bereits haben können, aber sie waren mir zu schlecht; finde ich keine in pekuniärer und andrer Hinsicht höchst vorteilhafte oder bis dahin, wo ich eine finde, werde ich mit Privatstunden, die mir bereits versprochen w[urden], aber ohne daß ich bis jetzt noch welche erhielt, und vor allem, wenn ich es möglich machen kann, durch Mitarbeitung an liter[arischen] Zeitungen mich zu ernähren suchen. – Der Ort natürlich ist mir eins, ob Paris oder ein deutsches Landstädtchen, wenn mir nur Stunden fürs wissensch[aftliche] Leben übrigbleiben, aber wenn ich einmal durch Stundengeben mich ernähren soll, so ist mir Paris natürl[ich] aus mehrfachen und reellen Gründen der liebste und angemessenste, meine Gedanken daher noch auf es gerichtet, bis auf günstigere Verhältnisse. –

Den Mantelsack wirst Du erhalten haben. So eilig muß[te] ich ihn abschicken, daß ich weder Brief, noch Dein Geld, noch das Buch für d[en] kathol[ischen] Magister mitschicken konnte. – Von Kapps Zeitschrift weiß ich nichts. Sage ihm jedoch, daß ich etwas im Umfang etwa von 1 und 1/2 Bogen im Druck dieser Tage: „Über Bücher und Schriftsteller, ein Beitrag zur Metaphysik der Seele, aber ein höchst sonderbarer" ausgearbeitet habe. Wenn er es braucht und will, kann er's haben. Außer ihn und andere Freunde grüße gelegentlich auch Kastner und Kapp mit dem Bemerken, daß ich sie besucht noch würde haben, wenn ich gewußt, daß meine Abwesenheit so lang dauert. –

Dein treuer Bruder
Ludwig

Grüße mir Schmidt, den Stiefelw[ichser]. /

83

An Friedrich Feuerbach

[August 1833]

/ Lieber Fritz!

Indem ich Dir beiliegenden, aus dem Stegreif gemachten, deshalb vielleicht etwas defekten und inkorrekten Katalog meiner Bücher überschicke, mit der Bitte, ihr schützender Genius zu sein, damit nicht etwa Anselm, geleitet durch seine sonderbare Ideenassoziation, ganz heterogene Bücher s[einem] Gebiete vindiziert [zuerkennt], schicke ich Dir zugleich die Melodie von dem „Es zogen 3 Burschen", gleichfalls mit der Bitte, die übrigen mangelnden Verse, die ich nicht ganz richtig im Kopfe habe, beizuschreiben und dann Plotho, den ich herzlichst grüße, zu übergeben. Er wird die Güte haben, unter einem wahren Peloton-Feuer von Grüßen von meiner Seite es nach Bruckberg zu expedieren. Den Baß konnte ich mir jedoch nicht verschaffen, weiter nichts als die einfache Melodie, die aber die ganz echte ist. Da die Silben in den verschiedenen Versen nicht gleich an Zahl sind, so kommen natürlich oft zwei Töne, die in einigen auf zwei Silben kommen, in andern auf eine Silbe.

Die beiden Landschaftsstücke in Vaters Studierstube, die mir Anselm gegen den Frankfurter Dom gegeben, // haben für mich einen ganz besondern Wert. Daß sie also nicht irrtümlich etwa verschenkt werden!

Was mir meinen Aufenthalt hier einzig und allein angenehm macht und eine Verlängerung desselben wünschenswert, ist die Menge von politischen und liter[arischen] Zeitungen, die man hier auf den Lesekabinetten haben kann.

Von den Wunden, die die vielen attischen oder vielmehr bayerischen Nächte in Ansbach mir geschlagen, habe ich mich hier glücklicherweise wieder ganz erholt. Ich fühle mich wohler und gesunder als je, lebe gut und mäßig.

Wenn ich auf literar[ischem] Wege mir wenn auch nur Geringes, doch Bestimmtes erwerben kann, so bringe ich diese Minuten hier zu, aber nicht bei der Tante, um den Drang zur Schriftstellerei, der bedeutend wieder in mir rumort, ungestört befriedigen zu können. Bis in 14 Tagen muß dies aber entschieden sein, dann verlasse ich Fr[an]kf[urt a. M.], nach Ansbach komme ich aber schwerlich.

Anselm grüße noch besonders herzlich von mir und bitte ihn in Guttermanns, meinem und Deinem Namen, daß er doch endlich einmal s[eine] Gedichte herausgibt; sie w[erden] ihm größeren Nutzen bringen als s[ein] „Apollo". Eduard wird ihm in dieser Beziehung auch einen Vorschlag von seiten Guttermanns mitschicken. Grüße herzlich Mutter und Lore. Lebe wohl!

Dein Bruder
Ludwig /

84

An Ludwig I., König von Bayern

15. September 1833

/ An seine Königliche Majestät von Bayern.
Zu Allerhöchstdero Ministerium des Innern. /

/ Allerdurchlauchtigster Großmächtigster König!
Allergnädigster König und Herr!

[Betreff:] Alleruntertänigstes Gesuch des Privatdozenten D[r.] Ludwig Andreas Feuerbach um allergnädigste Verleihung einer außerordentlichen Professur.

Schon im Anfang des Jahres 1832 wagte der alleruntertänigst Unterzeichnete Eurer Königlichen Majestät die Bitte um Beförderung zum außerordentlichen Professor zu stellen, auf welche jedoch bis jetzt keine allerhöchste Entscheidung gefolgt ist. Derselbe würde, um nicht den Vorwurf unbescheidner Zudringlichkeit auf sich zu laden, es nicht wagen, sein Gesuch zu erneuern, wenn ihn nicht seine jetzige Lage dazu nötigte und die mittlerweile auf der Universität eingetretene Veränderungen eine Gewährung derselben hoffen ließen. / / Durch das plötzliche Hinsterben seines Vaters ist er der Mittel beraubt, auf der Universität Erlangen als Privatdozent leben zu können. Zwar genießt er durch die Gnade Euerer Königlichen Majestät, für die er sich zum innigsten Danke verpflichtet findet, eine Pension, die jedoch bei dem Mangel eignen Vermögens und sonstiger Hilfsquellen zu seiner Subsistenz [seinem Lebensunterhalt] nicht hinreicht.

Seiner Befähigung wegen beruft er sich vertrauensvoll auf

das Zeugnis des königl[ich] akademischen Senats der Universität Erlangen und auf soeben erschienene anliegende Schrift: „Geschichte der neuern Philosophie", in welcher, wie er sich schmeicheln zu dürfen glaubt, Beweise niedergelegt sind, daß er sich // gründlich und nicht ohne Erfolg mit seinem Fache beschäftigt hat.

Da ferner durch die Quieszenz [Versetzung in den Ruhestand] des Herrn Professor Dr. Kapp eine Professur der Philosophie erledigt worden ist und außerdem, sicherm Vernehmen nach, Fonds disponibel sind oder doch demnächst werden, so wagt er von neuem, Euere Königliche Majestät alleruntertänigst zu ersuchen:

daß Allerhöchstdieselben geruhen möchten, ihn zum außerordentlichen Professor der Philosophie allergnädigst zu befördern.

Ersterbend in allertiefster Untertänigkeit
Eurer Königlichen Majestät
alleruntertänigster treugehorsamster
Dr. Ludwig Andreas Feuerbach,
Privatdozent der Philosophie an der
Universität Erlangen

Ansbach, den 15. September 1833 /

[Begleitschreiben an den Senat der Universität Erlangen:]

/ Königlicher Akademischer Senat!

Einem Königlichen Akademischen Senat habe ich die Ehre, anliegendes Gesuch nebst Beilage zu übersenden mit der gehorsamsten Bitte, dasselbe bei Seiner Königlichen Majestät wohlwollend zu vertreten.

Eines Königlichen Akademischen Senats
ganz gehorsamster
Dr. Ludwig Andreas Feuerbach,
Privatdozent der Philosophie

Ansbach, den 15. September 1833 /

85

An Christoph August Tiedge

[Sommer/Herbst 1833]

/ Wenn ich die Liebe und Freundschaft erwäge, die Sie, Hochverehrtester, mit meinem verstorbenen Vater aufs innigste verband, erwäge, mit welchem heißen Verlangen man die nähern Todesumstände geliebter Wesen zu kennen begehrt, um ihre letzten Momente und Empfindungen, ihre eignen Schmerzen noch mit ihnen zu teilen, so muß ich gestehen, daß es unverzeihlich von mir ist, erst jetzt Ihr teilnehmendes Verlangen zu befriedigen. Wenn ich aber meinerseits meine eignen Schmerzens- und Trauerempfindungen erwäge – erwäge, daß es mir unmöglich ist, an Sie, den innigstgeliebten Freund meines teuern Vaters, einen empfindungslosen, zeremoniellen Brief so etwa in der Form einer Todesanzeige zu schreiben, ferner erwäge die vielen traurigen Pflichten und unangenehmen Geschäfte, die mir, der ich gegenwärtig allein von den Brüdern im // elterlichen Hause mich aufhalte, obliegen und ich – wie sich bei teilnehmenden Freunden von selbst versteht – nicht mit alles erleichternder Lust und Liebe, sondern mit jenem Widerwillen, ja Abscheu verrichte, den tiefgefühlte Trauer gegen alle äußerlichen, weltlichen Interessen und Geschäfte einflößt, so finde ich mich vor mir selbst wenigstens entschuldigt und hoffe von Ihrer Güte und Einsicht, daß ich es auch vor Ihnen bin.

Die erste und wichtigste Frage, die teilnehmende Liebe bei der Nachricht von dem Tode teurer Wesen aufwirft, ist: Starben sie schwer oder leicht, nach langen oder kurzen Leiden? Ich kann Ihnen hierauf die beruhigende Antwort geben, daß seine letzten Todesstunden sanft, seine Leiden kurz – wenn es anders für das Mitgefühl eine Kürze gibt – sie dauerten nämlich von Pfingstmontag abends um 6 Uhr bis Mittwoch in der Frühe um $^3/_4$ auf drei Uhr – wenigstens nicht von großen Körperschmerzen – was schon aus der Natur seiner Todesart, die ein Nervenschlag war, sich ergibt – begleitet waren, abgesehen von einigen Stunden, in denen er von Krämpfen ergriffen wurde, infolge deren er noch heftige, unruhige Bewegungen mit dem linken Beine und Arme machte, die allein noch seiner Willkür unterworfen waren, denn seine ganze rechte Seite war gelähmt, ebenso wie seine Zunge, von dem Augenblicke an, wo er von dem Schlage gerührt wurde.

Bis hieher hatte ich diesen Brief schon vor ungefähr anderthalb Monaten, // wo nicht gar zwei Monaten geschrieben, als ich durch allerlei widerliche und traurige Gründe von seiner Fortsetzung und Vollendung abgehalten wurde, bis ich es endlich für zu spät und daher ungeeignet hielt, seine Fortsetzung wieder aufzunehmen und ihn noch abzuschicken. Auch tröstete ich mich mit dem Gedanken, daß mein ältester Bruder, Anselm, Ihnen bereits nähere Nachrichten würde erteilt haben. Jetzt schicke ich ihn nur noch zu einem Zeichen ab, daß ich an meine Pflicht nicht nur gedacht habe, sondern auch bereits an ihre Erfüllung gegangen war.

Offenherzig muß ich jedoch gestehen, daß ich Anstand genommen haben würde, auch nur zu dem eben angegebnen Zwecke diesen fragmentarischen und überdies so sehr verspäteten Brief an Sie, hochverehrtester Herr, noch abgehen zu lassen, wenn mich nicht der Gedanke, meinen begangnen Fehler dadurch einigermaßen gutzumachen, wenigstens den Schein einer Vernachlässigung und Gleichgültigkeit gegen Sie von mir dadurch entfernen zu können, daß ich mich beeile, ein Exemplar von meiner eben erst erschienenen „Geschichte der neuern Philosophie von Bacon v. Verulam bis B. Spinoza" zugleich bei dieser Gelegenheit hochachtungsvollst zu überreichen, ermutigt hätte. /

86

Von Eduard Gans

11. Oktober 1833

/ Verehrtester Herr Doktor!

Nach meiner Rückkehr von einer ziemlich langen Ferienreise habe ich den ersten Teil Ihrer „Geschichte der neueren Philosophie" nebst Ihrem wertgeschätzten Briefe erhalten und mich sogleich an das Studium des Buches begeben. Der Eindruck, den es auf mich gemacht hat, ist sehr erfreulich gewesen, und ich kann Ihnen, verehrtester Herr, meine Genugtuung nicht schildern, daß doch endlich die Geschichte der

Philosophie, eine ihrer wichtigsten und bedeutendsten Seiten, in solche Hände gefallen ist, die mit der Bewegung des spekulativen Geistes vertraut, nicht genötigt sind, eine bloß äußerliche Aufzählung der Lehren ohne Selbstverständnis zu geben. Begierig bin ich nun auf die Fortsetzung dieser Geschichte. Ihrem Wunsche gemäß // habe ich gestern Abend in der Sitzung der Societät für wissenschaftliche Kritik den Antrag auf eine Rezension Ihres Buches gestellt, aber in Erfahrung gebracht, daß bereits eine Anzeige des Dr. Erdmann eingelaufen sei, die nächstens abgedruckt werden wird und mit der Sie, wie man mich versichert, zufrieden sein werden.

Gern biete ich Ihnen, wenn ich sonst von einigem Nutzen sein kann, meine Dienste an und bin mit ausgezeichneter Hochachtung Ihr ergebenster

Gans

Berlin, den 11ten Oktober 1833 /

87

Von Karl Sigmund Franz Freiherr von Stein zum Altenstein

13. Oktober 1833

/ Ew. Hochwohlgeboren

danke ich verbindlichst für die Aufmerksamkeit, welche Sie mir durch gefällige Mitteilung der von Ihnen verfaßten „Geschichte der neuen Philosophie" bezeigt haben. Mit lebhaftem Interesse habe ich von diesem Werke nähere Kenntnis genommen, das sich durch gründliche Benutzung der Quellen, sorgfältige Entwickelung der einzelnen philosophischen Systeme, einsichtiges Hervorheben der ihnen zum Grund liegenden Gedanken, zweckmäßige Auswahl der Belegstellen und auch eine im Ganzen angemessene Darstellung vorteilhaft auszeichnet. Indem ich Ihren weiteren wissenschaftlichen Bestrebungen einen glücklichen Fortgang wünsche, benutze ich gern diese Veranlassung, Sie meiner vorzüglichen Hochachtung zu versichern.

Berlin, den 13ten Oktober 1833 Altenstein

An den Privatdozenten Herrn L. A. von Feuerbach Hochwohlgeboren in Ansbach. No. 17987. /

88

Von Georg Wolfgang Karl Lochner

8. Dezember 1833

/ Sie erhalten hier Ihrem Wunsche gemäß die oft gewanderten Aphorismen zurück. Ich hatte in voriger Woche noch einen Versuch und zwar bei Ebner gemacht, der mir aber erst heute antwortete, und zwar wie alle dankend und ablehnend. Unwahr ist jedoch die Bemerkung nicht, daß diese Aphorismen ein zu kleines Publikum finden würden, als daß es sich der Kosten verlohnte. Denn, werter Freund, wer sie liest und sich für sie interessiert, der kauft sie nicht, nämlich Autoren und Literaten, weil sie in der Regel kein Geld haben; und das übrige Publikum kümmert sich den blauen Teufel um die darin enthaltenen Ansichten über Dinge, die nur den Autor und das Leben angehen. Dann ist es allerdings eine sehr gewagte Sache um eine neue Zeitung. Ich sprach gestern mit einem hierin wohlerfahrnen Manne über solche Unternehmungen – natürlich ohne einen Namen zu nennen –, der, und wie mir schien mit vielem Grund, behauptete, zwei Jahre lang müsse ein Buchhändler die Kosten rein für nichts achten, denn erst nach wenigstens zwei Jahren dürfte ein selbst übrigens gutes Blatt auf Sukzeß [Erfolg] hoffen, unter dieser Zeit sei an gar keinen Gewinn zu denken. Bei uns aber ist die Bedächtigkeit zu groß. Wenn Sie indessen sehen wollen, wie ein Blatt zugrunde geht, so merken Sie auf das neue *politische Blatt*, welches (ich weiß nicht, unter welchem Titel) von einem gewissen Dr. Löhner, // Exkandidaten der Theologie und ehemaligem Pfarrvikar in Fürth, wo er durch seine Toleranz gegen die Schickselche [Freudenmädchen] soll bekannt gewesen sein, und einem gewissen Dr. Schemm, derzeit Lottokollreteur in N[ürn]b[er]g, bei dem vielberühmten George Winter dahier mit dem neuen Jahr erscheinen wird. Seien Sie froh, daß Ihr Debüt nicht gleichzeitig mit diesen Leuten fällt. Bei uns fängt Shak[e]speare an zu spuken. Gestern gaben sie den „Kaufmann von Venedig“, und in dem Dienstagblatt ist eine merkwürdige Theaterkritik, die von niemand als Gambihler sein kann. Sehen Sie, das heißt geistvoll, gehaltreich, witzig, und was weiß ich sonst, schreiben. Nieswurz sollten die Bestien fressen! Ist es nicht ganz unbillig, unserem Publikum Behagen an Dingen abzuverlangen, die vor 300 Jahren Mode waren, die aber heutzutage als ganz fremd und spanisch erscheinen? Ich glaube, wenn man dem Athenischen Publikum, das doch das gebildetste von allen gewesen sein muß, den „Ring" des Kalidas vorgeführt hätte, so hätte es auch nicht recht gewußt, ob und wann es lachen oder weinen soll. Der „Kaufmann von Venedig" ist eine dramatisierte Novelle, // die man mutatis mutandis [mit den notwendigen Abänderungen] einem Familienstücke neuerer Zeit zur Seite stellen kann. Es enthält viel Rührendes, viel Komisches, aber nichts Tragisches. Nun bin ich überzeugt, daß die tragischen Stücke nie und nimmer veralten, „Lear", „Hamlet" und „Macbeth" machen immer gleichen Eindruck, man könnte selbst die alten Attiker vorführen, und das Publikum wüßte, was es wollte. Sobald aber die komische Muse auftritt, so hat sie es mit allem Zeitlichen zu tun, und ein Lustspiel, das es zu Louis XIV. Zeit war, bleibt unklar zu unserer Zeit, wenn man nicht die Formen ändert. So müßte „Tartuffe", der „Geizhals" etc., so ernstlich sie sind, notwendig umgeändert und den Sitten unserer Zeit angepaßt werden. Der „K[au]fm[ann] zu Venedig" ist nicht durch und durch ein Lustspiel, aber seine Wirkung ist auf komische Motive berechnet, und diese können heutzutage nicht mehr wirken. Ebenso spricht uns, in unserer allerdings nüchternen Zeit der antithesenreiche, kunstvolle und überladene Stil Shak[e]speares in seinen ernsten Partien, *wo er nicht gerade tragisch ist*, nicht an, und während der, dem jene Zeit überhaupt nicht ferne ist, leicht in jene Beziehungen eingeht, durch die Dunkelheit der Sprache nicht gehindert ist, und überhaupt mit dem dichterischen Ausdruck // in Freundschaft steht, das Stück ungehindert liest und wahrhaft genießt, kann der gewöhnliche Schauspielgast diesem sonderbaren Gerichte keinen Geschmack abgewinnen. Ich habe die Aufführung nicht gesehen, obschon ich es wünschte, aber ein Besuch hielt mich ab – übrigens glaube ich nicht viel verloren zu haben. Verstehen Sie mich nur recht! Ich kenne Shak[e]speare durch und durch und habe ihn schon als Kind in der Eschenburgschen Übersetzung mit Ergötzen gelesen, aber unserem Sonntagspublikum ein solches Stück vorsetzen ist eine Ungeschicktheit, und über Mangel an Teilnahme klagen ist Abgeschmacktheit. Ich wünschte, daß Sie irgendeinmal mir Ihre Ansicht darüber mitteilten, und vielleicht stimmen Sie mit mir überein.

Was nun weiter anfangen? Mit unseren Nürnbergern ist nichts mehr anzufangen. Gehen Sie nach Erlangen? Sollte es nicht am besten sein, in München, etwa unter dem Prätext [Vorwand] einer Arbeit auf der Bibliothek, einen Anhalt zu verschaffen? Lassen Sie mich hören, was Sie beschließen, denn ich nehme an allem, was Sie betrifft, den wärmsten Anteil und bin zu allen Diensten nach meinen Kräften bereit.

Stets der Ihrige
Lochner

Nürnberg, Montag, den 8. Dezember 1833 /

89

Von Wilhelm Kohl

[Dezember 1833]

/ Donnerstag Mittag

Deinen Brief erhalte ich soeben.

Auf die Aphorismen freue ich mich unsäglich. Druckt sie Brügel? Die Rezension im neuen Blatte habe [ich] noch nicht gesehen. Sende sie mir mit dem nächsten Boten zur Ansicht; der rückkehrende Bote soll sie Dir wiederbringen. Ich kann Dir die genaueste Auskunft über ihren Verfasser versprechen, denn, wie ich höre, steht mein Schwager mit an der Spitze des Unternehmens. Ich werde sogleich schreiben. – In den Berliner „Jahrbüchern" hat ein gewisser Erdmannsdorf ebenfalls Dein Buch beleckt. Ein dummer Teufel.

Sobald ich Deine „Geschichte" gelesen hatte, noch von Ansbach aus, sandte ich eine Anzeige zur Mitteilung an die „Leipz[iger] Lit[eratur]z[ei]t[un]g". Diese Anstalt nahm meine Anzeige nicht auf, „weil dies Journal mit Anf[an]g des J[ahres] 1834 aufhöre und bereits schon eine fertige Rezension Deines Buches bereitliege". Sofort sandte ich eine zweite Anzeige an die Redaktion der Haller „Lit[eratur]-Z[ei]t[un]g". Diese hat mir – seit 8 Wochen – noch nicht geantwortet. Verkenne also mein Stillschweigen vor der Welt nicht! Auch habe ich bei der Redaktion der „Bayer[ischen] Annalen" anfragen // lassen, ob ich eine Kritik einsenden dürfe; sie hat aber diese zu sehen verlangt, ehe sie darüber entscheiden könne. Soll ich ad captum illius publici [nach deren Fassungsvermögen] etwas hinschicken?

Lies in den „Bayer[ischen] Annalen“ Schellings Anzeige der Cousinschen Werke und in der „Münchner Polit[ischen] Zeit[un]g“ Ringseis' Rede bei seinem Antritt des Rektorates. – Der Philosophenmonarch läßt jetzt seine zu München gehaltenen Vorlesungen im Druck erscheinen.

Mit mir ist's noch, wie es war. Des Tages Müh' und Verdruß, des Nachts der Wissenschaft heilige Begeist[erun]g und der Liebe ewiges Verlangen. Besonders studiere ich Platon. Diese kritisch-spekulative Methode ist die allerfruchtbarste, um die religiösen, politischen und literarischen Vorurteile zu prüfen und zu diluieren. Diese Erkenntnis der Kategorien, das τί ἕκαστων [das Einzelne] ist mir nun das Allernotwendigste und Unentbehrlichste. Wie es mit unserem Leben sei: Platon gefaßt, Aristoteles studiert, Spinoza geliebt zu haben, ist eine Satisfaktion des Daseins. Ich metaphysiziere für und für: In Schmerzen und Freuden der Lust, in allen Erniedrigungen und Entbehrungen, in allen Genüssen und Seligkeiten verhält sich mein Geist rein, frei, metaphysisch, ausgehn in sich, \ / aus sich und durch sich und zu sich und für sich und in sich. – Lieber! Mache, daß ich Dich bald sehe! Ich will mich an dem, was Du tust, trösten über das, was mir zu tun versagt ist. Mein Zimmer ist immer für Dich in Bereitschaft, komm nur recht bald. Ich bitte Dich herzlich.

Dem Leo in Halle hast Du noch nicht Dein Buch geschickt? Der hat in seinem neuesten Libell: „Skizzen zu einer Naturlehre des Staates“ den schändlichsten, inhumansten, servilsten Unsinn ausgekramt. So Görres in seinem neuesten Buch: „Die Bibel ist die Grundlage der Jurisprudenz“. – Der Dr. Schuster ist ein Schutzbefohlener von Luis. Dieser versichert, es sei kein anderes Heil als der Absolutismus, den Daumer sollte der König verbrennen lassen, weil er so gottlose Bücher schreibt, und Daumer sei der gottloseste Mensch usw.

Wenn Du mir auch Deine Aphorismen als Freundesgabe geben willst, so sende mir jeden Bogen einzeln, sobald er fertig ist, damit ich mich gleich daran labe, an diesem „echten Bocksbeutel“. Solchen hab' ich gestern ganz köstl[ichen] getrunken mit mehreren jungen Leuten – versteht sich, auf Dein Wohl und auf das Wohl aller freien Geister und wahrhaften, edeln Charaktere. /

/ Was hörst Du von Kapp? Grüße den Trefflichen! – Daubs Buch über die Selbstsucht der Theologie ist herrlich; er sucht diese Selbstsucht nicht in dieser od[er] jener [. . .]

Behandlung, sondern erkennt in ihr das principium ipsissimum [den ureigensten Grundsatz] der Dogmatik. Ein treffl[icher] historischer Roman ist Salvandys „Spanien od[er] Don Alonso". – In Preuß' Geschichte Friedrich[s] II. sind die köstlichsten Urkunden in Briefen. Man sieht, was dieser Mann gelitten, wie er s[einen] Geist verheimlichen und verleugnen mußte, und seiner Selbstherrschaft geist- und charaktervolle Anmaßung und die Gründlichkeit seines Unglaubens und die Rührungen seines großen Herzens. Ganz antik ist die Wahrhaftigkeit seines großen und liberalen Charakters als denkender, studierender Mensch.

Hegels Beweise vom Dasein Gottes sind eine treffl[iche] *logische Arbeit*. Wasser, meine Mühle zu treiben.

Am allerbesten wäre uns, wir wären zusammen in Berlin: Du doziertest Geschichte und Philos[ophie] alter und neuer Zeit, Psychologie usf., ich Logik. – Wollen wir einen Plan zusammen entwerfen, dies auszuführen? – Ich bin sehr glückl[ich] zu hören, daß Du wieder Deines Geistes Schwert geschliffen hast und froh bist in produktiver Arbeit. *Zusammen nach Berlin!* In antiker, in spekulativer Freundschaft.

Tui amantissimus / [Dein Dich innigst Liebender]

90

Von Johann Adam Karl Roux

24. Dezember 1833

/ Ich freue mich der Erscheinung Ihrer neuesten Schrift, welche Ihren Beruf zur Philosophie bestätigt, und danke Ihnen für das mir gütigst überschickte Exemplar. Wenn ich zeither nur bruchstückweise in derselben gelesen habe, so geschah es, weil mein Verlangen, ihren Inhalt einigermaßen wenigstens kennenzulernen, viel zu groß war, als daß ich sie gleich hätte binden lassen können. Anjetzt aber befindet sie sich unter den Händen des Buchbinders, welcher mir dieselbe morgen wieder zurückerstatten wird. Die Stunden, welche ich auf ihre Lesung, vom Anfange an, zu verwenden gedenke, werden mir gewiß die angenehmsten im Laufe der gegenwärtigen Ferien sein. Indessen glaube ich aus dem, was ich bereits gelesen habe, mit Recht folgendes Urteil aussprechen zu können: Schon aus dem Umstande, daß Sie Verfasser dieser Schrift sind, und aus dem Zwecke, den Sie sich bei ihrer Abfassung vorgesetzt haben, läßt sich auf die Gründlichkeit und Nützlichkeit derselben schließen. Nach meinem geringen Ermessen haben Sie diesen in der Vorrede angegebenen Zweck wirklich erreicht und sich dadurch um die Geschichte der neuern Philosophie sehr verdient gemacht. Ein anderer Gegenstand, welcher meine Aufmerksamkeit in Anspruch genommen, ja Bewunderung in mir erregt hat, ist: Ihre große Belesenheit und die aus den vielen Schriften geschöpften Notizen, welche Sie als Belege für Ihre Behauptungen mitgeteilt haben. Auch daß Sie // Spinoza von dem Vorwurfe des Atheismus zu befreien gesucht haben, hat mich sehr angesprochen, da ich schon als Student aus dem Munde des vor vielen Jahren verstorbenen Hofrat Ulrich, welcher unter den damaligen Philosophen einen ziemlich ehrenvollen Rang behauptete, vernommen habe, daß dieser scharf und fein denkende Skeptiker sich des Atheismus schuldig gemacht haben soll.

Was den in Ihrem gütigen Briefe noch ausgedrückten Wunsch, mein Befinden und meine Lebensweise betreffend, anbelangt, so erwidere ich wie folgt: Meine Lebensweise ist noch immer ungemein still, und ich halte es sogar der Klugheit gemäß, wenig Umgang zu haben. Ich habe, wiewohl unverdienterweise, einige Feinde; dagegen aber auch mehrere Freunde, weil ich niemandem im Wege stehe, noch etwas suche. Meine Abhandlung ist noch immer nicht erschienen. Ich werde dieselbe ins reine schreiben und sie so lange liegenlassen, bis Sie sie selbst ganz gelesen und beurteilt haben. Übrigens wünsche ich nichts so sehr, als daß Sie bald wieder hieher kommen möchten.

Leben Sie so gesund und glücklich wie ich Ihnen, Ihrer lieben Mutter und Geschwistern redlich wünsche.

Ihr Sie hochschätzender Freund
Dr. Roux

den 24. Dezember 1833 /

91

An einen Verleger

[1833/34]

/ E[uer] W[ohlgeboren]

erlaube ich mir hiemit eine literärische Arbeit von mir zum Verlage anzubieten. Ihr Gegenstand ist im allgemeinen: das *Wesen* und die *Bedeutung* des Schriftstellers an sich und in seinem Verhältnis zum Menschen und zur Welt und folglich, da der Schriftsteller nur aus den Schriften beurteilt w[erden] kann, zugleich das *Wesen* und die *Bedeutung* des *Buchs* überhaupt in seinem Unterschied vom Leben. So abstrakt dieser Gegenstand zunächst zu sein scheint, so ist er doch allgemein interessant und steht in nächster Beziehung auf das Leben. Denn wer hat nicht täglich ein Buch an der Hand? Wer schöpft nicht seine schönsten Vergnügungen aus der Lektüre? Was belebt mehr unsere Gespräche und Gesellschaften als ein Stoff aus der Literatur? Und wenn uns eine Schrift interessiert, mit welchem Verlangen erkundigen wir uns nach der Individualität und dem Leben des Verfassers? Was ist nicht schon alles über z. B. Goethe als Mensch und Schriftsteller geschrieben und gestritten worden? Wen sollte es daher nicht interessieren, nicht bloß über *einen bestimmten* Schriftsteller und seine Persönlichkeit, sondern überhaupt über das Wesen und d[as] Verhältnis des Schriftstellers als solchen und als Menschen etwas zu erfahren? Für wen, der nur einigermaßen den *Wert* des Buchs aus seiner eignen Erfahrung zu schätzen weiß, sollte es nicht ein seiner Aufwendigkeit würdiger Gegenstand sein, die Frage gelöst zu finden: Was ist denn eigentlich *das Buch*? Wen sollte es nicht um so mehr interessieren, da wirklich auffallenderweise wir nur einzelne zerstreute, dürftige Gedanken über diesen Gegenstand bei den großen Schriftstellern, z. B. Voltaire, Goethe, Jean Paul finden. // Wäre aber auch der Gegenstand an sich abstrakt, so begründet ihn doch die Art, und ich glaube, gerade durch die Art und Weise, wie ich ihn traitiert [behandelt], denn sie ist die des Humors. /

[Beilage:] / D[er] Gegenst[and] dieser Sch[rift] ist im allgem[einen]: d[as] Leben, d[as] Wesen und d[ie] Bedeutung des Schriftst[ellers] an sich und besonders in s[einem] Verhältnis zum M[enschen] und zur Welt und folglich, da der

Schr[iftsteller] nur aus d[er] Schrift, als dem geistigen Medium, worin er s[ein] Wesen wie s[eine] Wirkung niederlegt, beurteilt w[erden] kann, zugleich *d[as] Wesen und die Bedeutung* des Buchs überh[aupt] in s[einem] Verhältnis zum Leben. Wenn alles das, was die Elemente einer Sache, sie sei, welche sie wolle, betrachtet, Metaphysik genannt w[erden] kann, so könnte man diese Schrift daher eine *Metaphysik der Literatur* nennen, da ihr Gegenstand nicht eine bestimmte Volksliteratur oder ihre Geschichte, nicht *eine* bestimmte Gattung oder literärisch bestimmte Klasse d[er] Schrift sind, sondern der Schriftsteller und das Buch selbst.

Nur einem oberflächl[ich] darüber hineilenden Blicke könnte dieser Gegenstand zufällig [?] und abstrakt erscheinen, um auf allgemeines Interesse Anspruch machen zu können. Denn wer nur einigermaßen darüber nachsinnt, w[ird] auf d[er] Stelle erkennen, daß der *Dualismus* zwisch[en] M[ensch] und Schrift, B[uch] und L[iteratur], Geist und Welt ein fast unerschöpfl[icher] Stoff ist, ein unermeßliches [. . .] der Empirie und Phantasie, in dessen Gebiet die interessantesten Lebenserscheinungen ohne Zwang hineingezogen w[erden] können. Es kommt natürlich hier allein auf d[en] Geist und die Art an, wie d[er] Geist behandelt w[ird]. Ich behandelte ihn rein humoristisch, in der bekannten Art und Weise, wie auch ein in sich abstrakter Gegenstand bei den Leuten Effekt machen und selbst bei dem größern nur ganz allgemein gebildeten Publikum sich Zutritt verschaffen kann. – Wenn ich E[uer] W[ohlgeboren] eine nähere Beschreibung von der Gattung des Humors geben wollte, in welcher meine Schrift geschrieben ist und *zum Teil* wenigstens wohl darauf Anspruch machen dürfte, für eine neue originelle Gattung zu gelten, so müßte ich mich notw[endig] über den Humor selbst und d[ie] humor[istischen] Schriftst[eller] älterer und neurer Zeiten ausbreiten. Aber das verbieten mir d[ie] Grenzen eines Briefes. Ich beschränke mich daher nur auf folgendes, um Ihnen eine allgem[eine] Vorstellung von der Art der Behandlung zu geben. Ich versenke den Gedanken – obwohl ich ihn am schicklichen Ort auch in der Form des Gedankens ausdrücke, um dem Leser d[as] Verständnis zu erleichtern – in die den Menschen und d[ie] Gegenstände s[einer] Umgebung zur Befriedigung s[einer] Schaulust entspringenden Wogen der Phantasie, um durch sie – die Schwäche des M[enschen], bei der man ihn allein in s[eine] Gewalt bringen kann – s[eine] ganze Seele mit allen ihren Fakult[äten] in Bewegung zu setzen und zu beschäftigen, so daß d[as] Ganze eine mit immer neuem Wechsel der Empfindung und Anschauung unterhaltende Bildergalerie ist, ein fortgesetztes Reich von Allegorien, Vergleichen, Symbolen und selbst dramatischen Szenen. Ich lasse ferner mit einer Freiheit und Besinnlichkeit, / / die der Humor uns nicht nur erlaubt, sondern selbst in s[einem] Wesen liegen, jedoch, wie sich von selbst versteht, mit Vermeidung alles Geschmacklosen und Unschickl[ichen], das dem eignen Gefühl schon zuwider ist, der Natur unbeschränkten Lauf, so daß d[ie] Schrift in dieser Beziehung mit einem Lust- und Irrgarten verglichen w[erden] kann, durch den sich unbeschadet d[er] Identität des Gedankens in labyrinthischen Wendungen Episoden hinziehn, in denen d[er] V[erfasser] scheinbar v[on] s[einem] Gegenst[and] abschweift und die mannigfaltigsten Gegenstände d[es] Lebens (außer d[en] politischen) mit heiterer Ironie zur Sprache bringt. Dabei ist das Ganze mit allerlei Lesefrüchten und [. . .] Zügen aus dem Leben großer Sch[riftsteller] gewürzt.

Die Form d[er] Schrift ist die der Aphorism[en]. Dieser Name soll hier nichts Fragmentar[isches] andeuten; er ist im Sinne älterer Schr[iftsteller] genommen, die, wie z. B. B[acon] v. V[erulam], eine Reihe zus[ammen]hängender, bald nur einige Zeilen, bald ganze Seiten einnehmender Sätze Aph[orismen] nannten. Diese Form ist absichtl[ich] gen[ommen] worden, teils um d[ie] Freih[eit] d[es] Geistes nicht zu beschränken, teils um d[en] einzelnen Gedanken, dadurch daß sie einzeln, in sich abgerundet dastehn, mehr Gewicht und Effekt zu geben und in gedrängter Kürze zu sagen, was sich leicht zu einer ganzen Abhandl[ung] ausspinnen ließe. Zur Erleichterung einer Übersicht s[ind] d[ie] A[phorismen] in folg[ende] Abschnitte geteilt: I. H[ier] w[erden] die psychol[ogischen] Fragen in humorist[ischer] Weise gebracht. II. Nach einigen Aph[orismen] über d[as] Verhältnis d[es] Schriftst[ellers] zum Publ[ikum] und d[ie] groben Mißverständnisse, d[ie] es sich von jeher gegen s[eine] größten Köpfe zuschulden kommen ließ und die in einem höchst possierl[ichen] Abenteuer anschaulich gemacht w[erden], beginnt d[er] erste Aufzug dieser Tragikom[ödie] damit, daß der erste Widerstand, den fast alle großen Schriftst[eller] bei ihrem Eintritt in d[ie] Welt fanden, der Wille ihrer Väter war. Hierauf w[ird] die Welt in der Person eines altväterlich pedant[ischen], beschränkten, umständl[ichen] reichsstädt[ischen] Philisters [wiedergegeben], d[er] Schriftst[eller] oder s[ein] Geist aber *ironisch* als *Genie* geschildert, und zwar in d[em] Sinne, in welchem man im gewöhnl[ichen] Sinne dieses Wort einem M[enschen] beilegt, d[er] zwar viele Talente hat, aber sonst sich nicht durch solide bürgerl[iche] Tugenden auszeichnet und allein d[en] Sonderling macht, nicht wie die andern Leute denkt und spricht etc. Hiebei Blick in [. . .] Züge. IV. den II. ausgesprochnen Gedanken wieder aufgenommen. Grundgedanke einfacher Satz: Wir erkennen auch den M[enschen] aus den Schriften. M[ensch] und Schriftst[eller] s[ind] identisch. Dieser Gedanke w[ird] aber verschiedentlich modifiziert. Schluß: Briefwechsel zwischen M[ensch] und Schriftst[eller], die hier als zwei Freunde mit Einer Seele vorgestellt. In diesen Freundschaftsbund w[ird] aber noch zu guter Letzt zur Erbauung der Leser eine höchst rührende Liebesgeschichte eingeflochten, um auf die dem M[enschen] *empfindlichste* Weise s[eine] Versöhnung mit d[em] Schr[iftsteller] ad oculos [vor Augen] zu demonstr[ieren]. D[as] erfaßt humor[istisches] und wissensch[aftliches] Interesse, indem in ihr Verhältnisse zur Sprache kommen, die nun die höhere Analysis des Verstandes auflöst. /

92

Von Georg Friedrich Daumer

[Ende 1833/Anfang 1834]

/ Gar wunderbar ist, daß Hauser die Bestellung des Unbekannten angenommen und verschwiegen, sowie, daß der Unbekannte auf Hausers Verschwiegenheit gebaut und nicht gefürchtet hat, im Park verhaftet zu werden, nachdem H[auser] die Sache würde angezeigt haben. Der Unbekannte scheint eine ganz absonderliche Lockpfeife für Hauser in Anwendung gebracht zu haben. Hat H[auser] nichts darüber geäußert? Was erzählt man von seinen letzten Augenblicken? Ging er mit dem Bewußtsein, daß er sterben werde, dem Tod entgegen? Zeigte sich gar nichts mehr von seinem früher so vorherrschenden somnambulen Wesen? Hatte er keine Todesahnung? War vor seiner Verwundung nichts Auffallendes in seinem Betragen zu bemerken? Teile mir darüber mit, was Du weißt, wenn Du Zeit dazu hast und aufgelegt bist.

Dein D. /

93

Von Georg Friedrich Daumer

[Januar 1834]

/ Einige der stärksten Stellen habe ich abdrucken lassen. – Lord Stanhope war einigemal bei mir. Er will Hausern durchaus zum Betrüger machen und gibt sich deshalb alle Mühe, fragt selbst die Polizeisoldaten aus, um Anhaltspunkte für seine Meinung (?) zu gewinnen, wie es ihm nicht fehlen kann, erkleckliche Lügen und Unrichtigkeiten zu sammeln. Er bemühte sich, mich auszuforschen, nur weil ich von dem sterbenden Hauser Aussagen wußte, von denen einige ein böses Licht auf Stanhope werfen. Er hat sich Auszüge aus den verfälschten Akten gemacht, von denen Dein Vater schon als von betrüglich Zusammengeschmiedetem andeutend gesprochen, und wahrscheinlich hat Merker, der neulich bekannt gemacht, er habe authentische Nachrichten und könne beweisen, daß alles, was man über Hausers Herkunft gesagt, auf Lügen beruhe, seine Nachrichten von Stanhope, der sehr billigend von Merker spricht. Es sind mir schreckliche Gedanken aufgestiegen. Dieser Stanhope studierte etwa vor 30 Jahren in Erlangen, war also [in] der Umgegend Nürnbergs und gewiß auch dieser Stadt seit langer Zeit nicht fremd. Man will auch bemerkt haben, daß er mit seinem Kammerdiener in einem eigenen Verhältnis stehe. Die außerordentliche Mühe, die er sich gibt, um Hausern zum Betrüger zu machen, macht ihn äußerst verdächtig. – Noch eins! In etwa drei Wochen werde ich heiraten. In der Hoffnung baldigen Wiedersehens

Dein
D./

94

Von Eduard Gans

4. Januar 1834

/ Berlin, den 4ten Januar 1834

Verehrtester Herr Doktor!

Auf Ihren Brief vom 25ten v[origen] M[onats] und J[ahres], den ich vor einigen Tagen erhalten habe, finde ich zu erwidern, daß ich es für sehr angemessen halten würde, wenn Sie hierherkämen und sich hier habilitierten. Der berühmte Name, den Sie führen, das Talent, das Sie selbst gezeigt haben, würde Ihnen, bei der philosophischen Sterilität, die eigentlich jetzt hier herrscht, eine sichere Laufbahn verbürgen. Alles, worauf es hier ankommt, ist, sich eine Zeitlang aus eigenen Mitteln erhalten zu können, bis man den Fuß in den Dozentensteigbügel getan hat.

Was Sie mir von der südlichen Flora, wie Sie es nennen, sagen, ist mir // nicht neu. In der Vorrede zu meiner Ausgabe des Hegelschen Naturrechts hatte ich eine recht ordentliche Polemik mit Kartätschen gegen Schelling, Stahl etc. ergehen lassen; aber meine Mitherausgeber, die weder den Krieg lieben noch verstehen, hatten sich dem Abdruck widersetzt, und so ist jener matte Guß entstanden, den ich kaum mehr als mein Werk anerkennen kann. In einer Anzeige des Stahlschen Naturrechts will ich indessen auf eigene Hand fortsetzen, was mich die Kollegialität zu tun verhindert hat.

Mit der Erdmannschen Anzeige Ihres Buches in den „Jahrbüchern" bin ich nicht ganz zufrieden, und obgleich Sie persönlich sich nicht beklagen können, so hätte ich doch gründlicheres Eingehen gewünscht.

Die Kaspar Hausersche Mordgeschichte hat // uns alle hier sehr ergriffen, und zwar um so mehr, als hier noch mittelaltrige Beziehungen wirksam zu sein scheinen, die man schon zu den Märchen zählen zu können glaubte.

Mit ausgezeichneter Hochachtung habe ich die Ehre zu sein Ew. Hochwohlgeboren ergebenster

Gans /

95

Vom Senat der Universität Erlangen

11. Januar 1834

/ An den Herrn Privatdozenten
Dr. Ludwig Andreas Feuerbach
dermalen in Ansbach

Dem etc. benachrichtigen wir hiermit, daß uns durch ein Königl[iches] Ministerial-Reskript d[e] d[ato] München,

6. Jan[ua]r a[nno], Nr. 28446, die Entschließung zugekommen ist, daß dessen Gesuch um Verleihung einer außerordentlichen Professur der Philosophie an der hiesigen Hochschule zur Zeit um so weniger genehmigt werden könne, als durch die temporäre Quieszierung [zeitweilige Versetzung in den Ruhestand] des außerordentlichen Professors Dr. Kapp eine Lehrstelle in der philosophischen Fakultät der Universität Erlangen nicht erledigt worden sei.

Erlangen, am 11. Januar 1834
H[enke] U[niversitäts-] P[rorektor] /

96

An Friedrich Feuerbach

[14. März 1834]

/ Freitag

Lieber Fritz!

Heute morgen bin ich angekommen. Heute nachmittag gehen ich und Eduard nach Muggendorf, darum kann ich nicht viel schreiben. Karl wird morgen begraben. Karl ahndete nicht sein Ende. Er starb schnell und leicht. Die Originalität seines Geistes behauptete er bis auf die letzten Stunden.

Beruhigungsgründe für die Mutter Dir an die Hand zu geben, ist nicht nötig. Du kennst sie selbst zu gut!

Die Todesanzeige kommt nicht in den „Correspondenten", das kommune Blatt, sondern in die „Allgemeine Zeitung" und das „Frankfurter Journal".

Lebe wohl
Dein Bruder
L.

Sei so gut, Anselm das traurige Ereignis zu melden. Helene erfährt es durch die Tante. /

97

An Christian Kapp

23. März 1834

Ansbach, 23. März 1834

Verehrter Freund!

Tibi soli scripta est haec litera.
[Dieser Brief gilt allein Dir.]

Eben hat mir mein Bruder Eduard, der gestern abends, wo ich ihn aber nicht mehr sprach, von Erlangen hier ankam, Ihren Brief mitgeteilt und gehe ich sogleich auf die Hauptsache über.

Als Freund und Mann muß ich Ihnen offen gestehen, daß ich keineswegs mit Ihnen in betreff Ihrer neuen Unternehmung übereinstimmen kann. Was erreichen wir durch sie? Keinen wissenschaftlichen Zweck. Das ist klar aus ihrer Tendenz und den zu behandelnden Gegenständen. Wo wir aber keinen wissenschaftlichen Zweck erreichen, dabei sind wir nicht mit ganzer Teilnahme, nicht mit jenem Interesse, das allein der erfolgsichernde Schutzgeist einer Unternehmung ist. Auch keinen materiellen Zweck. Dieser könnte nur sein, pekuniärer Vorteil oder weitere Begründung unsers schriftstellerischen Namens – eines zunächst zwar toten Kapitals, das aber einst doch so oder so seine Zinsen tragen wird. Den letzteren erhalten wir aber sicherer auf andere, uns und unseren Studien angemessenere Weise als auf diese. Der zweite scheint bei Dannheimers Verhältnissen aber ganz außer Augen gesetzt werden zu müssen. Wenn es mit dem Honorar kritisch aussieht, so können wir überdem nur auf sehr wenige und sehr schläfrige Teilnehmer rechnen. Da wir in unserer Zeit so viele *notwendige* Opfer bringen, wem kann man es verargen, wenn er es verschmäht, überdies auch noch *freiwillige* Opfer zu bringen! Ich muß Ihnen gestehen, daß ich selbst es mir längst verschworen habe, auch nicht eine Zeile mehr aus meiner Feder der Welt zu überlassen, ohne von ihr etwas Reelles dagegen zu erhalten. Opfer gegen Opfer! Nur wenn Sie einen persönlichen Zweck durch dieses Unternehmen beabsichtigen, nur Ihnen zuliebe könnte ich von dieser Maxime abgehen.

Wenn Sie aber vielleicht bloß dem Dannheimer zu Gefallen

sich zu dieser Unternehmung verstehen, so gehen Sie in Ihrem Edelmut zu weit. Einen Buchhändler emporzubringen, liegt ganz außer unserer Sphäre. Nicht die Schwingen des Adlers, das Gefieder des gemeinen Hausgeflügels hebt einen Buchhändler empor. Lessing schon kam diese Verkennung teuer zu stehen.

Wenn Sie wirklich schon Verpflichtungen eingegangen sind oder es doch fast bei Ihnen beschlossen ist, den „Nationalkalender“ herauszugeben, so können Sie darauf rechnen, daß Ihnen von mir zu Gebote steht, worüber ich selbst gebieten, als eigner Herr nach Willkür schalten und walten kann. Nun wissen Sie aber selbst, was ich für ein Kauz bin. Über alles in mir bin ich Herr, nur nicht über meinen Geist: Er ist ein schlechthin unumschränkter Autokrat. Wenn er aber über mich kommt, so bin ich im eigentlichen und uneigentlichen Sinne hin. Ich gehe in meinem Gegenstande zugrunde, er verschlingt mich wie der Walfisch den Jonathan. Ich gehöre nur ihm an. Ich kann mich nicht verteilen. Wenn ich also ein wirklich *positiv* tätiger Mitarbeiter an Ihrem Blatt werden sollte – ein solcher wäre ich aber nur, wenn ich aus mir selbst heraus meine Arbeiten schöpfte – so muß ich – wenigstens eine Zeitlang – ganz und gar ausschließlich, ohne etwas von mir zur Reserve zurückzustellen, mich Ihrem Blatte widmen. Nun kann ich mich aber nur dem mit Erfolg widmen, an dem ich mit Leib und Seele hängen kann, kurz, dem ich mit wahrer Liebe zugetan bin. Ich bin geistlos, ja mehr, ich bin ohne Verstand und ohne alles Geschick, wo ich nicht mit Liebe bin. Nun fragt es sich aber, sind die „Nationalkalender“ oder die Art, in der sie behandelt werden müssen, von der Beschaffenheit, die mein Wesen erfordert, um etwas mit Geist zu behandeln? oder wenn ich in betreff der Nummer 5 und 6 ganz mir selbst und meiner Wahl überlassen bin, sind meine Arbeiten, die dann humoristisch-philosophischer Natur sein würden, zur Empfehlung eines Nationalkalenders geeignet, seiner Tendenz angemessen? Etwas ganz anderes ist eine Arbeit, die für sich allein, auf ihre eigene Faust erscheint und sui juris [nach eigenem Recht] sich durch die Welt schlägt, als eine Arbeit, die in einem Blatte, das eine bestimmte Tendenz und einen bestimmten Zweck hat, erscheint. Angenommen aber die Bejahung dieser beiden oder der einen von den zwei Fragen, so muß ich abermals, um Ihnen nicht etwa zu versprechen, was ich nicht leisten kann, die Frage aufwerfen: Ist es mir in meinen gegenwärtigen Verhältnissen und bei meinen vielen, gegenwärtig mir durch den Kopf die kreuz und quer gehenden Projekten möglich, erlaubt, Ihnen das bestimmte Versprechen eigentlich *produktiver* Mitwirkung zu geben? Darauf kann ich selbst, wenigstens in diesem Momente, weder mit Ja noch mit Nein antworten, denn die Entscheidung hängt von der, ich will hoffen, nächsten Zukunft ab, hängt davon ab, ob meine Projekte scheitern oder nicht, ob die fernen schwachen Aussichten, die sich mir zu eröffnen scheinen, sich wieder verlieren in die Nacht oder den hellen Tag mit sich bringen. Mangel an Zeit und Ruhe – mein Speyrer Bruder ist auch hier – verhindern mich, ausführlicher, wie es nötig wäre, mich über diese Punkte mit Ihnen zu besprechen. Ihre ferneren Briefe geben mir dazu vielleicht die Veranlassung.

Die Frage erlaube ich mir noch an Sie: Welches Interesse bewegt Sie zu diesem neuen Unternehmen? Die „Athene" lebt noch, obgleich ihre Erscheinung zugrunde gegangen. Welches Interesse ist also so mächtig in Ihnen, daß Sie die durch das Schicksal der „Athene" in mir auf den höchsten Grad gesteigerte Antipathie gegen alles Zeitungswesen – eine Antipathie, die Sie gewiß auch mit mir teilen – überwinden können? Wie die genialen Menschen ihren eigenen Weg gehen, so auch die Wissenschaft und ihre Wirkungen. Die Heerstraßen der Zeitungen sind nicht ihre Wege. Geben Sie uns wieder einen neuen Dialog! Das ist besser für Sie und uns! Es ist besser, wenngleich kostspieliger, mit Extrapost als mit dem Eilwagen oder gar einer Ordinären zu fahren.

Szenen aus dem Leben meines Vaters wird Ihnen der eine oder andere von uns Brüdern liefern können. Aber zu einer Biographie, die wir außerdem schon unternommen haben würden, ist jetzt durchaus keine Zeit. Den interessantesten Partien würde nicht einmal der Druck gestattet. Das fragliche Aphorisma steht in Zinkgrefs „Apophtegmata deutscher Nation". Das Buch selbst ist noch unter meinen übrigen Büchern eingepackt in Erlangen, aber die Exzerpte daraus habe ich hier. Wären sie schon auf anderes Papier abgeschrieben und läge es mir nicht um Ihretwillen daran, noch heute diesen Brief abzuschicken, so würden sie mitfolgen. Wenn Sie das Buch selbst wollen und es nicht in Heidelberg zu haben, so steht es Ihnen zu Diensten. Überhaupt würde ich Ihnen gerne, was ich an Materialien, Lesefrüchten, einzelnen Charakterzügen besitze – was freilich ein *sehr geringer* Vorrat ist –

mitteilen. Auch werde ich nicht unterlassen, Daumer und Bayer und wen ich sonst tauglich und willig finde, aufzufordern. Aber bedenken Sie sich noch einmal recht ernstlich über die ganze Sache. Bedenken Sie, was es heißt, sich auf fremde Hülfe verlassen zu müssen (wie es Ihnen als Redakteur bevorsteht), wie gewagt eine solche Unternehmung in dieser Zeit ist, wie jetzt, wo jeder den Stachel seines Geistes in sich zieht und froh ist, wenn er für sich selber mit heiler Haut davonkommt, und wo alle Lust und [aller] Mut zu gemeinsamen Bestrebungen dieser Art verlorengeht. –

Den Brief bitte ich niemand mitzuteilen. Er ist in einer dem Schreiber ungünstigen Stimmung geschrieben.

Ganz der Ihrige
L. F.

98

Von Georg Friedrich Daumer

[April 1834]

/ Lieber F.!

Dank für Deine Nachrichten über Karl. Ich stand, als ich zu Erlangen studierte, mit Karln, wiewohl auf kurze Zeit, in einem Verhältnis, dessen Andenken sich mir nie verwischen wird und das zu dem Schönsten und Besten aus meiner Jugendzeit gehört. Ich lernte damals Karln tiefer kennen, als ihn vielleicht irgendein anderer kennengelernt.

Stanhope hat wirklich schon etwas drucken lassen (außer dem, was er Merkern zugeschickt), und zwar in Form zweier Briefe an Hickel und Meyer, worin alles, was der Graf aufzubringen wußte, um Hausern zu verdächtigen, zusammengehäuft ist. Es ist als Manuskript gedruckt bei Hopfer in Karlsruhe. Das Empörendste darin ist die Behandlung Deines Vaters, der den Grafen so hoch geehrt, der schändliche Verrat der vertrautesten Äußerungen, die Dein Vater ihm getan, der Hohn, mit dem der Graf von seinen Leistungen spricht, die Anklage der Geschichtsverfälschung, die er ihm macht. Aber der böse Mensch wird sich bei allen Besseren nur selbst dadurch schlagen und verraten. Ich wäre nicht ungeneigt, ihn öffentlich // zu bedienen, nur hält mich die Rücksicht auf den ohnehin so sehr geschlagenen, doch so gutmütigen Binder ab, den ich wegen seiner unglücklichen Führung der Untersuchung sehr unangenehm berühren müßte.

Daß Du mir Heidenreichs Schrift geschickt, ist mir sehr erwünscht. Ist es nötig, daß ich sie Dir zurückschicke? Oder darf sie bei mir liegenbleiben? Sollte ich doch noch etwas zu tun gedrungen werden, so würde ich sie brauchen, weshalb ich sie gern noch einige Zeit behielte.

D. /

99

An Bertha Löw

6./8. April 1834

Ansbach, Samstag, den 6. April 1834

Verehrtes Fräulein!

Heute sind es gerade acht Tage, daß ich in Bruckberg die erfreuliche Nachricht von Ihrer glücklichen Ankunft in Heidelberg erhielt. Ob ich gleich recht gut vorauswußte, daß mir gerade dort, wo ich so schöne Augenblicke mit Ihnen verlebte, Ihre Abwesenheit am empfindlichsten sein würde, so eilte ich doch vor Ungeduld, etwas von Ihnen zu erfahren, in wahren Sturmschritten hinaus. So bequem und gefahrlos auch das Reisen in unseren Tagen ist, so begleitete ich doch in Gedanken Sie nicht ohne Sorgen und konnte nicht den Tag erwarten, wo ich bei mir denken konnte: Jetzt ist sie dort und in den besten Händen der Welt. Ich möchte Ihnen – warum sollte ich es Ihnen nicht gestehen? – einen recht schönen Brief schreiben, einen Brief, der Ihnen sowohl des Inhalts als des Stiles wegen Freude machte, kurz, einen Brief, den es sich der Mühe lohnt zu lesen. Aber einen schönen Brief kann ich nur schreiben, wenn ich einen *wahren* schreibe, denn nichts ist mir widerlicher als Schönheit ohne Wahrheit, und einen wahren kann ich nur schreiben, wenn ich frei von der Seele weg spreche, wenn ich dem Drang meines Innern keine beengenden Schranken setze. Ich weiß mir keine erbärmlichere Situation von der Welt als die, einen geistlosen Brief schreiben zu müssen, und einen geistlosen schreibe ich, wenn ich einen herzlosen schreibe, da Kopf und Herz bei mir eines Wesens sind. Aber eben das Herz müssen wir vor allen Dingen im Zaume halten, wir müssen es wie einen Gefangenen mit bloßem Wasser und Brot traktieren; eine bessere, eine reichere Kost macht es leicht zu üppig.

So glücklich ich stets im Umgange mit Ihnen war, ob ich gleich nie meinem Herzen genug Luft und Raum ließ, so glücklich bin ich auch ungeachtet der mir auferlegten Beschränkung und der aus ihr entspringenden Verlegenheit in diesem Augenblicke, wo ich an Sie schreibe. Ich müßte mich übrigens über mich selbst verwundern, wenn es anders wäre. Sie werden sich erinnern, daß ich Ihnen selbst sagte: Mein ganzes Verhältnis zu Ihnen wäre eine fortwährende Mäßigung und Selbstbeherrschung gewesen, und ich setze nachträglich noch hinzu, wiewohl sich diese Bemerkung von selbst versteht, eine Beherrschung nicht gemeiner, sondern jener edlen Triebe, die zu empfinden echte Sittlichkeit ist und auf die wir nur verzichten sollten, wenn es uns die Notwendigkeit gebietet. Darum bezeichnete ich auch einmal mein Benehmen zu Ihnen als ein geistloses. Nur der Gedanke, daß Sie selbst hievon sich überzeugen werden, daß Sie so vernünftig und gebildet sind zu erkennen, daß ich anders schreiben kann und namentlich Ihnen anders schreiben könnte, kann mich daher auch bestimmen, ihn an Sie abzuschicken.

Den 8. April 1834

Was ich gestern an Sie geschrieben habe, las ich eben wieder durch, und es hätte nicht viel gefehlt, so hätte ich es vor Unmut zerrissen. Doch ich besann mich wieder anders und dachte: Soll denn der Brief mehr sein als sein Verfasser? Was war und bin ich selbst anders Ihnen als ein flüchtiger, ganz kurzer, noch dazu an vielen Stellen kaum leserlich geschriebener Brief, den Sie einmal zufällig, ohne selbst zu wissen, wie Sie dazu gekommen sind, und ohne sogar die Hand zu kennen, in der mit Billets doux [Liebesbriefen] und fremden Manuskripten aller Art reichlich gefüllten Brieftasche Ihres Herzens gefunden haben? Was anders als ein Briefchen, den der Genius der Fräulein Bertha einmal in einer humoristischen Laune, zur Erinnerung an Ihren eignen Wert, den sie nur zu sehr zu verkennen geneigt ist, an Sie geschrieben hat? Als ein nur ein paar inhaltsreiche Zeilen enthaltendes Blatt in dem schon beschriebenen Stammbuch Ihres Lebens? Was willst Du also mehr sein als ich, Du arroganter Brief? Wende das Sprüchwort: „Der Apfel fällt nicht weit vom Stamme" auch auf Dich an. Sei zufrieden, daß Du mein Ebenbild und Stellvertreter sein kannst. Sei, wie auch ich selbst, eine im Strom des Lebens verrauschende Woge. Bist Du nicht von dem „gottlosen und frivolen" Verfasser der theologisch-satirischen Distichen? Willst Du denn seine Grundsätze und Ansichten, von denen er so ganz durchdrungen ist, etwa verleugnen? Erinnerst Du Dich nicht z. B. seines Distichons:

„Kurz ist das Leben fürwahr, doch kurz wie das Distichon
kurz ist, welches ew'gen Gehalt bringt in die flüchtige Form?"

Darum mache Dich nur getrost auf den Weg. Wolle auch Du nicht mehr sein als ein kurzes Distichon! Bin ich doch selbst nicht mehr als ein ganz kurzes, noch dazu nicht einmal in der Form korrektes und schulgerechtes Epigramm, das der Weltgeist in einer ganz sonderbaren Stimmung, einer Stimmung, die sich gar nicht recht beschreiben läßt, auf, ich weiß selbst nicht alles was, gemacht hat.

Meine Aphorismen werden Sie schwerlich noch in Heidelberg treffen. Obwohl der erste Druckbogen bereits fertig ist und es ein ganz kleines Schriftchen gibt, so geht es doch außerordentlich langsam aus Mangel an Setzern mit dem Drucke vorwärts.

Daß mich einige Zeilen von Ihrer Hand außerordentlich erfreuen würden, brauche ich wohl nicht zu sagen. Aber binden Sie sich durchaus nicht daran. Leben Sie nur dem Genusse Ihrer in jeder Art schönen Umgebung! Auch nicht einen Augenblick möchte ich Sie diesem entziehen. Werfen Sie diesen Brief und alles, was nur im mindesten Sie dem Genusse der Gegenwart entzieht, geradezu in den Neckarstrom hinein, und haben Sie Ihre herzliche Freude daran, wenn er von seinen Wogen verspült wird! Darum bitte ich Sie eigentlich, mir nicht zu schreiben. Ich bin doch, wie sich von meiner Sinnesart und [meinem] Charakter von selbst versteht, auch wenn Sie mir nicht schreiben, nach wie vor

Ihr Sie innigst verehrender
Ludwig Feuerbach

100

An Christian Kapp

8. April 1834

Ansbach, 8. April 1834

Verehrter Kapp!

Meinen letzten Brief werden Sie hoffentlich erhalten haben. Daß die Lebkuchen noch immer bei Ihrer Frau Gemahlin, der ich mich abermals bestens empfehle, in so freundlichem Andenken stehen, habe ich nicht erwartet.

Um so mehr freut es mich. Von Ihnen aber erwarte ich über das Begleitungsschreiben der Lebkuchen, nämlich die „Geschichte der Philosophie", wenn Sie sie einmal gelesen haben, bei Gelegenheit *kritische* Bemerkungen, die mir als belehrend sehr willkommen sein werden.

Kommen Sie mit dem alten, ehrwürdigen Daub zusammen? Sagen Sie ihm doch, daß ich noch immer mit derselben Liebe und Hochachtung an ihn als meinen Lehrer denke.

Wahrscheinlich, ob ich mir gleich noch keine bestimmte Arbeit für den Sommer vorgenommen habe, werde ich mich eine Zeitlang in unser liebes Erlangen setzen, um die Bibliothek zu benützen und die Folgen von dem *ontologischen* Beweise von Ihrem *Nicht-Dasein* an Leib und Seele als höchst willkommene Irritamente [Reizmittel] meiner satirischen Galle über das Erlanger Eselspack zu verspüren.

Beiligenden Brief haben Sie die Güte, Fräulein Bertha zu übergeben.

Ganz der Ihre
L. F.

101

Von Leopold von Henning

8. Mai 1834

/ Sr. Hochwohlgeboren
Herrn Dr. v. Feuerbach in Ansbach

Berlin, den 8ten Mai 1834

Die von Ew. Hochwohlgeboren im Verlaufe des vorigen Jahres herausgegebene „Geschichte der Philosophie der neueren Zeiten von Baco[n] bis Spinoza" hat bei allen Freunden dieser Wissenschaft so gerechten Beifall gefunden, daß die hiesige Societät für wissenschaftliche Kritik den lebhaften Wunsch hegt, Sie unter die Zahl ihrer Mitarbeiter zu den „Jahrbüchern" rechnen und dann und wann von Ihnen einen Beitrag zu dieser von ihr herausgegebenen Zeitschrift entgegennehmen zu können. Indem ich mich, erhaltenem Auftrage gemäß, beehre, Sie von diesem Wunsche der Societät in Kenntnis zu setzen, erlaube ich mir zugleich, sie in Betracht der Tendenz unserer Zeitschrift sowie in Ansehung der aus dem Ganzen notwendig resultierenden äußern Beschaffenheit der einzelnen Rezensionen auf die bisher erschienenen Jahrgänge zu verweisen und nur noch die Bemerkung hinzuzufügen, daß bei Werken von geringerer Bedeutung weniger eine ausführliche Darstellung der Einzelheiten als vielmehr eine kurzgefaßte, summarische Angabe der etwa vorhandenen wissenschaftlichen Ergebnisse wünschenswert // erscheinen würde. Eine gedrängte Relation ist in solchem Falle um so mehr notwendig, da auf dem beschränkten Raume unserer Zeitschrift so mannigfache Interessen zur Sprache gebracht werden müssen.

In der Hoffnung einer geneigten Zustimmung zu dem Ihnen gemachten Vorschlage stellt Ihnen die gedachte Societät in Ermangelung größerer Werke, die noch nicht zur Beurteilung verteilt wären, folgende beide neu erschienenen Schriften zu einer Anzeige im Umfang von einigen Druckspalten hiemit ganz ergebenst in Antrag: Kuhn, Jacobi und die Philosophie seiner Zeit, Mainz 34. Rosenkranz, Sendschreiben über die Hegelsche Philosophie an den Professor Bachmann, Königsberg 1834. Auch würde es der Societät sehr erwünscht sein, wenn Sie Veranlassung finden sollten, aus dem Kreise Ihrer literarischen Interessen einige neue Werke in Vorschlag zu bringen, die Sie in unseren „Jahrbüchern" zu beurteilen sich geneigt fühlten. Schließlich füge ich nur noch hinzu, daß das Honorar // der Beiträge im größern Drucke auf 16 Rtlr. für den Bogen bis jetzt festgesetzt ist, während die mit kleineren Typen gedruckten Anzeigen mit 20 Rtlr. Preuß. Cour. für den Bogen honoriert werden.

Mit Vergnügen ergreife ich die Gelegenheit, Ihnen meine besondere Hochachtung auszudrücken, und verharre Ew. Hochwohlgeboren ganz ergebenster Diener

L. v. Henning, Professor /

102

An Christian Kapp

16. Mai 1834

Ansbach, 16. Mai 1834

Verehrter Freund!

Den Geniestreich, den mir Ihre verehrte Frau Gemahlin zu machen anriet, habe ich wirklich gemacht. Die beifolgende Schrift ist dieser Geniestreich, und ich mache daher von Ihrer gütevollen Einladung, zu Ihnen nach Heidelberg zu kommen, in der Art Gebrauch, daß ich zwar nicht in corpore, d. h. in groß Folio, sondern – was viel anständiger ist – in einem kleinen Taschenformat meinen Besuch abstatte, um Ihnen, insbesondere Ihrer Gemahlin damit meine wahre Hochachtung auszudrücken. Heidelberg, der alte Kapp, der junge Kapp, die große Kapp, die kleine Kapp, die holde Johanna und noch dazu die edle Jungfrau von Bruckberg – Nein! das ist zuviel auf einmal für unsereinen, das paßt nur für einen Weinländer, aber nicht für einen Mann, der täglich vernunft- und gesundheitshalber seine vier Maß kaltes Brunnenwasser in seinen leeren Magen hinabschüttet. Güter, die *einzeln* genossen schon ein *besonderes* Gewicht haben, muß man nicht *zusammen in eine Tasche* auf einmal stecken wollen. Die Aufnahme, die dem Schriftsteller zuteil wird, kommt ja überdem auch dem Menschen zugute. Möge darum nur der erstere eine freundliche bei Ihnen finden! Der letztere bewahrt in dankbarem Gemüte für andere gelegene Zeiten Ihre Einladung als ein Dokument Ihrer Güte auf.

Ihren letzten Brief habe ich verlegt und trotz aller angestellter Recherchen noch nicht gefunden. Ganz vortrefflich war das Bild von Ulysses. Übrigens bin ich in demselben Zustand als Schriftsteller wie Sie. Auch ich werde noch in anderen Gestalten auftreten. Das Schwert der Philosophie soll noch blank aus der Scheide gezogen und mit dem Arm eines Herkules geschwungen werden. Übrigens könnte mich nichts mehr erquicken, als Ihre spekulativen Ideen über eigentlich philosophische Gegenstände – in einer solchen trefflichen Sprache, wie die des Dialogs ist, niedergelegt – baldigst lesen zu können. Über das Schicksal dieses Dialogs weiß ich übrigens gar nichts. Außer Bekannten habe ich mit niemanden darüber gesprochen als mit Carové, der ihn kannte und lobte. Den Verfasser nannte ich natürlich nicht.

Die Schrift, aus der die Anekdoten sind, heißt: „Julii Wilhelm Zinkgrefen Teutscher Nation Apophtegmata".

Daumer will Ihnen über Kaspar Hauser etwas schicken. Ob es sich aber für Ihren Kalender eignet, weiß ich nicht. Wenn ich gerade etwas Kleineres, was für Sie passen könnte, aus meinem Kopf herausbringen werde, so sollen Sie es erhalten. Leider habe ich aber jetzt mit einem Allerlei meinen Kopf toll und voll. Der Lord Stanhope ist ein ganz elender Mensch. In zwei Briefen an Schullehrer Meyer und Leutnant Hickel, die er als Manuskript drucken ließ, die hier aber durch mehrere Hände kursierten und so auch mir und den Meinigen zugesteckt wurden, bemüht er sich mit sichtbarem Interesse, den Kaspar Hauser recht anzuschwärzen, und verunglimpft dabei auch meinen Vater auf eine schändliche Weise. Glücklicherweise sind noch infame Briefe von ihm da. Aber es müssen noch mehr Data, namentlich in Nürnberg, gesammelt werden. Er soll seinen Teil hinausbekommen. Dies Geschäft gehört auch zu meinem Allerlei.

Von der Berliner Societät für wissenschaftliche Kritik erhielt ich heute die Einladung, Anteil zu nehmen. Die Einladung nehme ich an. Es ist doch eines der achtbarsten, wo nicht das achtbarste wissenschaftliche Institut für seine Zeit. Vor einigen Tagen war Hitzig hier, der von der guten Aufnahme meines Buches in Berlin mit mir sprach und sagte, wenn ich nicht gerade in Berlin dozieren wolle, sondern in Bonn, so dürfe ich nur meinen Wunsch äußern, er würde mir ohne Bedenken gewährt, und ich könne auf Beförderung dann rechnen. Dieser Tage schreibe ich daher Altenstein. Bonn schlage ich vor. Bonn – und Erlangen! Ein Leben, wie ich es bisher führte, taugt in der Länge nicht für einen Menschen in meinen Jahren. Bern weiß ich noch nicht, ob ich mich melde. Die Schweizer Natur, die Nähe Frankreichs, Italiens anlockend, aber wenn die Universität eine *bestimmte* liberale Tendenz haben sollte, was ich jedoch noch nicht bestimmt weiß, so möchte ich nicht hin.

Der Ihrige
L. F.

103

An Gottlieb Ernst August Mehmel

[Mai 1834]

/ Hochwohlgeborner
Hochzuverehrender Herr Professor!

Euer Hochwohlgeboren überschicke ich hiemit meine eben aus der Presse gekommene neue Schrift, um Ihnen abermals ein Zeichen meiner Hochachtung zu geben und zugleich bei dieser Gelegenheit meinen verbindlichsten Dank für Ihr gefälliges Antwortschreiben vom 4ten Januar auszudrücken. Entschuldigen Sie, daß das letztere erst jetzt geschieht. Ich wollte die Übersendung meiner Schrift als die Gelegenheit hiezu benützen, aber allerlei unerwartete Hindernisse stellten sich erst dem Beginnen, dann der Fortsetzung des Drucks entgegen, so daß sie nicht eher als jetzt flott geworden ist. /

/ Ein so eigentümliches Produkt auch diese meine gegenwärtige Schrift ist, so fürchte ich doch nicht, daß sie den guten Eindruck, den meine „Geschichte der Philosophie" gemacht hat, vernichten oder schwächen wird, wenigstens nicht bei denen, die wie Sie, hochzuverehrender Herr Professor, mit gründlicher philosophischer Erkenntnis und Bildung zugleich eine gewisse Genialität und Freiheit des Geistes verbinden. Einem Geiste wie dem Ihrigen kann die philosophische Tendenz, können die vielen spekulativen Gedanken und Lebensanschauungen, die sich in ihr vorfinden, nicht entgehen, und kann weder die Fülle der Sinnlichkeit noch die Schalkhaftigkeit des Humors den Genuß des Gedankens verbittern. Hand in Hand mit meinen abstrakten wissenschaftlichen Arbeiten sollen – so der Geist will – immer zugleich Schriften erscheinen, die die Philosophie der Menschheit sozusagen *ans Herz* legen, sie in die Anschauung versenken, um dadurch in die Gewalt zu bekommen, die, aus dem Leben gegriffen, wieder unmittelbar // das Leben greifen. Ein eigentümliches Genre schwebt mir dabei vor. Eine zum Teil mißlungene Probe liefert diese Schrift. Sehr freuen sollte es mich indes, wenn Sie wenigstens einiges darin finden, was Sie nicht bereuen, gelesen zu haben. Das Schwert der Philosophie soll übrigens bald wieder *blank* aus der Scheide gezogen werden. /

104

Von Leopold von Henning

20. Mai 1834

/ Sr. Hochwohlgeboren
Herrn Dr. v. Feuerbach in Ansbach

Berlin, den 20. Mai 34

Im Namen und im Auftrage der hiesigen Societät für wissenschaftliche Kritik hatte ich mich vor kurzem beehrt, Ew. Hochwohlgeboren zur Teilnahme an den Arbeiten derselben einzuladen. In der Aussicht, daß Sie unseren „Jahrbüchern" dann und wann einen Beitrag zuzuwenden geneigt sein dürften, erlaube ich mir, erhaltenem Auftrage gemäß, Ihnen die beiden ersten Bände von Hegels „Geschichte der Philosophie" zur Beurteilung für das genannte Journal ganz ergebenst in Antrag zu stellen. Ich brauche kaum anzudeuten, daß es bei der Rezension dieses Werkes vornehmlich darauf ankömmt, Hegels Auffassung der Geschichte der Philosophie in ihrem Unterschiede von den sonstigen Darstellungsweisen der historischen Entwicklung des Gedankenlebens zu charakterisieren. Schließlich füge ich nur noch hinzu, daß es bei dem beschränkten Raum der „Jahrbücher" und der Tendenz derselben für ein allgemeineres // wissenschaftliches Publikum wünschenswert erscheinen würde, die Beurteilung des genannten Werkes innerhalb mäßiger Grenzen (etwa 1 Druckbogen) zu halten, wofern sich die wesentlichen Interessen auf diesem ungefähr angegebnen Raume erledigen lassen sollten.

Mit der Bitte um eine geneigte Erwiderung verharre ich hochachtungsvoll

Ew. Hochwohlgeboren ganz ergebenster
Dr. L. v. Henning /

105

Von Georg Wolfgang Karl Lochner

20. Mai 1834

/ Nürnberg, den 20. Mai 1834

Wohlgeborner [. . .] geschätzter Freund!

Habe trotz aller Anstrengungen meines Gedächtnisses bisher durchaus nicht mich entsinnen können, welcher Tragödie oder Komödie mein Brief, den Ew. Edlen einen interessanten zu nennen belieben, Erwähnung getan; bedaure daher, daß ich die Erwiderung auf diese Remarquen [Bemerkungen] schuldig bleiben muß; verhoffe jedoch, daß mir solches bei Ew. Edlen nicht werde zum Nachteil geschrieben werden, maßen es nicht vonnöten, daß, um zur Sache zu kommen, ein solches Präambulum oder Umschweif genommen werde. Wissen gar selbst, daß kurz und gut und geradezu bei unsereinem das beste ist; da indessen Ew. Edlen solche Zeremonien zu lieben scheinen, habe [ich] mich entschlossen, ein gleiches zu tun, und will nur des sorgsamsten gebeten haben, es dem gehorsamsten Briefsteller nicht zu verargen, wenn dadurch eine gewisse Weitschweifigkeit und Umständlichkeit, welche sonsten nicht an der Tagesordnung, dadurch in den commerce épistolaire [Briefverkehr] sich einschleichen sollte.

Doch – Scherz beiseite – Sie haben nicht nötig, mich an etwas zu erinnern, um dadurch einen Verkehr // fortzusetzen, der meines Er[achtens] zwar unterbrochen, aber nicht abgeschnitt[en] [i]st. Lassen Sie doch diese strengen Formen der Zeremonie, wenigstens bei mir brauchen Sie sie nicht. – Daumers Heirat hat Sie betroffen oder doch verwundert? Es ist auch hier wohl den meisten so gegangen. Seit er kopuliert ist, habe ich ihn nicht gesehen, auch nur wenig von ihm gehört, das Wenige aber spricht bereits für d[ie] glücklichen Erfolge, die er erwartet hat, d. h. er soll heiter und vergnügt sein. Ich kenne seine jetzige Frau nur vom Ansehen, sie ist recht sehr hübsch und hat wegen ihrer Häuslichkeit und sonstigen weiblichen Tugenden das beste Lob. Weiter kann ich Ihnen hierüber nichts sagen.

Das Erscheinen Ihrer Aphorismen freut mich sehr, und von guten Freunden erwartet man heutzutage keine Freiexemplare, weil diese das Wenige, was ihnen die Verleger geben, nötiger brauchen. Mir geht es geradeso. Von meinen „Nürnberger Jahrbüchern" habe ich 3 Freiexemplare bekommen, mit denen ich auch keine weiten Sprünge machen konnte. Seien Sie unsretwegen – ich meine auch Wurm – ganz unbesorgt. – /

/ Ihren Wunsch in betreff der „Lycée" von La Harpe kann ich leider nicht erfüllen. Wir sollten bei uns ein Buch der Art haben? Die Beschränktheit unserer Bibliothek in Werken dieser Art ist bekannt, und unter meinen Bekannten – deren, wie Sie wissen, wenige sind – hat niemand eine Sammlung französ[ischer] Werke. Ich bedaure also, nicht dienen zu können. Der Feuerbach, welcher den Roman „Manon Lescaut" neulich neu übersetzt in Erl[angen] herausgegeben hat, ist wohl Ihr Bruder Fritz?

Den Durst, über welchen Sie klagen, hat in dieser heißen Zeit wohl jedermann empfunden. Indessen gibt es doch recht gutes Bier und zu sehr zivilen Preisen, so daß man gerade nicht das Verschmachten fürchten muß. Literärische Anstalt in Nürnberg? Lieber Freund! Sie kennen uns doch zur Genüge, haben Sie um Himmelswillen keine solche Idee! Und ich – einen guten Rat geben?! Cultivons notre champ [Bestellen wir unser Feld], wie Candide. – Nach Bern gehen, in ein Land, das mit dem politischen Interdikt belegt ist, gegen das 41000 Österreicher in Tirol ihre Spieße richten, in ein Land, das seine usur // pierte Freiheit, dieses skandalöse Vorbild aller Demagogen, hoffentlich bald wieder verlieren und wieder unter die Fittige des Habsburg-Lothringischen Aars, unter die väterliche Obhut der Geßler und Landenberger zurückgeführt werden wird, so daß nur wegen besonderer, im Sarner Bunde gezeigter Loyalität die 3 Urkantone als historische Überreste, wie sie die ersten waren, als die letzten werden gelassen werden, in dieses Land sich melden! Ja, es ist endlich Zeit, daß diesem ewigen Gerede von Menschenrechten und Freiheit ein Ende gemacht werde, und ich meditiere über einem großen Werke, nämlich einer Kastrierung des ganzen Altertums und demnächst Restituierung zur absoluten Form des Absolutismus. Denn ist es nicht entsetzlich, daß unsere Jugend, anstatt mit China, Persien, der Mongolei und der Türkei, den reinsten und ausgebildetsten Monarchien, vielmehr mit den heillosen Griechen und Römern, lauter gottlosen Republikanern, die erste Bekanntschaft macht? Meiner Meinung nach sollte in Zukunft Chinesisch oder Türkisch gelehrt und: wenn in ohngefähr ein paar Lustren [Jahrfünften] die allein seligmachende Lehre, wie Immermann sagt – daß der Mensch zur Befriedigung seiner selbst einen König oder Fürsten haben muß, den er anbete –, gehörig befestigt ist, eine große Kreuzfahrt gegen das gottlose Amerika // unternommen werden, wo die Grundsätze, die allem ferneren Bestehen der Legitimität geradezu Hohn sprechen, förmlich die Grundlage ihres Staates bilden. Ist es nicht eine übertriebene Nachsicht oder ist es Sorglosigkeit, daß die Verfassungen der Vereinigten Staaten Nordamerikas, die bloß darauf berechnet sind, daß der Mensch lebe und sich wohlbefinde, um Gott, König und Legitimität sich aber den Teufel scheren, glauben lassen, was jeder will, und die Gewalt der Regierenden von der Zustimmung der Regierenden abhängen läßt – gerade jetzt, 1834, sämtlich[?] bei Saumländer erscheinen! Aber der Herr HERR, welcher nicht mit sich spaßen läßt, wird diesen gottlosen Nationen ihren Übermut austreiben; er wird ihnen zeigen, daß, wie Leo in seiner „Naturlehre des Staates" sagt, Nichts bestehet, was nicht ein göttliches Schema ist oder hat, und er wird behülflich sein, daß, wie derselbe gottlose Renegat anderswo sagt, die segensreichen Spuren der beginnenden Zivilisation am Don und in Kasan das Übergewicht gewinnen über die ruchlosen Bestrebungen der Republikaner in Frankreich und der beiden Weiber, die sich da heißen Donna Cristina und Donna Maria da Gloria! Sela [Abgemacht]! / / Sollte aber dieses Projekt – wie ich von Herzen wünsche – mißlingen, denn ich hoffe, daß Sie meine aufrichtige Gesinnung in diesen Zeilen wohl erkennen werden, so können Sie freilich immer noch den Ausweg nach Nürnberg ergreifen, den ich Ihnen aber alles Ernstes abraten muß. Solche Unterhaltungen, wie Sie beabsichtigen, passen nur für müßige, reiche Frauen, die nach einer mariage de raison [Vernunftheirat] die nach verrauchtem Sinnenrausche bemerklich gewordene Leere – anstatt mit einem Hausfreund – mit Schöngeisterei ausfüllen mögen, und dazu ist unser N[ürn]b[er]g zu arm. Frankfurt, Hamburg, Residenzen, das sind die wahren Plätze für solche Unternehmungen; hier ist bisher noch jeder Versuch der Art gescheitert, denn wenn es auch nicht an den Personen dazu fehlte, so fehlt es doch diesen an Geld, um einen Lektor anständig zu besolden. Wir sind ein housekeeping, managing people [häusliches, wirtschaftliches Volk], und die blue-stockings [Blaustrümpfe] sind nirgends mehr im Diskredit als bei uns. Und somit Gott befohlen.

Der Ihrige
L. /

106

Von Georg Friedrich Daumer

24. Juni 1834

/ d[en] 24. Juni 1834

Lieber F.

Der neueren Ereignisse in der Hauserschen Sache wegen schien es mir gut zu sein, das, was ich für Kapp bearbeiten wollte, noch zurückgelegt zu lassen. Es betraf Hausers Träume und Visionen, die ich Dir, wenn Du sie wünschst, abschreiben lassen will. Zu Deinem jetzigen Vorhaben werden sie Dir nichts helfen.

Die neuste Merkersche Schrift habe ich bestellt, aber noch nicht erhalten, noch zu Gesicht bekommen. Wenn Ihr etwas dagegen tun wollt, so wird es sehr angemessen und gut sein, und was ich dazu beitragen kann, soll geschehen. Binder sagte mir, er werde nichts tun. Diesen bei einer Entgegnung auf die Stanhopeschen Schritte zu schonen, wird nicht möglich sein, und das ist's, was mir Schranken setzt. Man muß notwendig die ersten Akten für falsch erklären; denn sind sie richtig, so ist Hauser unrettbar ein Betrüger. Anfänglich wurden keine Akten geschrieben, und als die Regierung die Akten verlangte und keine da waren, wurden welche zum Schein verfertigt. So behauptete Dein Vater, aus dessen Mund ein Freund mir darüber Nachricht gab. Auch hat dies Dein Vater in seinem „Kaspar Hauser" p. 39 in der Note deutlich genug bezeichnet, vergl[eiche] p. 3 Note. Diese Stellen müßte man jetzt herausheben und geltend machen. Das wäre genug, und man brauchte Binders Namen dabei nicht zu nennen, der jedoch natürlich dadurch gleichwohl von neuem verletzt und angegriffen wird, was ich nicht tun kann, // wohl aber Ihr, wenn es doch einmal durchaus nötig wird. Dabei müßte man die Bosheit und Schlechtigkeit Stanhopes, was aus seinen Taten und Schriften leicht geschehen kann, nachweisen und hervorheben – sein enthusiastisches und verliebtes Benehmen, als er sich zunächst mit Hausern einließ, sein nachheriges plötzliches Erkalten und sein Sichzurückziehen, sein jetziges Streben, Hausers Andenken mit Schimpf zu bedecken, sein schändliches, giftiges Betragen gegen Deinen Vater. Aus einer bloßen Enttäuschung, aus der aufgehenden Einsicht, daß er es mit einem Betrüger zu tun gehabt, erklärt sich dies Benehmen nicht. Hätte er sich bloß betrogen, so hätte er sicher nachher *geschwiegen* und würde sich nicht alle Mühe geben, sich der Welt als einen zu zeigen, der sich von einem landstreichenden Gauner so ungeheuer hätte am Narrenseil ziehen lassen, der sich in den Verworfenen so gewaltig verliebt und so enthusiastisch für seine Sache interessiert hätte. Stanhopes Benehmen muß einen andern Grund haben, welchen, kann man dem Leser zu erraten überlassen und nur bemerklich machen, was ich soeben gesagt.

Ich habe neustens Dinge erfahren, die mir von großer / / Wichtigkeit zu sein scheinen und die ich Euch unter der Bedingung der Verschwiegenheit mitzuteilen die Erlaubnis erha[lt]en. Eine Engländerin von vornehmer Abkunft, doch jetzt in dürftigen Umständen, hat sich mir entdeckt und mir erz[ähl]t, daß sie vor etwa 22 Jahren in Wien war, wo die verwitwete Kurfürstin von Bayern, eine österreichische Prinzessin, eben aus *Ungarn* zurückgekehrt wa[r] und d[as] Gerücht ging, sie habe heimlich in *Ungarn* ein Kind geb[ore]n. Diese Fürstin hat sich nachher dem Grafen Arco in München zur linken Hand antrauen lassen und hat Kinder von ihm. Sie und der Graf waren zur Zeit der Nürnberger Mordversu[che] in Nürnberg, auch waren sie wieder da, als Stanhope kam und sich mit Hauser in Verbindung setzte, und sollen mit Stanhope eine Zusammenkunft gehabt haben. Das Nähere und die Belege sind mir versprochen. Stanhope soll verschuldet sein und wenig aus eigenen Kräften tun können, auch in Bädern seine Umstände durch Spiel zu verbessern bemüht sein. Dadurch würde es bezweiflich, daß er sich in der Hauserschen Sache von anderen habe brauchen lassen. Die Arco sollen ein ungeheures Vermögen besitzen.

Der Gendarmerieleutnant Hickel scheint bestochen zu sein. Er war, was verdächtig ist, nicht zu Ansbach, als der Mord geschah. („Groß Dam! Groß Dam! Gott erbarm dich ihr!" sprach Hauser sterbend). Von diesen Umständen die Gerichte zu unterrichten, wird wohl nichts nützen. Bayern (und Österreich) wird alles unterdrücken. Sprich doch darüber mit Deinem Bruder, dem Juristen. Was soll man hier tun? Ich gedenke jedenfalls, den Kriminaldirektor // Hitzig in Berlin mit der Sache be[kannt] zu machen. Wird sie in Bayern unterdrückt, läßt sie sich vielleicht dennoch zur Offenbaru[ng] bringen, und es liegt so viel daran, die Haus[er]sche

Sache nicht als ein absurdes Märchen behandeln und verschallen zu lassen.

Kennst Du die Leute nicht, die gegenwärtig die Untersuchung der Hauserschen Sache zu führen haben? Kannst Du mir nichts über ihren Charakter sagen? Wenn Du etwas gegen Merker und Stanhope schreibst, so lasse mich's ja vor dem Druck le[sen]. Vielleicht kann ich etwas (etwa als Anhang) dazugeben. Wenn ich nur mündlich mit Dir reden könnte!

Vom Schullehrer Meyer wird nächstens ein Buch über Hauser erscheinen, wo er ihn, wie ich merke, im schlimmsten Lichte darstellen und alle Lügen, die er von ihm weiß, dem Publikum auftischen wird. Er hat an mich mehrere Fragen gestellt, die er ohne Zweifel in Beziehung auf Hausers Aussagen benützen wird. Ich habe sie ihm als redlicher Mann beantworten müssen, doch bemerkt, daß, wenn er meine Aussagen etwa so hinstellen werde, daß es scheinen könnte, als wäre ich nun auch gegen die Hausersche Sache umgestimmt worden, ich eine öffentliche Erklärung darüber ergehen lassen müßte.

Herzlich grüßt Dich Dein
D.

Als der Nürnberger Mordversuch mißlungen war und Hauser unter so genaue Obhut und Bewachung gestellt wurde, kam es darauf an, ihn dieser aus den Händen zu spielen. Das tat nun der Lord.

Kennst Du den Hickel? Er behandelte, soviel ich weiß, den Hauser hart und rauh.

Hast Du Schuberts „Ansichten der Natur von der Nachtseite", 2. Ausg[abe]? /

107

An Christian Kapp

1./23. August 1834

Bruckberg, 1. August 1834

Verehrter Freund!

Meinen Dank für Ihr durch Fräulein Bertha mir Überschicktes. Ich bedauerte nur, nicht gleich das Ganze vor mir zu haben, denn die Stellen, die für sich selbst mir verständlich waren, fand ich in jeder Hinsicht vortrefflich, und sie machten mich daher begierig auf das Ganze Ihrer Ideen. Großen Dank werde ich Ihnen wissen, wenn ich durch Sie einiges Licht in diesem mir so unbekannten dunklen Felde erhalte. Bis jetzt konnte ich mir aber das Journal nicht verschaffen. Wenn ich wieder nach Erlangen komme, hoffe ich jedoch auf Kastnern. Von meiner Prüfung erwarten Sie aber nichts, denn ich kann nur ein formelles, aber kein materielles Urteil hierüber fällen.

Es tut mir wirklich leid, Ihnen nichts für Ihren Kalender überschicken zu können. Wenn Sie mich auf den Kopf stellen und hin und her schütteln und rütteln, es wird doch nichts für Sie Taugliches herausfallen. Dergleichen Dinge, die Sie brauchen, liefert bei mir nur der Zufall, die Gelegenheit. Die Widerlegung Stanhopes würde sich schwerlich für Sie eignen. Durch meinen Bruder und nochmaliges Durchlesen bestimmt, fand ich, einige zu rügende Äußerungen ausgenommen, Gründe, wenigstens etwas milder über ihn zu urteilen. Indes bleibt er in meinen Augen immer ein Elender. Zu einer förmlichen zureichenden Widerlegung fehlen überdies noch mehr zuverlässige Berichtigungen über das erste Auftreten Kaspars und seines Gönners.

An sechs Wochen brachte ich in Erlangen zu. Mit welchen Empfindungen ging ich an Ihrer ehemaligen Wohnung vorüber. Keine Worte finde ich, Ihnen den Skandal dieser Universität, die Dreistigkeit, Schamlosigkeit, Unwissenheit der virorum obscurorum [Dunkelmänner] neuer Zeit protestantischer Theologie zu schildern. Theologisch-satirische wie Epistolae obscurorum virorum [Dunkelmännerbriefe] und dergleichen Waffen sind jetzt nicht mehr nötig, denn alles, was der bitterste, übertriebenste Spott und die schmutzigste Verachtung über sie aussprechen kann, das sagen und tun sie jetzt selbst, bekennen es sogar als ihr eigenstes Wesen.

Erlangen, 23. August 1834

Bis hierher geschrieben vor ungefähr drei Wochen in Bruckberg, wo Sie alles freundlich grüßt.

Hätte ich doch diese Zeilen nicht liegenlassen! Ihre Frau Gemahlin wäre dann nicht wieder umsonst zu schreiben genötigt gewesen, denn wie gesagt, ich bin gegenwärtig bettelarm: Materialien zur Geschichte der Philosophie, Kollegienhefte, ein paar noch teilweise umzuarbeitende und hie und da zu berichtigende philosophische Abhandlungen und allerlei Exzerpte, von denen ich nicht wüßte, was in einen „Nationalkalender" paßte, das ist alles, was ich an literarischem Vorrat besitze. Wie schon oben gleichfalls gesagt, sind meine bei Daumer eingeholten Erkundigungen so leer und nichtig, daß ich in dieser kritischen Geschichte nicht darauf bauen könnte und möchte. Ein Nationalkalender erschien mir überdem, genau überlegt, hiezu auch ein völlig ungeeignetes Organ. Dahinein gehörten nur allgemeine anthropologische Betrachtungen seiner Individualität, eine Schilderung von ihm und dergleichen. Aber ein solches Objekt wie Kaspar Hauser kann mein sonderbarer Geist nicht fixieren, wenigstens nicht gegenwärtig, wo ich in der Naturphilosophie des Lebens noch nicht einmal in die erste abstrakte Kategorie bestimmter Örtlichkeit gekommen bin, sondern noch in dem schlechten ἀπεῖρον [Unendlichen] des Raumes und der Zeit wie ein epikuräisches Atom, ein trauriger Spielball der Attraktions- und Repulsionskräfte umherschwebe.

Mein Bruder Eduard bedauert gleichfalls aufrichtig wie ich, nichts für Sie in Bereitschaft zu haben. Abgesehen von seinen Kollegien, wovon das eine – bisher ihm ganz fremdartige – das Naturrecht, ihn gänzlich in Anspruch nahm, hat er vollauf in allerlei äußerlichen Geschäften an der Universität zu tun. Ich will nicht hoffen, daß Sie sich bestimmt Rechnung auf uns machten und daher in Verlegenheit geraten, wenn Sie unsere Taschen beiderseits ganz leer finden. Für mich hat, um es nur offen zu gestehen, die Idee eines Nationalkalenders, eines deutschen Nationalkalenders schon an und für sich etwas wahrhaft Widerliches, geschweige denn, daß eine Vergleichung mit den Pfennigmagazinen unserer Tage nur zu nahe an der Hand liegt. Jeder arbeite für sich im stillen fort. Seine Wirkungen kommen schon an den Tag und verflechten sich von selbst ins Ganze. Dieser Apathie und Antipathie schieben Sie übrigens nicht meinen gegenwärtigen Habenichtszustand auf den Hals. Hoffentlich werden Sie indes in eigenen und anderer Hände genug Mittel haben, um sich für den Mangel unserer Hülfe schadlos halten zu können.

In dem Sendschreiben Rosenkranz' an Bachmann wird Ihrer ein paarmal unter den Hegelianern gedacht.

Leben Sie wohl! Wie immer mich und meinen Bruder der

Frauenhuld empfehlend. Es versteht sich, daß, *wenn* sich aber noch etwas für Sie Taugliches in meinem Kopfe darbietet, ich es sogleich schicken werde. Aber ich selbst zweifle.

Ihr
L. F.

108

Von Christoph August Tiedge

25. August 1834

/ Dresden, den 25. August 1834

Mein hochgeschätzter junger Freund!

Sie haben mich durch Ihre letzte, mir zugeschickte Schrift „Abälard und Héloise" auf die angenehmste Weise überrascht. Ich habe sie von Anfang bis zu Ende durchgelesen, obwohl ich zum Lesen, kaum zum Durchblättern der neuesten literarischen Erscheinungen nur selten kommen kann, einesteils, weil die allerneuesten poetischen und philosophischen Werke und Werklein, mit Ausnahme einiger, mir wenig zusagen, manche aus beiden Gebieten mich sogar abschrecken, andernteils, weil ich mit der Anordnung meiner letzten Arbeiten und mit der Beendigung der unfertigen in den wenigen minder trüben Momenten meines sinkenden Tages so sehr beschäftigt bin. Ihre humoristische Schrift hat mir eine heitere Unterbrechung meiner dunklen Zurückgezogenheit zugeführt, wofür ich Ihnen danke; denn seit dem Hinscheiden meiner unvergeßlichen Freundin ist der Sonnenschein aus meinem Leben gewichen. Sie schildern größtenteils sehr treffend und // mit einem horazischen Lächeln die Kalamitäten der Schriftstellerei, die freilich mit denen des Abälard nichts gemein haben. Meiner Aufmerksamkeit ist in Ihrer ganzen launigten Darstellung nichts begegnet, was ich anders gewünscht hätte; nur wollte es mir doch hin und wieder scheinen, als ob nicht sowohl oder nicht allein der Ausdruck als vielmehr die Ausführlichkeit mehrerer ganzer Stellen mit mehr Konzision hätten gefaßt werden können. Ich weiß, daß ein junges Genie gewöhnlich glaubt, nicht genug sagen zu können von dem Gegenstande, der ihn ergriffen hat und festhält; aber Sie werden bald genug erfahren, daß *Kürze* und *Würze* ein Haupterfordernis einer guten Darstellung ist. Wohl mancher wird mit Ihnen auch darüber rechten, daß in dem ganzen Werke keine Beziehung vorkommt, welche einen, wenn auch nur entfernten Zusammenhang des Titels mit dem Buche erkennen ließe. Mich hat das nicht geirrt; mich ergötzte der Inhalt, was kümmerte mich der Titel! Aber Sie kennen unsere Krittler.

Tiedge /

109

An Christian Kapp

1. September 1834

Erlangen, 1. September 1834

Verehrter Freund!

Ich schicke Ihnen hier, damit Sie wenigstens nicht an unserem guten Willen und unserer Teilnahme zweifeln, ein paar poetische Schwänke von meinem jüngeren Bruder. Nach meinem Urteil eignen sie sich für Ihren Zweck, möge Ihr Urteil damit übereinstimmen. Sind doch die Epigramme Lessings auch nichts anderes als solche Schwänke, wie hier folgen.

Der Hagestolz

Wie Freund! so willst du ewig unversehrt
von Amors Pfeil dein Herz bewahren
und nie mit einem Weibchen lieb und wert
der Ehe süßes Joch erfahren?
Dich hält nur Schüchternheit zurück, dein Herz
flugs Mädchen anzutragen;
Gleichwohl ein Mann wie du, ohn' allen Scherz,
der könnt' es bei der Schönsten wagen.
„Ein Weib bekomm' ich ohne viel Beschwerden,
doch wie kann ihrer wieder los ich werden?"

Herr Timidus

Wer wandelt dort, das Haupt so tief gesenkt,
den Blick verstohlen nur auf uns gelenkt?
„Das ist Herr Ti-mi-Ti-mi-dus."
Was der nur Wichtiges denken muß?
„Ich wollte wetten, daß er eben denkt,
was wir wohl denken mögen, daß er denkt."

Herr Lamech

Herr Lamech ist fürwahr ein seelenguter Mann,
wie in der Welt man weit und breit nicht finden kann,
der auch die größte Schmach nie rächte,
der, was Ihr sagen mögt, nie rügt,
der, wenn Ihr heute tot ihn schlügt,
daran schon morgen nicht mehr dächte.

Glückliche Vorbedeutung

Das Werkchen, das herauszugeben Sie beschlossen,
welch' Titel hat es denn?
„Ei, dichterische Possen;
ich werde ganz gewiß damit Furore machen."
O ganz gewiß! Ha! Ha! Mich macht es jetzt schon lachen.

Das Pfäfflein und der Sterbende
Nach dem Französischen des Piron

Inbrünstig fleht, als ihm sein Stündchen nahte,
ein reicher Kauz den Himmel an um Gnade.
Ein frommer Bruder tritt zum Sterbekissen
und tröstet das geängstete Gewissen:
„Bedenkt mein Kloster nur im Testamente,
alsdann versprech ich Euch ein selig Ende."
Und in die Stube eben tritt gewichtig
ein Herr Notar, der macht die Sache richtig,
in forma optima [in bester Form], daß ja kein Zweifel
dagegen jemals möcht' erhoben werden.
Drauf wanderte des Krassus Leib zur Erden,
das Geld ins Kloster und die Seel' zum Teufel.

Der letzte Krug

Ja Freund! ich habe mich endlich bekehret
vom schnöden Laster der Trunkenheit;
den letzten Krug hab' ich gestern geleeret,
doch gesteh ich, mir tat der Abschied leid.
„Mit je größeren Opfern sie verbunden,
um so herrlicher strahlet der Tugend Glanz,
dem Haupte, bedeckt mit Schweiß und Wunden,
am schönsten stehet der Siegerkranz."
Daß ich hierin gestern sehr löblich gehandelt,
der Meinung bin ich, Wertester, auch,
drum wird soeben wieder gewandelt

in den Goldenen Stern nach altem Brauch.
Und hoffentlich werden Sie mich begleiten:
Der Sternwirt schenkt uns vom besten ein,
ha, da gibt es wieder ein tugendlich Streiten,
der vierte Krug soll der letzte sein.

Nehmen Sie diese Bagatelles auf, so setzen Sie aber keinen Namen darunter. Leben Sie wohl mit Weib und Kindern.

Ihr
Ludwig Feuerbach

110

An Leopold von Henning

[Dezember 1834]

/ Euer Hochwohlgeboren
werden meine im November abgeschickte Anzeige von Rosenkranz' Schrift bereits in Händen haben. Hierbei folgt nun auch die zweite von Kuhn. Ich hoffe nicht, das mir verstattete Quantum von Raum in beiden, wenigstens nicht bedeutend, überschritten zu haben. Geschah es indessen doch, wie ich nicht wünschen will, so ist nur der Umstand daran schuld, daß ich noch nicht ermessen konnte, wieviel Seiten von meiner Handschrift auf eine Druckseite in den „Jahrbüchern" gehen.

Bei dieser Gelegenheit erlaube ich mir zugleich, der Hochverehrlichen Societät folgende // zwei Schriften: Kapp: „Vulkanismus und Neptunismus". Schweizerbart 1834. Stahl: „Die Philosophie des Rechts nach geschichtlicher Ansicht". IIter Band. Heidelberg 1833 zur Anzeige vorzuschlagen.

Wo d[er] Verf[asser] *d[as] Besondre* unabhängig von s[einen] religiös[en] mystisch[en] Bildern in ihm selbst entwickelt, finden sich gute Gedanken, die aber Gemeingut der neuren Philos[ophie] bilden. Was d[er] V[erfasser S.] 192 und S. 193 sagt v[on] d[er] persönl[ichen] Freih[eit] und Menschenwürde. Diese Idee, d[ie] als die allein unser Zeitalter beherrschende bezeichnet [wird], sei profan, weil sie von andern göttl[ichen] Ideen abgetrennt sei, als wäre diese Idee nicht an und für sich durch ihren bestimmten Inhalt eine göttliche und als eignete [?] sie nicht gerade für sich selbst ihre Göttlichk[eit], daß sie für sich selbst das Bewußtsein einer Zeit erfüllt, und als könnte irgendetwas in d[er] Wirklichkeit geltend gemacht werden, was nicht mit allem Nachdruck als das Alleinwahre mit aller Ausschließlichkeit ausgesprochen w[ird]. Wo diese Idee in schlechter Gestalt erscheint, beruht dies auf der gemeinen Auffassung d[er] Freiheit des M[enschen], und die Abtrennung v[om] religiös[en] Gehalt und der religiösen Sanktion hat nur ein körperl[iches] Dasein!?

Die schwabelnde nebulöse Unterscheidung zwischen symbol[ischer] und praktisch[er] Darstellung, die in es wandre[?], sei leicht überhaupt. Der Liberalism[us] hat darin s[eine] Anerkennung, daß er den Symbolism[us] d[es] Mittelalters vernichtet. /

111

An Friedrich Thiersch

[Dezember 1834]

/ Es ist schon an und für sich nichts Unziemliches, sich an einen Mann, der durch Taten oder Schriften oder durch beides zugleich eine öffentliche Person geworden ist, zu wenden.

Nicht auf die innige Freundschaft, in der E[uer] H[ochwohlgeboren] zu meinem seligen Vater standen, nicht auf die Teilnahme, die Sie an dem Schicksal meiner ältesten Brüder genommen haben, nicht auf den Umstand, daß auch ich als Knabe mich so mancherweise Ihres Wohlwollens zu erfreuen hatte, nur auf Ihren anerkannten Edelsinn, [Ihre] allgemein bewährte Humanität rechne ich, wenn ich mich hiemit zutrauensvoll an Sie zu wenden wage, um in einer Angelegenheit Ihr allein kompetentes Urteil, Ihren Rat anzusprechen.

Es sind bereits fünf Jahre, daß ich auf der Universität Erlangen als Privatdozent auftrat und daselbst Vorlesungen über philos[ophische] Gegenstände hielt. Um meinen Wirkungskreis zu erweitern und mir einen größern Reichtum eigner Bildungsmittel zu verschaffen, reichte ich vor 4 Jahren bei allerhöchster Stelle ein Gesuch um die Erlaubnis ein, auf der Univers[ität] München als Privatdoz[ent] auftreten zu dürfen, aber ich erhielt darauf keine Antwort, ebensowenig als auf ein im Jahre 31 oder 32 eingereichtes Gesuch um Beförderung zum außerordentl[ichen] Professor. Ich selbst versprach mir aber auch noch – zu bescheiden, meine Vorlesungen besonders hoch anzuschlagen – keinen meinem Wunsch entsprechenden Erfolg, da ich noch keine öffentliche Probe von meiner Tauglichkeit abgelegt hatte. Ich verwendete daher jahrelang unausgesetzten Fleiß auf die Bearbeitung der Geschichte der neueren Philos[ophie], wovon endlich der erste Teil, eine [von] Baco[n] bis Sp[inoza] reichende Kritik erschien. Ich erneuerte daher // im November laufenden Jahres mein Gesuch um Beförderung. Allein, obgleich die Zeit allerdings noch zu kurz ist, um von ihr Wirkung erwarten zu können, so habe ich doch durch die jahrelange Ungewißheit, in der ich hinlebte, allen Glauben verloren, auch durch diese Schrift endlich meine Hoffnungen erfüllt zu sehen, wenigstens alle Lust, länger untätig zu leben, wo ich bereits in die Jahre trete, wo der Mann mit s[einer] äußern Ersch[einun]g im reinen sein muß und ihm die traurigste Gewißheit willkommner ist, als eine zwischen Hoffnung und Zweifel hin und her schwankende. Da ich von jeher von allen politischen Tendenzen mich ferngehalten, so darf ich die Ursache dieser Zurücksetzung nur darin suchen, daß ich in einer Schrift die Erfüllung einer Pflicht erblickte [?], und darin, daß ich mich, allein verlassend auf eine objektive Leistung als Schriftsteller, nie um die Freundschaft einflußreicher Personen bemühte.

Schon lange sind daher meine Blicke auf das Ausland gerichtet. Aber wohin hätte ich sie lenken und hinwenden sollen als nach Griechenland, wohin jeden mit dem klassischen Altertum Vertraut[en] schon die Erinnerung mit magischer Kraft hinzieht, wo durch die Thronbesteigung Ottos sich gegründete Aussichten finden in [eine] bessere Zukunft und einer förmlichen Organisation sich auch Aussichten für wanderlustige gebildete Männer eröffneten und wo – ein Zusammentreffen für mich ganz besonders günstiger Umstände – Gr[af] Arm[ansperg] und v. M[aurer], die Freunde meines Vaters, Regenten waren. Mein Vater war mit mir hierüber, meinem Plane, in Griechenl[and] mein Glück zu suchen, noch ganz einverstanden, daß er mehrmals schon willens war, meinethalben an Gr[af] Ar[mansperg] zu schreiben. Aber die fortwährende Kränklichkeit in den letzten Jahren, die ihm schon lange Zeit nicht erlaubte [?], die Feder zu führen, und sein plötzlich erfolgter Tod verhinderten ihn an der Ausführung seines Vorhabens.

Meine Gedanken und Wünsche sind aber in diesem Punkte noch immer dieselben, ob ich gleich in meinem Vater eine mächtige Stütze verloren habe. Auch haben mich die Kenntnisse, die ich allein aus Zeitungsex[emplaren] über d[en] Zustand von Griechenland als durch Privatnachrichten [erlangte] // keineswegs wankend gemacht, so konnte ich mich doch nicht wirklich hinlänglich unterrichten, um ermessen zu können, ob ich auf sicherem Grunde meine Hoffnungen baue. Wohin hätte ich mich also wenden sollen, um mich von der Verlegenheit zu helfen, als an E[uer] H[ochwohlgeboren], dessen Name selbst in die Geschichte Griechenlands dermaßen verflochten ist, um mir Ihren Rat gütigst zu erteilen und um Ihren hohen, vielvermögenden Einfluß, den Sie gewiß hierin besitzen, zu bitten.

Was meine Fähigkeiten zu diesem Schritte betrifft, so muß ich gestehen, daß ich zwar der neugriechischen Sprache nicht mächtig bin, daß ich aber, bei der Leichtigkeit, mit der ich die altgriechische erlernt, bei der Liebe, mit der ich sie getrieben, und dem Fleiß, den ich auf sie auch noch als Dozent verwandt, ohne Schwierigkeit mich bald in Besitz setze. Ebenso hab' ich im Französischen, wenn auch ziemlich gründliche Kenntnisse d[er] franz[ösischen] Sprache und Literatur erreicht, ob es mir gleich aus Mangel an Anwendung an gänzlicher Freiheit mangelt. Allein auch diesen Mangel würde ich bald beseitigt haben, da man Sprach[en] um so schneller in s[eine] Gewalt bringt, wo immer äußere Veranlassung und Notwendigkeit. Auch muß ich gestehen, daß meine Lust nach Gr[iechenland] nicht aus Hoffnungslosigkeit [entspringt], sondern einem Trieb, die Welt aus unmittelbarer Anschauung und so vielgestaltig als möglich kennenzulernen und dadurch mir Bildungsmittel und Stoff zu verschaffen. /

112

An Bertha Löw

11./[13.] Januar 1835

Erlangen, Sonntag abends 11. Januar 3/4 6 Uhr 1835

Schon gleich nach Empfang Deines lieben, schönen, unverhofften Briefes wollte ich im Drange der Freude und Sehnsucht einige Zeilen an Dich, meine liebe, gute Bertha, wieder schreiben. Aber ich unterließ es. Ich bin im Begriff, eine meinen ganzen Geist in Anspruch nehmende Arbeit wieder aufzunehmen und zu vollenden – sofern mir der Geist günstig und gewogen bleibt. Und da darf ich meinen Gedanken an Dich – wenigstens nicht in der Art zu sehr nachhängen, daß ich ihnen schriftlich Raum gebe. Aber dessenungeachtet bist Du immer bei mir, wenn ich auch in die fernsten Regionen des Denkens mich begebe; jeder freie Augenblick ist Dein; und wenn ich – wie ich hoffe – erst recht ins Feuer hineinkomme, meine Gedanken selbst in Träumen mich bei Nacht beschäftigen werden, sei gewiß, daß Dein liebes Wesen sich stets mit diesen meinen Träumen vermischen wird. An Dich zu denken ist mir Bedürfnis, gehört zu meinem täglichen Brot. Und wie Verschiedenes kann denn nicht der Geist zugleich in sich fassen, ohne dem einen oder dem andern dadurch Abbruch zu tun! Deswegen sollst Du auch immer, ohne Unterbrechung, zum Zeichen meiner Liebe wenigstens einige Zeilen, die Du als flüchtige, aber herzliche, innige Küsse und Grüße ansehen sollst, von mir empfangen. Von Dir erwarte ich aber um so mehr Briefe. Wenn sie in einem so vernünftigen, liebevollen Geist geschrieben sind wie Dein gestriger, der mir eben deswegen eine wahre Freude bereitete, so glaubst Du nicht, wie wohltätig Du auf mich als Menschen und Schriftsteller einwirken kannst und wirst. Den Menschen erhebt das Bewußtsein, daß er etwas einem anderen ist. Möge dieser Gedanke, der Gedanke an die Bedeutung, die Du für mich hast, in trüben Augenblicken Dich aufrichten! Mögest Du an mir zum Selbstbewußtsein kommen! Nur noch in Gedanken einen herzlichen Kuß! Ich begebe mich jetzt aus *Deinem* Stübchen in *meine* Arbeitsstube. Lebe wohl!

Dienstag abends 8 Uhr. Ich bin gegenwärtig in einer schlimmen Lage, voll Unruhe und Unzufriedenheit mit mir, denn ich habe noch nicht meinen Gegenstand und folglich er auch mich noch nicht. Ich bin, liebste Bertha, jetzt in der Lage eines Liebhabers, der noch nicht durch entschiedene leidenschaftliche Liebeserklärungen seinen Gegenstand an sich gefesselt hat, noch nicht in dem beruhigenden Bewußtsein der Gegenliebe seines teuren Seelenschatzes ist. Möge nur der Gegenstand meiner jetzigen Liebe, auf den Du jedoch durchaus keine Ursache hast, eifersüchtig zu sein, da er, zu meiner Ehre und zu Deiner Beruhigung sei's gesagt, nicht weiblichen Geschlechts, sondern wie die Lateiner sagen: generis neutrius [sächlichen Geschlechts] ist, möge er nur, sage ich, nicht auch so zurückhaltend, so geheimnisvoll, so verschlossen, wenigstens so lange nicht gegen mich sein, als Du, gute Böse, es gegen mich warst! Oder wenn er es ist, möge er dann wenigstens, zur Belohnung meiner unermüdlichen Geduld, endlich auch so liebreich gegen mich sich erweisen als Du süße, gute Herzensbürde! Alles will ich mir dann gern von ihm gefallen lassen, nicht sollen mich reuen die Stunden peinlicher Qual; denn was ist eine Stunde der Qual gegen den Augenblick seelenvollen Genusses, der doch nur scheinbar, aber nicht in Wahrheit augenblicklich ist?

Den Gegenstand, den ich mir vorgesetzt habe, habe ich zwar schon früher ausführlich behandelt, aber die Umarbeitung macht einem oft fast mehr zu schaffen als eine neue Arbeit, indem die Mängel, die man an seiner Arbeit in späteren Jahren nur zu deutlich bemerkt, die Lust der Produktion verkümmern und die Schwierigkeiten der Sache, die man oft nur dann überwindet, wenn man sie nicht kennt, erhöhen, indem sie dieselben dem Auge vergrößert darstellen. Der Gegenstand ist die *Vernunft* und der *Erkenntnistrieb*. Eine Materie kommt darinnen vor, die Dich besonders interessieren wird, denn es ist eine Materie, die uns miteinander – ich hoffe und wünsche: für immer – verknüpft und so viele schmerzliche, aber auch erfreuliche Augenblicke schon bereitet hat – die *Liebe*. Denn ich setze ihr die Vernunft nicht als ein fremdes, feindseliges Wesen entgegen, wie so viele Menschen tun, die weder etwas von der Liebe, noch von der Vernunft wissen, sondern nur voran als eine an Jahren und Verstand reifere Schwester. Ich betrachte nämlich die *Liebe* als eine wesentliche Art der Erkenntnis selber, als die Art, wie allein der Mensch den Menschen wahrhaft erkennt. „Man muß den Menschen *lieben*", sage ich, „um ihn zu *erkennen*. Nicht die

Liebe ist blind, sondern nur die selbstsüchtige, bloß sinnliche Begierde; nur der Liebende hat der Geliebten wahres Wesen, hat sie, wie sie wirklich ist, in Händen, Herzen und Augen." Diese meine Zusammenstellung oder vielmehr Identifikation der Liebe mit der Vernunft, die ich natürlich viel weiter und tiefer begründet habe, als ich in ein paar Worten Dir angab, ist eine der gelungensten Materien in meiner früheren Arbeit, die ich daher auch ohne besondere Veränderung so lassen kann, wie ich sie früher schon niederschrieb. Sie hat mich auch hauptsächlich zur Wiederaufnahme dieser Arbeit ermuntert und angefeuert; sie hat mich selbst überrascht, als ich sie neulich zum ersten Male wieder las, um so mehr, da ich doch eigentlich erst an und mit Dir die Liebe wahrhaft erkannt habe oder wenigstens empfunden, erlebt. –

Der Rahmen zu dem Kupfer- oder vielmehr Stahlstich, den Du hiemit erhältst, ist nicht nach meinem Wunsche und meiner Anweisung ausgefallen. Er sollte viel schmaler, zierlicher, eleganter gemacht werden. Anerkenne wenigstens meinen guten Willen. Das Bild selbst möge Dir gefallen und Dir, wenn auch in fremden Zügen Deinen innigen Freund vergegenwärtigen; denn Jordano Bruno ist selbst mein inniger Freund, mein nächster Geistesverwandter, wenn ich anders es wagen darf, mit einem solchen Geiste mich in eine so nahe Beziehung zu setzen; seine Worte haben für mich stets eine im Innersten mich ergreifende Macht gehabt. Kapp, der, wie Du übrigens selbst weißt, aus zu großer Liebe immer die Eigenschaften seiner Freunde über Gebühr vergrößert, so daß man sein Lob nicht anerkennen darf, hat mir einst die Ehre angetan, die ich aber im Bewußtsein meiner Grenzen von mir weise, mich den wiedergebornen J. Bruno zu nennen.

Wenn Du nicht ein Mädchen, nicht meine Freundin, meine Geliebte wärest, würde ich es für unwürdig halten, dieses zu erwähnen. Ich sage es Dir nur insofern, als das Bild Dir mich vergegenwärtigen soll, indem ich im Innersten mit dem Wesen des Gegenstandes, den es vorstellt, übereinstimme. Wenn ich wieder zu Dir komme, will ich Dir einige Gedanken aus ihm mitteilen.

L. F.

113

An Christian Kapp

13./14./[17.] Januar 1835

13. Januar 1835

Verehrter Freund!

Es ist hohe, ja höchste Zeit, Ihnen einmal wieder zu schreiben. Aber so ist es: Wozu man immer Zeit hat, dazu hat man meist am wenigsten Zeit. Wie gut ist es doch, daß wir überall und in allen Stunden pauvres diables [arme Teufel] sind! Tadelt nur nicht die Schranke! Sie ist eine Finte der Gottheit, durch die sie sich den Weg zu unserem Geiste und Herzen bahnt, um uns die Säfte abzuzapfen, damit sie zu Nutz und Frommen anderer Wesen fließen, die besten? nein! die Säfte, die schon nahe an der Fäulnis sind und uns Gift zu werden drohen, wenn ihnen nicht schleunigst ein Abfluß eröffnet wird. Brummt mir nicht über die Kürze der Zeit! Je kürzer die Zeit ist, desto mehr Zeit haben wir, desto größer und reicher ist ihr Ertrag. Sagt mir, würden wir wohl an Gott selbst denken, mahnte uns nicht die Kürze unserer Lebenszeit daran? Ist daher unser Leben nicht gerade um so länger, je kürzer es ist? Haben wir also nicht um so weniger Zeit zu einer Sache, einer Arbeit, je mehr wir Zeit zu ihr haben? Gibt uns nicht der Mangel an Zeit Fülle an Kraft, Takt, présence d'esprit [Geistesgegenwart], Routine, Durchtriebenheit? Wird nicht der Liebhaber, dem nur Augenblicke zu Gebote stehen, rascher zum erwünschten Ziele kommen als der, welcher im Überfluß der Zeit den Unternehmungsgeist verliert?

Sie haben also hier sogar eine metaphysische Deduktion und Rechtfertigung meines langen Stillschweigens, deren kurzer Sinn der ist: Eben weil ich Ihnen schon längst hätte schreiben können, eben deswegen konnte ich bis jetzt Ihnen nicht schreiben. Freilich fehlt die moralische Rechtfertigung, denn die Moralisten werden sagen, eben deswegen, weil ich Ihnen schon längst hätte schreiben können, eben deswegen hätte ich Ihnen schon längst schreiben sollen. Aber Sie wissen, ich bin (wenigstens zum Teil?) Spinozist; meine Moral ist Metaphysik. Indes hoffe ich doch, daß Sie sich wenigstens werden zufriedenstellen. Sie sehen ja, daß ich offen und aufrichtig bin, indem ich nicht mit dem Mangel an Zeit, sondern gerade mit dem Gegenteil mich entschuldige. Aber sagen Sie mir selbst, gibt es denn auch eine schlechtere Entschuldigung als die mit dem Mangel an Zeit? Solange er Mensch ist, denke ich, hat er zu allem Zeit. Worüber kann er mehr und eigenmächtiger disponieren als über sie? Was die Menschen Mangel an Zeit nennen, ist Mangel an Lust, an Stimmung, an Geschicklichkeit und Gewandtheit, den gewohnten Lauf ihrer Gedanken und Empfindungen zu unterbrechen und auf einen andern Gegenstand zu richten.

Ungeachtet des vielen einzelnen Schönen kann ich übrigens einem solchen Unternehmen im ganzen, wie ein Kalender ist (er müßte denn einen ganz bestimmten Zweck haben und diesen bei aller Varietät der Gegenstände und ihrer Bearbeiter streng im Auge behalten, damit eine gewisse Einheit, die doch allein in allen Dingen den Menschen befriedigt und einen harmonischen, darum wohltuenden Eindruck macht, das Verschiedenartige verbindet), kein lebhaftes Interesse abgewinnen. Sie werden dieses freie Urteil im Sinne männlicher, vernünftiger Freundschaft zu deuten wissen. Ich erwarte von Ihnen bei jeder sich darbietenden Gelegenheit das nämliche. Ein Tadel mit offenen Augen ist mir unendlich lieber wie ein blindes Lob.

Ihren „Vulkanismus" wollte ich in den Berliner „Jahrbüchern" zur Anzeige vorschlagen, ja, ich hatte schon den Brief geschrieben, worin ich dieses tat, aber nun fand ich in dem Schreiben Hennings an mich, wo ich zur Teilnahme aufgefordert wurde, daß man nur Schriften vorschlagen könne, die man zu beurteilen wünscht. Und wie könnte ich mich dazu entschließen? Mein Urteil würde eine schlechte Empfehlung sowohl für mich als Ihre Schrift sein.

In die Berliner „Jahrbücher" habe ich bereits zwei Rezensionen eingeschickt: über die Hegel-Bachmann-Rosenkranz-Affäre und über ein anderes geistloses Buch, Kuhn: „Jacobi und die Philosophie seiner Zeit". Nächstens werde ich Hegels „Geschichte der Philosophie" darin anzeigen, die mir zur Beurteilung von den Berlinern aufgetragen wurde, und, wofern ihn nicht Gans schon ordentlich abgefertigt, einen sauberen Patron, der gegenwärtig hier natürlich unter großem Applaus sein Unwesen treibt, um die pietistische Mistpfütze der hiesigen Universität noch vollends mit seinem Unrate auszufüllen, einen Emissär aus dem Lande der mystischen Träumereien der neuen Schellingschen Philosophie, einen gewissen Stahl vornehmen und nach Recht und Gebühren darin traktieren. Gegenwärtig beschäftige ich mich aber nur als Empiriker mit der Fortsetzung meiner „Geschichte", zugleich aber auch als φιλόσοφος [Philosoph] mit der Umarbeitung über die Vernunft und den Erkenntnistrieb, die mir jedoch gewaltig viel zu schaffen macht und von der ich daher noch gar nicht weiß, was aus ihr werden wird. Auch habe ich – bei einer sich dazu darbietenden Gelegenheit – also auf einem außerordentlichen Wege – noch einmal den Versuch gemacht, eine Anstellung zu erhalten, aber es ist mein letzter, wenn auch dieser ohne Erfolg bleibt. Es sind schöne Aspekten, und so wie es zu unserer Zeit ist, war es ja mit wenigem Unterschiede zu allen Zeiten. Was soll man daher klagen oder schelten? Die einzige vernünftige Rache ist, sich nicht in seiner Freiheit stören zu lassen und die eingeborenen Ideen als einen heiligen Schatz rein und unbefleckt in sich zu bewahren und in vollendeten Formen auszubilden.

Daß ich es nicht vergesse: Sie können einem vertrauten, innigen Freunde von mir, der auch Sie hoch schätzt – doch Sie kennen ihn ja selbst –, dem Dr. K. Bayer einen großen Gefallen erweisen. Er will sich nach Bayreuth an das dortige Gymnasium melden. Ihr Herr Bruder ist dort Kreisscholarch. Gewiß stehen Sie mit ihm in Korrespondenz. Wollten Sie also nicht die Güte haben, Bayer demselben zu empfehlen? Er hat seine Philologie tüchtig inne und einen sehr hellen philosophischen Kopf – eine Bemerkung, die indes überflüssig ist, denn so weit werden Sie ihn selbst kennen, um von dieser Eigenschaft von ihm überzeugt zu sein, Sie erweisen durch diese Güte zugleich mir selber eine Freundschaft. Aber periculum in mora [Gefahr ist im Verzuge].

14. Januar 1835

Wissen Sie, was die Berliner über meinen „Abälard und Héloise" urteilen? Der Generalsekretär der Societät sagt, das Schriftchen enthalte zwar vieles Schöne, bedauert aber, daß es sich nicht rangieren lasse. Erdmann, der meine „Geschichte" rezensiert, selbst auch einen dicken Cartesius herausgab, meinte, es sei besser wohl gewesen, wenn ich es nicht geschrieben hätte, dadurch hätte ich mir nur geschadet. Übrigens sind mir die Sklaven eines großen Geistes doch zehnmal lieber als Leute, die auf ihre eigene Faust Esel sind und darauf sogar sich noch etwas zugute tun. Sie anerkennen doch wenigstens das Denken, wenn auch nur in einer bestimmten Form.

Sie fragen mich in einem Ihrer letzten Briefe, was denn aus Daumers Schrift über Hauser geworden sei. Sie betraf nur das persönliche Benehmen des Lords bei dem Besuche, den er Daumern machte. Aus Furcht vor Gift und Dolch ließen aber Mutter, Schwester und Frau ihn nicht aus ihren Händen. Und was kann auch *ein* Mann gegen eine solche weibliche Tripelallianz ausrichten? Die Retardations- und Restriktionskraft, die das Weib über den Mann ausübt, ist ja männiglich bekannt. A propos, haben Sie seine letzte Schrift: „Polemische Blätter, betreffend Christentum, Bibelglaube und Theologie" schon zu Gesicht bekommen? Der *negative* Teil ist auch hier, wie in seinen übrigen Schriften, großenteils vortrefflich. Die Pfaffen haben aber auch diese Schrift von ihm konfisziert, was kein Wunder ist. Heißt es ja schon in meinen Xenien noch vom Jahre 1830, wo die Barbarei und die Erbärmlichkeit noch nicht so schamlos die Offensive ergriff wie jetzt: „Bald ist die *Polizei* traun! *Basis* der *Theologie*."

Den Kalender für meinen jüngeren Bruder habe ich erhalten und ihm bereits überschickt. Er war sehr erfreut über Ihre Güte. Für seine geringfügigen Beiträge erwartete er nicht ein solches Geschenk. Wollten Sie aber Ihr Unternehmen fortsetzen, so wird er künftighin mit besserer Ware Sie bedenken. – Den für Fräulein Bertha bestimmten Kalender überbrachte ich ihr selbst vor Weihnachten, sie dachte jedoch früher nicht daran, ihn aus meinen Händen zu empfangen, denn es kostete ihr lange einen schweren Kampf, bis sie sich entschloß, das Jahr 1835 nicht an dem Orte seines Kalendermachers zu beginnen, einen Kampf, der mir das Schauspiel einer weiblichen Seele gewährte, die jedes Opfers fähig ist, wo eigenes mit fremdem Bedürfnis in Kollision kommt. – Ich habe vieles aus Ihrem Kalender in Bruckberg vorgelesen. Bei dem Artikel über die Eigenheiten der Menschen bemerkte die Madame Stadler, daß der Großvater den Anblick roter Rüben nicht hätte vertragen können. An dem Abend, wo ich aus Ihrem Kalender vorlas, kamen wir abermals – ich sage abermals, denn schon oft kam darauf das Gespräch – auf den Umstand zu reden, daß ich zufällig oder wenigstens durch einen andern Freund Stadlers, als durch Sie, sein und der Seinigen Freund wurde. Ich war Ihnen deswegen – um es Ihnen nur offen zu gestehen – oft schon recht böse. Doch ich muß schließen – ich werde diesen Augenblick – es ist abends 9 Uhr – zu einem Freunde, der eben angekommen, abgerufen.

Sonnabend. Die gewünschten Sprüche aus Zinkgref wird Ihnen nächstens Fräulein Bertha abschreiben, zwar nicht aus meinen unleserlichen Exzerpten, sondern aus dem Buche selbst, wo ich die abzuschreibenden Stellen mit Bleistift bezeichnen werde. Übrigens sind viele darunter, die gar kein Interesse für Sie haben und von mir zu besonderen Zwecken nur auserlesen wurden. Sollten Sie daher die Abschrift von ihnen nur zum Behufe Ihres Kalenders wünschen, so würde ich eine bessere Auswahl treffen und nur solche ausheben, die für Ihren Zweck passend wären. Tun Sie mir hierüber nur bald Ihre Wünsche kund.

Empfehlen Sie mich Ihrer verehrten Frau und grüßen Sie mir herzlich Ihre Kleinen. Schreiben Sie bald wieder, wie es Ihnen und den Ihrigen geht. Mein Bruder läßt sie sämtlich grüßen.

Der Ihrige
Ludwig F.

114

Von Leopold von Henning

24. Januar 1835

/ Sr. Hochwohlgeboren Herrn Dr. Ludwig Feuerbach in Erlangen

Berlin, den 24. Januar 35

Mit vielem Vergnügen hat die hiesige Societät für wissenschaftliche Kritik Ew. Hochwohlgeboren geneigtest übersandte Rezensionen von Rosenkranz über Bachmann und von Kuhn ü[ber] Jacobi entgegengenommen. Da Herr Prof. Gans vorderhand durch anderweitige Arbeiten verhindert ist, die Stahlsche Rechtsphilosophie für unsere „Jahrbücher" zum Gegenstand seiner Beurteilung zu machen, so kömmt unserer Societät Ihr gefälliges Anerbieten in betreff dieser Schrift sehr erwünscht und sieht dieselbe dem baldigen Eingang einer Rezension derselben mit lebhaftem Verlangen entgegen. Sie erwähnen nur Bd. 2 der gedachten Schrift; indes dürfte es doch wohl zweckmäßig erscheinen, einen Rückblick wenigstens auch auf den ersten Band derselben zu werfen, um dem Publikum ein vollständiges Urteil über das ganze Werk von Stahl zu bieten.

Schließlich erlaube ich mir, im Namen der Societät auch an die vom Prof. Michelet herausgegebene Hegelsche „Geschichte der Philosophie" zu erinnern, deren Anzeige Sie gütigst übernommen hatten.

Hochachtungsvoll Ew. Hochwohlgeboren ganz ergebenster

L. v. Henning

P. S. Der beschränkte Raum unseres Journals und der große Vorrat an Manuskripten machen es wünschenswert, den Artikel über Stahl nicht über 3/4 bis 1 Druckbogen ausgedehnt zu sehen. /

115

An Bertha Löw

3. Februar 1835

Nürnberg, 7 Uhr, 3. Februar 1835

Nur einige Zeilen. Heute vorigen Jahres – dem Tag nach – wie glücklich war ich da! Es war das erste Mal, daß ich allein mit Dir zusammen war. Deine lieben Briefe erhielt ich Sonntag. Du verweist mich öfter darin auf mündliche Mitteilungen. Das hat mich sehr beunruhigt. Es ist doch nichts Besonderes und nichts Schlimmes, das Du dem Papier nicht anvertrauen magst? Es kommt mir so oft vor, als wäre meine Liebe zu Dir, ob sie gleich rein, wahr und gut ist, die größte Schuld, die ich auf meine schuldbeladne Seele geworfen habe. Nur das Denken steht dem Menschen ewig offen und frei, alles andere ist juridisch: Selbst zu der Liebe muß der Mensch – wenigstens sind die Ausnahmen selten – ein Recht haben.

Meine Kritik gehört allerdings in die Berliner „Jahrbücher". Auch ist sie allerdings der Philosophie würdig, denn ich gehe aufs gründlichste auf die Sache ein, um sie in ihrer innern Nichtigkeit darzustellen. Übrigens kann mir im Ausland diese Arbeit gerade sehr zustatten kommen; denn ich bin der erste, der die neueste Schellingsche Unphilosophie, die vielen wegen der Autorität des Namens Schelling dennoch imponiert, angreift, wenigstens der erste, der so gründlich und scharf auf die

Sache eingegangen ist. Ich werde sie Dir mitteilen und so lange zurückhalten, bis ich die volle Überzeugung habe, daß es besser für mich ist, selbst in bezug auf das Inland, durch *tapfere Rede sich geltend zu machen, seinen Verstand zu zeigen, als bescheidentlich zu schweigen*. Ja, es gebietet mir sogar die Ehre, öffentlich dagegen aufzutreten. Doch kann ich Dir diesen Punkt jetzt nicht deutlicher machen. Indes sei überzeugt, daß ich in dieser Sache wenigstens auf jeden Fall meiner würdig handeln werde. Ich folge nicht meiner persönlichen Leidenschaft, wenn ich das schneidende Schwert der Kritik ergreife, es ist ein *Akt der Gerechtigkeit*, den ich im Namen der Wahrheit und ihrer Tochter, der Philosophie als dero untertänigster Scharfrichter vollziehe. Es sind die Manen eines Hegel, Fichte, Spinoza etc., die ich räche an dem falschen, treulosen, eitlen, lästermäuligen Sch[elling]. Würde ich allerdings auf dem Wege des Schweigens zu meinem Ziele kommen, so wäre es töricht, hier zu reden. Aber komme ich auch hier nicht zu diesem Ziele, so ist der andere Weg vorzuziehen; denn ich komme auf ihm zu Namen und Ehren und so indirekt doch auch endlich vielleicht zu dem erwünschten Ziele, das Du kennst.

Mit ganzer Seele Dein treuer Freund
L. F.

116

An Christian Kapp

3./18. Februar/3. März 1835

Nürnberg, 3. Februar 1835

Verehrter Freund!

Nur einige Worte. Die Nachricht, daß Ihre verehrte Gemahlin von einem gesunden Knaben glücklich entbunden worden ist, hat uns innigst erfreut, und es versteht sich damit von selbst, daß wir Ihrer Selbstgleich- wie ehelichen Anderheit im stillen herzliche Glückwünsche brachten. So sind Sie denn ein dreieiniger Vater geworden!

Quo plus realitatis substantia habet, eo plura attributa habet [Je mehr Realität ein Wesen hat, um so mehr Attribute kommen ihm zu].

Wenn Sie Ihre Kalender fortsetzen, so schreiben Sie doch bestimmt, bis zu welchem Zeitpunkte hin längstens die Arbeiten eingeschickt werden müssen, damit man sich darnach zu richten weiß. Mein jüngerer Bruder wird Ihnen Übersetzungen aus dem Spanischen und einige Epigramme oder sonstige poetische Kleinigkeiten usw. schicken. Er kann Ihnen selbst einen ziemlichen Vorrat liefern, wenn es Ihnen zusagt. Vielleicht trägt heuer auch mein hartnäckiger, eigensinniger, grillenhafter Kopf einige brauchbare Kalenderfrüchte. Käme nur wieder der Geist der Xenien von anno 1830 über mich!

Erlangen, 18. Februar

Sie sehen aus dem obigen Datum, wann dieser Brief angefangen wurde. Er sollte meine Freude über das Ihnen zuteil gewordene Glück noch glühend von der Wärme der Vaterfreude, mit der Sie mir diese Nachricht meldeten, überbringen, aber Bedrängnisse mancherlei, größtenteils unangenehmer Art, hielten mich von seiner Fortsetzung und Beendigung ab.

Preisen Sie sich glücklich, daß Sie bayrischer Quieszent sind. Bei uns ist allein, wenigstens auf unsern Universitäten, die Affenschande noch in Aktivität. Zu Ihrer Zeit war Erlangen noch im Flor. Jetzt würden Sie sich nicht mehr hier auskennen. Aber eben deswegen sollten Sie hier sein. Von mehreren Studenten wurde ich aufgefordert zu lesen. Aber ich erklärte ihnen, an einer Universität wie diese, wo nicht einmal das wissenschaftliche Wort freigegeben ist, lese ich, solange ich Privatdozent bin, nicht. Aber eben die gesunde und wissenschaftliche Vernunft sollte hier, der armen Studenten willen, in Amt und Brot sein, denn nur die Vernunft, die in Amt und Brot ist, wirkt auf die Menschen, denn Vernunft an und für sich selber, ohne diese Akkreditive, ist unmächtig. Übrigens sind diese Übel keine Provinzialismen. Der Christianismus bricht noch einmal mit aller seiner Barbarei über Europa herein, um endlich doch noch die Menschen zur Vernunft zu bringen. Wir werden noch schöne Dinge erleben. –

Eben, indem ich die Feder ergreife, bemerke ich zu meinem größten Erstaunen, daß es schon ein Monat ist, daß ich diesen Brief angefangen, denn heute ist der 3. März. Was soll ich Ihnen aber auch schreiben. Das Geringe ist nicht wert, daß man darüber schreibt, und wie groß ist das Gebiet des Kleinen und Geringen? Und das Bedeutungsvolle ist nicht so gering, daß es in die leichtfertige Briefform hineinginge. Nur zweierlei

„Sorten" von Briefen kann ich mir eigentlich denken: *Geschäftsbriefe* und *Liebesbriefe*, denn für beide, Geschäft und Liebe sind Kleinigkeiten – Wichtigkeiten. Außerdem können sie aber keinen andern Sinn haben als bloße telegraphische Abbreviaturzeichen, daß man noch in Fleisch und Blut, scilicet [nämlich] im alten Elend drinnensteckt. Aber diesen Zweck erreicht man auch mit bloßen Adressen und Visitenkarten. Ich will den Ruhm unter den Sterblichen haben, der erste gewesen zu sein, der durch die Post statt Briefe bloße Visitenkarten expediert. So ist diese Erfindung ganz im Geiste der Dampfwagen und Eisenbahnen. Wie diese ist sie Raum- und Zeitersparnis. Betrachten Sie diesen Brief als die erste, wenn auch noch unvollkommene und höchst unbeholfene Anwendung des allerneuesten Briefstellers. Doch noch dies zur Nachschleppe! Die Kritik des neuesten Schellingianismus oder wenigstens eines Probestückes von ihm, habe ich bereits nach Berlin abgeschickt. Ich fürchte aber, die unkritischen Berliner rücken sie am Ende gar nicht ein. Dann hole sie aber der Teufel! Gegenwärtig bin ich über Hegels „Geschichte der Philosophie". Ein vortreffliches Werk! Ich mache aber auch davon eine simple Anzeige.

Leben Sie wohl mit Weib und Kind. Ich bin leider! noch immer derselbe, aber stets mit Freuden der Ihrige.

L. F.

117

An Bertha Löw

6. Februar 1835

Freitag, 6. Februar 1835

Liebes teures Kind!

Du bekommst wieder nur einige Zeilen von mir. Sie sollen nichts anderes sein als eine *kurze telegraphische Depesche* meines Herzens. Mit meiner Rezension wäre ich fertig, hätte mich diese Woche nicht eine Angelegenheit unterbrochen, die mir die Notwendigkeit auferlegte, mehrere unangenehme Briefe zu schreiben. Aber so geht's mir gewöhnlich, immer gerade in dem Augenblicke, wo ich am Schlusse einer Arbeit oder mittendrin im besten Feuer bin, kommt etwas, mich zu unterbrechen. Wie oft habe ich mir daher schon absolute Einsamkeit als das einzige Heil- und Trostmittel meiner Seele gewünscht! Wie oft bei diesen Gelegenheiten und ähnlichen mir die Frage vorgelegt: Wirst du wohl auch, wenn dich wirklich einst das Band der Ehe mit ihr verknüpfen sollte, deine Bertha beglücken können? Kommen nicht unzählige Dinge im häuslichen Leben vor, die im höchsten Grade störend sind? Zweifel, die ich dann freilich wieder durch den Gedanken überwinde, daß die Macht der Gewohnheit dem ehelichen und überhaupt häuslichen Leben eine bedeutungsvolle Göttin ist, daß wir uns überhaupt eine Sache, ehe wir in ihrem Besitze sind, ganz anders vorstellen, als sie in Wirklichkeit ist. Doch wohin versteige ich mich? Sind mir ja auch von Dir wert und teuer die Fetzchen von Deinen Kleidern, Blättchen, wie sie mir auch nur Deine Hand vergegenwärtigen. Sieh also, meine Liebe, auch dieses Blatt als so ein Fetzchen an, das nicht für sich selber, sondern nur als ein *Zeichen*, ein Eselsohr meiner Liebe einen Wert hat, *der* Liebe, mit der ich stets Dein treuester Knecht, Freund, Bruder und Mann bin. Lebe wohl! Ein andermal mehr.

Dein
L. F.

118

An Bertha Löw

[12. Februar 1835]

Von der Arbeit, von der ich Dir neulich sprach, wurde ich abgezogen. Ich bekam nämlich ein Buch in die Hände, das mir wegen seines verderblichen Inhalts, seiner miserablen Mystik, seiner gedankenlosen und doch unverschämten Polemik gegen die Philosophie eine besondere und strenge Kritik zu verdienen scheint, um so mehr, da dieses Buch nicht die Ansichten und Maximen eines Individuums, sondern einer immer verderblicher um sich greifenden Partei repräsentiert. Bereits habe ich auch schon die Grundzüge zu einer höchst scharfen, mit allen Wassern gewaschenen Kritik auf das Papier hingeworfen. Übrigens zögere ich noch, ob ich sie wirklich ausführen und drucken lassen soll; denn das ist ausgemacht: Mit dieser Kritik nehme ich mir alle Aussicht auf eine Anstellung in Bayern, indem ich die neue Schellingsche sog. Philosophie oder Unphilosophie, die aber wegen ihrer Gedankenlosigkeit, mit der sie allem längst vergangenen Unsinn, allem Götzendienst und Aberglauben huldigt, bei uns in Macht und Ansehen steht, in ihrer ganzen Lächerlichkeit und Blöße darstelle. Was soll ich aber länger Rücksichten nehmen? Sie haben mich bis jetzt noch zu nichts gebracht. Wer *denkt*, ist der Menge ein Stein des Anstoßes, er mag es machen, wie er wolle. Mit Dir verbunden zu leben, ist mein innigster Wunsch, dem ich manches Opfer zu bringen gern bereit bin, um ihn zu realisieren. Aber hängt denn seine Erfüllung einzig und allein von einer Anstellung im Inland ab? Und kommt denn nicht oft der sicherer an sein Ziel, der frei und mutig einherschreitet, wenn er auch bisweilen über einen Stein stolpert oder sich an ihm wehe tut, als der, welcher bei jedem Schritte bedächtig sich umsieht, daß er nicht verstoße? –

Riedel ist gegenwärtig hier. Er hat mir die unerwartete Nachricht mitgebracht – ich wünschte nur, daß sie wahr wäre –, daß ich nächstens Dich heiraten würde.

Wie sieht es mit Deinem Herzen aus? Ist es mein? Ich frage nämlich: mein, mit Zuversicht, mit dem Glauben an meine Liebe, mit Freudigkeit, mit dem Willen, mir wirklich anzugehören? Ist es beherrscht und beseelt von meinen Lehren, Gedanken, Versicherungen oder von Deinen eignen trüben Vorstellungen niedergedrückt? Ich hoffe das letztere nicht. – Wie steht es mit Deiner Gesundheit? – Singst Du fleißig? – Was hast Du gelesen? – Plage Dich ja nicht zu sehr – ich wollte Dir schon das letzte Mal es raten – mit der Lektüre meiner ersten Schrift, die als eine Jugendschrift voll Unvollkommenheiten und Mängel ist. Es ist vieles in ihr dunkel, unrichtig, einseitig, hart, kraß ausgedrückt. Sie ist ein Produkt der Leidenschaft; sie hat daher, wie jedes Werk der Leidenschaft, die Tugenden, aber auch die Mängel der Leidenschaft. Viele Gedanken beziehen sich auf Erscheinungen in der Geschichte der Philosophie; um sie also zu verstehen, muß man diese kennen. Ich will Dir indes einmal meine Gedanken und den Gang, den ich in meiner Schrift nahm, auf die möglichst einfache und klare Weise darstellen. Dieser Dein Eifer, Dich in meine Gedanken einzuarbeiten, kann jedoch nur meine Liebe vermehren. O gute Bertha! Du weißt nicht, was Du mir auch in dieser Beziehung bist! Ich verlange nicht mehr von einem Weibe als Du besitzest, ja mehr verlangen wäre Torheit, denn jedes Wesen hat eine bestimmte Grenze, so das Weib – wird diese überschritten, so verliert es seinen Kern. Lebe wohl, Beste, und freudig in dem Gedanken, daß ich stets mit inniger Liebe bin Dein wahrer Freund

L. F.

119

An Bertha Löw

16./[17.] Februar [1835]

Montag abends, 8 Uhr, 16. Februar

Heute Abend vermißte ich Dich, liebe Freundin, wieder aufs allerschmerzlichste. Meine Seele war ein Abgrund, aus dem nur der Seufzer nach Dir als das einzige Lebenszeichen zu meinen Ohren drang. Aber ist es denn auch ein Wunder, wenn uns die Trennung immer mit Schmerzen erfüllt? Beseelt uns denn wie andere bei dem Abschied die süße, sichere Hoffnung, daß wir bald uns angehören werden? So oft ich mich von Dir trennte, war es mir fast immer zumute, als würde ich Dich nie mehr sehen. Bei jedem Abschied traten mir, bald offner, bald verstohlner, Tränen in die Augen, die mir doch sonst so leicht nicht kommen. Wie hätte ich 1830, wo ich meine „Gedanken über Tod und Unsterblichkeit", schon damals aufs tiefste von ihnen erschüttert und zermalmt, aber frei von einem bestimmten Gegenstand der Liebe, niederschrieb, daran gedacht, daß ich – und zwar im innigsten, teuersten Verhältnis des Menschen, wo die Empfindung am heftigsten ist – so oft empfinden und bewähren muß, was ich immer schon für genug hielt, auch nur *einmal* zu empfinden.

Meine Gedanken über den Tod haben mir selbst tiefe Schauder und Schmerzen erregt; aber wegen der Schmerzen, die uns eine Sache bereitet, dürfen wir nicht an ihrer Wahrheit zweifeln. So lange wird uns immer eine Wahrheit schmerzlich sein, bis wir uns mit unseren Empfindungen in sie gefunden haben, bis sie uns durch Erfahrung und Gewohnheit vertraut, heimisch geworden ist. Das Auge, das Organ der edelsten Wahrnehmung und Erkenntnis, das Organ des Lichts, ist doch zugleich auch ein Werkzeug, dessen sich der Schmerz bedient. Die Erkenntnis der Notwendigkeit betrachtet die Schmerzenslaute, die sie aus dem Menschen hervorruft, nicht als Stimme, die gegen ihre Wahrheit zeugen, sondern vielmehr als unwillkürlich, dem Menschen wider seine selbst- und genußsüchtigen Neigungen abgedrungene Beweise für sich. – O Liebe, könnten meine innigen Gedanken an Dich noch heute als empfindende Wesen zu Dir dringen und Dich mit den Banden eines von den süßesten, erquickendsten Träumen erfüllten Schlafes umschlingen!

Dienstag abend 10 Uhr. Eben habe ich die auch Dir bekannte Rezension, die morgen fertig und rein geschrieben sein wird, beiseitegelegt. Jetzt noch einige Augenblicke zu Dir, mein lieber Tag- und Nachtgedanke! Viel erwarte aber nicht. Morgen will ich der Abwechslung wegen dem Boten den Brief mitgeben und heute bald zu Bette gehen, um morgen erfrischt wieder an meine Arbeit zu gehen und sie mir endlich vom Halse zu schaffen.

Gestern besonders, aber auch heute einige Augenblicke befiel mich eine angstvolle Sehnsucht nach Dir. Es war mir, als fehlte Dir etwas und müßte ich Dir zu Hülfe eilen. Ich hoffe und wünsche, daß mein ängstliches Gefühl ohne Grund und Bedeutung war. Ganz bin ich Dein. Jeden Schmerz möchte ich von Dir hinwegheben, und wenn ich das nicht kann, wenigstens durch Mitgefühl mit Dir teilen. Keinen gesunden Blutstropfen würde ich mir selbst mehr gönnen, wüßte ich Dich krank oder leidend; wenigstens keine Lebensfreude würde ich mir mehr gönnen. Darum Beste, Teuerste, ärgern mich auch immer Deine Sorgen wegen der Zukunft! Bekümmere Dich nur um das *Nächste*, nicht um das Ferne. Der *vernünftige* Genuß und Gebrauch der Gegenwart ist die beste Sorge für die Zukunft. Nur die Gegenwart ist *unser*, sagten die griechischen Philosophen. Gerade durch ängstliche Sorgen verdirbt sich der Mensch die Gegenwart und mit ihr die Zukunft; die Gegenwart ist das *Kapital*, die Zukunft die Zinsen, die nur von der richtigen Verwaltung und Anlegung des Kapitals abhängen. Wenn auch unsere Zukunft unseren Wünschen nicht entsprechen sollte, sei gewiß: *Deine* Sorgen wenigstens werden nie zur Wahrheit. Deine Jahre werden nie die Kraft meiner Liebe mindern, auch Du wirst mir in jedem Gewande des Leibes noch wert und teuer sein. Ich vermisse nichts weiter an Dir, als daß Du nicht mein Weib bist. Nur dieser Mangel kümmert mich. Mit allen Schmerzen der Liebe und Sehnsucht

Dein treuer Freund
L. F.

Also fort mit euch, ihr nichtswürdigen Grillen! fort aber auch mit euch, ihr Schmerzen der Sehnsucht! denn ihr verhindert nur den Menschen, die Mittel tätig zu ergreifen, die ihm zum Besitz des ersehnten Gegenstandes verhelfen können. Darum, liebe Bertha, sollten wir von nun an unsere Briefe nur dazu anwenden, uns darüber zu besprechen und zu beraten, ob der Gedanke an eine Vereinigung auch in unseren jetzigen Verhältnissen eine Schimäre ist oder eine realisierbare Idee. In der Vorstellung von der Unmöglichkeit einer Sache denkt der törichte Mensch nicht an das Nächste, übersieht er die ihm zu Gebote stehenden Mittel, die er vielleicht nur zusammenhalten, gehörig zu schätzen und anzuwenden braucht, um mit ihnen den scheinbar unrealisierbaren Zweck zu erreichen. So vergaß auch ich oder unterließ es bloß in der Vorstellung, daß das höchste Glück ein unerreichbares für mich sei, nämlich Dich zu besitzen, mich nach der Dauer und dem wahren Stande meiner Pension zu erkundigen. Gestern verschaffte ich mir nun die volle Gewißheit, daß mir meine Pension durchaus nicht, weder durch *Heirat*, noch durch Erbschaft, noch sonst etwas, außer durch eine Anstellung (wo es sich von selbst versteht) entzogen werden kann. Meine Pension ist zwar gering, sie beträgt jährlich 280 fl.; aber sie ist doch etwas, etwas Sicheres und Festes. Durch Schriftstellerei kann ich mir wenigstens jährlich 100 fl. verdienen, denn wenn ich auch in einem Jahre nur ein paar Rezensionen und keine selbständige Schrift liefern sollte, so werde ich dafür im zweiten oder dritten Jahre durch eine größere Schrift reichlich das Defizit an den 100 fl., die ich, um den geringsten Maßstab anzulegen, für jedes Jahr anschlage, wieder einbringen. Bisher hat freilich der Schriftsteller noch wenig materiellen Gewinn dem Menschen gebracht. Aber ich bin ja auch erst seit 1833 als Schriftsteller öffentlich bekannt, da meine erste Schrift anonym erschien. Und die ersten Schriften haben keinen anderen Zweck, als eben dem Autor einen Namen zu verschaffen, um erst durch spätere Leistungen von ihren Früchten einzuernten. Aus der Anerkennung, die meine ersten Schriften gefunden haben, kann ich nur mit Fug und Recht schließen, daß meine späteren Arbeiten, die an Gehalt den früheren gewiß nicht nachstehen werden, von Buchhändlern gerne angenommen und angemessen honoriert werden. Ich kann also, ohne mir oder Dir einen blauen Dunst vorzumachen, meine Schriftstellertätigkeit sozusagen auch als ein Kapital ansetzen, das seine Zinsen trägt, so daß ich folglich im ganzen ungefähr 400 fl. jährlichen Ertrag als sehnsuchtsvoller Ehestandskandidat zur Realisierung unseres Wunsches, der auf Deiner Seite wohl ebenso lebhaft, wahr und innig als auf der meinigen ist, mitbringen kann. Als traurige Früchte ihres unseligen Garçonlebens [Junggesellenlebens] bringen die jungen Ehemänner sehr häufig in den heiligen Ehestand Schulden mit, um sie erst in ihm zu tilgen. Auch mich – damit Du weißt, was Du zu wissen brauchst, denn in diesem *delikaten* Punkte darf der Mann Geheimnisse vor dem Weibe haben – fesseln, aber nicht mit reizenden Banden, Schulden an diese wunderschöne Erde. Allein zu ihrer Vertilgung stehen mir zwei Arzneimittel zu Gebote, einerseits meine „Geschichte der Philosophie", die mir nun bald hoffentlich etwas eintragen wird, anderseits die Liebe und Teilnahme der Meinigen, die mir mit Freuden, zum gerechten Ersatz für meine Resignation auf meinen Anteil am väterlichen Vermögen, diese Last vom Halse schaffen werden, um mir zu einem so schönen Zwecke behülflich zu sein, die ich auch schon leicht um diesen Liebesdienst hätte ansprechen können, und zwar mit vollem Recht, wenn es anders nicht meine Gewohnheit oder [mein] Grundsatz wäre, so etwas bis auf eine außerordentliche äußere Veranlassung zu verschieben. Also werde ich auch in dieser Beziehung gereinigt von dem Unrate des Garçonlebens in das gesunde Badewasser des heiligen Ehestands steigen können. Nebenbei bemerke ich noch, daß ich mit der Zeit wohl auch einiges von meiner Tante in Fr[ankfurt a. M.] erben und wahrscheinlich aus dem handschriftlichen Nachlaß meines Vaters auch etwas klingendes Metall herausschlagen kann. Ich war stets der Liebling meiner Tante, soll es auch jetzt noch sein, wie ich erst neulich hörte; sie ist aber leider nicht geld- sondern nur *stein*reich.

120

An Johannes Schulze

26. März 1835

Hochwohlgeborener Herr!

Hochzuverehrender Herr Geheimer Regierungsrat!

Ew. Hochwohlgeboren haben nach den Versicherungen des Herrn Oberkriminaldirektors Hitzig, welche ich bereits im verflossenen Jahre aus seinem Munde zu empfangen die Ehre hatte, meiner „Geschichte der Philosophie von Bacon bis Spinoza" ein für mich so ehrenvolles und ermutigendes Interesse geschenkt, daß ich es wage, mich mit ehrfurchtsvollem Vertrauen an Ew. Hochwohlgeboren zu wenden, um meinen längst im stillen gehegten Wunsch auszusprechen. Genehmige aber Ew. Hochwohlgeboren zur Motivierung desselben eine Darstellung meiner persönlichen Verhältnisse.

Schon seit dem Jahre 1828, mit Ausnahme einiger Semester, die ich nach dem Tode meines seligen Vaters, des Königlich bayrischen Staatsrats und Präsidenten Anselm Feuerbach, im elterlichen Hause zubrachte, bin ich Privatdozent an der Universität Erlangen. Psychologie, Geschichte der Philosophie, Logik und Metaphysik im Sinne Hegels waren die Gegenstände meiner Vorlesungen. Ich habilitierte mich jedoch keineswegs in der Absicht hier, um eine bleibende Stätte hier zu finden, ich betrachtete vielmehr meine Vorlesungen nur als Bildungsmittel und Vorbereitung auf einen Wirkungskreis, den ich schon von Anfang meiner akademischen Laufbahn an bei einer bayrischen Universität nicht zu finden gewiß war. Denn schon damals trübte mir ein gegen die Philosophie direkt feindselig gesinntes Wesen und Treiben die Aussicht in die Zukunft. Bereits im Jahre 1831 war daher mein seliger Vater selbst der Meinung und des Willens, daß ich in Bonn als Privatdozent aufzutreten suchen sollte, aber unerwartete Familienereignisse vereitelten diese Pläne. Seitdem haben sich die Verhältnisse in Bayern so gestaltet, daß es selbst Torheit wäre, als Philosoph, wenigstens als solcher, dem es wirklich ernst mit der Philosophie ist, auf eine bürgerliche Existenz zu hoffen. Ew. Hochwohlgeboren werden von dem gegenwärtigen Zustand dieses Landes in wissenschaftlicher und religiöser Beziehung selbst Kenntnis nehmen, so daß ich es für überflüssig halte, diese meine letztere Behauptung durch eine Schilderung desselben zu begründen.

Unberücksichtigt, hoffnungslos, aller ermunternden Anregungen von außen beraubt, stehe ich daher – ein isoliertes Individuum – in Bayern da, eine Lage, die um so nachteiliger auf mein Gemüt wirkt, je notwendiger ein persönlicher, unmittelbarer Wirkungskreis meinem Charakter wird. Zwar würde ich mich gern in die Stellung eines bloßen Privatgelehrten und Schriftstellers finden, wenn meine Vermögensumstände mir erlaubten, mit sorgenfreiem Geiste der Wissenschaft zu leben. Leider aber sind auch diese so beschaffen, daß ich keineswegs in den zur Unternehmung und Fortsetzung größerer wissenschaftlicher Arbeiten so unentbehrlichen Gefühlen der Sicherheit von äußeren Bedrängnissen leben kann, ja am Ende sogar genötigt bin, die schriftstellerische Tätigkeit zu einem Erhaltungsmittel des physischen Menschen zu erniedrigen.

Meine bisherigen Leistungen in den Wissenschaften bin ich weit entfernt so hoch anzuschlagen, daß ich auf sie besondere Ansprüche gründen sollte. Nur die ehrenvolle Anerkennung, die meine „Geschichte der Philosophie" in Preußen, namentlich bei Ew. Hochwohlgeboren, gefunden hat, belebt aufs neue meinen in den bisherigen Verhältnissen beinahe erloschenen Mut, indem sie mich hoffnungsvoll auf Preußen blicken läßt. Ew. Hochwohlgeboren wage ich daher den Wunsch, in Preußen, es sei, wo es wolle, als Lehrer der Philosophie einen Wirkungskreis zu finden, als einen der sehnlichsten Wünsche meines Innern zu bezeichnen und zu geneigter Berücksichtigung zu empfehlen.

Preußen verehre ich als mein zweites, mein geistiges, mein wahres Vaterland.

Die zwei Jahre, die ich in Berlin unter Hegels Leitung dem Studium der Philosophie widmete, waren die entscheidendsten, wichtigsten Jahre meines Lebens. Kein größeres Glück wüßte ich mir, als eine sittliche Stellung in einem Staate zu finden, wo die Intelligenz selbst als spekulative sich ein bleibendes Dasein geschaffen hat, wo das Individuum in seiner Arbeit nicht einsam und verlassen, sondern sich als das Glied eines zu einem gemeinschaftlichen Werk zusammenwirkenden Ganzen weiß.

Wenn ich es indes wagte, diesen Wunsch auszusprechen, so geschah es nur, weil ich mir bewußt bin, daß er nicht aus Liebe zu mir, sondern nur aus Liebe zur Philosophie entspringt, welcher ich mein Leben ungeteilt weihen und erhalten möchte.

Genehmigen Ew. Hochwohlgeboren die Versicherung der tiefsten Verehrung, mit welcher ich die Ehre habe zu sein Ew. Hochwohlgeboren gehorsamster

Dr. Ludwig Feuerbach
Privatdozent der Philosophie

Erlangen, d[en] 26. März 1835

121

An Leopold von Henning

[Anfang April 1835]

/ Euer Hochwohlgeboren
empfangen hiemit meine Rezension von Stahls „Philosophie des Rechts nach geschichtlicher Ansicht". So sehr ich mich auch nur auf das Notwendigste einschränkte, so war es mir doch nicht möglich, die gewünschten Grenzen in betreff ihres Umfangs einzuhalten. Indes die Prätensionen, mit denen die sogenannte „positive Philosophie" oder der neuste *Schelling*-ianismus gegen alle echte spekulative Philosophie auftritt, nebst dem Umstand, daß in den „Jahrbüchern" noch keine ausführlich energische Polemik gegen jene verkehrte Richtung sich // geltend machte, mögen die größere Ausdehnung meiner Arbeit entschuldigen.

Die Anzeige von Hegels „Geschichte der Philosophie", die ich schon im vorigen Sommer angefangen hatte, aber zu vollenden durch äußere Verhältnisse verhindert war, werde ich nun auch bald der Hochverehrlichen Societät vorzulegen die Ehre haben.

Professor Hunger dahier hat mir aufgetragen, ihn wegen Verspätung der ihm übertragenen Arbeiten zu entschuldigen. Eine schwere, mehr als halbjährige Krankheit ist die Ursache dieser Verzögerung.

Schließlich erlaube ich mir den Wunsch auszusprechen, meine Rezension von Stahls Schrift in ihrer Integrität möglichst bald veröffentlicht zu sehen und einige Abdrucke von den Nummern, wo sie erscheint, gefälligst übersandt zu erhalten.

Mit ausgezeichneter Hochachtung Euer Hochwohlgeboren ergebenster

Dr. Ludw. Feuerbach /

122

Von Leopold von Henning

17. April 1835

/ Berlin, d[en] 17. April 35

Hochverehrter Herr und Freund!

In meinem Schreiben vom 10. d. M., worin ich Ihnen den richtigen Empfang Ihrer Rezension über Stahls „Philosophie des Rechts" gemeldet, habe ich bereits zu bemerken mir erlaubt, wie der hiesigen Societät für wissenschaftliche Kritik, um mit Grund zu besorgenden Einwendungen gegen Ihre als vortrefflich anerkannte Arbeit zu begegnen, eine etwas bestimmtere Fassung der darin enthaltenen Erörterung über die Unzulässigkeit der von Herrn Stahl versuchten Ableitung der Rechtsinstitute aus dem christlichen Prinzip als nötig erschienen ist. Die Societät war freilich der Meinung, daß die diesfallsigen Abänderungen, ohne Zurücksendung der Rezension und ohne weitere Korrespondenz mit Ihnen, sofort würden hier bewerkstelligt werden können, und hatte dieselbe demgemäß den Herrn Prof. Hotho und mich mit diesem Geschäfte beauftragt. Bei nochmaliger Durchsicht der als bedenklich erschienenen Stellen haben wir uns indes überzeugt, daß deren Berichtigung nicht würde zu bewerkstelligen sein, ohne zu tief in Ihr Eigentum einzugreifen. Indem ich Ihnen deshalb das Blatt Ihres Manuskripts, um welches es sich handelt und worauf ich die Steine des Anstoßes durch Striche am Rande bezeichnet, hierbei zurückzusenden mir erlaube, bemerke ich in der Kürze folgendes:

Sie mißbilligen (S. 14) mit gutem Grunde das Unternehmen des Verfassers, das Recht und dessen einzelne Institute aus dem Christentum abzuleiten, räumen aber zugleich ein, daß beide (Stahl und Christentum) in ihrem obersten und letzten Grunde identisch seien und nennen // diese Identität eine überirdische. – Damit ist, unseres Erachtens, zu *wenig* und zu *viel* gesagt. Zu *wenig*, denn nicht in Abrede zu stellen ist, daß zwischen dem religiösen und dem Rechtsbewußtsein der Völker stets eine bestimmte Beziehung stattfindet, in *der* Art, daß das letztere sich als durch das erstere bedingt erweist; zu *viel*, insofern die Religion als solche, und das Recht als solches, auch in ihrem obersten und letzten Grund, d. h. in ihrem

Begriff nie bloß identisch sind, es müßte denn unter der von Ihnen zugegebenen „überirdischen Identität" dies verstanden werden, daß beide in der allgemeinen göttlichen Idee begründet sind. Damit ist dann aber die Sache nicht abzutun, da wie gezeigt einer [. . .] bestimmten Form des religiösen Bewußtseins auch eine bestimmte Form des Rechtsbewußtseins entspricht und es demgemäß ebensogut ein christliches Recht und einen christlichen Staat gibt und geben muß, als es der griechischen und der römischen Religion entsprechende Rechts- und Staatsformen gegeben hat. Dies ist es offenbar, was dem Verfasser bei seinem Vorhaben, das Recht aus dem Christentum abzuleiten, vorgeschwebt hat und worüber er sichtlich, so wenig wie die ganze fromme Bruderschaft, nicht ins klare gekommen ist. Das Recht ohne weiteres aus dem Christentum ableiten zu wollen ist nicht viel weniger absurd, als wenn der Astronom das Sonnensystem oder der Physiologe den animalischen Organismus aus dem Christentum ableiten wollte. Alles Bestimmte ist nur aus *seinem* Allgemeinen abzuleiten; die verschiedenen Rechtsinstitutionen sind ebenso aus dem Begriff des Rechts wie die verschiedenen Organe des Lebens aus dem Begriff des Lebens und die verschiedenen Kunstformen aus dem Begriff der Kunst abzuleiten. – Weiter findet in der in Rede stehenden Angelegenheit allerdings auch ein wesentlicher Unterschied zwischen den Gestal//tungen der natürlichen und denen der geistigen [. . .] statt. Es wäre offenbar absurd, und [. . .]. Nach Ihrer Ausführung erscheinen Christentum und Recht (abgesehen von der zugegebenen, aber nicht näher bestimmten „überirdischen Identität") in ihrer bestimmten Wirklichkeit nicht bloß als gleichgültig gegeneinander, sondern sogar als einander widersprechend. Dies aber ist der Punkt, worüber wir uns zu verständigen haben. Sie sagen, das Wesen des Christentums sei die *Liebe* und mit dieser sei das *Eigentum* nicht verträglich. Darüber ist zu bemerken: *Einmal* nämlich ist allerdings das Christentum die Religion der Liebe, aber doch nicht in dem Sinne, daß dadurch die Freiheit und die selbständige Persönlichkeit ausgeschlossen werden. Die letztere aber ist die Grundlage des Eigentums, und zwar ausdrücklich des ausschließlichen Privateigentums. *Zweitens* aber (und diesen Umstand hebe ich besonders hervor) liegt es im Begriff des Rechts selbst, daß es nicht bei dem abstrakten Privatrecht (und Privateigentum) sein Bewenden haben kann. Im Staate, welcher jedenfalls auch aus dem Begriff des Rechts abzuleiten ist, gilt das Eigentum gar nicht (wie bornierte Juristen wollen) als etwas Letztes und Absolutes; der Staat hat ein Recht auf das Leben und Eigentum seiner Bürger, nimmt dasselbe durch Privilegien, Steuer usw. in Anspruch, und es bedarf, um das Privateigentum zu überwinden, nicht erst der Belehrung durch die christliche Moral. – [. . .] // [. . .] Überhaupt aber möchte ich das Christentum so aufgefaßt wissen, daß dasselbe die *Religion des absoluten Geistes* ist. Die Religion der antiken Welt war die des *endlichen* Geistes, und die Religion des Orient (des bei sich bleibenden Orients) ist *Natur*religion, so daß hier der Geist noch nicht in seinem Unterschiede von der Natur gewußt wird. Fassen Sie das Christentum als die Religion des *absoluten* Geistes (welcher den endlichen Geist als aufgehoben – und *aufbewahrt* – in sich enthält), so werden Sie nicht länger behaupten, „daß das Eigentum im Christentum keine Basis habe". So sagen die St.-Simonisten, aber nicht die Christen. – Weiter kann dann auch nicht zugegeben werden, daß die *Ehe* dem christlichen Leben widerspreche. – Es stünde in der Tat übel um die ganze sittliche und rechtliche Welt, wenn zwischen ihren Instituten und dem Christentum der von Ihnen behauptete Gegensatz stattfände. Dies würde zu einem Kampf auf Leben und Tod zwischen beiden führen. – Ich möchte wohl beiläufig noch fragen, warum Sie mit Ihrer Argumentation sich auf das *Eigentum*, die *Ehe* und das *Strafrecht* beschränkt und nicht auch die Unverträglichkeit des *Staats* mit dem Christentum nachgewiesen haben? –

[. . .] Mit der aufrichtigsten Hochachtung Ihr ergebenster

Diener und Freund

L. v. Henning /

123

An Christian Kapp

[17./18. April 1835]

Bruckberg, Karfreitag 1835

Verehrter Freund!

Hier schicke ich Ihnen Epigramme und Übersetzungen von meinem Bruder Friedrich für Ihren Kalender; hoffentlich werden sie taugen, zugleich auch noch einige aus Zinkgref auserlesene und eigenhändig abgeschriebene Anekdoten, mit dem Wunsch, daß Sie dieselben brauchen können.

Diesen Sommer bringe ich in Nürnberg zu. Meine Adresse werde ich Ihnen später schicken, da ich noch keine Wohnung habe.

Den Ihrigen mich schönstens empfehlend Ihr

L. F.

Nachschrift Samstag. Eben las ich den vor mehreren Wochen durch Bertha an mich gelangten, nur eilig durchlesenen und nach der Lektüre auch lange zurückgelegten Brief wieder durch und gewahrte zu meiner ***größten Freude*** eine Stelle, die ich völlig, da sie abgesondert auf der Rückseite stand, übersehen hatte. Ich meine die, wo Sie von den Beweisen wahrhaft schätzbarer Anerkennung sprechen, die Ihren geologischen Leistungen zuteil geworden sind. Was ist dagegen das Lobgehudel unserer Zeitschriften, die fast? alle durch die Bank gemeine Metzen sind. In der „Literarischen Zeitung" von Berlin las ich von Ihrem „Vulkanismus" auch eine ganz kurze Anzeige, die übrigens nicht der Erwähnung wert ist, worin es hieß: Die Schrift bestreite mit vieler Gelehrsamkeit und Witz eine immer mehr ins Abwesen kommende Ansicht. Zum Schlusse noch die freundlichsten Grüße von Bertha.

124

An Bertha Löw

Juni 1835

Nürnberg, Juni, Sonntag morgens 1835

Du hast mir gestern, Teuerste, eine außerordentliche Freude durch die Übersendung des lieben Bildes bereitet. Ich erwartete es nicht so bald, da ich Dir selbst mündlich sagte, daß Du es noch für Dich behalten möchtest; allein meine Worte waren keine treuen Übersetzer meines Innern, ich wünschte allerdings leise gerade das Gegenteil von dem, was ich sagte. Für Deine liebreiche Aufmerksamkeit danke ich Dir daher aufs herzlichste. Schon als Du in Heidelberg warst, betrachtete ich es einmal, als ich morgens in St[adler]s Stube, wo es damals hing, kam, lange mit großer Aufmerksamkeit. Ich glaubte Dich in dem schönen Kindskopf deutlich zu erkennen, wenigstens Spuren Deines mir so teueren Wesens in ihm zu finden. Ich glaube es auch jetzt noch. Er vergegenwärtigt mir Dein Wesen, nur in kindlicher Gestalt. Du mußt als Kind so gewesen sein; der Geist des kleinen Gesichtchens, das Gute, Liebe und Sinnvolle ja wirklich Geistreiche, das über ihm schwebt, ist ein Ausfluß, ein Strahl von dem Wesen, das Du heute noch bist und darstellst. Du hättest mir kein sinnvolleres Andenken geben können als dieses Bild, ob es Dich gleich darstellt, wie Du noch lange nichts von Liebe wußtest. Aber ich betrachte es als das Bild *Deines reinen kindlichen Herzens*, das Du durch die Gefahren des Lebens und die Stürme der Jahre hindurch treu aufbewahrt und mir geschenkt hast. Ich betrachte es als einen schönen Traum von meiner Geliebten, der einen ebenso angenehmen als tiefen Eindruck in mir zurückgelassen hat, dessen bestimmte Züge und Inhalt ich mir aber nicht verdeutlichen kann als eine dunkle Reminiszenz aus einer längst vergangenen Zeit, die ich nicht persönlich mitlebte und die doch zu meinem Leben gehört, indem ihre Früchte mir gereift sind. Ich habe das Porträt über meinem Kanapee zwischen zwei großen Bildern, die zerfallene Ritterburgen vorstellen, aufgehängt. Du glaubst nicht, wie lieblich sich zwischen diesen Ruinen das Köpfchen ausnimmt. Einen passenderen Platz hätte es nicht finden können; denn bist Du nicht der einzige freundliche, versöhnende Punkt mitten zwischen den Trümmern der zerfallenen Ritterburg meines Lebens? Warst Du es nicht, die die Widersprüche, in die mein moralisches Wesen geteilt war, gelöst hat? Jetzt kommen noch zwei Kupferstiche von Philosophen, Spinoza und Cartesius, in meine Stube. Dann habe ich alles vor meinen Augen versammelt, was mir lieb und wert war, die Bilder meines eignen Wesens – Philosophie, Liebe, Natur. Wie gut wird sich erst vis-à-vis den schwarzen Philosophenköpfen das liebliche Kindsköpfchen ausnehmen?

125

An Christian Kapp

27. Juni 1835

Nürnberg, Samstag 27. Juni 1835

Verehrter Freund Kapp!

Nichts für ungut, allein Ihre apokryphisch, zynisch, mystisch, sophistische Handschrift hole der Teufel! In Ihren beiden jüngsten, eigentlich dem letzten Schreiben, habe ich vieles gar nicht lesen können, von der Protogäa ging mir wohl ein schwaches Licht auf, aber alles übrige lag für mich im argen und trüben. Bloß den Tetzer erblickte ich im Nebel aus der Ferne, Ihre Grüße lasten aber noch auf meinen Schultern. Kann auch noch nicht bestimmen, wann und wo ich mich ihrer entledigen werde. Mein Leben nach außen, wie überall an den obskursten Orten, wo ich nicht zu sein das Glück oder Unglück hätte, so namentlich hier, ist ein ganz enger Kreis, so kontrakt und konzentriert als eine Leibnizsche Monade, die, wie bekannt, nicht einmal den Umfang eines mathematischen Punktes hat und mir gegenwärtig im Kopfe spukt. Die Pensées confuses [verworrenen Vorstellungen] von mir, sc. die Passionszeit, die ich außer dem metaphysischen Lichtkreis meines Atomwesens zubringe, gehören den Meinen und Freund Daumer, dem tapferen Pietistenwürger. Gegen T[etzer] in Person habe ich gar nichts, aber ich habe gegen alles Pietistenwesen einen wahren sittlichen Abscheu, einen Abscheu wie vor Seuche, Krätze und andern häßlichen Ausschlägen, so daß mir selbst Leute, die von dieser Krankheit genesen sind, wenigstens ob der an ihnen bleibenden Reminiszenzen einen fatalen Eindruck machen. Das ist nur der akzidentelle; der substantielle Grund, daß ich noch nicht Ihren Auftrag besorgt, ist mein konzentriertes Leibnizsches Monadenleben. Doch nun von der Metaphysik zu den realen Wissenschaften.

Ihr Kalender für Bruder Eduard ist angekommen. Jede Anerkennung, die Ihnen zuteil wird, freut mich, und wünsche nur immer von Ihnen zu erfahren. Es wäre aber auch zum Narrenwerden, wenn solcher Willen, solche Kraft, wie in Ihnen lebt, nicht der Welt selbst wider ihren bösen Willen das Bekenntnis der Wahrheit abdrängen sollte. Ich wünsche nur, daß Sie, obwohl Sie immer im Dienste der Philosophie arbeiten, Ihre Kräfte nicht der eigentlichen Philosophie, der Metaphysik, die in so schlechte Hände jetzt immer mehr und mehr gerät, entziehen möchten. Meine innerste Überzeugung ist es allerdings, daß nur dann für die Philosophie eine bessere Zeit kommt, wenn sie die Empirie nicht mehr außer sich liegen läßt, sondern diese durchdringt und sich vindiziert [zuerkennt]. Das muß freilich anders geschehen, als es bisher mit der sogenannten Anwendung der Philosophie auf positive Wissenschaften der Fall war, und so rufe ich Ihnen zu Ihrer Fahrt in den Schacht der Geologie ein Glückauf! aus vollem Halse zu.

Die Schrift über die „neuesten Entdeckungen" usw. habe ich flüchtig durchgelesen, kenne aber den Verfasser nicht. Mir schien sie in vielem kleinlich-boshaft, obwohl der Verfasser juridisch recht haben mag und wiefern sie nur gegen den mystischen Götzendiener in München, gegen den „Generalpächter der spekulativen Vernunft", gerichtet ist, gegen diese antiphilosophische Persönlichkeit, gewiß auch vollkommen recht hat.

Ihr Gedanke, den Schriftstellern die Gelegenheit zu Antikritiken zu erleichtern, scheint mir gut und zeitgemäß. Aber würde sich dafür wohl ein Extrablatt eignen? Wäre es nicht besser, in einem Blatte nur eine besondere Rubrik für diese Antikritiken offen zu lassen, als allein es damit anzufüllen? Und wie wäre es nun mit einem Buche, wie z. B. mit der Schrift „Cartesius und seine Gegner", wo von Dr. Hock in Wien über meine „Geschichte" auf ein paar Seiten ein oberfläches Urteil gefällt wird; soll man dann nur diese Stellen ausheben oder das ganze Buch zugleich mit kritisieren? Im ersteren Falle hat die Antikritik zu wenig Interesse, als daß man sich Leser genug versprechen könnte und der Autor selbst sich besonders aufgemuntert fühlen sollte zu einer Antikritik, im zweiten Falle aber muß man dem Blatte eine weitere Tendenz geben. Ich selbst gehe schon seit langer Zeit damit um, heftweise Artikel über Erscheinungen in der philosophischen Literatur herauszugeben, da ich in den Berliner „Jahrbüchern" sowohl innerlich als äußerlich zu sehr mich beschränkt fühle.

Am Schlusse muß ich Ihnen nur noch das offene Geständnis machen, daß nur persönliches Interesse die Ursache, wenngleich nur die causa occasionalis [gelegentliche Ursache] ist, daß

Sie jetzt schon einen Brief von mir erhalten. Gestern wurde ich nämlich darauf aufmerksam gemacht, daß in Marburg eine Professur der Philosophie durch den Tod Suabedissens erledigt sei. Aber was hilft's, wenn ich mich hinwende auf eigene Faust, ohne persönlich empfohlen zu sein? Sind Sie vielleicht in Heidelberg mit jemand befreundet, der den Terminus medius [Vermittler] zwischen Marburg und Erlangen machen könnte? Steht Daub, dem ich es freilich nicht zuzumuten wagte, daß er meinetwegen seine Feder mit seiner ehrbaren Greisenhand in Bewegung setzte, in keiner Konnexion mit Marburg? Ich werde mich bei Ihnen nicht zu entschuldigen brauchen, daß ich mich an Sie mit dieser Frage wende. Übrigens, wenn Sie keinen solchen Medius Terminus wissen, so erwähnen Sie auch mit keiner Zeile diese Geschichte. Um Ihr Papier für nötigere Dinge aufzusparen, brauchen Sie mir nicht zu schreiben, ob Sie einen oder keinen wissen.

Es ist ohnedem schon a priori [von vornherein], auch mit Empfehlungen, vorauszubestimmen, daß bei den Tendenzen, die auf den meisten Universitäten, wohl auch in Marburg, herrschen, für einen Mann, der im Geruche „des Pantheismus" steht, nichts zu erwerben ist. Meine Hoffnung steht daher auch nur auf Preußen gerichtet, wohin ich auch bereits verflossenen Winter meine Wünsche so ausdrücklich, als es statthaft war, eingeschickt habe oder auf irgendeine andere Stelle, wenn auch die eines Bibliothekars.

Entschuldigen Sie die schlechte Schrift. Ich will mich künftig bessern. Leben Sie wohl.

Ihr
L. F.

126

An Johann Adam Karl Roux

5. August 1835

/ Nürnberg, den 5ten August 35

Verehrter Freund!

Denken Sie nicht, daß Sie mir je durch irgendeine Bitte, geschweige eine solche wie die in Ihrem letzten, gestern erhaltnen Briefe ist, beschwerlich fallen können! Im Gegenteil, jede Gelegenheit, die Sie mir darbieten, Ihnen zu dienen, wird mir stets nur erwünscht sein. Wären die Freundschaftsdienste, die ich Ihnen erweisen kann, nur nicht gar zu geringfügiger Art! Was nun Ihre Anfrage in betreff des Titels Ihrer Abhandlung anlangt, so bin ich der Meinung, daß dieser am besten so könnte gegeben werden: Über das Verhältnis der Fechtkunst zum Ehrenduell mit besonderer Berücksichtigung der Mittel, die Duelle zu verhüten oder wenigstens zu vermindern und unschädlich zu machen. Der Zusatz: „wenn dies nicht immer möglich ist" ist auf dem Titel, den man bekanntlich immer so kurz als möglich zu machen liebt, nach meiner Ansicht unnötig, zumal da er eigentlich schon in dem Ausdruck: „wenigstens" implizite enthalten ist. Es soll mich recht freuen, wenn ich Ihre Abhandlung // in ihrer veränderten Gestalt zu Gesichte bekomme. Sie können sich darauf verlassen, daß ich sie gründlich durchgehen und die allenfalsigen Ausstellungen, die ich – ein strenger Kritikus – an ihr werde zu machen haben, Ihnen offen gestehen werde. Ich bin übrigens überzeugt, daß nach einer nochmaligen Revision Ihre Abhandlung wegen der richtigen Gedanken, die sie enthält, sich gewiß zum Druck eignen wird.

Mögen Sie es mir nicht mißdeuten, verehrter Freund, wenn ich die Beantwortung Ihrer Anfrage zugleich als eine Gelegenheit benütze, auch an Sie eine Bitte, die ich schon länger auf dem Herzen trage, auszusprechen! Wäre sie nur auch so bedeutungsloser, geringfügiger Art als die Bitten sind, die Sie an mich zu tun haben! Aber leider! steht die meinige mit der Ihrigen in keinem Verhältnis. Es kostete mir daher keinen geringen Kampf, bis ich mich endlich entschloß, sie Ihnen vorzulegen. Und ich schlug meine Zweifel und Bedenken nur mit *dem* Gedanken nieder, daß es eine Zartheit gibt, die in Wahrheit nur Unredlichkeit gegen unsre Freunde ist, indem wir selbst wider den Willen unsrer Freunde handeln, wenn sie wenigstens wahre, edle Freunde sind, wenn wir zu unserm eignen Schaden und Nachteil // in besondern Fällen bei Fremden, statt bei ihnen Hülfe suchen. Ich war gestern schon auf dem Wege, einen Schritt zu tun, der gewiß seinen Zweck nicht verfehlt haben würde, aber ein wahrhaft verzweifelter hätte genannt werden müssen, da er mit den größten Opfern verbunden gewesen wäre, als dieser eben ausgesprochne Gedanke mit aller Macht in mir erwachte und siegte. Verkennen Sie mich also nicht! Es ist unendlich fern von mir, die Freundschaft als eine gemeine Dienstmagd anzusehen; ich verehre sie als eine Göttin; aber in dringenden Fällen dürfen wir uns auch an eine Göttin mit unsern persönlichen Angelegenheiten wenden.

Diese meine Angelegenheit ist nun folgende. Von meinen Schulden, die bis auf die ersten elenden Anfänge meines armseligen Privatdozentenlebens in Erl[angen] zurücklaufen, habe ich nach und nach den größten Teil getilgt. Nur noch ein Rest von 125 Gulden ist ungetilgt. Aber gerade dieser Rest ist für mich wegen der Person, der er angehört, der drückendste, empfindlichste. Ich dachte, diese Schuld gegen Ende dieses Jahres mit dem Ertrag meiner Rezensionen zu tilgen. Allein ich mußte mich hier von Kopf bis zu Fuß neu equipieren [ausstatten]. Meine Mutter war so gut, einstweilen den Schneider zu bezahlen. Da // sie aber bedeutende Ausgaben zeither hatte, bald auch die Ankunft des hier so teuren Holzes für den Winter erfolgen [wird] und sie überdem in diesem Punkte im höchsten Grad ängstlich ist, habe ich daher ihr den Ertrag meiner Rezensionen bestimmt und versprochen. Ohnedem käme mir das Geld aus Berlin zur Abtragung dieser Schuld zu spät, da ich vor mehreren Tagen ganz wider Erwarten erinnert worden bin, sie so bald als möglich zu berichtigen. Dieser Verlegenheit zu entkommen, dachte ich daher daran, durch eine dritte Person einen wertvollen Teil meiner Bibliothek dem Herdegen zum Versatz oder im Falle, daß er sich dazu nicht verstünde, zum Verkauf anzubieten. Deswegen ging ich gestern selbst nach Fürth. Aber da erwachte plötzlich der Gedanke an Sie, verehrter Freund, mit aller Kraft und Lebhaftigkeit, und ich wage daher an Sie die Bitte: ob Sie mir aus dieser Verlegenheit mit Vorstreckung dieser Summe helfen können. Es versteht sich von selbst, daß ich Ihnen zur Sicherheit und Vorsorge für die möglichen Fälle, denen wir Sterblichen unterworfen sind, auf einem Kampfbogen den Empfang bescheinigen und die Rückbezahlung versprechen, kurz, die bei dergleichen Angelegenheiten gewöhnlichen Förmlichkeiten einhalten würde. Ich wage übrigens /

127

An Bertha Löw

August 1835

Nürnberg, Freitag, August 1835

Wegen Bonn habe ich bis jetzt noch nichts unternommen. Die Berliner müssen mir allerdings noch bestimmtere Versicherungen geben. Ich wollte aber nicht eher hinschreiben, als bis ich zugleich meine Rezension mit dem Briefe abschicken könnte. Aber einige schwierige Punkte verzögerten, nebst einigen kleinen Störungen von außen, ihre Beendigung. Jetzt bin ich jedoch entschlossen, die Rezension als ein eignes kleines Schriftchen erscheinen zu lassen, damit es mehr in die Hände des Publikums kommt. Die Rezension betrifft nämlich den jämmerlichen Jenaer Hofrat, der durch seinen gemeinen Ausfall auf mich wenigstens allen meinen Feinden große Freude, die ich ihnen aber bald vertreiben werde, gemacht hat. Befürchte aber nicht, daß ich leidenschaftlich verfahren werde. Ich fühle zu sehr meine geistige Übermacht über ihn, als daß ich im Kampfe gegen ihn hitzig werden sollte. Ich werde ihn allein durch rein wissenschaftliche Gründe darniederschlagen. Übrigens widerspricht es ganz meiner Empfindungsweise, mich in dergleichen Händel einzulassen. Wie im Leben, so möchte ich auch in der Literatur einsam, still verborgen meine Straße wandeln, unbekümmert, was die Menge von mir denkt! Aber ich will doch, da ich einmal in einer öffentlichen Anstalt als Rezensent aufgetreten bin, auch in den Augen des größeren Publikums, so wenig ich dasselbe respektiere, die Ehre meiner als Rezensenten verteidigen. Nicht geringen Anteil an der Verzögerung der Vollendung hatte der eben ausgesprochene Widerwille in mir gegen solche Händel. Leider! verfolgen mich in allen Dingen oft ganz seltsame, kapriziöse Empfindungen. So vieles wäre mir so leicht, wenn diese nicht mich störten. Aber jeder hat eben seine größte Last *mit sich selber*.

L. F.

An Bertha Löw

[Herbst 1835]

Erlangen

Neuerdings erschien eine sehr vorteilhafte Rezension von meinen Aphorismen. Es ist allerdings manches getadelt, wie es sich eigentlich gehört in Rezensionen; aber der Tadel verschwindet vor den Vorzügen, die anerkannt wurden. Der Verfasser derselben ist zwar kein Mann von vielem Gewicht, wenigstens in meinen Augen, aber doch von Gewicht. Er gehört zu den Besseren. Es ist Fichtes Sohn. In Beziehung auf die Welt ist indes eine solche Anerkennung, wenigstens besonders für die Weiber, wenn sie sich, wie Du für mich, interessieren, immer erfreulich, nützlich. Ich würde Dir die Abschrift schicken, wenn ich nicht befürchtete, daß sie Dir unleserlich ist. Ich will mir daher Dir zuliebe die Mühe nehmen, den Anfang derselben abzuschreiben. „Der Verfasser dieser Aphorismen – irren wir nicht, derselbe, welcher kürzlich eine gründliche und empfehlenswerte Geschichte der neueren Philosophie geschrieben, die nur stellenweise ihre fleißigen Kollektaneen noch nicht zur kurzen, graziösen Darstellung verarbeitet hat – tritt hier zum zweiten Male in einem ganz anderen Gebiete auf, in welchem er sich jedoch nicht weniger geistreich und mit ganz gründlichen Intentionen bewegt. Es sind humoristische, in der Tat sehr ernstgemeinte Selbstbekenntnisse und Reflexionen eines kräftig ringenden, der Idee mit Bewußtsein sich opfernden philosophischen Jüngers, welcher durch die geistigen Erfahrungen, von denen er hier Kunde gibt, mittelbar zugleich ein gutes Zeugnis von sich selbst ablegt. Wer solcherlei in sich erlebte, wie er hier mehr andeutet als ausspricht – gerade wie es recht ist –, den soll man nicht zu den trivialen Geistern rechnen, die immer nur wandeln werden, wo die Straße nur breit genug ist und von anderen ihnen die Bahn schon gebrochen ist. Und in diesem Sinne wollen wir ihn besonders willkommen heißen auf dem Felde spekulativer Forschung, für welche er nicht bloß einen vagen, phraseologischen Enthusiasmus oder einseitige Begeisterung, sondern bei einer gewissen voranküdigenden

Selbständigkeit zugleich vielseitigen Blick für entgegengesetzte philosophische Individualitäten und Liebe für die alten Heroen der Spekulation mitbringt."

129

An Bertha Löw

[Herbst 1835]

Freitag morgens

Liebe Bertha!

Wie ein gehetzter Hirsch nach Wasser, so lechzt mein Herz, mein Auge, mein Mund nach Dir. Erfrischung möchte ich an Deinen Lippen einsaugen. Die Hitze ist unerträglich, meine Arbeit vielfach langweilig, mein Geist schwer und träge, nicht aufgeräumt, obwohl arbeitsam, aber nicht aus Lust, sondern aus Pflicht und Zwang. Ich weiß aber wohl, wo das herkommt. Über viele, mich am meisten interessierende Gegenstände habe ich nur wenig Zeit und Ruhe zum Nachdenken gehabt. Seit fünf Jahren lebe ich in der Unruhe und den Schmerzen der Schriftstellerei. Ich möchte daher eine Zeitlang nur dem Studium, der Lektüre und dem Nachdenken leben, die Schriftstellerei nur gelegentlich und zufällig, in besonders dazu aufgelegten Momenten treiben. Auch gelingt die Schriftstellerei nur dann, wenn sie sich von selbst ergibt, wenn wir sie nicht für sich selbst zu unserem Geschäft und Gegenstand machen. Aber wie kann ich diesen Wunsch und Trieb befriedigen? Jetzt wenigstens noch nicht.

Du könntest so gut sein nachzusehen, ob in den bei Dir liegenden Teilen von Zimmermanns „Reisen" die Pescheräh vorkommen, und mir in ein paar Worten bemerken, wie sich Z[immermann] über die tierische Sprache dieser Menschen, die nichts anderes hervorbrachten als Pesch-Pesch, äußert. Ich brauche nämlich die armen Pescheräh zu einem Gleichnis und weiß zwar das Allgemeine, wenigstens so viel, als ich zum Behufe meines Zweckes zu wissen brauche, möchte aber doch das, was ich bereits weiß, durch nähere Angaben bestätigt finden.

Die Rezension, die gegenwärtig St[adler] hat, hat in dem obskuren Nest Erlangen solches Aufsehen gemacht, daß sie selbst in die Hände der Damenwelt kam, ja sogar das Gerücht von ihr im Volke sich verbreitete. Die allgemeine Stimme soll übrigens Beifall sein, woran mir jedoch blutwenig oder gar nichts liegt. Die Gemeinheit der Welt offenbart sich nicht weniger in ihrem Tadel als ihrem Lobe. Denn unmittelbar beherrscht nicht die Wahrheit, sondern die *Meinung* die Welt. Lebe wohl! Voll Hunger und Durst nach Dir

Dein treuer Freund
L. F.

130

An Bertha Löw

9.–[11.] November 1835

/ Erlangen, 9. November 35

Die Erstlinge meiner Muße d[er] Schreibertätigkeit an meinem neuen Aufenthaltsort seien auch diesmal wieder Dir, meine Liebe, geweiht. Denn soeben habe ich die wenigen Bücher, die ich mitgenommen, nebst den übrigen Denk-, Schreib- oder vielmehr Redematerialien und andere Lebensnotwendigkeiten oder Kleinigkeiten ausgepackt, auf meinem Tische vor mir, um befreundete Wesen vor mir zu haben und um so eher heimisch zu werden, ausgekramt und auf ein ziemlich hartes Kanapee mich hinplaziert, die Haare die Stirn hinaufgestrichen, als wollte ich meinen Augen mehr Licht machen, um zu wissen, wo ich mich befinde und was mein gegenwärtiger Aufenthalt hier zum Zwecke hat, als ich auch schon sogleich die Feder ergreife, um Dir das Nötigste von mir zu wissen zu tun und mein Herz, das die größten Gewissensskrupel empfindet, wenn ich nicht alles mit Dir beginne, zu beruhigen. Ich wohne hier nur einige Häuser entfernt von meinem Bruder, um das Glucksche Auditorium, wo auch er liest, benutzen zu können, da ich dadurch Heizungskosten erspare. Meine Wohnung ist zwar nicht ganz nach meinem Geschmack, Bedürfnis und [meiner] Gewohnheit, aber der Vorteil der Nähe des Auditoriums, des Tores und der einsamen Straße, die nicht weit von hier an der Mauer sich fortzieht und die ich oft frequentieren werde, vor allem der

Gedanke an meine Vorlesungen, der mich allein beschäftigen wird, läßt mich darüber wegsehen. Ich zahle 9 fl. des Monats, aber dabei ist Bett, Bedienung und Holz, also nicht gar zu teuer. Ich habe es auf 6 Wochen – also bis Weihnachten gemietet. Es ist nicht groß, die Möbel mittelmäßig, aber // was kümmert mich das? In der nächsten Woche fange ich erst an zu lesen, wöchentlich 4 oder 5 mal; die Stunde ist noch unbestimmt; wenn es mir nach geht, lese ich von 11–12 Uhr.

Denke nur, welch für ein Unglück für meine Liebe ich beim Auspacken erfahren mußte. So beschränkt auch der Raum in meinem Koffer und einem kleinen Kistchen war und ich daher mancherlei, was ich gerne bei mir gehabt hätte, ausschließen mußte, so konnte ich doch nicht umhin, außer dem Pack Briefen, den ich von Dir besitze, auch Dein liebes Kindsköpfchen mitzunehmen. Aber ich Esel packte es in meine Kleider, die die harten Bücher zur Unterlage hatten, so ungeschickt, daß dadurch das Glas zerbrach und selbst die Zeichnung an einigen Stellen ein wenig verwischt wurde. Obgleich das Bild im ganzen und wesentlichen sich treu und ähnlich sieht, so hat mich doch diese Beschädigung nicht wenig betrübt. Daher machen mir Andenken auch so wenig Freude, weil alle solche *äußere* Zeichen der Liebe so höchst zerbrechlich und vergänglich sind. Ein neues Leid kommt hinzu, daß ich mir das Bild, um es wieder überglasen zu lassen, nicht aus den Händen zu lassen getraue, da es so leicht verwischbar ist. Ich habe es daher einstweilen in meiner Kommode eingesperrt.

Soll dieser Brief heut noch fort – es ist halb 4 Uhr – so muß ich eilen und auch mich kurz fassen. Für den Hosenträger meinen schönsten Dank. Er hat mich gefreut. Er war mir notwendig. Gestern – Sonntag – kam er zuerst an meinen Leib. Eben schlägt es – ich habe mich geirrt – 4 Uhr. Schwerlich wird es jetzt mehr Zeit sein. Indes habe ich meinen Stiefelwichser eben fortgeschickt, um sich zu erkundigen nach Abgang der Post. – Viele Stellen in Deinem letzten Briefe haben mich tief gerührt. Arme, daß ich Dich so einsam, so verlassen denken und wissen muß! Oh, halte Dich fest an meiner treuen Liebe an, die Dich auch in der Ferne stets umgibt! Bewähre die Kraft des Geistes! Auch ich hatte in voriger Woche höchst wehmütige, trübselige Stimmungen, die aber durch ein körperliches Übelbefinden unterstützt wurden. Aber es geht jetzt mit mir wieder besser. Die Wärme hat sich wieder in meinen Füßen eingestellt. Verzeihe, wenn ich Antworten auf manche Fragen von Dir vielleicht vergessen habe in der Eile. Schwerlich wirst Du vor Samstag über 8 Tage Briefe von mir erhalten, doch vielleicht // bekommst Du doch inzwischen noch einen. Das Herzensbedürfnis geht über alle Weltrücksichten.

Ja, so, wie geht's mit Deinen Augen, Deinem Finger! Wie bekommt die Operation? Ich will wünschen, daß ich hierüber bald erfreuliche Nachrichten bekomme. So hätte ich beinahe die wichtigste Angelegenheit meines Herzens vergessen.

Lebe wohl! Mit der innigsten Liebe Dich umarmend

Dein treuer
L. F.

Dienstag. Abends. Wie Du siehst, habe ich den Brief wieder aufgebrochen. Mein Diener kam erst spät zurück. Ob Du in der nächsten Woche einen Brief bekommst, zweifle ich. Erst am Samstag werde ich dazu Zeit und Ruhe finden. Kommenden Montag von 4–5 Uhr kannst Du mich auf dem Katheder stehend und schwadronierend Dir vorstellen. Meine vormalige Wohnstube ist jetzt eine Gesellschaftsstube. Ich war gestern und vorgestern da, und Du glaubst nicht, wie wohl und wehe mir da drin zumute ist. Es sind die Erinnerungen vom Okt[ober] und Nov[ember] vorigen Jahres schwermütigen Andenkens, die mir den Ort so heilig und teuer machen – die Leidenszeit meiner Liebe ist in nur mir leserlichen Zügen dort den steinernen Wänden eingegraben, ich möchte sie zu lebendigen Zeugen meiner Liebe aufrufen und als solche anreden – so teuer und lebendig wird uns selbst der Ort, der Stein durch Schmerzen, die wir dort gestanden haben. Auch die // nämlichen Spaziergänge nach Tische – ich esse im „Walfische" – mache ich wie im vorigen Jahre. Jeder Schritt, jeder Blick in die Gegend hin, wo es zu Dir geht, erinnert mich so lebhaft an die Tage vergangnen Jahres, als hätte ich *mit Dir selbst* diese Gegenden durchwandelt. Und doch waren es nur Gedanken an Dich, sehnsuchtsvolle oder durch ganz andere Empfindungen getrübte Gedanken, in deren Gesellschaft ich diese Spaziergänge machte.

Schwerlich werde ich morgen noch etwas schreiben – ich gebe den Brief dem Boten mit, außerdem aber gewöhnlich der Post – denn die erste Zeit des Kollegienlesens ist immer – wie erst für einen solchen Einsiedler wie ich ! – eine sorgenvolle Zeit – eine Zeit, in der man sich nur mit der größten Unruhe, ja Angst, wenn auch nur auf wenige Augenblicke von dem Gegenstand seiner Vorles[ungen] entfernt.

Mittwoch. Nur einen Morgengruß will ich Dir bringen und Dich bitten, bei der so empfindlichen Kälte nicht am unrechten Orte, nämlich am Holze zu sparen. Du mußt auch abends noch in Deiner Stube einschüren lassen, damit die Kammer überschlagen wird. Die Wärmflasche hilft nicht allein. Folge mir! Dieser Brief sieht so zerrissen und zerfetzt aus wie eine Fahne, die aus einem [. . .] kommt. Zürne mir deswegen nicht. Bleibe gesund! Und schreibe mir recht bald und oft. /

131

An Bertha Löw

[17./18. November 1835]

/ Dienstag. Soeben hat es 9 Uhr geschlagen. Ich bin heute länger ausgeblieben; ich hatte einen lebhaften, die Gesellschaft aufregenden Disput mit Kastner über d[as] Duell und die Rechtmäßigkeit des Verbots desselben von seiten des Staats. Allein so heftig auch der Kampf war, so drückte mir doch K[astner] beim Weggehen die Hand mit den Worten: Mit Ihnen duelliere ich mich doch nicht, ich achte Sie zu sehr. Ich behaupte, daß, da der Staat ein Individuum *verhungern* lasse, überhaupt gleichgültig gegen dessen Wohl und Wehe sich verhalte, er ihm auch nicht verbieten könne, für seine Ehre sein Leben aufs Spiel zu setzen; daß es wohl einem Staatsbürger im eigentlichen Sinne, einer öffentl[ichen] Person, aber nicht einem Individuum, das weder durch Amt, noch durch Geschäfte oder liegende Gründe mit dem Staate verwachsen sei, verwehren könne; daß er ihm sowenig Hindernisse im Wege legen könne, außer der Welt hinauszugehen oder in solche Gefahren zu begeben, wo er sich seinem Lebensverluste aussetzt, als er ihm Hindernisse in den Weg legt, außer Landes zu gehen.

Es ist heute zum zweiten Male, daß ich gelesen habe. Gestern habe ich mich in ein paar Sätzen verwirrt, aber sonst ist es besser gegangen, als ich einige Tage vorher noch gedacht habe. Ich habe durch meine mehrjährige Pause nichts verloren. Wo ich der Herrschaft über meinen Stoff gewiß bin, da bin ich auch frei und mutig in der Rede. Was gäbe ich darum, fände ich bald einen beständigen Wirkungskreis in dieser Art. Jetzt ist es noch Zeit. Es ist keine Eitelkeit von mir, wenn ich glaube, mein Reden wäre nicht ohne Wirkung. – Ich habe mit vieler Lebhaftigkeit gesprochen, meine Brust war gestern bedeutend angegriffen – der Raum des Auditoriums ist sehr groß, – aber ich glaube, die Ursache war nur, weil ich so lange nicht öffentlich und anhaltend gesprochen und folglich der Übung, die den Meister wahrscheinlich auch der Lungen macht, so lange entbehrt habe. /

/ Mittw[och]. Morg[en]. Welch ein frühzeitiger Winter! Wie muß es jetzt bei Euch aussehen! Der ganze Himmel ist heute Schnee.

Daß ich hier mehr als in N[ürn]b[er]g Ursache habe, Dich als treue, sorgende Freundin an meiner Seite zu wünschen, brauche ich Dir wohl nicht zu sagen. Aber ich vergesse alles außer mir in meiner Vorbereitung auf mein Kollegium, das ich mit Freuden lese. Die Tage fliegen pfeilschnell an mir vorüber. Wie lange wird es dauern, so strahlt wieder Dein liebes Wesen mir ins Auge. – Auch meine Wohnung ist ganz wider meine vieljährige Gewohnheit und Neigung. Es ist sehr geräuschvoll auf der Gasse, und überdies wohnt unmittelbar neben mir ein Student, von dessen Stube jedes Wort zu mir dringt. Das Gute ist nur, daß Studenten nicht viel auf der Stube sind. Aber am Sonntag, wo ich abends zu Hause blieb, um auf meine Vorles[ungen] mich vorzubereiten, hätte ich fast des Teufels werden mögen. Es waren mehrere St[udenten] neben mir versammelt und sangen. Ich dachte, vor Unwillen über die Hausfrau, der ich ausdrücklich aufs Gewissen fragte beim Mieten, ob ich keinen Nachbar[n] hätte, von dem ich etwas hörte, und Ungeduld vergehen zu müssen. Aber endlich kam ich doch in meinen Ideengang hinein, hörte nichts mehr und arbeitete freudig noch bis spät in die Nacht hinein. So überwindet der Mensch alles, wenn er die Überwindung als eine Notwendigkeit erfaßt; so arbeitet er nur glücklich, wenn es eine Notwendigkeit ist, daß er arbeitet, wenn er in der Klemme drin ist, wenn ihm keine Ausflucht mehr übrig ist, er nicht vor-, nicht rückwärts und seitwärts auswischen kann. O heilige Notwendigkeit! Ich will gerne nicht frei sein, wenn Du mir nur nicht Deinen Segen, Deine Kraft versagst! Darum ist auch die wahre Liebe die ehrliche, denn hier ist die Liebe Notwendigkeit geworden.

Du siehst also, daß ich auf Grund meiner Arbeit *so* glücklich bin, als ich es ***ohne Dich*** sein kann. Es fehlt mir nichts zur Zufriedenheit mit meinem hiesigen Aufenthalt als die Gewißheit, daß Du gesund und zufrieden mit Dir bist. Und warum solltest Du das letztere wenigstens, das von Dir abhängt, nicht sein können? Sind es Deine Lücken, die Dich unzufrieden machen? Ich sage Dir, ich empfinde oder gewahre nur dann eine Lücke in Dir, wenn Du eine an Dir verspürst. Sei Weib, und wolle nicht mehr sein. Wesen, nicht Wissen ist das Wesen des Weibes. Von sich selbst als Person frei zu werden, ist die Aufgabe des Lebens und die Quelle der Zufriedenheit. Das beste Mittel aber, von sich loszukommen, ist Arbeit, Tätigkeit, Leben für andre, Liebe. Und Du liebst mich ja, sorgst für Dein Ernstchen, sorgst für die Zukunft, bist die arbeitsamste Person von der Welt und zugleich die beste von der Welt, spinnst, liesest, schreibst. Was fehlt Dir also zu Deiner Zufriedenheit? /

132

An Bertha Löw

November 1835

Samstag morgens, November 1835

Vorgestern las ich in „Fichtes Leben und literar[ischem] Briefwechsel“, herausgegeben von seinem Sohne – ein Buch, das ich schon längst hätte lesen sollen und das mir jetzt zum Gebrauch meiner Vorlesungen ganz unentbehrlich ist. Wie ward ich entzückt, gestärkt und erhoben! Wie vermißte ich Dich, daß ich Dir nicht das Gelesene gleich mitteilen konnte, um Dir ein erhebendes Bild von diesem seltenen Geist zu geben! Das war ein Mensch, ein Mann, ein Philosoph! Du mußt das Buch noch lesen. Komme ich Weihnachten, woran wohl kein Zweifel ist, so bringe ich es mit. Solche Bücher sind namentlich für das Weib die besten, die lehrreichsten. Die Briefe an seine Braut, nachherige Gattin, sind auch darin, sie werden Dich durch innige Herzlichkeit und Einfachheit besonders ansprechen.

Mit meiner geistigen Tätigkeit kann ich, gottlob, bisher im ganzen wohl zufrieden sein. Nur gestern hatte ich einen öden, traurigen, unfruchtbaren Tag. Ich schrieb zwar an der Fortsetzung dessen, was ich tags zuvor glücklich begonnen und entworfen hatte; aber es war nicht zum besten ausgefallen. Vielleicht war es aber das Intermezzo mit Fichte – denn dieser kommt erst später in meinen Vorlesungen an die Reihe –, welches mich aus dem Zusammenhange und Kontext gebracht hat.

Nachmittag, Sonntag. Eben von einem Spaziergange zurückgekommen, habe ich zum zweiten Male Deine Briefe durchgelesen. Sie kamen mir sehr erwünscht, obwohl ich nicht mit allem zufrieden sein konnte, namentlich nicht damit, daß Du Deiner Augen wegen, die doch die Brillanten unter den Edelsteinen der Sinne, die der sorgfältigen Pflege und Aufmerksamkeit bedürfen und deren Übelbefinden oft bedenklicher ist, als es den Anschein hat, Dich so wenig geschont hast. Mit den Augen namentlich, sage ich Dir nochmals, ist es kein Spaß. Die scheinbar unerheblichsten Übel sind hier oft von bedenklichen Folgen.

133

An Bertha Löw

[Dezember 1835]

[. . .] Nicht der Stimme ohnmächtiger, unwahrer, äußerer Rücksichten und Gründe, die dich nur um deine wahren Lebensgüter bringen und dir, andern nur zum Schein, zu leben geböten! Folge der Stimme der allwaltenden Liebe; ihre Stimme ist Vernunft und Wahrheit. Alles Dasein verdankt ihr seinen Ursprung. Du *bist* und *lebst* nur, wenn du liebst. Alles ist falsch und nichtig und leerer Scheingrund, was dich von ihr ferne hält. Verlasse dich auf sie; du wirst mit ihr deine Geliebte, trotz aller Schwierigkeiten, einst noch als die ungeteilt und bleibend Deine heimführen. Sie, die Nichtseiende in das Leben ruft, wird die Lebenden nicht verlassen. So spricht die Liebe in mir, und alle Zweifelsgründe und Bedenken verschwinden vor ihrer Macht. Aber die Liebe ist keine bloße Einheit; sie ist Einheit von zwei Wesen. Du stehst mir gegenüber! Oder spricht die Liebe auch in Dir dieselben Worte mit derselben Kraft aus? O gewiß, gewiß!

Meine Liebe kommt ja nicht weniger aus Dir selbst als aus meiner eigenen Seele! Sie ist ja Deine eigne Tat, wie meine. Was in mir ist und vorgeht, von dem bin ich gewiß, daß es auch in Dir ist.

Aber dennoch, Liebe! wie bist Du so rücksichtslos! Du bist bloß die Macht des Augenblicks! Wie kannst Du verlangen von dem an allen Gliedern gefesselten Sterblichen, daß er Dir allein folgt? Mäßige darum Deine Stimme, lindere Deine ungestüme Kraft! Höre meine Gründe an: – doch ich will sie nicht auseinandersetzen. Du, teure Bertha! – die ich anredete, indem ich zur Liebe sprach, denn Du bist mir eins mit ihr – hast hier einen Blick in mein Inneres. Möge die Gewißheit meiner Liebe meine Abwesenheit Dir nicht schmerzlich fühlen lassen! Feiere auch ohne mich mit Freuden die Feiertage. Lebe wohl, innigstgeliebte, unschätzbar teure, schmerzlichst vermißte und stets ersehnte Bertha!

134

Von Leopold von Henning

[1835]

/ Hochgeehrter Herr und Freund!

Sie erhalten hierbei ein Exemplar Ihrer Rezension von Stahls „Philosophie des Rechts“, woraus diejenigen, welche nicht gänzlich mit Blindheit geschlagen sind, wohl zur Genüge ersehen werden, was es mit den Neuschellingschen Freiheits- oder vielmehr Beliebigkeitslehren für eine Bewandtnis hat. – Die Rezension über die Hegelschen Vorlesungen über die „Geschichte der Philosophie“ wird nunmehr gleichfalls in dem nächsten Bogen zum Abdruck in unseren „Jahrbüchern“ gelangen. Die von Ihnen beabsichtigte Anzeige der Schrift von Hock: „Cartesius und seine Gegner“ wird von unserer Societät mit vielem Dank entgegengenommen werden. – Auch darf ich wohl bei dieser Gelegenheit die früher zur Beurteilung übernommene „Geschichte der neueren Philosphie“ von Erdmann in Erinnerung bringen. [. . .] // [. . .]

Mit vielem Vergnügen habe ich von Herrn G[eheimen] O[ber]reg[ierungs]rat Schulze vernommen, daß Sie, verehrtester Freund, sich um eine Anstellung auf einer unserer

Universitäten beworben haben. Nach der mir bekannten Lage unserer desfallsigen Angelegenheiten dürfte es vorerst sehr schwer halten, Sie hierher als Professor zu plazieren; dahingegen würde Ihrer Habilitation als Privatdozent nichts entgegenstehen und würde ich, falls Ihnen in dem zu erwartenden Bescheid ein derartiger Rat erteilt werden sollte, wohl dafür stimmen, denselben nicht von der Hand zu weisen, wenn anders Ihre // äußeren Verhältnisse es Ihnen gestatten, darauf einzugehen. Bei der geneigten Gesinnung, welche man hier gegen Sie hegt, steht zu erwarten, daß, wenn Sie nur erst auf einer unserer Universitäten sich habilitiert und mit Ihren Vorlesungen Eingang gefunden haben, Ihre Beförderung nicht lange ausbleiben wird. Sollten Sie sich über die Wahl einer Universität im Zweifel befinden, so möchte ich vorzugsweise zu Bonn raten, da, soviel mir bekannt, es dort gänzlich an Vorlesungen über die spekulative Philosophie fehlt. [. . .] Mit der aufrichtigsten Hochachtung Ihr ganz ergebener Diener und Freund

L. v. Henning /

135

An Bertha Löw

Februar 1836

Donnerstag, Februar 1836

Liebe Bertha!

Heute sind es schon 14 Tage wieder, die wir getrennt voneinander verlebten; und keiner ist verstrichen, an dem ich nicht Dich vermißt hätte. Sehr trübe Tage waren darunter. Äußere und innere Gründe waren die Quellen des Trübsinns. Wie schwer fiel mir das selbstverschuldete Los des Menschen aufs Herz! An welche nichtigen, eitlen Sorgen und Dinge verschwenden wir den größten Teil unseres Lebens! Wie leichtsinnig gehen wir mit der Zeit um, als wären wir die Herren derselben! Und dann kommt plötzlich wie ein Dieb in der Nacht – der Tod, und das Wenige oder Nichts von unserer Aufgabe ist vollendet. Auch meine Aussichten in die Zukunft trugen dazu bei. Ich sah nichts vor mir, als was ich gegenwärtig um mich sehe – eine Wüste. Da kamen mir auch wieder Zweifel, ob ich zu Dir nach Bruckberg kommen soll, um dort mein Lager aufzuschlagen. Es schien mir besser und pflichtmäßiger, mich von Euch so fern als möglich zu halten, da nur der in Eure Nähe ziehen sollte, der Glück und Segen bringt. Freilich war ich daran selbst schuld. Das viele Hocken macht kleinmütig ... Meine Arbeit war zeither besonders das Studium der nachgelassenen Werke Fichtes, die außerordentlich schwer sind, so daß ich eine Abhandlung unausgelesen weglegte mit der Hoffnung, daß mir später einmal in günstigeren Stunden darüber Licht aufgehen werde; es war in seiner Sittenlehre. Auch habe ich das Italienische angefangen, um das Hauptwerk des Jordanus Brunus, das noch gar nicht übersetzt ist, verstehen zu können. Täglich lese ich einige oder wenigstens eine Szene in einem Trauerspiel des Metastasio. Vor einigen Tagen habe ich auch eine Materie, die mich schon früher beschäftigte und worüber ich vieles niedergeschrieben habe, über das Wesen der *Vernunft* und das *Denken*, was ich schon längst immer wollte, wieder aufgenommen und bin zufrieden mit dem bisherigen Gang. Ob es aber fortgehen wird, ob ich so glücklich sein werde, diese Arbeit, die übrigens der Anlage nach von äußerem Umfang nicht bedeutend sein soll, zu vollenden, weiß ich noch nicht. Es wäre mir recht lieb, wenn ich diese alte Schuld berichtigen könnte.

Jetzt zu Dir. Dein im Moos verstecktes Briefchen hat mir rechte Freude gemacht. Du bist ein wahres Muster von Fleiß. Ich bin fauler als Du. Erst um 7 Uhr stehe ich gewöhnlich auf. – Das Geld für die Pfeifenköpfe wirst Du gefunden haben. Da ich sie selbst verlangt habe, war es nicht anders als billig, daß ich sie bezahlte. Auf Deine Liebe, aber nicht auf Pfeifenköpfe und dergleichen Dinge habe ich Ansprüche.

136

An Bertha Löw

1836

Donnerstag abends, 9 Uhr, 1836

[...] Ich will Dir auch nur en passant [beiläufig] eine Visite abstatten, um Dir zu Deiner Abreise Glück zu wünschen.

Wie oft fügt es sich, daß Personen, die sich lieben, mit ein paar Blicken, die sie sich in aller Eile zuwerfen, sich sagen, was sie in Worten auszudrücken keine Zeit und Gelegenheit haben. Als solche flüchtige Blicke nimm diese Zeilen auf! In ein Gespräch will ich mich mit Dir nicht einlassen. Du bist vielleicht gerade über dem Einpacken, wenn Dich dieser Brief trifft, oder mit Deiner Schwester im Gespräch, der Du die letzten Stunden um keinen Augenblick verkürzen willst. Und ich selbst bin gerade über einer Materie in einer Rezension, die mir wenigstens heute schwer vorgekommen ist. Und Du weißt, daß ich ein Mensch bin, der sich nicht zerteilen kann, der über einer Materie, wenn er sie einmal ergriffen hat, mit solcher Ängstlichkeit sitzt und brütet wie eine Henne über ihren Eiern, wenn die Küchelchen daraus schlüpfen wollen, daß er sich keinen Augenblick von ihr auch nur einen Schritt zu entfernen getraut. Oft schon habe ich mir zwar vorgenommen, diese üble Eigenschaft in mir zu überwinden, wenn mir eine Materie nicht glücklich vonstatten geht, andere Gegenstände inzwischen vorzunehmen. Aber es war vergeblich, nur manchmal gelingt es mir. Nur durch eine wahre Eselsgeduld kann ich die Schwierigkeiten der Sache und die Störrigkeit meines Geistes überwinden. Ich tröste mich aber dann mit den Jägern, die oft stundenlang auf dem Anstand stehen, ehe ihnen etwas aufs Korn kommt, ja manchen Tag mit leerer Jagdtasche heimziehen müssen.

137

An Bertha Löw

[1836]

Sonntag. Mein Leben ist auf die auffallendste Weise dem Deinigen ähnlich, der Geschlechtsunterschied ist der einzige Unterschied zwischen uns; auch ich habe eine Lage, wo ich zu sehr mir selber Gegenstand und folglich zur Last bin. Mein äußeres Leben kommt mir vor wie eine Stube, die mit keinem Gegenstand, keinem Bild geschmückt, stets nur ihre leeren, kahlen Wände den schaubegierigen Augen zukehrt. Zwar hängt in meiner Stube ein mir unendlich teueres und liebes Porträt – es ist das, welches Dich vorstellt –, aber dieses Bild stellt nur um so auffallender die Leerheit und Armut meiner Wohnung meinen Blicken dar, erinnert mich immer nur aufs schmerzlichste an den Mangel seines Gegenstandes. Denn was ist die Liebe, wenn wir sie nicht durch die Besitzergreifung des Gegenstandes als eine reale Tätigkeit äußern und bewähren können? Was anders als eine nach Freiheit schmachtende Gefangene? Dein Traum, der Dir mich mit einem finsteren Gesicht vorstellte, war daher ein wahrer Blick in den Zustand meiner Seele. Es sieht sehr häufig finster, wild und düster in mir aus. Ich besinne mich daher oft stundenlang, was ich denn nur machen und anfangen soll, um eine Veränderung zu treffen. Was ich in dem einen Augenblick als ein passendes Mittel gefunden zu haben glaube, werfe ich im andern wieder weg und zuletzt finde ich mich, wo ich am Anfang war, einsam auf eine öde, isolierte Insel verschlagen. Glaube mir, daß ich einem Weibe zuliebe – oder vielmehr mir selbst zuliebe, denn ich weiß es nur zu gut, was für einen Schatz, was für ein in jeder Art belebendes, wohltätiges Gut ich an einem Wesen, wie Du bist, besäße – zwar nie die Wahrheit verleugnen, aber mir manche Beschränkung ohne Widerstreben auflegen kann und will. Aber was hilft in unserer Zeit, wenigstens in unserem Lande die Beschränkung, wenn sie nicht in Verleugnung der Wahrheit und Vernunft übergeht? Zu jeder Arbeit, jedem Amte – wenn es mir nur einige Stunden zu wissenschaftlicher Tätigkeit übrigließe – könnte ich mich verstehen, um nur meinen Wunsch, mit Dir zusammen zu leben – einen Wunsch, den ich jetzt ohne Rücksicht auf Dich, nur in *meinem* eigensten Interesse ausspreche – zu realisieren. Daher halte ich auch noch meine Kritik, von der ich Dir mündlich gesprochen, zurück. Ich will noch warten, ob der letzte Versuch, von dem Du weißt, auch ohne Erfolg bleibt. Freilich ist wenig Hoffnung, denn ein selbständiger Mensch, er mag sich auch noch so sehr bescheiden, bleibt immer der großen Masse ein Dorn im Auge. Riedel hat mir den Vorschlag gemacht – Fabrikant zu werden, mit ihm und einem Kaufmann eine *Türkischrot-Baumwollengarn*-Kunstfärberei . . .

Dein glücklicher
L. F.

138

An Bertha Löw

[1836]

Dienstag Morgen

Nur der irrt in der Liebe, der die Geliebte als eine wahre Göttin anbetet, der in ihr die letzte Seligkeit und Wahrheit finden will. Aber auch diese Verehrung der Geliebten ist nicht so geradezu Irrtum, denn schon die Alten sagten: Der Mensch ist dem Menschen ein Gott. Denn der Mensch ist nicht von und durch die Geburt, er wird erst durch den Menschen Mensch, nur im andern wird er seiner selbst bewußt, erhebt er sich zur Idee der Menschheit und Gottheit. So ist also der Mensch an und für sich dem Menschen der Vermittler mit Gott. So ist auch der Mann der Erlöser des Weibes. Die wahre Liebe und Ehe hat eine sündenerlösende, befreiende, bessernde Kraft, ohne daß man den Namen Christi oder Gottes stets im Munde führt und seine Frau als eine Geliebte und Schwester in Christo tituliert. Der Glaube, der Christus als eine göttliche *Privatperson*, als ein partikuläres, zur Rechten Gottes sitzendes Wesen, als ein für sich existierendes Mittelding zwischen Gott und dem Menschen, verehrt und festhält, ist nicht wahrer Gottesdienst. Wir sollen Christus nur verehren um Gottes willen, der in ihm wohnte; aber Gott ist ein allgemeines Wesen, er gehört uns allen an, ist das gemeinschaftliche Gut und Gute der Menschheit; obgleich dies natürlich sein Wesen nicht erschöpft.

Wenn ich nur einmal zu einer sicheren, ruhigen Existenz es brächte, damit ich meine Gedanken über diese und andere Gegenstände, worüber ich so viel nachgedacht habe, entwickeln und ausbilden könnte! Von einer Frau verlange ich außer den Eigenschaften, die ich in Dir finde, nichts weiter, als daß sie keine solchen Fehler hat, die den Mann in seinen Arbeiten und der Verwirklichung seiner Pläne stören. Und ich wüßte nicht, daß Du solche Fehler hast. Denn Deine Ängstlichkeit und Zweifel würden durch die Erfahrung, die Du gewiß machen würdest, daß ich mit Dir glücklich lebe, verschwinden. Nur keine eitlen Sorgen, meine Liebe! Das Einzige ist der Mangel einer Existenz, und leider! verliere ich oft alle

Hoffnung auf eine solche; und dann sieht es freilich nicht freundlich und lustig in mir aus. Die Erklärung und Pflegung meiner Liebe erscheint mir dann als ein sträfliches Wagnis. Lebe wohl!

Dein
L. F.

139

An Bertha Löw

[1836]

[. . .] Überhaupt mißfallen mir – was soll ich es nicht offen bekennen? – Eure langweiligen, ja geisttötenden Gesellschaften ganz und gar. Schon um deswillen wünschte ich Dich als Gattin an meiner Seite stets zu haben. In dieser Beziehung billige ich auch ganz den *Glauben* Deiner Freundin Rosette, insofern er den Menschen von allem Eitlen abzieht, befreit von sklavischer Unterwerfung unter die Meinungen und Modeansichten der Welt. Freilich schütten diese Leute das Kind mit dem Bade aus, verlieren mit dem Eitlen auch das Wahre, Göttliche der Welt und des Lebens aus dem Gesichte und Herzen oder huldigen ihm auf eine ganz verkehrte Weise, auf eine Weise, die ihren religiösen Grundsätzen widerspricht, unwahr und verschroben ist; wie wenn z. B. ein Frommer an einem Goethe, ob er ihn gleich bedauert und beklagt, daß er kein Frommer, kein religiöser Mensch war, dennoch Wohlgefallen hat, seinem Geiste Lobsprüche macht. Auch ich lebte früher in diesem Glauben, aber ich verließ ihn, er widersprach mir dem Leben, den Bedürfnissen meiner nach Erkenntnis begierigen Vernunft. Wenn man konsequent und redlich und wahrhaftig sein wollte in diesem Glauben, so käme man auf die größten Widersprüche und Tollheiten; denn jeder natürliche und unschuldige Genuß schon, von andern Dingen zu schweigen, ist ein Widerspruch, ein Abfall von diesem Gott, eine Untreue. Wir müssen Gott freier, allgemeiner, nicht so beschränkt und engherzig nach den ängstlichen Wesen des Menschen gemodelt denken, wie diese Leute tun. Kraft gibt allerdings dieser Glaube, denn der Fromme hält sich für teilhaftig der besonderen Gnade und des Schutzes des allmächtigen Wesens; er denkt sich Gott bloß in bezug auf sein Seelenheil, als seinen Arzt, Vater, Tröster, Seelsorger; er denkt Gott nicht als ein Wesen für sich, sondern nur als ein Wesen für den Menschen; er schlägt alle Zweifel nieder; wo er auf Widersprüche mit seinem Glauben stößt, hilft er sich mit der Unerforschlichkeit der Pläne Gottes und mit dem Glauben an ein Land, wo diese Widersprüche gelöst sein werden. Daher ihr wirklicher oder scheinbarer Friede, daher ihre Kraft zur Ertragung von Leiden, die in ihrem Sinne nur Prüfungen sind und ihnen einst reichlich vergolten werden. Aber gibt ihnen der Glaube auch Kraft zur wahren Selbstüberwindung? Sehen wir nicht gerade sehr häufig die Frommen von einer Leidenschaft wie Geiz, Wollust, Hochmut unterworfen? Erleuchtet er ihren Verstand? Gibt er ihnen mehr Einsicht in den Gang der Welt und des Lebens? Schiebt er sich nicht gerade die schwierigsten Aufgaben des Menschen vom Halse? Bewirkt und bezweckt er wahre, universelle Menschenbildung? Ist er nicht vielmehr die größte Beschränktheit des Geistes und des Gemütes? Versöhnt er wirklich Gott mit der Welt und diese mit ihm?

Daß wir beide Deiner Rosette auf Irrwegen zu gehen scheinen, finde ich sehr natürlich, ja notwendig. Du siehst aber an diesem Urteil, welche Früchte dieser Glaube bringt, wenn er einem *Mädchen* solches Urteil über einen Mann einflößt, der nur der Erkenntnis, dem wahren Leben von Jugend auf mit Resignation und Kraft nachstrebte, der solches in seinem Gemüt durchlebt und ausgestanden hat, wie es einige Proben in meinen Schriften andeuten; selbst da, wo er irrte und ausschweifte, in beständigem Kampfe mit sich war, dem tieferen Blick erkennbar sein wahres Verlangen und Streben bewährt. Auch unsre Liebe – Teure! – war eine bleibende Wahrheit für uns, es gehe uns auch noch, wie es wolle. Mögest Du nie diesen Glauben verlieren! Zwei Wesen, die sich so nähern, berühren und lieben, verwirklichen eine Wahrheit, eine göttliche Idee. Wenn Gott nicht in solcher Liebe, in gewisser Weise wenigstens, gegenwärtig ist, so ist er ein höchst beschränktes, kein allgegenwärtiges Wesen.

L. F.

140

Von Johann Adam Karl Roux

2. März 1836

/ Erlangen, den 2. März 1836

Verehrter Freund!

Da ich aus Ihrer gütigen Antwort auf meinen letzten Brief ersehe, daß Sie gegenwärtig mit der Fortsetzung Ihrer philosophischen Geschichte beschäftigt sind, so bitte ich Sie, auf die Darstellung des Leibnizschen Systems besondern Fleiß zu verwenden. Meine freundschaftliche Bitte gründet sich auf folgende Bemerkung, welche in den Münchner „Gelehrten Anzeigen" No. 28, den 9. Febr[uar] 1836, S. 222 enthalten ist: „Es ist höchlich zu bedauern, daß wir im Vaterlande dieses tiefen, inwendigen Geistes (Leibniz) noch keine umfassende und eindringende Darstellung seiner Philosophie nach allen ihren Richtungen besitzen, daß sie überhaupt niemals recht bekannt und zugänglich geworden ist. Zunächst darf man wohl von Herrn Feuerbach in der Fortsetzung seiner Geschichte der neuern Philosophie eine genügende Entwicklung und Würdigung des Leibnizschen Systems erwarten."

Wenn ich die Abhandlung nächste Ostern erhalte, so kommt sie zu rechter Zeit, weil ich dann Ferien, mithin auch Zeit zum Schreiben habe. Vielleicht komme ich bis dahin selbst einmal nach Nürnberg. Leben Sie gesund, zufrieden und eingedenk Ihres aufrichtigen Freundes

Dr. Roux /

141

An Christian Kapp

März 1836

Nürnberg, März 1836

Verehrtester Freund!

Eine Bitte! Wenn Sie einmal mir wieder schreiben, so bitte ich Sie, mir den Namen eines italienischen Philosophen, den Sie zu den bedeutungsvollen rechneten, zu nennen. Ich erinnere mich nicht, ihn sonst gehört zu haben. Und doch bin ich in der älteren Geschichte der italienischen Wissenschaft ziemlich bewandert.

Lesen Sie doch Bayers Broschüre zum Gedächtnis Fichtes. Hätte ich ein überflüssiges Exemplar, so würde ich es schicken.

Eine Bemerkung über ein Warum nicht. Mein Bruder Anselm schrieb mir, Schmid in Heidelberg sei tot, ich solle an Daub schreiben. Warum schrieb ich nicht an ihn, warum nicht an Sie? Weil von jeher die Heidelberger nur Waschweiber zu Philosophen hatten, weil der junge F[ichte], wie Sie mir selbst sagten, bereits einen Stein im Brett hat und dieser Halbphilosoph ganz für Heidelberg paßt, endlich weil, wie Aristoteles sagt, die Natur, folglich auch der Mensch, der bei Natur und Vernunft ist, nichts umsonst tut.

Entschuldigen Sie mein Geschmier. Schnupfen und Katarrh machen mich stumpfsinnig und doch muß ich schreiben, weil morgen ein Freund von mir, der Überbringer dieser Zeilen, abreist.

Endlich herzliche Wünsche, daß es Ihnen und den Ihrigen stets wohlergehen möge.

L. F.

142

An Bertha Löw

[Frühjahr 1836]

Mittwoch

Stadler erwartete ich gestern schon ganz bestimmt. Es verlangt mich nach Nachrichten von Dir aus dem Munde eines Ohren- und Augenzeugen Deines Lebens. Die Entfernung wirkt wie die Nacht; allerlei ängstliche Bilder erzeugt sie. So am Freitag, als ich erfuhr, daß Ihr Samstag nach Ansbach fahren würdet. Ich dachte an die Möglichkeit eines Unglücks, es wurde mir angst und bange, ich beklagte das Los des Sterblichen, der zum Schutze des Teuersten, Geliebtesten nichts hat als eitle, ohnmächtige Wünsche. Doch verscheuchte ich endlich durch das Licht der Vernunft diese Nachtgespenster. So ist das Wesen der Natur nur das Gefühl der Abhängigkeit, Angst und Bangigkeit; nur im Geiste ist Freiheit, ist Geist, ist unabhängiges Leben, sonst nirgends. Die Tage zeither waren sehr schön. Gestern vor Tisch war ich mit meinem Bruder anderthalb Stunden spazieren. Aber ein heftiger Schnupfen und Katarrh machte mich matt und stumpfsinnig. Hoffentlich wirst Du sie genossen haben. Laß Dich aber nicht verführen durch die Reize der Frühlingsluft. Traue nicht dieser Schmeichlerin! Setze Dich nicht, oder wenigstens nicht zu viel, ins Freie! Halte Dich warm.

143

An Bertha Löw

[Frühjahr 1836]

Freitag, nach 5 Uhr,

St[adler] sagte mir, daß Du immer gleich nach Tisch schon an die Arbeit gehst. Das, Liebe, billige ich nicht. Du lebst hierin keineswegs nach meinem Wunsche. Nach Tische mußt Du spazierengehen oder wenigstens ***nichts tun***. Auch das Nichtstun zur gehörigen Zeit ist Tun. Auch meiner Mutter werfe ich stets vor, daß sie gleich nach dem Essen liest. Ich selbst begehe sehr häufig diesen Fehler; aber ich wehre mich doch auch oft gegen ihn. In allen Dingen Maß zu halten, das war der Gedanke der ersten und ältesten Philosophen Griechenlands. Gestern Nachmittag fuhr ich mit meinem Bruder und einem Fremden zum ersten Mal auf dem Dampfwagen nach Fürth und ging von da aus auf die Veste. Körperlich befand ich mich zwar nicht zum besten, aber es war doch ein schöner Tag. Das Schönste an ihm war aber für mich – das lebhafte Gefühl Deiner Nähe, das ich auf der „Alten Veste" hatte. Seit langer Zeit habe ich die Wunderkraft der Einbildungskraft nicht so empfunden. Alle, auch die einzelnsten, äußerlichsten Eindrücke, die Deine Umgebung mit sich bringt, selbst diese waren mir gegenwärtig, als wäre ich selbst dort. Und Dein liebes Bild hatte für mich die Kraft persönlicher Gegenwart. Ich küßte, ich umfing Dich leibhaftig.

Samstag. N. ist gleichzeitig mit St[adler] hier angekommen und noch hier. Es ist ihm sehr wohl zu Mute und zu Leibe in Berlin. Er läßt Euch grüßen. Er schrieb auch, daß ein junger Angestellter ihm gesagt habe, daß meine Anstellung in Preußen in Anregung gebracht sei oder doch werde.

Mit Riedel habe ich gebrochen oder vielmehr den Bruch,

der stets zwischen mir und ihm war, nur laut ausgesprochen. Man muß ihn von manchen Seiten achten – ich werde ihm auch stets geben, was ihm gebührt –, aber er ist unerträglich, unumgänglich. Ich konnte nie mit ihm sprechen, ohne daß mir der Kamm wie einem Hahne stieg und die Galle sich in mir regte. Nie verließ mich ein unwillkürliches Mißtrauen, eine immer sich gleichbleibende Abneigung gegen ihn. Wir berührten uns zwar oft in unseren wissenschaftlichen Ansichten, aber doch auch hier nur auf der Oberfläche. Ich ehre jedoch stets den Menschen im Individuum – daher meine Schonung, daher die Unterdrückung meines sich gegen ihn sträubenden Gefühls . . .

Ohne Dich bin ich ein Feind meiner selbst. Ich gönne mir nichts, ich mag nichts genießen. Aber das ist nicht recht und vernünftig. Der Mensch muß sich schonen und aufsparen für eine bessere Zukunft. Was nicht ist, kann noch werden!

Gehe fleißig spazieren! Hüte Dich aber vor Verkältung und Feuchtigkeit! Lebe wohl!

Dein
F.

144

An Eduard Feuerbach

[1836]

/ Lieber Bruder!

Ich danke Dir für Deine Mühe. Ehe ich Gebrauch von dem Gesuch mache, will ich jedoch noch Mejers Antwort abwarten. Daß ich aber von B[omhard] an s[einen] Bruder mich empfehlen lasse, das geht nicht an. Wüßte er auch nicht – was er aber gewiß durch seinen in diesem Punkte höchst indiskreten Bruder schon längst weiß –, daß ich der V[erfasser] jener Xenien bin, worin sein homiletisches Blatt so derb mitgenommen wurde, so würde es doch gänzlich meiner Denkart und [meinen] Grundsätzen widersprechen, die Verwendung eines Mannes von diesem Schlage, sei es nun direkt oder indirekt zu erhalten zu suchen.

Dem Vorschlag Bu[cher]s zu folgen, bin ich nicht abgeneigt; nur weiß ich nicht, womit ich anknüpfen soll bei diesem Ritter, wie und womit es rechtfertigen, daß ich gerade an ihn mich wende. Der Name Fusti ist mir wohl aus der Literatur, aber gegenwärtig // nur ganz dunkel bekannt. Auch ist dort der fromme Puchta, der gewiß für mich nicht stimmen wird, wenn er auch nur privatim befragt w[erden] sollte.

Den Lektionszettel schicke ich mit, aber gewiß, daß ich dieses Possenspiel nicht länger mehr fortsetzen will. Nur um nicht gerade störrisch, eigensinnig, geflissentlich mir alle Wege und Mittel abschneiden wollend zu erschweren, tue ich es noch, ob mir es gleich ein gewiß nicht übertriebnes Ehrgefühl verbieten sollte, noch einmal als Privatdozent mich unter diesen löblichen Kollegen vor der Welt auf den Pranger zu stellen. Und am Ende streichen sie mich gar noch aus, wenn ich ihnen nicht zuvorkomme.

Dein Br[uder]
Ludwig

Freitag

Woran soll ich denn mein Gesuch anknüpfen? An seine Stellung, die er an der Universität hat? Worauf gründet sich sein Einfluß? Wie kommt es mir zu Gehör? Oder an seinen literarischen Namen? Wenn er Interesse an der Philosophie bewahrt hätte, so könnte ich natürlich ohne weitres darauf fußen. Könnte nicht Bucher über die obigen Fragen Auskunft erteilen. Über den letzten Punkt werde ich mir wenigstens notdürftig Material selbst hierzu anschaffen. /

145

An Bertha Löw

[1836]

Freitag Morgen

In Augsburg ist eine Stelle an der Bibliothek, die freilich sehr wenig trägt, aber mit der Zeit die Stelle des Bibliothekars eintragen könnte, erledigt. Ich habe bereits an einen dortigen jüngeren Freund geschrieben, um mich über das Nähere und Notwendige zu erkundigen, und bin gesonnen, wenn die Antwort günstig ausfällt, mich hinzumelden. Leider! üben nur überall die Pfaffen zu großen Einfluß aus. Sonst würde mir dort gewiß nichts im Wege stehen, da selbst mein Vater der Stadt Augsburg große Dienste erwiesen hat. Aber wie kann ich z. B., wie mein älterer Bruder mir geraten hat, den Bomhard ersuchen, mich seinem Bruder, der ein einflußreicher Prediger in A[ugsburg] ist, zu empfehlen? Er weiß, daß ich der Verfasser der Xenien bin. Das kann und darf ich nicht tun. Bucher in E[rlangen] hat mir durch meinen Bruder raten lassen, nach *Marburg*, wo B[ucher] früher war und gegenwärtig eine Professur der Philosophie offen ist, mich zu melden. Auch diese Gelegenheit will ich nicht unversucht lassen, wenn ich Mittel und Wege finde, mein Anliegen an dem gehörigen Orte anzubringen. Leider! habe ich keine Rekommandationsschreiben dahin, im Gegenteil niemanden dort, der mich persönlich kennt, als den lieben Puchta aus E[rlangen], der ein elendiglich frömmelnder Jurist ist. *Das muß ich Dir offen gestehen, meine Teure!* daß ich aber Deinet-, d. i. meiner Liebe wegen, mich um eine Stelle bewerbe. Denn ich für mich setzte meinen Stolz darein, nichts zu sein; ich habe keinen anderen Trieb, als das, was ich als wahr erkenne, auszusprechen, unbekümmert um die Welt. Die Welt ist gegenwärtig zu erbärmlich, jeder Schurke – wie es Beweise genug gibt – flüchtet seine gotteslästerlichen, selbstsüchtigen Meinungen als ein unangreifbares Heiligtum unter die Decke der Religion. Um sich mit ihr zu halten, muß man jetzt opfern, was dem Menschen allein seinen wahren Wert gibt. Zwar soll jeder sich in die Lage der Welt fügen, auf sein Tun und Reden kein großes Gewicht legen, was ich gewiß auch gern tue; aber man soll doch auch keine Lügen, keine Schlechtigkeiten billigen und dulden.

146

An Johann Adam Karl Roux

April 1836

/ Bruckberg, Montag, April 36

Verehrter Freund!

Erst den verfloßnen Samstag erhielt ich Ihren Brief, aber wie Sie sehen, an einem andern Orte, als Sie mich vermutet hatten. Schon seit drei Wochen bin ich hier, da die Ankunft meiner ältesten Schwester im Hause meiner Mutter mich nötigte, früher als ich willens war, Nürnberg zu verlassen und gedenke den ganzen Sommer hier zu bleiben, um den zweiten Teil meiner „Geschichte“ auszuarbeiten. Mein hiesiger Aufenthalt eignet sich auch köstlich zu diesem Zwecke. Ich habe eine stille, abgelegne Wohnung mit der herrlichsten Aussicht. Ich bin auch ganz und gar in meiner Arbeit und bereits so glücklich gewesen, daß ich den Philosophen, der bis jetzt mich am meisten geplagt und schikaniert hat, bereits in meine volle Gewalt bekommen und in der Darstellung desselben die gefährlichsten Klippen passiert habe, so daß alles weitere mir nun wie von selbst zufallen wird. Aber man kann nicht zugleich den Toten und Lebendigen dienen, deswegen bedauere ich, für jetzt Ihre Bitte nicht erfüllen zu können. Die Durchsicht des Ganzen, die jetzt natürlich mit der größten Sorgfalt und Gewissenhaftigkeit vorgenommen werden müßte, könnte mich jetzt nur stören. Aber im Herbste, wo ich mit meiner Geschichte // fertig zu sein denke, hoffe und wünsche, stehe ich Ihnen mit Kopf, Herz und Händen recht gern zu Diensten. Können Sie so lange warten? Übrigens wäre es möglich, daß ich Juli, um Bücherfourage [Bücherfutter] zu holen, auf einen oder ein paar Tage nach Erlangen komme.

Ihre Bemerkungen können mir nie anders als willkommen sein. Sie sind zwar kein Gelehrter, aber Sie haben doch unendlich mehr in Ihrem Leben gedacht als so viele gelehrte Klötze, die unter der Asche ihres gelehrten Krams auch nicht einen Funken von Philosophie bewahren. Was sie aus den Zeitungen über den gegenwärtigen Gegensatz in der Philosophie referieren oder erschließen können, ist richtig. Nur muß ich bemerken, daß das sogen[annte] System der Freiheit unter Freiheit nichts andres versteht als die Freiheit zu faseln und die albernsten Sätze für Philosophie auszuposaunen. Doch ich muß schließen, indem ich noch zwei Briefe abfertigen will, um sie dem Fuhrmann, der morgen abgeht, mitgeben zu können.

Das Papier ist so schlecht, daß Sie Mühe haben werden, das Geschriebene zu erkennen.

Leben Sie wohl. Ich bleibe wie immer

Ihr redlicher Freund

L. F. /

147

An Eduard Feuerbach

6. Mai 1836

/ Bruckberg, 6. Mai 36

Lieber Eduard!

Ich komme, um zu betteln, aber nicht um leibliche, sondern geistige Mittel. Leibniz arbeite ich gegenwärtig aus und will, damit er möglich[st] im Herbst von mir hinaus in die Welt kommt, ihn allein herausgeben. Aber zu diesem Zwecke muß ich noch von allen Seiten decken. Sei daher so gut, von der Bibliothek mir folgende Rezepte zu verschreiben.

1) *Leibniz:* „*Nouveaux Essais*". Ed. Raspe. II Vol.
Zwar habe ich selbst die Übersetzung, aber das Original wäre mir natürlich sehr lieb.

2) *Leibniz:* „*Briefe*", herausgegeben von *König*. (Näher kann ich dieses Buch nicht angeben, aber das wichtigste ist der Name König.)

3) „Commercii Epistolici Leibnitiani typis nondum vulgati selecta specimina". Ed. Jo. G. H. *Feder*. Hannoverae 1805.
Sollte das letztre nicht auf der Bibliothek sein, könntest und wolltest Du nicht – da ich außerdem besonders nach Nürnb[erg] schreiben müßte – bei einem Buchhändler in Erlangen anfragen und requirieren lassen? Und wenn die beiden obigen fehlen, könntest Du nicht Kapp, // im Falle Du gelegentlich mit ihm zusammenkommst, ansprechen. Übrigens ist das letztre nicht notwendig; ich kann schon selbst schriftlich oder später mündlich an ihn mich richten.

Du Chatelet: „Institut[ions] physiq[ues]"
M. G. *Hanschius:* „Principiorum philosophiae Leibnit." etc.
G. B. *Bilfinger:* „Dilucidationes philosophiae de Deo, anima humana" etc.

Der Hanschius ist auf der Bibliothek, denn ich habe ihn selbst exzerpiert, ich glaube auch der Bilfinger. Übrigens sind diese drei mir nicht so wichtig als die früheren. Die Bücher laß dem Krämer, aber dem beim Scharf überliefern und adressiere sie nur nach Nürnberg.

Die Nachricht von Anselms Berufung hat mich recht erfreut, aber nicht seine hypochondrische Grille. Ich finde sie jedoch natürlich und hoffe, daß sie ihn verlassen wird, sobald er nur wirklich in sein neues Amt gekommen ist. Wenn Dir nur auch einmal ein solcher Ruf aus der Fremde zukäme! Du solltest wieder schreiben; Dir steht ja eine so große Masse von Quellenkenntnissen zu Gebot, daß Du gewiß allein schon mit kritischen Bemerkungen zu den vielen Geschichtsbüchern Deutschlands und des Mittelalters ein Buch ausfüllen könntest. In der Hoffnung, daß Dich diese Zeilen so wohl und heiter antreffen, als man es in Erlangen sein kann.

Dein treuer
Ludwig /

148

An Christian Kapp

6. Mai 1836

Bruckberg, den 6. Mai 1836

Verehrter Freund!

Sehen Sie, wie ich so pünktlich im Schreiben bin. Morgen werden es erst acht Tage, daß ich Ihren Brief aus Erlangen erhielt, und schon setze ich mich hin, Ihnen und, nehmen Sie mir's nicht übel, Ihrer verehrten Frau, von der man hierzuorts schon seit mehreren Wochen, ja Monaten Antwort erwartet, ein gutes Exempel zu geben. Exempla trahunt [Beispiele sind verführerisch]. Oh, möge dieser schöne Satz auch bei Ihnen seine Bestätigung finden!

Sie erwähnen in Ihrem letzten Schreiben eines Briefes mit Beilagen. Mir ist aber seit Ihrer Abreise von hier nichts zu Gesicht und Händen gekommen als jener Brief an Stadler, der die Elegie enthält, in betreff welcher Sie meinen Unverstand verzeihen mögen, aber an so etwas Spezielles dachte ich dabei nicht.

Damit ich es nicht vergesse, ist Ihnen nicht Bayers Schriftchen: „Zu Fichtes Gedächtnis" bekanntgeworden? Der Weg ist zu weit, sonst würde ich ein Exemplar zur Lektüre schicken. Sie ist ein frischer, begeisternder Trank aus der Quelle aller Philosophie, dem Idealismus, der dem gegenwärtigen empirischen Ameisengeschlecht ein böhmisches Dorf geworden ist; um so erfreulicher ist die Schrift, nur zu kurz.

Daß ich mich dieses Frühjahr, vielleicht Sommer und Herbst

hier aufhalte, wissen Sie. Die Region meiner Wohnung aber ist Ihnen unbekannt – unmittelbar am Turm, meine nächste Nachbarin die Uhr, die mir viertelstündlich die Vergänglichkeit der Zeit (sit venia verbo [man verzeihe den Ausdruck]) in die Ohren rasselt.

Meine Arbeit ist Leibniz – Leibniz? werden Sie fragen und immer wieder und immer noch Leibniz? Ja! Sie haben recht, wenn Sie sich wundern. Aber das ist eben der Teufel, das Danaidenfaß, das Penelopengewebe der Gelehrsamkeit. Und bei Leibniz ist eben der Gelehrte, der Philolog, der Stellensammler und Vergleicher immer im Wege dem Philosophen. Es ist eine wahre Mosaikarbeit hier nötig; die Schranke der historischen Darstellung und die Freiheit der wahren philosophischen Reproduktion, die zugleich Produktion und Evolution der Idee des Darzustellenden ist und sein muß, kommt hier mehr als irgend bei einem andern in Kollision. Doch beschränke ich meine Ansprüche, wenn ich nur ein treues, vollständiges, genetisches und sich selbst erklärendes Bild des Mannes gebe. Er ist selbst schuld daran, wenn ich nichts Besseres zustande bringe. Warum war er Polyhistor? Warum so zerstreut, so rücksichtsvoll, so gelegenheitlich, so vielgeschäftig, so bibliothekarisch, so mikroskopisch, so journalistisch, so quecksilberartig und so orthodox? Auch diesmal habe ich übrigens wieder erfahren, wie es eine ganz andere Tätigkeit und Arbeit ist, für sich zu arbeiten, als für die Welt – resp. die Presse.

Nachdem ich mehrmals durchgemacht, exzerpiert, klassifiziert, kritisiert habe, muß ich alles noch einmal durchmachen, noch einmal vergleichen usw.

Ich denke übrigens Leibniz allein herauszugeben.

Der Ihrige
L. F.

149

An Eduard Feuerbach

[Sommer 1836]

/ Lieber Eduard!

Kaum nach Dir nach Hause gekommen, hörte ich wider Erwarten, daß Du schon fort bist und setze Dir daher schriftlich nach mit der Bitte, mir folgende Bücher von der Bibliothek zu verschreiben: *Felleri* „Otium Hannoveranum" (welches da ist, denn ich hatte es schon), Göttinger philosph[ische] Bibliothek v. Windheim 1749. 3. B[d.] *Plou[c]quet* „Primaria monadologiae capita".

Und dann eine neuere Schrift *Ehrenberg:* „Zur Erkenntnis der Organisation in der Richtung des kleinsten Raums" etc. der sogen[annten] Infusorien. Gerne hätte ich noch andre / /Schriften, aber sie sind so selten, wenig gekannt und gesucht, daß sie schwerlich zu haben sind und ich Dich nicht umsonst torquieren will. Wolltest Du es so einrichten, daß sie etwa bis Freitag hieherkommen, nebst dem kurzen Entwurf des Gesuchs, so erhielt ich sie am Samstag in Br[uck]berg. Hätte ich nicht Zeit und Geld zu sparen, so wäre ich selbst nach Erl[angen]. Soll ich an den Senat wieder ebenso kurz wie früher schreiben, nichts weiter als die Bitte, es geneigtest zu unterstützen. Den Brief nach Fr[ankfurt a. M.] hättest Du Dir ersparen können, ungeachtet, ich morgen noch fortgehe, ich hätte doch noch Zeit gefunden. Doch ist es besser, daß Du selbst schriebst, wenigstens in einer Hinsicht.

Lebe wohl! Dein treuer Bruder

Ld. /

150

An Ludwig I., König von Bayern

23. Juli 1836

/ An Seine Königliche Majestät von Bayern.
Zu Allerhöchstdero Ministerium des Innern. /

/ Allerdurchlauchtigster Großmächtigster König!
Allergnädigster König und Herr!

[Betreff:] Alleruntertänigstes Gesuch des Privatdozenten Dr. Ludwig Andreas Feuerbach um allergnädigste Verleihung einer außerordentlichen Professur.

Beinahe sieben volle Jahre sind nunmehr verflossen, seitdem der alleruntertänigst Unterzeichnete die Erlaubnis erhielt, auf der Universität zu Erlangen als Privatdozent Vorlesungen zu halten. Diesen langen Zeitraum hindurch war ich, teils als akademischer Lehrer, teils als Schriftsteller, gewissenhaft tätig auf dem Gebiete der Philosophie. Den Erfolg meiner Tätigkeit zu beurteilen, kommt jedoch mir nicht zu, und ich beziehe mich deshalb nur auf das Gutachten der hochlöblichen philosophischen Fakultät in Erlangen und auf die öffentlichen Stimmen, die sich von kompetenten Richtern in den gelehrten // Zeitungen (z. B. Berliner Jahrbücher für wissenschaftliche Kritik. 1833, November; Literarische Zeitung. Probenummer 1833/1834, August No. 33, September No. 37; Revue du progrès social. 1834, Mars: Notice sur quelques ouvrages récemment publiés en Allemagne; Ergänzungsblätter zur Jenaischen Allgemeinen Literatur-Zeitung. 1835, No. 68, S. 159; Münchner Gelehrte Anzeigen. 1836, Februar, No. 28, S. 222) über meine Arbeiten vernehmen ließen.

Während indessen alle gleichzeitig und selbst später aufgetretne Dozenten schon längst zu ordentlichen oder doch außerordentlichen Professoren vorgerückt sind, ist mir allein noch nicht das Glück einer Anstellung zuteil geworden, was für mich um so niederschlagender ist, als ich durch die Beschränktheit meiner Lage in meiner wissenschaftlichen Tätigkeit und Berufsarbeit mich vielfach gehemmt sehe. Denn seit dem Tode meines Vaters bin ich, entblößt von allem eignen Vermögen, nur auf eine kleine Pension beschränkt, die, so sehr ich mich durch sie zum innigen Danke gegen Eure Königliche Majestät verpflichtet fühle, nicht einmal auch nur zu den dringendsten Lebensbedürfnissen, geschweige zur Bestreitung der Kosten, die für mich mit einem // längern Aufenthalte in Erlangen verbunden sind, hinreicht.

Ich glaube es daher wagen zu dürfen, an Eure Königliche Majestät die allerehrfurchtsvollste Bitte zu richten: Allerhöchstdieselben möchten geruhen, den alleruntertänigst Unterzeichneten zum außerordentlichen Professor an der Universität Erlangen oder an einer andren Landesuniversität allergnädigst zu befördern.

Ersterbend in allertiefster Untertänigkeit
Eurer Königlichen Majestät
alleruntertänigster treugehorsamster
Dr. Ludwig Andreas Feuerbach,
Privatdozent der Philosophie an der
Universität Erlangen

Nürnberg, den 23. Juli 1836 /

[Begleitschreiben an den Senat der Universität Erlangen:]
/ Königlicher Akademischer Senat!

Einem königlichen akademischen Senat habe ich die Ehre, anliegendes Gesuch zu übersenden, mit der gehorsamsten Bitte, dasselbe bei Seiner Königlichen Majestät wohlwollend zu vertreten.

In tiefster Verehrung
Eines königlichen akademischen Senats
ganz gehorsamster
Dr. Ludwig Feuerbach
Privatdozent der Philosophie

Nürnberg, den 23. Juli 1836 /

151

Von Johann Georg Veit Engelhardt

22. September 1836

/ Erlangen, den 22ten September 1836

Wohlgeborner Herr Doktor!

Ich habe seit einigen Tagen betreff Ihres letzten bei dem Kön[iglichen] Senate eingereichten Gesuches an Ew. Wohlgeboren schreiben wollen, war aber bis jetzt dadurch abgehalten, daß Herr D[r.] Hunger mir Hoffnung gemacht hatte, mir Ihre bestimmte Adresse verschaffen zu können. Da ihm dies bis jetzt nicht möglich gewesen ist, so will ich es nicht länger verschieben, Sie zu benachrichtigen, daß einer kräftigen Empfehlung Ihres erwähnten Gesuches nur die von einigen Seiten geäußerte Vermutung entgegenstehe, daß die im J[ahre] 1830 bei Stein in Nürnberg erschienene Schrift „Gedanken über Tod und Unsterblichkeit" nicht ohne Ihre Mitwirkung erschienen // sei.

Ich bitte Sie, verehrtester Herr Doktor, mich in den Stand zu setzen, den Ungrund dieser Vermutung nachzuweisen, und füge die Versicherung meiner vorzüglichen Hochachtung bei.

Ew. Wohlgeboren gehorsamster
D. Engelhardt
d[er] Z[eit] Prorektor /

152

An Johann Georg Veit Engelhardt

2. Oktober 1836

[Briefentwurf:]

/ Hochwohlgeborner Herr!
Höchstzuverehrender Herr Prorektor!

Euer Hochwohlgeboren haben die Güte gehabt, mich zu benachrichtigen, daß einer kräftigen Empfehlung meines Anstellungsgesuches nur eine von mehreren Seiten geäußerte Vermutung im Wege stehe, und zugleich mich aufzufordern, Sie im Stande zu setzen, den Ungrund dieser Vermutung nachzuweisen. Ich sage Ihnen dafür unter der Versicherung meiner vollkommensten Hochachtung meinen aufrichtigen Dank, denn ich habe durchaus keinen Grund, eine andere als eine wohlwollende Gesinnung von seiten Euer Hochwohlgeboren hiebei anzunehmen.

Was aber die äußere Veranlassung dieser Aufforderung betrifft, so muß ich Euer Hochwohlgeboren gleich von vornan offen gestehen, daß ich es verschmähe, mich auf Grund oder Ungrund der ausgesprochnen Vermutung einzulassen. Ob und welchen Anteil ich an der erwähnten anonymen Schrift habe oder nicht habe, diese Frage gehört meines Erachtens durchaus nicht vor das Forum des akademischen Senates – ich setze nämlich voraus, daß hier diese Vermutung ausgesprochen wurde, indem sie außerdem gar keine Berücksichtigung verdienen würde –, der akademische Senat oder vielmehr einige Mitglieder desselben müßten sich denn die Bedeutung und Gewalt eines // Inquisitionsgerichtes anmaßen wollen. Die Zeugnisse meiner wissenschaftlichen Fähigkeit oder Unfähigkeit, hiemit meiner Würdigkeit oder Unwürdigkeit überhaupt – denn auf Universitäten entscheidet offenbar über den Wert und die Tüchtigkeit des Menschen überhaupt die Tüchtigkeit seines Geistes und die Qualität seiner wissenschaftlichen Bestrebungen –, *die* Zeugnisse, auf die sich allein ein vollgültiges und gerechtes Urteil über mich gründen kann, liegen, abgesehen von meinen mündlichen Vorträgen an der Universität zu Erlangen, welche immer von der Mehrzahl meiner Zuhörer nachgeschrieben wurden und daher auch andern zu Gesichte kommen konnten, in einer Reihe schriftlicher, unter meinem Namen erschienener Arbeiten offen vor jedermanns Augen da. Was ich bin, und wie ich denke und lehre, kann aus diesen Schriften zur Genüge erkannt werden. Findet man nun in diesen keinen Anstand, so gibt es keinen rechtlichen und sittlich ehrbaren Grund gegen die Empfehlung meines Anstellungsgesuches. Wenn daher ungeachtet dieser öffentlichen und authentischen Zeugnisse noch eine anonyme Schrift, in der Meinung, ich sei ihr Verfasser, hervorgesucht und gegen mich geltend gemacht wird, so vermute ich mit Recht, daß dieser Handlung eine unlautere, unwürdige Gesinnung, eine böse Absicht zugrunde liegt. Ich vermute es aber nicht nur, ich will es beweisen und beweise es aus folgenden Gründen. Abgesehen davon, daß keine zuverlässige[n] Beweise der geäußerten Vermutung vorliegen werden und vorliegen können, eine rechtliche Gesinnungsart aber da, wo es sich um ein entscheidendes Urteil über einen Menschen handelt, sich nur auf das Gewisse, Zuverlässige stützt, so ist jene anonyme Schrift – ein höchst wichtiger Umstand – nicht erst jetzt oder vor kurzem, sondern bereits vor sieben Jahren erschienen und wahrscheinlich, da wohl selten in demselben Jahre, wo ein Buch im Drucke erscheint, es auch vom Verfasser ausgearbeitet worden ist, schon früher verfertigt worden. Wenn sie also von mir ist, so ist sie meine erste und eine Jugendschrift. Nun ist es aber eine triviale Wahrheit, daß der junge Mann alles leidenschaftlich bis aufs Extrem treibt, daß er wie im Leben, so in der Schrift hauptsächlich die Form vernachlässigt oder gar nicht berücksichtigt, daß aber das Anstößige und Beleidigende einer Ansicht gerade am meisten von der Art und Weise, wie sie ausgesprochen wird, abhängt. Eine unwürdige, maliziöse Gesinnung zeigt sich daher offenbar darin, wenn man gegen den herangereiften Mann eine Jugendschrift als einen Grund wider seine Zulässigkeit zu einem öffentlichen Lehramt geltend machen will. Wie boshaft und lächerlich // zugleich wäre es nicht, wenn man dem Schmetterling deswegen seine Anerkennung versagen wollte, weil er einst eine Raupe oder Puppe gewesen ist? Gesetzt, ich hätte durch eine frühere Schrift zu allerlei Anständen und Bedenklichkeiten gegen meine Empfehlungswürdigkeit Veranlassung gegeben, so würde man doch gewiß diese nur dann auf eine würdige und unverdächtige Weise zur Sprache gebracht haben, wenn man etwa also über mich geurteilt und räsoniert hätte: L. F. hat eine ganz verdammungswerte Schrift geschrieben. Aber er ist ein Mensch, und der Mensch ist nicht wie Stock und Stein. Er kann sich verändern. Wollen wir also sehen, wie es mit seinen spätern Schriften aussieht, und wenn uns auch diese noch keinen genügenden Aufschluß geben, so wollen wir die Entscheidung von der zukünftigen oder demnächst zu erwartenden Schrift abhängig machen, denn es unterliegt keinem Zweifel, daß die spätern, folglich reiferen Schriften einen besseren Maßstab abgeben werden als die frühern, und daß er so, wie er im Jahre 1836 oder 37 schreibt, so auch denken und lehren werde, aber nicht so, wie er anno 1830 schrieb. Aber wie nur der Unverstand oder die Bosheit eine einzelne Stelle aus ihrem Zusammenhange aus einem Buche herausreißt und dadurch den Verfasser zu verdächtigen sucht, so reißt auch nur der Unverstand oder die böse Absicht aus dem beweglichen Leben eines Schriftstellers eine einzelne – noch dazu die erste – Schrift für sich heraus, um dann, wenn die an sich flüssige Welle in ihrem unsaubern Geschirre bereits abgestanden, den Beweis zu führen, daß dies Wasser selbst, dem diese Welle entnommen wurde, kein gutes, gesundes Wasser ist. Überdem ist die beanstandete Schrift eine anonyme – ein gleichfalls höchst wichtiger Umstand. Denn als eine solche muß sie nach einem andern Maßstab beurteilt werden, als wenn sie, angenommen, ich wäre der Verfasser, unter meinem Namen erschienen wäre. Der anonyme Schriftsteller anerkennt selbst seine Schrift als illegitim, indem er ihr seinen Namen nicht gibt, sei es nun aus politischen Gründen oder aus konventionellen Rücksichten oder weil der Gegenstand seiner Schrift außer seiner eigentlichen Sphäre liegt oder weil die Behandlung seines Gegenstandes nicht den Forderungen entspricht, die er an sich als Schriftsteller macht. Ganz anders würde er geschrieben haben, wenn er die Schrift unter seinem Namen frei auszugeben beabsichtigt hätte, nicht als ob er sich da verstellt und geheuchelt hätte, sondern weil es die Natur der Sache mit sich bringt, weil unwillkürlich und absichtslos eine Schrift, der man das Siegel seiner Anerkennung, das Wappen der individuellen Ichheit, den Namen aufdrückt, eine wesentlich andere Gestalt annimmt als eine solche, die als ein anonymer und herrenloser Wisch in die Welt hinausgeworfen wird. Wer daher eine anonyme Schrift, vorausgesetzt, daß // sie nicht eine kriminelle Tendenz hat, die vor das Forum der Justiz gehört, als eine Instanz gegen den mutmaßlichen Verfasser geltend macht, der gibt ihr eine Bedeutung, die ihr der Verfasser selbst nicht gab, ja faktisch verweigerte, die Bedeutung eines offiziellen Schreibens, eines Dokuments, der macht sich eben damit einer infamen Anmaßung schuldig und verrät oder beurkundet vielmehr eine böse Absicht, eine schlechte Gesinnung. Wenn ein Privatlehrer an einer Universität sich um eine Anstellung meldet, und es liegt kein andres schriftliches Dokument seines Geistes vor als eine anonyme Schrift, als deren Verfasser er bezeichnet wird, so könnte er es sich allerdings gefallen lassen, wenn man eben aus Mangel andrer Kennzeichen sie mit in Anschlag brächte. Wenn aber bereits mehrere unter seinem Namen, also unter seiner Verantwortung und mit seiner Beistimmung erschienene Schriften vorliegen, wenn also *die* Bedeutung der anonymen Schrift anihiliert ist, die sie allein zu einem berücksichtigungswerten Objekt erhebt, wenn überdies in diesen Schriften keine Andeutung und Beziehung auf die anonyme Schrift, keine Spur ihrer Anerkennung vorkommt, so ist der Beweis gegeben, daß die Anregung dieser Schrift aus einer bösen Absicht hervorgeht, die auch das unschicklichste, unsittlichste und rechtswidrigste Mittel nicht scheut, um ihren Zweck zu erreichen.

Gehen wir nun aber mit ein paar Worten auf die Natur der beinzichtigten Schrift ein und nehmen an, die Vermutung, daß ich ihr Verfasser bin, sei keine Vermutung, sondern Wahrheit! Der Inhalt der Schrift zerlegt sich sichtlich in zwei Teile: einen demonstrativen und einen polemischen. Der Inhalt des demonstrativen Teils ist im wesentlichen kein anderer als der: Das bestimmte menschliche Individuum ist als ein in jeder Beziehung begrenztes, notwendig auch hinsichtlich seiner Dauer ein begrenztes, endliches, folglich sterbliches Individuum. Dem Theologen von einer gewissen Partei mag es frei und selbst wohl anstehen, diese Ansicht als eine gottlose, irreligiöse zu verschreien. Aber an solche Stimmen kehrt sich kein gebildeter und vernünftiger Mensch. Der Verfasser verdiente nur dann den Vorwurf der Irreligiosität, wenn er den Schluß aus seiner Ansicht machte: Also ist alles Nichts, also Edite, bibete [Eßt und trinkt]! Aber der V[erfasser] gibt dem Tode eine geistige, ethische Bedeutung, ja er leitet ihn selbst daraus ab. Übrigens gehört die Ansicht des Verfassers lediglich vor das Forum des denkenden und forschenden Geistes, und hie handelt es sich nicht darum, ob etwas religiös oder irreligiös, sondern ob etwas wahr oder falsch, begründet oder unbegründet ist. Hätte sich der menschliche Geist durch das binden und abschrecken lassen, was zu den verschiedenen Zeiten als irreligiös und gottlos bezeichnet war, so säßen wir noch heute in tierischer Roheit und Unwissenschaft. Selbst der Gebrauch, auf eine des Menschen würdige Weise, nicht mit den bloßen Händen, sondern mit Gabeln zu essen, wurde, als es aufkam, als eine gottlose Neuerung verketzert. Der polemische Teil der Schrift, größtenteils in schlechten Versen abgefaßt, die jedoch laut dem Zeugnis der Vorrede nicht alle vom V[erfasser] stammen, hat zu seiner wesentlichen Tendenz die Bekämpfung einer in neuster Zeit sich geltend machenden Richtung, die er bald als Pietismus, bald höchst unpassend, wie viele andere, als Mystizismus bezeichnet. Dieser Teil ist allerdings der Ausdruck der leidenschaftlichsten Indignation, der zügellosesten Verhöhnung und verdient mit Recht in formeller Beziehung den Vorwurf /

[Abgesandter Brief:]

/ Hochwohlgeborner Herr!

Höchstzuverehrender Herr Prorektor!

Euer Hochwohlgeboren haben die Güte gehabt, mich zu benachrichtigen, daß einer kräftigen Empfehlung meines Anstellungsgesuches nur eine v[on] mehreren Seiten ausgesprochene Vermutung im Weg stehe, und zugleich mich aufzufordern, Sie in Stand zu setzen, den Ungrund dieser Vermutung nachzuweisen. Ich sage Ihnen dafür unter der Versicherung meiner vollkommensten Hochachtung meinen aufrichtigen Dank, denn ich habe durchaus keinen Grund, eine andere als eine wohlwollende freundl[iche] Gesinnung von Seiten Euer Hochwohlgeboren hiebei anzunehmen.

Was aber die äußere Veranlassung dieser Aufforderung betrifft, so ist es // mir unmöglich, die Motive zu entdecken, die einige Mitglieder des Senates bestimmen könnten, für ein anonym erschienenes Buch irgendeinen Menschen oder gar einen Lehrer verantwortlich zu machen – einen Lehrer, dessen sittl[iche] Tendenzen, wissenschaftliche Ideen und doktrinelle Methoden sowohl durch seine öffentlichen Vorlesungen an der Univ[ersität] Erlangen als auch durch einige wissenschaftl[iche] Werke von ihm selbst auf die offenste, unzweideutigste

Weise ausgesprochen worden sind. Ich sehe mich daher durchaus nicht veranlaßt, auf die geäußerte, sei es nun begründete od[er] unbegründete Vermut[un]g mich einzulassen.

Ich wiederhole die Versicherung meiner vollkommsten Hochachtung und habe die Ehre mich zu nennen

Euer Hochwohlgeboren gehorsamer
Dr. L. Feuerbach

Bruckberg bei Ansbach, den 2. Oktober 1836 /

153

An Anselm Feuerbach

[Herbst 1836]

/ Lieber Anselm!

Schon im Sommer solltest Du von mir einen Brief erhalten. Je mehr ich erfreut war über Deine Berufung nach F[reiburg], um so mehr betrübte mich die Nachricht, daß Du Dir durch den grundlosesten Zweifel an Deinen doch so reichen Fähigkeiten und Kräften die Freude über Deinen neuen, aber längst ersehnten Beruf verbittertest. Es drängte mich unwillkürlich, Dir zu schreiben, aber ich kam nicht dazu. Die Ausarbeitung des zweiten Teils meiner „Geschichte" hatte mich ganz und gar in Beschlag genommen. Überdem erschienen mir Deine Zweifel, obwohl grundlos, doch natürlich. Als solche haben sie auch, dachte ich, ihren natürlichen Verlauf; sie werden verschwinden, sobald er nur einmal in das Feuer seiner Vorlesungen hineinkommt. Es dauerte auch nicht lange, so erfuhr ich, daß Du bereits zu Deiner und Deiner Zuhörer Zufriedenheit Vorlesungen gehalten hättest. So verschwand die Veranlassung zu einer Expektoration [einem Aussprechen meiner Gefühle]. Aber Eduard, der vor einigen Wochen mich mit einem flüchtigen Besuch erfreute, brachte sie bei mir wieder in Anregung durch die Erzählung von Deinen oft verzweifelten Gemütszuständen, die ich um so mehr mit Dir empfinde, als ich selbst die Dozentenkrankheiten durchgemacht habe, jetzt aber in glücklicher ländlicher Freiheit und Einsamkeit meinen Studien lebe und so gerne auch Euch in Eurem Wirkungskreis glücklich und zufrieden wissen möchte. Doch wozu schreibe ich Dir eigentlich? Ich lebe ja in der Überzeugung, daß die meisten Übel und Leiden der Art sind, daß man nur dadurch von ihnen frei wird, daß man sie aus- und überlebt, daß der eine Mensch über den andern mit Wort und Schrift sehr wenig vermag, aus dem einfachen Grunde, weil er als ein geistiges Wesen dasselbe sich sagen konnte, und wenn es wirken soll, er selbst es sich sagen muß. Nur über einen Punkt, über den ich und E[duard] vollkommen übereinstimmen, möchte ich mich aussprechen. Du stellst nämlich offenbar zu // hohe Forderungen an Dich. Ich zweifle zwar nicht, daß Du sie erfüllen kannst, aber an ihrer Notwendigkeit zweifle ich. Meine Wenigkeit unterscheidet die Forderungen an den akadem[ischen] Vortrag in objektive und subjektive. Die objektiven betreffen den Gegenstand des Vortrags, die subjektiven den Vortrag selbst. Die erstern sind die wichtigsten. Ist das, was ich sage, wahr und gut, so verdient meine Vorlesung die Note: bene [gut], ich mag es auch sagen, wie ich will, wofern ich es nur – und dies rechne ich zu den objektiven Forderungen – den aufmerksamen und teilnehmenden Zuhörern deutlich und verständlich sage. Die einzige reale und vernünftige Sorge des akad[emischen] Lehrers ist die Sorge für die Gediegenheit und Begründetheit (sit venia verbo [man verzeihe den Ausdruck]!) des Stoffes. Er muß sich nicht auf sich, auf seine Talente und Gaben, sondern nur auf die Tiefe und Wahrheit seines Gegenstandes verlassen. Der Gegenstand muß ihn vertreten, nicht er den Gegenstand vertreten wollen. Er muß die Sache für sich sprechen lassen, sonst überbietet er sich und richtet sich zu Grunde. Er muß wohl suchen (wie man sich ausdrückt) zu gefallen, mit Begeisterung sprechen und sie erwecken, aber dies ist nicht Zweck, sondern Mittel und zwar nur ein transitorisches oder gelegentliches Mittel. Der Affekt – und dieser ist mir allein das Prinzip der Schönheit, weil er allein Schönheit, weil er allein dem Gedanken Individualität gibt – gehört nur außerordentlichen Gelegenheiten an, wo er der unwillkürliche Ausdruck des vorkommenden Gegenstandes ist. Sonst braucht er in subj[ektiver] Beziehung kein anderes Zeugnis abzulegen, als daß er überhaupt mit Interesse bei seinem Gegenstande ist; ohne Sorge darf er sich der Sprache, wie sie sich zufällig ihm darbietet, selbst der Konversationssprache mit allen ihren Liberalitäten und Nachlässigkeiten bedienen, und sein Vortrag ist schon gut, wenn er nur nicht schlecht ist. /

154

An Friedrich Feuerbach

[Herbst 1836]

/ Heilbronn

Lieber Fritz!

Meine Hand zittert so, aber nur deswegen, weil ich eben eine Turnübung mit ihr machte, daß ich kaum schreiben kann, aber ich habe Dir auch weiter nichts zu schreiben, als daß mein Freund Michel Dich kennenlernen und sprechen will. Mache Dich also ihm nicht unsichtbar. Er will Dich nicht in Deiner idyllischen Wohnung aufsuchen, sondern nur an einem dritten Orte. Also ist Dein letzthin ausgesprochner Wille erfüllt. Genieße seliglich die Mutter und Schwester. Bin ich mit Leibniz fertig, was bald der Fall, so komme ich vielleicht nach Nürnb[erg].

Dein
L. /

155

An Eduard Feuerbach

[Anfang] 1837

/ Lieber Eduard!

Vergangene Woche war ich in N[ürnberg] und hätte Dich gerne besucht, wenn eine schnellere und angemeßnere Gelegenheit von N[ürnberg] nach E[rlangen] wäre als die gewöhnliche. Ich hoffe, daß Du gesund bist. Betrachte doch Deine Geschäfte und Vorlesungen nur als mechanisches Bei- und Nebenwerk. Man wirkt doch genug auf [der] und für die Welt. Mache, daß Du schreibst, auf daß Du erlöset werden mögest von E[rlangen], was ich herzlich wünsche. Dein reiches, gründliches Wissen, wozu hast Du es? Nicht für Dich und nicht für andere, wenn Du nicht schreibst. Verzeihe dem Philosophen – nicht von Sanssouci übrigens –, daß er gleich mit Vor- und Ratschlägen kommt. – Wenn nur ein paar schöne Tage einmal kämen, so ginge ich zu Fuß nach E[rlan-

gen]. Ich habe Bücherbedürfnis. Einstweilen bitte ich Dich, nach folgendem Dich umsehen zu lassen: *De Réaumur: „Mémoires pour servir á l'histoire des insectes"*. *Berthold: „Versuche über die Temperatur der kaltblütigen Tiere"*. *Göttingen* 1835 /
/ *Huber*: *„Neue Beobachtungen über die Bienen"*. 1793
Schloer: „Versuch einer Naturgeschichte der Sinneswerkzeuge bei den Insekten und Würmern"
Spallanzani: „Opusc[ules] de physique animale et vegetale"
Burdach: „Physiologie"
Treviranus: „D[ie] Erscheinungen und Gesetze des organischen Lebens"

Solltest Du die ersten *vier* Werke bekommen, nach denen Du [. . .] zunächst allein schicken mögest, so brauchst Du mir, da das erste Werk ein bändereiches ist und Ostern schon im März fällt, die übrigen, die auch mehrere Bände umfassen, zunächst nicht aufzuschreiben. Gib sie unfrankiert dem Ansbacher Boten, damit ich sie ganz bestimmt in der nächsten Woche erhalte. Ich sollte wohl unmittelbar an die Fortsetzung meiner „Geschichte" gehen, aber ich verfolge zu lebhaft einige Gedanken über die Triebe der Tiere und einige andere Erscheinungen der Natur, als daß ich jetzt schon abbrechen könnte. Meine naturhaften Studien sollen mir sehr zustatten kommen: Ich mag nun Privatskribent oder öffentl[icher] Lehrer werden. Hätte ich nur Bücher und Mittel genug!

Ich bitte Dich, *mich ja nicht mehr in den Lektionskatalog zu setzen.* Von meinem „Leibniz" ist jetzt der eilfte B[ogen] gedruckt. Die schwere Arbeit, der Druck der Anmerkungen, geht leider! jetzt erst an.

Lebe wohl! Grüße, wen Du des Grüßens wert hältst.

Dein treuer Bruder
Ludwig

Bruckberg, Dienstag 37 /

156

An Gottlieb Ernst August Mehmel

14. April 1837

/ Hochwohlgeborner Herr!
Hochzuverehrender Herr Hofrat!

Euer Hochwohlgeboren werden es gütigst entschuldigen, wenn ich mir die Freiheit nehme, mich an Sie, als den ehrwürdigen Veteran der philosophischen Fakultät in Erlangen zu wenden, um anzuzeigen, daß ich mich nicht mehr als ein Mitglied der Universität betrachte, daß ich wider meinen Willen, bloß durch ein Versehen meines Bruders in den Lektionskatalog des laufenden Semesters wieder gesetzt wurde, und folglich in keinem künftigen Verzeichnis mehr meinen Namen lesen will. Zwar habe ich mich im Sommer des verfloßnen Jahres zum dritten und letzten Male um eine Anstellung beworben; aber was der Erfolg sein wird, das unterliegt wohl bei dem gegenwärtigen und zeitherigen Stande der Dinge und Geister keinem Zweifel. /

/ Als ein Zeichen meiner Hochachtung für Euer Hochwohlgeboren erlaube ich mir ein Exemplar von der Fortsetzung meiner „Geschichte der Philosophie", die „Darstellung und Entwicklung der Leibnizschen Philosophie" beizulegen, überzeugt, daß Sie, sollten Sie auch noch so vieles mißbilligen, meine Schrift doch zu würdigen wissen werden. Nur bitte ich das schlechte Gewand derselben damit zu entschuldigen, daß meine Aufträge an den Buchbinder falsch ausgerichtet wurden und ich doch die Absendung nicht verschieben durfte, damit nicht meine Schrift schon vorher auf andern Wegen Euer Hochwohlgeboren zu Gesicht käme.

Mit der vollkommensten Verehrung und Hochachtung habe ich die Ehre zu sein Euer Hochwohlgeboren

gehorsamer
Dr. Ludwig Feuerbach

Bruckberg bei Ansbach, den 14ten April 1837 /

157

Von Gottlieb Ernst August Mehmel

16. Mai 1837

/ Erlangen, den 16ten Mai 1837

Wohlgeborner, hochgeehrter Herr Doktor!

Ich muß vor allen Dingen sehr um Nachsicht bitten, daß ich Ihren Brief vom 14ten April mit dem höchst schätzbaren Geschenk Ihrer Geschichte der Leibnizschen Philosophie erst heute beantworte. Die katarrhalische Influenza, die hier beinahe von Haus zu Haus gewandert und noch nicht ganz verschwunden ist, bei alt und jung nicht bloß kraft- und willenlähmend wirkt, sondern selbst durch Nachwehen noch Kopf und Gefühl beängstigt, hat auch mich ihre Tücke empfinden lassen und mehrere Wochen unfähig zu jeder geistigen Tätigkeit gemacht. Ihre Geschichte der Leibnizschen Philosophie muß und wird die größte Teilnahme und Aufmerksamkeit aller wahren Freunde der Wissenschaft in Anspruch nehmen. Die besten Stunden, worüber ich verfügen kann, werde ich ihr widmen, und sie nicht bloß lesen, sondern studieren. Es war ein glücklicher Gedanke, das Leibnizsche System durch eine besondere Darstellung herauszuheben und eine so geistreiche und selbständige Weltansicht auch durch eine selbständige Entwicklung auszuzeichnen. Ich kenne kein philosophisches System, das einer solchen Entwicklung bedürftiger und empfänglicher wäre, und bin aus Ihrem Cartesius und Spinoza überzeugt, daß Sie dadurch nicht bloß der philosophischen Geschichte, sondern der Philosophie selbst, ohne die jene, wie ihr Zustand unwidersprechlich kundgibt, ganz unmöglich ist, einen wesentlichen Dienst geleistet haben. Lassen Sie sich auf dem betretenen Wege ja durch nichts im mutigen Fortschreiten stören, sondern bleiben // Sie standhaft dem Genius getreu, der Sie auf denselben geführt hat. Es tut mir sehr leid, daß Ihre dritte Bewerbung um Anstellung bis zur Stunde ohne Erfolg geblieben ist. Die Hindernisse sind Ihnen bekannt, aber Sie werden auch wissen, daß jene Ihnen zwar hemmend begegnen, aber die amtliche, energische und motivierte Empfehlung Ihres Gesuchs durch die philosophische Fakultät um kein Jota weder ändern noch ihre Bedeutung entkräften konnten. Den Beweis dürften Sie unschwer darin finden, daß keine abschlägige Bescheidung darauf erfolgt ist. Ich kann daher Ihren Vorsatz, in keinem künftigen Verzeichnisse der Semestralvorlesungen mehr aufzutreten, durchaus nicht billigen. Jede Verzögerung Ihrer Anstellung steigert Ihr Recht. Tu ne cede malis, sed contra audentior ito [Weiche dem Unheil nicht, nein, mutiger geh' ihm entgegen]. Ein Recht ohne Not aufgeben und aus dem Verzeichnisse akademischer Lehrer selbstwillig verschwinden, wäre Selbstverletzung und Beeinträchtigung Ihres eigenen Bewußtseins. Willkommen würde mir die Gelegenheit sein, ausführlicher darüber mündlich mit Ihnen zu sprechen. Empfangen Sie übrigens mit dem Ausdruck der wärmsten Dankbarkeit für das gütige Geschenk die ausgezeichnete Hochachtung, womit ich die Ehre habe zu beharren Ew. Wohlgeboren ganz ergebenster

Dr. Mehmel /

158

An Johann Adam Karl Roux

Mai 1837

/ Verehrter Freund!

Einstweilen nur einige Zeilen, nur so viele, um Ihnen meinen Dank auszusprechen für die mitgeteilte Eloge auf Leibniz. Für mich kam sie allerdings insofern zu spät, als mein Buch bereits in die Welt geschickt worden ist, aber es war mir doch lieb, in meiner Einsamkeit einen meiner Arbeit so nahe gehenden Artikel zu vernehmen. Eine Biographie L[eibniz'], wie sie hier gewünscht w[ird], habe ich nicht gegeben, ob ich sie gleich, mit allen einzelnen Umständen vertraut, recht gut hätte geben können, und zwar aus dem Grund, weil ich so viel als möglich alles ausgeschlossen habe von meiner Schrift, worüber man sich selbst in Konversationslexiken und Pfennigmagazinen zur Not Rats erholen kann. Statt einer Biographie gab ich eine Charakteristik L[eibniz'].

Entschuldigen Sie, daß ich Ihnen noch kein Exemplar geschickt habe, und zwar damit, daß ich zu allen äußerlichen Dingen, zu allen Dingen, die außer meiner stets // gleichförmigen Lebens- und Tätigkeitssphäre liegen, und wären diese Dinge auch nur ein Brief oder auch nur das Zusiegeln eines Briefs, das Packen einer Schrift, so schwer komme. Ich bin nur tätig am Geiste, aber faul, stinkfaul (sit venia verbo [man verzeihe den Ausdruck]!) am Leibe. Mein äußeres Leben ist das Werk einer Maschine. Aber nicht nur hiemit, auch mit meiner geistigen Tätigkeit entschuldigen Sie mich. Wie ich Ihnen, glaube ich, schon geschrieben, beschäftigt mich besonders auch Naturwissenschaft, Anatomie, besonders des Hirns, bereits an einer Menge verschiedner Tierarten ausgeübt nach den Vorbildern trefflicher Anatomen; Physiologie, Botanik, Insektenlehre waren und sind noch diesen Winter und Frühling meine Beschäftigung. Prochaskas Physiologie, Magendies Physiologie, 4 B[de]., Burdach, 5 B[de]., Carus, Tiedemann, Treviranus habe ich bereits durch und dabei die wichtigsten Tatsachen exzerpiert. Réaumurs „Mémoires pour servir à l'histoire des insectes", ein klassisches Werk – obwohl ein altes, 10 B[de]. – // ist gegenwärtig meine Arbeit. Längst hatte ich es als einen Mangel, einen großen Mangel empfunden, daß ich in den Naturwiss[enschaften] so zurück war. Es ist mir ganz wohl, daß ich diesen Gewissensskrupel los[be]kam. Der Philosoph muß die Natur zu seiner Freundin haben: Die Natur ist durch und durch Weisheit, Vernunft. Was er denkt, das tut sie, das sieht er in ihr. Eine einzige Tatsache kann einen einer Menge weitläufiger Demonstrationen und Schlüsse überheben, die man anwenden müßte, um eine Wahrheit den verstockten Seelen einleuchtend zu machen.

Was Sie in Ihrem letzten Brief über die Notwendigkeit der körperl[ichen] Ausbildung auf Universitäten sagen, damit bin auch ich ganz einverstanden.

Die Gelegenheit von hier nach Nürnb[erg] ist unregelmäßig. Erst vor kurzem erfuhr ich, daß sie heute noch abgeht. Mit der Post wollte ich keinen Brief // Ihnen schicken. Daher, daß ich so schlecht und eilig schreiben muß.

In der Hoffnung, Sie bald und gesund wiederzusehen

Ihr treuer Freund
L. Feuerbach

Bruckberg, Mittwoch, Mai 1837 /

159

Von Johann Adam Karl Roux

26. Juni 1837

/ Erlangen, den 26. Juni 1837

Verehrter Freund!

Das mir übersandte Exemplar von Ihrer neuesten Schrift habe ich nicht allein mit dem Gefühl aufrichtiger Freude und innigsten Dankes empfangen, sondern betrachte es auch als einen neuen Beweis, den Sie mir dadurch von Ihrer fortdauernden Freundschaft geben, welche zu verdienen mein unausgesetztes Bestreben sein wird. Gestern habe ich etwa 79 Seiten, mithin bis zu 98 darin gelesen, aber schon aus diesem wenig Gelesenen die Überzeugung gewonnen, daß Sie wiederum eine vortreffliche Schrift geschrieben haben. Hieße es nicht, sich eines Urteils über Leibniz anmaßen, welches einem bloßen Liebhaber der Philosophie nicht gebühret, so wäre ich geneigt zu behaupten, daß in den meisten frühern philosophischen Schriften bis auf Spinoza, ja selbst in den Schriften von Bacon, Böhm[e], Hobbes, Cartesius und Malebranche keine solchen feinen Gedanken und scharfsinnigen Ausdrücke vorkommen als in den Leibnizschen. Seine gründlichen Kenntnisse in der Mathematik scheinen ihm bei der Begründung und Ausführung seines Systems gute Dienste geleistet zu haben. Jedoch, ich will es wagen, ein Beispiel anzugeben, welches, wenn ich mich nämlich nicht geirrt habe, zur Bestätigung meiner Vermutung etwas beitragen könnte. Denkt man sich z. B. Zahlen, die als Vieles nebeneinanderstehen, und fängt von 1 zu zählen an, so geht die Zahl 1 oder die vorhergehende nicht (wie beim Größenverhältnisse) im Gewinnen / / der Zahl 2 verloren, sondern sie ist und bleibt wie jede andere vorhergehende Zahl während des Zählens fort und fort in den folgenden gezählten Zahlen mit enthalten. Diese Ausdehnung findet bis ins Unendliche statt. Sollte ich mich hierin wirklich geirrt haben, so erwarte ich, daß Sie mir es frei sagen werden, denn Ihre Verbesserung meiner Irrtümer wird ja derzeit den verdienten Eindruck auf mich machen. Daß das Studium der philosophischen Geschichte ein notwendiges Erfordernis für jeden Studierenden ist, davon hat mich Ihre Kritik der Leibnizschen Philosophie vollkommen überzeugt; aber was man tun sollte, wird leider nicht so beachtet wie das, wobei man den meisten Gewinn hat. Am nötigsten aber ist dieses Studium für den Philosophen selbst, welcher in seiner Wissenschaft weiterkommen will. Ja, ich glaube daher sogar, daß die neuern Philosophen Fichte, Schelling, Hegel und Herbart durch fleißiges Studium der phil[osophischen] Geschichte auf die Grundlage zu ihren verschiedenen Systemen geführt worden seien. Schon vor vielen Jahren habe ich eine Schrift von einem dieser Gelehrten gelesen und anjetzt erst überzeuge ich mich, daß dieselbe Ausdrücke enthielt, die oft beinahe wörtlich mit Stellen aus Leibnizens Schriften übereinstimmen. Dahin gehören: „Wie oft ist Nachdruck nötig, der frei sein muß von Stärke." oder „Man muß dem Drucke nicht die Kraft geben, welche dem Stoße gebührt." usw.

Ich habe mir noch manches aus Ihrer Schrift angemerkt, was ich Ihnen hier mündlich mitzuteilen gedachte; nach Ihrem lieben Briefe aber wird es wohl nicht sein können. Erhalten Sie, lieber Freund, Ihre Gesundheit, die bei zu vielem Sitzen leidet.

In alter, unveränderlicher Gesinnung der Ihrige

Eilig. Dr. Roux /

160

An Eduard Feuerbach

17. Juli [1837]

/ Ansbach, den 17. 7.
In großer Eile geschrieben.

Lieber Bruder!

Deinen Brief vom 5ten Juni erhielt ich erst gestern, den 16. 7. spät abends.

Dem Brügel habe ich längst in Deinem Namen gedankt.

Hiebei ein Exemplar meiner Schrift, die ich Dir nicht schickte, einerseits weil ich nicht voraussetzen konnte, daß sie rein sowohl wegen ihres speziellen Charakters in objektiver, als wegen ihres Geistes in subjektiver Hinsicht Dich interessieren würde, andrerseits, weil ich befürchtete, Du möchtest vielleicht – aus guter Absicht, aber unpassender Anwendung dieses guten Willens in bezug auf mich – jemanden in München das Exemplar überschicken, und auch jetzt schicke ich es Dir nur in der *zuversichtlichen* Hoffnung, daß // Du keinen solchen Gebrauch davon machen wirst. Noch heute bin ich unwillig darüber, daß mir Anselm ein Exemplar an Schelling abgenommen hat. Etwas andres ist es mit dem unschuldigen, auf Effekt berechneten Buche eines Poeten, etwas andres mit dem eines Philosophen. Daher kann ich es auch nicht billigen, daß Du A. ein Exemplar überschickt hast. Meine Schrift ist mit der größten Ruhe und Besonnenheit, aber auch mit völliger Geistesfreiheit, Rücksichtslosigkeit und Sorglosigkeit geschrieben. So gering ich mich selbst anschlage: Ich gehöre nicht der Gegenwart an. Und diese Freiheit und Wahrheit des Geistes – sollte sie auch eine subjektive sein – ist mir mehr wert als die Existenz eines Professors. Diese vergeht, // der geistige Mensch ist ewig. Nur eine völlig freie, nicht durch Bettelei oder sonstige Insinuationen erzwungene Aufmerksamkeit und Anerkennung kann mir nützen. Jeder andre Weg ist töricht, weil zwecklos. Kennt A. den N.? Kennt er meine Schrift? Er kann sich sogar eine Blöße geben oder eine Unangemessenheit begehen, wenigstens, wenn er nicht den Geist des N. kennt oder nicht auf Gnade und Ungnade meine Schrift seinem Urteil überläßt. Daher kann ich auch nicht *den* Grund billigen, den Du anführst in betreff des Ausstreichens aus der Dozentenliste; nur der wegen Benutzung der Bibliothek verdient Berücksichtigung. Aber steht mir, dem abwesenden Privatdozenten, auf meinen Namen hin ein freier / /(wenn auch durch gewisse Bedingungen, die ich mir recht gerne gefallen lassen würde) Gebrauch der Bibliothek zu? Hierüber bitte ich mir Auskunft aus: Ist kein solcher gestattet, so gebe ich Dir noch einmal die ausdrückliche Erklärung, daß ich nicht mehr im Katalog erscheinen will, und werde sie auch dem alten Mehmel noch einmal geben. Auf die leere Möglichkeit eines Rufes hin noch ferner Rücksicht nehmen zu wollen, ist wirklich unnütz, ja töricht. Das einzige, was ich tun kann für mich und meinen Lebenszweck ist, was ich ohnedem durch innern Trieb tue – daß ich tätig in der Wissenschaft bin. Dies ist die einzige, mir pflichtgebotene und ehrbare Weise, wie ich für mich und meine Braut sorgen kann und muß. Verschaffen meine Schriften als die einzigste[?] Weise, wie ich meine Tätigkeit und [mein] Bestreben verwirklichen kann – mir nichts, wer und was soll mich dann vertreten?

Dammbacher brachte mir gestern bei einem Besuch die

betrübende Nachricht von E.s Tode. – In betreff des am Ende des Briefes ausgesprochenen Punktes versichere ich Dir, daß es mir an guter und hinreichender Kost nicht fehlt. Möglich wäre es, daß ich nach E[rlangen] komme. Lebe wohl! Dein treuer Bruder

L. /

161

An Gottlieb Ernst August Mehmel

Juli 1837

/ Hochwohlgeborner Herr!
Höchstverehrter Herr Hofrat!

Euer Hochwohlgeboren würden schon längst von mir eine Antwort auf Ihr verehrliches Schreiben vom 16ten Mai erhalten haben, wenn ich nicht willens gewesen wäre, selbst nach Erlangen zu kommen und nicht teils durch zufällige Umstände, teils durch Beschäftigungen, die noch nicht beendigt sind, mein Vorhaben bis jetzt vereitelt worden wäre. Euer Hochwohlgeboren haben so freundlich die Fortsetzung meiner „Geschichte" aufgenommen, haben sich so teilnehmend über meine Aussichten und Vorhaben ausgesprochen, daß ich mich für verpflichtet halte, Ihnen dafür meinen herzlichen Dank abzustatten. Aber so dankbar ich Ihre wohlwollende Gesinnung und Absicht anerkenne, wenn Sie meine Entschließung, mich selbst aus dem Verzeichnis der akademischen Lehrer in Erlangen auszustreichen, mißbilligen, so wenig // kann ich doch – unbeschadet meiner Hochachtung – die Gründe Ihrer Mißbilligung anerkennen. Ich würde Euer Hochwohlgeboren vollkommen beistimmen, wenn meiner Anstellung keine andern Hindernisse als lokale im Wege stünden, aber leider! sind es Hindernisse ganz andrer Art, die sich mir entgegenstellen, geistige, allgemeine Hindernisse, *dieselben* Hindernisse, welche – wie ich aus sichrer Quelle weiß – den Studierenden den Besuch meiner „unchristlich-philosophischen" Vorlesungen verboten, welche – doch Euer Hochwohlgeboren werden selbst sie kennen, wenn Sie sie auch gemäß Ihrer Stellung nicht empfinden können. Ich gebe daher auch kein Recht auf, wenn ich von der keine Ansprüche gebenden Erlaubnis, Vorlesungen zu halten, keinen Gebrauch mehr mache; denn was ist Recht, was Verdienst? Das, was dem herrschenden Zeitgeschmack so scheint und beliebt. Ja, ich setze mich dadurch vielmehr in den – gewiß nicht voreiligen und unbegründeten – Gebrauch und Genuß eines höheren Rechtes – des Rechtes des freien, denkenden Menschen, das, was ihm die äußere Gewalt versagt, mit freiwilliger Zuvorkommenheit fahren zu lassen, auf daß ihm kein Tort, kein Leid und Unfug angetan werden könne. Ich wiederhole daher den Inhalt meines ersten Briefes – mit der Bemerkung jedoch, daß ich es für ungehörig hielt, vor Ihnen, dem ehrwürdigen Veteranen der Erlanger Universität, die Gründe dieses meines Schrittes ausführlicher und genauer darzustellen – und schließe mit der Versicherung aufrichtiger Hochachtung und Verehrung, mit welcher ich stets die Ehre habe zu sein

Euer Hochwohlgeboren

Bruckberg, den Juli 1837 /

162

An Eduard Feuerbach

[Juli 1837]

/ Lieber Eduard!

Eben habe ich dem *Mehmel* geschrieben, um nochmals in aller Kürze, weil ich es nicht für schicklich und gelegen hielt, auf nähere Gründe einzugehen, den Inhalt meines ersten Briefes an ihn zu wiederholen. Die Sache hat zwei Seiten – eine ernste und eine komische. Die komische ist der Privatdozent, der doch nicht liest. Diese Komödie kann schon nicht länger fortgeführt werden. Aber wie enden? Eben dadurch, daß ich die Real- oder Idealgerechtigkeit eines Privatdozenten wieder ausübe faktisch? Das ist zu viel verlangt; das geht wider den Mann, wider die Ehre, wider die Vernunft, wider die Gewalt der Notwendigkeit und heilige Bestimmung, die allem Zeit und Maß gesetzt hat. Aber eben mit diesem Zentralpunkte fällt auch die andere, ernste Seite zusammen. Es ist eine Schande, ja eine Schande, noch länger als – sei es nun nominaler oder realer – Privatdozent mich hintennach mit fortschleppen zu lassen. Mit diesem Gesichtspunkt weichen alle andern Rücksichten. Es muß endlich gebrochen werden. Die Folge mag sein, wie sie wolle; wenn sie anders schlechter sein kann als das vorangegangne Schlechte war. Ich trage die Folgen eines Studiums, das in einem Lande wie das hiesige keine andern haben konnte – das ist nun einmal nicht // mehr zu ändern. Jedem wird, was ihm werden soll. Das scheinbar Widrige, Üble, das erweist sich am Ende der Tage freilich oft erst als das Gute und Notwendige. Will man übrigens auch äußre Rücksichten mit in Anschlag bringen, nun, so ist die Gefahr auch nicht groß. Das Recht, freilich nur das wahre Recht bleibt mir immer. Und in den Augen der Welt stehe ich achtbarer da als Privatgelehrter denn als Privatdozent, als vieljähriger und doch erfolgloser Kandidat, ein Subjekt, gegen das die Welt nur Vorurteile, oft gerechte Vorurteile und Verdachtsgründe hat. Deine guten Absichten anerkenne ich vollkommen, aber ich bin nun einmal – glaube, aus gerechten Gründen – so bestimmt und antipathisch gestimmt – Du weißt wogegen –, daß ich, wenn ich wieder im Katalog erscheinen sollte, eine öffentliche Erklärung in eine Zeitung einrücken lassen würde des Inhalts, daß ich in E[rlangen] keine Vorlesungen mehr halte.

In betreff der Enzyklopädie habe ich bei näherer Ansicht zu meiner größten Bestürzung wahrgenommen, daß die Summe nicht 40 fl., sondern Reichstaler – d[er] R[eichs]taler zu 1 fl. 30 – also 60 fl. beträgt. Ich halte es daher für das beste – denn was tust Du mit diesem weitläufigen und doch nicht vollendeten, großenteils Dir unnützen Werke? – sie, wenn auch nur für die Summe von dem Wert der Schuld zu verkaufen. Wenn Du mir bis dahin – der Verkauf um diesen oder einen wenig höhern Preis ist gewiß – den größern Teil der Summe vorstrecken könntest, jedoch nur unter der Bedingung, daß sie in Deinen Reiseplänen und sonstigen Plänen nicht die geringste Störung brächte, so wäre es mir freilich lieb, da mein Honorar bereits in Kleidern, Büchern, kleineren Bedürfnissen usw. aufgegangen. Übrigens dürfte ich nur Brockhaus schreiben – er würde sich gewiß bis zu dem Zeitpunkt, wo ich die Enzyklop[ädie] losgeschlagen habe, gedulden. Auf alle Fälle braucht er nicht vor der Herbstmesse das Geld. Lebe wohl. In größter Eile mußte ich schreiben.

Dein Br[uder]
L.

Freitag /

163

An Unbekannt

[Sommer 1837]

/ Euer Hochw[ohlgeboren]

h[abe] ich d[ie] Ehre, hiemit die zu meiner Verheiratung mit Fr[äulein] B. L[öw] erforderlichen Atteste zu überschicken mit der gehors[am]sten Bitte um die Gewogenheit, baldmöglichst die Genehmigung zu meiner beiderseits längst innig gewünschten Verheiratung zu erhalten, und mit der Versicherung der vorzüglich[sten] Hochachtung, mit welcher ich die Ehre habe zu sein E[uer] H[ochwohlgeboren] gehorsamster

Dr. Ludw. F. /

164

An Eduard Feuerbach

[Sommer 1837]

/ Lieber Eduard!

Fritz schrieb mir vor kurzem, daß der hochlöbliche S[enat] v[on] E[rlangen] ne veut pas de moi [mich nicht haben will]. Das war vorauszusehen. Es geschieht mir recht. Ich habe einen großen Fehler begangen. Aber ich stellte mir auch damals, durch meine Leibnizsche Arbeit nach außen Halbträumer, die Komposition dieses edlen Mechanismus vor. Ja, ich wußte nicht einmal – was ich zufällig ungefähr eine Woche später erfuhr –, daß sogar ein H[arleß] – mich ekelt's, s[einen] Namen nur auszuschreiben – Mitglied sei oder hatte es wenigstens längst ganz und gar vergessen. Ich hätte wenigstens unmittelbar an d[as] Minist[erium] schreiben sollen. Es reut mich daher, daß ich die erste Antwort auf die ergangne Aufforderung, die anony[me] Schrift betreffend, nicht abgeschickt habe. Sie war die allein passende, die, in der ich meinen begangnen Fehler wieder gutgemacht hätte. Hin und her besann ich mich daher, wie ich meine wahre Gesinnung ihnen zu meiner Ehrenrettung aussprechen könnte. Ich finde keine äußerliche Veranlassung, da ich natürlich von dem, was Du E[ngelhardt] gesagt, keinen Gebrauch machen kann und will. Die einzige // fände sich dann, wenn das Minister[ium] mir, wie zu erwarten steht, eine abermals abschlägige Antwort zuschickt. Oft schreibt man in der Absicht, sich bei einem andern Rats zu erholen; während dem Schreiben fällt einem aber das selbst ein, worum man fragen wollte. So geht's mir jetzt. Bis dorthin will ich warten, um dem Senat in bündiger und gehöriger Weise meine Meinung zu sagen. Das bin ich mir selber schuldig. Ärgere Dich aber nicht über das Volk. Laß sie als nichtige Schatten vor Dir vorüberschleichen. Die boshaften Esel glauben, mir Übles zu tun, und sie tun mir nur Gutes, sie handeln nur in meinem eignen Interesse. Ich passe einmal nicht nach Erl[angen]. Ich würde nur meine Zeit und Kraft dort verschleudern und zerstreuen, und nur die Vorlesungen lohnten doch nicht die Opfer.

Nun zu andern Dingen. Ans[elm] habe ich noch nicht geschrieben oder vielmehr geschrieben, aber den Brief nicht abgeschickt. Ich mag nicht schulmeistern. Und er wird doch durch sich selbst auf die rechte Methode hierin kommen. Solche Zustände und übertrieb[nen] Forderung[en] und Vorstellung[en], wie er sich macht, sind natürlich und werden daher auch sich verlaufen auf natürlichem Wege.

Heute Nacht hat die Fabrik einen Besuch erhalten, wie ihn kein Mensch sich wünscht. Ein Dieb ist auf der Schreibstube eingebrochen und hat die Geldkasse gestohlen. Glücklicherweise war aber die Kasse nicht so voll wie gewöhnlich. Es / / waren – immerhin genug, aber immerhin noch beruhigend – zirka 600 fl., teils bares Geld, teils Goldstangen darin. Zwei Nichtsnützige von hier sind im Verdacht. Sie werden soeben vor dem Gerichtsassessor vernommen. Aber ob sie die Täter sind und ob sie das auch gestehen; ob man die Kasse wiederbekommt? Übrigens, durch Schaden wird man klug. Die Kasse war am höchsten Punkte wohl, aber nach dieser Seite frei. Ich habe erst vor kurzem meine Besorgnis sehr lebhaft hierüber geäußert. Aber gewöhnlich baut man auf das, was seit vielen, vielen Jahren nicht geschah, wird sicher, denkt nicht an d[as] Mögliche.

Ich weiß noch nicht, ob ich diesen Winter meine „Geschichte" fortsetze. In jedem Fall aber komme ich doch auf einige Zeit nach Nürnb[erg]. Dann wahrscheinlich auch auf einen Tag nach Er[langen]. Grüße mir Roux, wenn Du ihn siehst, dem ich schon längst einen Brief schulde, und Schmidt. Lebe wohl.

Dein Br[uder]
L.

Freitag abends. /

165

An Karl Bayer

[Oktober 1837]

Dienstag

Deine Schrift ist mir ein *unschätzbares* Werk. Sie allein kann mich wieder versöhnen mit Welt und Literatur und meine verschlossene Seele, die nie das Eigene geben wollte, und was sie gab, nur fragmentarisch, nur mittelbar, nur indirekt, nur limitiert, sich selbst verbergend, gab, wieder öffnen. Leider kehrt nicht wieder in derselben Kraft, was zu lange zurückgedrängt und gehalten wurde; die Scheu, der Ekel vor der Gemeinheit stellte sich stets zwischen mich und das Publikum hin. Du gibst Dein Innerstes ohne Rücksicht, ohne Hehl, gibst es im Einklange mit Deinem höchsten Prinzip – Deine Schrift ist wie Dein Thema – der reinste Ausdruck des in sich selber glücklichen, selbstgenügsamen, freien Geistes. Man kann zwischen Mensch und Schriftsteller hier nicht mehr unterscheiden. Das Buch ist Mensch, der Mensch ist Buch. Was Du bist, das denkst Du; was Du denkst, das bist Du. Daher die große Wirkung Deiner Schrift.

Wie hat es mich gedrängt, wie drängt es mich noch, so oft ich in Deiner Schrift lese, mich öffentlich über sie auszusprechen! Aber wo? In der Gesellschaft der *Hegelianer*, wo nur für Göschelianischen Unsinn und längst bekannte, ja abgedroschene Phrasen Raum ist? Da danke ich dafür. Wo sonst? Etwa in einem Nachtrage zu meinen Kritiken? Aber da müßte ich andere Bücher, um einen Verleger zu finden, mit aufnehmen. Wo finde ich aber solche, die bei meiner Zurückgezogenheit, Indifferenz und Vielbeschäftigtheit mit eigenen Projekten und Gedanken, einen dauernden Eindruck irgendwelcher Art auf mich machen könnten?

Donnerstag

Ich habe oben nur von formeller Seite mich über Deine Schrift ausgelassen. Was den Inhalt selbst betrifft, so stimme ich natürlich aufs innigste ein und bei. Es ist merkwürdig, wie wir beide, auf so verschiedenen Wegen wandelnd, so unabhängig voneinander forschend, so ganz verschiedener Individualität, zuletzt dasselbe Prinzip wollen und denken. Es ist dasselbe Genus, so verschieden auch die Spezies ist – Du Parmenides, der wie Proklus sagte, unverwandt nur in das Eine blickte; ich, si parva magnis comparare fas est [falls Kleines mit Großem verglichen werden darf], Zeus, der aus dem Vielen das Eine erzeugte; Du das Allgemeine im Allgemeinen darstellend, ich das Allgemeine im Besondern darstellend und aus ihm ermittelnd. Unter allen mir bekannt gewordenen Schriften der neuesten Zeit kenne ich keine, an die ich als Historiker nach Hegel als einen positiven Fortschritt in der Philosophie anknüpfen könnte, als Deine. Die formale Identität des Subjektes und Objektes zu beseitigen und zwar so zu beseitigen – denn andere haben sie auch beseitigt –, daß die Idee in sich selbst vertieft wird, in ihrem Verhältnisse aus und zu sich selbst alle positiven Verhältnisse nur als Formen dieses Verhältnisses gefaßt werden – was bei Hegel in der Logik nur *sein soll*, aber nicht zur Wirklichkeit kommt, das eben war not. Übrigens präponderiert [überwiegt] wie in Hegel die Objektivität, so in Dir die Subjektivität sokratischer Weisheit. Damit hängt zusammen Deine Zurücksetzung der Empirie, womit ich nicht einverstanden sein kann. Die Philosophie ist allerdings die von der Empirie unabhängige Wissenschaft der Idee, aber sie muß sich auch die Mühe geben, die *ἀπορίαι* [Widersprüche], die *Schwierigkeiten, aufzulösen*, die die Empirie darbietet. Das war auch Aristoteles' Methode, überhaupt die der Alten. Daher sie so instruktiv, die Lehrer der Weltweisheit aller Zeiten geworden sind. Zeno ließ die Bewegung nicht als eine die Philosophie nicht berührende, empirische Vorstellung draußen liegen; er nahm sie auf und bewies, daß sie sich selbst widerspricht, also Nichts ist. Die Freiheit muß allerdings so aufgefaßt werden, wie Du sie faßtest; nur so wird sie begriffen. Aber da wir die Freiheit denken, ja sie der einzige wahre Gedanke ist, so stehen wir in einem Verhältnisse, ut ita dicam [sozusagen], zu ihr, und muß daher auch dieses Verhältnis bestimmt und die *ἀπορίαι* der Empirie (im reinsten, unbefangensten Sinne des Wortes) berücksichtigt und gelöst werden. Mehrere Fragen, auch in anderer Hinsicht, sind mir daher während der Lektüre hie und da aufgestiegen, die Du unbeantwortet läßt oder gar nicht einmal aufwirfst. So sagst Du z. B.: Wir sind unsterblich, weil Gott lebt; anderswo: Wir müssen unsterblich sein, um denken zu können, und in einem Atem: Der Geist ist unsterblich. Aber wer sind denn die „wir“? Wie verhalten sich wir zum Geiste? Ist kein Unterschied oder einer? Und welcher? Daß der Geist unsterblich ist, versteht sich von selbst. Denn um ihn nur zu fassen, muß man schon von vornherein alle die Bestimmungen entfernt haben, im Verhältnisse und Gegensatze zu welchen allein die Unsterblichkeit etwas ausdrückt. Aber wie ist es mit uns? Sind wir nicht die in allen Grenzen der Empirie befangenen Wesen? Können hier also die Instanzen vernünftiger Empirie, ferner die Fragen über unser Verhältnis zum Geiste, *die Art* unserer Unsterblichkeit – auch ich weiche nur in der Art der Bestimmung derselben von anderen ab – unberücksichtigt bleiben? Übrigens verkenne meinen Tadel nicht! Ich bin weit entfernt, einen Mangel damit aussprechen zu wollen – non deficit, quod suum sit [es fehlt nichts Dazugehöriges]. Die Vollkommenheit, die Klassizität Deiner Schrift besteht gerade in der Lauterkeit und Unbedingtheit, mit der Du Deinen Weg gehst, in dieser reinen apriorischen Tendenz . . .

L. F.

166

Von Arnold Ruge

14. Oktober 1837

/ Herrn Dr. Ludwig Feuerbach Wohlgeboren

Erlauben Sie mir, so direkt bei Ihnen einzubrechen, nachdem ich lange auf eine Gelegenheit gelauert, in Verhältnis mit Ihnen zu treten. Ich habe längst mit großer Freude Ihre tapfern und wahrhaft einschlagenden Rezensionen verfolgt und mich neuerdings nicht wenig an Ihrem „Leibniz" ergötzt. Wir gründen in diesem Augenblick hier in Halle eine neue Literaturzeitung, wovon der Prospekt beiliegt. Schaller und der Dr. Echtermeyer wirken tätig mit bei der Redaktion, Hinrichs, immer jugendlich und munter, jetzt verjüngt und in seinem spaßhaften „Schiller" fast zu jünglingssüchtig, ist rüstig dabei, außerdem was hier nur irgend von der jungen Garde lebt. Sie werden sehn, daß es uns wichtig ist, die steifleinenen und stereotypen Berliner loszuwerden, dagegen das eigentliche verdaute Wesen des neuen Geistes in Umlauf zu setzen. Wir wollen dazu uns auch der irgend // mitgegangenen

Fachgelehrten versichern, und ich werde selbst in Erlangen vorsprechen, um zu sehn, was von dort zu hoffen ist. Darf ich Sie um die Erlaubnis bitten, zuerst zu Ihnen zu kommen, um den nötigen Unterricht über die Leute von Ihnen zu nehmen. Sie selbst dürfen dies Unternehmen nicht verlassen. Sie gerade sind einer von denen, die zur Aufrechterhaltung des Prinzips unumgänglich notwendig sind. Wir haben von vornherein an Sie gedacht, und wären Sie in Halle, so hätten wir keinen Schritt ohne Sie getan. Daß dies keine gemachten Phrasen im alten Stil sind, werden Sie bald überzeugt werden, wenn wir uns sehen, was in 3–4 Wochen der Fall sein wird. Ich reise nämlich über Göttingen, Bonn, Heidelberg nach Stuttgart, Tübingen und so zurück über Erlangen und Jena.

Auf Wiedersehn oder vielmehr, da das nicht gesagt werden kann, auf Sicht: addio!

Dr. A. Ruge

Halle, den 14ten Oktober 1837 /

167

An Eduard Feuerbach

27. Oktober 1837

/ Lieber Eduard!

Ich bitte Dich dringend, mir oder Fritz baldigst Nachricht zu geben, ob die Œuvres de P. Bayle à la Haye 1727 zu haben sind, um darauf meine Arbeiten für den Winter bestimmen zu können. Sollte diese Sammlung nicht da sein, so wäre vielleicht möglich, daß die einzelnen Werke da sind, doch nein! darauf will ich [mich] nicht einlassen, denn alle haben sie doch schwerlich, und dann sitze ich doch wieder im Sande. Das beste ist, daß ich am Ende noch einmal komme, um selbst alle Kataloge durchzusehen, um endlich zur Gewißheit zu kommen und Pläne und Mühen nicht mehr ins Blaue zu machen.

Noch eine Bitte: dem Hunger habe ich einmal „Wolffs Widerlegung Spinozas" – so ist der Inhalt, wenn auch nicht genau der Titel – geschenkt oder geliehen oder – es ist gleichgültig zur Sache – für ein andres Buch gegeben. Die Schrift hat für mich Wert. Könntest Du also // nicht im Falle einer

Auktion oder auf einem andern Wege mir das Buch wieder verschaffen? Vergiß auch nicht, wenn Du mir wieder Bücher schickst, Schmidt zu Herrn Dr. Leutbecher zu schicken, um ihn für die bewußten Bücher in meinem Namen zu ersuchen. Ich bedaure, daß ich Dir solche Umstände machen muß.

Die Zeit meiner Verheiratung ist noch unbestimmt. Der Irrtum, in dem Besitz eines förmlichen Militärentlassungsscheines zu sein, war daran schuld. Lebe wohl!

Dein treuer Bruder
Ludwig

Bruckberg, 27. Oktober 37

In der nächsten Woche komme ich wahrscheinlich – schon zu Anfang derselben – nach N[ürn]b[e]rg. /

168

An Christian Kapp

1./3. November 1837

Bruckberg, 1. November 1837

Verehrter Freund!

Soeben habe ich Ihren Brief erhalten. Neue dankenswerte Beweise Ihrer treuen Liebe, Ihrer Selbstaufopferung zum Besten Ihrer Freunde! Welch ein Schritt! Kapp empfiehlt dem Ketzer einen Ketzer d'un genre tout-à-fait différent [gänzlich anderer Art]. Heißt das nicht den Teufel durch den Teufel vertreiben wollen? Was tun Sie nicht um des Freundes willen? Aber ich bitte Sie, meinetwegen auch nicht *einen* Schritt *mehr* zu tun. Warum? Aus dem Grunde, den Ihnen mein Brief, den Sie dieser Tage erhalten werden, schon entdeckt hat. Nur freie, unvermittelte Anerkennung kann mir helfen, meinen Zwecken und Wünschen entsprechen. Nur eine *freie* Rolle kann ich aus- und durchspielen, und eine solche kann ich nur da spielen, wo sich meine Anerkennung lediglich auf das, was und wie ich schreibe, gründet, denn nur da kann ich sprechen, was und wie ich denke, und nur da kann ich sprechen, wo ich frei sprechen kann, frei nicht im Sinne etwa der Opposition und Polemik, frei in einem höheren philosophischen Sinne. Ich selbst tue keinen, auch nicht einen Schritt mehr meinetwegen in dieser Beziehung. Nichts soll mich mehr stören in der philosophischen Ruhe, in der ich seither der Wissenschaft gelebt habe. Nur keine Hoffnung, keine Unentschiedenheit, keine Ungewißheit mehr! Das war auch der Grund mit, warum ich so lange meine Heirat verschob. Meine Frau ist immerhin geborgen, wenn nicht ungewöhnliches Unglück eintritt, das der Mensch nicht in Anschlag bringen kann, ohne alle Unternehmung aufzugeben. – Sollte sie auch nicht allein bleiben (denn um vieles wird sich die Gesellschaft nicht vermehren, tres faciunt collegium [drei bilden ein Kollegium]), denn ich wende den Grundsatz der Nominalisten: Entia non esse multiplicanda praeter necessitatem [man soll Wesen nicht außer Notwendigkeit vervielfachen] auch hier an, und potius laboro ut libros quam ut liberos faciam [es ist mir mehr um das Zeugen von Büchern als von Kindern zu tun]. Der Grundtrieb meiner Natur ist der Erkenntnistrieb, alle anderen Triebe spielen nur wie Kinder um ihren Vater herum. Der Entschluß, den Privatdozenten aufzugeben, machte den andern Entschluß reif. Ich war stets in suspenso [in der Schwebe] wie einer, der am Galgen hängt; auf alle Fälle kann ich zunächst noch ganz ruhig die Zukunft abwarten. Völlige Freiheit ist mir jetzt noch notwendig zur Ausführung meiner Pläne. Ausgebreitete Empirie ist dem Philosophen notwendig. Der Botanik, Naturgeschichte, Anatomie, Physiologie habe ich bereits ein volles Jahr gewidmet. Aber ich habe noch manche Lücke auszufüllen, nicht zu vergessen der metaphysischen Meditationen, die Zeit und Ruhe erfordern. Zudem habe ich einen tiefbegründeten Abscheu gegen das Kastenwesen, Schulwesen und anderes Unwesen der Universitäten. Wie einst von freien Mauern, nicht von den Universitäten der freie wissenschaftliche Geist ausging, so auch jetzt. Wie verächtlich haben sich nicht die deutschen Universitäten gegen Strauß benommen, den Mann, der endlich ein freies und offenes Wort, ein Wort an der Zeit gesprochen. Unsere Theologen sind dumm und boshaft, wie die Bestien. Und sagen Sie mir, wo herrschen diese Bestien nicht? Nur die Berücksichtigung der beschränkten Mittel, die mir in meinem gegenwärtigen Stande zu Gebot stehen und so hemmend der Ausführung meiner Projekte und Arbeiten im Wege stehen, nur diese Rücksicht könnte mir die Versetzung an eine Universität in einem wünschenswerten Licht erscheinen lassen. Aber im wesentlichen passe ich – oder ich kenne mich gar nicht – nirgends hin als in die Einsamkeit.

Ein être spécifique [eigenartiges Wesen] ein être d'un genre tout-à-fait différent [Wesen gänzlich anderer Art], ein sujet intraitable [störrisches Subjekt], ein sujet, das sich „nicht klassifizieren" läßt, ein solches paradoxes Individuum muß auch ein genre de vie tout-à-fait différent [Leben ganz anderer Art] führen. Und wenn ich nun ein solches genre, was meiner Natur entspricht, führe, sollte denn da der Segen ausbleiben, sollte denn das von Übel sein? Soll denn die Lüge immer glücklicher sein als die Wahrheit? Nur einen freien unvermittelten Lauf betrachte ich als den Lauf des Schicksals, der Notwendigkeit. –

Den 3. November

Wirklich: Tun Sie meinetwegen keinen Schritt, keinen Federzug mehr. Heidelberg wäre freilich ein schöner, ein angenehmer, schon um Ihretwillen mir angenehmer Ort. Aber ich schäme mich, es ekelt mich, ich verachte es, eine so oft fehlgeschlagene Angelegenheit, die mir doch nie ein *inneres* Anliegen war, nie ein an sich selbst begehrenswertes Objekt, post tot discrimina rerum [nach so vielem Hin und Her] noch einmal aufzunehmen. Ich beabsichtige nichts mehr als Studia, die Folgen sind willkürlich.

Bedenken Sie, daß gegen mich ein corpus delicti vorliegt, mit dem jeder Denunziant oder Intrigant jeden Senat, jede deutsche Universität sprengen kann.

Leben Sie wohl. Dasselbe wünsche ich den Ihrigen.

Ihr
L. F.

169

Von Leopold von Henning

5. November 1837

/ Herrn Dr. L. Feuerbach Wohlgeboren

Berlin, 5. November 1837

Aus Ew. Wohlgeboren geneigter Zuschrift vom 20. Okt[o]b[e]r hat die hiesige Societät f[ür] w[issenschaftliche] K[ritik] mit vielem Bedauern entnommen, daß sie auf den Wunsch, Michelets „Geschichte der neuesten Philosophie" durch Sie in ihren Jahrbüchern beurteilt zu sehen, verzichten muß. Um so angenehmer würde es daher der Societät sein, wenn Sie sich dazu entschließen wollten, die Erdmannsche „Geschichte der neuen Philosophie" zur Beurteilung zu übernehmen. In betreff der von Ihnen angegebenen Bedin//gungen für Ihre so schätzenswerte fernere Mitwirkung zu den „Jahrbüchern" darf ich Ihnen die Versicherung geben, daß Ihnen unsere Societät die mit Recht in Anspruch genommene libertas philosophandi [Freiheit des Philosophierens] stets auf das bereitwilligste gewähren und Sie auch hinsichtlich des Raumes nicht mehr beschränken wird als solches die äußeren Rücksichten durchaus erforderlich machen. Zugleich darf ich bemerken, daß unsere Verlagshandlung an pünktliche Einhaltung ihrer Zahlungstermine angelegentlich erinnert worden ist.

Die Schrift von Bayer „Idee der Freiheit usw". bedauert unsere Societät Ihnen nicht zur Anzeige überlassen zu können, da dieselbe bereits von // Herrn Prof. Rosenkranz zur Beurteilung übernommen worden ist. – Was schließlich die von Ihnen gemachte Bemerkung betrifft, daß die Schriften der *Empiriker* wegen der in ihnen enthaltenen ἀπορίαι [Widersprüche] willkommene Gegenstände der Kritik seien, so ist die Societät vollkommen hiermit einverstanden und wünscht dieselbe sehr, daß Sie ihr dergleichen Werke, zu deren Anzeigen Sie geneigt sind, namhaft machen möchten.

Mit der vorzüglichsten Hochachtung Ew. Wohlgeboren ganz ergebenster

L. v. Henning /

170

An Arnold Ruge

23. November 1837

Bruckberg, den 23. November 1837

Euer Wohlgeboren

freundliches Einladungsschreiben vom 14. Oktober habe ich erst am 5. November erhalten. Sie sprechen darin von einer persönlichen Zusammenkunft. In der Voraussicht jedoch, daß Sie mich verfehlen werden, indem ich derzeit abseits der großen Heerstraße wohne und lebe, antworte ich Ihnen schriftlich. Ich bin nicht abgeneigt, Ihre Einladung anzunehmen – ich sage: nicht abgeneigt, nicht aber schenke ich Ihrem rühmlichen Unternehmen [nicht] die gebührende Teilnahme, sondern nur, weil ich gerade alle die Eigenschaften in vollem Maße besitze, die *nicht* zu einem Journalisten passen. Kurz – ich nehme hier den bereits vor 10–14 Tagen angesponnenen, aber gewaltsam abgerissenen Faden wieder auf – mir fehlen alle innerlichen und äußerlichen Bedingungen zu einer gesegneten journalistischen Tätigkeit. Die Bibliothek ausgenommen, stehe ich – Heil meiner philosophischen Muße! – mit der obskuren Universität Erlangen längst in keiner Berührung mehr. Also schon der räumliche status quo paßt nicht für einen Journalisten. Wohl war es öfters mein Vorsatz oder Wunsch, das edle Handwerk der Kritik einmal ins Große zu treiben, aber es hat sich keine schickliche Gelegenheit dazu gefunden.

Überdem habe ich noch Verbindlichkeiten an die Berliner, die ich zunächst wenigstens nicht umgehen kann und mag, da sie gegen den Häretiker solche Toleranz geübt haben. So geht, gleichzeitig mit diesem Briefe an Sie, eine Kritik der Erdmannschen „Geschichte" nach Berlin ab. Aber gleichwohl bin ich bereit, Ihnen von Zeit zu Zeit, wenn es meine anderen Arbeiten erlauben und mir gerade etwas besonders Erfreuliches oder Unerfreuliches in die Quere kommt, etwas aus meinem Krame zu schicken. Ich bedauere nur, daß auch die Einrichtung Ihres Blattes, obwohl es ein unendlich freieres Feld eröffnet als die bisherigen Institute dieser Art, keine selbständigen, sich nur als Ausgangspunkt an herrschende Vorstellungen, Meinungen und Behauptungen, aber nicht gerade an einzelne Bücher oder literarische Personen anschließende Abhandlungen oder überhaupt Arbeiten verstattet.

Michelets „Geschichte", die Sie mir zur Beurteilung vorschlagen, habe ich auch den Berlinern abgesagt; sie liegt mir gegenwärtig ferne, obwohl mir der Gegenstand stets nahe ist, wie ich die historischen Kritiken bald gänzlich satt haben werde. Mit Freuden übernehme ich aber die Beurteilung der Schrift „Idee der Freiheit und Begriff des Gedankens" von Dr. K. Bayer, Nürnberg 1837, wofern Sie sie noch nicht vergeben haben. Ich wollte sie in den Berliner „Jahrbüchern" anzeigen, aber ein anderer hatte sie da schon in Beschlag genommen. Mit dem Wunsche des glücklichsten Erfolges

Ihr ergebenster
L. Feuerbach

171

An Arnold Ruge

5. Dezember 1837

/ Euer Wohlgeboren

übersende ich hiemit hochachtungsvoll, in der Voraussetzung, daß es Ihnen lieb sein wird, Ihren Vorrat an Manuskripten vergrößert zu sehen, und niemand mir bereits zuvorgekommen ist, die Beurteilung von Dr. K. Bayers „Idee der Freiheit" mit dem Wunsche, daß sie dem Zwecke Ihres Blattes entsprechen möge. – Jede Schrift, die nicht zu einer längst bekannten Spezies gehört, sondern selbst eine Spezies ausmacht, erfordert auch eine spezifische Kritik. So ist die Kritik allein eine adäquate. Die reine, lautere Begeisterung, die in dieser Schrift weht, dieser entschiedene Intellektualismus, diese Kraft und Fülle der Rede, dieser volle, würdige, feierliche Ton, der das Ganze beseelt, brachte in mir unwillkürlich einen Avides hervor. Diesen Eindruck gibt die Kritik in möglichster Kürze wieder. Die Mängel der Schrift, namentlich in betreff der Methode, sind mir nicht entgangen, aber ihre Bemerkung wäre hier nur störend gewesen. Die Begründung der Freiheit, auch der Intelligenz, als ihrer einzigen Basis, die *lebendige* Erinnerung an unsre großen Väter Kant und Fichte, die ebensowohl die Nominalisten als Realisten unsrer Tage in ihrem Dünkel als überwundne Standpunkte hinter sich haben, ganz im Widerspruch mit der Idee der Philosophie und der Bedeutung ihrer Geschichte, ist um so zeitgemäßer, je mehr sie dem Treiben der Zeit widerspricht. – Kritiken haben aber auch für mich nur Interesse, indem sie sich an *die Natur des Gegenstandes* anknüpfen, das Moment der Entwicklung, der Spekulation in sich enthalten. So konnte ich es denn auch hier nicht unterlassen, einiges aus meinem Schädel, jedoch in aller Kürze, „zur Begründung" der Idee der Schrift beizufügen. Ich glaube aber, daß die Weise, wie ich die Illusion, daß die Menschen nur den Willen für das Aktive frei halten, erkläre, begründet ist // und daher nicht überflüssig, um so mehr, da der V[erfasser] eigentlich nur durch den spinozistischen Satz (p. 75) diese Täuschung erklärt.

Könnten Sie mich, dem vieles entgeht – teils aus innern Gründen, da meine Studien einen eignen, der Zeit oft ferne liegenden Weg gehen, teils aus äußern Gründen – auf Schriften *aufmerksam machen, seien es nun psychologische oder metaphys[ische] oder empirische, gegen die Philosophie des Idealismus gerichtete Schriften, die mir ein Interesse an der Kritik einflößten*, so wäre gerade jetzt ein günstiger Augenblick. Sowie ich mich – was bald geschehen wird – zur Ausarbeitung eines bestimmten Themas entscheide, bin ich verloren.

Sie haben mich im ersten Brief in betreff Erlangens gefragt, ob da keine Akquisition zu machen wäre. Der Privatdozent Dr. Leutbecher, neuerdings wieder als Verf[asser] einer Schrift über „Faust" aufgetreten, könnte Ihnen gute Korrespondenzartikel über den unglaublich obskuren Geist, richtigen Ungeist dieser Univ[ersität] liefern. Einzelne ehrenwerte Männer sind da, aber der spezifische Charakter einer Uni[versität] wird dadurch nicht bestimmt.

Den Namen habe ich nicht unter die Rezens[ion] gesetzt. Es steht bei Ihnen, ob Sie ihn darunter setzen wollen. Übrigens scheint es mir, daß man ebenso mit dem Namen als mit der Anonymität Mißbrauch treiben kann. Die Welt braucht nicht jede Kleinigkeit zu wissen. Der Name ist da notwendig, wo Mut dazu gehört, sich zu nennen, bei entschieden negativem Willen. Allerdings fällt mir ein: auch bei anerkennenden, bei unbedingt anerkennenden Rezensionen. Das offne Lob ist ein Bekenntnis, eine Bestätigung, der der Name nicht fehlen darf. Also setzen Sie ihn darunter. Leben sie wohl.

Ludwig Feuerbach

Bruckberg bei Ansbach, 5. Dezember 1837 /

172

Von Johann Adam Karl Roux

14. Dezember 1837

/ Erlangen, den 14. Dezember 1837

Verehrter Freund!

Ich danke Ihnen, lieber Freund, für die mir mitgeteilte Nachricht, daß Sie sich vermählt haben. Leben Sie mit der für Sie gebornen Gemahlin so glücklich, wie ich Ihnen redlich wünsche. Ich würde Ihnen längst dazu Glück gewünscht haben, wenn zwei Ursachen es nicht verspätet hätten: Erstlich, ein bedeutendes Unwohlsein erlaubte mir nicht eher als seit ein paar Tagen an meinen Briefwechsel zu denken; zweitens hatte ich bei einem königl[ichen] Landgericht dringende Geschäfte abzutun oder vielmehr nachzuholen.

Fries in Jena gibt eine neue Schrift heraus, in welcher es auf eine allseitige Erarbeitung der Geschichte der Philosophie abgesehen ist. Der erste Band, welcher 3 Taler kostet, enthält die Geschichte der alten Philosophie; der zweite Band aber, welcher bald folgen wird, soll die neuern Zeiträume dieser / / Wissenschaft umfassen. Im übrigen muß ich noch einer Entdeckung gedenken, welche eine Folge der Nachforschung des Doktor G. E. Guhrauer ist. Dieser hat nämlich in der Bibliothek zu Hannover eine seit 70 Jahren vermißte Dissertation von Leibniz wieder aufgefunden. Sie führt den Titel „De principio individui" und ist am 30. Mai 1663 erschienen. Schade nur, daß Sie diesen Fund nicht schon gemacht und ihn in Ihrer neuesten Schrift mit angezeigt haben. Alle wahren Philosophen würden Ihnen ihren innigen Dank dafür dargebracht haben.

Was mich anbelangt, so lerne ich beinahe täglich deutlicher die für mich beschämende Wahrheit, daß ich über dem Streben nach dem Besten bisweilen das Bessere vernachlässige. Auch der Ihnen bekannte Versuch (darunter verstehe ich nämlich den Vermittler zwischen Subjekt und Objekt) hat mir bis jetzt noch nicht gelingen wollen.

Nun leben Sie wohl! Seien Sie meiner Hochschätzung, meiner herzlichen Teilnahme an Ihrem Wohlergehen für immer innigst versichert. Gruß von Herzen Ihrer Gemahlin.

Ihr Sie verehrender Freund
Dr. Roux /

173

An Arnold Ruge

15. Dezember 1837

Bruckberg, 15. Dezember 1837

Verehrter Herr Doktor!

Vor allem drücke auch ich Ihnen mein Bedauern darüber aus, daß Sie, obwohl so nahe, doch meinen Augen und Ohren unzugänglich geblieben sind. Von Freiburg aus wurde wohl Ihre Ankunft den Meinigen, von diesen mir annonciert, aber der Brief kam aus Mißverständnis sogar einen Tag später als der Ihrige aus Nürnberg zu mir. Es war also zu spät. Am 9. Dez[ember] nämlich erhielt ich den Ihrigen aus Nürnberg. Ebenso bedauere ich, daß ich Ihnen nicht meine Kritik der Erdmannschen „Geschichte" schicken konnte. Sie würde sich bei Ihnen viel besser ausnehmen; ich würde dann auch, wie es anfangs mein Wille war – ein Vorsatz, von dem ich nur aus Rücksicht auf Raum abkam –, die Prinzipien und die Methode der Geschichtsschreibung dieser Leute direkt angegriffen haben, während ich jetzt sie nur insofern widerlegte, daß ich den Stoff, die Folgen, in seiner Nichtigkeit zeigte. Übrigens habe ich dessenungeachtet materiell keinen guten Fetzen daran gelassen, obwohl ich formell Erdmann schonte, aus Grundsätzen der Humanität, gemäß welcher die Beschränktheit, wenn sich nur nicht Arroganz zu ihr gesellt, schonend zu behandeln ist. Nach dem, was Sie schreiben, hätte er freilich auch diese Schonung nicht verdient. Michelets „Geschichte" konnte ich deswegen nicht über mich bringen zu rezensieren, weil mich die fast wörtliche Wiederholung dessen, was bereits Hegel im dritten Bande seiner „Geschichte" – nebst dem zweiten der dürftigste – gesagt, aufs widerlichste affiziert [gereizt] hat. Die außerordentliche Leerheit, Einseitigkeit und Armseligkeit der Erdmannschen „Geschichte" würde denselben Effekt gemacht haben, hätte sie mir nicht Gelegenheit gegeben, von dem Material, wovon ich keinen Gebrauch im „Leibniz" machte, einiges zu verschießen.

Eine Charakteristik, richtiger Kritik Göschels wäre allerdings Wasser auf meine Mühle, insofern wenigstens, als ich solche unreife, falsche Geister für die allerverwerflichsten und schädlichsten halte. Aber, du lieber Himmel, ich muß doch das Zeug durchlesen. Schriften, die ich schon bei den ersten Seiten wegschmeiße? Werde ich diesen Ekel überwinden? Soll ich die kostbare Zeit an solche Tröpfe verlieren? Zudem besitze ich seine Schrift nicht, weiß auch niemand in der Nähe, der sie hätte, wenigstens niemand, der mit mir in Verbindung steht. Und wer wird solchen Eitelkeiten opfern, was nur guten und notwendigen Werken gehört? Hinderlich zu allen derlei Operationen ist aber mein abgelegener Aufenthaltsort. Zu einer Charakteristik Schellings könnte ich mich mit der Zeit verstehn. Jedoch wäre mein Hauptinteresse dabei eine gehörige Beleuchtung seiner spätern Lehren vom Ursprung des Lichts und der Finsternis, wobei ich jedoch die *vielleicht irrige* Voraussetzung mache, daß diese Lehre noch nicht gehörig beleuchtet wurde. Dieses Interesse beiseite gesetzt, würde sich vielleicht mancher andere besser zu einer Charakteristik Schellings schicken als ich.

Hätte doch Ihr erster Brief mich früher getroffen. Kurz vorher war nämlich von den Berliner „Jahrbüchern" eine Einladung gekommen, wieder von Zeit zu Zeit Beiträge zu liefern. Ich versprach es unter Bedingungen, die zwar stets stillschweigend gemacht und stillschweigend bewilligt wurden, aber nun – *das sage ich aber bloß Ihnen* – mir förmlich aufgesetzt und bewilligt wurden, nämlich vollkommene libertas philosophandi [Freiheit des Philosophierens]. Obwohl ich einen besondern Unwillen gegen viele Mitarbeiter schon uranfänglich hatte, so konnte ich doch teilnehmen und glaubte es auch diesmal tun zu können, da ich stets isoliert geblieben bin, in keine Gemeinschaft mit diesen trat, weder rechts noch links blickte, mich stets frei und unabhängig behauptend, wie dies unter anderm meine Kritik Stahls, die indirekt auch Göschel traf, hinlänglich beweist. Ich tat es aber diesmal deswegen besonders, um bei meiner gänzlichen Abgeschlossenheit mir ein Organ für gelegentliche, wenn auch seltene Fälle, wie dies gerade mit Bayers Schrift und Erdmanns „Geschichte" der Fall, zu sichern. Aber dessenungeachtet wird es in die Länge nicht gut tun. Was die Schriftstellerei meiner Wenigkeit betrifft, so habe ich stets auf der Universität der Literatur nur den „Obskuranten" – im Sinne der burschikosen Parteiführer – gespielt. Ich habe absichtlich und aus Abneigung stets nur als Historiker mich ausgesprochen, aber indirekt schon im ersten, freilich unbeholfenen Bande meiner „Geschichte" dieselben Gesinnungen wie im „Leibniz", dieselbe Selbständigkeit und Antipathie behauptet, war auch in manchem speziellen Punkte noch befangen und mir nicht klar. Alles bedarf seine Reife. Bayer ist mein philosophischer Freund. Aber ein persönliches, außersachliches Interesse ist in meine Rezension nicht eingeflossen. Ich kenne die Mängel der Schrift: überwiegende Subjektivität, aber- und abermalige Wiederholung desselben Gedankens, eigensinnige Subtilität mit den Präposition-pronominal-Terminis. Aber ich hielt hier die Benennung solcher Fehler für unzweckmäßig, für störend. Es soll mich freuen, wenn Sie ein Gleiches von der Schrift denken sollten, wenn Sie gleich an den Eigentümlichkeiten dieses in sich webenden Geistes sich eher stoßen werden als ich ... So bald als möglich werde ich Ihnen wieder was zuschicken.

Der Ihrige
L. F.

174

An Johann Adam Karl Roux

16. Januar 1838

/ Verehrter Freund!

Sie hätten schon längst eine Antwort von mir, wenn ich nicht halb und halb willens gewesen wäre, selbst nach Er-l[angen] zu kommen, was aber dann doch wieder, aus Ekel vor der langweiligen Hinfahrt und andern Inkommoditäten [Unbequemlichkeiten], wie schon so oft früher, unterblieb, und seitdem ich wieder hier bin – ich wollte nämlich von Nürnb[erg] aus, wo ich mit meiner Frau bei den Meinigen eine Woche lang mich aufhielt, einen Abstecher nach E[rlangen] machen –, nicht in meiner gewohnten, knickerigen, berechneten, gleichförmigen Weise mein Leben fortgeschleppt hätte. So wenig Zeit auch ein Brief erfordert, so viel Mühe kostet es doch, den gewöhnlichen Lauf der Tätigkeit und Beschäftigung abzubrechen. Die Unordnung hat ihre Fehler, aber auch die Ordnung. Anders leben die Poeten, anders die Philosophen, mit Einschluß auch der Semiphilosophen – war Bemerkung auf den Fall, daß Sie mich zu den erstern nicht rechnen wollen, wozu ich mich selbst nicht rechne –, jene begehen Fehler der Unordnung, diese der Ordnung, wie im Leben, so in ihren Schriften. Die Philosophen begehen systematische Fehler – ein Frommer würde sagen: Sie sind systematische Sünder. Den Poeten berechtigt schon eine Profession zur licentia poetica [dichterischen Freiheit]. Die Poeten sind Kinder der Liebe, der Laune, des Glücks, der Gunst, der Welt, die Lieblinge der Damen, der Maîtres de plaisir [Ordner der Lustbarkeiten] und Favorits [Günstlinge], selbst unsrer langweiligen Frömmler, die es bekanntlich // sich nicht enthalten können von den profanen Genüssen eines Goethe und Shakespeare; aber die Philos[ophen] sind die Söhne der traurigen Notwendigkeit, der Arbeit, der Strenge, der Langeweile. Denn ist nicht die Poesie kurzweilig, langweilig aber die Philos[ophie]? Langeweile ist der Gedanke – kurze Weile das poetische Gesicht und Gefühl. Doch ich bin abgekommen vom Texte. Verzeihen Sie!

Mit großer Freude habe ich Ihre Wiedergenesung vernommen, aber nicht ohne den vorangegangnen Zustand zugleich mit Bedauern vernommen zu haben. Möge Ihre Gesundheit sich nur dauernd wieder befestigt haben! Ich wünsche es Ihnen herzlich.

Dank muß ich sagen auch für Ihre gütigen Mitteilungen. Die Dissertation „De principio individuationis" war mir zwar schon dem Namen nach und einzelnen ihr angehörigen Sätzen nach bekannt, aber leider! konnte ich sie nirgends auffinden. Die ältern Verehrer Leibniz' haben übrigens keinen Wert darauf gelegt, sie als eine rein scholastische Arbeit bezeichnet, deswegen ist sie wahrscheinlich auch verlorengegangen, aber dennoch ist es ein Mangel meiner Schrift, daß ich gar nicht auf sie reflektieren konnte, ein Mangel, an dem ich jedoch keine Schuld habe. Man soll übrigens noch andere selbst gänzlich bisher unbekannte Arbeiten Leib[niz'] aufgefunden haben. Ich habe bereits Aufträge dem Buchhändl[er] gegeben, sie mir zu schaffen, aber noch nichts erhalten. Ich bin begierig, ob sie wesentlich verschiedne Gedanken enthalten, woran ich zweifle. Ex ungue leonem [An der Kralle ⟨erkennt man⟩ den Löwen] – es müßte denn Leibniz seine wahren Gedanken versteckt haben, woran ich aber auch // zweifle, weil es unmöglich ist, daß ein Philosoph seine *wesentlichen* Gedanken, die den Typus seines Geistes konstituieren, verbergen kann. Seine Absichten, *besondern* Ansichten, diese oder jene Meinung wohl, aber seine Philosophie kann man nicht verstecken, denn diese ist der Geist des Menschen selbst. Aber – sie mögen enthalten, was sie wollen – ein *literarischer*, wenn auch nicht gerade philosophischer Mangel wird immerhin meiner Schrift anhängen. Aber so geht's mit historischen Arbeiten. Man ist hier nicht Herr seiner selbst. – Leben Sie wohl!

Ihr alter Freund
L. Feuerbach

Bruckberg, den 16. Januar 1838 /

175

Von Arnold Ruge

12. Februar 1838

/ Lieber Freund!

Ich ergreife eine Äußerung Ihres letzten Briefes, den ich eben wieder lese, daß Sie nämlich wohl Lust hätten, Schelling zu charakterisieren, und frage an, wie es damit steht. Es wäre mir sehr erwünscht, und ich will nur hoffen, daß ich zeitig genug damit gekommen bin. Ich denke bald wieder eine Mitteilung von Ihnen zu sehen, und es tut mir immer noch leid, daß damals Ihre Rezension über die Erdm[annsche] traurige „Gesch[ichte] der Phil[osophie]" nach Berlin gewandert ist, wo sie nun liegt und liegt, wahrscheinlich bis sie den unglücklichen Menschen vollends zum Ordinarius gemacht haben, während er so schon ordinär genug ist, ja das Maß des Ordinären hier überfüllt und eigentlich den Studenten völlig aus der Philosophie in das populäre Theologisieren zurückgeworfen hat.

Vergessen Sie mich nicht, wie ich von Herzen der Ihrige bin

Dr. A. Ruge

Halle, d[en] 12ten Februar 1838 /

176

An Arnold Ruge

27. Februar 1838

Bruckberg, den 27. Februar 1838

Verehrter Freund!

Ich schicke hier neue Manuskripte. Die kritisierte Schrift ist nur die *Veranlassung* zur Kritik des Empirismus überhaupt. Aber gleichwohl muß sie dem Zwecke des Blattes entsprechen, um so mehr, da es sich dem formellen Pedantismus der übrigen Zeitschriften der Gelehrsamkeit zu entwinden die Bestimmung hat. Ich bin mit meiner Arbeit in formeller Beziehung zwar nicht zufrieden: Der katarrhalische Schleim des Materialismus hemmte den Gedanken auf dem Wege vom Innern ins Äußere. Aber dafür entschädigt das Interesse des Gegenstandes, und die Stelle aus Galilei wiegt eine Schrift auf.

Die Bücher nebst den ersten Nummern habe ich letztvergangenen Samstag erhalten. Mit großer Freude habe ich die Arbeiten gelesen. Keinen passenderen Introitus als die Erinnerung an Leibniz, Friedrich II., hätte es geben können. Drücken Sie dem Verfasser meine innige Freude darüber aus. Wir wollen getreu und fest auf dem Wege der *vernünftigen*, soliden Spekulation fortschreiten! Nur eine Mahnung aus Freundesmund, zum Besten des Instituts hören Sie. Machen Sie, daß die Zeitschrift ja nicht zu sehr das ästhetische, unterhaltende Interesse vorwalten läßt, um nicht dem Pedantismus der Gelehrten einen Grund zur Herabsetzung darzubieten. So zweckmäßig, so passend zur Charakteristik des schwäbischen Dichters Straußens Arbeit ist, so möchte doch das zu tadeln sein, daß sie zu sehr in den Novellenton sich verliert, sich zu breit macht.

Da so viele Mitarbeiter sind, so wird schwerlich die Verlagshandlung gratis das Blatt erlassen können, obwohl das Honorar so äußerst gering ist, daß sie dafür ein Komplementum wohl könnte eintreten lassen. Aber dem sei, wie da wolle: Ich muß das Blatt haben. Ich bitte daher, mir es regelmäßig zu schicken, mich unter die Zahl der Abnehmer zu setzen; ich werde durch meine Arbeiten die Schuld abtragen, im Falle, daß das Gratis unmöglich ist. In meiner Rezension über B[ayer] ist die Jahreszahl der Edition von Ramus falsch. Entschuldigen Sie Papier und Geschmier! Ich mußte eilen.

Der Ihrige
L. F.

177

Von Friedrich Ludwig Andreas Dorguth

27. Juli 1838

/ Ew. Hochwohlgeboren
melde ich in bezug auf meine frühere Nachricht von dem Versprechen meines geliebten Landmanns Rosenkranz, daß derselbe sehr kränkelt und Urlaub genommen hat. Ich habe

einige Hoffnung, denselben hier zu sehen und mich dann sehr leicht ganz mit ihm zu verständigen; aber leider, bei seiner anderweiten sehr ausgedehnten Beschäftigung hat er nun vorerst die Kritik meines Systems aufgegeben, insbesondere meiner strafrechtlichen Grundsätze, wo er Sie – beiläufig bemerkt – für kompetenter achtet. Es scheint mir auch fast, daß das juridische Blut vererbt, denn in meiner geraden Linie finde ich vom Urgroßvater an lauter Juristen; man muß aber Arzt oder Jurist, am besten, wie Meister, beides zugleich sein, um praktisch den lebendigen Menschen mit seinen Bedürfnissen stets unter den Händen, einen Drang zum Realismus zu haben.

Ew. Hochwohlgeboren sind, erfreulich, bis jetzt der erste, der sich kritisch in das Material meines Systems eingelassen hat; Sie bewegten, wenn auch nicht die Spitze desselben – und also auch von ihr aus – doch einen Präjudizialpunkt, das „Denken"; ich sehe aber, daß Sie mein „faktisches Denken" nur mißverständlich in einem sehr beschränkten Sinne fassen und sogar meinen, daß ich dasselbe für den „Gedanken" nehme. Wäre das, so müßte ich Ihnen sogleich meine Waffen strecken. Ich hatte mich in meinen neueren Supplementen und Erläuterungen – deren Mitabdruck Rosenkranz versprochen hatte – auch über Ihre Kritik näher // [und] besser ausgelassen. Ich darf nicht bezweifeln, daß Sie als Mann von Fach wie Beruf so Interesse finden, zum Besten der folgenden Generationen (denn, von äußerm Ruhme bei der, mit dem bloß Erlernen identifizierten, [...] kann – leider menschlicherweise – *gar nicht* die Rede sein) tiefer in das Studium meines Realismus einzugehen, welcher nicht etwa so ein urplötzlicher Einfall eines verkehrten Genies (cf. Schopenhauer „Über den Willen in der Natur", Einl[eitung] S. 9), sondern das Resultat der langen Lebenspraxis und des von Jugend auf stets nur kritischen Studii eines absolut Mißtrauischen ist. Mein Mißtrauen habe ich endlich gerecht gefunden, aber, hart am Ende der irdischen Laufbahn, kann ich nur andern so eisernen und unbefangenen Köpfen es überlassen, der Minerva die luxuriöse Toilette streitig zu machen, den Menschen wieder zum Menschen und so endlich Licht zu machen.

Ihre *kritischen Hefte* sind ein lobenswertes Institut, nur, daß ich ein zweites noch nicht sehe, beweist mir, daß Sie nur wo es nötig ist mit Kraft einschreiten mögen: In meinen

Supplementen werden Sie mehr ensemble [Geschlossenheit] und, ich hoffe, alle Satisfaktion finden. Ich wünschte, daß Sie mit Aufnahme meiner Ergänzungen in einem *besonderen Hefte* sich über mein ganzes – absolut geschlossenes – System ausließen. Haben Sie die Güte, mir Ihre Geneigtheit hiezu zu melden; ich werde Ihnen dann alles noch zusenden.

Ich habe neuerlich auch mit einem englischen Philos[ophen] – dort „Physiker" – Korrespondenz; haben aber den Deutschen der Sache bis zum Kulmi // nationspunkt gebracht – die echt gelehrte Unwissenheit – wie werden sie sich die Kompetenz bestreiten lassen, um auch die Wahrheit mit Apodiktik, entschleiert, hinzustellen?!

Sollten Sie zu jener Kritik nicht geneigt sein, so würde ich diese Ergänzungen besonders edieren und, wie Anteriora, den mir bekannten Köpfen Europens mitteilen.

Eine *sehr schwache* Kritik meiner strafgesetzlichen Begriffe findet sich neuerlich in der „Kameral-Zeitung", Nro. 14, Beilage; meine Antwort finde ich noch nicht aufgenommen. (P. S. cf. jetzt Nro. 21, Beilage).

Mit ausgezeichneter Hochachtung Ew. Hochwohlgeboren ergebenster

Dorguth

Magdeburg, den 27. 7. 1838

P. S. Meine gedachten Ergänzungen „Nachträge" etc. befinden sich jetzt im Drucke; ich werde sie Ihnen mitteilen. Sie werden sich höchst verdient machen, wenn Sie mit aller Kraft, pro aut contra [für oder gegen], zu Felde ziehen. /

178

Von Arnold Ruge

27. Juli 1838

/ Leipzig, 27. Juli 1838

Lieber Freund!

Sogleich nach Empfang Ihres freundlichen Schreibens lass' ich Ihnen den Bayrhoffer „Idee und Geschichte der Phil[osophie]" zugehen. Schaller hat es nicht rezensiert, und ich nehme Ihre Güte in Anspruch. Wie Sie sich hinten mit dem „Geisterreich der Idee", einer etwas zu naiven

Nomenklatur von Bayrhoffer vertragen werden, bin ich neugierig zu lesen. Einigen Humor muß sich dergleichen gefallen lassen.

Verlieren Sie Schelling ganz aus den Augen? Sie waren mal aufgelegt, ihn zu charakterisieren. Tun Sie es ja. Es ist ein dankbares Geschäft, sollt' ich meinen, und Ihnen glückt ja, wie der „Leibniz" zeigt, dergleichen aufs beste.

Wie vortrefflich wär' es, wenn Sie sich nach Halle übersiedelten. // Vergraben Sie sich doch nicht in die alte Zeit und in die neuen Wälder.

Petöcz ist ein philosophisch unreifer Kohl, Francke ein Friesianer, Professor in Rostock, der nicht begreift, warum Fries nicht die philosophische Welt regiert. Soll ich Ihnen denselben zuschicken? Man kann immer Gelegenheit ergreifen, einiges Dienliche beizubiegen.

Ich schreibe dies in Leipzig zu dem Buche und werde vielleicht von Halle aus, wo ich Ihren Brief zur Hand habe, noch einen Vorläufer an Sie abgehn lassen.

Mit den schönsten Grüßen ganz der Ihrige

Dr. A. Ruge /

179

Von Arnold Ruge

31. Juli 1838

/ Mein verehrter Freund!

Ihren werten Brief vom 20ten hab' ich in Leipzig schon einmal beantwortet, es wird aber mit der Absendung der ersten Antwort noch einigen Anstand haben, weil Bayrhoffers Buch in dem Augenblick in Leipzig nicht vorrätig ist und erst wieder von Marburg erwartet wird und ich dasselbe dem Briefe beizulegen beordert habe. Schaller wird es nicht rezensieren, und so haben Sie es zu Ihrer Disposition. Schaller hat bei Gelegenheit der Hegelschen „Phil[osophie] der Geschichte", die er in den „Hall[ischen] Jahrbüchern" rezensierte, sich eine ähnliche Aufgabe wie Bayrhoffer in seinem Buche gestellt, und es ist wohl diese Arbeit gewesen, worauf ich angespielt habe mit Ausdrücken, die Sie zu dem Mißverständnis Ihres Briefes verleitet.

Schade, daß Sie so außer dem Weltverkehr sind. Sie hätten zu manchem Feldzuge die schönste Gelegenheit, und es ist nicht recht, daß Sie Ihr polemisches Licht so unter den Scheffel setzen. Ihre Aufsätze schießen immer die eklatantesten Breschen, wenn Sie scharf zu laden // sich die Mühe geben. Neuerlich sind Sie mit den „Hallischen Jahrbüchern" gemeinsam wegen Ihrer „Impietät" gegen Hegel von dem nichtswürdigen „Berliner Wochenblatt" angezapft, die alberne Anklage: „daß die Philosophie keine Autorität dulde" wurde mit Ihren Worten belegt. Es ist jammerschade, daß Sie nicht in Halle wohnen, und ich wüßte nicht, was mir Lieberes begegnen könnte, als daß Sie sich hieher wendeten. Auf die Länge halten Sie es weder in Bruckberg noch in Bayern aus. Überlegen Sie sich die Sache.

Wenn Sie mir bald die Hoffnungen verwirklichen, die Sie mir in Ihrem Briefe machen, können Sie meines aufrichtigen Dankes gewiß sein. Auf eine ergiebige Zukunft und immer näheren Verkehr!

Arnold Ruge

Halle, 31. Juli 1838 /

180

Von Friedrich Ludwig Andreas Dorguth

[September] 1838

/ Ew. Hochwohlgeboren

sehr gütiges Schreiben vom 2. d. M. gibt mir die erfreuliche Aussicht auf den Ausbau meines Realismus. Sie sind insbesondere bei Ihren neueren Studien auf dem richtigen Wege; Sie würden mich sehr verbinden. Dies geschieht jedoch am besten erst, nachdem Sie meine Nachträge gelesen haben, wenn Sie mir meine dunklen oder falsch gewählten Ausdrücke etc. speziell anzeigen wollten. Sehr richtig urteilen Sie aber, wenn Sie meinen, daß ich alles in das „geheimnisvolle" *Wesen der Materie* setze, insofern als ich dies in bezug auf das *theoretische Denken* tue, *worunter* ich begreife: die Perzeptionstheorie der Denkmaschine (Gehirn) als solcher, objektiv, als Organ, *und* die Form ihrer Tätigkeit im allgemeinen in bezug auf ihr objektives Material, welche absolut nur Synthese oder Analyse ist (S. 128 unten, 163, 206, 62). Nun bleibt Ihnen also nur noch Ihr „ad intra" [innerhalb] übrig; dies ist es, was Sie wie aller Idealismus – von dem sich loszuwinden Sie jetzt auf dem rechten Wege sind – das eigentliche „Denken" nennen, das *ergiebige praktische* Manöver mit materiellen Objekten, also auch den Begriffen. Sie meinen, daß ich hier alles der Selbständigkeit der Materie (worunter Sie hier offenbar nur mein *„Gehirn"* verstehen) zueigne; aber hier gerade mißverstehen Sie mich ohne meine Schuld, da ich vielfach die *Möglichkeit der Art* des objektiven Materials jenes Denkens, ebenso der Veranlassung desselben (S. 36, 86–98, 123, 206ff.) durch den übrigen, vom Gehirn in der Bestimmung und daher Rezeptivität absolut differenten Organismus, als Quelle des Willens, kritisch beleuchtet, und alles Glauben, Meinen, alles Erzeugnis der rein produktiven // Phantasie, also alle Idee (mit Ausnahme der prima causa [ersten Ursache]), alles „a priori" [von vornherein] ausgeschlossen habe. Dies ist aber gerade der Punkt, wo Sie auch jetzt noch vom *„Geiste"* oder, gleichviel, von der Idee überhaupt („ad intra") präokkupiert [voreingenommen] sind. Offenbar hängen Sie noch an der Monade (das auch *nur Idee*), wenn Sie neuerlich den *„Mysterien der Materie"* auf den Grund kommen wollen; dahin *können* Sie *nie* kommen (S. 50, 70, 71, 75–83, 85, 165, 172, 220, 239, 243). Sehen Sie, finden Sie in der Schöpfung noch so klar den Kausalnexus, den Grund, so gelangen Sie immer nicht zu dem *Mysterio*, denn: *dies liegt in dem Grunde des Grundes!* Lesen Sie auch das wiederholt, Sie werden gewiß dahinterkommen und finden, daß die Sache keine Hexerei ist und daß alle Schwierigkeit jetzt *nur* darin liegt, den tausendjährigen Augiasstall auszufegen. Könnte man einen im Denken geübten Kopf abnehmen und das darin hängengebliebene, zur Verbung gebrauchte Material rein ausschütten und ihn leer wieder aufsetzen, so würde er, wenn er meine Lehre hörte, fragen: Nun, wer zweifelt denn daran?

Das *ganze* Denken von A–Z ist daher nur ein Akt und [eine] Erscheinung in der Physis. Nur die vielfachen Irrtümer bei Beurteilung (eigentlich die Nichtbeurteilung und Unterlassung) des Schöpfungswerks im Menschen, worauf ich neuerlich näherkomme, z. B. daß man sich mir nichts dir nichts den Willen im Gehirne denkt etc., haben dem Denken unter Ägide der Phantasie und der Eigenliebe etc. etc. einen übersinnlichen Nimbus verliehen. Der Mensch *weiß* eigentlich nichts! Er nimmt bloß Erscheinungen wahr, nicht bloß ex relatione [aus der Beziehung], sondern sie sind *ihm selbst* nur relativ: Sie sind entweder nackte Formen oder Formverhältnisse; dies ist die ganze Wurzel *aller Gelehrsamkeit* – des Großen Menschen! – Wissen *Sie* mehr?

Ich freue mich auf Ihr neues Produkt und werde mich Ihnen frei darüber äußern; ohne solchen Austausch kann [die] Phil[osophie] zu *nichts* kommen. Ihre Scheu vor dem juridisch Abstrakten (was nur im Strafrechte zur ovatentiösen Sprache käme) achte ich nur für Bescheidenheit; die Sache ist an sich einfach, aber, auch *hier* ist *nur* der Augiasstall auszufegen; nur *der* macht sie schön. Sehr interessant wird Ihnen meine Vergleichung des neuen sächsischen Kodex mit meiner Theorie sein, welche nächstens in einigen literar[ischen] Blättern Preußens und Sachsens erscheinen wird. Ich finde den Kodex meisterhaft, ohne mir einzubilden, daß man das nicht ohne meine (dem Justizminister zugesandte) Schrift hätte machen können; nun, ich fordere ja überall nur den *gesunden Menschenverstand*.

Hören Sie nur auf, den Begriff der „Physiologie" in dem bisherigen beschränkten Sinne zu fassen; wir haben – *vor* meiner Lehre – noch // *gar keine Probe* von einer Physiologie des Menschen als Menschen. Der Mensch ist nur ein *Eins*, so wie Materie und Kraft nur ein *Eins* ist; aller lebendige Organismus ist nur eine galvanische elektromagnetische Batterie (S. 96), der Mensch eine selbstbewußte. Alles, was er kennt, das sind *nur* Verhältnisse, nur *Namen* für Dinge, deren Verhältnisse er *nur* kennt. Hierauf allein basiert sich, schöpfungsgerecht notwendig, die ganze Dialektik; sie allein ist die Voraussetzung der Möglichkeit alles Denkens. Praktisch synthetisieren und analysieren wir teleologisch mit jenen Verhältnissen, unter der abstrakten Kategorie der Relation (S. 27, 124, 220, 231 u. a.). Diese Teleologie *allein* ist die *ganze* praktische Vernunft und ihr Produkt das „Vernünftige" – wenn auch der Zweck nicht erreicht wird (S. 94, 106, 192). Es gibt kein *objektiv, an sich* „Gut, Recht" etc.

Ich weiß es – aus mir selbst – daß Sie stutzen, staunen, aber studieren Sie nur *weiter*! Es wird Ihnen ein Licht aufgehen, von dem Sie jetzt kaum etwas ahnen, ja, Sie werden vor dem Blicke Ihres *eigenen Auges im Spiegel* eine Art Scham, empfinden, wenn Sie auf die Vergangenheit zurückdenken; insbesondere aber wird fremder Blick Sie frappieren, besonders wenn man Ihnen mit Selbstgenügsamkeit etwas Gelehrtes – i. e. Gelerntes – von „Christen etc." vordeklamiert – und vice versa [umgekehrt]. Das klingt Ihnen närrisch?! Aber vergessen Sie *es ja* nicht und adskribieren Sie mich noch nicht definitiv dem Narrenhause! Ja, mein Herr! *So toll* und elegant zugleich sieht's in mundo [in der Welt] aus, daß Vernunft leicht Gefahr läuft, für Narrheit zu passieren.

Ich lasse mich gehen, weil Sie, quod laudo [was ich lobe], mich nur dem *Denken* gegenübergestellt haben. –

Das Mysterium für sich – als Substanz – können Sie nie für sich finden; es ist die Materie selbst, sei es der lebendige Organismus oder der Braten auf der Tafel. Jene Substanz ist ein Phantasiestück; die Materie // ist ebenso ein Nichts ohne ihre Qualität; es gibt einzeln weder Qualität noch Quantität; alle Spekulation erstarrt in der Frage: Was ist Materie? Wie war sie möglich? Etc. Das kümmert uns nicht! Cf. l. cit.

Vor einigen Tagen fragt mich ein gelehrter Mann, der von meiner geistlosen Wissenschaft etwas gehört hatte: Was ist denn Geist und Seele? Glauben Sie eine Seele etc.? Antwort: Das letzte verneine ich, das erste müssen Sie den Meister fragen, der die Dinge gemacht hat, d. h. die Pneumatologen und Psychologen; sie werden ihr Werk so gut kennen als der Schuster seine Stiefel.

Bei dieser Gelegenheit kann ich nicht umhin, Ihnen beifolgende Hans-Sackfleisch-Pörterie [?] zur Unterleibserschütterung mitzuteilen. Hat der idealistische Bettel uns jahrelang den Unterleib krankgemacht, so mag er uns auch in seiner wichtigen Gestalt und in konzentrierter Hakimanscher Portion homöopathisch wieder heilen. Wer die Laune dazu hat, kann hier noch mancherlei Kunststück aus den Extravaganzen der jüngsten bartlosen aber glaubensvollen Schule hineinflicken; der ehrliche Satz ist mindest in der formdidaktischen Treue eine schwierige Aufgabe; sie sieht sich daher mit starken Lizenzen. Dies Fabrikat eignet sich sehr zum plastischen Vortrage, auch auf Plastik des Unterleibs zu influieren [einzuwirken].

Noch füge ich ein Verzeichnis von Drucksachen, desgleichen eine Art Register bei, wo einigermaßen das Zerstreute zusammengetragen ist. Der Vortrag der einzelnen Grundsteine konnte jetzt auch anders sein; so wie jeder Philosoph bald vorgreifen, bald zurückgehen muß, so konnte ich jeden einzelnen

Begriff und Satz nur mit, neben und aus andern betrachten und erläutern, daher kommt *jedes* bei vielen *andern* immer wieder vor. Das liegt indispensabel in der dialektischen Schöpfung des Herrn, der „Anfang" ist die schwierige Frage, und des Kreisens ist kein Ende. In meinem subjektiven Realfelde ist bisher noch *gar nicht* gedacht, alles war nur „Geist", „Idee". Sie werden, hoffe ich, schon dahinterkommen und – ohne Gnade, wie ich, losschlagen.

Behalten Sie in geneigtem Andenken Ihren aufrichtigen Verehrer Dorguth

Magdeburg, 1838

Aus Rosenkranz' Briefen sehe ich genau, daß er noch nicht so weit als Sie vorgerückt ist. /

181

Von Friedrich Ludwig Andreas Dorguth

26. Oktober 1838

/ Ew. Hochwohlgeboren

gütiges Schreiben vom 18. d. M. trifft mich gerade bei dem neuen babylonischen Turmbau, dem Wirrwarr – nach des Baumeisters, Hegels, Tode – unter den Hegelingen etc. Da sehen Sie Ihren Idealismus! Der gute Krug wird nicht heraushelfen! Bei der Gelegenheit stimme ich auch mein altes Klagelied über die Kasten-(Separatisten), Geistväter der Stückgelehrten wieder an; jeder stückert in seinem Fache und trägt die Nase hoch! (Man hört es leicht gar nicht, was ich darüber so vielfach sagte.) Wie gemein – ! „pietistischer Jurist". Der Jurist begreift bald, was zum *ganzen Juristen* gehört, aber keine andere Kaste will das bis jetzt *von sich begreifen*, ja sie quittiert [zieht sich zurück] vor dem Gedanken! Die Idealphil[osophie] ist eine charmante Fackel, eine Blendlaterne!

Nun zur Sache: Ich bin vorhin zu weitläufig und populär geworden – ich werde daher jetzt kürzer sein, da ich auch pikantere juridici [Rechtslagen] vor mir habe, welche etwa 50 Mal mehr Kopf fordern als der Idealismus. Alle Ihre mir vorgeworfenen Inkonsequenzen leiten Sie aus der irrigen Annahme: daß ich Materialist in Ihrem Sinne bin. Der bisherige Materialismus ist gerade so eine Stockdummheit, wie der Idealismus eine stockträge Phantasie ist, über welche hinaus der bequeme Denker sich quo ad objectum [in bezug auf das Objekt] gar nicht wagt. Die *Materie* ist mir nicht *als solche* Erscheinung, aber alle Materie erscheint in der Form. Alle Erkenntnis ist nur Form und deren Dialektik, dies ist die Basis aller Sprachbezeichnung und des Identitätssystems, welches sich daher irrig auf Wesenheit ausdehnt. Eine Zweckmäßigkeit, die Basis Ihrer „Idee", gibt es nicht abstrakt, sondern nur in concreto, substracto [gegenständlich, grundlegend], sonst wäre die Kantsche Metaph[ysik] d[er] Sitten gerettet!! Über „Gott" habe ich mich vielfach absolut populär erklärt. Ihren „Geist" oder, gleichviel, „Idee", von dem Sie mir zugestehen müssen, daß er in der weiten Schule zwischen der absoluten Phantasie-Idee und dem spiritus [Geist] vibriert, kenne ich sehr wohl, aber Sie haben weder meine plane Kritik, noch meine sonnenklare „Materie" erfaßt, weil Sie sich vielleicht durch mein *menschliches Problem* über das Mysterium – den Grund des Grundes – die qu[oad-betreffend] „*Batterie*" irreführen ließen und meinten, ich hätte Ihnen alles sagen und Ihnen den Stein der Weisen präsentieren wollen – ? Jene „*Batterie*" präsentierte ich Ihnen bloß als etwas Möglicheres als Ihren Geistvogel in der Luft (S. 13 Nachträge), den Sie jetzt auch nur deshalb behalten wollen, *weil ich ja auch* ein Mysterium statuiere. Ich frage Sie: Stütze ich denn, wie Sie, mein System auf das Mysterium? Nein! Das schiebe ich gerade als für Vernunft unzugänglich, also für Vernunftlehre unbrauchbar, auf die Seite. Ihre ganze Idealphilosophie ist das Mysterium des Geistes; sie *kennt nur ein Geisterreich*; ich aber de//chiffriere die geschaffene Natur und finde das Mysterium bloß in der an sich ex effectu [aus der Wirkung] sichtbaren, aber für sich nicht begreiflichen Schöpfungskunst, also in dem Grunde des Grundes. Der *ganze* religiöse Begriff – Idee – liegt mir ganz zur Seite, und ich mache keinen Gebrauch von der Erlaubnis des Protestantismus – die ihm eigentlich der heuchlerische Idealismus unterschiebt, indem er auch die Dogmen (geradeso wie Sie jetzt das „Pferd") zur Idee macht, die ihre Realität bloß durch den Mythus beurkundet. Es bleibt also bei den zur Idee erhobenen Dogmen, also *allgemein* bei der Geburt des Gottes, bei der Erlösung, bei dem Leben jenseits etc. Von dem allen läßt der Idealist so wenig als der Bauer etwas fahren, aber während der Bauer alles mit Dreck und Speck verschlingt, beputzt sich der Idealphilosoph das alles erst mit Erlaubnis des Protestantismus nach seinem aristokratischen Wohlgeschmacke.

Mythe bleibt Mythe, wird eine Idee; putzen Sie und streichen Sie ab, so viel Sie wollen.

Alles Mysterium liegt als subj[ektive] Negation, als Bekenntnis der Ignoranz außerhalb der Vernunft. Ihnen aber gilt es für eine zentnerschwere Hohlheit für alle Geisternoten. Konsequent hätten Chomir, Thormeyer etc., feu [der verstorbene] Hegel aufgehört, Erfahrungswissenschaften zu sein, aber wenn man das Mysterium nicht an der Wurzel kennt, man nichts darauf bauen muß.

Neuerlich gibt Krug im „Halleschen Löwen" einige Hoffnung auf Popularität und spricht auch vom „guten Grunde" – ergo [also] von meiner Kausalität. Die endliche Popularität des Idealismus wird sich schon in meinem Realismus geschlagen geben. *Popularität*: Der Begriff, den die Wissenschaft entwickelt, ist ja Zwilling des Wortes, das Wort also verständlich; es ist nichts für sich. Hätten Sie mich hier (S. 66ff., Nachträge) beachtet und mein System aller Sprache erfaßt – das ich zwar voraus bewegte, das gleichwohl ohne mein ganzes System innen zu haben, zu begreifen unmöglich ist, cf. mein übersandtes Register und die Nachträge – so würden Sie nicht meinen Ausdruck *„gesunder Menschenverstand"* getadelt haben. Hiermit verbinde ich nicht den gehässigen Begriff der vornehmen Idealisten, sondern „gesund" nenne ich *schlechthin, vollkommen gesund*, und unter „Verstand" verstehe ich *ganz und nur Verstand*; dem „gesunden Menschenverstand" opponiere ich den *„kranken"*, „verschrobenen"; mein *„gesunder M[enschen]v[erstand]"* ist also ein wirklicher, ein ganzer Verstand (nicht $^1/_2$, $^1/_4$ etc., wie bisher Figura zeigt, denn sonst stände [die] Philos[ophie] schon ohne mein Bestreben, als gegeben da). Überall will ich wörtlich verstanden sein; ich phantasiere nicht; erst *so* ist Popularität möglich. Ich verlange ja gar nicht, daß man in einem Jahre (vergl[eiche] Vorwort der Nachträge und S. 49, 66 oben) die Früchte meines nun 40jährigen kritischen Spekulierens verschlinge und verdaue, aber man denke und studiere mich nur eiskalt und verstehe mich wörtlich; *dazu allein* sind ja die Wörter und Worte da! Und sobald der Idealismus hierin meinem Beispiele folgt, so zerplatzt sogleich seine Seifenblase!

Ebenso schieben Sie mir die übrigen Begriffe der Idealisten bei // andern Wörtern unter und treten mir dann mit dem Einwande der Inkonsequenz entgegen. Von Ihrem ganzen Idealismus können Sie aber in meinem subjektiven Realfelde nichts gebrauchen; Sie müssen Ihren *gelehrten* Kopf ganz ausschütten, den bloßen, so herrlich organisierten Kopf allein, ohne contenta [Inhalt] mit zu mir bringen und ab ovo [von Anfang an] studieren, was hier ja weiter nichts heißt als: Der Kopf soll *sich selbst* betrachten, *nicht* aber, was *darin hängt und klebt und riecht* –. Vas quo semel imbutum semper servabit odorem [Womit ein Gefäß einmal angefüllt worden, davon behält es stets den Geruch]. Hier haben Sie das reale Hegelsche „*Insichhineingehen*" etc. Ich rede ja nur von dem *Subjekt* als sich selbst Objekt, nicht von Mythen, die durch das Ohr eingingen, nicht Schattenbildern der produktiven Phantasie, sei es schlafend oder wachend. Mit Ihrem idealistischen Vorrate können Sie mich nicht angreifen, denn von allem dem, was Sie *nur im* Kopfe haben, *rede ich ja gar nicht*, sondern nur *vom Kopfe selbst*, wovon zu reden bisher noch keinem Idealisten eingefallen ist. Ich höre nichts als: „Geist, Geist, Idee, Idee" in infinitum [ins Unendliche], als wenn ich unter Perlhühnern wäre, und es kommt nichts heraus, als was Sie jetzt immer näherrücken sehen, martialische Zänkerei und am Ende das Narrenhaus. Was hindert denn Ihren nicht „präokkupierten" [voreingenommenen] Kopf nur zu gestehen, daß er *in sich von sich* selbst nichts hat als „Geist" etc. und daß er auch alles außer sich zu „Geist", „Idee" anregt? Das ist ja Ihr „Geisterreich", was jedermann kennt, was Sie nicht verleugnen können und woraus – aus der Idee – die Sache erst gemacht werden soll.

Allein, Ihrem scheinbar denkbaren Einwurf finden Sie in meiner Schrift schon begegnet. Der „*gemeine Menschenverstand*" ist bei mir auch der „gesunde", sein Gegensatz aber ist der „*abstrakt Denkende*". Kein Idealist *kann* dem andern etwas anhaben, Göschel ist, dem Idealisten gegenüber, ganz konsequent, und wenn Sie bloß vom Talente und Genie (cf. meine Nachträge) reden als solchen, so möchte ich wohl hören, wer ihm das Wasser reichte? Und, wie ein *Nichtjurist* zu jenem Höhepunkte gelangen könnte?

Ihre neueren Schriften *dürfen* mir nicht uninteressant sein; jedes im // Felde des Denkens ist *Wasser auf meine Mühle* – wie Sie nach und nach immer klarer finden werden.

Um mich zu kritisieren, haben Sie nicht nötig, weit auszuholen, was Sie nur durch Repetition der idealistischen Lehrsätze und des Evangeliums zu introd[uz]ieren [einzuführen] scheinen; denn, wollten Sie im Realfelde weit ausholen, so könnten Sie nur mein System schreiben. Das erste kenne ich aber schon sehr genau und kritisiere es, daher Sie nur Schritt vor Schritt mir Antikritik beweisen können, denn eben eine Kritik meines Systems selbst. Dergleichen Erscheinung kann ich nicht mehr erleben (S. 66, Nachträge). Ich kann also nach Ruhm nicht streben wollen. Zum Denken zwingen kann ich auch niemand, wenn er nicht einmal meine Denkregel befolgt; es könnte mich bloß interessieren – egoistisch – jenseits mit meinen Kontra[henten] etwas weiter zu sprechen; ich bedaure jedoch von Herzen, daß das Fuchsprellen mit dem Grabe eine Ende hat. Der Läderer ist mir keineswegs das „Sein Wesen ohne Denken"; das Bewußtsein ist faktisch, daher ich vor seiner causa [Ursache] nie seine Dialektik entwickeln konnte. Ich unterstehe mich, Sie um fortgesetztes Studium des Ganzen zu bitten. Das Ganze ist nur Eins, so wie die Schöpfung *ein Ganzes* ist, dessen Abdruck die Wissenschaft *nur sein kann* (S. 26ff.). Manches andres Monitum [zu Beanstandende] habe ich mir im Vortrage selbst zu machen; mindestens ist dies jetzt zu spät und meine Gegner stehen in dem ersten decennio [Jahrzehnt] noch nicht auf dem Turme, es zu entdecken, der kleine Fehler der Ungenauigkeit schadet inzwischen ihrem Studieren nicht. S. 36 könnten Sie aus der Anmerk[ung] S. 50, Nachtr[äge], etwas gegen meine Nichtunterscheidung der „Vernunft und Verstand" entnehmen (S. 55ff., cf. auch die „Kritik" usw.). Aber lesen Sie nur alles hierüber erst näher; bloß des Objekts selber rede ich dort so, um dies Objekt kurz zu geben. Da Sie, wie ich, Dialektiker sind, so wird Ihnen doch sonnenklar sein, was ich („Kritik" und Nachtr[äge], S. 88 u. a.) von dem realen Austrage der dialektischen Versuche mit idealen, formalen und Nominalbegriffen ad oculos et digitos, ad nauseam usque [augenscheinlich und handgreiflich und bis zum Ekel] gesagt habe.

Wenn ein Kopf wie der Ihrige, der bloß nötig hat, sich anzuhalten (zastanawiać się [nachdenken] „Kritik", S. 14), mir nicht hilft, Licht zu machen, so werden die ganzen folgenden vakzinierten Ephemeridengenerationen zu passagèren [flüchtigen] Gespenstern. Dank dem Laufe der Zeit, daß ich bald werde begraben sein; mehr fordere ich nicht für mein *ganzes Ich*. Lassen Sie sich nun zu seiner Zeit in Druckschrift hören, je ärger Sie mich glauben in die Enge zu treiben, desto lieber wird es mir sein; gebrauchen Sie nur die Sprache wörtlich – oder lehren Sie die Geistersprache der Mysterien.

Ihr aufrichtiger Verehrer
Dorguth

Magdeburg, 26. 10. 38 /

/ P. S. No. I

Wenn ich in meinen eigenen Kopf, wie es vor 20 Jahren noch darin aussah, zurückblicke, so sehe ich wohl, daß ich jetzt nicht populär genug sein kann; *anderer* Köpfe sind ja auch nur mein Kopf, und zwar doppelter, nämlich wie er *geschaffen* und wie er *dressiert* ist. Über der Dressur verschwindet die Natur unter der Autorität der Sprache und des Gedächtnisses *ganz und gar*! Man hat den besten feurigen Willen, ganz frei zu denken, aber vergeblich! Man ist *präokkupiert*, ohne sich dessen bewußt zu sein; sich hier frei zu machen ist eine *ungeheure* Aufgabe, zu deren Lösung ich alles zu erschöpfen suche; gleichwohl habe ich schriftlich dazu keine Zeit. Könnte ich noch dazu kommen, mündlich vorzutragen und, nach Gelegenheit, zu diskutieren, so wäre in ein paar Monaten alles klipp und klar und, bouleversiert [total verwirrt]. Aber Sie sind der Mann, zu dem allein zu reden es sich schon lohnt, daher noch folgendes – was ich alles schon abstrakter sagte und wo meine Nachträge Ihnen noch klarer sein werden – was zugleich Sie auf eigene Präokkupation [Voreingenommenheit] leiten wird:

Meine Sprache des Vortrags. Ich sagte schon S. 7 der Einl[eitung], daß ich alles nach seinem Namen nenne, d. h. mehr als das *Wort aussagt* begreife ich darin nicht, denn: Ich kenne die „Idee" nicht, also z. B. eine Katze nenne ich „Katze". Lesen Sie hier näher meine Nachträge über Sprache und deren dialektische Natur. Finden Sie also in meinem Vortrag – natürlich fast überall – Worte der Idealisten, so abstrahiere ich ganz von dem Sinne der Idealisten dabei. Ich werde Ihnen hier sogleich mehrere Fliegen mit einer Klappe schlagen, wobei Sie sich auch selbst von Ihrer Präokkupation der „Idee", Mißverständnis der Sprache, und so von der Ursache überzeugen werden, warum Sie mich noch nicht verstanden haben, ich werde ganz populär sein. Z. B. also meine Worte: Vernunft, vernünftig, gut, böse, Recht, Pflicht. Das alles habe ich schon vielfach exponiert, d. h. also gesagt, was die Worte bedeuten sollen, d. h. also eigentlich, was *die Sache ist.* Diese gilt natürlich nur da, wo ich *mein* System exponiere, wo ich aber kritisiere, da muß ich mich dem Wortsinne meiner Gegner – die ich oft nicht nenne – anschmiegen. Diesen, also den Idealismus, kennen Sie aber, und Sie haben also nur zu sagen, ob ich richtig urteile. (Dies gilt von allen meinen Worten, so daß *man also niemals* sagen kann, man verstehe meine Worte nicht, // sondern es kann sich nur von der Realkritik meiner *Begriffe* handeln.) Aber all mein Reden hilft mir hier nichts, weil meine Gegner fest mit der „Idee" verwachsen sind.

Daß das „Vernünftige" auch das „Gut" sei; daß Menschenwunsch die „absolute Vernunft" sei, nur eben so als „Vernünftiges", als „gut", „böse", „Recht", „Pflicht", ein Objektives für sich sei.

Obgleich ich nun überall nicht nur in abstracto gegen den *Begriff der „Idee"*, sondern auch gegen jene konkrete Ideen kämpfe und diese komplett ad absurdum führe, so opponieren meine Gegner doch *immer nur von ihrer Idee aus*, die sie mit *meinen Worten* verbinden, und jammern am Ende höchstens darüber, daß ich Recht, Pflicht, gut, böse, Tugend etc. etc. von der Erde verbannen will (cf. S. 140, 192; über jene cf. S. 38, 112, 125, 138, 143, 146, 192, 269 etc.).

All mein Reden ist gegen das süße, heißgeliebte, göttliche, ewig lebende etc. und, mit Erlaubnis zu sagen, oft *stinkend* faule und, künftig, lediglich *faul stinkende* selige „Ich" und abermals „Ich" und noch einmal „Ich", *ganz vergeblich.* In allen Nationen steckt jedem sein Mythus in den Gliedern, und jeder glaubt, er denkt, wenn er poesiert und rein produktiv phantasiert. O Jammer!

Vergleichen Sie nun einmal Ihre eigene Schrift – für deren Mitteilung ich wiederholt danke – S. 261 ferner – über das „Denken" etc.

Stellen Sie nun einmal objektiv real die Kriterien – absoluten – aller obigen Idealbegriffe! Sie drehen sich wie Ihr Mann dort, und – es kommt *nichts* heraus! Vergleichen Sie damit dann meine absolute Realpraxis. Nur, wie Sie mir schreiben, so haben Sie bereits „das geheimnisvolle Wesen der Materie oculariter [mit den Augen] inspiziert" – also dies Wesen gesehen? Nun kurz das linguistische und reale Resultat:

1) „Gut" nenne ich, was jeder Bauer „gut" nennt (auch die [. . .] Leser), mein Wort ist also populär; gut ist, was ich als

gewünscht mit Händen greifen, wenigstens mit irgendeinem Sinne perzipieren kann, so auch fremder „guter Wille", der mir – natürlich durch Sinne – bekannt wurde. „Nihil est in intellectu, quod etc. [. . . non prius fuerit in sensu. – Nichts ist im Verstande, was nicht vorher in den Sinnen war]."

2) „Recht" ist nur die Rechtsnorm, sofern sie da ist, möchte ein Dritter // sich darüber auch des Todes verwundern.

3) Vernunft ist nur teleologisches Instrument der Neigung – unter dem System des Kausalit[äts]gesetzes.

4) Das „Vernünftige" ist nur das, vermeintlich, Passende des Zwecks und des Mittels – gleichviel ob gut oder böse –, sonst könnte man ja kein Verbrechen imputieren [zur Last legen]! –

5) Ein „Sollen" gibt es überall nur unter der Rechtsnorm (Gesetz) – betreffe es nun das „Gut" oder das „Recht" (Nro. 2).

6) Das Denken ist der Modus jenes Instruments (Nro. 3) in bezug auf die Dialektik des Objekts des Denkens, ohne deren Erkenntnis *gar nicht* gedacht werden *kann*.

Also: Weder das Denken, noch die Vernunft ist das „Gut", die virtus [Kraft] etc.; aber das *scharfe Denken* ist für sich eine subjektive Virtuosität. Wäre das „Gut" die „Vernunft", so hätte jeder seine Subsistenz [seinen Lebensunterhalt] mindestens zu 1/2 *direkt* aus fremder Hand *nur* zu hoffen, und so müßte man denn bis jetzt noch die Masse für unvernünftig achten, und – die Mehrzahl müßte verhungern. Kants „Gut", im „Willen", ist auch schon hinlänglich persifliert, gleich seinen Postulaten – als *„lahmen Postpferden"* (auf den Brettern). Ergo [Also], schaffen Sie ein anderes „Gut" als das meinige ist!?

Die Ethik ist also eine leere Bocksbeutelei, welche im Mythus erstarrt und die wir Menschen zu nichts gebrauchen können, weil auf Erden und also in der ratio humana glebae terrae adscripta [an die Scholle gebundenen Menschenvernunft] keine dergleichen Geistererscheinungen vorkommen, die uns irgend zu einem poetischen Phantasiestücke auffordern könnten. Wie können Sie sich aber als Philosoph inkompetent in jure criminale [im Strafrecht] halten, wo es sich bloß fragt: quid homo [Was für ein Mensch]? Das wollen ja alle Idealisten so genau kennen und wissen, daß sie sogar *schon für jenes Leben* Paß und Reiseporto ausfertigen, und de hac vita [von diesem Leben] sollten sie *nichts wissen*?! Nun, Sie werden überall finden, daß ich *dies nur* den Idealisten nachweisen wollte; Sie werden – als *nunmehro* Physiker, Anatom etc. / / wohl dahinterkommen, daß erst *mit mir*, ab ovo, ab ore [von Anfang an, von der Quelle] real gedacht werden müßte, und alle Gespenster – Geister, Seelen, Monaden, Ideen etc. –, welche statt alles Denkens den Namen ungeschaffener Geburten hergaben, an den Nagel gehängt werden müssen; und Sie werden finden: welchen Kampf ohne Ende ich, bloß kritisch, gegen alle jene Geister zu führen hätte (S. 8 Einl[eitung] zur „Kritik des Idealismus" etc.). Sie werden sich, endlich, überzeugen, daß von realen Wissenschaften nichts übrigbleibt, als was ich S. 5, a. a. O. aufzählte. Vor allen Dingen studieren Sie nur wenigstens: S. 6. Kein Sterblicher wird je an der Basis meines Systems rütteln! Lassen Sie dereinst meine Privatexpektorationen [Privaterklärungen] drucken und ziehen Sie mit 24 Händen gegen mich zu Felde – wenn Sie irgend nicht den Andrang von Millionen Mistforken gegen die Katheder fürchten. Jedoch – Sie studieren ja jetzt, und Sie haben Kraft genug, Ihren geübten Kopf selbst „auszuschütten", um ihn mit meinem Material zu besetzen.

7) Im Gehirn steckt weder irgendein „Wille", noch irgendein Keim zu irgendeinem materialen Objekte des Denkens (cf. besonders noch meine Nachträge). Ihre neuere Schrift kann nur – soweit ich jetzt übersehe – problematisch sein und gute Winke geben; aber ich hoffe, Sie werden künftig kategorisch reden und fest auftreten wie ich (der ich mir, aufrichtig gesagt, selbst vielleicht nur $^1/_3$tel *Ihres volubilen* [zungenfertigen] *Talents* anmaße, S. 72, V). Aber lassen Sie sich mahnen, verschwenden Sie nicht ferner die schöne Tätigkeit und Zeit an den „*Geistern*", forschen Sie *aber* auch nicht nach dem Grunde *des* Grundes und der irdisch menschlichen Erkenntnis des *Irdischen*, also nach der unkörperlichen Substanz (Monade) des Mysterii, also nach dem Geheimnisse der Schöpfungskunst in ihrer Möglichkeit als „prima causa" [erster Ursache], denn es liegt ja in dem *Primat* von selbst, daß von *dessen Grunde* gar nicht die Rede sein kann. Hätten Sie schon vorhin von dieser Idee abgelassen, so könnten Sie mit den kirchl[ichen] Mysterien nicht kollidieren. Alles was uns, und jetzt, der Erfahrung entrückt und überhaupt nicht „Erscheinung" ist, ist *gar nicht* Objekt des Denkens; das Abstrakte aber ist *nur die Frucht* des Denkens (cf. Nachträge über: Denken, Glauben etc.). Fassen Sie ja näher mein „Feld" ins Auge! Das ist ja die Hauptsache auf Erden; Sie werden bald die „Idee" verlieren

und Realrationalist werden. Vale et fare [Sei gesund und lebe wohl]! /

/ P. S. Nr. II

Erlauben Sie mir, noch populärer zu sein und zugleich echt physiologisch Ihnen einen Werkzwang anzulegen, den Sie als Selbstzwang glätten müssen, Sie mögen tun, was Sie wollen, und wollen oder nicht. Die Frage ist ganz einfach.

Ich erwähnte oben schon, daß mich jemand nach dem „Geiste" etc. fragte; mancher Gelehrte, jedoch nicht gerade Philosoph, opponierte mir schon ganz naiv (jemals) mit der Frage: „Aber mein Gott! wo bleibt denn nun der ‚Geist', ‚die Seele' etc., was fängt man damit an?" und dergl[eichen] m[ehr].

Sie werden mit mir lachen, daß Sie bersten möchten; aber nun denken Sie sich einmal *selbst* als meinen Gegner, dem ich mein Realsystem ganz *ohne Gebrauch* der Worte: „Geist, Seele, Monade, Kraft, etc." vortrage; was ist es denn, was Sie, der das Denken „Geist" und den Geist das „Denken" nennt, mir opponieren? Doch nichts weiter als jene Definition des einen durch das andere und – ein großer Berg Zitate des allerpossierlichsten Kunterbunts seit Aristoteles, dessen, was jemals über jene Worte „Geist" etc. geschwatzt [worden] ist. Jetzt sagen Sie mir ganz natürlich, was Sie selbst darüber zu sprechen hätten. Reden Sie aber auch noch 2000 Jahr so fort, so finden Sie ebensowenig den „Geist", als Sie kennenlernen, was Denken ist. Bekennen Sie mir also gefälligst, daß Ihre Opposition real weiter nichts sagt, als die abgedachte die Form ist, nur eine andere, nämlich assertorisch; bekennen Sie mir folglich, daß Sie bis jetzt noch nicht wissen – wie kein Idealist – was das Denken (in dem von mir exponierten mehrfachen Sinne –, also Beziehung) ist; und, nun kommt Ihr Selbstzwang, versuchen Sie einmal ernstlich und konstanter über *mein „Denken"* nachzudenken, *ohne sich dabei jemals ore, mente, aut scripto [auf mündliche, geistige oder schriftliche Weise] der geduldigen Worte: „Geist, Seele, Kraft, Monade etc."* zu bedienen.

Daß Sie nicht denken können, ohne zu sprechen, und umgekehrt, das wissen Sie! Denken Sie nun wirklich *ohne Präokkupation*, so werden Sie ein ganz neues Feld erblicken und mich con amore [mit Hingabe] studieren. Ist das aber *nicht der Fall*, so müssen Sie physiologisch notwendig schlechterdings vor Verdruß über sich selbst rasend werden, wiefern Sie es nicht etwa vorzögen, *gar nicht weiter* zu denken, sondern gläubig mit Ihrer Puppe // einzuschlafen. Das traue ich Ihnen jedoch nicht zu, vielmehr ist es mir auch sonnenklar, daß Sie mein jetziges Denkrezept sofort und ohne weiteres klar erfassen.

Vor Ihrem fernern realen Denken werden Sie – und mich dünkt, schon jetzt – es approbieren, daß ich jene Geister – Ideen aller Art – „linguistische Kreaturen" etc. nannte, „leere Namen für ungeborene Dinge" etc. Ferner sehe ich jetzt zwar, daß Sie auf dem Wege des realen Denkens sind, aber Sie hängen immer noch an der „Idee", und deshalb tun Sie des Guten wieder *zuviel*, indem Sie *in das „Mysterium"* eindringen wollen. *Das geht*, wie abgedacht, *nicht*, und die *Idee* findet Sie überall auf Ihrem Wege; Gottes zages Werk macht *sie* zum *positiven Phantasiestück*. Denken Sie stets an meine Worte! Der Verstand erkennt nur „Erscheinung" und „Form", und das genügt. Nur die Erscheinung ist perzeptibel; nur die Form ist verständlich und hat auch einen Sinn. Jene *Dialektik* wohnt *nur den Dingen* ein, der Intellekt erkennt *sie* nur als Erscheinung, und was er über diese Erscheinung spricht – denkt – das ist selbst nur der Abdruck jener Dialektik. Daher sagt die H[egel]sche Schule richtig: „Die Wissenschaft geht den Gang, den die Dinge selbst gehen." (Sie sehen, daß es mir Ernst und Wahrheit ist, und daß ich hoffe, bei Ihnen auf guten Boden zu säen, und hoffe, daß Sie *nur als Denker* mich anhören.)

Dies *ist nun eben* die ganze materiale Philosophie *als Dialektik*, wo die Form aus dem Inhalte der Sache genommen ist; denn: Der „Inhalt" ist ja nur selbst Form, und das „Wort" ist ihr Name (S. 50, „Kritik").

Die Hegelsche Schule kommt *nur durch „Idee"* auf Abwege, durch „Geister"; der Anatom etc. und Realist aber, welcher sich die Form wegdenkt, sie zerstört etc., um die Substanz des Mysterii – dies selbst, d. i. die Monade – zu entdecken, *findet* nicht nur nichts, sondern hat *nun auch überall nichts* mehr, was Objekt seines Denkens sein kann, er ist das Kind, das seine Puppe zerstört (Epilog, S. 279, Strophe 2 und 7). Mit jenen Waffen des Idealismus können Sie mich also nicht angreifen, sondern nur mit meinen eigenen, in meinem neuen Felde, zu dem Sie sich studendo [durch Studieren] aus Ihrem Schwindelpunkte herablassen müssen. /

/ Jetzt überschauen Sie doch (?) notwendig einmal die an

sich unumstößliche Basis der Hegelschen Dialektik, dann aber, auf dem Urgrund dessen, Irrgänge und die ganze Mystik seiner Schule; und nun forschen Sie weiter auf meinen Wegen (S. 108–109)! Ich entferne mich nicht von jener Basis, ich fliege nicht in den Lüften, ich produziere nicht *aus* der Phantasie, sondern nur *mit* derselben; i. e. denken (S. 72, 73, 75). Ich untersuche also nur die wirklichen Dinge, Erscheinungen und Formen in der perzeptiblen Schöpfung. Zu diesen gehört auch der *ganze* Mensch, also samt dem Gehirne als Werkstätte des Denkens, und das Denken ist ja auch eine Erscheinung, sogar eine sich selbst bewußte, und bloß deshalb ist es möglich, sie genau zu erkennen (S. 127, 129), und zwar dem perzeptiblen Objekte stets gegenüber (denn ohne das Objekt ist das Subjekt gar nicht da) (S. 163ff.) und zugleich den Menschen auch als sinnliches wollendes Wesen gedacht (S. 139 unten, 163f., 173, 206, 131, 207ff.). Sie werden in meiner Studie nie stehenbleiben, sobald Sie nur mit dem Worte nicht mehr verbinden, als es enthält. Ich mißbrauche keinen Tropus poetisch, und wo ich proklamatisch bin, da geschieht das nur zum Überflusse, quoad „quomodo?" [das „wie?" anlangend], was an sich auch gar nichts angeht (S. 176, Bemerk[ung], so wie es auch *gar nichts* angeht, wie es *möglich ist, daß Materie denkt*; denn das ist eben der *„Grund des Grundes"*, das Mysterium (was *Sie* suchen). (S. 63, Tafel, 87).

Hiermit, glaube ich, haben Sie vorerst den Schlüssel zu meinem System und die Justifikation meiner anliegenden Satire, die nur der Idealdialektiker versteht.

Markieren Sie sich, wenn ich bitten darf, Ihre Bedenken, besonders die Ihr Weiterstudieren hemmen, melden Sie mir selbige kurz; ich sende Ihnen mit umgehender Post Sonnenklarheit; es kann nicht fehlen, daß Sie mich dadurch selbst in meinem System bald erweitern, bald apodiktischer befestigen.

Befolgen Sie nur mein Denkrezept, wenn Sie in literis [in Schriften] kritisch gegen mich antreten, dann sind Sie eo ipso [selbstverständlich] allein in meinem Felde und fechten mit meinen Waffen, Sie mögen wollen oder nicht; können Sie mir aber jene Verbalkreaturen und Mysterien irgend – etwa unter dem Mikroskop – perzeptibel machen, so werde *ich* neuen Lärm in der philos[ophischen] Welt schlagen; was ich aber bis jetzt sinnlich nicht perzipieren kann, davon verstehe ich nicht zu reden, denn: Die dichtende Phantasie gehört nicht in die Vernunftwissenschaft. Vorerst werden Sie freilich bei der vollen Dosis meines Rezepts den Denkstarrkrampf bekommen, aber fassen Sie Kontenance [Haltung], es ging mir auch so, bevor ich das // Sprachgeheimnis in seiner Erscheinung absolut entdeckte; kein Sterblicher wird je daran rütteln! Also studieren Sie dies vorab innigst, sonst kommen Sie nicht weiter, möchten Sie auch Ihr Talent noch tausend Jahr kastrieren. Wenn Sie die Sache ernst ins Auge fassen, so werden Sie mir doch zugeben, daß es ein absolut lächerlicher Widerspruch in sich selbst ist, ein wahrer Abderitismus [Schildbürgerstreich]: daß Vernunft Jahrtausende vergeblich die Vernunft suchte, denn sie wird ja, als Suchende, vorausgesetzt! Dennoch geben wir uns gegenseitig zu, daß jene Philosophen gescheute und redliche Leute waren; wie also *anders* löst sich jene Paradoxie als dadurch: daß man „Vernunft" und das „Vernünftige" noch nicht *klar* als identisch erfaßte, sondern *nur* das letzte, mit dem ersten als Instrument, suchte, ohne das Instrument selbst einer Kritik zu unterwerfen, wo es dann *eben nur* als Instrument erscheint (P. S. I, 3, 4, 6), nicht aber – wie man ohne weiteres meinte – als das objektiv material Identische, sondern nur als das im dialektischen Prinzipe Identische, indem (wie ich Ihnen jetzt bemerkte, Nr. 7, l. c.) im Gehirn – *i. e.* Vernunft, ja, Instrument – sich weder ein Wille noch ein Keim zu einem materialen Objekte findet, sondern diese Maschine nur der Spiegel, die bewußte und selbsttätige tabula rasa [unbeschriebene Tafel] für die den Dingen einwohnende Dialektik ist. Diese Maschine kann also *nur* 1. wiedergeben, was auf ihr sich abdrückt, und 2. als, nach der Neigung, selbsttätige mit den Bildern teleologisch synthe[ti]sieren und analysieren, und zwar 3. *nur* nach *deren Dialektik*, die sich als Erscheinung des Formverhältnisses, *selbst nur für sich*, auf jener tabula rasa ab- und einprägt.

Hiermit habe ich Sie wiederholt, auf einem andern Wege, zur Erkenntnis der Basis der Hegelschen Dialektik als materiale Philos[ophie] geführt, wo Sie sonnenklar sehen, daß der Hegelsche Mißbrauch nur in der „*Idee*" liegt, denn: Idee und jedes Erzeugnis der produktiven Phantasie – ist nichts, was sich auf jener tabula rasa abdrucken *könnte*. (Eben deshalb gibt es kein *absolutes Produkt* der *bloßen Phantasie*; vergl[eichen] Sie meine Kritik Rosenkranzens.) Die Selbsterkenntnis der Vernunft liegt nur eben in dem Bewußtsein und [der] Erfahrung, dem Objekte gegenüber, daß das Ich ohne jenes Objekt *nichts* weiß, daß es nur dessen *Form* und aus *den*

Formen die Realdialektik erkennt, und daß die teleologische Fortbewegung dieser Realdialektik *alles* ist, was Vernunft *nur* vermag.

Dies alles ist aber nur der körperlichen Maschine möglich; ein „Geist" ist eine totale Verrücktheit! Jetzt finden Sie nun alles zusammen, was ich über „*Physiologie* des Denkens" sagte; Sie werden mich *nie* stockend und inkonsequent finden. /

/ P. S. Nr. III

Aber, lassen Sie sich hierbei noch das *zweite* Denkrezept liefern, nämlich: Vereinzeln Sie nichts! (Vorbericht, S. 10, am Schlusse.) Die *ganze* Schöpfung ist nur *ein Eins*, also auch die ganze Wissenschaft; denn *all' unsere* Wissenschaft ist *nur Abdruck* der Schöpfung. Also: Sie können nicht Eine Materie von meinem Systeme für sich, als ein in sich Geschlossenes studieren wollen; nur das Ganze ist ein Geschlossenes und, fände es sich *nicht geschlossen* (beendet gegeben), so wäre es noch *gar nichts*. (Dies ist der Fall mit der bisherigen Philosophie.)

Wenn Sie also meine *Physiologie des Denkens* studieren, so müssen Sie gleichzeitig *alles*, und zwar – das heißt, *erst studieren, denken!* – alles *in seinem realdialektischen Nexus* studieren, *hier* also vorzüglich: die Kritik der Idee und des Begriffs, die Theorie des Gedächtnisses, die Phantasie des Traums etc. etc. – am Ende schlechterdings alles!

Das geht also nicht so rasch, ich fordere das auch nicht.

Neulich machte ich, neu, Bekanntschaft mit einem Dr. phil., einem jungen wallon[ischen] Prediger; der phil[osophische] Disput ging gleich los; nach 2 Stunden, die im Moment verliefen, hatte ich demselben die „Geister" so weit ausgetrieben, daß er nur noch, pochend, sagte: „*Ich bin aber weit glücklicher in meiner Phantasie als Sie*!" Ich erwiderte: „Dann denken Sie also gar nicht, sondern schlafen mit Ihrer Puppe ein; wie aber wird es dermaleinst mit Ihrer Seligkeit stehen, wenn Sie nicht gedacht haben; die Selbsterkenntnis der Vernunft ist ja die Aufgabe in der Prüfungszeit?!" Nun ging es weiter:

Er: Nun, ich will Sie jetzt studieren, aber sagen Sie doch einmal –

Ich: (Ich unterbrach ihn, da er neu weiterdisputieren wollte.) Erlauben Sie mir, Ihnen vorweg ein kurzes Denk- und Disputierrezept zu empfehlen, sonst reden wir von verschiedenen Dingen, und alles, was Sie mir bisher hochgelahrt und gutgelernt erzählt haben, das kenne ich schon seit langen Jahren aus mancherlei Büchern, aber wovon ich jetzt mit Ihnen reden will, davon haben Sie noch *nichts* gelesen; Sie hören; von *Gespenstern*, z. B. *Geistern* etc. rede ich nicht! Also disputieren Sie einmal weiter in *meiner* Sprache! (Ich gab ihm nun obiges Rezept –)

Er: Ja! ja! ja!

Ich: Nun, belieben Sie nur zu opponieren, ich habe Ihnen schon 2 Stunden // lang populär vorgetragen, ohne „Geist" etc. und andere solche Worte.

Er: Aber wie kann ich gleich in Ihrer Sprache reden? Wie soll ich denn nun den „Geist" etc. nennen? Nennen Sie ihn doch, wie Sie wollen, *ich* nenne ihn „Geist"; erlauben *Sie mir* doch das auch, wie *ich Ihnen*.
– Es erhebt sich Gelächter –.

Ich: Nun, ich sehe wohl, Sie wissen mir außerhalb Ihrer Bücher nichts herzusagen; ich verlange das auch nicht, da Sie meine Schrift noch gar *nicht gelesen* haben, *das wundert mich* auch nicht, denn neulich schreibt mir mein Freund Professor H. in B. (den ich bat, einen tüchtigen jungen Dr. phil. zu einer lateinischen Übersetzung zu bewegen), „daß die jungen Lehrer der Vernunftwissenschaft keine Zeit dazu hätten"; also sagte ich: Haben Sie *eigentlich* keine Zeit, sich mit der Vernunftwissenschaft zu beschäftigen; was Sie lehren, ist also *gewiß keine* Vernunft. Nun studieren Sie vorerst 1 Jahr, vielleicht können wir dann etwas sprechen. Adieu!

Er: Jawohl! Adieu!

Dergleichen Unterhaltung, nur leider keine andere, habe ich oft: Sehen Sie es nun, wie die Gespenster auch im Gelehrten verwachsen sind und ihn hindern zu denken und zu finden, was Denken und was Sprache ist?!

Also, pro omni [fürs Ganze]! studieren Sie ja *nichts für sich*, denn Sie wissen es ja, daß überall *etwas für sich*, sich *gar nicht* erkennen, benennen und brauchbar finden läßt: die möglichst erschöpfende Wissenschaft des dialektischen Verhältnisses *jedes* zu *jedem*, also, das stete Versetzen zur Komparation *allein* macht vollständige, und das heißt immer nur: praktisch ausreichende Erkenntnis möglich.

Das Jenseits und aller Mythus, alles Nichts in der Wirklichkeit geht uns gar nichts an! Ihm inhäriert kein dialektisches

Moment als conditio sine qua non [unerläßliche Bedingung] subjektiver Erkenntnis (cf. besonders m[eine] Nachträge)!

Doch – ich muß nun schließen, denn: Haben Sie auch nur/ /ein Fünkchen Lust gefaßt, so muß ich fürchten, daß Sie böse werden, wenn ich immer noch laviere; genug also! Gewiß wird Ihr Geist, der andere erst „im Tode verläßt“, Sie noch bei Lebzeiten von seiner trüben Bürde befreien. Doch ich finde kein Ende, mich mit Ihnen zu unterhalten, denn hier höre ich schon Ihre Kritik meines Witzes, deshalb muß ich weiter in diesem „a posteriori“ [aus der Erfahrung stammenden] gehen, da, obgleich die Idealisten nur immer von dem „a priori“ [ohne erfahrungsmäßige Grundlage gegebenen] reden, dieselben doch selbst nur a posteriori in Verlegenheit zu setzen sind. Sie werden noch lachen, wenn Sie in meinen Nachträgen kaum meinen Überdruß lesen, mich mit der Kritik des „Geistes“ zu beschäftigen, ich dennoch bald darauf wieder damit fortfahre; aber müssen Sie denn nicht selbst bekennen, daß Idealismus, ohne überall den Geist oder besser „*das* Geist“ bei der Hand zu haben, gar nichts *sprechen* kann? Also auch gar nichts *denken* kann? Liegt darin nicht notwendig meine vorige Verfolgung jener Wortkreatur? Und ferner: Liegt nicht in Ihrer Definition des Geistes durch „Denken“ und des Denkens durch „Geist“, daß Geist bloß eine Erfindung sei, um das Denken zu ersparen? Müssen Sie also nicht bekennen, daß der Idealist gar nicht über die Sache denkt, sondern bloß produktiv phantasiert, indem er überall, wo es sich von der Sache handelt, nur auf das „Geist“ verweist?! Finden Sie nun mein Denkrezept nicht richtig? Das gelehrte Phantasieren in den dialektischen Formen der konkreten Geister (z. B. Rechts-, Staatsidee etc.) hat Analogie mit der Berufung auf verstorbene Zeugen und mit der Inkulpation [Beschuldigung] Abwesender und Verstorbener, dergl[eichen] dem praktischen Juristen öfter vorkömmt. Ferner: Wenn ich Ihnen oben sagte: Studieren Sie nichts einzeln, so liegt darin von selbst, daß Sie sich nicht als purus putus philosophus [reinster Philosoph] denken können; das ist ein Ding, welches ich nicht begreifen kann, so war es gleichwohl besser! Leider! nur das liegt wiederum nur // an dem „Geist“, so also ist ja das „jus“ [Recht] die Hauptsache bei dem *ἄνθρωπος* [Menschen], insbesondere das Staatsrecht; dies dürfen Sie *schlechterdings nicht ignorieren*! Am leichtesten werden Sie sich jetzt hineinarbeiten, wenn Sie den neuen sächsischen Staatskodex mit meinem Sproß vergleichen und dabei meine hoffentlich nächstens in einem Leipziger gelehrten Blatte (worüber ich Ihnen nähere Nachricht geben werde) erscheinende Vergleichung als Leitfaden gebrauchen. Diese meine praktischen abstrakten Arbeiten dienen Ihnen dann überhaupt als ein „a posteriori" in meiner Kritik des Idealismus sowohl als in meinem Realsystem. Bisher hat Idealismus in jure [auf dem Gebiet des Rechts] auch nur gefaselt, aber in der Realphilosophie ist nichts bündiger und klarer als das jus; civiliter [in der bürgerlichen Form] existiert es nur in lege [als Gesetz] – im Staate –, und der intelligente Mensch steht hier *schlechthin* nur der Exekution gegenüber; strafrechtlich gilt zwar das jus auch nur sub lege [unterhalb der Gesetzesschranken], aber hier kommt erst der Konflikt des *Intellekts* mit dem stets sinnlichen *Willen*, welcher [?] die Hauptkategorie der Delikte, in Betrachtung.

N. B. Mein realistischer „Konflikt" ist, *wie ich oft zeigte*, nicht der idealistische Konflikt von zweierlei Willen, und mein „sinnlicher Wille" ist nicht der des Idealismus; sinnlich ist mir der *ganze* Mensch, aber ich opponiere bei diesem Begriffe dem Organismus der formalen Denkmaschine bloß den ganzen übrigen Organismus, den ich hier par préférence [vorzugsweise] „sinnlich" nenne, weil nur hier, nicht aber im Gehirn, Trieb, Neigung und Leidenschaft herrscht, welche den Willen erzeugt. Der Gegensatz meines „Sinnlichen" ist also nicht der „Geist" der Idealisten.

Studieren Sie mich nur auch hier einmal weiter; Sie werden bald ein anderes oder eigentlich überhaupt erst ein Licht erblicken; Ihr Interesse wird sich bald steigern. Die Codices [Gesetzbücher] haben sich bisher in die *Physiologie der Kategorien der Delikte* noch gar nicht finden können, daher herrscht noch wirklich ein dialektisches Chaos. Ich könnte Sie umständlich damit unterhalten; Sie können aber auch meine kleinen Büchelchen selbst leicht unter den obersten Kategorien des *Natural*- und des *positiven Delikts*, der Spezialkategorien des polizeilichen und des *fiskalischen* Delikts, ebenso aus den *letzten* diejenigen herausfinden, die dem *Naturaldelikte* angehören – d. h. in dijudicatione materiali [Entscheidung nach dem Gegenstand], denn: An sich gehört für sie ein besonderer Kodex, und viele sind nur positive und Formaldelikte und fingierte. *Der ganze Bettel ist das Allerleichteste* und nur für 1 ggl. gesunder Menschenverstand nötig; ergo, gleich daran!/

/ P. S. [Nr.] IV

Sie trauen mir und verstehen mich noch durchaus nicht, wenn ich Sie bitte: „Ihren Kopf *erst ganz auszuschütten*", ich witzele gar nicht. Sie dürfen nichts übersehen. Überall, besonders bei dem „Denken" treten Sie mir immer nur mit dem Inhalte *Ihrer* Begriffe und Wörter entgegen; hier z. B. ist Ihnen das Denken *die von dem Inhalte unzertrennliche, ganz beliebige Fortbewegung Ihres denkenden Geistes*; davon gehen Sie aus, damit opponieren Sie mir – in mente [im Geiste] –, weil Sie bei mir das – am Ende meines Liedes – gar nicht finden, was Sie nach Ihren Ideen fordern. Ich zeige aber gerade, daß *Sie das nicht fordern können*, und *was* Sie nur fordern können, weil weiter nichts da ist, und daß dies, was klar ist, *da ist*, Gottes Schöpfungswerk wirklich, d. h. Vernunft und vernünftig ist. Sie machen das „Wahre" und „Falsche" zum Produkt des intelligenten Willens, aber, wo in aller Welt finden Sie und haben Sie denn ein abstrakt und objektiv für sich Wahres, Falsches, Gutes, Gerechtes etc.? Das ist es ja eben, daß der Idealist aus den (dem Menschen nur gegebenen) Formen heraus – gleich dem Kinde mit der Puppe – das Innere finden zu können glaubt. Stellen Sie nur alles auf die praktische Probe und spannen Sie nur auch einmal für *mein System* Ihre herrliche Phantasie, mit stets tiefem Griffe in die eigenen Bücher und [den eigenen] Kopf; hören, sehen und fühlen und fragen Sie sich überall eiskalt selbst, in sich selbst; denken Sie gar nicht an Ihre Forderungen, nicht an Ihre Begriffe, an den Sinn Ihrer Wörter und Worte, sondern folgen Sie überall nur wörtlich mir, so wie jeder Nichtphilosoph meine Wörter einzeln verstehen würde: Entschließen Sie sich zum studio ab ovo [Studium von Anfang an], als hätten Sie in Ihrem ganzen Leben noch nie gedacht, noch nichts studiert, noch gar nichts gelernt. Ich stelle Ihnen ja eine *ganz neue* Intelligenzwelt hin: Ihre bisherigen Oppositionen sind gerade gegen mich dieselben, als wenn ein Turmtelegraphist von seiner Theorie aus dem Erfinder des akustischen Telegraphen etwas opponieren wollte, bloß weil bis jetzt die Sprache *beide* Erfindungen „Telegraphen" nennt. Sie, mein wackerer Denker, sind der Telegraph hoch oben und ich tief unten auf der Mutter Erde. Ihr reiner Idealismus, der sich um Gottes Schöpfung nicht weiter bekümmert, als daß er sich die Sprache daraus erbittet, gleicht der Taubenpost, welche nicht ankömmt, obgleich man mit Schmerzen darauf wartet, und die, unbekannt mit dem Zwecke ihres Fluges, auch *selbst* keinen bewußten *Zweck* hat.

Glauben Sie mir, es geht nicht so schnell; es kostet (und *gerade* dem tüchtigen Gelehrten) eine ***ungeheure*** Kraft, hier sein „*liebes* Ich" vorab zu negieren, um das wirkliche Ich erst aus ihm selbst wieder zu ponieren [als gegeben anzunehmen]. Dies ist die echte Dialektik und Wiedergeburt. Ich verwechsle keineswegs das Verstehen mit dem Denken, das festigt stets / / nur theoretisch; es ist ***nur*** „Denken", dies aber ist *stets* auch Vorstellen und stets praktisch (ich bin schon in meinem vorigen Schreiben sehr umständlich gewesen, vergl[eiche] auch „Kritik", S. 131, 163, 306f., Nachtr[äge] S. 61). Ich sehe wohl, daß Ihr Begriff von „Geist" und „Idee" soweit geläutert ist, daß das platte Resultat meiner Kritik (wobei ich auch mancherlei Hegeliten etc. im Auge hatte) auf Sie gar nicht paßt, aber durch Ihre – sehr gescheute – Läuterung durch „Zweckmäßigkeit" etc. treten Sie lediglich in mein System über, da, wie ich oben schon sagte, es keine abstrakte und ideale Zwecklehre gibt. Ihr Ausdruck „Unterleib" für alles, was nicht „Kopf" ist, gefällt mir zwar, aber der eiskalte Kopf kann nur durch jenen Restleib erst perzipieren, auch ist er nicht als *denkender* entzückt, sondern der organische Sensualismus reflektiert nur ex continuitate [aus seiner Gleichförmigkeit heraus] auf das Denkorgan als *selbst sinnliches*, dessen Funktion – des Denkens – daher hierdurch oft gestört wird. Beides stört sich eigentlich (vergl[eiche] S. 75, Nachträge, oben, Nro. 4) oft bis zum Wahnwitz, ***durch Entzückung***. Studieren Sie hier näher, was ich über Rosenkranz S. 51 und 74ff. sagte. Intelligenz urteilt – d. h. spricht – hier gar nicht; der „*Unterleib*" spricht sich allein aus, nur ***er*** wird entzückt nach seiner Begierde, Sitte, Gewohnheit, Geschmack, Lieblingsneigung; mit dem allem hat der Hirnkasten nichts zu tun. Alles dem Entsprechende, Schöne entzückt (Hauptprodukt, Mädchen, Pferd etc.), weil das „***Besitzenwollen***" im ***Hintergrunde*** liegt, ohne ***welches*** weder Leben noch Denken überhaupt möglich wäre. Der Mensch muß notgedrungen stets besitzen, erwerben, genießen und zu dem Ende kalkulieren, sonst geht er unter: Hier treffen Sie daher mein „Recht, Freiheit und Gleichheit" (S. 47). Vergl[eichen] Sie auch S. 42–47. Die Liebe, der Geschlechtssinn leistet dem Kopfe keine Dienste („Kritik", S. 196). Über die Liebe der Weiber (Fichte „Naturrecht") zu reden, ist auf keinem meilenlangen Bogen Platz! Ich leugne schlechterdings, daß irgend jemand die Weiber kennt; sie kennen *sich selbst gar nicht*. Ich weiß es sehr wohl, daß viele andere mehr als ich erfahren haben („La Saxe galante" etc.), aber sie haben das ebenso angestaunt wie das Kind die ombres chinoises [Schattenspiele] etc. Ich kann Ihnen ganz andere Sachen erzählen, sowohl physiologisch als (wie Sie es nennen würden) ethisch, ästhetisch und etc. etc.: diätetisch, anatomisch, therapeutisch etc.!

Wie kommen Sie dazu, die Vernunft außerhalb der Schöpfung zu setzen, die „*nicht löse, was sie lösen soll*"? Was ist Ihnen also Vernunft und vernünftig? Was wollen Sie gelöst haben? Sie wollen die objektive Wahrheit (sie an sich) suchen, also das Mysterium, das Ding an sich? Aber dahin kommen Sie nicht mit Ihrer aristotelischen Seele (i. e. dem „Schatten", „Geist", „Idee"). Wenn Sie eine ganze und gesunde Vernunft haben, so müssen Sie ja alles lösen können, was Sie gelöst haben wollen, d. h. das objektiv Vernünftige finden; dann wäre Idealismus Ihre schon gegebene Wissenschaft! Was nützt Ihnen denn Ihr bloßer „Name" Geist, Seele etc. für das Denken, das Denken ist ja nur der Hergang, die Behandlung der eingegangenen Vorstellungen nach vermeintlich zweckdienlicher Synthese oder Analyse. Mysterien und Phantome können aber nicht als Vorstellungen eingehen. Aber ich [habe] das alles schon gesagt, – halten Sie sich doch nur an die Konsequenz der Dialektik und des Identitätssystems, welche Sie hier verletzen; nämlich: Beides hat ja nur in der Voraussetzung Grund (cf. S. 112, Nro. 2), daß es nur die dialektische Form ist, welche wir // perzipieren können, also auch nur die Form der Dinge selbst, der allein die Dialektik einwohnt; dies perceptum [Wahrgenommene] ist aber außerhalb des Denkenden nicht individual geschaffen, sondern nur perceptio differentiae [im Erfassen des Unterschieds], also mit sich selbst – als Objekt betrachtet – identisch. Ich habe Ihnen ja aber nun auch an mehreren Orten, insbesondere S. 26 folg[ende], Nachtr[äge], klar gezeigt, daß die Möglichkeit der Dialektik in dem klaren *Kausalitätsgesetze* liege; ich habe vielfach gezeigt, daß die begreifliche, sprechende Form uns für Erdenmenschenvernunft ausreiche, daß das uns unzugängliche Mysterium uns nicht kümmere, daß auch Qualität nur in der Form und als Form „*erscheine*", Erscheinung sei, daß unsere eigenen Vorstellungen etc. uns nur Erscheinungen sind, da sonst ja wir sie gar nicht perzipieren, wissen und produzieren könnten, und daß unsere ganze Erdenvernunft, subjektiv genommen, nur eine Kalkulatur des – stets sinnlichen – Willens sei. Während ich der Welt jetzt dreist und klar zeige und bekenne: daß der Mensch keineswegs jenes hohe Wesen ist (das seiner *prätendierten Weisheit und Höhe ungeachtet* noch nichts als Wahnwitz über sich selbst und die Dinge außer sich hat produzieren können!), bitte ich jetzt *Sie*, mir klar zu sagen: Was ist Vernunft und was ist vernünftig, und weshalb hat jene große Vernunft bisher ihre eigene behauptete Größe – über die übrige Schöpfung hinaus! – noch nicht finden können? Warum wollen Sie es denn durchaus nicht haben: daß Gott die Menschenvernunft als einen Teil der ganzen Schöpfung mitgeschaffen habe (S. 26f.) und daß diese Vernunft sich in ihrem ganzen Innern – wie organisch, so sich bewegend – *ebenso* sich *nur aus* den Dingen (den Objekten: dem Gedachten) erkenne; wie Sie doch zugeben müssen, daß das Subjekt sich erst überhaupt dem Objekt gegenübersetzt? (Nachtr[äge], S. 14, 50, 26ff., 112 Schlußbemerk[ung].) Sagen Sie mir doch, was ist denn wahr, was falsch? Nur was wir dafür halten nach unsern Sinnen, Launen, Neigungen, Zwecken; ein *für sich wahr* etc. kennen wir nicht („Kritik", S. 46). Wohin geht denn das Hegelsche Verdienst weiter, als ich es anerkenne? Indagieren [aufspüren] Sie doch einmal genauer die praktische Verwechselung des „Lernens mit dem Denken" („Kritik", S. 116f.), und wenn Sie absolut Ihre „*Wahrheit*" im Stück des Mysteriums haben wollen, warum wollen Sie nicht vorläufig meine „*Batterie*" betrachten? („Kritik", S. 96, 84.) Wenn *Sie selbst sagen* („Kritik", S. 43): „Der wahre Poet ist die *Fleisch und Blut* gewordene Poesie", so sprechen Sie selbst *klar* meinen ganzen Realismus aus! Sie wissen dies nur nicht klar, sondern fühlen das erst in jener *bildlichen Diktion*; Ihre *recht gesunde* Vernunft drängt Sie, aber Sie widerstreben ihr noch und komplimentieren // sich mit ihr poetisch, bildlich. Sie sind gegenseitig spröde, daher kennen Sie sie noch nicht, Sie finden sie nicht, Sie kennen ihren Ursprung nicht, dennoch reden Sie stets von ihr, rühmen Sie, und zwar als Ihr eigenes eigentliches „Ich": Es ist also klar, daß Sie von Ihrem wahren Ich noch nichts wissen, also eigentlich noch kein Selbstbewußtsein haben. Der „Geist", die „Idee" blendet Sie; verabschieden Sie daher diesen Mephistopheles, damit Sie dahin kommen, das wirklich Wahre und so die Wissenschaft zu finden; oder glauben *Sie auch* fest, daß diese nicht gegeben werden könne?

Nun, so müssen Sie mir auch bekennen, daß es zweifelhaft sei, ob der Mensch wirklich eine *gesunde* Vernunft habe? Gehen Sie mit der „Idee" ins Konkrete, wo Sie wollen, in das Abstrakte oder in das Individuale, so erhalten Sie *Wahrheit nicht*, wo z. B. bleibt Ihr „Pferd", wenn alle Tiere nur Pferde wären? Die *ganze* und *reale* Dialektik haben Sie schwerlich noch nicht proktriert [vor den Richter geladen] (Nachtr[äge], S. 19 u. a.). Welches ist denn das formale, welches das reale (oder materiale – ich weiß nicht, wie Sie es nennen würden) Gesetz Ihrer Vernunft? Etwa jene *kategorische Identität*? Nun, dann geht ja alles leicht vonstatten (Nachtr[äge], S. 84)! Dann können Sie wachen oder schlafen, und *gerade im Traume* denken Sie am besten (S. 78 und Rosenkranz l. c.). Ihre „*Vernunft*", Ihre „Wahrheit" etc. müßte sich ja in *dem* Kopfe finden, *den* ich (S. 122 Nachtr[äge]) nun taliter-qualiter [einigermaßen] beschreibe! Wenn das wahre „Pferd" Ihnen *Idee* ist, so müssen Sie auch das wahre „*Pferdeleder*" durch „Pferdehaut" definieren, welche mit der *Idee vom Gewebestoffe* zu bereiten ist, denn: Alles muß Ihnen Idee sein! Gleichwohl wissen Sie nun nicht, was Pferd, was seine Haut, was Leder ist; das alles sind nur Namen der Erscheinungen – Formen – der Materie für menschliche Gebrauchszwecke („Kritik", S. 22, 99, 50, 51). Für *das Monitum* [die Beanstandung] *danke* ich Ihnen, nämlich des Fehlers der Flüchtigkeit („Kritik", S. 128 unten), wo ich das Denken im Schlafe unwillkürlich nenne: Ich verstand hier natürlich nur die unwillkürlichen Bewegungen der Vorstellungen im Denkorgane und kann nicht glauben, daß Sie mich so verdächtigen, wie ich vorhin den Rosenkranz. Da ich sehe, daß Sie den andern schon voraus sind, so werden Sie wohl weiter kommen. Vergraben Sie nur alle Talmuds, Korans und sonstige Bocksbeutel; halten Sie sich nur an *meinen* „Gott" („Kritik", S. 42, 46, 70, 85, 226, 237 u. a.); *er* wird Sie nicht verlassen. Wollen Sie nicht der phil[osophischen] Welt das Vergnügen machen, meinem Systeme ein kritisches Heft zu widmen und dabei meine Beweise – mit Weglassung des zwischen uns Persönlichen – abdrucken lassen? Meine Vergleichung des Strafgesetzbuchs Sachsens mit meinem System finden Sie jetzt abgedruckt in dem Berliner „Central-Blatte für Pr[eußische] Juristen" ad Nro. 40 und – präziser – in der „Constitutionellen Staatsbürger-Zeitung" (Grimma) ad Nr. 158.

Ihr
D. /

182

An Friedrich Ludwig Andreas Dorguth

[November 1838]

/ Hochwohlgeborner Herr!

Hochzuverehrender Herr Geh[eimer] Justiz- und Oberlandesgerichtsrat!

Euer Hochwohlgeboren haben die Güte gehabt, mir reichliche Erläuterungen Ihres Systems mitzuteilen. Ich habe sie mehrmals durchgelesen und ungeachtet Ihrer anfangs stellenweise mir unleserlichen Handschrift alles glücklich herausgebracht. Manches in Ihrer Schrift, die ich dabei abermals, stellenweise vielmals, durchging, ist mir dadurch klarer geworden oder doch mehr in die Augen gefallen. Aber ich bitte Sie, hieraus nicht den Schluß zu ziehen, als hätte ich Ihre Schrift vor meiner Rezension nur flüchtig oder stückweise, nach gewöhnlicher Rezensentenmanier, wie Sie doch voraussetzen, gelesen. In unsrer Zeit hat man freilich vor lauter Vielschreiberei das Lesen verlernt, aber zu meinem Glück oder Unglück weiß ich mich von diesem Zeitfehler frei. Ich gehöre zu den denk- und studierseligsten, aber schreibunseligsten Subjekten dieser heutigen Welt, um nicht zu sagen der Welt überhaupt. Könnten Sie das Exemplar Ihrer Schrift sehen, die Sie mir die Güte hatten zu überschicken, so würden Sie, noch vom vorigen Jahre her, eine Menge Zettelchen darin antreffen, wodurch ich mir die wichtigsten oder sich gegenseitig erläuternden Stellen – meistens gerade die Stellen, auf die Sie sich in Ihrem Schreiben berufen – angemerkt habe. Ich habe allerdings ***nur*** das „theoretische Denken" zum Objekt meiner Rezension gemacht und dabei ***nur*** den Hirnakt berücksichtigt, aber nur deswegen von dem übrigen vom Hirn unterschiednen Organismus abgesehen, weil es für die Sache an sich gleichgültig ist, indem auch dieser Organismus Materie ist. Darum sagte ich auch in meinem Schreiben an Sie, ich hätte von dem Denken ad intra [„innerhalb"] abstrahiert, d. h. es sei mir ganz gleichgültig für die Sache geschienen, wie Sie weiter das Denken bestimmen, welche Hauptfunktion Sie demselben einräumen, ob Sie diese als Analyse oder Synthese oder sonstwie noch bestimmen. Dies ist es, was ich mit dem Denken ad intra meinte, nicht eine idealistische

Bedeutung, von der ich hier gleichfalls absah. Die Frage ist nur diese: Ist *die* Tätigkeit überhaupt, die *nicht* Schmecken, *nicht* Riechen, nicht Tasten, nicht Hören, nicht Sehen ist – denn man kann tasten, sehen etc., ohne zu denken, denn selbst schon die Infusorien, die sicherlich nicht denken, sehen schon, wenigstens nach den bekannten neuesten Entdeckungen – oder eine von den Tätigkeiten des Schmeckens etc. unterschiedne Tätigkeit ist und sich selbst von diesen Tätigkeiten unterscheidet, indem sie dieselben voneinander unterscheidet, und das *Bewußtsein* des Schmeckens, Sehens usw. ist, ohne doch das *Schmecken* zu *schmecken*, das *Sehen* zu *sehen*, das Tasten zu tasten, ist diese Tätigkeit, die wir Denken nennen, ein materieller Akt? Alles weitere ist gleichgültig, d. h. gleichgültig gewesen für mein Thema. Wohl wußte ich, daß Sie nur dem Hirnakt die passive, neigungslose Intelligenz vindizieren [zuerkennen], wohl wußte ich, was Sie vom Gedächtnis, von der Perzeption // usw. sagten, aber ich reduzierte, mit Bewußtsein und gemäß den Gesetzen der wissenschaftl[ichen] Polemik, die streitige Materie auf den allgemeinsten Punkt, in bezug auf welchen, wie so manche andre Bestimmung und Differenz, so auch der Unterschied zwischen Kopf und Leib, Zerebral- und Gangliensystem nicht in Betracht kommt. Doch davon genug. Ich eile zu andern Gegenbemerkungen.

Wenn ich in meinem ersten Briefe die Miß- und Unverständlichkeit Ihrer Schrift oder wenigstens sehr vieler Stellen einzelnen, in einem eigentümlichen Sinne genommenen Worten Schuld gab, so habe ich mich unvollständig und selbst unrichtig ausgedrückt. Es ist einerseits Ihre Sprache überhaupt, andrerseits und zwar vorzüglich *Ihre Sache* selbst, in der diese Unverständlichkeit liegt. Wenn Sie lesen: „Ihre Sache", so werden Sie lachen und sagen: Nun ja freilich, einem präokkupierten [voreingenommenen] Idealisten, der nie „gedacht", sondern nur gefaselt hat, geht meine Materie nicht in den Kopf ein; das ist kein Wunder, wie sollte die Finsternis das reine Licht des Materialismus fassen können? Aber was werden Sie dazu sagen, wenn ich Ihnen entgegne: Nicht Ihr Materialismus ist es, der mir nicht eingeht, sondern Ihr falscher, Ihr unreiner, Ihr sich selbst ungetreuer, *sich selbst widersprechender* Materialismus ist das, was ich nicht kapieren kann. Sie sind Materialist und doch zugleich Teleologist (z. B. p. 231 und an unzähligen andern Stellen, wo Sie vom „Zweckdienlichen" usw. sprechen). Aber beides reimt sich nicht zusammen, läßt sich nicht verbinden. Der Zweck ist von Ihrem Standpunkt aus eine subjektiv-praktisch-idealistische Vorstellung, die der Mensch auf die Natur überträgt und unter welcher er sein eignes Handeln sich vorstellt, ohne objektive Realität. Alle *echten* Materialisten haben daher die Teleologie verbannt, selbst *die* Naturforscher, welche kein geistiges Prinzip leugneten. Spinoza leitete selbst die Handlungen der Menschen aus dem bloßen Triebe und der Vorstellung des begehrlichen Objektes ab. Sie sind ferner Materialist und doch zugleich Theist oder gar Offenbarungsgläubiger. Aber beides widerspricht sich absolut. Der Materialist weiß nichts von Gott. Ihm ist die Materie die allein existierende Sache und daher die prima causa [erste Ursache]. Die Seele leugnen und Gott leugnen galt der Menschheit stets für eins und ist auch eins – was evident und unumstößlich zu beweisen ist –, die unwahrnehmbare oder unbekannte Ursache bekannter Wirkungen in sich nannten die Menschen Seele, außer sich Gott. Die Christen machen hierin keine Ausnahme von den Heiden. Sie sind so gut Menschen wie diese, stehen unter *denselben* Gesetzen des Denkens, Fühlens, Lebens wie sie. Was die Menschen nicht kennen, nicht wissen, das nennen sie Gott, das Seele. Sonst wurden die natürlichsten, aber ungewöhnlichen oder auffallenden Dinge aus Gott abgeleitet. Mit Zunahme der Erkenntnis traten die natürlichen Erklärungen an die Stelle der theologischen. Wer daher die Seele leugnet, wem die Materie genügt zur Erklärung der sonst oder an sich unerklärlichen Wirkungen des Denkens usw., dem genügt auch außerhalb die Materie; wo nicht, so drückt er hier nur seine Unwissenheit oder Inkonsequenz und Befangenheit aus. Der Naturforscher, wenn er auch kein Atheist ist, muß wenigstens in bezug auf die Natur die Vorstellung einer übernatürlichen causa beseitigen, sie hat für ihn hierin keine Realität, sie dient ihm zu keinem Instrument. Wenn Sie daher die Materie als Effekt betrachten, so beweisen Sie, daß Sie, im Widerspruch mit sich selbst, noch im Idealismus oder in religiösen Vorstellungen, die auf das Wissenschaftliche oder überhaupt das Denken keinen Einfluß haben dürfen, befangen sind. Materialismus ist eben, die Materie nicht als ein Gesetztes, sondern *als Sein nur* denken zu können. Wenn Sie sagen: Die Materie denkt, fühlt, so heißt das nicht[s] andres als die Materie ist Aktivität, ist *Ur*sache, ist selbstgenügsamen Wesens, // ich bedarf (zur Erklärung oder überhaupt) kein besonderes, anderes, von der Materie unterschiednes Wesen, aber eben damit haben Sie sich auch allen Grund und Anspruch auf das Refugium zu einem von der Materie überhaupt unterschiednen Wesen genommen. Derselbe Grund, dasselbe Bedürfnis, welches die Menschen zur Annahme einer Seele zwang, dasselbe zwang sie zur Annahme einer von der Materie unterschiednen prima causa. Der Ausdruck: Die Materie ist erschaffen oder ein hervorgebrachtes, kein ursprüngliches Wesen hat keinen andern Sinn als die Materie ist ein Wesen, bei dem es nicht sein Beruhen hat, bei dem ich nicht stehenbleiben kann, über das ich hinausgehen muß. Aber derselbe Sinn liegt darin, wenn ich sage: Die Materie kann nicht denken. Ich drücke aus und denke hiebei nichts andres als die Unselbständigkeit der Materie, die Notwendigkeit, über sie hinauszugehen. Also widerspricht absolut Ihrem Materialismus die Vorstellung der prima causa und diese jenem? Und wie kommen Sie denn zu dieser Vorstellung? Offenbar nur durch Offenbarung. Denn in unserm Hirn haben wir nur materielle Vorstellungen, Vorstellungen für materielle Dinge. Also kann jene Vorstellung nicht aus unserm Hirn kommen. Sie muß ihm also eingedrückt werden. Aber wie kann dies geschehen als durch ein ganz unerhörtes *Mirakel*? Denn diese Vorstellung widerspricht der Konstitution, der Natur unsers Hirns, als welches [es] nur für die Aufnahme körperlicher Bilder gebildet ist. Also, wie geht diese Vorstellung in unsern Kopf ein? Wie können wir diese Vorstellung vorstellen, wie verstehen? Ein neues Mirakel ist notwendig. Auch das Verständnis dieser Vorstellung muß eingeprägt werden. Wie können Sie überdem die Vorstellung der Schöpfung, die nur abstrahiert ist von dem praktischen Standpunkt des Menschen oder der Zeugung, auf die Natur anwenden? Dies Kausalverhältnis bezieht sich nur auf Teilvorstellungen. Sie wissen aus der Erfahrung nichts von der Zeugung des Menschen, sondern nur *dieses* (einzelnen) Menschen. Ebenso sehen Sie nur einzelne Dinge im Verhältnis zu andern einzelnen Dingen im Verhältnis der Kausalität stehen. Wie können Sie also auf das (sei es an sich oder doch immerhin relativ unendliche) Ganze, das Universum, die Natur, dieses Verhältnis anwenden? Wie anders als auf den Schwingen der Phantasie? Die Vorstellung der Schöpfung stammt übrigens nicht eigentlich aus der Natur (denn hie ist – für uns wenigstens – die Hervorbringung nur ein formaler Prozeß, indem hie immer schon der Keim, der Same des Hervorgebrachten zugrunde liegt, nichts in der Wirkung ist, was nicht in der Ursache ist), sondern von dem Menschen selbst, wie er *aus sich* etwas, was zunächst in ihm nur als Entschluß, Vorstellung, Gedanke existiert, als Werk heraussetzt. Sie ist also eine subjektiv-praktisch-idealistische Vorstellung, wodurch der Mensch ein ihm (sei es nun an sich oder infolge eines falschen Standpunkts infolge ungebührlicher, unphilosophischer Fragen) unerklärliches Dasein dadurch sich erklärt, daß er dasselbe zu einem *Machwerk* nach seinem Schnitt macht. Die *Schöpfung* ist eine *Vorstellung* des Menschen, und zwar eine Vorstellung der Phantasie, nicht der Vernunft. Wie können Sie also diese Vorstellung zu einer objektiv-realen Bestimmung machen? Wie anders als durch einen schreienden Widerspruch? Aber noch an vielen andern Widersprüchen leidet Ihr Standpunkt. Ich führe nur diesen an. Sie sind Skeptiker und doch zugleich *dogmatischer* Empiriker. Sie sagen: Wir erkennen nur Erfahrungen, und doch versteigen Sie sich so hoch und so weit, daß Sie behaupten, daß den Erscheinungen des animalischen und anthropologischen Lebens nichts weiter als Materie // zugrunde liegt, während Sie doch konsequent ganz in dubio [in Zweifel] stellen müßten: ob das Subjekt des Empfindens, Vorstellens ein materielles, körperliches, uns bekanntes oder ein uns völlig unbekanntes, *von der Erscheinung*, in der wir nur Körperliches wahrnehmen, völlig unterschiednes, geisterhaftes Wesen ist? Sie stützen und berufen sich auf den gesunden Menschenverstand, d. h. nach Ihrem System den Verstand, dem alle Metaphysik eine Lächerlichkeit ist oder ein unbekanntes böhmisches Dorf, und doch liegen bewußt und kritiklos Ihrem ganzen Standpunkt *metaphysische Verstandesunterschiede*, wie die Trennung von Wesen und Erscheinung, vorausgesetzt als objektive Realitäten und Wahrheiten, zugrunde. Fragen Sie einmal einen unverdorbnen, natürlichen Menschen, d. h. einen Menschen, der nichts von der Schulweisheit weiß, sondern nur seinem natürlichen Verstand nach lebt, was ist das Licht? Und er wird Ihnen antworten: das, was hell macht, und damit das Wesen des Lichtes ausgedrückt zu haben glauben, denn er weiß nichts von dem Unterschied zwischen Wesen und Erscheinung. Die Erscheinung ist ihm das Wesen. Sagen Sie einem Menschen von gesundem Menschenverstand: Die Sonne ist größer als die Erde, die Sonne dreht sich nicht um die Erde, sondern die Erde um die Sonne, so wird er Sie geradezu auslachen, denn die Sonne ist ihm so groß, als sie ihm erscheint. Und alle mathem[atischen] und physikal[ischen] Demonstrationen, die Sie ihm vorbringen werden, wird er für elende Sophismen und Grübeleien erklären, und den Satz Ihnen entgegenhalten: Nur in den Sinnen ist Wahrheit. Sie wollen ferner frei von allen idealistischen Phantomen das pure, blanke Objekt ergreifen, und doch ist das Objekt, wie Sie es anschauen, nur ein Produkt von Vorstellungen, denen Sie bewußtlos das Privilegium der Zensurfreiheit geben und die Ihnen daher objektive Realität haben. So *machen* Sie den Körper zu einem menschlichen Machwerk, indem er Ihnen [als eine] *Maschine erscheint*. Ihre Materie ist nichts andres als das *corpus delicti* der Jurisprudenz. Ihr Stand[punkt nicht] der Standpunkt der Physiologie, sondern der Pathologie. Sie haben die Seele und den Geist totgeschlagen, aber dafür haben sie sich auch an Ihnen gerächt. Ihre Anschauung von der Natur ist – verzeihen Sie den Ausdruck, ich finde keinen andern –, ist eine geist- und *seelenlose*, eine tote, eine hölzerne Anschauung. Das Geheimnis ihres Systems ist, das Leben dadurch zu erklären, daß Sie das Leben zu etwas Totem, einer Maschine machen, an die Stelle der „Schimären des Idealismus" die bei weitem lächerlicheren Schimären und Fiktionen des Materialismus setzen, wie wenn Sie den lebendigen Organismus zu einer „galvanischen elektromagnetischen Batterie" machen. Das schönste aber ist, daß Sie, obwohl Sie keinen Anstand nehmen, das Geheimnis des Lebens dadurch aufzulösen, daß Sie den organischen Prozeß zu einem äußerlichen *unorganischen* Prozeß machen und selbst das merkwürdigste und rätselhafteste aller Wesen, *das* Wesen, welches die entschiedensten Materialisten, wenn sie anders noch für das Audiatur et altera pars [Auch die andere Partei werde gehört] offnen Sinn hatten, irre gemacht – das Bewußtsein zu einer empirischen *Handgreiflichkeit* zu degradieren, dennoch alle Augenblicke mit dem Popanz des „Schöpfungsgeheimnisses" kommen und sogar als eine ungebührliche, Sie gar nichts angehende Frage, *die* Frage von sich weisen: „wie es möglich ist, daß Materie denkt". Allein, solange Sie diese Möglichkeit nicht zeigen, solange wird Ihr System als eine *willkürliche* Assertion gelten und der Idealist gewonnen Spiel haben, denn er kann zum Materialisten sagen: Eben weil du nicht zeigen kannst, wie Materie denken kann, d. h.

weil du den Begriff des Denkens mit dem der Materie verbinden kannst, bist du genötigt /

183

Von Julius Frauenstädt

2. Februar 1839

/ Berlin, den 2. Februar 1839

Hochgeehrter Herr!

Nachdem ich mich schon längst an Ihren Schriften erfreut und den wohltätig belebenden und erfrischenden Eindruck derselben empfunden, wurde mir jüngst die freudige Überraschung zuteil, Sie in Ihrer „*Kritik der positiven Philosophie*" in den „Hallischen Jahrbüchern" ganz auf dem von mir in beifolgender Schrift eingenommenen Standpunkt wiederzufinden. Sie werden die Verwandtschaft Ihrer dort ausgesprochenen Ansichten über das Verhältnis von Religion und Philosophie oder Glauben und Wissen sowie namentlich über die Persönlichkeit Gottes mit dem von mir darüber Gesagten nicht verkennen. Nehmen Sie beifolgendes Exemplar als ein Dokument dieser unserer geistigen Verwandtschaft an. In dieser zerrissenen Zeit kann es ja keine größere Freude geben, als wenn verwandte Geister sich unvermutet finden.

Sie würden mich sehr verbinden, wenn Sie mich mit einem Urteil über meine Schrift, sei es in einem Schreiben oder, wofür ich Ihnen noch dankbarer wäre, in einer öffentlichen Kritik zu beehren die Güte hätten.

Hochachtungsvoll
J. Frauenstädt
Köpenickerstr. 102 /

184

An Arnold Ruge

[13. Februar] 1839

/ Verehrter Freund!

Schon war ich im Begriff, beiliegendes Manuskript selbständig drucken zu lassen bei meinem gewöhnl[ichen] Verleger in A[nsbach], als ich Ihren trefflichen Artikel: „Der Pietismus und d[ie] Jesuiten", wahrscheinlich auf Ihre Ordre [Anordnung] mir zugesandt, erhielt und meinen Entschluß änderte. Der Gegenstand ist der „Leo-Hegelsche Streit" in bezug auf die hierüber in der Augsb[urger] „Allg[emeinen] Zeitung" erschienenen Artikel. Ich habe die Sache behandelt in anderer Weise, streng mich haltend an die Konsequenz und die Bestimmtheit der Dinge. Ich fasse d[as] Christent[um] nicht in einem so allgemeinen Sinn wie Sie und andere Philosophen und Schriftsteller überh[aupt], sondern in einem *engern*, im Sinne der Gegner der Vernunft, aber strenger, konsequenter wie sie, um ihnen dann zu zeigen, daß sie keine Christen sind und sein können, wie sie sein wollen oder sich einbilden zu sein. Hierin liegt im allgem[einen], was das Religiöse betrifft, die differ[entia] specif[ica] [der eigentümliche Unterschied] meiner Arbeit. Ich wollte daher erst anfragen ob Sie einen Artikel von dieser Art aufnehmen können. Aber um keine Zeit zu verlieren, schicke ich Ihnen gleich das Manuskr[ipt] selbst, und zwar durch die Post, so stark es ist. Werfen Sie daher erst einige Blicke hinein, um zu ermessen, ob Sie es in Ihrer Zeitschrift abdrucken lassen dürfen. Als Redakteur haben Sie Rücksichten zu nehmen, die der Herausgeber einer eignen, selbständigen Schrift nicht hat. – Wenn Sie die Arbeit aufnehmen, so können Sie den Verleger die Portokosten vom Honorar abziehen lassen; ich bemerke aber, daß ich, im Falle Sie die Arbeit konvenabel [passend] finden für Ihr Blatt, als Bedingung, unter welcher ich es zum Eigentum Ihres Verlegers werden lasse, für das Ganze wenigstens drei Karolin Honorar setze. Finden Sie diese Forderung nicht der Arbeit / / entsprechend oder den Inhalt derselben nicht Ihrer so angefeindeten Zeitschrift förderlich, so bitte ich Sie, ohne Verzug das Manuskript mir unfrankiert wieder zurückzuschicken, und zwar auf dem schnellsten Wege, der Post.

Sie würden mich verbinden, wenn Sie Ihren Verleger beorderten, auch für die drei Rezensionen des verfloßnen Jahrgangs das geringe Honorar, das diese kleine Trias zusammen machen mag, zu entrichten. Suum cuique [Jedem das Seine] ist mein strenger Grundsatz. Überdem bin ich Privatmann und Anachoret [Einsiedler], der sich Werke anschaffen muß, die andere von öffentlichen Bibliotheken beziehen. Hier ist auch das kleinste willkommen. Der Alchimist verwandelt Dreck in Gold; der Schriftsteller Gold in Lumpen, Papier.

Übrigens bemerke ich, daß unter den mir übersandten Büchern vorigen Jahres sich Gregoriis Schrift „De anima" befand. Da von dieser Schrift nichts in Ihre Zeitschrift eingeflossen – oder sollten Sie eine Anzeige wünschen? –, da ich sie nur zu meinem Privatgebrauch verwendete, so geht diese Schrift vom Honorar ab. Eine Schrift von Bauer über Sokrates, die gleichfalls mitkam, steht jeden Augenblick wieder zu Gebote. Sie ist für mich nichts. Die Schrift Bayrhoffers habe ich kritisiert, aber die Kritik – was ich Ihnen längst voraussagen wollte – hat sich unwillkürlich, aber notwendig gegen den Meister richten müssen, um die Übertreibungen des – übrigens sonst sehr achtungswerten und mit guten Talenten ausgestatteten Schülers auf einen gemäßigteren Ton, womöglich, herabzustimmen. Diese Kritik ist im wesentlichen schon längst fertig gewesen, aber die schnöden Angriffe gegen Hegel, die mich schon vor Jahren mit meinen kritischen Bedenklichkeiten in mich zurücktrieben, machten mich auch diesmal unschlüssig, ob ich sie veröffentlichen sollte. Übrigens ist es notwendig, daß die Kritik Hegels nicht in den Händen seiner Gegner bleibt, sondern in die Hände solcher übergeht, die selbst H[egel] verehren und den *guten* Geist H[egel]s / / als den Genius ihrer eignen Tätigkeit anerkennen. Notwendig ist es aber namentlich für die innere und äußerliche Förderung Ihrer Zeitschrift, daß nicht nur die *religiöse*, sondern auch vor allem die *philosophische* Freiheit in ihr vertreten werde. Ich wollte diesem Bayrhoffer z. B. nachweisen – und hatte es anfangs getan, aber dann alle satirischen Anhaltspunkte weggestrichen –, daß er alle die Superstition [den Aberglauben], die er aus der Religion glücklich hinausbringt, wieder in die Philosophie einbringt, statt der religiösen Bibel haben wir jetzt – philosophische usw. Was soll das werden? Übrigens ist meine Rezension nicht groß, obgleich [ich] sie mit leichter Mühe hätte zu einem Buch ausdehnen können. Ich schicke sie Ihnen nächstens auf Buchhändlerwege. Sie können dann tun, was Sie wollen, ob ich gleich in Ihre persönliche Freiheitsgesinnung durchaus keinen Zweifel setze. Sie haben ja selbst in Ihrer Schrift: „Preußen und d[ie] Reaktion" die Liberalität Ihrer Zeitschrift ausgesprochen.

In betreff des überschickten Manuskr[ipts] bemerke ich noch, daß Sie dasselbe, im Falle der Aufnahme, einem / / sorgfältigen Korrektor besonders anempfehlen. Die paar gelehrten Anmerkungen waren notwendig für die Tendenz der Arbeit, da historische Punkte zur Sprache kamen, übrigens nur berechnet für die selbständige Ausgabe, aber da sie nun einmal dastanden, mochte ich sie nicht streichen. Heil Dir, mutiger Kämpfer! L. Feuerbach

Bruckberg, am Aschermittwoch 39

Ja so: Lieb wäre es mir, wenn Sie die Güte hätten, mir gelegentlich auch meine letzte Rezension Ende vorigen Jahrgangs zu übersenden. Ich erhielt wohl drei Blätter, die aber offenbar einem andern galten, ob sie gleich nicht vollständig waren. /

185

An Arnold Ruge

15. Februar 1839

/ Bruckberg, 15ten Februar 1839

Verehrter Freund!

Am Abend noch desselben Tages, an dessen Morgen ich meinen letzten Brief nebst Paket an Sie abschickte, erhielt ich den vollständigen Jahrgang 1838 der „Hallisch[en] Jahrbücher“ im Auftrag der Redaktion. Ich sage Ihnen für diese Aufmerksamkeit meinen Dank und betrachte daher meine Forderung, die ich nur in der Annahme einer etwaigen Nachlässigkeit und Gleichgültigkeit von seiten der Verlagshandlung geltend machte, für vollkommen erledigt. Mehrere Artikel, die ich bis jetzt nur stückweise oder gar nicht gekannt – da sich im verfloßnen Jahre keine rechte Gelegenheit dazu in A[nsbach] fand –, haben mich bereits köstlich amüsiert.

In betreff des überschickten Manuskr[ipts] beeile ich mich noch nachträglich folgendes zu bemerken. Nehmen Sie ja keinen Anstand, mir dasselbe zurück[zu]schicken, wenn Sie irgendworan Anstoß nehmen. Ich fasse die Dinge zu determiniert auf, zu sehr im Widerspruch mit dem Zeitgeschmack in dem allerkitzlichsten Punkte, ob ich gleich in *dem* Sinne nur d[as] Christent[um] fasse, in welchem es bisher gegolten, aber eben hieraus den Widerspruch entwickle. Übrigens ist das Ganze – die applizierenden Mittelglieder abgerechnet – nur Ironie, die auch im entgegengesetzten Sinn ausgelegt w[erden] könnte. Aber daran hält sich nicht das allgemeine

Publikum. Überdem bespreche ich Dinge – was freilich notwendig war –, die nur in Beziehung auf den Miß- und Unverstand, gegen den mein Artikel gerichtet ist, aber nicht in Beziehung auf Ihre Zeitschrift und die Leser derselben, die ja so schon den wahren Gesichtspunkt von Ihnen selbst gehört haben, besprochen werden mußten. Also nur, wenn Sie nicht nur keinen Anstoß finden, sondern selbst Gefallen daran haben, nur in diesem Falle nehmen Sie ihn auf. In Annahme dieses Falles nehme ich auch meine Bedingung in betreff des Honorars zurück, mit der ich mich nur gegen die bei Buchhändlern so gewöhnliche Willkür, die aber hier nicht stattfindet, verwahren wollte. In Annahme dieses Falles wäre es aber besser, um äußerlich schon den Aufsatz den andern Artikeln ähnlicher zu machen, die minder wichtigen Anmerkungen zu streichen oder wenigstens zu kürzen. Gleich die erste könnte wegfallen, zur Not auch die über die Ketzer, die dritte über den vom Hist[oriker] inkriminierten Satz, die Anm[erkung] über d[ie] Petrefaktenkunde, die nur vorbeugen sollte den Einwürfen gewisser Frömmlinge, die sich auf die zufälligen Erträge der Bibelforschung für weiß was zugute tun und den Ungläubigen gern Unwissenheit vor//werfen; die Stelle über Tertullian über d[ie] Ehe, wo höchstens bloß die Angabe des Orts der Stelle zu bezeichnen wäre, die über die Gattungsbegriffe; die Stelle von Tauler; die über den Krieg ließe sich abkürzen, ebenso die über den Esel Bileams (sc. die Stelle aus Clericus); die Anmerk[ung] über den Priesterrock, über das schmutzige Ziegenfell des heil[igen] Antonius, die über die Unheiligkeit der Heiligkeit des Papstes und Kardinalsstands (und Beichte) dürfen wohl ganz bleiben dürfen.

Die „Professorales entremangeries" [das professorale Einanderauffressen] auf der ersten Seite werden Sie wohl nicht auf sich beziehen – in diesem Falle weg damit! – ich zitiere sie schon bereits zum dritten Mal: aber von Seite Leos war es wirklich eine Prof[essoren]-mangerie. – Auch würde [ich] Sie ersuchen, [an] die Stelle im Manuskr[ipt]: „Der Unterschied von Heident[um] und Christent[um] tangiert nicht die Philosophie. Es ist daher ein grundfalscher Zug in der Geschichte der Philosophie Hegels, daß er einen wesentlichen Unterschied macht" zu setzen: in der Geschichte *einer* Philosophie; denn ob ich gleich überzeugt bin, daß diese Abteilung, die H[egel] macht, nicht richtig ist, die er selbst widerlegt, wenn er sagt: „Höhren Idealismus als Aristoteles' Idealis[mus] gibt es nicht", daß es kein höhres und konkreteres Prinzip geben kann: als das Sich-Denken des Nous [Geistes], so paßt es doch hier nicht strenge in betreff der Folgerung, die dort gezogen w[ird]. Doch was soll ich Ihnen, die Sie so viel beschäftigt sind, solche Zumutungen machen? Was Sie plagen? Die Arbeit war einmal bestimmt, selbständig hier in *Bayern* zu erscheinen. Schicken Sie also den Bettel geradenwegs zurück. Überdem widerspricht er selbst den vorherrschenden philosophischen Überzeugungen Ihres Blattes, ohne daß doch der Widerspruch durch Begründungen hier gehoben oder gemildert werden könnte. Ich werde aus demselben Grund auch auf meinem früheren Vorhaben, meine kritischen Bedenken über Hegel nicht zu veröffentlichen, beharren, weil ich eine Antithese oder vielmehr Limitation – denn ein andres Verhältnis kann im allgemeinen eine philosoph[ische] Kritik zu einer Philosophie nicht haben – erst durch eine abhängige positive Entwicklung begründen müßte. Entschuldigen Sie meine Plackereien und tun Sie, was Sie wollen. Schließlich noch meinen Dank für Ihren frischen Antipietismus.

Der Ihrige
L. F. /

186

Von Arnold Ruge

25. Februar 1839

/ Halle, den 25. Februar 39

Verehrter Freund!

Wie sehr haben Sie mich mit Ihrem Artikel erfreut, ergötzt und glücklich gemacht. So etwas ist noch gar nicht dagewesen; jedes Wort ist golden, und dazu fassen Sie die Geschichte so ganz auf die wirksamste Weise, daß ich mir einen ganz außergewöhnlichen Eindruck davon verspreche. Die Anmerkungen schaden nichts. Sie machen die Sache nur pikanter und geben eine höchst erbauliche Sammlung auch für die Freunde der Gelehrsamkeit.

Ich habe das M[anu]sk[ript] schon nach Leipzig zum Druck befördert, und obgleich fast lauter Theologie gekommen ist, so denk' ich doch, man kann des Guten nicht zu viel tun; die

Obskuren lassen es gleichfalls an nichts fehlen. So erhielt Hengstenberg jetzt zwei Schüler mit einem Mal, und Leo sucht auch so viel als möglich von dem Samen zu plazieren. Sonnabend wird der eine wahrscheinlich disputando [im Streitgespräch] hinausgebissen. Es ist stark davon die Rede und wäre ein wahrer Sieg gegen diese Race [Brut]. Wir wollen sehn.

Ich bin sehr gespannt auf Ihre Kritik über Bayrhoffer. Allerdings ist er ein starrer Orthodox, er ist der ärgste, möcht' ich sagen. Noch jung, wie er ist, hat er sich an Hegel berauscht und weiß sich nun fürerst nur // durch blinde Verehrung Luft zu machen. Dazu schreibt er etwas pedantisch und ist ohne belletristische Kultur. Sonst ein äußerst liebenswürdiger Mann und ein rechter Verehrer von Ihnen. Er begeistert sich dann auch wieder für das Geistige und Geistreiche überhaupt, nur gegen die Positivisten hat er eine große Wut und daher Ihren Artikel (den übrigens jedermann für Ihre Arbeit erkennen will) sehr gut aufgenommen. Ich kenne ihn persönlich und bin ihm ungemein zugetan, so eine gerade, ehrliche, tapfre und wirklich philosophische Seele er ist.

Mit den preußischen Hegeliten hat es dahingegen *vielfältig* den verfluchten Haken, daß sie der Hoftheologie zum Mund reden und Wunder, Teufel, Hölle – ja sie würden das Fegefeuer demonstrieren, wenn's befohlen würde. Großes Elend, Hundenaturen! Es sind, Gott sei Dank, nicht alle, aber viele ist nicht zu wenig gesagt. Übrigens wissen Sie dies alles besser als ich es Ihnen sagen kann, ja Sie wissen auch, daß / / solche Offenherzigkeiten wie die Micheletschen enfin [schließlich] nichts besser sind als die Scholastik Göschels usw.

Sehr not tat es daher und tut es immerfort, tapfer dreinzuschlagen, von der Leber weg das Innerste herauszureden. Ich werde den alten Hegel selbst noch vorkriegen und ihm gar nichts schenken. Je mehr seine wahren Freunde die Popanzexistenz des notwendigen Pflocks wegräumen, desto mehr ehren sie ihn, und desto wirksamer werden seine Taten. Aber gut Ding will Weile haben, und ich habe nichts dagegen, wenn ich vorher Ihre Kritik des Systems lesen kann. Sie sind tausendmal gelehrter, belesener und wahrlich auch freier als ich gegenwärtig mich kenne. Lassen Sie nur bald etwas der Art heraus. Es ist ein dringendes, ja das allerdringendste Bedürfnis der Zeit. Die Ochsen stehn am Berge – wer wird den Berg wegtun oder die Simplonstraße bauen? Ohne die gründlichste kategorische Kultur und ohne die weitläufigsten Ausführungen kann es aber freilich nicht gelingen, und so ist vorläufig die Freiheit der Mangel des Aberglaubens und das Selbstdenken, was so vielen Gliederpuppen abgeht. Meinen herzlichsten Gruß und schönsten Dank. Ihre Erinnerung wegen des Honorars habe ich sogleich weiterbefördert. Es käme nur darauf an, welcher Buchhandlung O. Wigand die Zahlung aufgegeben hat. Versäumt hat er sie gewiß nicht.

Ganz der Ihrige
A. Ruge /

187

An Christian Kapp

9. März 1839

Bruckberg, 9. März 1839

Verehrter Freund!

Spät der Zeit nach, aber der Sache nach noch immer früh genug kommt hier „Bayle" an. Er ist ein reiner Anachronismus – eine Opposition. Übrigens ist er nur das Präludium zu einem größern Werke, dessen Vorarbeiten mich auch in Ihre Nähe – in das Alte Testament geführt haben. – Mehr zu schreiben verhindert mich Zeitmangel. Wir fahren sogleich nach Ansbach ab, wohin ich das Paketchen mitnehme.

Ihr alter
L. F.

188

An Arnold Ruge

2. April 1839

/ In aller Eile.

Verehrter Freund!

Eben habe ich mich überzeugt von der „Suspension" meines Artikels. Ich bitte Sie, mir offen die Gründe darzulegen und das Manuskript, dessen Inhalt ein zu singulärer ist, mir unverzüglich durch die Post zurückzuschicken. Die geringe Veränderung statt christlich „vorgeblich christlich" nehme ich Ihnen nicht übel, ob es gleich endlich not tut, die Heuchelei auch des Christentums zu entlarven.

L. F.

Ansbach, 2. April 1839 /

189

Von Arnold Ruge

4. April 1839

/ Halle, d[en] 4ten April 1839

Mein teurer Freund!

Alle Veränderungen in Ihrem anfangenden Aufsatze hat der verruchte Zensor, nicht ich, gemacht. Ich habe zu viel Ehrfurcht vor dem genialen und tief eingreifenden Ausdruck Ihrer wohlbewußten Meinung und Einsicht, als daß ich nur ein Jota hätte ändern mögen. Das Folgende haben sie in allen Instanzen gestrichen, und Wigand ist beauftragt, Ihnen das M[anu]sk[ript] zum anderweitigen Druck unter vernünftigeren Zensoren wieder zugehn zu lassen. Ich bin eigens darum nach Leipzig gereist, ich habe alle meine Verbindungen in Dresden angespannt – es wollte nichts anschlagen. In Sachsen ist es also jetzt unmöglich, Ihre höchst wichtige Broschüre zu drucken, ob es in Bayern leichter sein wird, weiß ich nicht; vielleicht wird nur die Preßfreiheit der bigotten Schweiz das Erscheinen derselben möglich machen. Der ganze Aufsatz war schon gesetzt, und ich hätte mir einen gewaltigen Effekt davon versprochen, wenn er herausgekommen wäre, eine ganz neue Basis des Streites und eine wesentlich freiere Aussicht in die streitenden Mächte des Geistes. Es ist möglich, daß Wigand Ihnen anbietet, den Verlag mit Druck in der Schweiz oder in Hamburg zu übernehmen. Wenn er es nicht tut, so wenden Sie sich wohl am besten an *Hoffmann und Campe* in Hamburg oder an *Hammerich* in Altona. Die können Ihren Auftrag entweder im „*Freihafen*" oder in dem „*Jahrbuch der Literatur*", für welches sie von mir ein Votum über die Angelegenheit // oder den Nachweis eines Sachverständigen verlangten, bei welcher Gelegenheit ich Sie und Vischer schon genannt habe. Sie müssen aber mehr Honorar fordern. Man wird sich immer noch glücklich schätzen, daß man nur was von Ihnen bekommt. Die Schicksale der Aufseher bei uns machen ihn nur noch pikanter und kostbarer; aber es ist wieder eine verfluchte Kalamität, von solchen Hornochsen abzuhängen als dieser Zensor Wachsmuth in Leipzig, der wahrlich eher in die Mühle gehörte als in die Studierstube. Wir haben nicht nur die eine ganze Woche, die schon gesetzt und fertig zum Druck war, sondern auch diese hoffnungsreiche Aussicht auf den Effekt Ihrer Arbeit verloren und wurden wirklich höchst unangenehm dadurch derangiert und turbiert [in Unordnung und Unruhe versetzt].

Ihre Rez[ension] über Bayrhoffer hab' ich immer noch nicht empfangen. Wie geht das wohl zu? Lassen Sie sich durch Ärger über die sächsische Zensur nicht abhalten, uns ferner redlich beizustehn. Seien Sie versichert, daß *ich* meinerseits nie ein Jota an Ihren Sachen ändre und auch alles aufbieten werde, den Zensor daran zu hindern, ja es ist wahrscheinlich, daß Wachsmuth durch einen anderen minder gewaltsamen Mann ersetzt werden wird. Denn // diese Verbesserung durch Ballhorn, diese gräulichen Abstumpfungen aller, auch der feinsten Pointen ist ganz unerträglich, eine wahre Sünde wider den Geist.

Wenn Sie bei Empfang dieses Briefes Ihr M[anu]sk[ript] noch nicht haben, so schreiben Sie nur an Wigand: falls er die Sache nicht in Hamburg drucken lassen wolle, so möge er sie mit meinem Antrag, den Sie eventualiter beilegen, an Hammerich oder Campe schicken. Wäre ich Ihrer Meinung in dieser Sache sicher gewesen, so hätte ich dies gleich selbst vermitteln können.

Meine besten Grüße, Sie großer und höchst liebenswürdiger Ketzer! Wann sieht man Sie mal von Angesicht? Ich kenne alle Ihre Brüder, war mit dem ältesten zusammen in jenen spaßhaften und doch ernsthaften politischen Ketzereien, namentlich an dem Tage, den das junge römische Reich in Würzburg auf dem Stein hielt, und möchte doch gern meine Bekanntschaft mit alle[n] den Feuerbächen vervollständigen. Ach, es wäre sehr gut, wenn Sie hier in Halle wohnten. Welch eine Aussicht! Ist es denn nicht möglich, Ihre Verbannung zu brechen? Ich hoffe, man ruft Sie noch mal nach Jena oder nach Preußen, wenn man erst einsieht, wieviel Schafsköpfe man hier zu viel hat.

Lassen Sie bald wieder von sich hören! Mit Sehnsucht der Ihrige Dr. A. Ruge /

190

An Arnold Ruge

13. April 1839

/ Bruckberg, Sonntag, 13. April 1839

Verehrter Freund!

Nur ein Artikel in den nichtpolitischen Nachrichten des „Corresp[ondenten] von und für Deutschl[and]", betreffend die Teilnahme des Publikums an verschiednen gelehrten Zeitungen, ist schuld daran, daß ich den wahren Grund der Unterbrechung meines Aufsatzes in Zweifel zog und mir daher eine offne Erklärung darüber von Ihnen ausbat. Es hieß nämlich in diesem aus Leipzig datierten Artikel: durch den zu lange ausgedehnten L[eo]-H[egelschen] Streit habe die Teilnahme an d[en] „Hallischen Jahrb[üchern]" abgenommen. Die Belebung derselben hänge nun von der Umsicht der Redaktion ab. F[euerbach]s Artikel „Der wahre Gesichtspunkt" sei suspendiert worden. Ich konnte mir nichts andres denken, als Sie hätten dem Interesse des Publikums und der Zeitschrift, deren Interesse ja mit jenem innig verwoben ist, meinen Aufsatz aufgeopfert. Ich war Ihnen aber hierüber nicht böse, denn ich dachte: Publikum hat nun einmal einen Dégoût [Widerwillen] gegen diese Affäre schon dem Namen nach; unvermeidlich ist auch, daß ich nicht Dinge berühre, die andere ebensogut schon gesagt haben; die Stimme des Publik[ums] *müssen* Sie berücksichtigen, also muß dem Wohl des Ganzen der einzelne geopfert w[erden]. Nur darüber war ich böse, daß Sie gerade bei einer Exposition abbrachen, die sich in den Schneckenwindungen der philosoph[ischen] Demonstration nur um einen und denselben Punkt herumdreht und deren absichtliche Breite mir nur durch die Fortsetzung in raschem Fortgang gedeckt schien. Aber wie ärgerte ich mich, daß mich ein Zeitungsartikel über die wahre Sachlage zweifelhaft gemacht hatte, als ich Ihren offnen, teilnehmenden Brief erhielt! Wie innig sprach mich – ganz unabhängig von einer egoistischen Beziehung auf meine Produkte, die Sie vielmehr mir zu überschätzen scheinen oder deren Fehler Sie wenigstens aus Liebe für die Sache übersehen – Ihr freies, anderes in seiner vollen Integrität gewähren lassendes, unparteiisch genießendes, anerkennendes Wesen an! Welch einen wesentlichen verdienstlichen Fortschritt bildet Ihre in diesem Geiste gestiftete Zeitschrift gegen die Berliner! Fast keinen Aufsatz von mir nahmen sie auf, den sie nicht erst kastrierten!

Was nun den konfiszierten Aufsatz betrifft, so nehme ich dankdurchdrungen Ihr freundschaftliches Anerbieten an. Übergeben Sie ihn dem Druck, wo es Ihnen gefällt, und fordern Sie Honorar, so viel oder so wenig als Ihnen angemessen scheint. Früher wäre wohl hier – nicht infolge größerer Einsicht und Freiheit, sondern nur infolge der Nachlässigkeit und Saumseligkeit, die teil//weise in diesen Dingen hier herrscht – einem selbständigen Abdruck des Aufsatzes nichts im Wege gestanden, aber jetzt ist es anders. Der Verstand kommt bei uns nur von außen, wie bei den Aristotelikern. Aber der Unverstand kommt tief aus dem Herzen herauf. – Belästigen muß ich Sie aber noch mit einigen Durchstreichungen. Ich habe Sie schon so geplagt, daß ich keinen Anstand mehr nehme, auch diese Plage noch zuzumuten – nämlich zu streichen an dem bereits Gedruckten, p. 491: „Es ist daher die größte Rohheit, diesen wichtigen Unterschied zu übersehen etc." bis zu: „denn diese sind es, welche den Gegensatz gegen den Glauben hervorrufen." Sätze, die lauter Konklusionen enthalten, die ich absichtlich so ausgefädelt habe, um den Leuten diesen Unterschied recht unter die Nase zu reiben, die sich aber für den Denkenden von selbst verstehen und *mir* daher überflüssig scheinen. Übrigens verlasse ich mich ganz auf Ihr Urteil, im Fall es Ihnen nicht zu langweilig ist, die Sache noch einmal durchzulesen. Von den *Anmerkungen bitte ich Sie die zu streichen, welche von mir als dem Verf[asser] der „Gedanken über T[od] und Unsterbl[ichkeit]" handelt.* Ich hatte damals noch nicht gelesen die, im Vorbeigehen gesagt, indiskrete, oberflächliche und ungetreue Skizze von K. Riedel in dem „Jahrb[uch] der Liter[atur]". – Ihre in einem frühern Brief mitgeteilte Notiz über Bayrhoffer war mir sehr lieb, denn sie bestätigte ganz d[as] Urteil, das ich aus dem Eindruck seiner Schrift abstrahierte. Die Rezension liegt aber noch bei mir, weil ich noch einige äußerliche Zutaten, die mir sehr widerlich sind und schwerfallen, eben wegen ihrer Äußerlichkeit zu machen habe, und weil ich mich in einiger Kollision zwischen Sache und Personen, zwischen Anerkennung und Kritik befinde. Ich habe – was nicht anders als notwendig war, bei meiner nur auf die

Sache, auf d[as] Prinzip eingehenden Kritik – den Bayrh[offer] dem Hegel aufgeopfert, aber ich möchte ihm zugleich meine ungeheuchelte Achtung auf eine angemessene Weise ausdrücken. Auch in betreff Hegels müßte ich, zur Verhütung von Mißverständnissen, einige Annotationen machen, und dergleichen äußerliche Dinge fallen mir, bei an sich fertigen Dingen insbesondere, sehr schwer. Indes, ich werde Sie nicht vergessen – obwohl ich bald an meine größere kritische Arbeit, von der ich Ihnen schon einmal schrieb, gehen muß. – Dem „Athenäum" habe ich einen Artikel „Über das Wunder" überschickt, der wahrscheinlich auch konfisziert wird, wenn nicht der Genius der Dummheit oder der Unachtsamkeit über ihm wacht. – Hoffentlich werden wir uns noch persönlich kennenlernen. Indes von Herzen der Ihrige

L. F.

P. S. Von Otto Wig[and] erhielt ich längst eine Anweisung, die mir ein Schwager, der Geschäfte in Sachsen hat, ausgewechselt hat. /

191

An Arnold Ruge

8./14. Mai 1839

/ Bruckberg, den 8. Mai 1839

Verehrter Freund!

Endlich schicke ich Ihnen das „Zur Kritik der Hegelschen Philosophie". Aber ich habe ganz von Bayrhoffer abstrahiert. Dies schien mir das angemessenste zu sein, wie ich meine Achtung gegen ihn ausdrücken konnte. B[ayrhoffer] ist, wie Sie selbst bemerkten, eine viel zu tüchtige philosophische Natur, als daß ich ihn nur so als Mittel, wie bei der Kritik d[er] positiven Philos[ophie] jenes, dessen Name mir eben nicht einfällt, hätte benützen können. Zugleich aber konnte s[eine] Schrift auch nicht selbst Zweck einer Kritik in meinem Sinne sein, weil s[eine] Schrift selbst nur Mittel ist, die Hegelsche Philos[ophie] zu beleuchten. Übrigens ist meine Kritik leider! nur Fragment. Der Anfang nur eilig hingeworfen, weil hier früher die Bayrhoff[ersche] Schrift figurierte und ich nun in einem andern Kreise von Gedanken mich bewege und also die Sache so ge//schwind als möglich abfertigen wollte. Auch ist meine Kritik, wie sich von selbst versteht, ganz *anspruchslos*, d. h. ich stelle sie mit aller Freiheit als ein Objekt der Kritik hin, obwohl ich im Mittelpunkt meiner Kritik mich sicher weiß. Die „spekulativen" Philosophen w[erden] stutzen, werden mir Unspekulativität vorwerfen, aber ich werde die wesentlichen Gründe meiner Kritik später noch *positiv* entwickeln und rechtfertigen. Nur ein F. habe ich untergezeichnet, aber nun gestrichen: Es macht mir Freude, mich zu mystifizieren. Übrigens überlasse ich es vollkommen dem Gutachten der Redaktion, ob sie die Arbeit aufnehmen will oder nicht.

Es sollte mir leid tun, wenn ich Sie wegen des „Leo-H[egelschen]" Aufsatzes belästigt habe. Der einfachste Weg wäre es gewesen, ihn geradezu Wigand anzubieten zum / /selbständigen Abdruck. Er nimmt sich im „Jahrb[uch] der Literatur" oder „Freihafen" nicht gut aus. Schon Ihrer Zeitschrift zuliebe sollte er nur selbständig in die Welt wandern. Verzeihen Sie die Eile. Der Ihrige

L. F.

Schon vor 8 Tagen hatte ich das Manuskript zusammengepackt und selbst mit nach Ansb[ach] genommen, um es durch den Buchhändler Dollfuß Ihnen zukommen zu lassen, als er mir bemerkte, daß er kein gesiegeltes Paket annehmen dürfe. Ich bediene mich also wieder des alten Weges, bitte Sie aber, mir gelegentlich zu sagen, wie ich künftighin meine Manuskripte Ihnen zuschicken soll: ob unter Kreuzband, oder wie sonst die übrigen Mitarbeiter aus der Ferne Ihre Arbeiten Ihnen zusenden? /

/ Haben Sie Göschels Inkarnationsschrift schon zur Kritik vergeben?

Wenn ich zwischen meiner größern Arbeit einige Pausen mache, werde ich vielleicht über eine oder einige kleinere Schriften Rezensionen machen.

Die heurigen „Jahrb[ücher]" enthalten wieder sehr wertvolle Artikel. Nur die eigentlich philosophischen sind zu hegelisch. Insofern dürfte ein solcher *para-* und *heterodoxer* Artikel wie der meinige – leider! nur nicht ausgeführt! – ganz an der Zeit und am Ort sein. Das *ἕτερον* [andere] ist das Prinzip des Lebens – d[as] Prinzip des Lebens das Prinzip des Denkens. Freundlichst grüßend

F.

14. Mai. Insofern hätte ich meine Abhandlung „L[eo]-H[egel]" zurückgewünscht – was mir erst später eingefallen – als sich gehörte, dem L[eip]z[iger] Zensor ein Notabene hinzusetzen. /

192

Von Arnold Ruge

31. Mai 1839

/ Halle, den 31. Mai 39

Lieber Freund!

Meinen verbindlichsten Dank für Ihre „Kritik der Hegelschen Philos[ophie]", die nächstens erscheint.

Mit den Hamburger Buchhändlern ist es ohnehin nichts geworden; so sind Ihre Bemerkungen gegen die Zeitschrift „Jahrbuch der Lit[eratur]" erledigt.

Dagegen erbietet sich Otto Wigand: gegen Ihr gefordertes Honorar, wenn Sie noch ein Vorwort oder Nachwort hinzufügen wollen und der Sache einen allgemeineren Titel geben, etwa „*Philosophie und Christentum*", die Broschüre in Mannheim bei *Heinrich Hoff* drucken *zu lassen*. Drei Karolin haben Sie verlangt, die wolle er *zu 20 Rtlr.* preuß. Courant rechnen und sei sehr erbötig, Ihre künftigen Schriften gegen bessere Honorare, als die dortigen Buchhändler zahlen, und unter eleganterer Ausstattung in Verlag zu nehmen, indem er sich's zur besonderen Ehre schätze, von Ihnen zum Verleger gewählt zu sein. Ich gestehe, daß ich es sehr hübsch fände, wenn Ihre folgenden Charakteristiken der bedeutendsten Philosophen unter diesen freundlicheren äußeren Umständen erscheinen könnten; namentlich ärgere ich mich immer über den lateinischen Druck und das graue Papier. Das stört mich bei dem größten Genuß, den sonst der Inhalt mit sich führt. // Nehmen Sie *Otto Wigands* Anerbieten an, so schreiben Sie ihm dies und namentlich auch den veränderten Titel, vergessen Sie dabei den Vornamen *Otto* nicht, denn es gibt noch einen Bruder von ihm, der auch Buchhändler ist und Georg heißt. Ich schicke Ihnen zum Behuf der Ausführung dieser Vorschläge das M[anu]skr[ipt].

Mit weiteren Beiträgen stehen Sie uns ja bei. Kennen Sie

die Ethik von Bayer oder ist sie schon heraus w[ie die] seltsame hochtrabend dürre Lebe[nsphilos]ophie von Gärtner? Ich schlage [Ihnen] nichts Bestimmtes vor, um Sie Ihrer Neigung zu überlassen, und hoffe bald wieder von Ihnen zu hören. Wünschen Sie einen Vorschlag, so lassen Sie mich's wissen.

Von ganzem Herzen der Ihrige
Dr. Arnold Ruge

Wollen Sie *Sigwart über den Spinozismus* vor- oder zur Veranlassung nehmen? Das Buch ist eben erschienen. Der Verf[asser] ist der alte Tübinger Seminarprofessor. /

193

An Otto Wigand

12. Juli 1839

/ Euer Wohlgeboren

haben mir durch den Herrn Dr. A. Ruge das gefällige Anerbieten gemacht, den verunglückten Artikel „Der wahre Gesichtspunkt" gegen ein Honorar von 20 Rtlr. pr. Cour. in Mannheim bei Heinrich Hoff drucken zu lassen, wenn ich der Broschüre einen allgemeinen Titel geben und sie mit einem Vor- oder Nachwort begleiten wolle. Ich habe nichts gegen diese Bedingungen einzuwenden. Den vom Herrn D[r]. Ruge vorgeschlagenen Titel „Philosophie und Christentum" finde ich passend, nur muß natürlich noch beigefügt werden: „mit Beziehung auf den Leo-Hegelschen Streit" oder „mit Beziehung auf den der Hegelschen Philosophie gemachten Vorwurf der Unchristlichkeit". Das Vorwort werde ich nur ganz kurz fassen, da das Fürwort – und welch andre Bedeutung könnte bei einem Schriftchen dieses Inhalts das Vorwort haben? – schon in der Schrift folgt, namentlich gegen das Ende hin, liegt, und die Vorrede daher, nach meiner Meinung, nur auf eine äußerliche Vorbereitung des Lesers sich beschränken muß. Die Verbesserungen, die sich bei der nochmaligen kritischen Durchsicht meiner Arbeit mir als notwendig erwiesen, habe ich, in Berücksichtigung der Entfernung vom Druckort // nicht in das ohnedem undeutliche Manuskript, sondern in die mir übersandten Druckbögen, die ich mit der größten Sorgfalt und Deutlichkeit korrigierte, eingetragen. Und so steht denn von meiner Seite dem Drucke nichts entgegen. Die Zahl der Exemplare überlasse ich Ihrem Ermessen; nur bitte ich mir einige Freiexemplare aus. In betreff des Honorars erlaube ich mir die Bemerkung, daß es mir erwünscht wäre, wenn Euer Wohlgeboren dasselbe, statt in einer Anweisung, bar, natürlich auf meine Kosten, übersenden wollten, und zwar nach vollendetem Drucke.

Euer Wohlgeboren haben sich mir zugleich auch für meine künftigen Schriften zum Verleger angeboten. Auch dieses Anerbieten nehme ich gerne an. Ich wünsche nur, daß diese kleine, aber inhaltsschwere Broschüre einen guten Anfang machen möge.

Ich schließe, indem ich mich nenne mit ausgezeichneter Hochachtung

Euer Wohlgeboren ergebenster
L. Feuerbach

Bruckberg bei Ansbach, den 12. Juli 1839 /

194

An Unbekannt

14. Juli 1839

/ Hochwohlgeborner Herr!
Hochzuverehrender Herr Hofrat!

Euer Hochwohlgeboren beehre ich mich hiemit, im Auftrage meiner Mutter und Schwestern, die sich Ihnen hochachtungsvollst empfehlen, das gewünschte Tagebuch meiner Schwester Helene Dobeneck nebst den noch vorhandnen Briefen derselben und einer Bibel zu übersenden und zugleich anzuzeigen, daß die Bürgschaftsangelegenheit sogleich nach unsrer Rückkunft besorgt wurde, und zwar der Herr Bankier G. F. Barrier in Stuttgart die Order erhalten hat, die vierteljährigen Vorauszahlungen für uns zu leisten. Hoffentlich werden daher jetzt Euer Hochwohlgeboren die Bürgschaftserklärung des Herrn Bankier in Händen haben.

Indem ich mich hiemit des Auftrags der Meinigen entledigt habe, nehme ich mir die Freiheit, in betreff meiner Schwester Helene einige Worte aus eignem Antriebe beizufügen. Mir als ihrem Bruder, der ich genau ihren Charakter kenne, der ich in frühern Jahren ebenso von ihr geliebt wurde, als ich sie liebte, der ich selbst eine Zeitlang ihr Lehrer war, der ich schon bei ihrer ersten Krankheit Gelegenheit hatte, sie zu beobachten, // und damals, der Verzweiflung der Meinigen zum Trotz, schon bei ihrem ersten Anblick ihre Wiedergenesung als unbezweifelbar verkündete, werden Euer Hochwohlgeboren diese Freiheit nicht übeldeuten. Im Gegenteil: Ihre rühmlichst bekannte Einsicht und Ihre Persönlichkeit, die ich selbst die Ehre hatte kennenzulernen und die mir sogleich Vertrauen einflößte, bürgen mir dafür, daß Sie die Stimme des Bruders freundlich aufnehmen werden.

Die Veranlassung, mich auszusprechen, gibt mir die Bibel, deren Übersendung Euer Hochwohlgeboren meiner Schwester Elisa anbefohlen haben. Was ich aber zu sagen habe, ist in kurzem folgendes. Ein so wirksames Heilmittel die Religion bei vielen Gemütskranken sein mag, so glaube ich doch kaum, daß bei meiner Schwester Helene je wieder die Religion, wenigstens in der Form des alten Glaubens, einen entscheidenden Einfluß gewinnen wird. Meine Schwester hat das religiöse, und zwar das biblisch religiöse Prinzip mit aller Konsequenz und Wahrhaftigkeit eines charaktervollen Menschen bereits in sich durchgeführt. Nicht uninteressant wird es bei dieser Gelegenheit Euer Hochwohlgeboren sein zu erfahren, daß drei ihrer Brüder dasselbe religiöse Prinzip in der nämlichen, natürlich durch den Sexualunterschied modifizierten Weise in sich durchlebten. Alle drei waren, ganz im Widerspruch mit dem juridischen Geist, der seit dem siebzehnten Jahrhundert über die Familie herrschte, in ihrer Jugend Theologen mit Leib und Seele. Aber in allen dreien war die positive Religiosität nur Durchgangsmoment. Der eine fand sein Heiligtum in der Kunst, die andern in der Wissenschaft. Bei dem Charakter meiner Schwester ist der Schluß von den Brüdern auf die Schwester gewiß nicht zu gewagt, wenn nicht anders – im Verhältnis zum weiblichen //Leben zu spät die religiöse Richtung unsrer Zeit sich ihrer bemächtigt hat, und wenn nicht ein körperliches Leiden, als der wahre Sitz ihres Übels, ihren Geist niederbeugt. Die religiöse Richtung war allerdings nicht der Grund des jetzigen Zustands meiner Schwester, aber sie war doch wenigstens nicht imstande, sie vor diesem Zustande zu bewahren. Die größte Macht äußert die Religion über den Menschen, wo sie plötzlich als eine noch unbekannte, neue Macht über den Menschen kommt. Und als eine solche lernte meine Schwester ihre Macht kennen. Unvergeßlich ist mir der Moment, wo sie mir nach ihrer Heimkehr aus der Schweiz unter Tränen und Schluchzen ihre innere Bekehrung und Umwandlung erzählte. Findet meine Schwester nicht, um mich so auszudrücken, eine neue Art der Religiosität, findet sie diese nicht in rein menschlicher, praktischer Tätigkeit und Liebe – was ist dann noch zu hoffen? Doch ich beruhige mich in dem vollkommnen Vertrauen auf die ärztliche Erfahrung und Weisheit Euer Hochwohlgeboren.

Indem ich schriftlich noch einmal meinen innigsten Dank ausspreche für die freundliche, nachsichtige Aufnahme, die Sie uns geschenkt haben, und mich Ihnen und dem Herrn Doktor bestens empfehle, habe ich die Ehre, mich zu unterzeichnen mit ausgezeichneter Hochachtung und Verehrung

Euer Hochwohlgeboren gehorsamer

Bruckberg bei Ansbach, den 14. Juli 1839 /

195

An Julius Frauenstädt

10. August 1839

/ Bruckberg, den 10. August 39

Hochzuverehrender Herr!

Wenn Sie erst jetzt meinen Dank für die freundliche Mitteilung Ihrer Schrift: „Die Freiheit des M[enschen] und d[ie] Persönlichk[eit] Gottes" erhalten, so hat dies nur darin seinen Grund, daß ich auch jetzt erst, wo ich eine kleine Pause mache in meinen zeitherigen Beschäftigungen, dazu kam, Ihre Schrift mit Muße durchzulesen, und ich keinen Dank aussprechen wollte, der sich nicht auf Einsicht und Urteil gründet.

Ich habe Ihre Schrift mit vielem Interesse gelesen. Besonders haben mich die polemischen Artikel, die sich durch das Ganze hindurchziehen, angesprochen. Was Sie als Grundcretum [Grundentscheid] des „Systems der Freiheit" bezeichnen, ist ganz auch meine Ansicht. Die Weise, wie Sie den Zwiespalt zwischen Wille und Intelligenz heben (p. 33), finde ich ebenso berücksichtigungswert, wie das, was Sie auf der nächstfolgenden Seite über die Bequemlichkeit sagen, die etwas nur von den Dingen als solchen gelten läßt, im Besonderen aber eine Ausnahme macht. Ich selbst // bin früher, wenigstens bei gewissen Materien in diesen Fehler geraten, bin aber der Überzeugung, daß man gerade den entgegengesetzten Weg gehen müßte, nämlich jeden Gedanken im Besondern zu erfassen und darzustellen – das Allgemeine ergibt sich dann von selbst. Was Ihre erste Antinomie betrifft, so könnte man allerdings Ihnen vorwerfen, daß Sie das Ich ganz im Fichteschen Sinne nehmen, also in einem Sinne, in welchem von einem „erschaffnen Ich" auch nicht im entferntesten mehr die Rede sein kann. Vielleicht war aber Ihre Tendenz keine andere als eine ironische, nämlich durch diesen unauflöslichen Widerspruch entweder zur Aufgebung der Vorstellung der Erschaffung oder zur Aufgebung des Ichs in diesem Sinne wenigstens zu nötigen. Indes, wenn man auch von dem Fichteschen Ich abstrahiert und statt dessen (im Sinne der Alten) Wesen oder Seele substituiert – die Antinomie bleibt oder ist wenigstens nicht so leicht und nicht auf die Weise // zu lösen, wie Gabler tut. Schon bei den Leibnizschen Monaden haben wir ja dieselbe, und zwar unauflösliche Schwierigkeit, doch ist der Begriff der Monade nichts weiter als der eines selbständigen Wesens überhaupt. Vollends aber wird die Antinomie gerechtfertigt, wenn man statt Ich den freiern Ausdruck Geist setzt oder beide identifiziert, und da stimme ich Ihnen ganz bei, wenn Sie sagen, „endlicher Geist ist ein Widerspruch", d. h. in meiner Sprache etwas an und für sich Unvernünftiges, Undenkbares. Vom endlichen Geist ist nur ein Schritt zum *Geister-* und Gespensterreich. Der endliche Geist kann nicht Einer oder Eines sein; es ist notwendig, daß er einen Plural hat. Aber im Begriffe der Vielheit liegt, wie die Peripatetiker richtig sagten, der Begriff der Materie. Der endliche Geist – eine übrigens uns sehr geläufige Redensart – ist daher so ein blaudunstiges Wesen als die Seele, wie sie uns Tertullian irgendwo beschreibt. Was Ihre zweite Antinomie: die Unvereinbarkeit der absoluten Persönlichkeit mit der Persönlichkeit des M[enschen] betrifft, // so stimme ich auch hierin Ihnen bei, nur daß ich den Widerspruch schon ganz in die „absolute Persönlichkeit" selbst hineindränge und diese und ähnliche Fragen und Antinomien auf eine von der spekulativen Theologie unsrer Religionsphilosophie, selbst Hegel mit eingeschlossen, sehr verschiedene

Weise behandle, indem mir nur Phänomen ist, obwohl wohlbegründetes, was jenen res [Sache] ist. /

196

An Otto Wigand

13. August 1839

/ Euer Wohlgeboren

freundliches Schreiben erwidernd, zeige ich Ihnen an, daß ich bereits nach Mannheim die Broschüre abgeschickt habe, ausstaffiert mit noch einigen Anmerkungen, einer den Leser auf den Inhalt vorbereitenden *Vorrede*, und mit dem Ihnen bereits angezeigten Titel: *„Über Philosophie und Christentum, in Beziehung auf den der Hegelschen Philosophie gemachten Vorwurf der Unchristlichkeit", von L. F.* Die Anzahl der zu druckenden Exemplare stelle ich bei dieser kleinen Broschüre ganz Ihrem Gutdünken anheim; nur ersuche ich Sie um einige Freiexemplare für mich. Sollte etwa die Broschüre eine zweite Auflage erleben, so verlasse ich mich gleichfalls ganz auf Ihre rechtliche Gesinnung.

Schließlich ersuche ich Sie noch, dem Buchdrucker *Korrektheit* des Drucks anzubefehlen, und wünsche Ihnen den besten Erfolg.

Hochachtungsvoll Euer Wohlgeboren ergebenster
L. Feuerbach

Bruckberg, den 13. August 1839 /

197

An Wilhelmine Feuerbach

11. September 1839

/Liebe Mutter!

Wenn Elise nicht hier gewesen wäre, so würdest Du natürlich aus meiner eignen Hand die Anzeige von der Entbindung meiner Frau und Nachrichten von ihrem Befinden erhalten haben, ob es mir gleich schwer gewesen wäre, in diesem Wirrwarr von Angst und Freude, in dem ich mich zeither befand, die Feder zu führen. Auch gegenwärtig ergreife ich nur die Feder, um Dir zu sagen, daß ich den Tag nicht erwarten kann, wo Du uns mit Deiner Gegenwart erfreuen und an unserm Glücke persönlichen Anteil nehmen wirst. Das Kleine wird Dir gewiß große Feude machen: Es ist ein allerliebstes Kindlein und bis jetzt wenigstens von der besten Aufführung, es trinkt wacker und schläft fast den ganzen Tag. Auch Bertha befindet sich wohl. Sie war heute schon einige Augenblicke außer dem Bette. Nur die magere Diät will ihr nicht behagen. Doch tritt auch hierin Heidenreichs Erlaubnis zufolge heute schon einige Erleichterung ein. – Für das wunderschöne Taufzeug sage ich Dir auch von meiner Seite den herzlichsten Dank. – Zur Taufe wird Dich der Wagen von hier abholen. Doch das Nähere hierüber wird Dir Elise schreiben. – Den Fritz habe ich an der Kirchweih recht vermißt. Er hätte ohne alles Bedenken kommen können und sollen. Auch jetzt noch ist er // jeden Tag uns willkommen. Ich grüße ihn und Lore herzlich. In der Hoffnung eines baldigen freudigen Wiedersehens

Dein Dich innig liebender Sohn
Ludwig

Bruckberg, den 11ten September 1839 /

198

An Christian Kapp

25. Oktober 1839

Bruckberg, den 25. Oktober 1839

In Eile und Zerstreuung, verursacht durch Bruder Eduard, der gestern von Erlangen zu Pferd hier ankam, morgen aber schon wieder fort will. Er grüßt freundlich.

Teurer Freund Kapp!

Am letzten Tage Deines Hierseins suchtest Du nach einem Stocke, um mich zu prügeln; und zwar wegen der löblichen Äußerung eines ebenso löblichen Zweifels in betreff der Wahl – oder Unanständigkeit eines eselsgrauen Jagdrockes in der Nähe eines Professors der Philosophie. Jetzt aber hat sich das Blatt gewendet, jetzt sollte ich den Prügel anwenden. Da Du aber leider! zu weit von mir entfernt bist, sehe ich mich genötigt, den Pfeil des befiederten Gänsekiels gegen Dich abzuschießen, und zwar wegen der unziemlichen Äußerungen, die Du in Deinen beiden an mich gerichteten Briefen getan. Wie kannst Du Dir einbilden, daß ich imstande bin, eine *Kritik* Deiner universellen Leistungen zu machen? Wie mir zutrauen einen solchen Miß- und Fehlgriff, daß ich urteile über Dinge, in denen ich weniger als ein Abc-Schütz bin, wie nur gar davon reden, daß Du – selbst der tote Buchstabe errötet ob solchen Wortes – meiner Kritik unwert seist? Mein Wissen, lieber Freund, mein Leben, meine Anschauung verhält sich zu Deinem Leben, Deinem Wissen, Deiner Anschauung gerade so wie die Haßlach, die vor meinen Augen vorbeizimpert, sich zum Neckar oder Rheinstrom, der vor Deinen Füßen vorbeirauscht, verhält, wie die Bruckleiter zum Königstuhl, wie die Bruckberger Wassergasse zur Bergstraße. Kaum warst Du fort, als ich dem Freund zuliebe und meiner zeitherigen und gegenwärtigen Tendenz und Aufgabe zum Trotz „Italien" vornahm. Ich ging die ganze Schrift von Anfang bis zu Ende – die wohlbekannte – noch einmal langsam Schritt für Schritt mit den wachsamen Augen des Kritikers durch; aber das Endurteil war: Ich würde mich nicht weniger wie den Verfasser blamieren, wenn ich die Kritik einer solchen großen, trefflichen, auf Anschauungen, die mir fehlen, aber wesentlich, unerläßlich sind zur Würdigung der Schrift, beruhenden Arbeit unternehmen wollte. Was also der Bruckberger Philosoph in Beziehung auf die bewußte Schrift, die, obwohl einfach und in einem gemäßigten Tone geschrieben, insofern lobenswürdig, an und für sich selbst kein Gegenstand der Kritik ist, weil sie keine Geschichte, sondern eine Chronik ist, von Deinem literärischen curriculum vitae [Lebenslauf] tun konnte und tat, war: „mit wenigen Worten aufmerksam zu machen auf die Bedeutung eines Mannes, der usw., und zwar auf Veranlassung vorliegender Schrift". Zu einer Kritik, die auch nur *einigermaßen* meinem Sinn und meinen Anforderungen entspräche, brauchte ich zum allerwenigsten ein ganzes Vierteljahr – und zwar dieses auch nur zu den Präparaten, den Vorstudien zu der Arbeit selbst. Aber solcher Zeitaufwand wäre jetzt eine gesetzwidrige Handlung gegen die Notwendigkeit der Vollendung und Aus- oder doch wenigstens Weiterführung meines bewußten

Themas – das übrigens im Vorbeigehen gesagt, kein nur negatives, sondern kritisches, d. i. zugleich positives ist – und sie würde daher auch keine fruchtbringende sein, weil mir der Genius der Gewissensruhe fehlte. Aber nicht nur an Zeit – auch an literarischen Mitteln fehlt es mir. So vermisse ich schmerzlich bei Deinem „Vulkanismus" Leonhards Basalt-Werk. Es ist unerläßlich zum Verständnis, wieviel mehr zur Würdigung Deiner Schrift. Ob ich mich gleich von der Nichtigkeit und Albernheit der Rezension durch diese selbst, wie überhaupt von der Abgeschmacktheit des Neptunismus ohne sinnliche Anschauung dennoch anschaulich überzeugte, so hat doch Deine Schrift – aus dem einfachen Grunde, weil sie kein Abc-Buch oder auch kein Katechismus der Geologie ist, sondern schon gemachte Geologen voraussetzt – mir mehrere Erscheinungen, auf die die Neptunisten verstockten Sinnes pochen, nicht vollständig erklärt, so z. B. die, daß die Schichten plutonischer und neptunischer Gebilde miteinander abwechseln, die Schichten durch den Basalt nicht verändert sind, obgleich Du mehrmals auf diesen Punkt zu sprechen kamst. Kurz, ich vermißte zum Verständnis mehrerer spezieller geologischer Punkte Deiner Schrift ein ausführliches Wort über den Basalt. In meiner und der noch in Fragmenten übrigen Bibliothek meines Schwiegervaters Löw fand ich nichts als in Crells „Annalen für die Chemie", außer einigen unerheblichen Notizen und Studers „Analyse des Wassers im Basalt", eine Beschreibung von dem Vorkommen des Basalt in Schottland, die mir sehr zustatten kam, indem sie auf die anschaulichste und unleugbarste Weise die Verwüstungen durch Feuersgewalt darstellt. Du siehst hieraus, wie ich mich auch bei dieser Verzichtleistung auf eine Kritik dennoch gründlich bemühte, mir die zum Verständnis und zur Würdigung Deiner Schrift nötigen Kenntnisse zu erwerben. Aber auch zu Deinen anderen Werken fehlt es mir an literarischen Mitteln. Das einzige also, was ich tun konnte, ohne mir eine Blöße zu geben – nicht in den Augen der Welt, denn ich trete anonym auf, sondern in Deinen und meinen Augen –, war, das zu beurteilen, was ich beurteilen kann, den Charakter, die geistigen Eigenschaften Deiner Schriften herauszustellen. Ich beschränke mich hiebei jedoch nur auf den „Vulkanismus" und „Italien". Vorher berühre ich die Schriften Deiner ersten Periode, die ich tadle, aber zugleich suche ich ihre Bedeutung zu bestimmen, ihre Mängel aus

Deinen positiven Eigenschaften abzuleiten. Übrigens bin ich mit dieser Partie gar nicht zufrieden. Ich halte mich hier in zu allgemeinen Ausdrücken, die Charakteristik ist hier oberflächlich; ja vielleicht findest Du sie nicht ganz richtig oder gar falsch, aber ich konnte hier nicht spezieller eingehen, weil ich sonst auch auf die geologischen, ästhetischen und historischen Arbeiten spezieller hätte eingehen müssen. Nur wo das vulkanische Element und der italienische Himmel angeht, da wirft ein Feuerbach den Neptunisten heißgebackene Fische, aber nur kleine Grundeln ins Maul und dem boshaft krittelnden Ästhetiker einige kalzinierte Ohrfeigen in die Fratze. Kurz, ob ich gleich drei Wochen auf die Studien Deiner Werke, inbegriffen der Arbeit, verwandte, so ist doch wie gewöhnlich das Resultat sehr kurz ausgefallen. Aber den Zweck, Deine Bedeutung den Leuten kräftig unter die Nase zu reiben, wird es hoffentlich nicht verfehlen. Ich schicke das kleine Geschöpf in die „Hallischen Jahrbücher für deutsche Kunst und Wissenschaft". Ich werde mir ein doppeltes Exemplar ausbitten. Nimm also mit wenigem vorlieb, nimm den Willen für die Tat. Deiner lieben Frau und Dir die herzlichsten Wünsche und Grüße auch von meiner Frau, die nicht schreiben kann, durch das Kind zu sehr in Anspruch genommen.

Dein
L. F.

199

Von Christian Kapp

Ende Oktober/2./14. November 1839

Heidelberg, Ende Oktober 1839

Maxime Ludovice [Erhabener Ludwig]!

Wo beginne, wo ende ich – rapit in medias res [mit der Hauptsache anfangen] –, ich will nur gar nichts sagen. Da kommst Du und ich am schnellsten weg! – Dein Humor, die Privatherrschaft der Philosophie, überflügelt mich! Meinen Dank für Deine Güte kennst Du voraus; ohnmöglich konntest Du im Ernste glauben, daß die gespießte Sphinx Atropos = Anthropos [der Mensch] – (meine Wenigkeit) Dir zumute, eine förmliche Leichenrede ihr zu halten oder eine descriptio philologico-critica [kritisch-philologische Beschreibung] dieses Zoon [Wesen⟨s⟩] zu liefern! Jedes Wort, das aus Deinem Munde über mich kommt, ist mir ein λόγος [Wort] kritischer, d. h. freier Liebe, eine Welt auf Selbsterkenntnis führender Wissenschaft! Wie könnte ich Dir danken? Aber da parva licet componere magnis [Kleines mit Großem verglichen werden darf], so vergönnt sich meine sphinxische Parze, bloß um guten Willen einstweilen an den Tag Dir zu legen, heute an Herrn Schweizerbart zu schreiben, um wo möglich die einzelnen Bogen der verschiedenen Jahrgänge des „Jahrbuchs", das bei ihm erscheint, zu erhalten, worin Abhandlungen von mir stehen. Kann ich sie erhalten, so werde ich sie Dir übermachen, nicht um damit Dich zu quälen, nur um Dir meinen guten Willen zu zeigen, der in diesem Augenblick weiter nichts kann.

Die erwähnten geologischen Probleme hatte ich einer Abhandlung für das „Neue Jahrbuch" vorbehalten, die mir aber für dieses zu groß wurde und doch nicht der Mühe wert schien, einen Buchhändler für sie zu ermitteln. Auch in der Abhandlung „Über das erste Lebensalter der Erde" und über einzelne Felsbrüche im „Neuen Jahrbuch" habe ich daher teils nur gelegentlich, teils nur ganz speziell darüber mich ausgelassen. Die Sache ist nämlich ganz einfach: Ich lege zu diesem Behuf entweder hier oder zu der Sendung ein Blättchen bei, was Du vielleicht lesen magst, wenn es lesbar ist. Sehr dankbar bin ich Dir aber auch für diese Bemerkung. Ich dachte mir bei der Arbeit die Sache viel zu deutlich und berührte sie darum nur in Bildern, z. B. in dem Bilde mit dem Knopfe, mit dem Schuß durch das Fenster usw. Ich hätte mich entschieden ausführlicher darüber erklären sollen.

Eben erfahre ich durch meine Schwester aus Moskau, daß dort mein „Italien" in Auszügen ins Russische übersetzt und daß diese Übersetzungen mit Beifall aufgenommen worden seien. Ohne Zweifel hat Vetter Erhard Göring diese Übersetzungen gemacht oder veranlaßt.

Zugleich bin ich dem Verfasser der Broschüre über mich etwas näher auf der Spur; nur halte ich es für unzart, diese Spur ganz zu verfolgen, weil der Verfasser sich selbst nicht genannt hat. Der Schulwitz des Neides, der Stubengelehrsamkeit und Zünftelei wird indes hier so arg, daß ich am Ende vielleicht noch – was Gott verhüte – genötigt werde, öffentlich selbst ein Wort zu sagen. Die Theologaster ließen nämlich durch Rau bei Hechtfischer anfragen, ob er der Verfasser, und da dieser die Schrift wohl lobte, aber erklärte, daß sie nicht von ihm herrühre, so hat nun diese Zünftlerbrut nichts anderes zu tun als das Niederträchtigste, nämlich mich selbst für den Verfasser zu erklären, für meinen eigenen Lobredner. Das ist echte Theologie, ganz im modernen Schnitt mit Frack und Gesetztafel statt eines Träufeltuches oder Schlappers als Brustlatzen! Diese Schleicher operieren mit der geschicktesten Manier selbst unter den Studierenden und suchen alles daran zu setzen (glatt und bedingt zu sprechen gewohnt), daß ich keine Zuhörer bekommen soll. Dafür ist ihnen kein Mittel zu schlecht, ja das schlechteste ist ihnen das liebste, und das ist der Humor davon. Mir ist es völlig eins, es komme, wie es wolle. Geistig und irdisch auf eigene Füße gestellt, lasse ich, ohne nur ein Wort darüber fallen zu lassen, die Kätzchen mir um die Füße spielen und werde schweigen, solang das Schweigen kein Unrecht ist. Roßhirt von katholischer, Umbreit von protestantischer Seite schielen in freundlicher Miene mit Seelenangst auf den Ketzer, kostbar verzwickte Gesichter, gotische Fratzen am Tempelbau meines Lebens. Doch genug! Wir beide haben keine Zeit, an persönliche Beleidigungen, die wir erfahren, zu denken. Denken wir stets und desto ungeteilter an höhere Interessen! –

2. November

Glaube mir, ich weiß die Größe des Opfers zu würdigen, daß Du meinetwegen Deine tiefgreifende Arbeit, die keine Unterbrechung duldet, dennoch unterbrochen hast. Ich sage Dir aber nichts darüber. Donnerstag, den 7., werde ich zu lesen anfangen. Den Schluß meiner Vorlesung wird Dein Name bilden, der einzige, der nach Hegel noch genannt werden darf. Im Lauf der Vorlesungen kommt er ohnedies vor. –

14. November

Meine Zuhörer sind bis jetzt voll Teilnahme. Das ziemlich große Auditorium ist immer gedrängt voll, immer stehen bis jetzt noch viele, die keinen Platz finden. Der Beifall ist zu groß für den Anfang. Ich hätte lieber allmählich steigende Teilnahme. Mehrere sind indessen von der Sache ganz erfüllt. Es kommen noch immer neue dazu, heute mehrere Privatdozenten.

Der Neid der Theologen spannt alle Segel auf, Erdmann hierher zu bringen. Der Beifall, den ich finde, läßt sie das Äußerste wagen. Seelenangst liegt ihnen heiß auf den kalten Gesichtern, den Armen. Wärest Du nur hier!

200

An Arnold Ruge

4. November 1839

/ Sie erhalten hier, werter Freund, eine Kleinigkeit von mir. Ihr Gegenstand ist Chr. Kapp. Die spätern Leistungen dieses Mannes auf den verschiedenartigsten Gebieten des Wissens, nebst seinen trefflichen persönl[ichen] Eigenschaften, die ich aus vieljährigem Umgange kennenlernte, hatten in mir längst den Entschluß erzeugt, in Ihrer immer mehr an Bedeutung und Interesse gewinnenden Zeitschrift denselben in das gehörige Licht zu setzen. Das sollte jedoch erst zu einer Zeit geschehen, wo ich mit Behaglichkeit über die verschiedenen Gegenstände der K[app]schen Schriften mich ausbreiten könnte. Die kleine Schrift: „Dr. Chr. K[app] etc.", auf welche ich hier Bezug nehme, hat jedoch wider Willen schon jetzt mir die Zunge gelöst, aber deswegen auch nur einen Abortus veranlaßt. Statt eine kritische Würdigung seiner sämtlichen Werke zu geben, werfe ich nur einen flüchtigen Blick auf seine frühern literärischen Sünden, gebe ich nur einige allgemeine Züge s[einer] geistigen Persönlichkeit und mache schließlich nur auf seine letztern größern Werke: „Vulkanismus" und „Italien" aufmerksam. – Erlauben Sie mir hiebei eine Bemerkung. In Erlangen, wo ich vor einigen Tagen mich auf einige Stunden aufhielt, erfuhr ich aus dem Munde eines Freundes, daß die Gemeinheit der Heidelberger Professoren dem K[app] die Gemeinheit aufbürdet, selbst die eben zitierte Schrift verfaßt zu haben. Wer der Verf[asser] ist, weiß ich nicht – offenbar ein Bekannter K[app]s, aber ein jüngerer, aber so viel weiß ich bestimmt, daß K[app] nicht der V[erfasser] ist. Überdies bemerke ich, daß mein Verhältnis zu K[app], wie alle meine literärisch freundschaftl[ichen] Verhältnisse, ein durchaus freies, kritisches ist, und daß mir die Wahrheit höher steht als die Freundschaft. Meinen Namen wünsche ich nur deswegen nicht gedruckt, weil es der Gemeinheit der Masse ein ewiges Rätsel bleibt, wie man Wahrheitsliebe mit Freundesliebe verbinden kann. Aus den lobens//werten, ja großen Eigenschaften, die ich hier an K[app] hervorhebe, kann ein konsequenter Denker übrigens mit leichter Mühe seine tadelnswerten folgern. Ein andrer Grund der Anonymität ist, daß ich mir nicht genügte und nicht genügen konnte, weil ich nach vielfältigen Zerstreuungen und Unterbrechungen endlich mein bewußtes Thema wieder aufnahm und jede andre Arbeit daher nur als ein hors d'œuvre [Beiwerk] betrachten muß.

Aus demselben Grunde bedauere ich auch, Ihren Antrag, Schleiermachers „Gesch[ichte] d[er] Philos[ophie]" zu rezensieren, für jetzt wenigstens, nicht annehmen zu können. So viel ich mich auch beschäftigt habe mit Geschichte d[er] Phil[osophie], so würde es mir doch zu viel Zeit kosten, zu sehr die gegenwärtigen Pläne und Richtungen meiner Denkmaschine unterbrechen, wenn ich mich mit einem solchen philologisch-akkuraten Denker ins Gleichgewicht setzen wollte. Meine Interessen gehen weit über die Grenzen der Fachgelehrsamkeit hinaus, und während ich daher in dem einen mich bereichere, verarme ich um ebensoviel in dem andern oder beschränke mich wenigstens nur auf d[as] Wesentliche. Auch drängt es mich mehr zu den Materien hin, die unmittelbar in die Lebensfragen der Gegenwart eingreifen, zugleich aber ein philos[ophisches] Interesse haben. Wasser auf meine Mühle war darum der Leo-H[egelsche] Skandal, und ich selbst bedauere daher, daß diese Arbeit nicht in Ihrer Zeitsch[rift] erschienen. Aber kommt Zeit, kommt Rat. Ich vergesse Sie nicht. Data occasione [Zu gegebener Zeit] werde ich aus meiner Obskurität wieder hervorbrechen.

Hoffentlich wird O. Wigand mir, wie ich mir ausbedungen, einige Exemplare von dem „Philos[ophie] und Christent[um]" * nebst dem unbedeutenden Honorar baldmöglichst zusenden.

Sollte nach Abzug der Kosten meines Exemplars der „Hallischen Jahrbücher" noch etwas Honorar für mich übrigbleiben, so ersuche ich Sie, gegen das Ende des Jahres mir dasselbe zusenden zu lassen.

Ich verbleibe mit freundschaftl[icher] Gesinnung Ihr

L. Feuerbach

Bruckberg, 4. November 1839

N[ach]sch[rift].* Es soll mich freuen, wenn in Ihrer Zeitschr[ift] diese pièce fugitive [geflüchtete Schrift] zur Sprache kommt, wenn auch zu völlig freier und rücksichtsloser. Der gestern gelesene: „Streckfuß von einem Würt[temberger]" hat mich innig erfreut, ob ich gleich wünsche, als ein Verehrer Pr[eußens], daß d[ie] Einschränkung der Redaktion sich besonders hinführe, bestätigen möge. Auch das „Manifest" ist ein sehr zeitgemäßer und interessanter Artikel. Allem kann ich nicht beistimmen. Vorzüglich finde ich Novalis behandelt. /

201

Von Arnold Ruge

12. November 1839

/ Halle, den 12ten November 1839

Soeben, lieber Freund, erhalt' ich Ihren Brief und Beitrag über Kapp, womit Sie uns eine große Freude, wie immer, bereiten. Sie glauben nicht, wie schwierig es ist, gute Sachen zu extrahieren, d. h. Beiträge von Leuten wie Sie und Strauß, Vatke, Georgii. Alles von Euch vieren macht Effekt und rückt den Wagen der Literatur ein Stück Weges weiter. Nun steht die Sache so, daß alle Anregung durchgreifend freier Bandagen in Preußen wenigstens an unser Journal gebunden ist. Ich freue mich daher ungemein, daß Sie daran so aufrichtigen Anteil nehmen; ja, ich gehe noch weiter, ich bitte Sie, diesen Anteil sich zu einer rechten Herzens- und Gewissenssache zu machen, denn wahrlich, wir haben ein solches Organ sehr not. Erinnern Sie sich, daß wir alle, ich selbst und Echtermeyer nicht ausgenommen, Private sind. Selbst Vatke ist nur halber Staatsdiener, ohne Besoldung und auf das Vermögen seiner Frau angewiesen. Gleichwohl ist die freie Richtung der Philosophie so unendlich wichtig für die geistige Förderung der Zeit, wozu den Gegnern alle möglichen Ämter und staatlicher Vorschub geleistet wird. Es bleibt nur die Literatur und in der Literatur die wirksamste Form der fermentierenden Öffentlichkeit, die „Jahrbücher". Diese brauchen sehr nötig tätigen Beistand, und ganz besonders auch von Ihnen, um sich frisch und auf dem einmal erreichten Niveau zu // erhalten. Es ist mir daher eine große Freude, daß Sie Lust haben, in die Lebensfragen der Gegenwart mit einzugreifen. Da bitt' ich Sie denn dringend, sich folgendes recht angelegentlich zu überlegen:

1. Sehr wichtig ist jetzt die *politische Doktrin*, welche von von Haller ausgeht, in dem späteren Schelling und Friedr[ich] v. Schlegel, Gentz, Ad[am] v. Müller usw. ihre Akkompagnements [Begleitungen], in Leo und dem „Polit[ischen] Wochenblatt" ihre Nachtreter gefunden hat. Es wäre von unendlicher Wichtigkeit, dem alten Saumagen von Haller mit aller möglichen Satire und Verachtung gleich Bachmann zu Leibe zu gehn und würde einen ungeheuren Effekt machen; etwa unter dem Titel: Von Hallers Doktrin und seine Anhänger oder *Von Haller und die Hallerianer*, eine politische Charakterzeichnung. Die ganze Aristokratie steckt bis an den Nabel in diesem Schweinestall, und wenn er ausgemistet wird, so kommen sie alle mit auf die Schaufel, ein ganz unberechenbares Verdienst! Zugleich sind die Bezüge, Hallers Übertritt und Aufnahme unter die Jesuiten, sein Amt unter den Bourboni und seine Absetzung durch die Julirevolution, enfin [schließlich] seine Polemik gegen die Reformation, weil sie zur poetischen Freiheit führe, von der äußersten prototypen Wichtigkeit, auch die literarische Durchsäuerung mit der dummen, frommen, pfiffigen, spitzbübischen Doktrin ein Phänomen in unsern protestantischen Staaten, das sich gewiß furchtbar rächen wird. Überlegen Sie // sich dies. Sie können damit viel Gutes stiften. Leo ist in dem alten Schweizerreich schon ganz drin, seine Physiologie des Staates riecht ganz nach seinem Kuhstall. Leo selbst wollen wir eine Weile laufen lassen.

2. Gefällt Ihnen dies nicht, obgleich ich die Sache für sehr geeignet hielte, einen gewaltigen Streich gegen die Wölfe in Schafskleidern und gegen die Wölfe als solche zu führen – aber gefällt Ihnen der ebenso dumme Haller nicht zu einer neuen klassischen Bachmanniade, so ist da *Adam Müller*, dessen gesammelte Schriften, Band I mir neu zugehn. Dieser ist pikanter und kann gleichwohl für das ganze Geschlecht gelten. Wählen Sie diesen, so kann ich Ihnen den I. Band gleich zuschicken. Haller lebt und gilt noch bei den Potentaten genug, um eine eklatante Beseitigung zu verdienen in einer eignen Elevatkritik. Adam Müller gibt nicht eine so primitive Personage ab.

3. Der dritte Vorschlag wäre: *Erlangen und die bayerischen*

Zustände, wo Sie tief in diesen Herzenspolypen des freien Aufstands einstechen könnten. Sie sollten ganz sicher sein, ob Ihnen die strengste unbedingte Anonymität gefallen würde. Es ist noch nie eine gewünschte rausgekommen. Diese dritte Sache wäre nicht immer wichtig, obgleich ich für den Augenblick die direkte Politik fast vorzöge, weil nichts wichtiger ist, als die politischen Räsoneurs à la Ballhorn, d. h. à la Haller in Trümmer zu schlagen.

Ich verlasse mich auf Ihre Freundschaft, daß // Sie mir Gehör geben. Ihr Brief regt selbst dazu an, und Sie können dem Vaterlande diesen lang versäumten Liebesdienst nicht versagen.

Ihre Wünsche bei Wigand will ich sogleich besorgen. Das Büchlein ist an Georgii nach Dörrenzimmern in Schwaben abgegangen, und ich hoffe, daß er sich darüber ausläßt.

Von Ihrem Honorar behalten Sie allerdings ebenfalls übrig, und ich werde die Übersendung besorgen, sobald wir zum Abschluß kommen können. Die „Kritik der Heg[elschen] Ph[ilosophie]" beträgt je Bog[en] 3 Sp. Die heute eingegangene dazugenommen, werden Ihnen gewiß 2 Bogen gutbleiben. Wir haben – aber ganz im Vertrauen sei es gesagt, da dergleichen sich durch die Meinung hebt und senkt – nur 313 Abonnenten. Wir selbst haben noch nie einen Aufsatz, geschweige denn die Redaktion honoriert bekommen, so daß wir zwei Jahre bereits ohne alle Entschädigung pro patria [für das Vaterland] arbeiten, ja wir haben noch namhafte brave Zuschüsse gemacht und pro 1840 soeben eingewilligt, noch einmal publice und gratis zu schreiben und zu redigieren. Daher das lausige Honorar für die Mitarbeiter. Der Wigand hofft 1840 auf 500 und im 4. b[is] 5. Jahr zu einer Deckung aller Kosten zu gelangen. Tantae molis erat [Soviel Mühe kostete es]! – Nicht wahr, das rührt Sie, und es ist buchstäblich ohne die allergeringste Übertreibung wahr. Ich hoffe, daß die Sache so noch gar nicht dagewesen ist und daß unsre Freunde im dritten Jahr durch lebhafte Teilnahme den endlichen Durchbruch durch den Widerstand der schnöden Welt befördern helfen, wie sie es bisher und noch etwas teilnehmender, als sie es bisher getan. Schreiben Sie mir bald zurück und erfreuen Sie mich mit gutem Trost.

Von Herzen der Ihrige
Dr. A. Ruge /

202

An Arnold Ruge

[Ende November 1839]

Alles muß bei mir durch das Leben veranlaßt werden, ehe ich einmal die Fühlhörner aus meinem Schneckenhaus herausstrecke. Käme mir nur solches Lumpengesindel wie Haller, Adam Müller und Konsorten öfter in den Wurf – ich hätte längst das Messer an die Gurgel dieser Wölfe und Schafe gesetzt. Aber so ex abrupto [auf einmal], aus dem abstrakten Vorsatze zur Kritik den animus [Entschluß] zur Kritik zu holen, statt aus dem Pathos, der Animosität den Vorsatz unwillkürlich entstehen zu lassen – das ist das Fatale. Das Blut muß bei mir, wie beim Embryo, durch die Leber laufen, ehe es geschickt wird, das Hirn zur gehörigen Tätigkeit aufzuregen. Zur sporadischen Kritik fehlt es mir an spezifisch auf die Galle wirkender Lektüre. Dagegen hab' ich eine Arbeit vor, welche tief in die Lebensfragen der Zeit eingreift und diesen Winter wenigstens den Hauptpartien nach vollendet werden muß. – Was ist der letzte Grund unserer geistigen und politischen Unfreiheit? *Die Illusionen der Theologie.* Ich weiß das aus meinem eignen früheren Leben, wo dieser Teufel in Engelsgestalt mich in seinen Krallen gehabt hat. Darum ist aber auch das ein Sujet, ganz für mich gemacht. Denn die Theologie ist bei mir bereits den Weg alles Fleisches, den Weg durch die Leber gegangen. Führ' ich mein Thema gut aus, so hoffe ich die Heuchlerin vollkommen zu entlarven. Ich habe zum Behufe meiner Arbeit auch die alte katholische Dogmatik – den Petrus Lombard[us], die Konzilienbeschlüsse, den heil[igen] Bernhard, den langweiligen Ambrosius etc. ganz durchgemacht. Hieraus läßt sich schließen, welchen Unrat ich aufgehäuft. Es ist unglaublich, welche Illusionen die arme Menschheit beherrschen, noch heute beherrschen, und wie uns die spekulative Philosophie in ihrer letzten Richtung, statt von diesen Illusionen befreit, nur darin bestärkt hat. Übrigens sehne ich mich nach der Vollendung dieses Geschäftes selbst, um aus diesen traurigen, dunklen Regionen ans Licht der Wirklichkeit wieder emporzukommen. Si parva magnis componere fas est [Wenn Kleines mit Großem verglichen werden darf]: Kant schrieb eine „Kritik der reinen Vernunft";

meine Parvität [Wenigkeit] schreibt an einer Kritik der *unreinen* Vernunft.

203

Von Arnold Ruge

4. Dezember 1839

/ Halle, den 4ten Dezember 1839

Meine Teilnahme an Ihren letzten Nachrichten such' ich Ihnen sogleich mit dieser Sendung von Büchern zu beweisen.

1. Tholuck: „Vermischte Schriften". 1. T. Apologetik
2. Meyer: „Magnetismus und Theologie"
3. Rosenkr[anz]: „Studien"
4. Rosenkranz: „Gesch[ichte] der Kantschen Phil[osophie]"
5. Adam Müller 1. T.

Ich hoffe, Sie werden mancherlei für sich und für uns daraus entnehmen. Alle 5 spielen sehr in die Zeit hinein. Rosenkr[anz'] „Gesch[ichte] der Kantschen [Philosophie]" und die Ausg[abe] der Kantschen Werke von ihm wird Sie am nächsten angehn, und ich hoffe sehr, daß Sie sich hierüber auslassen. Ebenso über Adam Müller und die übrigen wird sich guter Stoff sammeln.

Wir treffen vom Neujahr an die Einrichtung, daß wir Vorurteile und Notizen über Novitäten und laufende Zeiterscheinungen geben. Kurz und in Form von kleinen Notizen am Ende jeder Woche. Da werden Sie uns durch Mitteilung solcher Gedankensprünge sehr verbinden. Dehnt sich die Rubrik durch Teilnahme aller Mitarbeiter, wie zu wünschen ist, aus, so geben wir häufiger auf der letzten Seite zwo Blätter dieser Rubrik. Die Kriegszeitung nehmen wir da mit auf, und sie kann vornehmlich die Form der lit[erarischen] Anknüpfung haben. Wir können das Ding nennen: Novitäten und Kriegszeitung.

Äußerst wichtig ist uns aber Erlangen. Wenn die Sache auch weniger genau die Einzelheiten gibt, wozu indessen Leutbecher und Bayer ja wohl verhelfen könnten, so ist die Kritik des ganzen Nestes gerade jetzt, wo die Naturforscher auf dasselbe die Aufmerksamkeit gelenkt haben, von der höchsten Wichtigkeit und im Tagesinteresse. Der // Landtag kommt noch dazu. Also tun Sie, was Sie können. Solche Artikel heben das Blatt ungemein und wirken gewaltig ein, bald aufs Publikum, bald auf die Regierung, bald auf die Sache der Fäulnis des banausischen Handwerkswesens selbst. Sie machen sich damit vielfach verdient, am meisten aber um uns. Die Berl[iner] „Jahrb[ücher]" wollten eingehn wegen mangelnder Abnahme und wegen Zensurdruck. Albertin hat aber befohlen, sie sollen fortbestehn, und zahlt zu diesem Zweck mehr als bisher. Alles umsonst. – Solche ausgebrannten Vulkane sind tot. Es wird ein Institut wie die alte Hallische ohne Leben und Geist, nötigen Kram und Nachbeterei. Die Jugend sollte sich ganz von ihm zurückziehn. Entschieden ist übrigens die Rehabilitation noch nicht. Der Prozeß schwebt noch.

Die „Jenais[che] Lit[eratur]-Zeitung" geht aber definitiv ein, so daß wir wahrscheinlich an Ausbreitung und Boden gewinnen.

Wigand hab' ich von dem Empfang seiner Sendung an Sie benachrichtigt.

Ein Projekt, welches im Gange ist und bei dem wir auf Sie rechnen, will ich Ihnen, versteht sich *unter dem Siegel des Geheimnisses*, da es noch nichts damit ist, mitteilen: Wir projektieren eine Akademie der freien philos[ophischen] Richtung in Dresden. Wir haben bereits Verbindungen dort und tun soeben einige einleitende Schritte. Sachsen könnte dadurch Preußen wesentlich zur Freiheit aufstacheln oder selbst die Betreibung der protestantischen Initiative ergreifen. Es ist von seiten der Einsicht wenig, von seiten der Opposition eher einige Hoffnung. Wir haben den Premierminister gefragt, ob er ein Memorial darüber annehmen und auf den Plan reflektieren wollte. Lindenau ist ein sehr freisinniger Mann. Er wird die Macht der Philosophie // in den letzten Jahren noch mehr beobachtet und die Notwendigkeit der Opposition gegen das bornierte theologische Unwesen eingesehen haben. Geld und Ehrgeiz haben sie genug, aber Mißtrauen in die Hegelsche Philosophie, die sie noch immer für preußische Hofphilosophie und unfrei halten. Geht die Sache einen guten Gang, so will ich Ihnen das Nähere mitteilen. Vorläufig wäre nur so viel interessant, daß mit etwa 10 Stellen, jede zu 1000 Tlr. pr. C. die verschiedenen Fächer ganz von der Philosophie aus vorgenommen werden könnten. Die Orthodoxie und Unfreiheit jeder Art, ebenso den Positivismus müßte man ausschließen. Kapp, Feuerb[ach], Strauß, Schwarz (ein junger, sehr durchgebildeter und gelehrter Mann, von dem Sie nächstens etwas in den „Jahrb[üchern]" lesen werden, Theolog), noch ein oder der andere von den Württembergern als Georgii, Binder usw. wären in Vorschlag zu bringen, die „Jahrb[ücher]" zum Organ der Akad[emie] zu machen und so eine Basis für die wirkliche Bildung der gegenwärtigen Wissenschaft zu gewinnen. Preußen hat es verdient, daß diese Ehre von ihm genommen wird, und Halle ist wahrlich nicht der Ort, den man zum Nabel der Erde ernennen könnte.

Gebe Gott, daß die Pläne sich realisieren und nicht nur die Opposition der Kammer, die sich in einigen Mitgliedern bereits dafür geneigt hat finden lassen, sondern auch die Regierung darauf eingeht. Wir halten aber natürlich die Sache, solange noch nichts entschieden ist, geheim. Noch eine Frage: Wo wohnt Kapp, und wäre er wohl für die „Jahrbücher" in Tätigkeit zu setzen? Können Sie hier etwas tun?

Auf Ihr Buch bin ich gespannt. Es ist hübsch, daß Sie es O. Wigand geben. Er hat Verdienste um die Philosophie, und ich hoffe, es soll ihm noch belohnt werden.

Mit herzlichsten Grüßen der Ihrige

A. Ruge /

204

An Christian Kapp

16./17. Dezember 1839

Bruckberg, 16. Dezember 1839

Freund Kapp!

Wider Erwarten früher erhielt ich vorgestern die bewußte Anzeige. Gewöhnlich steht es mehrere Monate an, bis in diesen Jahrbüchern etwas zum Abdruck kommt. Diesmal ein extraordinärer Kasus. Hoffentlich wirst Du meinen ersten Brief – vom Oktober glaube ich – erhalten haben, worin ich Dir anzeigte, was Du zu erwarten habest. Infolge Deiner späteren Briefe wollte ich dies abermals tun, aber vor Arbeit kam ich nicht dazu. Nun kannst Du Dich selbst überzeugen, wes Geistes Kind das Produkt ist. Nur am Schlusse kam ich in die Disposition, die ich im Anfang hätte haben sollen, nur da kannst Du mich erkennen. Die Arbeit war ein hors d'œuvre

[Beiwerk], ein Querdurchschnitt meiner Konzepte, und so kam ich erst ins Feuer, wie Matthäi am letzten war. Der gute Wille begann, und der Geist vollendete es. Aber der Wille ist unendlich geistloser als der Geist. Es ist einer von den vielen Verstößen Hegels gegen die heilige Mutter Natur, daß er das Denken nicht auch zur Sache eines Naturgenies macht. Rede also nicht von einem Opfer meinerseits. Du bist ein Opfer von mir geworden. Gleich ein spezielles Beispiel: In mein Urteil über den „Vulkanismus" habe ich vielleicht nur meine sichtbare Mißstimmung über meine Unwissenheit über den Basalt und über die Mühe, mit der ich mir ein Mosaikbild von diesem geologischen Chamäleon zusammengesetzt, im ungerechten Ärger darüber, daß Du mir – welche Impertinenz! – dem Bauern, keine klare Erklärung gabst, einfließen lassen, nun ich sage, vielleicht auf eine Dir „empfindliche" Weise, daß der Humor und das geologische Element sich nicht überall harmonisch durchdrungen hätten. Kurz, ob mich gleich zuletzt, nachdem ich mir einige Aufklärung und theoretische Anschauung verschafft hatte, der Basalt in einen Anflug von Humor versetzt, ich war hierin nicht frei. Es wäre mir lieb gewesen, das Urteil eines Dritten zu erfahren, der ebensogut eingeweiht in die Geheimnisse des Humors als der Spezialitäten der Geologie ist. Aber das hat Freund Kapp selbst zu verantworten. Wäre es nach meinem Kopf gegangen, der freilich erst nach Jahren seine Probleme löst, so würde dem Urteil über den „Vulkanismus" ein spezielles Studium der Oryktognosie [Mineralogie] und Geognosie [Geologie], die längst von mir schmerzlichst vermißt wurden, vorausgegangen sein. Übrigens war meine Absicht nur, auf Deine Bedeutung mit wenigen Worten aufmerksam zu machen. Und dies dürfte doch wenigstens in buchhändlerischer Hinsicht erreicht sein. Einige stark tadelnde Ausdrücke in bezug auf Deine früheren Schriften kommen vor. Dieses war ich einerseits meinem Wahrheitsgefühl, das ich übrigens nicht zu einem objektiven Maßstab machen will, andernseits der Maxime schuldig, daß Tadel die Würze des Lobes ist und daß man schlechten oder vorurteilsvollen Menschen erst Konzessionen machen muß, um ihnen endlich wieder aus den Kiefern nehmen zu können, was man ihnen anfänglich zugestanden. Also nimm das Produkt für nicht mehr als es selbst sein will. Dies genüge!

Daß Deine Vorlesungen so guten Fortgang haben, freut mich, ob es mich gleich mehr gefreut hätte, wenn Du die

Professur ganz an den Nagel gehängt hättest. Innig aber freut es mich, daß es mit Deiner trefflichen Frau besser geht. Du glaubst nicht, wie auch mich Deine erste Trauerbotschaft erschreckte. Mögen Deine Besorgnisse bald gänzlich verschwinden! Hier ist alles so weit wohl. Die kleine Mamsell schlägt gut fort. Eduard und Elise, deren körperlicher Zustand jetzt wirklich keine Besorgnis einflößt, kommen die nächste Woche hierher. Die herzlichsten Wünsche von mir und meiner Frau Dir und den Deinigen.

Dein
L. F.

P. S. 17. Dezember. Die in Leipzig von der Zensur unterdrückte, für die „Hallischen Jahrbücher" bestimmte Abhandlung von mir über den bekannten Halleschen Skandal ist nun unter dem Titel „*Philosophie* und *Christentum*" in Deiner Nähe, in Mannheim gedruckt erschienen. Das Dir anfänglich bestimmte Exemplar habe ich Stadler gegeben. Ich erhielt selbst nur ein paar Exemplare. Die Schrift kostet eine Kleinigkeit. Übrigens kannst Du ihre Lektüre aufsparen, bis Du wieder einmal zu uns kommst. Ich bitte Dich, in Deinen Vorlesungen mich nicht aus meiner glücklichen Obskurität hervorzuziehen. Offenbar ist dies viel zu viel von mir gesagt. Mit meiner Schriftstellerei ging's mir wie Dir. Das Beste habe ich für mich behalten und mich absichtlich beschränkt und verleugnet. Lebe wohl.

Nachträge

205 (13a)

An Ferdinand Herbst

13. Juni 1823

Vor einigen Tagen machte ein Bursche (wenn Du ihn wissen willst: Wissmüller) den Vorschlag, zwar nicht in der Versammlung, sondern nur in dem Kreise der Tüchtigern, es solle die ganze Burschenschaft und ihre Anhänger nach Stuttgart reisen und dem König von Württemberg unter Fackelschein ein herzliches Lebehoch darbringen und auch die Tübinger dazu einladen, wenn sich die Nachricht bestätigt, daß der Kaiser von Rußland und von Österreich und der König von Preußen ihre Gesandte[n] vom württembergischen Hofe abgerufen hätten. Was das für eine Wirkung auf das Volk und auf die Burschenschaft selbst für einen Einfluß gehabt, wie es die Vorurteile und Verleumdungen gegen die Burschenschaft vernichtet, dem König für eine Freude und Aufmunterung erweckt, die andern Monarchen beschämt und ihnen aufs einleuchtendste gezeigt hätte, daß sie durch die Liebe zum Volke auch wieder aufs innigste geliebt werden, liegt am Tage, aber dennoch ward es verworfen, so daß es gar nicht vor der ganzen Versammlung zur Sprache kam. Ich wollte, ich könnte Deine Ansicht darüber hören. Landfermann und Kahl lassen Dich grüßen.

206 (22a)

An Friedrich von Schuckmann

24. Juli 1824

[Betreff:] Untertänige Bitte des Studiosus theologiae Ludwig Feuerbach um Beförderung seiner Immatrikulation bei hiesiger Universität

Hochgebietender Herr Geheimer Staatsminister!

Gnädiger Herr!

Eine im Königreiche Bayern, die Studierenden betreffend,

erlassene Verordnung legt mir zur Erhaltung eines Stipendii, welches ich unmittelbar aus der Hand Sr. Majestät, des Königs von Bayern, empfange, die Verpflichtung auf, unverzüglich ein Zeugnis über meine Inskription bei hiesiger Universität an die Königlich bayrische Regierung einzusenden, widrigenfalls ich Gefahr laufe, das Stipendium zu verlieren. Da mir nun von dem Herrn Staatsrat von Kamptz mündlich mitgeteilt worden, daß die seit Ostern dieses Jahres meiner Immatrikulation im Wege stehenden Hindernisse völlig beseitiget seien und es nur noch einer Ratifikation von seiten eines Hochverordneten Ministerii des Innern und der Polizei an das Rektorat hiesiger Universität bedarf, so bitte ich Ew. Exzellenz untertänig, das Rektorat der hiesigen Universität dahin anzuweisen, und so zu bewirken, daß ich das von der Königlich bayrischen Regierung zur Einsendung verlangte Zeugnis erhalten kann, von welchem nicht allein die Erhaltung jenes Stipendii, sondern vielleicht mein ganzes Glück in meinem Vaterlande abhängen kann.

Im Entgegensehen einer gütigsten Berücksichtigung meines inständigen Gesuches verharre ich, gnädiger Herr, Ew. Exzellenz untertänigster

Ludwig Feuerbach
Stud. theol.

Berlin, den 24sten Juli 1824

Untersuchungen und Erläuterungen

1

Originalhandschrift: UB München, Sign. 4° Cod. ms. 935a/15,1.
Absendeort: München.

2

Korrektur: 12 3 fl. *Im Original:* 30 fl.
Originalhandschrift: UB München, Sign. 4° Cod. ms. 935a/15,2.
Absendeort: Ansbach.
Erläuterung: 10 Frau Brunner: P. J. A. v. Feuerbach lebte von 1817 bis 1821 mit Nanett Brunner aus München zusammen.

3

Originalhandschrift: UB München, Sign. 4° Cod. ms. 935a/15,3.
Erstveröffentlichung, gekürzt: Saß, S. 19–20
Textvergleich: 4–5 Warum ... Gesundheit *Fehlt in Saß* 11 sehr : recht *Saß* 23 mir : nur *Saß* 25 kränke : kümmere *Saß*

4

Originalhandschrift: UB München, Sign. 4° Cod. ms. 935a/15,4.
Erläuterung: 11 Geburtstag: 14. November.

5

Korrektur: 9 Schmerzen *Im Original:* Menschen
Originalhandschrift: UB München, Sign. 4° Cod. ms. 935a/15,5.
Erstveröffentlichung, gekürzt: Saß, S. 20.
Textvergleich: 3–15 Ansbach ... Winterabende *Fehlt in Saß* 17 sie *Fehlt in Saß* 17–260 liebe ... Ludwig *Fehlt in Saß*

6

Korrektur: 26 hat *Im Original:* kann
Originalhandschrift: UB München, Sign. 4° Cod. ms. 935a/15,6.

Datierung: Ergibt sich aus dem Umstand, daß der Brief Neujahrswünsche enthält.
Absendeort: Ansbach.
Erstveröffentlichung, gekürzt: Saß, S. 18 (mit Reproduktion der ersten Seite des Briefes).
Textvergleich: **7** an *In Saß folgt Zusatz:* Dir **13** in *In Saß folgt Zusatz:* Hülle und **21–32** Was . . . Ludwig *Fehlt in Saß*

7

Originalhandschrift: UB München, Sign. 4⁰ Cod. ms. 935 a/15,7.
Datierung: Im Jahre 1820 fiel der 30. April auf einen Sonntag.
Absendeort: Wallerstein.

8

Originalhandschrift: UB München, Sign. 4⁰ Cod. ms. 935 a/15,8.
Erstveröffentlichung: BwN I, S. 163–164.
Textvergleich: **25** hingerichtet : erschossen *BwN*

9

Originalhandschrift: UB München, Sign. 4⁰ Cod. ms. 935 a/15,9.
Datierung: Ergibt sich aus den bekannten Zeitpunkten des Eintreffens P. J. A. v. Feuerbachs in München (3. Februar 1821) und der Abreise nach Paris (5. April 1821); vgl. GW 12, S. 426f.
Absendeort: Ansbach.
Erläuterungen: **17** Minister: G. F. v. Zentner **28** Maximilian: König Maximilian I. Joseph von Bayern **46** Paris: Zur Pariser Mission P. J. A. v. Feuerbachs im Auftrage des bayerischen Königs siehe seinen Brief an Minister v. Zentner, 11. Mai 1821, in: GW 12, S. 427–433. **51** Polizeidirektor Wurm: Ch. H. C. Wurm aus Ansbach war unter M. v. Montgelas Polizeidirektor Nürnbergs von 1806 bis 1818; er lebte danach in München im Ruhestand.

10

Korrektur: **27** geblieben *Im Original:* war.
Originalhandschrift: UB München, Sign. 4⁰ Cod. ms. 935 a/15,10.
Absendeort: Ansbach.
Erstveröffentlichung, gekürzt: Saß, S. 19.
Textvergleich: **3–7** Beste . . . ach *Fehlt in Saß* **8–9** Euch . . . ich *Fehlt in Saß* **9** recht *Fehlt in Saß* **19** gräme : kränke *Saß* **19** doch *Fehlt in Saß* **21** Innerstes : Meister *Saß* **23** getreu *Fehlt in Saß* **26–41** Sobald . . . Ludwig *Fehlt in Saß*

11

Originalhandschrift: UB München, Sign. 4°Cod. ms. 935a/15,11.
Absendeort: Ansbach.

12

Originalhandschrift: UB München, Sign. 4°Cod. ms. 935a/15,12.
Datierung: P. J. A. v. Feuerbach reiste mit Karl Feuerbach Anfang August nach München und hielt sich dort bis zum 25. August auf (vgl. GW 12, S. 436f.).
Absendeort: Ansbach.
Erstveröffentlichung, gekürzt: Bw I, S. 215–217.
Textvergleich: **22–23** Wagner ... an *Fehlt in Bw* **24** sehr *Fehlt in Bw* **34** bloß : nur *Bw* **44–47** Der ... erfüllen *Fehlt in Bw* **65–66** an Huschers *Fehlt in Bw* **73** Eduard ... grüßen *Fehlt in Bw*
Erläuterung: **41** belohnen: P. J. A. v. Feuerbach wurde vom König zum „Wirklichen Staatsrat in außerordentlichen Diensten" ernannt (vgl. GW 12, S. 440).

13

Originalhandschrift: UB München, Sign. 4°Cod. ms. 935a/15,13.
Erläuterung: **34** Tante: Rebekka Ruland, geb. Feuerbach.

14

Originalhandschrift: UB München, Sign. 4° Cod. ms. 935b/24,1.
Erstveröffentlichung, gekürzt: BwN I, S. 169–170.
Textvergleich: **6** tiefer : früher *BwN* **11** oder : und *BwN* **16** unter anderem : nur *BwN* **16** einer seiner : sein *BwN* **49–50** Deine ... Brief *Fehlt in BwN*

15

Originalhandschrift: UB München, Sign. 4° Cod. ms. 935a/4,1. Die ersten beiden Seiten dieses Briefes liegen in der Handschrift vor. Der letzte Teil ab Z. 67 *die noch vor dem Rathause steht* wird nach dem Erstdruck wiedergegeben, der erst mit dieser Zeile beginnt. Auf die Zusammengehörigkeit dieser beiden Stücke hat U. Schott in „Die Jugendentwicklung Ludwig Feuerbachs bis 1825 und ihre Bedeutung für seine spätere Religionskritik", Theol. Diss., Heidelberg 1971, S. 69, Fußn. 158, hingewiesen.
Absendeort: Heidelberg.
Erstveröffentlichung: BwK, S. 268 (letzter Teil des Briefes).
Erläuterung: **80** Sohn: Die enge Verbindung zu dem Studenten der Rechtswissenschaft Lepsius aus Naumburg bestätigte

L. Feuerbach in dem Verhör vom 22. Juni 1824 in Berlin wegen des Verdachts burschenschaftlicher Betätigung (vgl. die Abschrift des Protokolls im Nachlaß W. Bolin, UB Helsinki).

16

Originalhandschrift: UB München, Sign. 4° Cod. ms. 935a/15,14.
Erläuterungen: **70** Studenten: Auf diesen Ausflug zu Pferde bezieht sich eine Passage des Briefes 49, vgl. bes. Z. 93. **71** Städtchen: Vermutlich Weinheim a. d. Bergstraße. **73** Kloster: Vermutlich Lorsch mit den Resten des damaligen berühmten Benediktinerklosters und der karolingischen Torhalle (um 770 u. Z.).

17

Originalhandschrift: UB München, Sign. 4° Cod. ms. 935a/15,15.
Datierung: Der Brief ist offensichtlich unmittelbar nach Beendigung der großen Rheinreise L. Feuerbachs geschrieben worden, die er in den Sommersemesterferien im August unternommen hat (vgl. Erl. zu Z. 22).
Erstveröffentlichung, gekürzt: BwN I, S. 164–169.
Textvergleich: **11–13** denn ... hindrängt *Fehlt in BwN* **14–15** was ... einsehe *Fehlt in BwN* **15–17** der eine ... ist *Fehlt in BwN* **22** sehr *Fehlt in BwN* **29** es : sie *BwN* **30** alten *Fehlt in BwN* **35** in ein paar Stunden *Fehlt in BwN* **42** mir : uns *BwN* **43** zusammendrängende : zusammenhängende *BwN* **66** endlich *Fehlt in BwN* **67–68** die ... wiegten *Fehlt in BwN* **69** würden : sollten *BwN* **87–88** im ... ausnehmenden *Fehlt in BwN* **90** da : nachdem *BwN* **104** schon *Fehlt in BwN* **130** dicke : dichte *BwN* **139** die : welche *BwN* **150** über *In BwN folgt Zusatz:* das **154** gab : verschaffte *BwN* **162** und wir diesen : den wir *BwN* **163** am Rhein : des Rheins *BwN* **165** Himmel : Herrgott *BwN* **166–167** durch ... Wetter *Fehlt in BwN* **180** daran fortlaufende : davon auslaufende *BwN* **184** ist es nicht : es ist *BwN* **189–190** damit ... könnte *Fehlt in BwN* **201–202** von ... Arten *Fehlt in BwN* **206** auf ihnen *Fehlt in BwN* **211–213** Ostwärts ... heraufwindet *Fehlt in BwN* **214–215** und ... soll *Fehlt in BwN* **216** gleichsam *Fehlt in BwN* **217–221** in ... könnte *Fehlt in BwN* **225** hervor : heraus *BwN* **226–229** auf ... und *Fehlt in BwN* **230–232** und ... läßt *Fehlt in BwN* **245–250** Wie ... Zeile *Fehlt in BwN*
Erläuterungen: **22** Reise: Im Verhör wegen des Verdachts der Zugehörigkeit zu einer verbotenen studentischen Verbindung am 16. Mai 1824 in Berlin erklärte L. Feuerbach: „Im Sommer v[origen] J[ahres] habe ich, teils allein, teils abwechselnd in Gesellschaft, wie sich das zufällig traf, eine Reise nach dem Rheine

zu Fuß und lediglich zu meinem Vergnügen gemacht; ich habe Köln, Koblenz, Paderborn berührt." Die Nennung Paderborns läßt darauf schließen, daß Feuerbach während dieser Reise auch Soest und Göttingen besucht hat; aus Soest stammte sein damaliger Heidelberger Studienfreund Landfermann, in Göttingen studierte zu dieser Zeit neben seinem Bruder Eduard sein Ansbacher Schulkamerad C. Schmid (vgl. die Abschriften der Protokolle der Verhöre L. Feuerbachs in Berlin vom 16. Mai und 22. Juni 1824 im Nachlaß W. Bolin, UB Helsinki). **98** Heidelberger Student: Der Student der Rechtswissenschaft Wilhelm Genth, wie aus den Aussagen L. Feuerbachs im Verhör vom 22. Juni 1824 hervorgeht (vgl. die Abschrift des entsprechenden Protokolls im Nachlaß W. Bolin, UB Helsinki). **190** Jüngling: Nach der Sage vom Drachenfels und Rolandseck Ritter Roland. **191** Jungfrau: Nach der Sage Hildegunde, Tochter des Grafen und Ritter vom Drachenfels (siehe Rheinlands Sagen. Geschichten und Legenden, hrsg. v. A. Reumont. Köln – Aachen 1837, S. 121). **200** Nonnenkloster: Nonnenwerth.

18

Originalhandschrift: UB München, Sign. 4⁰ Cod. ms. 935a/14,1.
Datierung: Ergibt sich aus dem Umstand, daß dieser Brief ganz offensichtlich ein Bericht über die von Ludwig Feuerbach belegten Kollegien im zweiten Semester ist.
Absendeort: Heidelberg.
Erstveröffentlichung, gekürzt: BwN I, S. 170–175.
Textvergleich: **15** der nur : welcher nur *BwN* **26** doch *Fehlt in BwN* **35** das : die *BwN* **37** einer Escaleras : eines spanischen Stiefels *BwN* **44–45** und andere Getränke *Fehlt in BwN* **60** hat : enthält *BwN* **84** wieder *Fehlt in BwN* **106** sondern *Fehlt in BwN* **111** die : welche *BwN* **121** Herzliche ... Hause *Fehlt in BwN* **132** wahrer *Fehlt in BwN* **150** weisen *Fehlt in BwN* **159–162** Es ... überlassen *Fehlt in BwN* **170** jenem *Fehlt in BwN* **192** dem : welchem *BwN* **200** da ja : Ist es ja doch *BwN* **200–202** himmlische ... wird *Fehlt in BwN* **205–206** und ... findet *Fehlt in BwN* **210** die : welche *BwN* **210** nur *Fehlt in BwN* **212** und allein : wenn sie bloß *BwN* **213** wenn sie *Fehlt in BwN* **218** an : in *BwN* **220** denn *Fehlt in BwN* **236** bei : von *BwN*
Erläuterung: **37** Escaleras: Folterinstrument, nach *BwN* Spanische Stiefel.

19

Originalhandschrift: UB München, Sign. 4⁰ Cod. ms. 935a/14,2.
Erstveröffentlichung, gekürzt: BwN I, S. 175–179. **Erstmals vollständige Veröffentlichung:** BwRecl, S. 12–18.

Textvergleich: 5 jetzt *Fehlt in BwN* 8 durch Dich *Fehlt in BwN* 16 in : zu *BwN* 18 als Heidelberg *Fehlt in BwN* 23 zu reden *Fehlt in BwN* 25 macht : stellt *BwN* 40 gut *Fehlt in BwN* 41–45 Da ... fällt *Fehlt in BwN* 47–50 da ... können *Fehlt in BwN* 52 äußern : üben *BwN* 56 es *Fehlt in BwN* 56 und : in *BwN* 70 Gedanken : im Glauben *BwN* 71 gegenseitig *Fehlt in BwN* 74 zeigt *Fehlt in BwN* 74 was ... ist *Fehlt in BwN* 88–95 seine ... verbleiben *Fehlt in BwN* 107 geistigen Getränken : geistiger Erquickung *BwN* 118 ist: lehren *BwN* 148 lustigen : durstigen *BwN* 153–167 Was ... herzlich *Fehlt in BwN*
Erläuterung: 162 Tante: Rebekka Ruland, geb. Feuerbach.

20

Originalhandschrift: UB München, Sign. 4⁰ Cod. ms. 935 a/14,3.
Erstveröffentlichung: BwN I, S. 179–180.
Textvergleich: 5 vor : seit *BwN* 12 unveränderliche : veränderliche *BwN* 37 besonders *Fehlt in BwN* 38 vielumfassende : umfassende *BwN*
Erläuterungen: 20 wir: Die Reise erfolgte über Göttingen und Jena in Begleitung zweier Studenten: Einerseits des Studenten der Rechtswissenschaft C. Schmid aus Harburg in Bayern, der nach Besuch des Ansbacher Gymnasiums zunächst in Göttingen studierte; L. Feuerbach hatte ihn dort abgeholt (vgl. die Abschrift des Protokolls über das Verhör L. Feuerbachs vom 16. Mai 1824 in Berlin wegen des Verdachts burschenschaftlicher Betätigung im Nachlaß W. Bolin, UB Helsinki). Andererseits begleitete ihn „der junge Heiligenstädt" aus Jena (siehe Brief 21, Z. 140–141). 25 Mittelstraße Nro. 30: L. Feuerbach wohnte zunächst mit dem Theologiestudenten J. Laun in der Mittelstr. 30, zog dann in die Französische Str. 22 (siehe Briefe 26, Z. 55 und 30, Z. 3). und später in die Bischofstr. 17 (siehe Brief 39, Z. 21).

21

Originalhandschrift: UB München, Sign. 4⁰ Cod. ms. 935 a/14,4.
Erstveröffentlichung, gekürzt: BwN I, S. 180–183. **Erstmals vollständige Veröffentlichung:** BwRecl, S. 20–25.
Textvergleich: 3–5 Beiliegenden ... Inhalts *Fehlt in BwN* 24–27 und ... darüber *Fehlt in BwN* 37 und ... waren *Fehlt in BwN* 39 gewesen wären : getan hätten *BwN* 53 man *In BwN folgt Zusatz:* dann 57 hinreißenden : reißenden *BwN* 58–59 erweicht und wölbt seine rohe, hartnäckige Gestalt zu einem schönen Becken : aus roher Gestalt zu einem schönen Becken gewölbt *BwN* 60 Steinklotz : Steinblock *BwN* 84 und verschneiden *Fehlt in BwN* 90 auf : zu *BwN* 107 solcher *Fehlt in*

BwN 109 sowohl *Fehlt in BwN* 110 als : wie *BwN* 113–131 Auch ... findet *Fehlt in BwN* 132 weiter *Fehlt in BwN* 133–135 wegen ... müssen *Fehlt in BwN* 139 als Student *Fehlt in BwN* 139 und : oder *BwN* 140–144 Der ... Hause *Fehlt in BwN*
Erläuterungen: 11 Karl: Die Verhaftung K. Feuerbachs und seine Einkerkerung in München. 76–82 Außer ... vorträgt: Tatsächlich hörte er „Apokalypse" (1824) und „Exegese der Psalmen" (1824/25) bei Bleek, während die „Einleitung in das Alte Testament" von Uhlemann im Sommersemester 1824 offenbar nur sporadisch besucht wurde. Außerdem hörte er an theologischen Vorlesungen im Wintersemester 1824/25 über „Dogmengeschichte" und „Evangelium Johannes und Christologie" bei Neander. Der Besuch der „Paulinischen Briefe", Vorlesung von Schleiermacher, wurde abgebrochen (Universitätsarchiv der Humboldt-Universität Berlin, Bestand Rektor und Senat, Abgangszeugnisse, Bd. XXI, Bl. 92–93).

22

Originalhandschrift: UB München, Sign. 4⁰ Cod. ms. 935a/14,5. Fragment.
Datierung: Datumsangabe von Feuerbachs Hand auf dem Kopf des Blattes.
Erstveröffentlichung: BwN I, S. 183–184.
Textvergleich: 4 Arche ... sehen *Fehlt in BwN* 16 schönsten : höchsten *BwN* 17 jedem : dem *BwN* 17 da *Fehlt in BwN* 21–22 welche ... entgegenkommt *Fehlt in BwN* 24 hier *Fehlt in BwN* 24 meine: die *BwN* 27 oder : und *BwN*
Erläuterung: 29 Herrn Oberfinanzrat: Dürr

23

Originalhandschrift: UB München, Sign. 4⁰ Cod. ms. 935a/14,6. Fragment.
Datierung: Ergibt sich aus dem Hinweis auf die beginnenden Sommersemesterferien.
Absendeort: Berlin.
Erstveröffentlichung, gekürzt: BwN I, S. 184–185.
Textvergleich: 7 daraus *Fehlt in BwN* 22 sozusagen *Fehlt in BwN* 22 so *Fehlt in BwN* 24 etwa versteckt : verborgen *BwN* 27 oder Spekulation *Fehlt in BwN* 31–33 zu ... gewachsen *Fehlt in BwN* 39 herausbringen : hereinbringen *BwN*

24

Originalhandschrift: UB München, Sign. 4⁰ Cod. ms. 935b/24,2.
Erstveröffentlichung, gekürzt: BwN I, S. 185–186. **Erstmals**

vollständige Veröffentlichung: BwRecl, S. 26–29.
Textvergleich: **19** als *Fehlt in BwN* **50** Keerl : Karl *BwN* **64–68** Übrigens ... hat *Fehlt in BwN*
Erläuterung: **19** Vorfallenheit: Gemeint ist die gegen Feuerbach geführte Untersuchung wegen Zugehörigkeit zu einem studentischen Geheimbund (vgl. hierzu weiter S. IX sowie die Briefe 205 (13a) und 206 (22a) mit zugehörigen Erl.).

25

Originalhandschrift: Archiv des Germanischen Nationalmuseums Nürnberg, Sign. ZR Nr. 5775. Die Veröffentlichung erfolgt nach dem Erstdruck.
Datierung: Ergibt sich aus der Erwähnung der Reise Hegels nach Prag und Wien im September/Oktober 1824.
Absendeort: Berlin.
Erstveröffentlichung: Carlo Ascheri, Ein unbekannter Brief von Ludwig Feuerbach an Karl Daub, in: Natur und Geschichte. Karl Löwith zum 70. Geburtstag, Stuttgart 1967, S. 450–452.
Erläuterungen: **3** Aus ... Reich: Anspielung auf die Apokalypse analog den verschleiernden Lokalisierungen der Briefe Luthers von der Wartburg. **101** jungen Doktoren: Bleek und Uhlemann (vgl. Erl. zu Brief 21, Z. 76–82). **159** Laun: Vgl. Erl. zu Brief 20, Z. 25.

26

Originalhandschrift: UB München, Sign. 4° Cod. ms. 935 a/15,16. Fragment.
Erstveröffentlichung, gekürzt: BwN I, S. 186–187.
Textvergleich: **8–25** Allein ... denn *Fehlt in BwN* **27** dran : denn *BwN* **37–71** Da ... Denn *Fehlt in BwN* **72** betraf : traf *BwN* **81–91** Ich ... freilich *Fehlt in BwN*
Erläuterungen: **55** Wohnung: Vgl. Erl. zu Brief 20, Z. 25. **72** traurige Fall: Vgl. Erl. zu Brief 24.

27

Originalhandschrift: UB München, Sign. 4° Cod. ms. 935 a/3,1.
Erstveröffentlichung: Bw I, S. 236–240.
Textvergleich: **7** nahen : machen *Bw* **23** modeste : neueste *Bw* **76** immanenten : immerdar *Bw* **114** mir *Fehlt in BwN* **181** kein : ein *Bw* **185** Gespanntseins : Gesamtseins *Bw* **201** Allgemeinheit : Allgewißheit *Bw* **206** kennt : bannt *Bw*
Erläuterungen: **203–204** der Schädelknochen ... Geistes ist: G. W. F. Hegel, Phänomenologie des Geistes, V., A., c. **219** Penaten: Hausgötter; gemeint sind der Vater und die älteren Brüder. **228–230** Und ... Morgen: 1. Mos. 32, 25.

28

Originalhandschrift: UB München, Sign. 4⁰ Cod. ms. 935 b/22,1.
Erstveröffentlichung: BwN I, S. 187–188.
Textvergleich: **14** man *Fehlt in BwN* **16** hatte : war *BwN* **22** aber *Fehlt in BwN* **25** der : in *BwN*

29

Originalhandschrift: Der Verbleib ist nicht bekannt. Die Veröffentlichung erfolgt nach dem Erstdruck.
Erstveröffentlichung: BwN I, S. 188–189.
Erläuterung: **8** Briefe: Siehe Brief 25 und 27.

30

Originalhandschrift: UB München, Sign. 4⁰ Cod. ms. 935 a/15,17.
Erläuterung: **3** Französische Str.: Vgl. Erl. zu Brief 20, Z. 25.

31

Originalhandschrift: UB München, Sign. 4⁰ Cod. ms. 935 a/14,7.
Erstveröffentlichung, gekürzt: BwN I, S. 189–193.
Textvergleich: **12** auf : an *BwN* **25** meine : die *BwN* **29** Wie : was *BwN* **42** und Herzensverwandten *Fehlt in BwN* **64** diese ... macht *Fehlt in BwN* **78** Die : Da man *BwN* **116** ausspannen : spannen *BwN* **125** dar *Fehlt in BwN* **140** wie *Fehlt in BwN* **146** winden : kreisen *BwN* **146** sie sich *Fehlt in BwN* **147** emporschlagen *Fehlt in BwN* **155** meine ... Aussichten *Fehlt in BwN* **155** über *Fehlt in BwN* **165** als Theolog : in der Theologie *BwN* **172** werde : will *BwN* **177** nur *Fehlt in BwN* **177–185** Vor ... Philosophie *Fehlt in BwN*
Erläuterungen: **174** hören: Nach dem Abgangszeugnis hörte er im Sommersemester 1825 bei Hegel „Logik und Metaphysik" und „Philosophie des Geistes oder Anthropologie und Psychologie", bei Böckh „Platons Republik" und bei van der Hagen „Deutsche vergleichende Grammatik" (Universitätsarchiv der Humboldt-Universität Berlin, Bestand Rektor und Senat, Abgangszeugnisse, Bd. XXI, Bl. 92–93). **178** Plan: Siehe Brief 27. **181** schreiben: Siehe Brief 29.

32

Korrektur: **78** ihre *Im Original:* sie
Originalhandschrift: UB München, Sign. 4⁰ Cod. ms. 935 a/23,1.
Erstveröffentlichung: Bw I, S. 245–248.
Textvergleich: **5** bedeutsamste : bedeutendste *Bw* **54** dem :

meinem *Bw* 134 und : oder *Bw* 141 nicht und : verständnislos *Bw*
Erläuterungen: 7 sprachen: Der Vater hatte offenbar seinen alten Studienfreund gebeten, auf den Sohn Einfluß zu nehmen (vgl. Brief 34). 120 Briefe: Siehe Brief 18 und 19.

33

Korrektur: 139 das Einzelne *Im Original:* um Einzelne
Originalhandschrift: UB München, Sign. 4⁰ Cod. ms. 935 a/14,8.
Erstveröffentlichung, gekürzt: BwN I, S. 193–195. **Erstmals vollständige Veröffentlichung:** BwRecl, S. 42–48.
Textvergleich: 3–27 Da . . . stünde *Fehlt in BwN* 28 ist : wenn *BwN* 29 Ton *In BwN folgt Zusatz:* war 68–82 Mache . . . würde *Fehlt in BwN* 108–114 wie . . . offen *Fehlt in BwN* 124–156 Aber . . . haben *Fehlt in BwN* 163 vielen *Fehlt in BwN* 164 Teilen *Fehlt in BwN* 166 Ertrag : Nutzen *BwN* 167 unabwendbarste : unüberwindbarste *BwN* 170–176 Ob . . . Zweifel *Fehlt in BwN* 176 unwankbare : unwandelbare *BwN* 178 bis hieher : bisher *BwN* 185 Herzliche . . . Hause *Fehlt in BwN*

34

Originalhandschrift: UB München, Sign. 4⁰ Cod. ms. 935 b/24,3.
Erstveröffentlichung: BwN I, S. 196–199.
Textvergleich: 69 erlaubt : erlauben kann *BwN* 74 um *Fehlt in BwN* 85 entweder *Fehlt in BwN*
Erläuterungen: 3 erster Brief: Siehe Brief 31. 9 Hitzig: Vgl. Brief 32 und Erl. zu Brief 32, Z. 7.

35

Originalhandschrift: UB München, Sign. 4⁰ Cod. ms. 935 b/23,1.

36

Originalhandschrift: Der Verbleib ist nicht bekannt. Die Veröffentlichung erfolgt nach dem Erstdruck. Fragment.
Datierung: Der Brief wurde 1825 nach dem Übergang Ludwig Feuerbachs an die philosophische Fakultät geschrieben.
Absendeort: Berlin.
Erstveröffentlichung: A. Kohut, Ludwig Feuerbach. Sein Leben und seine Werke, Leipzig 1909, S. 38.

37

Originalhandschrift: UB München, Sign. 4⁰ Cod. ms. 935 a/15,18.
Erläuterung: 102 Lene: Rebekka Magdalene („Helene") Feuerbach.

38

Originalhandschrift: UB München, Sign. 4° Cod. ms. 935a/14,9.
Erläuterungen: 6 traurigen Fall: Der Tod Maximilians I. Joseph am 13. Oktober 1825. **8** Vorfällen und Veränderungen: Bezieht sich auf das Wirken Ludwigs I. seit der Thronbesteigung in Bayern (Entlassung von Ministern, Bildung von Sonderkommissionen, Erlaß zahlreicher Kabinettsbefehle und Beginn reger Bautätigkeit; vgl. B. Hubensteiner, Bayerische Geschichte. Staat und Volk, Kunst und Kultur, 9. Aufl., München 1981, S. 373f.).

39

Originalhandschrift: Universitätsarchiv der Humboldt-Universität Berlin, Bestand Rektor und Senat, Abgangszeugnisse, Bd. XXI, Bl. 90. Der Brief enthält Abfertigungsvermerke von v. Kamptz, Leiter der Unterrichtsabteilung des Ministeriums für Geistliche, Unterrichts- und Medizinalangelegenheiten, dem Geheimen Oberregierungsrat Beckedorff, Königlicher außerordentlicher Regierungsbevollmächtigter für die Berliner Universität, und dem Referendar des Universitätsrichters, Bitkow.

40

Originalhandschrift: UB München, Sign. 4° Cod. ms. 935b/23,2.

41

Originalhandschrift: UB München, Sign. 4° Cod. ms. 935a/10,1. Der Brief ist am unteren Rand beschädigt. Der dadurch entstandene Textverlust konnte zum Teil nach dem Erstdruck rekonstruiert werden.
Datierung: Entgegen der Datierung von Karl Grün (Dezember 1828) ist wegen der im Brief erwähnten Arbeit an der Dissertation und der Notiz über Karl Feuerbach (vgl. Erl. zu Z. 87) die Zeit der Niederschrift wesentlich früher anzusetzen (vgl. GW 1, S. LIX).
Absendeort: Ansbach.
Erstveröffentlichung, gekürzt: BwN I, S. 199–201. **Erstmals vollständige Veröffentlichung:** BwRecl, S. 61–64.
Textvergleich: 4–13 Wir ... konnte *Fehlt in BwN* **20** es *In BwN folgt Zusatz*: wohl **20–21** von ... dagegen *Fehlt in BwN* **29** überhaupt *Fehlt in BwN* **35–36** mich ... usw. *Fehlt in BwN* **38** und unglaubliche Tätigkeit *Fehlt in BwN* **39** gebrauchen wollte: gebrauchte *BwN* **41–42** ehe ... und *Fehlt in BwN* **47** das ganze Leben : des ganzen Lebens *BwN* **55** die Wahrheit : der Wahr-

heit *BwN* **57** eine Sache : die Sache *BwN* **61** doch : allein *BwN* **68** formgebildeten : eingebildeten *BwN* **73** das : welches *BwN* **74** andern : mir *BwN* **85–107** Schreibe . . . allen *Fehlt in BwN*

Erläuterung: 87 ihm: Bezieht sich auf den Bruder Karl. Nach P. J. A. v. Feuerbachs Brief an E. v. d. Recke vom 1. Juli 1827 mußte Karl, da er „in Wahnsinn verfallen sei und von Polizeidienern bewacht werden müsse", durch Eduard und Ludwig aus Hof nach Hause geholt werden. Nach einmonatiger Behandlung in Erlangen war Karl wieder soweit hergestellt, daß er beim Vater in Ansbach versorgt werden konnte (vgl. GW 12, S. 520f.).

42

Originalhandschrift: UB München, Sign. 4⁰ Cod. ms. 935b/11,1

Erläuterung: 7 Abhandlung: Gemeint ist die handschriftliche Fassung der Dissertation „De infinitate, unitate atque communitate rationis [Über die Unendlichkeit, Einheit und Allgemeinheit der Vernunft]", mit der Feuerbach am 15. Juli 1828 in Erlangen promovierte (in GW 1). **59** Wissmüller: Nach den Protokollen der Verhöre L. Feuerbachs vom 16. Mai und 22. Juni 1824 in Berlin wegen des Verdachts burschenschaftlicher Betätigung (vgl. Nachlaß W. Bolin, UB Helsinki) war der Student der Mathematik und Kriegswissenschaften V. Wissmüller aus Nürnberg einer der Vertrauten L. Feuerbachs während des Studiums in Heidelberg. Feuerbach beschrieb ihn als einen sehr exzentrischen Charakter, der u. a. zu jeder beliebigen Veranlassung „Fackelzüge und Reiterei dabei" vorzuschlagen pflegte, um sich damit im Kreise der Burschenschaft hervorzutun (vgl. weiter dazu Brief 205 (13a) und zugehörige Erl. sowie Brief 49, Erl. zu Z. 4).

43

Originalhandschrift: Archiv der UB Erlangen, Th. II, Pos. 1 F., Nr. 10 (Senatsakte L. Feuerbach), S. 9–11. Als Anlage war dem Brief die Promotionsurkunde der Universität Erlangen vom 25. Juli 1828 beigelegt.

Erläuterung: 26–31 hörte . . . usw.: Nach dem Abgangszeugnis der Berliner Universität hörte Feuerbach – außer sämtlichen zu dieser Zeit von Hegel gehaltenen Vorlesungen – bei Böckh, van der Hagen, den Theologen Neander und Bleek (Schleiermachers Vorlesung zu den „Paulinischen Briefen" wurde nicht vollständig gehört) und bei Erman. Der Besuch von Vorlesungen Idelers, Rankes und v. Hennings kann nur sporadisch erfolgt sein (Universitätsarchiv der Humboldt-Universität Berlin, Bestand Rektor und Senat, Abgangszeugnisse, Bd. XXI, Bl. 92–93). Vgl. hierzu auch die Erl. zu den Briefen 21, Z. 76–82 und 31, Z. 174.

44

Originalhandschrift: Archiv der UB Erlangen, Th. II, Pos. 1 F., Nr. 10, S. 8. Entwurf.
Erläuterung: 7 Reskript: Das Ministerialreskript vom 20. September 1828 (Archiv der UB Erlangen, ebenda, S. 7) fordert die Beschleunigung der Verteidigung einer gedruckt vorzulegenden Inauguraldissertation, damit im Falle günstigen Ergebnisses die Lehrtätigkeit noch im Wintersemester 1828/29 stattfinden könne.

45

Originalhandschrift: Archiv der Universität Erlangen, Akten der Philosophischen Fakultät, 1828, Fasc. 123.

46

Randbemerkungen: 63 Verwirklichung: keineswegs aber Popularisierung oder gar Verwandlung des Denkens in ein anstierendes Anschauen oder etwa der Gedanken in Bildchen und Zeichen sein soll **87** ein Reich zu stiften: Der Stifter *dieses* Reiches wird freilich keinen Namen haben, kein Individuum oder jenes einzige Individuum, das *ist*, der Weltgeist sein
Originalhandschrift: Deutsche Staatsbibliothek Berlin, nach 1945 nicht nachweisbar. Die Veröffentlichung erfolgt nach dem Erstdruck.
Erstveröffentlichung: BwN I, S. 214–219.

47

Korrektur: 3 Harl *Im Original:* Harleß
Originalhandschrift: UB München, Sign. 4⁰ Cod. ms. 935a/17,1. Briefentwurf, enthält eine Aufschrift aus späterer Zeit (Feuerbach?): *Herrn Professor Harleß zu Erlangen* und den Zusatz von K. Grün: *Harleß hatte opponiert bei D[okto]rpromotion.* G. Ch. A. Harleß habilitierte sich erst 1829. Es ist vielmehr anzunehmen, daß der Adressat der Exdekan Harl ist (vgl. hierzu GW 1, S. LV).
Datierung: Ergibt sich aus dem Zeitpunkt der öffentlichen Verteidigung der Dissertation. (13. Dezember 1828).
Absendeort: Ansbach.
Erstveröffentlichung: BwN I, S. 201–205.
Textvergleich: 6 der : meiner *BwN* **21** tief *Fehlt in BwN* **33** viel *Fehlt in BwN* **102** noch *Fehlt in BwN* **113** daher *Fehlt in BwN* **122** selbst *Fehlt in BwN* **156** alles : des *BwN*

Erläuterung: 104 § 14: Vgl. L. Feuerbachs Inaugural-Dissertation „De ratione, una, universali, infinita [Über die eine, allgemeine, unendliche Vernunft]", in: GW 1, S. 68–78.

48

Originalhandschrift: AdW der DDR, Zentrales Archiv, Nachlaß Schelling.
Erstveröffentlichung: H. J. Sandkühler, Freiheit und Wirklichkeit, Frankfurt a. M. 1968, S. 245.

49

Originalhandschrift: UB München, Sign. 4⁰ Cod. ms. 935 a/42,1. Briefentwurf.
Datierung: Unter der Voraussetzung, daß mit „W" (Z. 4) L. Feuerbachs Heidelberger Studiengenosse V. Wissmüller aus Nürnberg gemeint ist, könnte der Brief auf Anfang 1828 datiert werden, da aus Brief 42 von G. F. Daumer vom 12. Februar 1828 folgt, daß sich L. Feuerbach nach dem Verbleib Wissmüllers erkundigt hat (vgl. auch Erl. zu Z. 4).
Absendeort: Vermutlich Erlangen.
Erläuterungen: 4 W.: Mit großer Wahrscheinlichkeit ist der Adressat dieses Briefes der Student der Mathematik und Kriegswissenschaften V. Wismüller aus Nürnberg, der zunächst in Erlangen studierte, sich dort der Burschenschaft anschloß und dann in Heidelberg seine Studien fortsetzte. Es müßte allerdings vorausgesetzt werden, daß er zur Rechtswissenschaft überwechselte. Vgl. weiter Erl. zu Brief 42, Z. 59. 7 Philisterklepper: Anspielung auf die zahlreichen Spazierritte, die Feuerbach mit Freunden von Heidelberg aus unternahm (siehe Briefe 15 und 16). 93 Darmstadt: Siehe Brief 16.

50

Originalhandschrift: Archiv der UB Erlangen, Th. II, Pos. 1 L., Nr. 8 (Senatsakte A. Lang). Briefentwurf.
Erläuterung: 5 Reskript: Das Ministerialreskript (Archiv der UB Erlangen, ebenda) betrifft die Vorlesungslizenz für den Juristen Alexander Lang und den Philosophen Ludwig Feuerbach (vgl. Senatsakte L. Feuerbach, Th. II, Pos. 1 F., Nr. 10, S. 13f.).

51

Originalhandschrift: UB München, Sign. 4⁰ Cod. ms. 935 a/4,2.
Datierung: Der Brief wurde vermutlich im Jahre 1829 geschrieben, nach Ludwig Feuerbachs 25. Geburtstag am 28. Juli.

52

Originalhandschrift: Bayerisches Hauptstaatsarchiv München, M Inn, Nr. 23212, Blatt 5, in duplo. Von Schreiberhand mit Unterschrift L. Feuerbachs. Vermerk: *M. d. Inn. 26. Okt. 1829, No. 17566.* **Duplikat:** Ludwig-Maximilians-Universität München, Archiv, Akten des Königlich akademischen Senats 1829. – Das Gesuch an den König wurde vom Innenministerium im Duplikat an den Senat der Universität München zur Stellungnahme weitergeleitet, von dort an die philosophische Fakultät gegeben, die in ihrem Jahresbericht für 1829/30 die Behandlung der Angelegenheit am 31. Oktober 1829 mit der Maßgabe bestätigt: *Die Fakultät geht in diesen Wunsch nicht ein.* Eine Rückäußerung ist offenbar unterblieben. Der Senat stellte in der Sitzung am 21. November 1829 lediglich allgemein fest, daß sich Bewerber, auch unabhängig davon, ob dies bereits an einer anderen Universität geschehen, an der Universität erst habilitieren müssen (Bayerisches Hauptstaatsarchiv München, M Inn, Nr. 23212 [Geheime Rats-Akten, Staatsministerium des Innern: Feuerbach, Privatdozent an der Universität Erlangen, 1829–36]; Ludwig-Maximilians-Universität München, Archiv; Sitzungsprotokolle des Königlich akademischen Senats 1826/27–1833/34, S. 456 und Akten der Philosophischen Fakultät 1829/30: Verhandlungen der Philosophischen Fakultät im Jahre 1829/30 [Entwurf des Berichtes, S. 1]).

53

Originalhandschrift: UB München, Sign. 4⁰. Cod. ms. 935 a/12,1. **Erläuterungen: 29–31** Von . . . erscheinen: Bezieht sich auf die Vorbereitung des Vorabdrucks „Der Ursprung des Bösen nach Jakob Böhme" in der Zeitschrift „Athene" (in GW 1). **40** Rezension: In der genannten Zeitschrift nicht nachweisbar. **49–50** Kannst . . . Sophiste: Siehe „Gedanken über Tod und Unsterblichkeit", in: GW 1, S. 461.

54

Originalhandschrift: UB München, Sign. 4⁰ Cod. ms. 935 b/22,2. **Datierung:** Der Brief trägt die Angabe der Jahreszahl von fremder Hand.
Absendeort: Bonn.
Erläuterung: 8 Zustand: Im Zusammenhang mit dem Ehescheidungsprozeß verfiel Helene v. Dobeneck, geb. Feuerbach, in schwere Depressionszustände (vgl. P. J. A. v. Feuerbach an E. v. d. Recke, 30. Mai 1831, in: GW 12, S. 559f).

55

Originalhandschrift: UB München, Sign. 4° Cod. ms. 935a/12,2.

56

Originalhandschrift: UB München, Sign. 4° Cod. ms. 935b/47,1.
Erläuterungen: **4** Exemplar: Es handelt sich um Feuerbachs Schrift „Gedanken über Tod und Unsterblichkeit" (in GW 1), die er August Tiedge zugedacht hatte (vgl. Brief 58). **16–27** Hier ... es: Betrifft die Veröffentlichung von Feuerbachs Aphorismen, die 1834 in überarbeiteter und ergänzter Form als „Abälard und Héloise oder Der Schriftsteller und der Mensch" erschienen (in GW 1).

57

Originalhandschrift: Schiller-Nationalmuseum, Marbach, Cotta'sche Handschriftensammlung (Leihgabe der Stuttgarter Zeitung).

58

Originalhandschrift: UB München, Sign. 4° Cod. ms. 935b/72,1.
Erstveröffentlichung: BwN I, S. 226–227.
Erläuterungen: **1** Christoph August Tiedge: P. J. A. v. Feuerbach war mit dem Dichter August Tiedge eng befreundet, vgl. seinen Briefwechsel mit Tiedge in GW 12. **6** Schrift: Vgl. Erl. zu Brief 56, Z. 4. Feuerbach überschickte dem „Sänger der 'Urania'" seine „Gedanken über Tod und Unsterblichkeit" (in GW 1); Tiedge hatte dem Thema „Unsterblichkeit" den vierten Gesang der „Urania" gewidmet.

59

Originalhandschrift: UB München, Sign. 4° Cod. ms. 935a/36,1. Fragment eines Briefentwurfs.
Datierung: Der Inhalt bietet keine Anhaltspunkte für eine genauere Datierung.
Erläuterungen: **5** Schrift: „Gedanken über Tod und Unsterblichkeit" (in GW 1), die 1830 bei Stein in Nürnberg erschienen waren. **16** Mittelsperson: Vermutlich G. W. K. Lochner (vgl. GW 1, S. LXVIII).

60

Originalhandschrift: UB München, Sign. 4° Cod. ms. 935a/12,3.
Erstveröffentlichung, gekürzt: Bw I, S. 256–257.
Textvergleich: **5** einen Brief *Fehlt in Bw* **23** nutzlos *Fehlt in Bw*

24 mich : und ich *Bw* **33** heranreifen : hervortreten *Bw* **46** und . . . schreiben *Fehlt in Bw* **51** nehmen : geben *Bw* **52** sei's : sowohl *Bw* **52** oder : als *Bw* **55** anlegt : auferlegt *Bw* **61—70** Wenn . . . werde *Fehlt in Bw* **72** doch *Fehlt in Bw* **75** und . . . verlieren *Fehlt in Bw* **78—79** Eduard . . . wohl *Fehlt in Bw* **80—85** Die . . . Lust *Fehlt in Bw* **88—91** Die . . . Ludwig *Fehlt in Bw*

Erläuterungen: 3 Frankfurt: Ludwig Feuerbach hatte seine Vorlesungstätigkeit in Erlangen vorerst abgebrochen und hielt sich bei seiner Tante auf. **80** Tante: Rebekka Ruland, geb. Feuerbach.

61

Originalhandschrift: UB München, Sign. 4⁰ Cod. ms. 935 a/10,2.
Erstveröffentlichung, gekürzt: BwN I, S. 227.
Textvergleich: **5—29** Der . . . weiß *Fehlt in BwN* **36** bekam : bezog *BwN* **51—74** Dem . . . machen *Fehlt in BwN*
Erläuterungen: **57** Cholera: Friedrich Feuerbach erkrankte an der Cholera und mußte seinen Aufenthalt in Paris abbrechen. **62** Jenaer Zeitung: Gemeint ist die „Jenaische Allgemeine Literatur-Zeitung".

62

Originalhandschrift: Der Verbleib ist nicht bekannt. Die Veröffentlichung erfolgt nach dem Erstdruck.
Erstveröffentlichung: BwK, S. 35—37.
Erläuterungen: **39** Artikel über das Böse: Erschien im 1. Bd., 3. H., S. 180—190 der „Athene" unter dem Titel „Der Ursprung des Bösen nach Jacob Böhm" als Vorabdruck aus der „demnächst erscheinenden 'Geschichte der neuern Philosophie' von Ludwig Andreas Feuerbach" (in GW 1). **49** Arbeiten: Es ist lediglich bekannt, daß Kapp Entwürfe zu der „Geschichte der neuern Philosophie von Bacon von Verulam bis Benedikt Spinoza" und Aphorismen, d. h. Vorarbeiten zu „Abälard und Héloise oder Der Schriftsteller und der Mensch", erhalten hatte (siehe Briefe 53 und 66).

63

Originalhandschrift: UB München, Sign. 4⁰ Cod. ms. 935 a/8,1.
Absendeort: Frankfurt a. M.

64

Originalhandschrift: UB München, Sign. 4⁰ Cod. ms. 935 a/10,3.
Erstveröffentlichung, gekürzt: BwN I, S. 227—228.
Textvergleich: **4—28** Gestern . . . gesund *Fehlt in BwN* **32** so

oder so mich *Fehlt in BwN* 34—39 Mein ... Roux *Fehlt in BwN* 40 Wer nach mir zuviel : Wenn jemand *BwN*
Erläuterung: 6 Deuteroskopie: Es handelt sich vermutlich um die Schrift „Deuteroskopie" von G. C. Horst, Frankfurt a. M. 1830.

65

Originalhandschrift: UB München, Sign. 4⁰ Cod. ms. 935 b/21,1.
Erläuterungen: 24 Anti-Phaidon: Bezieht sich auf Platons Dialog „Phaidon", in dem Beweise für die Unsterblichkeit der Seele vorgetragen werden, und bedeutet eine Anspielung auf Ludwig Feuerbachs Schrift „Gedanken über Tod und Unsterblichkeit". 30 Blättern: Gemeint sind die Berliner „Jahrbücher für wissenschaftliche Kritik", das Organ der Hegel-Schule, das im Auftrage der Societät für wissenschaftliche Kritik herausgegeben wurde.

66

Originalhandschrift: Der Verbleib ist nicht bekannt. Die Veröffentlichung erfolgt nach dem Erstdruck.
Erstveröffentlichung: BwK, S. 37—38.
Erläuterung: 5 Probeartikel: Die Aphorismen, Vorarbeiten zu „Abälard und Héloise oder Der Schriftsteller und der Mensch" (in GW 1).

67

Originalhandschrift: Der Verbleib ist nicht bekannt. Die Veröffentlichung erfolgt nach dem Erstdruck.
Erstveröffentlichung: BwN I, S. 228—229.
Erläuterung: 29 L.: Vermutlich ist der Privatdozent Leutbecher gemeint.

68

Originalhandschrift: Der Verbleib ist nicht bekannt. Die Veröffentlichung erfolgt nach dem Erstdruck.
Erstveröffentlichung: BwK, S. 38—39.
Erläuterung: 30 Cousin: Unter Louis-Philippe Mitglied des Königlichen Rats für öffentlichen Unterricht; Anhänger und Verehrer Hegels.

69

Originalhandschrift: UB München, Sign. 4⁰ Cod. ms. 935 a/10,4.
Erstveröffentlichung: BwN I, S. 229—230.
Textvergleich: 32 Arbeit : Schrift *BwN*

Erläuterungen: **5** Tante: Rebekka Ruland, geb. Feuerbach. **30** Riedel: Karl Riedel aus Oberfranken war Studiengenosse Feuerbachs.

70

Originalhandschrift: Der Verbleib ist nicht bekannt. Die Veröffentlichung erfolgt nach dem Erstdruck.
Erstveröffentlichung: BwN I, S. 230.

71

Originalhandschrift: UB München, Sign. 4⁰ Cod. ms. 935b/11,2.
Datierung: Der Brief trägt die Angabe der Jahreszahl von fremder Hand.
Absendeort: Vermutlich Nürnberg.
Erläuterungen: **10** „Polydora": „Die Vielartige", analog gebildet zu Pandora (die Allesartige, Allesschenkende), eine Gestalt aus der griechischen Mythologie, deren Name auf eine Meermuschelgattung, die Büchsenmuschel, verweist. **10** Hauseriana: Die den Nürnberger Findling Kaspar Hauser betreffenden Angelegenheiten. Feuerbachs Vater als Gerichtspräsident und G. F. Daumer als zeitweiliger Pflegevater waren um die Aufklärung des Schicksals von Kaspar Hauser und um seinen Schutz bemüht (vgl. P. J. A. v. Feuerbach, Kaspar Hauser. Beispiel eines Verbrechens am Seelenleben des Menschen, Ansbach 1832; sowie sein an die Königinwitwe Karoline von Bayern gerichtetes vertrauliches „Mémoire über Kaspar Hauser" vom Januar 1832, in: GW 12, S. 567–578). P. J. A. v. Feuerbachs Untersuchungen führten zu dem Resultat, daß der bis zum zwanzigsten Lebensjahr in einem Kellergewölbe versteckte K. Hauser der rechtmäßige Erbprinz des Großherzogtums Baden war, der kurz nach seiner Geburt für verstorben erklärt worden war. Nachdem 1830 der badische Großherzog verstarb, wurde die Erbfähigkeit der Seitenlinie der Grafen Hochberg in Baden anerkannt, wodurch König Ludwig I. von Bayern seine Erbansprüche an die rechtsrheinische Pfalz, aus der er stammte, verlor. Die Präsentation eines legitimen Erbprätendenten für Baden im Einflußbereich Bayerns hatte zu dieser Zeit hohe politische Brisanz.

72

Originalhandschrift: UB München, Sign. 4⁰ Cod. ms. 935a/4,3.
Datierung: Ergibt sich aus der Erwähnung des abgelaufenen vergangenen Jahres.
Absendeort: Vermutlich Ansbach.
Erstveröffentlichung, gekürzt: Bw I, S. 263–265.

Textvergleich: 5 geschriebnen : gerichteten *Bw* 8 Wunsch *In Bw folgt Zusatz:* mein 20 solche *Fehlt in Bw* 21 mir : mich *Bw* 28 Kammerdiener Nr. 1 : ersten Kammerdiener *Bw* 28 was *Fehlt in Bw* 42 d. i. : d. h. *Bw* 45–47 und ... nutzen *Fehlt in Bw* 51–56 Zwar ... denn *Fehlt in Bw* 60 wenigstens *Fehlt in Bw* 66–85 Der ... mir *Fehlt in Bw* 86 materiellen *Fehlt in Bw* 91 jenen : diesen *Bw* 96 ja *Fehlt in Bw* 101 mit den : für die *Bw* 103 nur *Fehlt in Bw* 105 Überhaupt : Übrigens *Bw* 106 derlei : solchen *Bw* 110 wenigstens *Fehlt in Bw* 113 wird *In Bw folgt Zusatz:* dürfte 113 ein paar : einigen *Bw* 115 das ich : Ich gedenke es *Bw* 115 Gelehrten *In Bw folgt Zusatz:* zu übersenden 123 (d. h. ... Hoffnung) *Fehlt in Bw*
Erläuterung: 7 P[aris]: Feuerbachs älteste Schwester Helene lebte nach Scheidung ihrer Ehe mit dem Freiherrn v. Dobeneck als Gesellschafterin einer wohlhabenden Familie in Paris (vgl. auch Erl. zu Brief 54).

73

Originalhandschrift: IML/ZPA Moskau, F. 174, op. 1, d. 1.
Erläuterung: 1 Morgenblatt ... Stände: Bei Cotta erschienen.

74

Originalhandschrift: UB München, Sign. 4⁰ Cod. ms. 935 a/10,5.
Erläuterungen: 4–5 Rezension ... Zeitung: A. Kriegel, [Rezension zu:] Die Lex Salica und ihre verschiedenen Recensionen. Ein historisch-kritischer Versuch auf dem Gebiete des Germanischen Rechts, von Dr. E. August Feuerbach, Erlangen 1831, in: Leipziger Literatur-Zeitung, Nr. 24, 28. Januar 1833, Sp. 185–190 und Nr. 25, 29. Januar 1833, Sp. 193–197. 8 kleineren polit[ischen] Schriften: P. J. A. v. Feuerbach, Kleine Schriften vermischten Inhalts, 2 Abt., Nürnberg 1833.

75

Originalhandschrift: UB München, Sign. 4⁰ Cod. ms. 935 a/12,4. Fragment.
Datierung: Ergibt sich aus dem Zeitpunkt des Todes des Vaters (29. Mai 1833).
Absendeort: Ansbach.
Erstveröffentlichung, gekürzt: BwN I, S. 231–233.
Textvergleich: 19 allen : den *BwN* 25–26 wenn ... ward *Fehlt in BwN* 28 an den : für die *BwN* 34 seine : die *BwN* 50 denn ... gelähmt *Fehlt in BwN* 51–52 nicht ... hatte *Fehlt in BwN* 62 eine : in *BwN* 67–69 Wir ... bedürfte *Fehlt in BwN*

Erläuterungen: **10** getäuscht sahst: P. J. A. v. Feuerbach war am 29. Mai 1833 in Frankfurt a. M. verstorben. **30–31** Tode ... R[ecke]: Elisa v. d. Recke war am 13. April 1833 gestorben.

76

Originalhandschrift: UB München, Sign. 4⁰ Cod. ms. 935 a/8,2.
Erläuterungen: **6** Ereignis: Vgl. Erl. zu Brief 75, Z. 10. **50** Schwiegermutter: Heidenreich. Joseph Anselm Feuerbach war in zweiter Ehe 1832 mit Henriette Heidenreich, der Schwester F. W. Heidenreichs, verheiratet. **57** Lore: Feuerbachs jüngere Schwester Leonore.

77

Originalhandschrift: UB München, Sign. 4⁰ Cod. ms. 935 b/22,3.
Datierung: Ergibt sich aus dem Poststempel.
Absendeort: Speyer.
Erläuterung: **19** Lorchens Hand: Leonore Feuerbach.

78

Originalhandschrift: Der Verbleib ist nicht bekannt. Die Veröffentlichung erfolgt nach dem Erstdruck.
Erstveröffentlichung: BwK, S. 40–42.
Erläuterungen: **51** meinem Buche: Geschichte der neuern Philosophie von Bacon von Verulam bis Benedikt Spinoza (GW 2). **56** Ihr Buch: Vermutlich „Vermischte Aufsätze aus philosophischen und historischen Gebieten" von mehreren Verfassern, hrsg. von Christian Kapp. Kempten 1833. **63** Stadlers: Verwalter der Bruckberger Porzellanmanufaktur und Ehemann der älteren Schwester von Bertha Löw.

79

Originalhandschrift: UB München, Sign. 4⁰ Cod. ms. 935 a/10,6.
Erläuterungen: **5** Nekrolog: Nachruf für den Vater. **26** „Allgemeine": Augsburger „Allgemeine Zeitung".

80

Originalhandschrift: UB München Sign. 4⁰ Cod. ms. 935 a/10,7.
Datierung: Ergibt sich aus dem Poststempel.
Absendeort: Vermutlich Ansbach.

81

Orginialhandschrift: Der Verbleib ist nicht bekannt. Die Veröffentlichung erfolgt nach dem Erstdruck.

Datierung: Ergibt sich aus dem Zusammenhang mit dem nachfolgenden Brief.
Erstveröffentlichung: BwN I, S. 233.

82

Originalhandschrift: UB München, Sign. 4° Cod. ms. 935a/10,8.
Erstveröffentlichung, gekürzt: BwN I, S.233–235.
Textvergleich: **5–6** hatte mir schon Lore : war mir schon *BwN* **11** von : auf *BwN* **37–52** Bemerken . . . w[erden] *Fehlt in BwN* **55** wo : daß *BwN* **65–70** meine . . . konnte *Fehlt in BwN* **72** im : unter dem *BwN* **75–78** Außer . . . dauert *Fehlt in BwN* **81** Grüße . . . Stiefelw[ichser] *Fehlt in BwN*
Erläuterungen: **48–49** Ich . . . verließ: Vgl. Brief 41. **52** D[octor] legens: Gemeint Privatdozent. **70–74** Sage . . . habe: Teil von „Abälard und Héloise oder Der Schriftsteller und der Mensch" (in GW 1).

83

Originalhandschrift: UB München, Sign. 4° Cod. ms. 935a/12,5.
Datierung: Der Brief trägt die Monats- und Jahresangabe von fremder Hand.
Absendeort: Frankfurt a. M.
Erläuterungen: **10** „Es zogen 3 Burschen": Es handelt sich um das zur Volksweise gewordene Gedicht L. Uhlands „Der Wirtin Töchterlein" (1809) mit insgesamt fünf Strophen. **15** Bruckberg: Der Text war offenbar für Bertha Löw, seine spätere Frau, bestimmt. **35** Tante: Rebekka Ruland, geb. Feuerbach.

84

Originalhandschrift: Archiv der UB Erlangen, Th. II. Pos. 1 F., Nr. 10, S. 21, 23–26, 35–38; abgesandtes Schreiben an den König in zweifacher Ausfertigung; das Duplikat weist gegenüber dem mit der Stellungnahme des Senats abgesandten Schreiben einen anderen Seitenwechsel und folgende Textabweichungen auf: Z. 8 *D.[r.]: Dr.;* Z. 29 *auf:* Es folgt Zusatz: *seine.* Der Senat der Universität Erlangen leitete das Gesuch mit einem auch von ihm unterstützten Gutachten der Philosophischen Fakultät an den König weiter. In dem Gutachten (Erlangen, 5. Oktober 1833) wird darauf aufmerksam gemacht, daß Christian Kapp nur außerordentlicher Professor und nur zeitweilig bis zur Wiederherstellung seiner Gesundheit in den Ruhestand versetzt worden war. L. Feuerbach werden „nicht gewöhnliche philosophische Talente und Kenntnisse" bestätigt, die Entscheidung über das Gesuch wird aber dem Senat der Universität anheimgestellt (Archiv der UB Erlangen, Th. II, Pos. 1, Nr. 10). Nach Vorlage beim König am 11. Januar 1834 teilte das Staatsministerium des Innern unter dem 6. Januar 1834 dem Senat der Universität Erlangen die Ablehnung des Gesuchs mit. Feuerbach erhielt unter dem 11. Januar 1834 die Mitteilung vom Inhalt des entsprechenden Ministerialreskripts (siehe Brief 95).

85

Originalhandschrift: UB München, Sign. 4⁰ Cod. ms. 935a/37,1. Briefentwurf.
Datierung: Ergibt sich aus dem Zeitpunkt des Todes des Vaters (29. Mai 1833).
Absendeort: Ansbach.

86

Originalhandschrift: UB München, Sign. 4⁰ Cod. ms. 935b/26,1.
Erstveröffentlichung: BwN I, S. 235.

87

Originalhandschrift: UB München, Sign. 4⁰ Cod. ms. 935b/1,1.
Erstveröffentlichung: BwN I, S. 235–236.

88

Originalhandschrift: UB München, Sign. 4⁰ Cod. ms. 935b/47,2.
Erstveröffentlichung, gekürzt: BwN I, S. 236.
Textvergleich: **18** Grund : Recht *BwN* **23–87** Wenn ... bereit *Fehlt in BwN*
Erläuterung: **4** Aphorismen: Vgl. Erl. zu Brief 66. **43** „Ring" des Kalidas: „Sakontala oder der verhängnißvolle Ring" von Kalidasa.

89

Originalhandschrift: UB München, Sign. 4⁰ Cod. ms. 935b/40,1.
Datierung: Ergibt sich aus dem Zeitpunkt des Erscheinens der erwähnten Rezension von Erdmann und aus dem Hinweis auf das kommende Jahr 1834.
Erläuterungen: **5–6** Auf ... Brügel: Die Aphorismen „Abälard und Héloise oder Der Schriftsteller und der Mensch" (in GW 1) erschienen 1834 bei C. Brügel in Ansbach. **12** Erdmannsdorf: J. E. Erdmann. **28–29** Lies ... Werke: F. W. v. Schelling, [Rezension zu:] Vorrede zur zweiten Ausgabe der Fragments philosophiques von Victor Cousin, in: Die bayerischen Annalen,

Nr. 135, 7. November 1833, Blatt für Literatur, Nr. LXXX, S. 1001–1007. **31–32** Der ... erscheinen: Schellings Münchener Vorlesungen sind zu seinen Lebzeiten nicht im Druck erschienen. **81** Hegels ... Gottes: Siehe G. W. F. Hegel, Vorlesungen über die Philosophie der Religion, Bd. 2. Nebst einem Anhang: Vorlesungen über die Beweise vom Daseyn Gottes, in: Werke, Bd. 12, hrsg. von Ph. Marheineke, Berlin 1832.

90

Originalhandschrift: UB München, Sign. 4° Cod. ms. 935 b/63,1.
Absendeort: Erlangen.
Erläuterungen: **3** neuesten Schrift: Geschichte der neuern Philosophie von Bacon von Verulam bis Benedikt Spinoza (GW 2). **42** Abhandlung: Roux' Schrift „Über das Verhältnis der deutschen Fechtkunst zum Ehrenduell sowohl im Allgemeinen, als auch für Universitäten insbesondere, mit Berücksichtigung der Mittel, die Duelle zu verhüten" erschien postum 1841 in Erfurt.

91

Originalhandschrift: UB München, Sign. 4° Cod. ms. 935 d/50 b. Briefentwurf.
Datierung: Der Briefentwurf wurde vermutlich 1833/Anfang 1834 geschrieben, da Ludwig Feuerbach zu dieser Zeit nach einem Verleger für seine Aphorismen „Abälard und Héloise oder Der Schriftsteller und der Mensch" (in GW 1) suchte.
Absendeort: Vermutlich Ansbach.

92

Originalhandschrift: UB München, Sign. 4° Cod. ms. 935 b/11,3. Fragment. Der Anfang des Briefes ist abgerissen.
Datierung: Ergibt sich aus dem Zeitpunkt von Kaspar Hausers Tod.
Absendeort: Nürnberg.
Erläuterung: **10** letzten Augenblicken: Bezieht sich auf den Mordanschlag auf K. Hauser am 14. Dezember 1833. Er starb am 17. Dezember 1833 an der erlittenen Verletzung.

93

Originalhandschrift: UB München, Sign. 4° Cod. ms. 935 b/11,4. Fragment. Der Anfang des Briefes ist abgeschnitten.
Datierung: Ergibt sich aus dem Zeitpunkt von Kaspar Hausers Tod.

Absendeort: Nürnberg.
Erläuterung: **4–25** Lord Stanhope ... verdächtig: Lord Stanhope, der vermutlich in Verbindung mit den illegitimen badischen Erbfolgern (vgl. Erl. zu Brief 71, Z. 10) stand, tauchte in Nürnberg nach dem Auftreten K. Hausers auf und gab sich als Gönner ihm gegenüber aus. Nach Hausers Ermordung trat ein Wandel in seiner Stellung zu Hauser ein.

94

Originalhandschrift: UB München, Sign. 4⁰ Cod. ms. 935 b/26,2.
Erstveröffentlichung, gekürzt: BwN I, S. 236–237.
Textvergleich: **29–32** Die ... glaubte *Fehlt in BwN*
Erläuterung: **15** südlichen Flora: Gemeint sind die Verhältnisse im Geistesleben Bayerns.

95

Originalhandschrift: Archiv der UB Erlangen. Th. II, Pos. 1 F., Nr. 10, S. 32. Entwurf.
Erläuterung: **8** Entschließung: Vgl. Erl. zu Brief 84.

96

Originalhandschrift: UB München, Sign. 4⁰ Cod. ms. 935 a/12,6.
Datierung: Der Brief trägt die Datumsangabe von fremder Hand.
Absendeort: Erlangen.
Erläuterung: **8** Ende: Karl Feuerbach war am 12. März 1834 verstorben.

97

Originalhandschrift: Der Verbleib ist nicht bekannt. Die Veröffentlichung erfolgt nach dem Erstdruck.
Erstveröffentlichung: BwK, S. 42–46.
Erläuterungen: **42–43** Lessing ... zu stehen: Bezieht sich auf die 1769 mit J. J. Ch. Bode betriebene Hamburger Druckerei- und Verlagsunternehmung, die noch im gleichen Jahre scheiterte und Lessing finanziell ruinierte. **45–46** „Nationalkalender": Deutscher Kalender für das Jahr 1835, hrsg. von Christian Kapp, Kempten 1835. **104** neuen Dialog: Gemeint „Gregor, ein Gespräch über das Papsttum und die Monarchie. Aus den Papieren eines Reisenden". Erster Teil. Nürnberg 1833. Die von L. Feuerbach 1839 rezensierte Schrift „Dr. Christian Kapp und seine literarischen Leistungen. Ein Beitrag zur Literaturgeschichte des neunzehnten Jahrhunderts", Leipzig – Mannheim 1839, nennt Ch. Kapp als Autor dieser in Dialogform gehaltenen anonymen Schrift (vgl. GW 9, S. 71).

98

Korrektur: 21 Ich *Im Original:* Er
Originalhandschrift: UB München, Sign. 4⁰ Cod. ms. 935 b/11,5.
Datierung: Ergibt sich aus dem Zeitpunkt von Karl Feuerbachs Tod.
Absendeort: Nürnberg.

99

Korrektur: 78 bringt In BwN: birgt
Originalhandschrift: Der Verbleib ist nicht bekannt. Die Veröffentlichung erfolgt nach dem Erstdruck.
Erstveröffentlichung: BwN I, S. 245–246.
Erläuterungen: **9** dort ... verlebte: Vgl. Brief 83. **77–78** Kurz ... Form: Gedanken über Tod und Unsterblichkeit, in: GW 1, S. 442. **86** Meine Aphorismen: Abälard und Héloise oder Der Schriftsteller und der Mensch (in GW 1).

100

Originalhandschrift: Der Verbleib ist nicht bekannt. Die Veröffentlichung erfolgt nach dem Erstdruck.
Erstveröffentlichung: BwK S. 46–47.
Erläuterungen: **10** „Geschichte der Philosophie": Geschichte der neuern Philosophie von Bacon von Verulam bis Benedikt Spinoza (GW 2). **24** Fräulein Bertha: Bertha Löw.

101

Originalhandschrift: UB München, Sign. 4⁰ Cod. ms. 935 b/31,1.
Erstveröffentlichung, gekürzt: BwN I, S. 237–238.
Textvergleich: **41–45** Schließlich ... werden *Fehlt in BwN* **48** ganz *Fehlt in BwN*
Erläuterung: **12** „Jahrbüchern": Berliner „Jahrbücher für wissenschaftliche Kritik".

102

Originalhandschrift: Der Verbleib ist nicht bekannt. Die Veröffentlichung erfolgt nach dem Erstdruck.
Erstveröffentlichung: BwK, S. 47–49.
Erläuterungen: **6–7** beifolgende Schrift: Abälard und Héloise oder Der Schriftsteller und der Mensch, Ansbach 1834 (in GW 1). **15** Jungfrau von Bruckberg: Bertha Löw. **36** des Dialogs: Vgl. Erl. zu Brief 97, Z. 104. **64** meines Buchs: Geschichte der neuern Philosophie von Bacon von Verulam bis Benedikt Spinoza (GW 2). **68** Dieser ... Altenstein: Ein entsprechendes Schreiben Feuerbachs konnte nicht ermittelt werden.

103

Originalhandschrift: UB München, 4^0 Cod. ms. 935a/29,3. Fragment eines Briefentwurfs.
Datierung: Ergibt sich aus dem Zeitpunkt des Erscheinens der Schrift „Abälard und Héloise oder der Schriftsteller und der Mensch" (in GW 1).
Absendeort: Vermutlich Ansbach.
Erläuterungen: **6** neue Schrift: Abälard und Héloise oder Der Schriftsteller und der Mensch. **17** „Geschichte der Philosophie": Geschichte der neuern Philosophie von Bacon von Verulam bis Benedikt Spinoza (GW 2).

104

Originalhandschrift: UB München, Sign. 4^0 Cod. ms. 935b/31,2.
Erstveröffentlichung, gekürzt: BwN I, S. 238.
Textvergleich: **6–9** Im ... einzuladen *Fehlt in BwN* **24–25** wofern ... sollten *Fehlt in BwN*
Erläuterung: **8–14** Teilnahme ... stellen: Feuerbach nahm den Auftrag an (vgl. [Rezension zu:] Hegels Vorlesungen über die Geschichte der Philosophie, 2 Bde., hrsg. von C. L. Michelet (in GW 8).

105

Originalhandschrift: UB München, Sign. 4^0 Cod. ms. 935b/47,3. Der Brief ist beschädigt, Textverluste konnten z. T. rekonstruiert werden.
Erstveröffentlichung, gekürzt: BwN I, S. 239–240.
Textvergleich: **5–56** Habe ... muß *Fehlt in BwN* **81** und : oder *BwN* **88–95** Ist ... erscheinen *Fehlt in BwN* **104–105** und ... Sela *Fehlt in BwN* **107–108** denn ... werden *Fehlt in BwN* **112** die : welche *BwN*
Erläuterungen: **36** Aphorismen: Abälard und Héloise oder Der Schriftsteller und der Mensch (in GW 1). **50** „Manon Lescaut": Von Abbé Prévost.

106

Randbemerkung (erste Briefseite, links): Ich schreibe Dir nach Ansbach, weil ich nicht gewiß bin, ob Dich mein Brief in Erlangen treffen wird.
Originalhandschrift: UB München, Sign. 4^0 Cod. ms. 935b/11,6. Die zweite Briefseite ist im oberen Drittel eingerissen, dadurch entstandene Textverluste konnten rekonstruiert werden.
Absendeort: Nürnberg.

107

Originalhandschrift: Der Verbleib ist nicht bekannt. Die Veröffentlichung erfolgt nach dem Erstdruck.
Erstveröffentlichung: BwK, S. 49–52.
Erläuterung: **5** Meinen ... Überschicktes: Bertha Löw hat offenbar Teile einer Veröffentlichung von Christian Kapp im „Neuen Jahrbuch für Mineralogie, Geognosie, Geologie und Petrefaktenkunde" überbracht.

108

Originalhandschrift: UB München, Sign. 4⁰ Cod. ms. 935b/72,2.
Erstveröffentlichung: BwN I, S. 240–241.
Erläuterung: **19** Freundin: Elisa v. d. Recke.

109

Originalhandschrift: Der Verbleib ist nicht bekannt. Die Veröffentlichung erfolgt nach dem Erstdruck.
Erstveröffentlichung: BwK, S. 52–54.

110

Originalhandschrift: UB München, Sign. 4⁰ Cod. ms. 935a/19,1. Fragment eines Briefentwurfs.
Datierung: Ergibt sich aus der Formulierung des ersten Satzes, die darauf hindeutet, daß L. Feuerbach die zweite Anzeige im folgenden Monat abgeschickt hat.
Absendeort: Erlangen.
Erläuterungen: **4** Anzeige: [Rezension zu:] Hegel. Sendschreiben an den Hrn. Dr. C. F. Bachmann. Von K. Rosenkranz (in GW 8). **6** zweite von Kuhn: [Rezension zu:] Jacobi und die Philosophie seiner Zeit. Von J. Kuhn (in GW 8).

111

Originalhandschrift: UB München, Sign. 4⁰ Cod. ms. 935d/50b. Briefentwurf.
Datierung: Ergibt sich aus dem Hinweis auf einen erneuten Versuch, eine Anstellung zu erhalten (siehe Brief 113, Z. 90).
Absendeort: Erlangen.
Erläuterungen: **16** Privatdozent: Feuerbach nahm nach erfolgter Habilitation seine Tätigkeit als Privatdozent im Frühjahr 1829 auf; er hat möglicherweise schon im Wintersemester 1828/29 Vorlesungen gehalten (siehe GW 13). **20** Gesuch: Siehe Brief 52. **23** Gesuch: Ein derartiges Gesuch konnte bisher nicht ermittelt werden. **30–31** erste Teil ... Kritik: Geschichte der

neuern Philosophie von Bacon von Verulam bis Benedikt Spinoza (GW 2). **32** November ... Gesuch: Ein Gesuch vom November konnte bisher nicht ermittelt werden. Feuerbach hatte am 15. September 1833 ein Gesuch eingereicht (siehe Brief 84). **53** Thronbesteigung Ottos: Thiersch hatte bedeutenden Anteil daran, die Anerkennung des Sohnes von Ludwig I. von Bayern, des Prinzen Otto, als König von Griechenland durchzusetzen. Otto I. bestieg im Februar 1833 den griechischen Thron; er war noch nicht volljährig, die Regentschaft übernahmen Graf v. Armansperg, General v. Heideck und Staatsrat v. Maurer.

112

Originalhandschrift: Der Verbleib ist nicht bekannt. Die Veröffentlichung erfolgt nach dem Erstdruck.
Erstveröffentlichung: BwN I, S. 247–250.
Erläuterung: **8** Arbeit: Aus in Feuerbachs handschriftlichem Nachlaß aufgefundenen Fragmenten geht hervor, daß er das Thema seiner Dissertation über die Vernunft auszuarbeiten versuchte.

113

Originalhandschrift: Der Verbleib ist nicht bekannt. Die Veröffentlichung erfolgt nach dem Erstdruck.
Absendeort: Erlangen.
Erstveröffentlichung: BwK, S. 55–60.
Erläuterungen: **61** „Vulkanismus": Gemeint ist Kapps Schrift „Neptunismus und Vulkanismus in Beziehung auf v. Leonhard's Basalt-Gebilde", Stuttgart 1834. **62** Brief: Siehe Brief 110. **81** Stahl vornehmen: Vgl. L. Feuerbach, [Rezension zu:] Die Philosophie des Rechts nach geschichtlicher Ansicht. Von Stahl (in GW 8). **83** Fortsetzung meiner „Geschichte:" Darstellung, Entwicklung und Kritik der Leibnizschen Philosophie (GW 3). **84** Umarbeitung über die Vernunft: Vgl. Erl. zu Brief 112. **113** Generalsekretär: L. v. Henning. **116** rezensiert: Siehe Brief 89, Z. 12–13. **125** Daumers ... Hauser: Die Schrift erschien erst im Jahre 1859: G. F. Daumer, Enthüllungen über Kaspar Hauser..., Frankfurt a. M. 1859. **126** Lords: Lord Stanhope. **140** Bald ... Theologie: Siehe L. Feuerbach, Gedanken über Tod und Unsterblichkeit, in: GW 1, S. 427. **150** Orte: Heidelberg. **161** anderen Freund: Ernst von Plotho. **179** Mein Bruder: Friedrich Feuerbach.

114

Originalhandschrift: UB München, Sign. 4° Cod. ms. 935b/31,3.
Erstveröffentlichung, gekürzt: BwN I, S. 241.

Textvergleich: **16–20** Sie . . . bieten *Fehlt in BwN* **27–30** P. S. Der . . . sehen *Fehlt in BwN*
Erläuterung: **23** Anzeige: Siehe Brief 104.

115

Originalhandschrift: Der Verbleib ist nicht bekannt. Die Veröffentlichung erfolgt nach dem Erstdruck.
Erstveröffentlichung: BwN I, S. 250–251.
Erläuterung: **16** Meine Kritik: Vgl. Erl. zu Brief 113, Z. 81.

116

Originalhandschrift: Der Verbleib ist nicht bekannt. Die Veröffentlichung erfolgt nach dem Erstdruck.
Erstveröffentlichung: BwK, S. 60–62.
Erläuterungen: **23** Geist der Xenien: Gemeint sind die „Gedanken über Tod und Unsterblichkeit . . ., nebst einem Anhang theologisch-satirischer Xenien . . ." (in GW 1). **31** bayrischer Quieszent: Kapp war außerordentlicher Professor für Philosophie an der Erlanger Universität und wurde 1833 aus Gesundheitsgründen zeitweilig in den Ruhestand versetzt. Er hat diese Professur nicht wieder aufgenommen. **69–70** Die Kritik . . . von ihm: Vgl. Erl. zu Brief 113, Z. 81. **75** Anzeige: L. Feuerbach, [Rezension zu:] Hegels Vorlesungen über die Geschichte der Philosophie, 2 I. u. II. Bd., hrsg. von C. L. Michelet (in GW 8).

117

Originalhandschrift: Der Verbleib ist nicht bekannt. Die Veröffentlichung erfolgt nach dem Erstdruck.
Erstveröffentlichung: BwN I, S. 251.

118

Originalhandschrift: Der Verbleib ist nicht bekannt. Die Veröffentlichung erfolgt nach dem Erstdruck.
Datierung: Stammt von Wilhelm Bolin (Bw I, S. 287).
Erstveröffentlichung: BwN I, S. 252–253.
Erläuterungen: **4** Buch: Es handelt sich um „Die Philosophie des Rechts nach geschichtlicher Ansicht" von F. J. Stahl. **14** drucken lassen soll: Feuerbach übersandte die Kritik Anfang März den „Jahrbüchern für wissenschaftliche Kritik" (siehe Brief 116, letzter Teil vom 3. März 1835). **45** meiner ersten Schrift: Gedanken über Tod und Unsterblichkeit (in GW 1).

119

Originalhandschrift: Der Verbleib ist nicht bekannt. Die Veröffentlichung erfolgt nach dem Erstdruck.
Datierung: Sie wurde gegenüber der Erstveröffentlichung („Erlangen 1835") nach dem Brieftext präzisiert.
Erstveröffentlichung: BwN I, S. 253–256.
Erläuterungen: **41** Rezension: Vgl. Erl. zu Brief 118, Z. 14. **108** meine erste Schrift: Die anonym erschienenen „Gedanken über Tod und Unsterblichkeit" (in GW 1). **111–112** meine ersten Schriften: Geschichte der neuern Philosophie von Bacon von Verulam bis Benedikt Spinoza (GW 2); Abälard und Héloise oder Der Schriftsteller und der Mensch (in GW 1). **147** Tante: Rebekka Ruland, geb. Feuerbach.

120

Originalhandschrift: Deutsche Staatsbibliothek Berlin, nach 1945 nicht nachweisbar. Die Veröffentlichung erfolgt nach dem Erstdruck.
Erstveröffentlichung: A. Kohut, Ludwig Feuerbach. Sein Leben und seine Werke, Leipzig 1909, S. 112–114.
Erläuterung: **1** Johannes Schulze: Ministerialrat im preußischen Schulwesen.

121

Originalhandschrift: UB München, Sign. 4⁰ Cod. ms. 935a/19,2. Briefentwurf.
Datierung: Ergibt sich aus der im folgenden Brief von Hennings erfolgten Empfangsbestätigung der Rezension.
Absendeort: Vermutlich Erlangen.

122

Originalhandschrift: UB München, Sign. 4⁰ Cod. ms. 935b/31,4. Die Handschrift ist stellenweise unleserlich.
Erstveröffentlichung, gekürzt: BwN I, S. 241–244.
Textvergleich: **14** freilich *Fehlt in BwN* **15–16** ohne . . . Ihnen *Fehlt in BwN* **22** ich *Fehlt in BwN* **43** wie gezeigt *Fehlt in BwN* **52–64** Das . . . und *Fehlt in BwN* **72** nämlich *Fehlt in BwN* **91** hier *Fehlt in BwN*
Erläuterung: **24** Steine des Anstoßes: Feuerbach entsprach den kritischen Hinweisen nur teilweise (vgl. [Rezension zu:] Die Philosophie des Rechts nach geschichtlicher Ansicht. Von Stahl, in: GW 8, S. 37ff.).

123

Originalhandschrift: Der Verbleib ist nicht bekannt. Die Veröffentlichung erfolgt nach dem Erstdruck.
Erstveröffentlichung: BwK, S. 62–63.
Erläuterung: **16** Bertha: Bertha Löw. **26** Anzeige: [Anonym,] Neptunismus und Vulkanismus in Beziehung auf v. Leonhard's Basalt-Gebilde von Dr. Christian Kapp, Prof. in Erlangen. Stuttgart, Schweizerbart. 1834, in: Literarische Zeitung, Nr. 4, 21. Januar 1835, Sp. 69.

124

Originalhandschrift: Der Verbleib ist nicht bekannt. Die Veröffentlichung erfolgt nach dem Erstdruck.
Erstveröffentlichung: BwN I, S. 256–257.

125

Originalhandschrift: Der Verbleib ist nicht bekannt. Die Veröffentlichung erfolgt nach dem Erstdruck.
Erstveröffentlichung: BwK, S. 63–67.
Erläuterungen: **8** Protogäa: Darstellung der Erstgestalt der Erde; Anspielung auf Leibniz' bedeutendes Werk. **54–56** gegen ... Vernunft: Schelling. **65–67** Schrift ... wird: Die Schrift wurde von Feuerbach rezensiert (vgl. [Rezension zu:] Geschichte der neuern Philosophie I/1. Von Erdmann. – Cartesius und seine Gegner. Von Hock, in: GW 8, S. 134ff.). **73–75** Ich ... herauszugeben: Feuerbach verwirklichte die Idee durch die Sammlung „Kritiken auf dem Gebiete der Philosophie", Ansbach 1835 und Leipzig 1835 (siehe GW 8, S. IX–X). **104–105** Wünsche ... eingeschickt habe: Siehe Brief 120.

126

Originalhandschrift: UB München, Sign. 4^0 Cod. ms. 935a/32,1. Fragment.
Erläuterung: **11** Titels Ihrer Abhandlung: Die Arbeit erschien 1841 postum unter dem von Feuerbach vorgeschlagenen, etwas erweiterten Titel. **87** Kampfbogen: Gemeint vermutlich Kanzbogen (Staatspapier, d. h. Briefbogen mit Vordruck für den offiziellen Verkehr).

127

Originalhandschrift: Der Verbleib ist nicht bekannt. Die Veröffentlichung erfolgt nach dem Erstdruck.
Erstveröffentlichung: BwN I, S. 258.

Erläuterungen: **10–11** Rezension . . . lassen: Betrifft die Kritik des „Anti-Hegel" von C. F. Bachmann, die anfangs für die „Jahrbücher für wissenschaftliche Kritik" bestimmt war und bei C. Brügel in Ansbach und F. L. Herbig in Leipzig unter dem Titel „Kritiken auf dem Gebiete der Philosophie", 1. Heft, erschien (vgl. GW 8, S. IX–X). **13** Hofrat: C. F. Bachmann.

128

Originalhandschrift: Der Verbleib ist nicht bekannt. Die Veröffentlichung erfolgt nach dem Erstdruck.
Datierung: Stammt von Wilhelm Bolin (Bw I S. 297).
Erstveröffentlichung: BwN I, S. 258–259.
Erläuterungen: **5** meinen Aphorismen: Abälard und Héloise oder Der Schriftsteller und der Mensch (in GW 1). **10** Fichtes Sohn: Immanuel Fichte.

129

Originalhandschrift: Der Verbleib ist nicht bekannt. Die Veröffentlichung erfolgt nach dem Erstdruck.
Datierung: Stammt von Wilhelm Bolin (Bw I, S. 298).
Absendeort: Vermutlich Erlangen.
Erstveröffentlichung: BwN I, S. 259–260.
Erläuterung: **32** Rezension: Vermutlich ist die „Kritik des ‚Anti-Hegels'" (in GW 8) gemeint.

130

Originalhandschrift: UB München, Sign. 4⁰ Cod. ms. 935 a/9,1. Der Brief ist durch nochmaliges Öffnen (vgl. Z. 81–82) beschädigt.
Erläuterungen: **3** Erlangen: Feuerbach hatte auf dringendes Anraten seiner Brüder und Freunde im Wintersemester 1835/36 seine Vorlesungstätigkeit mit einer Vorlesung über die „Geschichte der neueren Philosophie" an der Universität Erlangen wieder aufgenommen. **41** Kindsköpfchen: Es handelt sich um ein Kinderbildnis Bertha Löws (siehe Brief 124).

131

Originalhandschrift: UB München, Sign. 4⁰ Cod. ms. 935 a/9.2.
Datierung: Ergibt sich aus dem Zusammenhang mit dem Brief vom 9. November 1835, in dem der Beginn der Vorlesungstätigkeit mit *kommenden Montag* angekündigt wird.
Absendeort: Erlangen.

132

Originalhandschrift: Der Verbleib ist nicht bekannt. Die Veröffentlichung erfolgt nach dem Erstdruck.
Absendeort: Erlangen.
Erstveröffentlichung: BwN I, S. 260–261.

133

Originalhandschrift: Der Verbleib ist nicht bekannt. Die Veröffentlichung erfolgt nach dem Erstdruck. Fragment.
Datierung: Ergibt sich aus dem Hinweis auf die bevorstehenden Weihnachtsfeiertage.
Absendeort: Erlangen.
Erstveröffentlichung: BwN I, S. 261–262.

134

Originalhandschrift: UB München, Sign. 4° Cod. ms. 935 b/31,5. Die Handschrift ist stellenweise unleserlich.
Datierung: Der Brief wurde vermutlich im August 1835 geschrieben, da die erwähnten Rezensionen im Juli bzw. September 1835 in den „Jahrbüchern für wissenschaftliche Kritik" erschienen sind.
Absendeort: Berlin.
Erstveröffentlichung: BwN I, S. 244.
Textvergleich: **9** über die : der *BwN* **9** die *Fehlt in BwN* **28** äußeren : häuslichen *BwN*
Erläuterung: **18–19** Mit ... vernommen: Vgl. Brief 120.

135

Originalhandschrift: Der Verbleib ist nicht bekannt. Die Veröffentlichung erfolgt nach dem Erstdruck.
Absendeort: Erlangen.
Erstveröffentlichung: BwN I, S. 262–263.
Erläuterungen: **29** Hauptwerk: Gemeint ist Giordano Brunos Werk „De la causa, principio et uno". Der Nachlaß Feuerbachs enthält umfangreiche Exzerpte daraus. **34–35** das Wesen ... Denken: Siehe Briefe 112 und 113.

136

Originalhandschrift: Der Verbleib ist nicht bekannt. Die Veröffentlichung erfolgt nach dem Erstdruck. Fragment.
Absendeort: Erlangen.
Erstveröffentlichung: BwN I, S. 263.

137

Originalhandschrift: Der Verbleib ist nicht bekannt. Die Veröffentlichung erfolgt nach dem Erstdruck.
Datierung: Wir geben diesen Brief (wie auch die folgenden an Bertha Löw) nach der Datierung Karl Grüns wieder, obwohl die Bezugnahme auf die noch zurückgehaltene Kritik und das Zusammentreffen mit Karl Riedel die Vermutung nahelegen, daß der Brief bereits dem Jahre 1835 angehört.
Absendeort: Erlangen.
Erstveröffentlichung: BwN I, S. 264–265.
Erläuterung: 11 Porträt: Siehe Brief 124.

138

Originalhandschrift: Der Verbleib ist nicht bekannt. Die Veröffentlichung erfolgt nach dem Erstdruck.
Erstveröffentlichung: BwN I, S. 267–268.

139

Originalhandschrift: Der Verbleib ist nicht bekannt. Die Veröffentlichung erfolgt nach dem Erstdruck. Fragment.
Erstveröffentlichung: BwN I, S. 268–270.

140

Originalhandschrift: UB München, Sign. 4⁰ Cod. ms. 935 b/63,2.
Erstveröffentlichung: BwN I, S. 270.
Erläuterung: 8 Darstellung ... Systems: Den Band 2 der „Geschichte der neuern Philosophie" widmete Feuerbach ausschließlich der Darstellung des Leibnizschen Systems (GW 3).

141

Originalhandschrift: Der Verbleib ist nicht bekannt. Die Veröffentlichung erfolgt nach dem Erstdruck.
Erstveröffentlichung: BwK, S. 67.

142

Originalhandschrift: Der Verbleib ist nicht bekannt. Die Veröffentlichung erfolgt nach dem Erstdruck.
Datierung: Ergibt sich aus dem Hinweis auf die Jahreszeit.
Absendeort: Nürnberg.
Erstveröffentlichung: BwN I, S. 265.
Erläuterung: 17 Bruder: Vermutlich Eduard Feuerbach.

143

Originalhandschrift: Der Verbleib ist nicht bekannt. Die Veröffentlichung erfolgt nach dem Erstdruck.
Datierung: Ergibt sich aus dem Zusammenhang mit dem vorangehenden Brief hinsichtlich des Besuchs Stadlers.
Absendeort: Nürnberg.
Erstveröffentlichung: BwN I, S. 265–266.
Erläuterungen: **13** Bruder: Vermutlich Eduard Feuerbach. **15** Fürth: Die Eisenbahnlinie Nürnberg–Fürth war am 7. Dezember 1835 dem Verkehr übergeben worden.

144

Originalhandschrift: UB München, Sign. 4⁰ Cod. ms. 935a/10,17.
Datierung: Die Jahreszahl ergibt sich aus dem Zusammenhang mit Brief 145, in dem die Bewerbung nach Augsburg über Mejer bzw. Bomhard erörtert wird.
Absendeort: Nürnberg.
Erläuterungen: **10** Xenien: Gedanken über Tod und Unsterblichkeit ..., nebst einem Anhang theologisch-satirischer Xenien ... (in GW 1). **10** homiletisches Blatt: Ebenda, S. 418–419. Nr. 29 bis 32.

145

Originalhandschrift: Der Verbleib ist nicht bekannt. Die Veröffentlichung erfolgt nach dem Erstdruck.
Datierung: Stammt von K. Grün.
Absendeort: Nürnberg; W. Bolin (Bw I, S. 304) gibt Erlangen an.
Erstveröffentlichung: BwN I, S. 266–267.
Erläuterungen: **7** jüngeren Freund: Mejer (siehe Brief 144). **13** älterer Bruder: Eduard Feuerbach. **16** Xenien: Gedanken über Tod und Unsterblichkeit ..., nebst einem Anhang theologisch-satirischer Xenien ... (in GW 1).

146

Originalhandschrift: UB München, Sign. 4° Cod. ms. 935a/32,2.
Erläuterungen: **8** meiner ältesten Schwester: Helene v. Dobeneck, geb. Feuerbach **10–11** zweiten Teil meiner „Geschichte": Darstellung, Entwicklung und Kritik der Leibnizschen Philosophie (GW 3). **15** Philosophen: G. W. Leibniz. **21** Ihre Bitte: Bezieht sich vermutlich auf die überarbeitete Fassung von Roux' Schrift über das Duell, siehe Brief 126. **37** System der Freiheit: Gemeint ist F. W. J. Schellings 1834 in Reutlingen wieder aufgelegte Schrift „Philosophische Untersuchungen über das Wesen

der menschlichen Freiheit und die damit zusammenhängenden Gegenstände" (vgl. F. W. J. Schelling, Philosophische Schriften, Landshut 1809).

147

Originalhandschrift: UB München, Sign. 4⁰ Cod. ms. 935a/10,9.

148

Originalhandschrift: Der Verbleib ist nicht bekannt. Die Veröffentlichung erfolgt nach dem Erstdruck.
Erstveröffentlichung: BwK, S. 68–69.

149

Originalhandschrift: UB München, Sign. 4⁰ Cod. ms. 935a/10,10.
Datierung: Ergibt sich aus der Erwähnung des erneuten Anstellungsgesuches (siehe Brief 150).
Absendeort: Nürnberg.

150

Originalhandschrift: Archiv der UB Erlangen, Th. II, Pos. 1 F., Nr. 10, S. 41, 45–48.
Erläuterungen: **10–13** Beinahe ... halten: Siehe Brief 50. **17** Gutachten: Vgl. Erl. zu Brief 84. **20–21** Berliner ... November: E. Erdmann, [Rezension zu:] Geschichte der neuern Philosophie von Bacon von Verulam bis Benedict Spinoza von Dr. Ludwig Andreas Feuerbach, Ansbach 1833, in: Jahrbücher für wissenschaftliche Kritik, Jg. 1833, zweiter Halbbd., Dezember, Nr. 106, Sp. 841–848. **21–23** Literarische ... No. 37: [Anonym,] Abälard und Heloise oder der Schriftsteller und der Mensch. Von Ludwig Feuerbach. Ansbach 1834, Brügel, in: Literarische Zeitung, Nr. 33, 13. August 1834, Sp. 561. Unter der Überschrift „Deutsche Philosophie in Frankreich" wird in Nr. 37 der „Literarischen Zeitung" vom 10. September 1834 mitgeteilt, daß im März in der „Revue du progrès social" eine Notiz über L. Feuerbach erschienen sei. **24–26** Ergänzungsblätter ... S. 159: [Anonym,] Ansbach b. Brügel: Abälard und Heloise, oder der Schriftsteller und der Mensch. Eine Reihe humoristisch-philosophischer Aphorismen. Von Ludwig Feuerbach, 1834, in: Ergänzungsblätter zur Jenaischen Allgemeinen Literatur-Zeitung, Nr. 68, 1835, Sp. 159 – 160. **26–27** Münchner ... S. 222: Die Passage, in der L. Feuerbach genannt wird, findet sich in: P. K., [Rezension zu:] De la Métaphysique d'Aristote. Rapport sur le Concours ouvert par l'Académie des sciences morales et politi-

ques; suivi d'un Essai de traduction du premier livre de la Métaphysique, Par V. Cousin, Paris 1835, in: Gelehrte Anzeigen, Nr. 28, 9. Februar 1836, S. 222.

151

Originalhandschrift: UB München, Sign. 4° Cod. ms. 935b/19,1.
Erstveröffentlichung: BwN I, S. 270–271.

152

Briefentwurf
Originalhandschrift: UB München, Sign. 4° Cod. ms. 935a/7,1. Fragment eines Briefentwurfs. Der Brief trägt auf der letzten Seite den Vermerk von Feuerbachs Hand: *Nicht abgeschickter Brief.*
Absendeort: Bruckberg.

Abgesandter Brief
Originalhandschrift: Bayerisches Hauptstaatsarchiv München, M Inn, Nr. 23212, S. 10, Beil. 3; Abschrift ad acta, von fremder Hand: Archiv der UB Erlangen, Th. II, Pos. 1 F., Nr. 10, S. 50.

153

Originalhandschrift: UB München, Sign. 4° Cod. ms. 935a/8,3. Fragment.
Datierung: Ergibt sich aus der Erwähnung des vergangenen Sommers und der Ausarbeitung des zweiten Teils seiner „Geschichte der neuern Philosophie".
Absendeort: Bruckberg.
Erstveröffentlichung: Menschheitsziele, Jg. 1908, H. 1/2, S. 14–15.
Erläuterung: 11 „Geschichte": Darstellung, Entwicklung und Kritik der Leibnizschen Philosophie (GW 3).

154

Originalhandschrift: UB München, Sign. 4° Cod. ms. 935a/12,7.
Datierung: Ergibt sich aus dem Zeitraum der Fertigstellung des erwähnten *Leibniz* (siehe Erl.).
Erläuterung: 13 Leibniz: Gemeint ist die „Darstellung, Entwicklung und Kritik der Leibnizschen Philosophie" (GW 3).

155

Originalhandschrift: UB München, Sign. 4° Cod. ms. 935a/10,11.
Datierung: Ergibt sich aus zwei Anhaltspunkten: Zum einen

bestellt Feuerbach das Buch von Réaumur, das er im Mai 1837 liest (siehe Brief 158), zum anderen erwähnt er das Osterfest.
Absendeort: Bruckberg.
Erläuterungen: **14** Philosophen ... übrigens: Gemeint ist Friedrich II. **42** Lektionskatalog: Betrifft die Vorlesungsankündigungen der Universität Erlangen.

156

Originalhandschrift: Archiv der UB Erlangen, Th. VIII, 1.
Erläuterungen: **10** Versehen meines Bruders: Siehe Brief 155. **14** dritten ... beworben: Siehe Brief 150.

157

Originalhandschrift: UB München, Sign. 4° Cod. ms. 935b/51,2.
Erstveröffentlichung: BwN I, S. 272—273.
Textvergleich: **17** worüber : über die *BwN* **29** betretenen : betreffenden *BwN*
Erläuterungen: **24** Cartesius und Spinoza: Geschichte der neuern Philosophie von Bacon von Verulam bis Benedikt Spinoza (GW 2) **36** Gesuchs: Siehe Brief 150.

158

Originalhandschrift: UB München, Sign. 4° Cod. ms. 935a/32,3.
Erstveröffentlichung, gekürzt: BwN I, S. 271—272.
Textvergleich: **4—9** Einstweilen ... vernehmen *Fehlt in BwN* **10** hier *Fehlt in BwN* **47—53** Was ... muß *Fehlt in BwN*

159

Originalhandschrift: UB München, Sign. 4° Cod. ms. 935b/63,3.
Erläuterung: **5** Schrift: Darstellung, Entwicklung und Kritik der Leibnizschen Philosophie (GW 3).

160

Originalhandschrift: UB München, Sign. 4° Cod. ms. 935a/10,13.
Erläuterungen: **9** Schrift: Darstellung, Entwicklung und Kritik der Leibnizschen Philosophie (GW 3). **39** Dozentenliste: Vgl. Erl. zu Brief 155, Z. 42. **47** Mehmel: Siehe Brief 161.

161

Originalhandschrift: UB München, Sign. 4° Cod. ms. 935a/29,1. Briefentwurf.
Erstveröffentlichung: BwN I, S. 273—274.
Textvergleich: **29** empfinden : verhindern *BwN*

162

Originalhandschrift: UB München, Sign. 4⁰ Cod. ms. 935a/10,14.
Datierung: Ergibt sich aus der Erwähnung des Briefes an Mehmel.
Absendeort: Bruckberg.
Erläuterungen: **4** Mehmel: Siehe Brief 161.

163

Originalhandschrift: UB München, Sign. 4⁰ Cod. ms. 935c, Kapsel II, Bl. 100 (42), r. Sp. Briefentwurf.
Datierung: Der Brief wurde vermutlich im Sommer 1837 geschrieben, denn aus den Briefen 167 und 168 ist ersichtlich, daß sich die beabsichtigte Heirat Ludwig Feuerbachs mit Bertha Löw verzögerte.
Absendeort: Vermutlich Bruckberg.

164

Originalhandschrift: UB München, Sign. 4⁰ Cod. ms. 935a/10,12.
Datierung: Von Karl Grün. Der Brief gehört möglicherweise dem Jahresende 1836 an, da er sich einerseits auf das Gesuch an den König (siehe Brief 150) und andererseits auf die Antwort an Engelhardt (siehe Brief 152) bezieht. Gleichzeitig könnte mit dem Brief an Anselm der Brief 153 gemeint sein.
Absendeort: Bruckberg.
Erstveröffentlichung, gekürzt: BwN I, S. 275–276.
Textvergleich: **7–13** Aber ... vergessen *Fehlt in BwN* **20–22** Ich ... will *Fehlt in BwN* **27** das : die Veranlassung *BwN* **31** vor : an *BwN* **37–43** Nun ... Wege *Fehlt in BwN* **45** auf der : in die *BwN* **53–63** Die ... Schmidt *Fehlt in BwN*
Erläuterungen: **11** H[arleß]: Bezieht sich auf die Disputation zu G. Ch. A. Harleß' Habilitation im Jahre 1829 (siehe GW 1, S. LXXIV). **15** erste Antwort: Siehe Brief 152 (Briefentwurf). **16** anonyme Schrift: Gedanken über Tod und Unsterblichkeit (in GW 1).

165

Originalhandschrift: Der Verbleib ist nicht bekannt. Die Veröffentlichung erfolgt nach dem Erstdruck.
Datierung: K. Grün und W. Bolin (siehe Bw II, S. 3) geben 1838 an. L. Feuerbach kündigte am 23. November 1837 A. Ruge die Rezension der Schrift K. Bayers an (siehe Brief 170, Z. 44–46); er schickte sie ihm am 5. Dezember 1837 zu (siehe Brief 171), und

sie erschien im Januar 1838 in den „Hallischen Jahrbüchern" (vgl. Erl. zu Z. 20–22). Der Brief ist daher vor November 1837 abgefaßt worden.
Absendeort: Bruckberg.
Erstveröffentlichung: BwN I, S. 276–278.
Erläuterungen: **4** Deine Schrift: K. Bayer, Die Idee der Freiheit und der Begriff des Gedankens, Nürnberg 1837. **20–22** Wie... auszusprechen: Feuerbach schrieb eine Rezension zu Bayers Schrift, die in den „Hallischen Jahrbüchern", Nr. 6 und 7, 6. und 8. Januar 1838 veröffentlicht wurde (siehe GW 8, S. 137 bis 148). **22** Gesellschaft der Hegelianer: Gemeint ist die Berliner Societät für wissenschaftliche Kritik, Herausgeberin der „Jahrbücher für wissenschaftliche Kritik". **25** Nachtrage zu meinen Kritiken: Vgl. Erl. zu Brief 125, Z. 73–75.

166

Originalhandschrift: UB München, Sign. 4⁰ Cod. ms. 935 b/65,1.
Erstveröffentlichung: BwN I, S. 293–294.
Textvergleich: **5** in *In BwN folgt Zusatz:* ein **28** sind *In BwN folgt Zusatz:* davon
Erläuterung: **9–10** neue Literaturzeitung: Hallische Jahrbücher für deutsche Wissenschaft und Kunst.

167

Originalhandschrift: UB München, Sign. 4⁰ Cod. ms. 935 a/10,15.

168

Originalhandschrift: Der Verbleib ist nicht bekannt. Die Veröffentlichung erfolgt nach dem Erstdruck.
Erstveröffentlichung: BwK, S. 69–72.
Erläuterung: **92** corpus delicti: Gemeint ist die 1830 in Nürnberg anonym erschienene Schrift „Gedanken über Tod und Unsterblichkeit" (in GW 1).

169

Originalhandschrift: UB München, Sign. 4⁰ Cod. ms. 935 b/31,6.
Erstveröffentlichung: BwN I, S. 274–275.
Erläuterungen: **11–13** die Erdmannsche ... übernehmen: Vgl. L. Feuerbach, [Rezension zu:] Geschichte der neuern Philosophie I/2. Von E. Erdmann (in GW 8). **28** Empiriker: Feuerbachs Kritik des Empirismus richtete sich speziell gegen F. Dorguths Schrift und wurde in den „Hallischen Jahrbüchern", Nr. 73–75, 26.–28. März 1838 veröffentlicht. (Zur Kritik des Empirismus.

[Rezension zu:] Kritik des Idealismus und Materialien zur Grundlage des apodiktischen Realrationalismus von F. Dorguth (in GW 8).

170

Originalhandschrift: Der Verbleib ist nicht bekannt. Die Veröffentlichung erfolgt nach dem Erstdruck.
Erstveröffentlichung: Ruge Bw, S. 88–90.
Erläuterungen: **40–41** Michelets . . . abgesagt: Siehe Brief 169. **44–47** Mit . . . haben: Vgl. Erl. zu Brief 165, Z. 20–22.

171

Originalhandschrift: IML/ZPA Moskau, F. 174, op. 1, d. 3.
Erläuterungen: **7–9** Beurteilung . . . möge: Vgl. Erl. zu Brief 165, Z. 20–22. **54** Den Namen . . . gesetzt: Die Rezension erschien mit voller Verfasserangabe.

172

Originalhandschrift: UB München, Sign. 4⁰ Cod. ms. 935 b/63,4.
Erstveröffentlichung, gekürzt: BwN I, S. 276
Textvergleich: **5** lieber Freund *Fehlt in BwN* **10–11** erlaubte . . . denken *Fehlt in BwN* **13–19** abzutun . . . umfassen *Fehlt in BwN* **25** diesen *In BwN folgt Zusatz:* großen **25** schon *Fehlt in BwN* **26–34** Alle . . . wollen *Fehlt in BwN*

173

Originalhandschrift: Der Verbleib ist nicht bekannt. Die Veröffentlichung erfolgt nach dem Erstdruck.
Erstveröffentlichung: Ruge Bw, S. 93–95.
Erläuterungen: **28** „Geschichte": Gemeint sind G. W. F. Hegels „Vorlesungen über die Geschichte der Philosophie". **33** „Leibniz": Darstellung, Entwicklung und Kritik der Leibnizschen Philosophie (GW 3). **42** seine Schrift: Vermutlich gemeint K. F. Göschel, Von den Beweisen für die Unsterblichkeit der menschlichen Seele im Lichte der spekulativen Philosophie, Berlin 1835. **68** Kritik Stahls: L. Feuerbach, [Rezension zu:] Die Philosophie des Rechts nach geschichtlicher Ansicht. Von Stahl (in GW 8).

174

Originalhandschrift: UB München, Sign. 4⁰ Cod. ms. 935 a/32,4. Dieser Brief an J. A. K. Roux wurde mit dem Vermerk *ist gestorben* an Feuerbach zurückgesandt.

Erläuterung: **44** Dissertation: Siehe Brief 172. Der Titel der Leibnizschen Arbeit lautet: „Disputatio metaphysica de principio individui", 1663.

175

Originalhandschrift: UB München, Sign. 4° Cod. ms. 935 b/65,2.
Erstveröffentlichung: BwN I, S. 294.
Erläuterungen: **4** letzten Briefes: Siehe Brief 173. **10** Rezension: Vgl. Erl. zu Brief 169, Z. 11–13. **13** Ordinarius: J. E. Erdmann war seit 1836 außerordentlicher Professor der Philosophie in Halle.

176

Originalhandschrift: Der Verbleib ist nicht bekannt. Die Veröffentlichung erfolgt nach dem Erstdruck.
Erstveröffentlichung: Ruge Bw, S. 112–113.
Erläuterungen: **5** kritisierte Schrift: F. Dorguth, Kritik des Idealismus und Materialien zur Grundlage des apodiktischen Realrationalismus, Magdeburg 1837 (vgl. L. Feuerbach, Zur Kritik des Empirismus. [Rezension zu:] Kritik des Idealismus... in GW 8). **14** Stelle aus Galilei: Vgl. GW 8, S. 155. **15** ersten Nummern: Der „Hallischen Jahrbücher". **17–18** Keinen ... können: Th. Echtermeyer, Die Universität Halle, in: Hallische Jahrbücher, Nr. 1, 1. Januar 1838, Sp. 1–6. **27** schwäbischen Dichters: Justinus Kerner. **27** Straußens Arbeit: D. F. Strauß, Justinus Kerner, in: Hallische Jahrbücher, Nr. 1, 1. Januar 1838, Sp. 6–8; Nr. 2, 2. Januar 1838, Sp. 9–13; Nr. 3, 3. Januar 1838, Sp. 22–24; Nr. 4, 4. Januar 1838, Sp. 25–32; Nr. 5, 5. Januar 1838, Sp. 33–40; Nr. 7, 8. Januar, 1838, Sp. 49 bis 51. **38** Edition von Ramus: P. Rami Scholarum Dialecticarum ... Francofurti 1594.

177

Originalhandschrift: UB München, Sign. 4° Cod. ms. 935 b/16,1.
Erstveröffentlichung, gekürzt: BwN I, S. 279–280.
Textvergleich: **27–30** Ich ... ausgelassen *Fehlt in BwN* **32–34** (denn ... sein) *Fehlt in BwN* **45** machen : schaffen *BwN* **46–50** Ihre ... finden *Fehlt in BwN* **53–60** Haben ... hinzustellen *Fehlt in BwN* **64–67** Eine ... Beilage *Fehlt in BwN* **72–75** P. S. Meine ... ziehen *Fehlt in BwN*
Erläuterungen: **46** kritischen Hefte: Vgl. Erl. zu Brief 125, Z. 73–75. **62** Anteriora: Gemeint sind die Anteriores, die Älteren, die Philosophen früherer Jahrhunderte. **65** „Kameral-Zeitung": S. L. J., St ... r, [Rezension zu:] Populäre, praktische Entwicklung der abstrakten Begriffe, welche die positive Strafgesetz-

gebung interessiren, nach dem System des apodiktischen Real-Rationalismus, von dem Geh. Justiz- und Oberlandesgerichts-Rathe F. Dorguth. Magdeburg, bei Heinrichshofen. 1837, in: Kameralistische Zeitung für die Königlich Preußischen Staaten, Nr. 14, 7. April 1838, Beilage, Sp. 334–335.

178

Originalhandschrift: UB München, Sign. 4⁰ Cod. ms. 935 b/65,3.
Erstveröffentlichung, gekürzt: BwN I, S. 294–295.
Textvergleich: **20–27** Petöcz ... lassen *Fehlt in BwN*
Erläuterungen: **6–7** Bayrhoffer ... zugehen: Siehe Brief 191. **13** Schelling: Siehe Brief 173.

179

Originalhandschrift: UB München, Sign. 4⁰ Cod. ms. 935 b/65,4.
Erstveröffentlichung: BwN I, S. 295–296.
Textvergleich: **9–10** Schaller ... Disposition *Fehlt in BwN* **31** mir : nur *BwN* **33** immer : einen *BwN*
Erläuterungen: **11–13** Schaller ... rezensierte: Hier liegt eine Verwechslung vor. J. Schaller hat Hegels „Vorlesungen über die Geschichte der Philosophie" rezensiert (Hallische Jahrbücher, Nr. 81, 4. April 1838, Sp. 641–648; Nr. 82, 5. April 1838, Sp. 649–656; Nr. 83, 6. April 1838, Sp. 657–664), während Hegels „Vorlesungen über die Philosophie der Geschichte" von K. Rosenkranz besprochen wurden (Hallische Jahrbücher Nr. 17, 19. Januar 1838, Sp. 132–136; Nr. 18, 20. Januar 1838, Sp. 137–144; Nr. 19, 22. Januar 1838, Sp. 145–152; Nr. 20, 23. Januar 1838, Sp. 153–156. **22–24** Neuerlich ... angezapft: Ruge schrieb dazu eine Entgegnung: A. Ruge, Die Denunciation der hallischen Jahrbücher, 2. Berliner politisches Wochenblatt, Juli 1838. Der Artikel : Die hallischen Jahrbücher für deutsche Wissenschaft und Kunst, in: Hallische Jahrbücher, Nr. 179, 27. Juli 1838, Sp. 1431–1432; Nr. 180, 28. Juli 1838, Sp. 1433–1440.

180

Originalhandschrift: UB München, Sign. 4⁰ Cod. ms. 935 b/16,2.
Datierung: Von Wilhelm Bolin (Bw II, S. 8).
Erstveröffentlichung, gekürzt: BwN I, S. 280–281.
Textvergleich: **7–10** Sie ... wollten *Fehlt in BwN* **11** aber *Fehlt in BwN* **15** im allgemeinen *Fehlt in BwN* **23** hier *Fehlt in BwN* **27** ebenso ... desselben *Fehlt in BwN* **35** überhaupt *Fehlt in BwN* **37** (das ... Idee) *Fehlt in BwN* **42** in : auf *BwN* **43–50** Lesen ... daran *Fehlt in BwN* **51** daher *Fehlt in BwN* **53**

bis 54 (eigentlich die Nichtbeurteilung und Unterlassung) : (oder Nichtbeurteilung) *BwN* **54–55** worauf ... näherkomme *Fehlt in BwN* **64–77** Ich ... Menschenverstand *Fehlt in BwN* **86–87** schöpfungsgerecht notwendig *Fehlt in BwN* **87–88** sie ... Praktisch *Fehlt in BwN* **90** unter ... Relation *Fehlt in BwN* **91** allein *Fehlt in BwN* **92–93** und ... wird *Fehlt in BwN* **96** studieren ... weiter *Fehlt in BwN* **97** von ... ahnen *Fehlt in BwN* **100–103** besonders ... versa *Fehlt in BwN* **104–105** vergessen ... Herr *Fehlt in BwN* **108–110** Ich ... als *Fehlt in BwN* **116–150** Das ... losschlagen *Fehlt in BwN* **154–155** Aus ... ist *Fehlt in BwN*
Erläuterungen: 64 neues Produkt : Pierre Bayle (GW 4) **117** Cf. l. cit.: Confer loco citato [Vergleiche am angegebenen Ort]. **129** Hakimanscher: Hakim (türk.: Arzt, Richter, Weiser).

181

Randbemerkung (S. 17 des Briefes, links): Meine neueste Schrift werden Sie inzwischen erhalten haben. Nach dem Empfange Ihres Schreibens schien es, als hätten Sie sie schon bekommen.
Korrekturen: 75 feu *Im Original:* fait **693** IV *Im Original:* II
Originalhandschrift: UB München, Sign. 4° Cod. ms. 935 b/16,3.
Erstveröffentlichung, gekürzt: BwN I, S. 282–287.
Textvergleich: 3–21 Ew. ... Idealismus *Fehlt in BwN* **25–27** über ... wagt *Fehlt in BwN* **42–43** die qu[oad] „Batterie" *Fehlt in BwN* **43–48** und ... statuiere *Fehlt in BwN* **51** Vernunftlehre : Vernunft *BwN* **57** ganz : völlig *BwN* **60–61** geradeso ... „Pferd" *Fehlt in BwN* **70** wird eine Idee *Fehlt in BwN* **73–85** Ihnen ... sich *Fehlt in BwN* **86–89** und ... Nachträge *Fehlt in BwN* **98–99** denn ... da) *Fehlt in BwN* **101–102** (vergl[eiche] ... oben) *Fehlt in BwN* **103** kritischen *Fehlt in BwN* **103** verschlinge und *Fehlt in BwN* **104** denke ... eiskalt und *Fehlt in BwN* **106–110** Und ... entgegen *Fehlt in BwN* **123–126** sei ... nicht *Fehlt in BwN* **126** wovon zu reden : was *BwN* **131–141** Was ... Denkende *Fehlt in BwN* **145–186** Und habe ... *Fehlt in BwN* **187–188** der ... S. 14) *Fehlt in BwN* **193** zu seiner Zeit *Fehlt in BwN* **193** in Druckschrift : im Druck *BwN* **194–195** je ... sein *Fehlt in BwN* **210–272** Wenn ... gesehen *Fehlt in BwN* **273–274** (auch ... populär *Fehlt in BwN* **297** mindestens zu ½ *Fehlt in BwN* **302–303** Ergo ... ist *Fehlt in BwN* **305** die : welche *BwN* **306** und also *Fehlt in BwN* **308** dergleichen : solchen *BwN* **310–335** Wie ... besetzen *Fehlt in BwN* **337–340** (cf. ... aber *Fehlt in BwN* **341** aufrichtig gesagt *Fehlt in BwN* **342** volubilen *Fehlt in BwN* **344** die : Ihre *BwN* **346–348** und ... also *Fehlt in BwN* **348–349** Schöpfungskunst ... als *Fehlt in BwN* **356–359** (cf. ... fare *Fehlt in BwN* **362–414** Erlauben ... Phantasiestück

Fehlt in BwN **416—417** Nur ... Sinn *Fehlt in BwN* **422—429** (Sie ... „Kritik") *Fehlt in BwN* **432—433** um ... entdecken *Fehlt in BwN* **435** das : welches *BwN* **436—447** (Epilog ... 75) *Fehlt in BwN* **453** erkennen : kennen *BwN* **453** zwar *In BwN folgt Zusatz:* (untersuche ich) **457—489** Sie ... kastrieren *Fehlt in BwN* **490** ernst : recht *BwN* **498** klar *Fehlt in BwN* **499** ersten: Instrument *BwN* **502—507** sondern ... Maschine *Fehlt in BwN* **510** nach der Neigung *Fehlt in BwN* **511** teleologisch *Fehlt in BwN* **515—522** Hiermit ... Rosenkranzens) *Fehlt in BwN* **529—696** Dies ... übersehen *Fehlt in BwN* **696—697** besonders bei dem „Denken" *Fehlt in BwN* **700—701** davon ... aus *Fehlt in BwN* **705** was klar ist *Fehlt in BwN* **707—725** Sie ... hin *Fehlt in BwN* **730** ich *In BwN folgt Zusatz:* stehe **731—753** Ihr ... gibt *Fehlt in BwN* **755** Restleib : Leib *BwN* **761—764** durch ... aus *Fehlt in BwN* **767—768** (Hauptprodukt ... etc.) *Fehlt in BwN* **771** und ... kalkulieren *Fehlt in BwN* **773—809** Vergl[eichen] ... identisch *Fehlt in BwN* **809—811** ja ... Nachtr[äge] *Fehlt in BwN* **812** ich ... gezeigt *Fehlt in BwN* **814—815** daß ... kümmere *Fehlt in BwN* **816** Erscheinung sei *Fehlt in BwN* **820—845** Während ... 84) *Fehlt in BwN* **848** wissen ... sondern *Fehlt in BwN* **852** sie : sich *BwN* **852—853** Sie finden ... Ursprung nicht *Fehlt in BwN* **859—888** oder ... Rosenkranz *Fehlt in BwN* **893—902** Wollen ... D. *Fehlt in BwN*.

Erläuterungen: **263** Ihre eigene Schrift: Vermutlich „Darstellung, Entwicklung und Kritik der Leibnizschen Philosophie" (GW 3). **277—279** [Nihil ... war]: Das u. a. noch von J. Locke in seinem Hauptwerk „An Essay concerning Human understanding, in four books", London 1690, z. B. Bd. II,1, § 2, vertretene konsequent-sensualistische Axiom, das G. W. Leibniz nach rationalistischer Tradition (u. a. J. Thomasius) durch den Zusatz „excipe: nisi intellectus [ausgenommen: die Vernunft selbst]" (vgl. z. B. GW 3, S. 151, 351) zu modifizieren pflegte. **338** Ihre neuere Schrift: Darstellung, Entwicklung und Kritik der Leibnizschen Philosophie (GW 3). **585** meine Schrift: F. Dorguth, Kritik des Idealismus und Materialien zur Grundlage des apodiktischen Realrationalismus, Magdeburg 1837.

182

Originalhandschrift: UB München, Sign. 4° Cod. ms. 935a/5,1. Fragment eines Briefentwurfs.

Datierung: Der Entwurf geht auf den Brief Dorguths vom 26. Oktober 1838 ein.

Absendeort: Bruckberg.

Erstveröffentlichung: BwN I, S. 287—293.

Textvergleich: **23** antreffen : finden *BwN* **42** denn *Fehlt in*

BwN **68** und zwar vorzüglich *Fehlt in BwN* **79** Teleologist : Ideologist *BwN* **86** Teleologie : Ideologie *BwN* **107** sonst ... unerklärlichen *Fehlt in BwN* **152** überdem : aber dann *BwN* **172** falschen : solchen *BwN* **247–250** denn ... genötigt *Fehlt in BwN*.
Erläuterung: 14 Rezension : L. Feuerbach, Zur Kritik des Empirismus. [Rezension zu:] Kritik des Idealismus und Materialien zur Grundlage des apodiktischen Realrationalismus von F. Dorguth. Magdeburg 1837 (in GW 8).

183

Originalhandschrift: UB München, Sign. 4⁰ Cod. ms. 935b/25,1.
Erstveröffentlichung: BwN I, S. 299–300.
Erläuterung: 10 beifolgender Schrift: J. Frauenstädt, Die Freiheit des Menschen und die Persönlichkeit Gottes, Berlin 1838.

184

Originalhandschrift: IML/ZPA Moskau, F. 174, op. 1, d. 4.
Erläuterungen: 4 beiliegendes Manuskript: Es handelt sich um den Artikel „Der wahre Gesichtspunkt, aus welchem der ‚Leo-Hegelsche Streit' beurteilt werden muß; in Beziehung auf die in der Augsburger allgemeinen Zeitung hierüber enthaltenen Artikel", dessen Abdruck in den „Hallischen Jahrbüchern", Nr. 61, 12. März 1839, Sp. 482–487 und Nr. 62, 13. März 1839, Sp. 490–492 begann. Die Fortsetzung des Artikels wurde durch die Zensur unterdrückt. **40** drei Rezensionen ... Jahrgangs: 1. [Rezension zu:] Die Idee der Freiheit und der Begriff des Gedankens von Dr. K. Bayer, Nürnberg 1837, in: Hallische Jahrbücher, Nr. 6, 6. Januar 1838, Sp. 46–48; Nr. 7, 8. Januar 1838, Sp. 51–56 (in GW 8); 2. Zur Kritik des Empirismus. [Rezension zu:] Kritik des Idealismus und Materialien zur Grundlage des apodiktischen Realrationalismus von F. Dorguth, Magdeburg 1837, in: Hallische Jahrbücher, Nr. 73, 26. März 1838, Sp. 582–584; Nr. 74, 27. März 1838, Sp. 588–592; Nr. 75, 28. März 1838, Sp. 597–600 (in GW 8); 3. Zur Kritik der „positiven Philosophie", in: Hallische Jahrbücher, Nr. 289, 3. Dezember 1838, Sp. 2305–2311; Nr. 290, 4. Dezember 1838, Sp. 2313–2316; Nr. 291, 5. Dezember 1838, Sp. 2321–2324; Nr. 292, 6. Dezember 1838, Sp. 2329–2333; Nr. 293, 7. Dezember 1838, Sp. 2337–2340 (in GW 8). **58** Meister: G. W. F. Hegel. **79** Rezension: Zur Kritik der Hegelschen Philosophie, in: Hallische Jahrbücher, Nr. 208, 30. August 1839, Sp. 1657–1660; Nr. 209, 31. August 1839, Sp. 1665–1668; Nr. 210, 2. September 1839, Sp. 1673–1677; Nr. 211, 3. September 1839, Sp. 1681–1684; Nr. 212, 4. September 1839, Sp. 1689–1693; Nr. 213, 5. September 1839,

Sp. 1697–1702; Nr. 214, 6. September 1839, Sp. 1705–1709; Nr. 215, 7. September 1839, Sp. 1713–1718; Nr. 216., 9. September 1839, Sp. 1721–1725 (in GW 9). **96** letzte Rezension . . . Jahrgangs: Zur Kritik der „positiven Philosophie" (siehe Erl. zu Z. 40).

185

Originalhandschrift: SLB Dresden, Sign. Mscr. Dresd. h 46, I, Nr. 88.
Erstveröffentlichung: BwS, Anhang, S. 367–369.
Textvergleich: **40** Artikeln *Fehlt in BwS* **85** Plackereien : Plaudereien *BwS*
Erläuterungen: **10** Forderung: Vgl. Erl. zu Brief 184, Z. 97. **16** Manuskripts: Vgl. Erl. zu Brief 184, Z. 4. **87** Antipietismus: Gemeint A. Ruges Artikel „Der Pietismus und die Jesuiten", in: Hallische Jahrbücher, Nr. 31, 5. Februar 1839, Sp. 241–245; Nr. 32, 6. Februar 1839, Sp. 249–256; Nr. 33, 7. Februar 1839, Sp. 257–264; Nr. 34, 8. Februar 1839, Sp. 265–272; Nr. 35, 9. Februar 1839, Sp. 273–280; Nr. 36, 11. Februar 1839, Sp. 286 bis 288.

186

Originalhandschrift: UB München, Sign. 4° Cod. ms. 935b, 65,5.
Erstveröffentlichung, gekürzt: BwN I, S. 296.
Textvergleich: **5–34** Wie . . . ist *Fehlt in BwN* **35** dahingegen *Fehlt in BwN* **37** und *Fehlt in BwN* **45** herauszureden : herauszusagen *BwN* **56–64** Ohne . . . nicht *Fehlt in BwN*
Erläuterungen: **5** Artikel: Vgl. Erl. zu Brief 184, Z. 4, **22** Kritik über Bayrhoffer: Zur Kritik der Hegelschen Philosophie (in GW 9). **31** Artikel: Gemeint ist der Artikel „Zur Kritik der ‚positiven Philosophie'", der ohne Verfasserangabe in den „Hallischen Jahrbüchern" erschien (vgl. Erl. zu Brief 184, Z. 40). **42** Offenherzigkeiten wie die Micheletschen: Vermutlich gemeint: K. L. Michelet, Schelling und Hegel. Oder Beweis der Aechtheit der Abhandlung: Ueber das Verhältnis der Naturphilosophie zur Philosophie überhaupt. Als Darlegung der Stellung beider Männer gegen einander. Ein Beitrag zur Geschichte der Philosophie, Berlin 1839. **51** Kritik des Systems: L. Feuerbach, Zur Kritik der Hegelschen Philosophie (in GW 9). **56** Simplonstraße: Die Straße wurde von 1800 bis 1806 auf Befehl Napoleons I. gebaut. **61** Erinnerung wegen des Honorars: Siehe Brief 185.

187

Originalhandschrift: Der Verbleib ist nicht bekannt. Die Veröffentlichung erfolgt nach dem Erstdruck.
Erstveröffentlichung: BwK, S. 72.

Erläuterungen: **6** „Bayle": Pierre Bayle. Ein Beitrag zur Geschichte der Philosophie und Menschheit (GW 4). **8** größern Werke: Gemeint ist „Das Wesen des Christentums" (GW 5).

188

Originalhandschrift: SLB Dresden, Sign. Mscr. Dresd. h 46, I, Nr. 89.
Erstveröffentlichung: BwS, Anhang, S. 370.
Erläuterung: **6** Artikels: Vgl. Erl. zu Brief 184, Z. 4.

189

Originalhandschrift: UB München, Sign. 4° Cod. ms. 935b/65,6.
Erstveröffentlichung, gekürzt: BwN I, S. 296–297.
Textvergleich: **14** anschlagen : verschlagen *BwN* **22** streitenden *Fehlt in BwN* **22–34** Es . . . aber *Fehlt in BwN* **35** wieder *Fehlt in BwN* **43–48** Ihre . . . ja *Fehlt in BwN* **54–59** Wenn . . . können *Fehlt in BwN.*
Erläuterungen: **5** anfangenden Aufsatze: Vgl. Erl. zu Brief 184, Z. 4. **15** Ihre . . . Broschüre: Der von der Zensur zur weiteren Veröffentlichung in den „Hallischen Jahrbüchern" verbotene Beitrag „Der wahre Gesichtspunkt, aus welchem der ‚Leo-Hegelsche Streit' beurteilt werden muß . . ." erschien selbständig 1839 in Mannheim unter dem Titel „Über Philosophie und Christentum" (in GW 8). **43** Rezension über Bayrhoffer: L. Feuerbach, Zur Kritik der Hegelschen Philosophie (in GW 9). **62** ältesten: Joseph Anselm Feuerbach. **62–65** Brüder . . . Würzburg auf dem Stein: Im Mai 1822 trafen Vertreter des im Vorjahr an den Universitäten gebildeten geheimen „Jünglingsbundes" zu einer ersten Beratung in Würzburg (möglicherweise auf dem Steinberg) zusammen, um sich über die Ziele der in die Illegalität gedrängten und nur noch auf gewaltsame Veränderung orientierten Burschenschaftsbewegung zu verständigen (vgl. K. Obermann, Deutschland von 1815 bis 1849, Berlin 1961, S. 44f.). Die dort entwickelten Auffassungen reichten von der Wiederherstellung eines deutschen Kaisertums bis zur Forderung nach republikanischen Verhältnissen. Eine führende Rolle spielte A. Ruge, Vertreter der Mitglieder des „Jünglingsbundes" in Halle, der mit dem ältesten Bruder L. Feuerbachs, Anselm aus Speyer, für einen antimonarchistischen Kurs eintrat. Nach der Aushebung des Bundes Ende 1823/Anfang 1824 setzte eine Verhaftungswelle gegen seine engagiertesten Mitglieder ein, in deren Verlauf A. Ruge zu 15 Jahren Festungshaft verurteilt wurde, von denen er 6 Jahre verbüßen mußte; Karl Feuerbach wurde ebenfalls eingekerkert, zeitweilig auch seine Brüder Anselm und Eduard. In

diesem Zusammenhang steht auch die 1824 gegen L. Feuerbach in Berlin geführte Untersuchung (vgl. weiter dazu S. IX sowie die Briefe 205 (13a) und 206 (22a) mit zugehörigen Erl.).

190

Originalhandschrift: IML/ZPA Moskau, F. 174, op. 1, d. 7.
Erläuterungen: **3** Sonntag: Der 13. April 1839 war ein Sonnabend. **9** Aufsatzes: Vgl. Erl. zu Brief 184, Z. 4. **33** Brief: Siehe Brief 189. **45** Übergeben . . . gefällt: Vgl. Erl. zu Brief 189, Z. 15. **71** Skizze von K. Riedel: Erschienen im „Jahrbuch der Literatur", 1. Jg. 1839, S. 111ff. Feuerbach nahm in einem offenen Brief „An Karl Riedel. Zur Berichtigung seiner Skizze" (in GW 9) dazu Stellung; die „Gedanken über Tod und Unsterblichkeit" betreffend siehe S. 13. **72** frühern Brief: Siehe Brief 186. **81** Kritik: Zur Kritik der Hegelschen Philosophie (in GW 9). **88** größere kritische Arbeit: Das Wesen des Christentums (GW 5). **90** „Über das Wunder": In GW 8.

191

Originalhandschrift: SLB Dresden, Sign. Mscr. Dresd. h 46,I, Nr. 90.
Erstveröffentlichung: BwS, Anhang, S. 370–372.
Erläuterungen: **5–6** „Zur Kritik . . . . Philosophie": In GW 9. **11** Name: Sengler. **22–23** obwohl . . . weiß: Siehe den Wortlaut der ersten Fußnote zu „Zur Kritik der Hegelschen Philosophie" (GW 9, S. 16). **28** mystifizieren: Der Beitrag „Zur Kritik der Hegelschen Philosophie" wurde auf Veranlassung A. Ruges mit „Ludwig Feuerbach" unterzeichnet. **34** selbständigen Abdruck: Vgl. Erl. zu Brief 189, Z. 15. **48** Göschels Inkarnationsschrift: Gemeint ist: K. F. Göschel, Beiträge zur speculativen Philosophie von Gott und dem Menschen und von dem Gott-Menschen, Berlin 1838.

192

Originalhandschrift: UB München, Sign. 4⁰ Cod. ms. 935b/65,7. Der Brief ist beschädigt, entstandene Textverluste konnten rekonstruiert werden.
Erstveröffentlichung, gekürzt: BwN I, S. 297–298. **Erstmals vollständige Veröffentlichung in:** BwRecl, S. 130–131.
Textvergleich: **5** Ihre : die *BwN* **7–9** Mit . . . erledigt *Fehlt in BwN* **14–16** Drei . . . und *Fehlt in BwN* **17** unter : in BwN **25–38** Nehmen . . . wissen *Fehlt in BwN* **41–43** Wollen . . . Seminarprofessor *Fehlt in BwN*
Erläuterungen: 33 Ethik von Bayer: Gemeint ist: K. Bayer,

Betrachtungen über den Begriff des sittlichen Geistes und über das Wesen der Tugend, Erlangen 1839. **34** Lebe[nsphilos]ophie von Gärtner: G. Gärtner, Die Rechts- und Staatslehre. Die Philosophie des Lebens, Bonn 1839.

193

Originalhandschrift: IML/ZPA Moskau, F. 174, op. 1, d. 9.
Erläuterung: **15–16** mit ... Unchristlichkeit: Der Titel ist mit diesem von Feuerbach vorgeschlagenen Zusatz erschienen.

194

Originalhandschrift: UB München, Sign. 4^0 Cod. ms. 935 a/29,2. Briefentwurf. Das Ende des Briefes mit der Unterschrift Feuerbachs ist abgeschnitten.
Erläuterung: **8** Helene Dobeneck: Bezieht sich auf den Gesundheitszustand der aus Paris zurückgekehrten ältesten Schwester Ludwig Feuerbachs (vgl. Erl. zu Brief 54).

195

Originalhandschrift: UB München, Sign, 4^0 Cod. ms. 935 a/16,1. Fragment eines Briefentwurfs.
Erläuterung: **5–7** Wenn ... erhalten: Siehe Brief 183. **39** wie Gabler tut: In dem der Schrift von J. Frauenstädt beigegebenen Brief G. A. Gablers an den Verfasser.

196

Originalhandschrift: IML/ZPA Moskau, F. 174, op. 1, d. 10.

197

Originalhandschrift: UB München, Sign. 4^0 Cod. ms. 935 a/15,19.
Erläuterung: **5** Entbindung meiner Frau: Geburt der Tochter Eleonore.

198

Originalhandschrift: Der Verbleib ist nicht bekannt. Die Veröffentlichung erfolgt nach dem Erstdruck.
Erstveröffentlichung: BwK, S. 73–76.
Erläuterungen: **20** Kritik ... Leistung: Die Bitte von Christian Kapp bezieht sich offenbar auf eine Anzeige der anonymen Schrift „Dr. Christian Kapp und seine literarischen Leistungen. Ein Beitrag zur Literaturgeschichte des 19. Jahrhunderts", deren Verfasser möglicherweise Feuerbach war (vgl. GW 1, S. XLVI).

Die darauf bezügliche Rezension Feuerbachs erschien anonym in den „Hallischen Jahrbüchern", Nr. 297, 12. Dezember 1839, Sp. 2370—2376; Nr. 298, 13. Dezember 1839, Sp. 2379—2384 (in GW 9). **33** „Italien": Schrift von Christian Kapp, erschienen 1837 in Berlin. **54—56** Notwendigkeit ... Themas: Das Wesen des Christentums (GW 5). **61** „Vulkanismus": Vgl. Erl. zu Brief 113, Z. 61.

199

Originalhandschrift: Der Verbleib ist nicht bekannt. Die Veröffentlichung erfolgt nach dem Erstdruck.
Erstveröffentlichung: BwK, S. 76—79.
Erläuterung: **22** „Jahrbuchs": Neues Jahrbuch der Mineralogie, Geognosie, Geologie und Petrefaktenkunde. **48** Verfasser der Broschüre über mich: Offenbar vorsichtige Andeutung der Vermutung Kapps, daß L. Feuerbach Autor der von ihm in den „Hallischen Jahrbüchern" angezeigten Broschüre ist (vgl. Erl. zu Brief 198, Z. 20).

200

Originalhandschrift: SLB Dresden, Sign. Mscr. Dresd. h 46, I, Nr. 91.
Erstveröffentlichung: BwS, Anhang, S. 372—374.
Textvergleich: **18** einige : wenige *BwS* **31** mir : nur *BwS* **36** an : von *BwS* **41** endlich *Fehlt in BwS* **59** Leo-H[egelsche] Skandal : Buchskandal *BwS*
Erläuterungen: **3** Kleinigkeit: Vgl. Erl. zu Brief 198, Z. 20. **9** Zeitschrift: Hallische Jahrbücher für deutsche Wissenschaft und Kunst. **26** Verf[asser]: Vgl. Erl. zu Brief 198, Z. 20. **41** mein bewußtes Thema: Das Wesen des Christentums (GW 5). **60** Arbeit ... erschienen: Vgl. Erl. zu Brief 184, Z. 4. **81** „Manifest": Echtermeyer/Ruge, Der Protestantismus und die Romantik. Zur Verständigung über die Zeit und ihre Gegensätze. Ein Manifest, in: Hallische Jahrbücher, Nr. 245, 12. Oktober 1839, Sp. 1953 bis Nr. 251, 19. Oktober 1839, Sp. 2004; Nr. 265, 5. November 1839, Sp. 2113 bis Nr. 271, 12. November 1839, Sp. 2164; Nr. 301, 17. Dezember 1839, Sp. 2401 bis Nr. 310, 27. Dezember 1839, Sp. 2480. Novalis wurde in den Spalten 2136 bis 2152 behandelt.

201

Originalhandschrift: UB München, Sign. 4⁰ Cod. ms. 935 b/65,8.
Erstveröffentlichung, gekürzt: BwN I, S. 298.
Textvergleich: **4—88** Soeben ... gutbleiben *Fehlt in BwN* **95** brave *Fehlt in BwN* **100—107** Nicht ... Trost *Fehlt in BwN*

Erläuterungen: 4–5 Beitrag über Kapp: Vgl. Erl. zu Brief 198, Z. 20. 34–35 „Polit[ischen] Wochenblatt": Berliner politisches Wochenblatt. 37 gleich Bachmann: Vgl. Erl. zu Brief 127, Z. 10–11.

202

Originalhandschrift: Der Verbleib ist nicht bekannt. Die Veröffentlichung erfolgt nach dem Erstdruck. Fragment. Arnold Ruge veröffentlichte diesen Briefauszug in den „Hallischen Jahrbüchern" in der Rubrik „Wastebook" unter „7." mit Vor- und Nachbemerkungen, aus denen – ebenso wie aus dem Wortlaut des Briefauszugs – eindeutig auf Feuerbach geschlossen werden kann, obwohl der Verfasser nicht genannt wird.
Erstveröffentlichung: Unter dem Titel „Das Pathos der Kritik und die Kritik der unreinen Vernunft" in: Hallische Jahrbücher für deutsche Wissenschaft und Kunst, Nr. 12, 14. Januar 1840, Sp. 93–94 (in GW 9, S. 80–81).
Erläuterungen: 5–6 Käme . . . Wurf: Siehe Brief 201. 15 eine Arbeit: Das Wesen des Christentums (GW 5).

203

Originalhandschrift: UB München, Sign. 4⁰ Cod. ms. 935 b/65,9. Neben der Angabe der Adresse finden sich noch Vermerke von Ruges Hand: *Hierbei 1. Tholuck: Verm*[*ischte*] *Schr*[*iften*], 2. *Meyer: Magnetism*[*us*] *und Theol*[*ogie*], 3. *Adam Müller 1. Bd.*, 4. *Rosenkr*[*anz*]*: Studien*, 5. *Rosenkr*[*anz*]*: Gesch*[*ichte*] *der Kant*[*schen*] *Philos*[*ophie*]. Die ersten vier Titel sind mit Bleistift abgehakt, der fünfte ist durchgestrichen. Von Otto Wigand wurde zugefügt: *Ich lege bei:* 1. *Strauß: Charakt*[*eristiken*], 2. *Ruge: Preußen*.
Erstveröffentlichung, gekürzt: BwN I, S. 298–299.
Textvergleich: 4–52 Meine . . . benachrichtigt *Fehlt in BwN* 60 Betreibung der *Fehlt in BwN* 70 Geht : Hat *BwN* 73 vorgenommen : besetzt *BwN* 81 machen : nehmen *BwN* 90–96 Noch . . . werden *Fehlt in BwN*
Erläuterung: 93 Ihr Buch: „Das Wesen des Christentums" (GW 5), siehe Brief 202.

204

Originalhandschrift: Der Verbleib ist nicht bekannt. Die Veröffentlichung erfolgt nach dem Erstdruck.
Erstveröffentlichung: BwK, S. 79–82.
Erläuterungen: 6 Anzeige: Vgl. Erl. zu Brief 198, Z. 20. 8 ersten Brief: Siehe Brief 198.

205 (13a)

Originalhandschrift: Der an F. Herbst gerichtete Brief wurde bei dem Burschenschaftler J. V. Stroebel im Verlauf geheimpolizeilicher Untersuchungen entdeckt. Der hier mitgeteilte Auszug wurde aus Baden der preußischen Geheimpolizei zugeleitet, die eine Untersuchung gegen L. Feuerbach anstrengte. Der Verbleib der Originalhandschrift ist nicht bekannt. Die Veröffentlichung erfolgt nach einer im Nachlaß W. Bolin, UB Helsinki, aufgefundenen Abschrift der Kopie des Protokolls des Verhörs von J. V. Stroebel durch die badische Polizei in Heidelberg aus Karlsruhe vom 20. Mai 1824. Die Authentizität des Wortlauts des Briefauszugs wurde von L. Feuerbach in dem Verhör vom 22. Juni 1824 in Berlin bestätigt, wobei er darauf aufmerksam machte, daß es sich nur um einen Auszug aus einem an sich ganz andere Gegenstände berührenden und ausführlich gehaltenen Brief handelt (vgl. Abschrift des Protokolls des Verhörs im Nachlaß W. Bolin, UB Helsinki).

Erläuterungen: 1 Herbst: Der Student der Theologie F. Herbst war ein Studienfreund L. Feuerbachs in Heidelberg; Herbst gehörte, wie auch L. Feuerbach wußte, der Burschenschaft an.

Der aus Karlsruhe der preußischen Geheimpolizei zugestellte Briefauszug bildete den Anlaß zu geheimpolizeilicher Observation L. Feuerbachs in Berlin und zu zwei Verhören wegen des Verdachts der Zugehörigkeit zum geheimen „Jünglingsbund" (vgl. hierzu auch Erl. zu Brief 189, Z. 62–65) bzw. einer anderen geheimen burschenschaftlichen Vereinigung. Der Verdacht wurde durch Feuerbachs Hinweis auf einen *Kreis der Tüchtigern* unter den Heidelberger Studenten erweckt. In den Verhören spielten des weiteren der Kreis seiner Heidelberger Freunde und der Charakter seiner ausgedehnten Reisen im Jahre 1823, insbesondere der großen Rheinreise (siehe Brief 17) eine besondere Rolle. Feuerbach nennt als seine Heidelberger Freunde und z. T. auch Reisebegleiter folgende Studenten: Lepsius, stud. jur., aus Naumburg; Pinder, cand. jur., aus Naumburg; Hetzel, stud. theol., aus Bayern; Landfermann aus Soest; v. Sprewitz aus Mecklenburg; Wissmüller, stud. math. und Kriegswissenschaften, aus Nürnberg; J. V. Stroebel, stud. theol., aus dem Mainkreis in Bayern; F. Herbst, stud. theol., aus dem Altenburgischen und Genth, stud. jur., aus dem Nassauischen (vgl. die Abschriften der Protokolle der Verhöre vom 16. Mai und 22. Juni 1824 in Berlin im Nachlaß W. Bolin, UB Helsinki). J. V. Stroebel, den L. Feuerbach auf dem Gymnasium zu Ansbach kennengelernt hatte, wurde wegen seiner Teilnahme am geheimen Burschenschaftstag in Bensheim a. d. Bergstraße als Vertreter der Erlangener Burschenschaft inhaftiert (vgl. Abschrift der Kopie des Protokolls des Verhörs von J. V. Stroebel, Karlsruhe, 20. Mai 1824, im Nachlaß W. Bolin, UB Helsinki). **4** Wissmüller: Vgl. Erl. zu den Briefen 42, Z. 59 und 49, Z. 4. **5** Kreise der Tüchtigern: Diese Formulierung deutet auf einen leitenden Kreis im Unterschied zur *ganzen Burschenschaft* hin, der Feuerbach bekannt sein mußte bzw. zu dem er selbst zu rechnen war. Die entsprechenden Formulierungen spielten sowohl im Verhör J. V. Stroebels als auch L. Feuerbachs eine zentrale Rolle. Stroebel gab an, daß Feuerbach offenbar darunter lediglich die *tüchtigern und kräftigern* Studenten verstanden haben könnte; Feuerbach selbst gab an, unter dem *Kreise der Tüchtigen ... keinen geschlossenen Kreis* verstanden zu haben, sondern vielmehr *diejenigen der Studierenden ..., welche selbst zu denken imstande waren und nicht bloß immer nachsprachen, was andere ihnen vorsagten, und im Spiel, Trinken und liederlichen Ausschweifungen die Freuden des Studentenlebens suchten.* L. Feuerbach behauptete hartnäckig, keinerlei Vereinigungen unter Studenten angehört, noch von der Existenz geheimer Verbindungen und Kreise Kenntnis gehabt zu haben (vgl. Abschrift der Kopie des Protokolls des Verhörs von J. V. Stroebel, Karlsruhe, 20. Mai 1824, und Abschrift des Protokolls des Verhörs von L. Feuerbach, Berlin, 22. Juni 1824, im Nachlaß W. Bolin, UB Helsinki). **7** König von Württemberg: Wilhelm I. von Württemberg behandelte anfangs die gegen die Burschenschaften gerichteten Karlsbader Beschlüsse dilatorisch, weshalb auf Betreiben Metternichs die im Briefe genannten Maßnahmen der führenden Kräfte der Heiligen Allianz gegen ihn erwogen wurden. Inwieweit die von Wissmüller vorgeschlagene Ehrung des Königs L. Feuerbachs Beifall fand, ist nicht eindeutig erschließbar; Feuerbach bekannte sich im Verhör vom 22. Juni 1824 freilich sehr bestimmt als *Anhänger und Verteidiger der Burschenschaft*, insofern sie seinerzeit, vor allem in Baden und Bayern, legal tätig sein konnte. Er selbst sei aber nie Mitglied gewesen (vgl. Abschrift des Protokolls im Nachlaß W. Bolin, UB Helsinki). **19** verworfen: Nach L. Feuerbachs Aussage wurde der Vorschlag Wissmüllers dem akademischen Senat der Universität Heidelberg vorgelegt, von diesem aber abgelehnt (vgl. Abschrift des Protokolls des Verhörs vom 22. Juni 1824 im Nachlaß W. Bolin, UB Helsinki). **21** Landfermann: Student der Theologie aus Soest, Heidelberger Studienfreund L. Feuerbachs. **22** Kahl: Der mit L. Feuerbach bekannte Kontorist des Buchhändlers Winter in Heidelberg (vgl. Abschrift des Protokolls des Verhörs L. Feuerbachs vom 22. Juni 1824 im Nachlaß W. Bolin, UB Helsinki).

206 (22 a)

Originalhandschrift: Der Verbleib ist nicht bekannt. Die Veröffentlichung erfolgt nach einer Abschrift im Nachlaß W. Bolin, UB Helsinki.

Erläuterung: 1 Schuckmann: F. v. Schuckmann war von 1819 bis Anfang 1834 preußischer Innenminister. Das vorliegende Gesuch L. Feuerbachs war erforderlich, da im Zusammenhang mit der gegen ihn eingeleiteten Untersuchung wegen des Verdachts geheimer burschenschaftlicher Betätigung seine Immatrikulation in Berlin ausgesetzt war; ihm war lediglich der Besuch der Vorlesungen genehmigt worden. Im Ergebnis dieser Eingabe wurde er – da sich die Verdachtsmomente nicht bekräftigen ließen – am 28. Juli 1824 immatrikuliert.

Literaturverzeichnis

Das Verzeichnis erfaßt alle im Text und in den Untersuchungen und Erläuterungen genannten bzw. erwähnten Schriften, Aufsätze, Buchbesprechungen und Periodica in alphabetischer Folge nach Autoren bzw. Sachtiteln mit vollständigem Titel, Ort und Jahr des Erscheinens, soweit erschließbar. Mehrere Veröffentlichungen eines Autors sind unter dem Autorennamen nach dem Erscheinungsdatum geordnet.

Allgemeine Literatur-Zeitung, Halle 1804–1841. 176

Allgemeine Zeitung, Augsburg 1807ff. 162, 186, 351, 352, 415, 441

[Anonym], Abälard und Heloise oder der Schriftsteller und der Mensch. Von Ludwig Feuerbach. Ansbach 1834, Brügel, in: Literarische Zeitung, Nr. 33, 13. August 1834, Sp. 561. 275, 431

– Deutsche Philosophie in Frankreich, in: Literarische Zeitung, Nr. 37, 10. September 1834, Sp. 641. 275, 431

– Neptunismus und Vulkanismus in Beziehung auf v. Leonhard's Basalt-Gebilde von Dr. Christian Kapp, Prof. in Erlangen. Stuttgart, Schweizerbart. 1834, in: Literarische Zeitung, Nr. 4, 21. Januar 1835, Sp. 69. 239, 426

– Ansbach, b. Brügel: Abälard und Heloise, oder der Schriftsteller und der Mensch. Eine Reihe humoristisch-philosophischer Aphorismen. Von Ludwig Feuerbach. 1834, in: Ergänzungsblätter zur Jenaischen Allgemeinen Literatur-Zeitung, Nr. 68, 1835, Sp. 159–160. 275, 431

– P. K., [Rezension zu:] De la Métaphysique d'Aristote. Rapport sur le Concours ouvert par l'Académie des sciences morales et politiques; suivi d'un Essai de traduction du premier livre de la Métaphysique. Par V. Cousin. Paris 1835, in: Gelehrte Anzeigen, Nr. 28, 9. Februar 1836, S. 222. 264, 275, 431

– S. L. J. St. . .r, [Rezension zu:] Populäre, praktische Entwickelung der abstrakten Begriffe, welche die positive Strafgesetzgebung interessiren, nach dem System des apodiktischen Real-Rationalismus, von dem Geh. Justiz- und Oberlandes-

Didaskalia. Blätter für Geist, Gemüth und Publizität. Frankfurt a. M. 1823–1903. 162

Dorguth, F., Kritik des Idealismus und Materialien zur Grundlage des apodiktischen Realrationalismus, Magdeburg 1837. XIV, 305, 314, 316, 320, 321, 326, 327, 329, 331, 333, 334, 336–338, 341–346, 352, 435–438, 440, 441

– Bescheidene Bemerkungen über die Kritik meiner populären praktischen Entwickelung der abstrakten Begriffe, welche die positive Strafgesetzgebung interessiren etc., in der „Kameralistischen Zeitung" No. 14 (Beilage) 1838, in: Kameralistische Zeitung für die Königlich Preußischen Staaten, Nr. 21, 26. Mai 1838, Beilage, Sp. 502–503. 317

– Vergleichung des „Kriminal-Gesetzbuches für das Königreich Sachsen vom 30. März 1838" mit den Anforderungen meiner „populären, praktischen Entwicklung der abstrakten Begriffe, welche die positive Straf-Gesetzgebung interessiren", in: Central-Blatt für Preußische Juristen, Nr. 40, 6. Oktober 1838, Beilage, Sp. 954–957. 344

– Nachträge und Erläuterungen zur Kritik des Idealismus und Materialien zur Grundlage des apodiktischen Realrationalismus. Magdeburg 1838. 317, 319, 324–328, 331, 335, 338, 339, 342–344, 439

Du Chatelet, G. E., Institutions physiques, Amsterdam 1742. 271

Echtermeyer, Th., Die Universität Halle, in: Hallische Jahrbücher für deutsche Wissenschaft und Kunst, Nr. 1, 1. Januar 1838, Sp. 1–6. 315, 437

– und Ruge, A., Der Protestantismus und die Romantik. Zur Verständigung über die Zeit und ihre Gegensätze. Ein Manifest, in: Hallische Jahrbücher für deutsche Wissenschaft und Kunst, Nr. 245, 12. Oktober 1839, Sp. 1953 bis Nr. 251, 19. Oktober 1839, Sp. 2004; Nr. 265, 5. November 1839, Sp. 2113 bis Nr. 271, 12. November 1839, Sp. 2164; Nr. 301, 17. Dezember 1839, Sp. 2401 bis Nr. 310, 27. Dezember 1839, Sp. 2480. 380, 446

Ehrenberg, Ch. G., Zur Erkenntnis der Organisation in der Richtung des kleinsten Raumes, Berlin 1832. 274

Erdmann, J. E., [Rezension zu:] Geschichte der neuern Philosophie von Bacon von Verulam bis Benedict Spinoza von Dr. Ludwig Andreas Feuerbach. Ansbach 1833, in: Jahrbücher für wissenschaftliche Kritik, Jg. 1833, zweiter Halbbd., Dezember, Nr. 106, Sp. 841–848. 173, 176, 185, 220, 275, 431

– Versuch einer wissenschaftlichen Darstellung der Geschichte der neuern Philosophie. 1. Bd. 1. Abthl. Darstellung und Kritik der Philosophie des Cartesius, nebst einer Einleitung in die Geschichte der neuern Philosophie, Riga – Dorpat 1834. 220, 256, 426

– Versuch einer wissenschaftlichen Darstellung der Geschichte der neuern Philosophie. 1. Bd. 2. Abthl. Malebranche, Spinoza und die Skeptiker und Mystiker des 17. Jh. Darstellung und Kritik ihrer Systeme. Riga – Dorpat 1836. 305, 306, 310, 311, 314, 435, 437

Feller, J. F. (Hrsg.) Otium Hannoveranum sive Misceilanea ex ... G. G. Leibnitii ... Lipsia 1718. 274

Feuerbach, A., Der Vaticanische Apollo, Nürnberg 1833. 142

Feuerbach, E. A., Die Lex Salica und ihre verschiedenen Recensionen, Erlangen 1831. 120, 123, 153, 414

Feuerbach, L. A., De infinitate, unitate atque communitate Rationis. Disputatio inauguralis scripsit [Über die Unendlichkeit, Einheit und Allgemeinheit der Vernunft. Streitschrift zur Erlangung der Doktorwürde von] Ludwig Feuerbach. – Handschriftlich eingereichte philosophische Dissertation. Erlangen, 25. Juli 1828. 96, 99, 405, 406

– De Ratione, una, universali, infinita. Dissertatio inauguralis philosophica Auctore Ludovico Andrea Feuerbach, phil. doct. [Über die eine, allgemeine, unendliche Vernunft. Philosophische Inaugural-Dissertation von Ludwig Andreas Feuerbach, Doktor der Philosophie]. Erlangae MDCCCXXVIII – Öffentlich verteidigte Habilitationsschrift, in: Gesammelte Werke, hrsg. von W. Schuffenhauer (im folgenden: GW), Bd. 1, Berlin 1981, S. 1–173. X, 102–105, 108, 109, 111, 113, 216, 217, 407, 408, 423

– Gedanken über Tod und Unsterblichkeit, aus den Papieren eines Denkers, nebst einem Anhang theologisch-satirischer Xenien, herausgegeben von einem seiner Freunde, Nürnberg 1830. [Anonym]. (GW 1, S. 175–515). X, XII, XIII, 120, 124, 128, 129, 193, 221, 225, 228, 229, 231, 267, 269, 276–281, 304, 362, 409, 410, 412, 420, 423–425, 430, 434, 435, 444

– Der Ursprung des Bösen nach Jakob Böhm[e], in: Athene, 1. Bd., 3. H., Kempten 1832, S. 180–190 (GW 1, S. 517–531). 120, 138, 409, 411

– Geschichte der neuern Philosophie von Bacon von Verulam bis Benedict Spinoza, Ansbach 1833 (GW 2). XI, XIII, 120, 123, 138, 152, 160, 170, 172, 173, 176, 178, 179, 185, 194, 197, 198, 213, 220, 231–234, 242, 285–287, 297, 311, 411, 415, 418, 420–423, 425, 427, 431, 433

– Abälard und Heloise oder Der Schriftsteller und der Mensch. Eine Reihe humoristisch-philosophischer Aphorismen, Ansbach 1834 (GW 1, S. 533–638). XIII, 143, 145, 146, 152, 153, 167, 174, 176, 177, 180–182, 193, 196, 198, 200, 208, 209, 220, 231, 247, 410–412, 416–418, 420, 421, 425, 427, 431

– [Rezension zu:] Hegel. Sendschreiben an den Hrn. Dr. C. F. Bachmann. Von Dr. K. Rosenkranz. Königsberg 1834,

Gedankens von Dr. K. Bayer, Nürnberg 1837, in: Hallische Jahrbücher für deutsche Wissenschaft und Kunst, Nr. 6, 6. Januar 1838, Sp. 46–48; Nr. 7, 8. Januar 1838, Sp. 51–56 (GW 8, S. 137–148). XIII, 298, 307, 308, 311, 315, 352, 434 bis 436, 441
– Zur Kritik des Empirismus. [Rezension zu:] Kritik des Idealismus und Materialien zur Grundlage des apodiktischen Realrationalismus. Von F. Dorguth. Magdeburg 1837, in: Hallische Jahrbücher für deutsche Wissenschaft und Kunst, Nr. 73, 26. März 1838, Sp. 582–584; Nr. 74, 27. März 1838, Sp. 588–592; Nr. 75, 28. März 1838, Sp. 597–600 (GW 8, S. 149–164). XIV, 305, 314, 316, 345, 352, 435–437, 441
– [Rezension zu:] Versuch einer wissenschaftlichen Darstellung der Geschichte der neuern Philosophie. Ersten Bandes zweite Abtheilung. Malebranche, Spinoza und die Sceptiker und Mystiker des XVII. Jahrhunderts. Darstellung und Kritik ihrer Systeme. Von Dr. J. E. Erdmann. 1836, in: Jahrbücher für wissenschaftliche Kritik, Jg. 1838, erster Halbbd., April, Nr. 67, Sp. 534–536; Nr. 68, Sp. 537–542; Nr. 69, Sp. 545 bis 551 (GW 8, S. 165–180). 305, 306, 310, 314, 435, 437
– Zur Kritik der „positiven Philosophie". [Rezension zu:] Ueber das Wesen und die Bedeutung der speculativen Philosophie und Theologie in der gegenwärtigen Zeit, mit besonderer Rücksicht auf die Religionsphilosophie. Specielle Einleitung in die Philosophie und speculative Theologie. Von Dr. Sengler, ord. Prof. der Philos., Heidelberg 1837, in: Hallische Jahrbücher für deutsche Wissenschaft und Kunst, Nr. 289, 3. Dezember 1838, Sp. 2305–2311; Nr. 290, 4. Dezember 1838, Sp. 2313–2316; Nr. 291, 5. Dezember 1838, Sp. 2321–2324; Nr. 292, 6. Dezember 1838, Sp. 2329–2333; Nr. 293, 7. Dezember 1838, Sp. 2337–2340. [Anonym]. (GW 8, S. 181–207). 351, 352, 354, 357, 442
– Pierre Bayle. Ein Beitrag zur Geschichte der Philosophie und Menschheit, Ansbach 1838 (GW 4). XI, 321, 358, 439, 443
– Der wahre Gesichtspunkt, aus welchem der „Leo-Hegelsche Streit" beurtheilt werden muß; in Beziehung auf die in der Augsburger allgemeinen Zeitung hierüber enthaltenen Artikel, in: Hallische Jahrbücher für deutsche Wissenschaft und Kunst, Nr. 61, 12. März 1839, Sp. 482–487; Nr. 62, 13. März 1839, Sp. 490–492 (GW 8, S. 208–218). 351–356, 358, 359, 361, 362, 366, 379, 388, 441–444, 446
– Über das Wunder, in: Athenäum für Wissenschaft, Kunst und Leben, Mai 1839, S. 1–55 (GW 8, S. 293–340). 363, 444
– An Karl Riedel. Zur Berichtigung seiner Skizze, in: Athenäum für Wissenschaft, Kunst und Leben, Mai 1839, S. 56–64 (GW 9, S. 3–15). 444

– Zur Kritik der Hegelschen Philosophie, in: Hallische Jahrbücher für deutsche Wissenschaft und Kunst, Nr. 208, 30. August 1839, Sp. 1657–1660; Nr. 209, 31. August 1839, Sp. 1665 bis 1668; Nr. 210, 2. September 1839, Sp. 1673–1677; Nr. 211, 3. September 1839, Sp. 1681–1684; Nr. 212, 4. September 1839, Sp. 1689–1693; Nr. 213, 5. September 1839, Sp. 1697 bis 1702; Nr. 214, 6. September 1839, Sp. 1705–1709; Nr. 215, 7. September 1839, Sp. 1713–1718; Nr. 216, 9. September 1839, Sp. 1721–1725 (GW 9, S. 16–62). XII, 353, 357, 360, 362–365, 382, 441–444
– [Rezension zu:] Dr. Christian Kapp und seine litterarischen Leistungen. Ein Beitrag zur Litteraturgeschichte des neunzehnten Jahrhunderts, Leipzig 1839, in: Hallische Jahrbücher für deutsche Wissenschaft und Kunst, Nr. 297, 12. Dezember 1839, Sp. 2370–2376; Nr. 298, 13. Dezember 1839, Sp. 2379 bis 2384. [Anonym]. (GW 9, S. 63–79). 373–376, 378, 380, 386, 387, 419, 445–447
– Über Philosophie und Christenthum in Beziehung auf den der Hegelschen Philosophie gemachten Vorwurf der Unchristlichkeit, Mannheim 1839 (GW 8, S. 219–292). 359, 360, 362, 364–367, 371, 379, 380, 388, 443, 444
– [An Arnold Ruge. Briefauszug, von A. Ruge veröffentlicht], in: Hallische Jahrbücher für deutsche Wissenschaft und Kunst, Nr. 12, 14. Januar 1840, Sp. 93–94. Wastebook: 7. Das Pathos der Kritik und die Kritik der unreinen Vernunft. Von R. (GW 9, S. 80–81). 383/384, 447
– [Rezension zu:] Dr. Karl Bayer, Betrachtungen über den Begriff des sittlichen Geistes und über das Wesen der Tugend, Erlangen 1839, in: Hallische Jahrbücher für deutsche Wissenschaft und Kunst, Nr. 85, 8. April 1840, Sp. 676–680; Nr. 86, 9. April 1840, Sp. 685–688; Nr. 87, 10. April 1840, Sp. 691 bis 696. [Anonym, mit der Unterschrift „. . .ch".] (GW 9, S. 82–99). XIII
– Das Wesen des Christenthums, Leipzig 1841 (GW 5). XV, 358, 363, 374, 377, 379, 383, 384, 386, 443, 444, 446, 447
– (Hrsg.), Paul Johann Anselm Ritter von Feuerbachs Leben und Wirken, veröffentlicht von seinem Sohne Ludwig Feuerbach, Leipzig 1852 (GW 12). 397, 410
– Briefwechsel zwischen Ludwig Feuerbach und Christian Kapp, hrsg. von A. Kapp, Leipzig 1876. XVII, 411, 412, 415, 419, 420, 422–424, 426, 429, 431, 435, 442, 445–447
– Ausgewählte Briefe von und an Ludwig Feuerbach. Zum Säkulargedächtnis seiner Geburt hrsg. und biogr. eingel. von W. Bolin, 2 Bände, Leipzig 1904. XVII, 397, 402, 403, 410, 413, 414, 430, 434, 438
– Briefwechsel, hrsg. von W. Schuffenhauer, Leipzig 1963

(Reclams Universalbibliothek, Bd. 105). XVII, 399, 400, 402, 404, 405, 444
– Sämtliche Werke. Neu hrsg. von W. Bolin und F. Jodl, neu hrsg. von H.-M. Saß. Bd. 12/13. Ausgewählte Briefe von und an Ludwig Feuerbach, Stuttgart – Bad Cannstatt 1964. XVII, 442–444, 446
– Frühe Schriften, Kritiken und Reflexionen (1828–1834), Berlin 1981 (GW 1). VII
– Kleinere Schriften I (1835–1839), 2. Aufl., Berlin 1982 (GW 8). VII, 426, 427
Feuerbach, P. J. A. v., An den Minister v. Zentner, Paris, den 11. Mai 1821, in: L. Feuerbach, Gesammelte Werke, hrsg. von W. Schuffenhauer, Bd. 12. Paul Johann Anselm Ritter von Feuerbachs Leben und Wirken, veröffentlicht von seinem Sohne Ludwig Feuerbach, Berlin 1976 (im folgenden: GW 12). 396
– An Elise von der Recke, Ansbach, den 1. Juli 1827 (GW 12). 406
– An Elise von der Recke, Ansbach, den 30. Mai 1831 (GW 12). 409
– Memoire über Kaspar Hauser (GW 12). 413
– Kaspar Hauser. Beispiel eines Verbrechens am Seelenleben des Menschen, Ansbach 1832. 203, 413
– Kleine Schriften vermischten Inhalts, 2 Abthl., Nürnberg 1833. 153, 414
Fichte, I. H., Johann Gottlieb Fichtes Leben und litterarischer Briefwechsel, Sulzbach 1830–1831. 254
– [Rezension zu:] Abälard und Heloise, oder der Schriftsteller und der Mensch; eine Reihe humoristisch-philosophischer Aphorismen, von Ludwig Feuerbach. Ansbach, b. Brügel, 1834, in: Allgemeine Literatur-Zeitung, März 1835, Nr. 44, Sp. 349–351. 247
Fichte, J. G., Grundlage des Naturrechts nach den Principien der Wissenschaftslehre, Jena 1796–1797. 341
– Nachgelassene Werke, Bonn 1834. 258
Francke, F., Das selbstständige und reine Leben des Gefühls, als des Geistes ursprünglichen Urtheils, im Gegensatz und Kampf mit den Träumen vom Absoluten bei den Scholastikern und Neuplatonikern unserer Tage. Auch unter dem Titel: Zur Theorie und Kritik der Urtheilskraft, Leipzig 1838. 318
Frankfurter Journal, Frankfurt a. M. 1783–1903. 186
Frauenstädt, J., Die Freiheit des Menschen und die Persönlichkeit Gottes, Berlin 1838. 351, 369, 441, 445
Der Freihafen, Altona 1838–1844. 359, 364
Fries, J. F., Die Geschichte der Philosophie, dargestellt nach den Fortschritten ihrer wissenschaftlichen Entwickelung, 1. Bd., Halle 1837. 309

Funke, K. Ph., Naturgeschichte für Kinder, Leipzig 1809. 4
Gärtner, G., Die Rechts- und Staatslehre. Die Philosophie des Lebens, Bonn 1839. 366, 445
Gambihler, J., Philosophie und Politik des Liberalismus, Nürnberg 1831. 125
Gelehrte Anzeigen, München 1835–1860. 264, 275, 432
Göschel, K. F., Von den Beweisen für die Unsterblichkeit der menschlichen Seele, im Lichte der spekulativen Philosophie, Berlin 1835. 310, 436
– Beiträge zur speculativen Philosophie von Gott und dem Menschen und von dem Gott-Menschen, Berlin 1838. 364, 444
Gregorii Nysseni, S., De anima et resurrectione cum sorore sua Macrina dialogus, Lipsia 1837. 353
Grün, K., Ludwig Feuerbach in seinem Briefwechsel und Nachlaß, 2 Bände, Leipzig – Heidelberg 1874. XVI, 396–405, 407, 410–414, 416, 417, 419–430, 432–444, 446, 447
Haller Literatur-Zeitung siehe Allgemeine Literatur-Zeitung.
Hallische Jahrbücher für deutsche Wissenschaft und Kunst, Leipzig 1838–1841. XII, XIV, 300, 307, 314, 315, 318, 319, 351–356, 361, 362, 364, 375, 378–380, 385, 386, 388, 435, 437, 438, 441–443, 446, 447
Hansch, M. G. (Hrsg.), Leibnitius Godefridus Guilielmus: Principia philosophiae more geometrico demonstrata: Cum excerptis et epistolis philosophiae et scholiis quibusdam ex historia philosophica. Cum indicibus theorematum, auctorum, rerum denique et verborum memorabilium. Accedunt Theoremata ... edita, Francofurti et Lipsia 1728. 271
Hegel, G. W. F., System der Wissenschaft, 1. Thl. Die Phänomenologie des menschlichen Geistes, Bamberg 1807. 63, 402
– Wissenschaft der Logik, 1. Thl., 1. u. 2. Buch, Nürnberg 1812 bis 1813, 2. Thl. Nürnberg 1816. X, 43, 55, 403
– Naturrecht und Staatswissenschaft im Grundriss; zum Gebrauch bey seinen Vorlesungen, Berlin 1820. 56
– Vorlesungen über die Philosophie der Religion, Bd. 1 u. 2, in: Werke. Vollständige Ausg. durch e. Verein von Freunden des Verewigten, Bd. 11 u. 12, hrsg. von Ph. Marheineke, Berlin 1832. 43, 55
– Vorlesungen über die Philosophie der Religion, Bd. 2. Nebst einem Anhang: Vorlesungen über die Beweise vom Daseyn Gottes, in: Werke. Vollständige Ausg. durch e. Verein von Freunden des Verewigten, Bd. 12, hrsg. von Ph. Marheineke, Berlin 1832. 178, 418
– Grundlinien der Philosophie des Rechts oder Naturrecht und Staatswissenschaft im Grundrisse, in: Werke. Vollständige Ausg. durch e. Verein von Freunden des Verewigten, Bd. 8, hrsg. von E. Gans, Berlin 1833. 184

– Vorlesungen über die Geschichte der Philosophie, Bd. 1 u. 2, in: Werke, Vollständige Ausg. durch e. Verein von Freunden des Verewigten, Bd. 13 u. 14, hrsg. von C. L. Michelet, Berlin 1833. 199, 219, 223, 226, 235, 256, 428, 436, 438
– Vorlesungen über Ästhetik, Bd. 1–3, in: Werke. Vollständige Ausg. durch e. Verein von Freunden des Verewigten, Bd. 10, 1–3, hrsg. von H. G. Hotho, Berlin 1835–1838. X
– Vorlesungen über die Geschichte der Philosophie, Bd. 3, in: Werke. Vollständige Ausg. durch e. Verein von Freunden des Verewigten, Bd. 15, hrsg. von C. L. Michelet, Berlin 1836. 310
– Vorlesungen über die Philosophie der Geschichte, in: Werke. Vollständige Ausg. durch e. Verein von Freunden des Verewigten, Bd. 9, hrsg. von E. Gans, Berlin 1837. 56, 438
Heidenreich, F. W., Kaspar Hauser's Verwundung, Krankheit und Leichenöffnung, Berlin 1834. 191
Hinrichs, H. F. W., Schiller's Dichtungen nach ihren historischen Beziehungen und nach ihrem inneren Zusammenhange, 1., lyrischer Thl., Leipzig 1837. 300
Hock, K. F., Cartesius und seine Gegner, Wien 1835. 242, 256, 426
Horst, G. C., Deuteroskopie oder merkwürdige psychische und physiologische Erscheinungen und Probleme aus dem Gebiete der Pneumatologie, Frankfurt a. M. 1830. 141, 412
Hubensteiner, B., Bayerische Geschichte. Staat und Volk, Kunst und Kultur, 9. Aufl., München 1981. 405
Huber, F., Neue Beobachtungen über die Bienen in Briefen an Bonnet, Dresden 1793. 285
Jahrbuch der Literatur, Hamburg 1839. 359, 362, 364, 365, 444
Jahrbücher für wissenschaftliche Kritik, Stuttgart – Tübingen (Jg. 1834 ff. Berlin) 1827–1846. XI, 143, 176, 185, 195, 199, 211, 219, 223, 235, 242, 256, 275, 304–306, 311, 385, 412, 420, 427, 428, 431, 435
Jenaer Zeitung siehe Jenaische Allgemeine Literatur-Zeitung.
Jenaische Allgemeine Literatur-Zeitung, Jena 1804–1841. 136, 137, 385, 411
Ergänzungsblätter zur Jenaischen Allgemeinen Literatur-Zeitung. 275, 431
Kalidas, Sakontala, oder der verhängnißvolle Ring. 175, 417
Kameralistische Zeitung für die Königlich Preußischen Staaten, Berlin 1835–1846. 317, 437, 438
Kant, I., Kritik der reinen Vernunft. 383
– Immanuel Kant's sämmtliche Werke, hrsg. von K. Rosenkranz und F. W. Schubert, Th. 1–4, Th. 7–10, Leipzig 1838. Th. 5 u. 6 Leipzig 1839. 384
Kapp, Ch., Gregor, ein Gespräch über das Papstthum und die

Monarchie. Aus den Papieren eines Reisenden. Erster Theil Nürnberg 1833. [Anonym]. 189, 197, 419, 420
– (Hrsg.), Vermischte Aufsätze aus philosophischen und historischen Gebieten, von mehreren Verfassern, Kempten 1833. 161, 415
– Über das erste Lebensalter der Erde, in: Neues Jahrbuch für Mineralogie, Geognosie, Geologie und Petrefaktenkunde, Jg. 1834, S. 151–204; S. 253–300. 376
– Neptunismus und Vulkanismus in Beziehung auf v. Leonhard's Basalt-Gebilde, Stuttgart 1834. 211, 219, 239, 374, 378, 387, 423, 426, 446
– (Hrsg.), Deutscher Kalender für das Jahr 1835, Kempten 1835. 187, 188, 197, 206, 207, 221, 222, 225, 238, 241, 419
– Italien, Berlin 1837. 373, 374, 376, 378, 446
Katholische Kirchenzeitung, Offenbach – Aschaffenburg 1829 bis 1837. 120, 409
Klopstock, F. G., Sämmtliche Werke, Leipzig 1824. 23
König, S., Appel au public du jugement de l'Académie Royale de Berlin, sur un fragment de Lettre de Mr. de Leibnitz, cité par Mr. Koenig, Leiden 1752. 271
Kohut, A., Ludwig Feuerbach. Sein Leben und seine Werke, Leipzig 1909. 404, 425
Der Koran. 344
Der Korrespondent, Nürnberg 1806ff. 186, 361
Kriegel, A., [Rezension zu:] Die Lex Salica und ihre verschiedenen Recensionen. Ein historisch-kritischer Versuch auf dem Gebiete des Germanischen Rechts, von Dr. E. August Feuerbach, Erlangen 1831, in: Leipziger Literatur-Zeitung, Nr. 24, 28. Januar 1833, Sp. 185–190; Nr. 25, 29. Januar 1833, Sp. 193–197. 153, 414
Kuhn, J., Jacobi und die Philosophie seiner Zeit, Mainz 1834. 195, 211, 219, 222, 422
La Harpe, J. F. de, Lycée, ou Cours de littérature ancienne et moderne. 200
Leibniz, G. W. v., Disputatio metaphysica de principio individui, 1663. 309, 313, 437
– Protogaea, sive de prima facie tellaris et antiquissimae historiae vestigiis in ipsis naturae monumentis dissertatio. Ed. Ch. L. Scheidius, Goettingae 1749. 241, 426
– Nouveaux essais sur l'entendement Humain. Ed. R. E. Raspe, Amsterdam – Leipzig 1765. 271
– Leibnitz's Dissertation De principio individui, hrsg. von G. E. Guhrauer, Berlin 1837. 309
Leipziger Literatur-Zeitung, Leipzig 1812–1834. 60, 153, 176, 414
Leo, H., Studien und Skizzen zu einer Naturlehre des Staates, Halle 1833. 177, 202, 381

Leonhard, K. C. v., Die Basaltgebilde in ihren Beziehungen zu normalen und abnormen Felsmassen, Stuttgart 1832. 374, 423, 426

Leutbecher, J., Über den Faust von Göthe. Eine Schrift zum Verständniß dieser Dichtung nach ihren beiden Theilen für alle Freunde und Verehrer des großen Dichters, Nürnberg 1838. 308

Literarische Zeitung, Berlin 1834–1849. 239, 275, 426, 431

Locke, J., An Essay concerning Human understanding, in four books, London 1690. 440

Magendie, F., Précis élémentaire de physiologie, Tome 1. 2., Paris 1816–1817. 289

Menschheitsziele. Monatsrundschau für wissenschaftlich begründete Weltanschauung und Gesellschafts-Reform. Leipzig, Jg. 1908. 432

Meyer, Magnetismus und Theologie. 384, 447

Michelet, K. L., Geschichte der letzten Systeme der Philosophie in Deutschland, von Kant bis Hegel, 2 Thle., Berlin 1837–1838. 304, 306, 310

– Schelling und Hegel. Oder Beweis der Aechtheit der Abhandlung: Ueber das Verhältnis der Naturphilosophie zur Philosophie überhaupt. Als Darlegung der Stellung beider Männer gegen einander. Ein Beitrag zur Geschichte der Philosophie, Berlin 1839. 357, 442

Molière, Der Geizhals. 175

– Tartuffe. 152, 175

Morgenblatt für gebildete Stände, Stuttgart – Tübingen 1807 bis 1865. 153

Müller, A. v., Vermischte Schriften über Staat, Philosophie und Kunst, Th. 1, Wien 1812. 381, 384, 447

Münchner Politische Zeitung, München 1832–1848. 177

Nationalkalender siehe Kapp, Ch., Deutscher Kalender für das Jahr 1835.

Neues Jahrbuch der Mineralogie, Geognosie, Geologie und Petrefaktenkunde, Stuttgart 1833ff. 205, 206, 376, 422, 446

Newton, I., Philosophiae naturalis principia mathematica. 94

Nordmann, G., Über Bendavids Lehrsatz. Berlin 1823. 86

Nürnberger Blätter für öffentliches Leben, Literatur und Kunst, Nürnberg 1830–1831. 125

Nürnberger Jahrbücher, Nürnberg 1832. 200

Obermann, K., Deutschland von 1815 bis 1849, Berlin 1961. 443

Petöcz, M., Ansicht der Welt, Leipzig 1838. 318

Platon, Phaidon, in: Werke. Zweiten Theiles dritter Band, in der Übersetzung von F. D. E. Schleiermacher, Berlin 1810. 142, 412

Ploucquet, G., Primaria monadologiae capita, Berlin 1745. 274
Preuß, J. D. E., Friedrich der Große, Berlin 1832. 178
Abbé Prévost, Manon Lescaut. Aus dem Franz. übers. von F. H. Feuerbach, Erlangen 1834. 201, 421
Prochaska, G., Physiologie, oder Lehre von der Natur des Menschen, Wien 1820. 289
Ramus, P., P. Rami Scholarum Dialecticarum, seu animadversionum in Organum Aristotelis, libri XX, recens emendati per J. Piscatorem, Francofurti 1594. 315, 437
Réaumur, R. A. F. de, Mémoires pour servir à l'histoire des insectes. Amsterdam 1737–1748. 285, 289, 433
Reumont, A. (Hrsg.), Rheinlands Sagen, Geschichten und Legenden, Köln – Aachen 1837. 399
Revue du progrès social. 275, 431
Riedel, K., Friedrich Daumer und Ludwig Feuerbach. Zwei Skizzen, in: Jahrbuch der Literatur, 1839, S. 111–126. 362, 444
Rosenkranz, K., Hegel. Sendschreiben an Carl Friedrich Bachmann in Jena, Königsberg 1834. 195, 207, 211, 219, 222, 422
– [Rezension zu:] G. W. F. Hegel's Vorlesungen über die Philosophie der Geschichte. Herausgegeben von Dr. Eduard Gans. Berlin 1837, in: Hallische Jahrbücher für deutsche Wissenschaft und Kunst, Nr. 17, 19. Januar 1838, Sp. 132–136 bis Nr. 20, 23. Januar 1838, Sp. 153–156. 318, 438
– [Rezension zu:] Die Idee der Freiheit und der Begriff des Gedankens. Von Dr. Karl Bayer. Nürnberg 1837, in: Jahrbücher für wissenschaftliche Kritik, Jg. 1838, erster Halbbd., Mai, Nr. 89, Sp. 727–728; Nr. 90, Sp. 729–735. 305
– Studien, Th. 1, Berlin 1839. 384, 447
– Geschichte der Kant'schen Philosophie, Leipzig 1840. 384, 447
Roux, J. A. K., Über das Verhältnis der deutschen Fechtkunst zum Ehrenduell sowohl im Allgemeinen, als auch für Universitäten insbesondere, mit Berücksichtigung der Mittel die Duelle zu verhüten, Erfurt 1841. 179, 244, 264, 418, 426
Ruge, A., Die Denunciation der hallischen Jahrbücher. 2. Berliner politisches Wochenblatt. Juli 1838. Der Artikel: Die hallischen Jahrbücher für deutsche Wissenschaft und Kunst, in: Hallische Jahrbücher für deutsche Wissenschaft und Kunst, Nr. 179, 27. Juli 1838, Sp. 1431–1432; Nr. 180, 28. Juli 1838, Sp. 1433–1440. 319, 438
– Preußen und die Reaktion, Leipzig 1838. 353, 447
– Der Pietismus und die Jesuiten, in: Hallische Jahrbücher für deutsche Wissenschaft und Kunst, Nr. 31, 5. Februar 1839, Sp. 241–245; Nr. 32, 6. Februar 1839, Sp. 249–256 bis Nr. 35, 9. Februar 1839, Sp. 273–280; Nr. 36, 11. Februar 1839, Sp. 286–288. 352, 356, 442

– Der Protestantismus und die Romantik siehe Echtermeyer, Th.
– Arnold Ruges Briefwechsel und Tagebuchblätter aus den Jahren 1825–1880, hrsg. von P. Nerrlich, Bd. 1 (1825–1847), Berlin 1886. XVII, 436, 437
Salvandy, N. A. de, Don Alonso ou l'Espagne, Stuttgart 1828. 178
Sandkühler, H. J., Freiheit und Wirklichkeit, Frankfurt a. M. 1968. 408
Saß, H.-M., Ludwig Feuerbach in Selbstzeugnissen und Bilddokumenten, Reinbek b. Hamburg 1978. XVII, 395, 396
La Saxe galante, Amsterdam 1763. 342
Schaller, J., [Rezension zu:] G. W. F. Hegel, Vorlesungen über die Geschichte der Philosophie, herausgegeben von Dr. K. L. Michelet. 3 Bände. Berlin 1833–1836, in: Hallische Jahrbücher für deutsche Wissenschaft und Kunst, Nr. 81, 4. April 1838, Sp. 641–648 bis Nr. 83, 6. April 1838, Sp. 657–664. 318, 438
Schelling, F. W. J. v., Philosophische Schriften, Landshut 1809. 431
– [Rezension zu:] Vorrede zur zweiten Ausgabe der Fragments philosophiques von Victor Cousin, in: Die bayerischen Annalen, Nr. 135, 7. November 1833, Blatt für Literatur, Nr. LXXX, S. 1001–1007. 177, 417
– Philosophische Untersuchungen über das Wesen der menschlichen Freiheit und die damit zusammenhängenden Gegenstände, Reutlingen 1834. 270, 430
Schleiermacher, F. D. E., Sämmtliche Werke, III. Abthl. Zur Philosophie. Bd. 2, Geschichte der Philosophie, Berlin 1839. 379
Schloer, Versuch einer Naturgeschichte der Sinneswerkzeuge bei den Insekten und Würmern. 285
Schopenhauer, A., Über den Willen in der Natur. Frankfurt a. M. 1836. 316
Schott, U., Die Jugendentwicklung Ludwig Feuerbachs bis 1825 und ihre Bedeutung für seine spätere Religionskritik, Theol. Diss., Heidelberg 1971. 397
Schubert, G. H. v., Ansichten von der Nachtseite der Naturwissenschaft, Dresden – Leipzig 1840. 205
Schuffenhauer, W., Vorbemerkung, in: L. Feuerbach, Gesammelte Werke, hrsg. von W. Schuffenhauer, Bd. 1, Berlin 1981. 405, 410, 434
– Vorwort zu den Gesammelten Werken Ludwig Feuerbachs, in: L. Feuerbach, Gesammelte Werke, Bd. 1, Berlin 1981. 445
Shakespeare, W., Hamlet. 175
– Der Kaufmann von Venedig. 174, 175
– König Lear. 175

– Macbeth. 175
– Schauspiele, übers. von J. J. Eschenburg, 13 Bde., Zürich 1775–1782. 175
Sigwart, H. Ch. W., Der Spinozismus, Tübingen 1839. 366
Spallanzani, L., Opuscules de physique animale et végétale, Genève 1777. 285
Stahl, F. J., Die Philosophie des Rechts nach geschichtlicher Ansicht, 1. u. 2. Bd., Heidelberg 1830–1833. 211, 222, 223, 227, 235, 236, 256, 311, 423, 425, 428, 436
Strauß, D. F., Justinus Kerner, in: Hallische Jahrbücher für deutsche Wissenschaft und Kunst, Nr. 1, 1. Januar 1838, Sp. 6–8; Nr. 2, 2. Januar 1838, Sp. 9–13; Nr. 3, 3. Januar 1838, Sp. 22–24 bis Nr. 5, 5. Januar 1838, Sp. 33–40; Nr. 7, 8. Januar 1838, Sp. 49–51. 315, 437
– Charakteristiken und Kritiken, Leipzig 1839. 447
Studer, Analyse des Wassers im Basalt. 374
Stuttgarter Zeitung 1945ff. 410
Der Talmud. 344
Tholuck, F. A. G., Vermischte Schriften, Hamburg 1839. 384, 447
Tiedemann, F., Physiologie des Menschen, Darmstadt 1830. 289
Tiedge, Ch. A., Urania; über Gott, Unsterblichkeit und Freiheit; ein lyrisch-didaktisches Gedicht in 6 Gesängen, Halle 1800. 410
Treviranus, G. R., Die Erscheinungen und Gesetze des organischen Lebens, Bd. 1 u. 2, Bremen 1831–1833. 285, 289
Die Verfassungen der Vereinigten Staaten Nordamerika's, Frankfurt a. M. 1834. 201, 202
Voltaire, Candide ou l'optimisme. 201
Wolff, Ch., Theologia naturalis, Frankfurt a. M. – Leipzig 1736 bis 1737. 301
Zimmermann, E. A. W. v., Taschenbuch der Reisen. Leipzig 1817–1819. 248
Zinkgref, J. W., Teutsche Apophtegmata, das ist Der Teutschen scharfsinnige kluge Sprüche. In zwei Teilen zusammen getragen durch Julium Wilhelm Zinkgräfen, Der Rechten Doktoren, anitzo noch mit dem dritten Teill vermehret durch Johan Leonhard Weitnern, Amsterdam 1653. 189, 197, 222, 238
Zschokke, J. H. D., Stunden der Andacht, Aarau 1809–1816. 15

Namenverzeichnis

Das Verzeichnis erfaßt alle im Text, Textvergleich und in den Erläuterungen erwähnten Personen und mythologischen Namen in alphabetischer Reihenfolge. Abweichende Schreibweisen werden durch runde Klammern gekennzeichnet. Soweit ermittelbar, werden bei Personen Lebensdaten und eine kurze Annotation beigegeben, bei regierenden Fürsten u. ä. Lebensdaten in runden Klammern, Regierungsjahre in spitzen Klammern. Es bedeuten A. T. – Altes Testament, N. T. – NeuesTestament, prot. – protestantisch, evangelisch.

Sachverzeichnis

Für die Biographie Ludwig Feuerbachs und der Familie Feuerbach relevante Sachwörter siehe unter Feuerbach.

Korrespondenzverzeichnis

Die Ludwig-Feuerbach-Korrespondenz der Jahre 1817–1839 ist in diesem Verzeichnis nach Korrespondenten unter Angabe des Datums und der Korrespondenz-Nummer (= Nr.) geordnet. Die Korrespondenzen sind unter dem jeweiligen Korrespondenten in chronologischer Folge geordnet; Briefe von Feuerbach an den Korrespondenten sind durch kursiven Druck hervorgehoben.

Inhaltsverzeichnis

1828–1831

Nachträge

FSC
www.fsc.org
MIX
Papier | Fördert gute Waldnutzung
FSC® C083411

Kolibri 360 GmbH
Ferdinand-Jühlke-Straße 7
99095 Erfurt, Deutschland
produktsicherheit@kolibri360.de